Studien zum
Bank- und Börsenrecht
herausgegeben von Prof. Dr. Dr. h.c. Ulrich Immenga

Band 51

Markus Brandt

Aufklärungs- und Beratungspflichten der Kreditinstitute bei der Kapitalanlage

Wertpapiergeschäftliche Informationspflichten im Spiegel kapitalmarktlicher Effizienz

 Nomos Verlagsgesellschaft
Baden-Baden

Die Deutsche Bibliothek – CIP-Einheitsaufnahme

Ein Titeldatensatz für diese Publikation ist bei
Der Deutschen Bibliothek erhältlich. (http://www.ddb.de)

Zugl.: Göttingen, Univ., Diss., 2001

ISBN 3-7890-7699-6

1. Auflage 2002
© Nomos Verlagsgesellschaft, Baden-Baden 2002. Printed in Germany. Alle Rechte,
auch die des Nachdrucks von Auszügen, der photomechanischen Wiedergabe und der
Übersetzung, vorbehalten. Gedruckt auf alterungsbeständigem Papier.

Meinen Eltern

Vorwort

Mit wachsender Bedeutung der privaten Wertpapieranlage hat auch die Frage nach den den Kreditinstituten im Rahmen von Kapitalanlagegeschäften gegenüber Privatanlegern obliegenden Aufklärungs- und Beratungspflichten erheblich an Bedeutung gewonnen. Die vorliegende Arbeit untersucht, inwieweit die von Gesetzgebung, Rechtsprechung und Literatur entwickelten Informationspflichten für Anlagedienstleister einerseits den Anforderungen eines wirkungsvollen Verbraucherschutzes, andererseits den Erfordernissen kapitalmarktlicher Effizienz gerecht werden. Im Mittelpunkt steht dabei der Versuch, allgemeine marktrechtliche Kriterien zu entwickeln, die es erlauben, ökonomische Erfordernisse des Kapitalmarktes und berechtigte Forderungen des Anlegerschutzes angemessen miteinander zu verbinden. Die Arbeit wurde im Sommersemester 2000 von der Juristischen Fakultät der Georg-August-Universität zu Göttingen als Dissertation angenommen. Das Manuskript war im September 1999 abgeschlossen, danach erschienene Rechtsprechung und Literatur ist für die Veröffentlichung noch bis September 2001 eingearbeitet worden.

Danken möchte ich meinem verehrten Lehrer, Herrn Prof. Dr. Dr. h.c. Immenga, für die wohlwollende Förderung und für seinen hilfreichen Rat, mit dem er die Entstehung dieser Arbeit in allen Phasen begleitet hat. Die vielfältigen fachlichen und persönlichen Anregungen, die ich von Herrn Prof. Dr. Dr. h.c. Immenga erhalten habe, reichen dabei weit über den Rahmen der vorliegenden Arbeit hinaus. Mein Dank gilt Herrn Prof. Dr. Dr. h.c. Immenga auch für die Aufnahme der Arbeit in diese Schriftenreihe.

Herrn Prof. Dr. Peters danke ich für die Übernahme des Zweitgutachtens.

Danken möchte ich auch dem Stifterverband für die Deutsche Wissenschaft, der die Drucklegung aus dem Sonderprogramm „Arbeitskreis Wirtschaft und Recht" finanziell unterstützt hat.

Zu Dank verpflichtet bin ich ferner der Georg-August-Universität zu Göttingen, die die Entstehung dieser Arbeit durch die Gewährung eines Promotionsstipendiums aus Mitteln des Landes Niedersachsen zur Förderung des wissenschaftlichen Nachwuchses gefördert hat.

Ich widme die Arbeit meinen Eltern als kleinen Dank dafür, daß sie in selbstloser Weise stets alles getan haben, um mir eine gute Ausbildung zu ermöglichen.

Göttingen, im Oktober 2001   *Markus Brandt*

Inhaltsverzeichnis

8

Abkürzungsverzeichnis

a.A.	anderer Auffassung
a.a.O.	am angegebenen Ort (bezeichnet die zuletzt angegebene Fundstelle)
ABl.	Amtsblatt
Abs.	Absatz
AcP	Archiv für civilistische Praxis
a.E.	am Ende
AG (Ortsname)	Amtsgericht
AG (Jahreszahl)	Die Aktiengesellschaft (Zeitschrift)
Alt.	Alternative
AktG	Aktiengesetz
Anm.	Anmerkung
ausführl.	ausführlich
BAKred.	Bundesaufsichtsamt für das Kreditwesen
BAWe	Bundesaufsichtsamt für den Wertpapierhandel
BB	Betriebs-Berater (Zeitschrift)
BEHG	Gesetz über den Börsen- und Effektenhandel der Schweiz (Börsen- und Effektenhandelsgesetz)
Begründ.	Begründung
BFuP	Betriebswirtschaftliche Forschung und Praxis (Zeitschrift)
BGBl.	Bundesgesetzblatt
BGH	Bundesgerichtshof
BGHZ	Entscheidungssammlung des Bundesgerichtshofs in Zivilsachen
BörsG	Börsengesetz
BörsZulVO	Börsenzulassungsverordnung
BRAO	Bundesrechtsanwaltsordnung
BR-Drucks.	Bundesratsdrucksache
BT-Druchs.	Bundestagsdrucksache
bzw.	beziehungsweise
DB	Der Betrieb (Zeitschrift)
ders.	derselbe
DStR	Deutsches Steuerrecht (Zeitschrift)
DZWir	Deutsche Zeitschrift für Wirtschaftsrecht
Empf.	Empfehlung
endg.	endgültige Fassung (Teil des Aktenzeichens Europäischer Dokumente)
EStG	Einkommensteuergesetz
EWiR	Entscheidungen zum Wirtschaftsrecht
FMG	Finanzmarktförderungsgesetz
FS	Festschrift
G	Gesetz
GG	Grundgesetz der Bundesrepublik Deutschland
gem.	gemäß
i.S.v	im Sinne von
i.V.m.	in Verbindung mit
h.M.	herrschende Meinung
h.Rspr.	herrschende Rechtsprechung
Hrsg.	Herausgeber
JuS	Juristische Schulung (Zeitschrift)
JZ	Juristenzeitung (Zeitschrift)

KAGG	Gesetz über die Kapitalanlagegesellschaften
KWG	Gesetz über das Kreditwesen (Kreditwesengesetz)
LG	Landgericht
Lit.	Literatur
NJW	Neue Juristische Wochenschrift (Zeitschrift)
NJW-RR	NJW-Rechtsprechungs-Report (Zeitschrift)
ÖBA	Österreichisches-Bankarchiv (Zeitschrift)
OGH	Oberster Gerichtshof der Republik Österreich
OLG	Oberlandesgericht
RegE	Regierungsentwurf
RGZ	Entscheidungssammlung des Reichsgerichts in Zivilsachen
Rn.	Randnummer(n)
S.	Seite
SBVg.	Schweizerische Bankiervereinigung
SEK	Dokument des Generalsekretariats der Europäischen Kommission
SYN	Teil der EG-internen Identifikationsnummer von Dokumenten der Europäischen Gemeinschaft
u.U.	unter Umständen
v.	vom
VerkProspG	Wertpapier-Verkaufsprospektgesetz
VerkProspVO	Verordnung über Wertpapier-Verkaufsprospekte
VersR	Versicherungsrecht (Zeitschrift)
vgl.	vergleiche
VuR	Verbraucher und Recht (Zeitschrift)
wistra	Zeitschrift für Wirtschaft, Steuern, Strafrecht
WpHG	Gesetz über den Wertpapierhandel (Wertpapierhandelsgesetz)
WM	Wertpapier-Mitteilungen (Zeitschrift)
WpDRiL	Wertpapierdienstleistungsrichtlinie
WPO	Wirtschaftsprüferordnung
WuB	Entscheidungssammlung zum Wirtschafts- und Bankrecht
ZBB	Zeitschrift für Bankrecht und Bankwirtschaft
ZGR	Zeitschrift für Gesellschaftsrecht
ZHR	Zeitschrift für Handelsrecht
ZIP	Zeitschrift für Wirtschaftsrecht und Insolvenzpraxis
Ziff.	Ziffer
ZRP	Zeitschrift für Rechtspolitik

Hinsichtlich weiterer Abkürzungen wird verwiesen auf:

Kirchner, Hildebert / Kastner, Fritz, Abkürzungsverzeichnis der Rechtssprache, 4. Auflage, Berlin 1993.

Einleitung

I. Wachsende Bedeutung der Anlageberatung

Der Kapitalmarkt bietet heute eine Fülle von Möglichkeiten, Geld mehr oder weniger ertragbringend, aber auch mehr oder weniger risikoreich anzulegen. Ursache dafür ist zum einen eine durch Harmonisierungsbestrebungen auf europäischer Ebene angestoßene kontinuierliche Deregulierung und Liberalisierung[1] des deutschen Kapitalmarktes, die dazu geführt hat, dass sich immer mehr den Kunden i.d.r. nur wenig vertraute Anlageprodukte auf den Finanzmärkten etabliert haben.[2] Zum anderen haben die Möglichkeiten moderner Informations- und Kommunikationstechnologien und die fortschreitende Globalisierung im Bereich der Finanzdienstleistungen breiten Anlegerschichten den Zugang zu den internationalen Anlagemärkten geöffnet. Mit dieser Entwicklung einhergegangen ist ein spürbarer Bedeutungszuwachs bei den Kreditinstituten und anderen institutionellen Finanzmittlern. Vor dem Hintergrund wachsender Vielfalt und Komplexität der Finanzprodukte haben auch Aufklärung und Beratung in Zusammenhang mit Anlagedienstleistungen erheblich an Bedeutung gewonnen.[3] So reicht die Palette der Vermögensanlagen, bei der die Anleger die Beratung von Kreditinstituten oder anderen Finanzdienstleistern in Anspruch nehmen, mittlerweile vom den unterschiedlichsten Sparformen über eine Vielzahl in- und ausländische Aktien, Genußscheinen, unzähligen Schuldverschreibungen und Investmentfonds bis hin zu innovativen Derivat- und Hybridanlagen wie Optionen, Futures, Caps, Swaps und Terminkontrakten.[4]

Zu der Fülle neuer Finanzprodukte kommt auch ein Wandel des Anlegerkreises, der sich bislang im Wertpapiergeschäft, insbesondere im Aktiengeschäft engagiert hat.[5] Während der Anteil der (west-)deutschen Haushalte, die Aktien besaßen, Ende der 80er Jahre weniger als 5 Prozent betrug, stieg die Quote bis 1995 auf 9 Prozent und bis 1997 sogar auf 11,2 Prozent. Im gleichen Zeitraum von 1989 bis 1997 verdreifachte sich das Kapitalvolumen deutscher Investmentfonds.[6] Während in der Vergangenheit nur eine geringe

---

1 Schwerpunkte in der Reihe der gesetzlichen Maßnahmen zur Modernisierung des Finanzplatzes Deutschland bilden vor allem die Börsengesetznovellen aus den Jahren 1986 und 1989 sowie die drei Finanzmarktförderungsgesetze, die 1990, 1994 und 1998 zu wichtige Deregulierungen und Liberalisierungen am deutschen Kapitalmarkt führten.
2 Vgl. Raeschke-Kessler, WM 1993, S. 1830; Niemann, WM 1993, S. 777 ff.
3 Potthoff, WM 1993, S. 1319; Niemann, WM 1993, S. 777 (779).
4 Horn, WM 1999, S. 1. Einen interessanten Überblick über die Vielzahl innovativer Finanzprodukte bietet Niemann, WM 1993, S. 777 ff.
5 Vgl. Raeschke-Kessler, WM 1993, a.a.O.; Horn, WM 1999, S. 1.
6 Vgl. Der Spiegel 7/99, S. 85. Allein das Volumen deutscher Aktienfonds stieg von 1995 (1,1 Mrd. DM) bis 1997 (15,0 Mrd. DM) auf das Vierzehnfache (!), vgl. Focus 41/97, S. 251. Trotz steigender Beliebtheit der Aktienanlage befinden sich in Deutschland allerdings nur ca. 14,6 % des Aktienkapitals in der Hand privater Anleger, während der Anteil in Frankreich mit 19,4 %, in Großbritannien mit 29,6 % und in den USA mit 36,4 % deutlich höher liegt. Auch das Gesamtvolumen aller deutschen Publikumsfonds war 1997 mit 343 Mrd. DM noch deutlich

Zahl von (Groß-)Investoren den Kapitalmarkt dominierte, ist die Anzahl der Investoren durch eine Masse von Kleinanlegern inzwischen erheblich gewachsen.[7] Die dadurch bedingte soziale Umschichtung der Anlegerschaft hat dazu geführt, daß zunehmend auch geschäftlich und finanziell unerfahrene Personen Vermögensanlagen erwerben und sich dabei nicht nur auf risikoarme Standardanlagen beschränken.[8]

Die grundlegenden Veränderungen am Kapitalmarkt haben jedoch nicht nur Auswirkungen auf die Anleger, sondern ebenso auf die Kapitalnachfrage. Während in der Vergangenheit im wesentlichen Großunternehmen den Kapitalmarkt durch Emission von Aktien oder Schuldverschreibungen zur Kapitalbeschaffung genutzt haben, decken nunmehr in steigendem Maße auch mittelständische Unternehmen ihren Kapitalbedarf durch die Ausgabe von Aktien und Anleihen unmittelbar über den Kapitalmarkt.[9] Damit verbunden ist nicht nur ein erheblicher Bedeutungszuwachs für die Wertpapieranlage, sondern darüber hinaus zeichnet sich auch ein grundlegender Wandel in der Rolle der Banken ab, der sich vor allem in einer Abkehr von der klassischen Intermediärs-Rolle als Kreditgeberin einerseits und Gläubigerin von Spareinlagen andererseits, hin zu einer Forcierung des Investment- und Wertpapiergeschäfts und den damit verbundenen Nebenleistungen, insbesondere der Anlageberatung äußert.

Der Grund für die wachsende Bedeutung der Wertpapieranlage im allgemeinen und der Aktienanlage im besonderen liegt zum einen im allgemeinen Anstieg privater Geldvermögen,[10] vor allem jedoch in den dauerhaft niedrigen Zinssätzen und gleichzeitig kontinuierlich steigenden Aktienkursen seit etwa Mitte der 90er Jahre.[11] Diese Rahmenbedingungen machten die Wertpapieranlage für viele Anleger attraktiv und verhalfen dem Kapitalmarkt dadurch zu der notwendigen Liquidität. Selbst vorübergehende Kursrückschläge wie im Frühherbst 1998 infolge der Asien- und Rußlandkrisen vermochten der Beliebtheit der Aktienanlage nur wenig zu schaden. Die Faszination rascher und scheinbar müheloser Gewinne interessierte im zunehmendem Maße auch eher konservativ orientierte Anleger, die bislang nur wenig oder keine Erfahrung mit ertragsorientierten

---

geringer als etwa in Großbritannien (426 Mrd. DM), Frankreich (898 Mrd. DM) oder den USA (8,046 Bill. DM), vgl. Der Spiegel 7/99, a.a.O.

7   Vgl. Heinsius, ZHR 141 (1981), S. 177 f., der bereits 1981 von einer „exorbitant gewachsenen Zahl von Kleinanlegern" spricht. Eine besonders signifikante Zunahme des Engagements der Kleinanleger im Aktiengeschäft ist angesichts niedriger Zinsen und einer dauerhaften Börsen-Hausse vor allem seit etwa Mitte der 90er Jahre feststellbar.

8   So auch Horn, WM 1999, S. 1: „Jedenfalls hat ein Teil des Publikums seine traditionell eher konservative und vorsichtige Haltung einer früher nie da gewesenen Risikobereitschaft geopfert, die freilich dann, wenn es Verluste hagelt, rasch in Selbstmitleid und die Suche nach dem Schuldigen umschlägt."

9   Vgl. Frankfurter Allgemeine Zeitung vom 13.7.1999, S. 27 und 29 („Der Markt schreibt quasi einen Preis auf das Unternehmen").

10   Horn, WM 1999, a.a.O.

11   So stieg der Deutsche Aktienindex (DAX) von Mitte 1997 bis Mitte 1998 um ca. 50 %, nämlich von etwa 4.000 Punkten auf ca. 6.000 Punkte, während die Durchschnittsrendite festverzinslicher Anlagen in diesem Zeitraum nur bei etwa 4,5 % lag.

Börsenprodukten hatten, für eine Aktienanlage.[12] Fundierte Aufklärung und kompetente Beratung haben gerade für diese Anlegerkreise einen besonderen Stellenwert.

Für die Zukunft ist eine Fortsetzung dieses Trends zur ertragsorientierten Wertpapieranlage in Aktien, Investmentfonds und innovativen Finanzprodukten und damit auch eine wachsende Bedeutung der Informations- und Beratungsleistungen in Zusammenhang mit solchen Anlageformen zu erwarten.[13] Wichtige Impulse für den Kapitalmarkt werden dabei zum einen von der wachsenden Notwendigkeit privater Altersvorsorge neben staatlicher und betrieblicher Alterssicherung ausgehen.[14] Zum anderen wird auch das wachsende Erbvermögen in Zukunft die Nachfrage nach Anlageprodukten spürbar erhöhen. So beträgt der Gesamtwert aller Erbschaften bis zum Jahr 2002 schätzungsweise ca. 2 Billionen DM, davon allein die Hälfte Geldvermögen, das über kurz oder lang neu angelegt werden muß.[15] Hinzu kommt das bereits seit Jahrzehnten aufgrund steigender Einkommen kontinuierlich zunehmende private Geldvermögen, das breiten Bevölkerungsschichten eine stärkere Spartätigkeit und verbesserte finanzielle Vorsorge ermöglicht.[16] Die durch diese Faktoren verursachte Nachfrage nach Anlagemöglichkeiten läßt nicht nur eine positive Entwicklung an den Wertpapiermärkten erwarten, sondern erhöht gleichzeitig auch das Bedürfnis nach Informations- und Beratungsleistungen. Der Beratung durch Kreditinstitute kommt dabei in der Erwartung der Mehrheit der Anlagekunden eine besondere Bedeutung zu, vertraut doch nach wie vor die weit überwiegende Mehrheit der Anleger bei der Kapitalanlage in besonderem Maße auf die Beratung ihrer Bank oder Sparkasse.[17]

---

12   Horn, WM 1999, a.a.O.

13   Wesentliche Voraussetzungen dafür wurden im Frühjahr 1998 durch das Dritte Finanzmarktförderungsgesetz (BGBl. I 1998, S. 529) geschaffen, das zu grundlegenden Novellierungen des Börsen- und Wertpapierhandelsrechts sowie des Investment- und Unternehmensbeteiligungsrechts führte.

14   So wurden vor allem im Investmentbereich durch das 3. Finanzmarktförderungsgesetz zur Förderung privater Altersvorsorge eine Reihe neuartiger Anlageprodukte, wie z.B. Altersvorsorge-Sondervermögen (sog. AS-Fonds), Gemischte Wertpapier- und Grundstücks-Sondervermögen, Dachfonds sowie geschlossene Fonds in der Rechtsform der AG zugelassen, die dem wachsenden Bedürfnis nach privater Wertpapieranlage entsprechen sollen, vgl. BR-Drucks. 605/97, S. 60 ff.

15   Vgl. Der Spiegel 17/98, S. 79. So wird der durchschnittliche Wert einer Erbschaft von 253.700 DM im Jahr 1996 auf voraussichtlich 471.600 DM im Jahr 2002 steigen, wobei allein 50,6 % in Geld- oder Versicherungsleistungen bestehen, Grundvermögen dagegen nur 44,3 % ausmachen. Vergleiche auch Fischer, Sparkasse 1995, S. 7 (12).

16   Wieneke, Discount-Broking und Anlegerschutz, S. 36 m.w.N.

17   Vergleiche die Repräsentativbefragung des Instituts für Demoskopie Allensbach, abgedruckt bei Vortmann, Beratungspflichten, S. 187. Danach ist die Beratung durch Bank oder Sparkasse die von den Anlegern mit Abstand am meisten genutzte (63,4%) Informationsquelle, der auch am meisten Vertrauen (52,3%) entgegengebracht wird.

II. Gegenstand der Untersuchung

1. Das Problem

Die erwähnte Umstrukturierung der Investorenseite am Kapitalmarkt[18], die dazu geführt hat, daß neben eine relativ geringe Zahl von zumeist professionellen Großinvestoren eine wachsende Zahl von Kleinanlegern getreten ist, hat zusammen mit der zunehmenden Ausdifferenzierung der Anlagemöglichkeiten auch eine Änderung der Rolle der Banken bei der Erbringung von Wertpapierdienstleistungen bewirkt, und zwar nicht nur in der bankgeschäftlichen Praxis, sondern auch gerade was die rechtliche Beurteilung der Rolle der Banken anbetrifft. Hätte eine Durchsicht des verfügbaren Fallmaterials Anfang der 80er Jahre noch ergeben, daß die Rechtsprechung mit Fällen der Anlageberatung – jedenfalls was den organisierten Kapitalmarkt anbetrifft - praktisch kaum befaßt war, mußten sich Rechtsprechung und Schrifttum, aber auch der Gesetzgeber in der jüngeren Vergangenheit immer häufiger mit Fragen des Anlegerschutzes und der Problematik anlagebezogener Informationspflichten beschäftigen. Die Folge war eine zunehmende Verdichtung der Anforderungen, die von der Rechtsordnung an die Kreditinstitute gestellt werden.[19] Die mit dieser Entwicklung einhergehende Haftungsverschärfung spiegelt sich in einer nahezu unüberschaubaren Reihe von Gerichtsentscheidungen zu Haftungsfragen in Zusammenhang mit fehlerhafter Anlageberatung und –aufklärung wider.

Doch so wie es nicht „den" Kunden gibt, sondern unterschiedlich erfahrene und informationsbedürftige Kunden, gibt es auch nicht „das" Risiko, über das der Kunde aufzuklären ist, damit er eine sachgerechte Entscheidung treffen kann, sondern ganz unterschiedliche, vor allem von der jeweiligen Anlageform, aber auch von den persönlichen Umständen des Anlegers abhängige Risiken. Eine qualifizierte Anlageberatung, die den Anforderungen des Gesetzgebers wie auch der Rechtsprechung vollends gerecht wird, erfordert deshalb die Berücksichtigung einer ganzen Reihe von Faktoren, welche letztlich für den Erfolg oder Mißerfolg der Anlage entscheidend sind. Eine insofern pflichtgemäße Anlageberatung setzt angesichts der Komplexität vieler Anlageprodukte und der unterschiedlichen Anlageziele der Kundschaft deshalb nicht nur eine umfassende Kompetenz des Beraters, sondern auch eine zeitintensive Aufbereitung und Abwägung einer Vielzahl unterschiedlichster Informationen voraus, um aus den zahlreichen Anlagemöglichkeiten letztendlich diejenige auszuwählen, die den Anlagezielen und wirtschaftlichen Verhältnissen des Kunden optimal gerecht wird.[20] Die Beratung ist insofern für die

---

18 Auf diese für den Kapitalmarkt bedeutsame Entwicklung wurde in der Literatur bereits Anfang der 80er Jahre hingewiesen, vgl. Schwark, Anlegerschutz durch Wirtschaftsrecht, S. 3; Heinsius, ZHR 145 (1981), S. 177.

19 So betonte auch der Vorsitzende Richter des 11., für Bankrecht zuständigen Senats des BGH, Bundschuh, auf dem Bankrechtstag 1992, daß mit steigender Anzahl von neu angebotenen Finanzprodukten auch die Bedeutung der den Banken von der Rechtsordnung auferlegten Beratungspflichten wachse; vgl. den Bericht über den Bankrechtstag von Hammen/Leinweber, WM 1992, S. 1725.

20 Horn, WM 1999, S. 1 (2).

beratende Instanz nicht nur mit hohen Haftungsrisiken, sondern auch mit einem erheblichen Personal- und Kostenaufwand verbunden.

Die Kosten belasten jedoch nicht allein die beratungspflichtigen Kreditinstitute, sondern schmälern aufgrund der Überwälzung in Form von Gebühren und Provisionen auch den Anlagegewinn des Kunden und beeinträchtigen auf diese Weise die Anlagebereitschaft. Andererseits ist ein bestimmtes Maß an Information unverzichtbar, damit der Anleger die finanziellen Folgen seines Handelns hinreichend überschauen und eine sachgerechte Anlageentscheidung treffen kann. Die Notwendigkeit einer ausreichenden Informationsversorgung besteht dabei nicht nur im Hinblick auf den individuellen Schutz der Vermögensinteressen des einzelnen Anlegers, sondern auch im Interesse reibungslos funktionierender Kapitalmärkte und eines leistungsfähigen Finanzsystems. Somit stellt sich die Frage, inwieweit durch eine entsprechende Verteilung der Informationsverantwortung und Haftungsrisiken unter den Kapitalmarktteilnehmern einerseits ein ausreichendes Maß an Informationsversorgung der Anlegerschaft sichergestellt werden kann, gleichzeitig aber auch eine Überregulierung und damit eine unnötige Belastung des Kapitalmarktes durch ein Übermaß an Schutz- und Sorgfaltspflichten vermieden wird.

Aufgabe dieser Arbeit soll es sein zu untersuchen, inwieweit bestehende gesetzliche oder von der Rechtsprechung geprägte Informationspflichten diesen Ansprüchen gerecht werden und eine angemessene, effiziente Verteilung der Informationsverantwortung unter den Marktteilnehmern vornehmen. Vor dem Hintergrund des Zusammenhangs von Informationsversorgung, Anlegerschutz und Markteffizienz ist dabei vor allem von Interesse, inwiefern der Schutz von Anlegerinteressen und Funktionsfähigkeit des Kapitalmarktes durch juristisch vermittelte Informationsmechanismen unterstützt oder durch ungeeignete rechtliche Konstrukte gegebenenfalls behindert wird.

2. Gang der Darstellung

Vor dem Hintergrund dieser Fragestellung ist zunächst zu fragen, ob eine rechtliche Regelung der Informationsproblematik überhaupt notwendig ist, oder ob statt dessen nicht marktgesteuerte und vom Wettbewerb kontrollierte Mechanismen hinreichend in der Lage sind, Informationsungleichgewichte auszugleichen und so einen ausreichenden Informationsaustausch unter den Marktteilnehmern zu gewährleisten. Soweit eine befriedigende Informationsversorgung insbesondere der privaten Anlegerschaft auf diese Weise jedoch nicht gewährleistet ist, stellt sich sodann die Frage, wann und in welchem Ausmaß Gesetzgeber und Rechtsprechung durch entsprechende Aufklärungs- und Beratungspflichten für eine ausreichende Informationsausstattung der Marktteilnehmer sorgen müssen. Insofern gilt es die Frage zu beantworten, in welchen Fällen Aufklärungs- und Beratungspflichten überhaupt bestehen, aber auch, welche rechtlichen Grundlagen und welchen Inhalt und Umfang diese Pflichten im einzelnen haben sowie die Frage nach den Konsequenzen, die an eine Verletzung der Informationspflicht geknüpft sind. Im Mittelpunkt der Betrachtung werden entsprechend ihrer überragenden Bedeutung im praktischen Anlagegeschäft vor allem die Beratungspflichten der Kreditinstitute stehen.

Angesichts unterschiedlicher Regelungsansätze soll dabei zwischen gesetzlich nicht geregelten privatrechtlichen Informationspflichten einerseits und gesetzlichen Pflichten nach dem Gesetz über den Wertpapierhandel (WpHG) andererseits differenziert werden. Während in Zusammenhang mit zivilrechtlichen Aufklärungs- und Beratungspflichten neben der Frage der Rechtsgrundlage vor allem Inhalt und Umfang derartiger Pflichten sowie die haftungsrechtlichen Konsequenzen von Pflichtverletzungen zu erörtern sein werden, werden mit Blick auf die wertpapierhandelsrechtlichen Pflichten vor allem die transaktionsbezogenen Verhaltenspflichten der §§ 31 ff. WpHG im Mittelpunkt der Erörterungen stehen. Ziel der Untersuchung soll sein, neben dem besonderen marktrechtlichen Ansatz der wertpapierhandelsrechtlichen Verhaltenspflichten in Abgrenzung zu dem auf das Zwei-Personen-Verhältnis gerichteten schuldrechtlichen Pflichtenprogramm die spezifisch aufsichtsrechtlichen Anforderungen herauszuarbeiten, die das WpHG an das Verhalten der Wertpapierdienstleister stellt. Das verbindende gedankliche Leitmotiv wird dabei darin bestehen zu beurteilen, inwiefern die bestehenden vertragsrechtlichen wie aufsichtsrechtlichen Regelungen eine angemessene, unter dem Gesichtspunkt der Förderung der Funktionsfähigkeit des Kapitalmarktes zweckmäßige Regelung bilden.

Vor diesem Hintergrund wird auch zu untersuchen sein, inwieweit die Rechtslage de lege lata Raum läßt für neue, innovative Formen des Anlagegeschäfts, insbesondere in Gestalt des sog. Direkt- oder Discount-Banking und inwiefern die bestehenden rechtlichen Rahmenbedingungen diese neue Form des Bankgeschäfts inhaltlich beeinflussen.

Zunächst sollen jedoch die sozialpolitischen und (volks-)wirtschaftlichen Grundlagen für eine rechtliche Regelung der Informationstätigkeiten bei der Kapitalanlage aufgezeigt werden, um damit eine feste Basis für weiterführende Überlegungen in bezug auf Begründung und inhaltliche Ausgestaltung von Informationspflichten zu schaffen.

1. Kapitel - Die ökonomischen und sozialpolitischen Grundlagen der Informationspflicht

§ 1 Möglichkeiten und Grenzen des Einsatzes von Informationspflichten

I. Die Bedeutung der Information für den Kapitalanleger

Grundlage für die Statuierung besonderer Informationspflichten in Zusammenhang mit Anlagegeschäften ist die Tatsache, daß ein Informationsgefälle zwischen den Beteiligten besteht.[21] Während professionelle Kapitalmarktteilnehmer, insbesondere die Banken, aber auch andere institutionelle Marktintermediäre wie etwa Investmentfonds, regelmäßig über die maßgeblichen ökonomischen Daten und Informationen verfügen, um die Erfolgsaussichten eines Anlagegeschäfts angemessen zu beurteilen, hat der private Anleger i.d.R. keine oder zumindest keine vollständige Kenntnis der anlagerelevanten Umstände.[22] Im Gegensatz zum Käufer eines realen Vermögensgegenstandes, der sich durch Augenschein und Untersuchung über Wert und Zustand der Kaufsache unterrichten und damit auch die Aussichten eines Weiterverkaufs beurteilen kann, kann beispielsweise der Aktienanleger die zukünftige Kursentwicklung seines Papiers nur schwer abschätzen. Dem Anleger fehlen dafür nicht nur wichtige ökonomische Hintergrundinformationen zur Lage an den Finanzmärkten und zur wirtschaftlichen Situation des jeweiligen Emittenten, darüber hinaus verfügt der private Durchschnittsanleger i.d.R. auch nicht über das notwendige Fachwissen und die erforderliche Erfahrung, um die Chancen und Risiken einer Anlagemöglichkeit sachgerecht beurteilen und abwägen zu können. *Hopt* hat in dem Zusammenhang zu Recht von „fachlicher Ohnmacht" und von „Überforderung des Anlegers bei selbständiger Anlageentscheidung" gesprochen.[23] Angesichts der Hilflosigkeit der Mehrzahl der Anleger kann die Auswahl einer geeigneten Kapitalanlage deshalb nicht ohne Bedenken ausschließlich den individuellen Fähigkeiten und dem persönlichen Geschick des einzelnen Anlegers überlassen werden, vielmehr besteht auf Seiten des Kunden regelmäßig ein erhöhtes Bedürfnis nach Information und fachlicher Betreuung. Aufklärung und Beratung sollen dieses Informations- und Kompetenzdefizit ausgleichen und dem Anleger eine informierte und sachgerechte Entscheidung ermöglichen. Zweck der Statuierung von Informationspflichten ist somit die Schaffung und Erweiterung der Entscheidungsbasis des Anlegers. Voraussetzung dafür ist, daß der Anleger zuverlässig über all diejenigen Tatsachen und Umstände. unterrichtet wird, die für eine vernünftige, qualifizierte Anlageentscheidung erforderlich sind. Dazu gehört insbesondere die Aufklärung über die spezifischen Vorteile und Risiken eines Anlagegeschäfts, denn nur wenn der Anleger richtig und vollständig sowohl über die charakteristischen Merkmale der ver-

---

21 Dazu ausführlich Hopt, Kapitalanlegerschutz, S. 88 ff.
22 Rümker, Bankrechtstag 1992, S. 29 (32).
23 Hopt, Kapitalanlegerschutz, S. 88 ff.

schiedenen Anlageformen als auch über die besonderen Chancen und Gefahren der im einzelnen zur Wahl stehenden Wertpapiere informiert ist, ist er in der Lage, vernünftig zu entscheiden, inwieweit die jeweiligen Anlagemöglichkeiten seinen Wünschen und Bedürfnissen gerecht werden.[24] Information ermöglicht bzw. stärkt auf diese Weise die eigenverantwortliche Entscheidung des Anlegers und gewährleistet damit ein Kernelement freier Willensentscheidung.[25]

II. Informationspflichten zum Schutz der Privatautonomie

Der Schutz der Willensfreiheit des Anlegers durch Statuierung von Aufklärungs- und Beratungspflichten gewährleistet somit eine wesentliche Funktionsvoraussetzung der Privatautonomie. Nur wenn der Anleger richtig und vollständig über alle entscheidungsrelevanten Umstände informiert ist, insbesondere wenn er die Eigenschaften und Gefahren des gewünschten Anlageprodukts sowie mögliche Anlagealternativen hinreichend kennt, daneben aber auch die eigenen Anlageziele und finanziellen Bedürfnisse angemessen einschätzen kann, ist er auch in der Lage seine finanziellen Interessen eigenverantwortlich und selbstbewußt gegenüber den Anlageanbietern durchzusetzen.[26] Ein ausreichendes Maß an Informationen als Basis eines mündigen Anlageverhalten ist deshalb eine notwendige Voraussetzungen dafür, daß der Kunde seine wirtschaftlichen Interessen in der rechtsgeschäftlichen Auseinandersetzung mit Banken oder anderen Anlagedienstleistern eigenverantwortlich zur Geltung bringen kann, so daß im Ergebnis ein angemessener Interessenausgleich und Vertragsgerechtigkeit erreicht werden.[27]

In der Auferlegung spezieller Informationspflichten, die darauf gerichtet sind, im Interesse einer selbstverantwortlichen Entscheidung des Anlegers das Informationsgefälle zwischen den Beteiligten zu beseitigen, liegt auch keine Umverteilung von Risiken, denn die Informationspflicht soll dem Anleger die Risiken des Vertragsschlusses lediglich aufzeigen, damit dieser sich dann in Kenntnis der Gefahren bewußt dafür oder dagegen entscheiden kann.[28] Die Informationspflicht soll dem Anleger jedoch das wirtschaftliche Risiko der Investition keinesfalls abnehmen. Vielmehr muß der Anleger auf der Basis des vom Berater de lege artis vermittelten Informationsstandes das Anlagerisiko selbst tragen.[29] Die Empfehlung zum Kauf von Wertpapieren bürdet dem Berater insofern keine

---

24 Breidenbach, Informationspflichten, S. 11 f.
25 Rümker, Bankrechtstag 1992, a.a.O.
26 Zum Verhältnis von Privatautonomie und Informationspflicht Schupeta, Aufklärungspflichten der Banken, S. 23 ff.; Dauner-Lieb, Verbraucherschutz, S. 63 ff. und 104 ff; dies., ZfgK 1984, S. 941 (942); Rümker, Bankrechtstag 1992, S. 29 (32), Schimansky, WM 1995, S. 461 (464).
27 Zur Wahrung der Interessen des einzelnen in einer privatautonomen Rechtsordnung vgl. Dauner-Lieb, ZfgK 1984, S. 941; Kübler in FS für Raiser, S. 697 (705); von Westphalen, DB 1981, S. 61 (63); Schupeta, Aufklärungspflichten der Banken, S. 23 ff.; Riesenfeld in Jahrbuch Junger Zivilrechtswissenschaftler (1995), S. 9 ff.
28 Breidenbach, Informationspflichten, S. 12 f.
29 Rümker, Bankrechtstag 1992, S. 29 (39).

Erfolgshaftung für steigende Kurse auf.[30] Hat der Berater den Kunden hinreichend auf bestehende Kursrisiken hingewiesen, so begründen Kauf- oder Verkaufsempfehlungen, die auf einer Einschätzung der allgemeinen Kursentwicklung basieren, ohne daß dem Anlageberater eine Verletzung seiner Sorgfaltspflicht vorgeworfen werden kann, insofern keine Pflichtverletzung. Vielmehr trägt der Kunde, der sich in Kenntnis der Gefahr eigenverantwortlich für eine bestimmte Kapitalanlage entschieden hat, auch das Risiko, daß seine Erwartungen enttäuscht werden.

III. Grenzen der Informationspflichten

Die vorangegangenen Feststellungen lassen gleichzeitig die Grenzen des Schutzes, den Informationspflichten zu bieten vermögen, erkennen. Informationspflichten können und sollen nicht die Anlageentscheidung des Effektenkunden determinieren, in dem Sinne, daß der Anleger durch die Beratung zu einem bestimmten, als wünschenswert empfundenen Investitionsverhalten veranlaßt werden soll. Aufklärung und Beratung dürfen deshalb nicht zur Bevormundung des Anlegers führen. Ziel ist vielmehr, die informationelle Grundlage für eine sachverständige, eigenverantwortliche Entscheidung des Anlegers zu schaffen. Informationspflichten entlassen den Anleger dagegen nicht aus der Selbstverantwortung.[31]

Zu weitgehend erscheint deshalb eine Auffassung, die den zur Aufklärung Verpflichteten - in diesem Fall also vor allem die Kreditinstitute - für verpflichtet hält, sicherzustellen, daß der andere Teil - also der Anleger - nicht durch Abschluß eines nicht interessengerechten Vertrages geschädigt und in seinen künftigen Leistungsinteressen enttäuscht wird.[32] Diese Auffassung überschreitet die Grenzen der Privatautonomie. Zwar ist mit der Statuierung von Informationspflichten gerade im Bereich der Kapitalanlage vom Grundsatz her die Erwartung verbunden, der Wertpapierkunde werde sachlich und rational entscheiden, dennoch garantiert die Privatautonomie gleichwohl jede, auch irrationale oder unvernünftige Entscheidung, selbst wenn für den Anleger damit erhebliche finanzielle Verluste verbunden sind.[33] Es kann deshalb nicht Aufgabe der Bank sein, ihre Kunden durch entsprechende Beratung von riskanten Geschäften und möglicher Selbstschädigung abzuhalten.

Ob und in welchem Umfang der Anleger im Rahmen eines Wertpapiergeschäfts Risiken auf sich nimmt, muß allein er selbst entscheiden. Der Anleger soll nur wissen, auf welche Risiken er sich einläßt. Ziel der Beratung ist dagegen nicht, wie *Köndgen* zutreffend formuliert, dem „Vertragsschließenden ein gutes oder auch nur faires Geschäft

---

30 So auch OLG Frankfurt/Main WM 1990, 1452 (1453). Vgl. dagegen LG Augsburg, EWiR 1995, 955 mit ablehnender Anmerkung von Vortmann.
31 Rümker, Bankrechtstag 1992, a.a.O.; Breidenbach, Informationspflichten, S. 12.
32 So jedoch Lehre vom „sozialen Kontakt", vgl. MünchKomm/Roth, BGB, § 242 Rn. 204 m.w.N.
33 In Ergebnis ebenso Rümker, Bankrechtstag 1992, S. 29 (39); Breidenbach, Informationspflichten, a.a.O.

zu sichern".[34] Die Beratung kann insofern nur die Entscheidungsbasis des Anlegers legen oder erweitern, sie kann dem Anleger hingegen nicht die Entscheidung abnehmen.[35] Die Entscheidung für oder gegen ein Anlageprodukt oder eine Anlagestrategie muß der Anleger vielmehr selbst in eigener Verantwortung treffen und dementsprechend auch die finanziellen Konsequenzen dieser Entscheidung tragen.

IV. Der Präventionscharakter von Informationspflichten

Die Verletzung von Informationspflichten durch Unterlassung der gebotenen Aufklärung oder fehlerhafte Anlageempfehlungen begründet zwar eine Schadensersatzpflicht der fehlerhaft beratenden Bank, allerdings bildet die Haftung lediglich die nachträgliche Rechtsfolge der Pflichtverletzung. Von ihrer rechtspolitischen Zielrichtung her ist die Informationspflicht dagegen präventiv ausgerichtet, denn die Aufklärung soll das zukünftige Verhalten des Anlegers beeinflussen. Dieser präventive Charakter der Informationspflicht hat Auswirkungen auf den Inhalt der Pflicht. So ist die Frage, ob und in welchem Umfang im Rahmen eines Wertpapiergeschäfts eine Informationspflicht der Bank bestand, stets aus der ex-ante-Perspektive, also gerichtet auf den Zeitpunkt des Anlagegeschäfts, zu beantworten.

Der Umstand, daß insbesondere in der gerichtlichen Auseinandersetzung um mögliche Schadensersatzansprüche das Problem der Pflichtverletzung naturgemäß retrospektiv betrachtet wird, darf nicht zu einer ex-post-Perspektive im Hinblick auf Bestand und Umfang von Informationspflichten verleiten. Erforderlich ist vielmehr eine Perspektive, die im Hinblick auf die der Haftung vorangestellte Frage nach dem Pflichtentatbestand auf den Zeitpunkt der Anlageverhandlungen zwischen Kunde und Bank abstellt.[36] Für den Umfang der im Rahmen der Beratung zu beachtenden Informationen bedeutet das, daß vom Berater nur die Berücksichtigung solcher Umstände erwartet und verlangt werden darf, die zum Zeitpunkt der Beratung bekannt oder zumindest erkennbar waren.

Eine ergebnisorientierte Betrachtungsweise, die ausgehend von der rechtspolitischen Mißbilligung eines bestimmten Anlageverhaltens bzw. dessen Folgen lediglich einen bequemen Haftungtatbestand sucht, ist mit dem Präventionscharakter der Informationspflicht dagegen nicht vereinbar.[37] Ihre investitionssteuernde, allokative Funktion vermögen Informationspflichten nur zum Zeitpunkt der Anlageentscheidung zu entfalten und nicht im nachhinein. Eine retrospektive Statuierung von Informationspflichten aus der ex-

---

34 Köndgen, Selbstbindung, S. 125.
35 So auch Breidenbach, Informationspflichten, a.a.O.
36 Vgl. Breidenbach, Informationspflichten, S. 13. Hildebrandt, Erklärungshaftung, S. 157, wies bereits Anfang der 30er Jahre zutreffend darauf hin, daß der Pflichtentatbestand in der Weise zu bestimmen sei „wie der Gesetzgeber der Tatzeit bei Kenntnis des Einzelfalls die Erklärungspflicht vermutlich geregelt hätte".
37 A.A. dagegen Klinger, Aufklärungspflichten im Vertragsrecht, S. 135 ff., der eine Instrumentalisierung von Informationspflichten in dem Bemühen um gerechte Lösungen zumindest in einigen Fallgruppen für zulässig erachtet.

post-Perspektive begründet deshalb einen unzulässigen Mißbrauch von Informationspflichten als bloße Haftungskonstruktion für einen gefälligen Anlegerschutz und widerspricht damit der eigentlichen, auf die Gewährleistung einer informierten Entscheidung
als wesentliche Funktionsbedingung der Privatautonomie gerichteten Funktion der Informationspflicht.

§ 2 Gründe für das Bestehen spezieller Informationspflichten im Kapitalanlagege-
schäft

Daß Informationspflichten, gleich welchen Inhalts, einer besonderen normativen
Grundlegung bedürfen, liegt auf der Hand. Insofern ist die Frage nach der Zurechnungs-
grundlage für Informationspflichten angesprochen. Sie gibt an, warum die Rechtsordnung die eine Seite - in diesem Fall den Anleger - schützt, indem sie der anderen Seite
- hier den Anlageanbietern, insbesondere den Kreditinstituten - entsprechende Rechtspflichten auferlegt.[38] Die Frage nach der dogmatischen Grundlage für die Zurechnung
von Informationspflichten ist dabei von besonderem Interesse, bildet sie doch den Ausgangspunkt für die Bestimmung des Pflichteninhalts und -umfangs, und damit sozusagen
den „normativen Rahmen", in dem die Konkretisierung der Pflicht erfolgt.[39]

I. Das Verbraucherschutzprinzip als Grundlage für Informationspflichten

1. Anlegerschutz als Desiderat des grundgesetzlichen Sozialstaatsprinzips

Eine in der Literatur[40] vertretene Auffassung, die auch vereinzelt in der Rechtsprechung Widerhall gefunden hat[41], versucht, Informationspflichten aus dem Gebot des Verbraucherschutzes abzuleiten. Diese Ansicht verweist auf das in den Artikeln 20 Abs. 1
und 28 Abs. 1 des Grundgesetzes verfassungsrechtlich verankerte Sozialstaatsprinzip als
Grundlage für besondere Schutzpflichten.[42] So entsprechen nach Ansicht von *Reich* die
allgemeinen schuldrechtlichen Informationspflichten gegenüber dem Endverbraucher

---

38 Vgl. Canaris, Vertrauenshaftung, S. 470.; Hopt, Kapitalanlegerschutz, S. 351 ff.
39 Breidenbach, Informationspflichten, S. 23 f.
40 Reich, NJW 1978, S. 513 (519); Hopt, Kapitalanlegerschutz, S. 267 ff.; ähnlich Schumacher,
    Vertragsaufhebung, S. 81 ff.; vgl. auch Schacht, Kapitalmarktaufsicht, S. 33 f.; Schwark, An-
    legerschutz durch Wirtschaftsrecht, S. 10 f.; ders. in FS für Steindorff, S. 473 (480).
41 OLG Düsseldorf WM 1996, 1082 (1085) unter Verweis auf BVerfG NJW 1994, 36 (38 f.), das
    bei struktureller Unterlegenheit einer Vertragspartei aus dem Sozialstaatsprinzip eine Korrektur-
    pflicht der Rechtsordnung zugunsten des schwächeren Teils ableitet.
42 So ausdrücklich Schumacher, Vertragsaufhebung, S. 82 ff.; Hopt, Kapitalanlegerschutz, a.a.O.;
    Reich, NJW 1978, a.a.O.; Dauner-Lieb, ZfgK 1984, S. 988 ff.

aufgrund des gestiegenen Verbraucherrisikos dem sozialstaatlichen Verfassungsgebot[43] und *Hopt* leitet aus einem verfassungsrechtlich begründeten Anlegerschutzprinzip ein System von Individualpublizitätspflichten ab.[44] Auch *Schumacher* betrachtet Informationspflichten gegenüber Unerfahrenen als eine Ausprägung des grundgesetzlichen Sozialstaatsprinzips.[45]

Die Aufgabe von Anlegerschutz besteht nach dieser Auffassung vor allem darin, dort Chancengleichheit herzustellen, wo diese durch wirtschaftliche Macht gefährdet ist.[46] Anlegerschutz ist danach im wesentlichen Selbstzweck, dem das an allgemeinen Gerechtigkeitserwägungen orientierte Ideal eines wirtschaftlich und sozial ausgeglichenen Kräfteverhältnisses zwischen den Beteiligten zugrunde liegt.

2. Fachliche Unterlegenheit des Anlegers

Den Grund für die Notwendigkeit spezieller Informationspflichten gegenüber privaten Anlegern sehen die Vertreter dieser Ansicht in einer fachlich-strukturell begründeten Unterlegenheit des Privatanlegers gegenüber den professionellen Anlageanbietern und Marktintermediären, insbesondere gegenüber den Banken.[47] Die Störung der Vertragsparität beruht danach vor allem auf der wirtschaftlichen und rechtsgeschäftlichen Unerfahrenheit und dem daraus resultierenden unzureichenden fachlichen Urteilsvermögen des privaten Anlegers.[48] Die fachliche und informationelle Unterlegenheit des Privatanlegers führt nach dieser Ansicht im Ergebnis dazu, daß der Anleger nicht in der Lage ist, als gleichberechtigter Partner seine finanziellen Interessen eigenverantwortlich und selbständig zu vertreten.[49] Der Anleger als Verbraucher bedarf nach dieser Ansicht deshalb in besonderem Maße des Schutzes durch die Rechtsordnung.[50] Dieser Schutz des *„wirtschaftlich Ungewandten, den Geheimnissen des Börsengeschehens unwissend und hilflos gegenüberstehenden Durchschnittsanlegers"* [51] erfolgt unter anderem durch die Statuierung von Aufklärungs- und Beratungspflichten zugunsten des Effektenkunden.[52] Ein wesentliches Element des von *Hopt* entwickelten Anlegerschutzprinzips bildet deshalb die Individualpublizität. Die informationelle und fachliche Unterlegenheit des Anle-

---

43   Reich, NJW 1978, a.a.O.
44   Hopt, Kapitalanlegerschutz, S. 413 ff.
45   Schumacher, Vertragsaufhebung, S. 82 f.: „Konkretisierung des Sozialstaatsprinzips".
46   Vgl. Hopt, Kapitalanlegerschutz, S. 261 ff.; Koch/Schmidt, BFuP 1981, S. 231 (235).
47   Vgl. OLG Düsseldorf WM 1996, 1082 (1083); Dauner-Lieb. ZfgK 1984, S. 941 (942); Knauth in Löffelholz/Müller, Gabler-Bank-Lexikon (10. Aufl.) S. 2115 ff.; Schupeta, Aufklärungspflichten der Banken, S. 26 f.; Schwintowski, Bankrecht - Prüfe dein Wissen, S. 569/570. Grundlegend zu verbraucherbezogenen Schutzpflichten bei Ungleichgewichtslagen BVerfG NJW 1994, 36 ff.
48   Knauth in Löffelholz/Müller, Gabler-Bank-Lexikon (10. Aufl.) S. 2115; Dauner-Lieb, Verbraucherschutz, S. 65 f.
49   Vgl. OLG Düsseldorf WM 1996, a.a.O. Nach Ansicht von Schumacher, Vertragsaufhebung, S. 74 ff., ist der Verbraucher weder in der Lage, seine Interessen zutreffend zu beurteilen, noch diese erfolgreich gegenüber professionellen Marktteilnehmern durchzusetzen.
50   Dazu vgl. von Westphalen, DB 1981, S. 61 (63 f.).
51   Hopt, Kapitalanlegerschutz, S. 418.
52   OLG Düsseldorf WM 1996, 1082 (1085).

gers gegenüber den Banken soll so durch entsprechende Aufklärung und Beratung ausgeglichen werden.[53] Ziel ist ein annähernd ausgewogenes Kräfteverhältnis, das den Anleger in etwa auf das gleiche Wissensniveau hebt wie den Initiator bzw. Verkäufer des Anlageprodukts. Die Bank hat nach dieser Ansicht deshalb insbesondere sicherzustellen, *„daß der Kunde sich über den Risikocharakter derartiger Geschäfte im allgemeinen und gegebenenfalls über die besonderen Risiken des konkreten Spekulationsgeschäfts im klaren ist".*[54]

3. Verbraucherschutz durch Aufklärung - das Informationsmodell

Die Verknüpfung von Informationspflicht und Verbraucherschutzgedanken ist kennzeichnend für einen Ansatz, der in der Literatur allgemein als „Informationsmodell" bekannt geworden ist.[55] Dieser Ansatz stellt den liberalen Grundsatz der Privatautonomie nicht in Frage, beabsichtigt aber eine systemkonforme Anpassung an die besonderen wirtschaftlichen und sozialen Rahmenbedingungen des Kapitalmarktes.[56] Danach gewährleisten Marktmechanismus und funktionierender Wettbewerb grundsätzlich Parität von Anbieter- und Verbraucherseite.[57] Die Vertreter dieser Auffassung betonen deshalb die Notwendigkeit einer effektiven Wettbewerbspolitik.[58] Zum anderen wird aber auch die Notwendigkeit ausreichender Informationen als eine weitere wesentliche Funktionsbedingung von Privatautonomie unterstrichen,[59] denn zwischen den Marktkontrahenten - den Kreditinstituten auf der einen und den Anlegern auf der anderen Seite - bestehe grundsätzlich ein Informations- und damit Machtungleichgewicht, das es dem Anleger als dem schwächeren Teil unmöglich mache, seine finanziellen Bedürfnisse zu erkennen und gegenüber den professionellen Anlageanbietern und Marktintermediären durchzusetzen.[60] Im Interesse der Verbrauchersouveränität sind deshalb nach dieser Ansicht besondere Informations- und Beratungspflichten zum Schutz des Anlegers erforderlich. Der Grund für die Schutzbedürftigkeit des Anlegers wird vor allem in der typischen „rechtlichen und geschäftlichen Unerfahrenheit" und einem daraus resultierenden „unzureichenden finanziellen Urteilsvermögen" des Privatanlegers gesehen,[61] das es dem Anleger unmöglich mache, sein Informationsbedürfnis aus eigener Kraft angemessen zu befriedigen. Aus diesem Grund bedarf es nach dieser Ansicht der Statuierung spezieller Informations-

---

53 Hopt, Kapitalanlegerschutz, S. 413 ff.
54 Hopt, Kapitalanlegerschutz, S. 422/423; allgemein zum Schutz Unerfahrener durch besondere Informationspflichten: Schumacher, Vertragsaufhebung, S. 79 ff.
55 Dazu Simitis, Verbraucherschutz, S. 144 ff.
56 Dauner-Lieb, ZfgK 1984, S. 941 f.; allgemein zum Verhältnis des Informationsmodells zur liberalen Wirtschaftsform: Simitis, Verbraucherschutz, S. 147.
57 Dauner-Lieb, ZfgK 1984, S. 941 (942).
58 Hönn, Kompensation gestörter Vertragsparität, S. 109 ff.
59 Stauß in Geigant/Sobotka/Westphal (Hrsg.), Lexikon der Volkswirtschaft, S. 683; Hönn, Kompensation gestörter Vertragsparität, S. 257.
60 Allgemein zum Problem der Verbrauchersouveränität bei Informationsasymmetrien: Dauner-Lieb, ZfgK 1984, a.a.O.
61 Dauner-Lieb, ZfgK 1984, a.a.O.; dies., Verbraucherschutz, S. 76 ff.

pflichten der institutionellen Anlageanbieter, also vor allem der Kreditinstitute, um so die für eine eigenständige Interessenwahrnehmung erforderliche Markt- und Produkttransparenz der Anleger zu erhöhen und damit ein zumindest ansatzweise ausgewogenes Kräfteverhältnis zwischen den Kontrahenten herzustellen.[62]

4. Kritik am Informationsmodell

Die pauschale Verknüpfung von Anlegerschutz und Information, wie sie das Informationsmodell vornimmt, ist nicht zuletzt aus Kreisen des Verbraucherschutzes als unzureichend kritisiert worden. So wurde vorgebracht, das Informationsmodell sei nicht in der Lage, die funktionsbeeinträchtigenden Folgen des Marktmechanismus befriedigend auszugleichen.[63] Gerade im Bereich der Wertpapier- und Kapitalanlage sei nicht nur die Informationskapazität, sondern auch und Informationsbereitschaft vieler Anleger zu begrenzt, um angesichts des großen Angebots und der Kompliziertheit der Materie unter dem Einfluß von Anbieterstrategien eine sachgerechte und ausgewogene Entscheidung zu treffen. Die von den Vertretern des Informationsmodells postulierte Konsumentensouveränität und Rationalität der Verbraucherentscheidung sei deshalb lediglich eine Fiktion.[64] Information und Aufklärung des Anlegers könnten unter diesen Bedingungen allein keinen ausreichenden Schutz des Verbrauchers gewähren, vielmehr müsse das Machtungleichgewicht zusätzlich z.B. durch eine Inhaltskontrolle der Verträge kompensiert werden.[65]

a. Schutzlücken

Diese Kritik will mit Blick auf den Verbraucherschutz vor allem aufzeigen, was Beratung im Rahmen des Anlegerschutzes nicht zu leisten vermag und wo trotz Aufklärung nach wie vor Schutzlücken bleiben. Davon ausgehend wird eine über den bloßen Informationsbedarf hinausgehende umfassende Schutzbedürftigkeit des Anlegers herausge-

---

62   Vgl. Stauß in Geigant/Sobotka/Westphal (Hrsg.), Lexikon der Volkswirtschaft, S. 683 f.; Schumacher, Vertragsaufhebung, S. 80.

63   Zur Kritik am Informationsmodell vgl. Stauß in Geigant/Sobotka/Westphal (Hrsg.), Lexikon der Volkswirtschaft, S. 684; Dauner-Lieb, ZfgK 1984, S. 988 (990) sowie Schupeta, Aufklärungspflichten der Banken, S. 26 m.w.N.

64   Dauner-Lieb, Verbraucherschutz, S. 113; ähnlich auch Simitis, Verbraucherschutz, S. 97 ff.

65   In diesem Zusammenhang ist vor allem an die von der Rechtsprechung mehrfach vorgenommene Inhaltskontrolle von Gebühren- und Entgeltvereinbarungen zu denken, wie z.B. Gebührenverbot für Freistellungsaufträge (OLG Karlsruhe WM 1996, 2331 ff.; OLG Zweibrücken WM 1996, 2338 ff.). Vgl. in dem Zusammenhang auch BGHZ 124, 254 ff.; BGH DB 1996, 1404; BGH NJW 1996, 1902.
      darüber hinausgehend wird in der jüngeren Literatur z.B. von Arendts in Jahrbuch Junger Zivilrechtswissenschaftler (1995), S. 165 (167), ders., DZWir 1994, S. 185 (186) aber auch von Schwintowski, ZIP 1988, S. 1021 (1026); ders., EWiR 1991, 259 (260) im Interesse eines umfassenden Anlegerschutzes eine prozentuale Begrenzung des Umfangs spekulativer Anlagegeschäfte gefordert.

arbeitet.[66] Dahinter verbirgt sich die grundsätzliche Frage, inwieweit in einer vom Wettbewerb kontrollierten Wirtschaftsordnung der Schutz der Verbraucherinteressen, in diesem Fall der Anlegerinteressen, innerhalb eines von der Rechtsordnung garantierten Mindestrahmens grundsätzlich dem Geschick und Engagement des Einzelnen überlassen werden kann, oder ob ein angemessener Schutz des Verbrauchers nur durch weiterreichende gesetzliche Vorschriften zu erreichen ist. Bezogen auf den Anlegerschutz stellt sich damit die Frage, inwiefern Aufklärung und Beratung allein einen ausreichenden Schutz des Kapitalanlegers zu gewährleisten vermögen.

Hopt hat neben dem Informationsrisiko vier weitere grundsätzliche Risiken für den Kapitalanleger nachgewiesen, nämlich das Risiko der Substanzerhaltung, das Abwicklungs- und Verwaltungsrisiko, das Konditionsrisiko sowie das Risiko der Interessenvertretung.[67] Während Aufklärungs- und Beratungspflichten gegenüber den Anlegern nur das Informationsrisiko zu verringern vermögen, verbleiben Schutzlücken vor allem im Hinblick auf Interessenkonflikte sowie die Abwicklung von Wertpapieraufträgen und die Depotverwaltung. Informationspflichten vermögen beispielsweise nicht die Risiken zu beseitigen, die aus einer Kollision gegensätzlicher Interessen resultieren - seien es nun widerstreitende Interessen verschiedener Kunden oder ein Konflikt zwischen Kundeninteressen und Eigeninteressen des Kreditinstituts. Bloße Aufklärung über solche Interessenkonflikte hilft dem Kunden hier wenig, da er sich vor der Gefahr höchstens durch einen Verzicht auf das Anlagegeschäft schützen kann. Der Umfang der Schutzlücke wird insbesondere deutlich, wenn derartige Konflikte typisch für das (Universal-) Bankgewerbe sind und bei allem Kreditinstituten auftreten, so daß auch der Wettbewerb zwischen den Instituten dem Anleger keinen befriedigenden Schutz bietet.[68] Hier versprechen nur zwingende gesetzliche Regelungen, die unmittelbar an das Verhalten der Anlageanbieter anknüpfen und diese generell zu einer Vermeidung von Interessenkonflikten und um-

---

66 Dauner-Lieb, ZfgK 1984, S. 941 (942) sowie ZfgK 1984, S. 988 (988 ff.); Stauß in Geigant/ Sobotka/Westphal (Hrsg.), Lexikon der Volkswirtschaft, S. 684; Arendts in Jahrbuch Junger Zivilrechtswissenschaftler (1995), S. 165 (167, 177).

67 Ausführlich Hopt, Kapitalanlegerschutz, S. 82 ff. Die von Hopt aufgezeigten Risiken lassen sich beispielhaft an den Vorschriften des KAGG für Wertpapier-Sondervermögen zeigen: So hat der Gesetzgeber mit den Investitionsvorschriften der §§ 8 - 8m KAGG das Substanzerhaltungsinteresse des Investmentanlegers abgesichert, während die Pflicht zur Einschaltung einer Depotbank (§ 12 KAGG) das Verwaltungsrisiko betrifft. Die Kontrollbefugnisse der Depotbank gegenüber der Kapitalanlagegesellschaft (§§ 12a, 12c KAGG) sichern außerdem eine hinreichende Interessenwahrung des Anlegers gegenüber der Kapitalanlagegesellschaft. Die in § 15 KAGG normierte Pflicht zur Genehmigung der Vertragsbedingungen durch die Bankaufsichtsbehörde ist auf das Konditionsrisiko gerichtet und die in §§ 19, 20 KAGG geregelten prospektbezogenen Informationspflichten dienen schließlich dem Informationsbedürfnis des Anlegers. Die Vorschriften des KAGG für die übrigen Sondervermögen enthalten vergleichbare Bestimmungen.

68 Solche typischen Interessenkonflikte treten vor allem bei Universalbanken häufig auf, z.B. wenn diese Banken im Rahmen des Emissionsgeschäfts für den Wertpapieremittenten tätig werden, aber im Rahmen des Kommissionsgeschäfts gleichzeitig die Interessen der Wertpapierkäufer zu wahren haben. Gleiches gilt, wenn das Kreditinstitut selbst als Aktionär an einem Unternehmen beteiligt ist und deshalb im Interesse steigender Kurse den Kauf dieser Papiere empfiehlt.

fassender Wahrung des Kundeninteresses verpflichten, ausreichenden Anlegerschutz.[69] Die Versorgung des Anlegers mit Informationen durch die Statuierung von Aufklärungs- und Beratungspflichten kann dagegen lediglich die Voraussetzungen für eine informierte, eigenverantwortliche Entscheidung des Anleger gewährleisten, darüber hinaus jedoch keinen Schutz vor sonstigen nicht informationell bedingten Beeinträchtigungen des Kundeninteresses bieten.

b. Unzureichende Verkürzung des Anlegerschutzes auf Informationsaspekte

Gleichgültig, worin nun im einzelnen die Schutzlücken gesehen werden, so ist doch offensichtlich, daß die Gewährleistung der Voraussetzungen für eine informierte Anlageentscheidung allein keinen kompletten Anlegerschutz zu leisten vermag. Im Einsatz von Informationspflichten als bevorzugtes oder gar ausschließliches Element des Verbraucherschutzes liegt folglich - zumindest was den Bereich der Wertpapieranlage anbetrifft - eine potentielle Überschätzung ihrer Schutzmöglichkeiten. Eine pauschale Verknüpfung i.S.e. Anlegerschutzes, der vor allem auf Informationspflichten setzt, erscheint deshalb nicht unbedenklich, deutet sie doch eine Reduzierung des Anlegerschutzes auf den Informationsaspekt an. Ein Beispiel für die Gefahr einer unzureichenden Einengung des Anlegerschutzes auf Informationsgesichtspunkte bietet die nachträgliche Einfügung des § 34a (getrennte Vermögensverwaltung) in das Wertpapierhandelsgesetz. Während die zum 1.1.1995 in Kraft getretene Ursprungsfassung des Gesetzes keine besonderen Vorschriften für die Vermögensverwaltung vorsah und den Anlegerschutz auf die in den §§ 31 - 32 WpHG geregelten allgemeinen Verhaltens- und Lauterkeitspflichten, insbesondere die Informationspflicht gem. § 31 Abs. 2 Nr. 2 WpHG beschränkte, hat der Gesetzgeber zum 1.1.1998 mit Blick auf die weiterreichenden Vorgaben der EG-Wertpapierdienstleistungsrichtlinie (93/22/EWG) und vor dem Hintergrund international üblicher kapitalmarktrechtlicher Standards für die Vermögensverwaltung den Grundsatz getrennter Vermögensverwaltung in das Wertpapierhandelsgesetz aufgenommen. Dadurch wurde die Schutzlücke in bezug auf das Insolvenz- und Verwaltungsrisiko des Kunden, das durch die vor Verhaltenspflichten der §§ 31, 32 WpHG, die neben allgemeinen Verhaltensprinzipien vor allem auf Information des Kunden gerichtet sind, nicht erfaßt wurde, geschlossen, so daß nunmehr auch im Bereich der Vermögensverwaltung ein hinreichender, international üblichen Standards entsprechender Anlegerschutz gewährleistet ist.[70]

Das Beispiel der wertpapierhandelsrechtlichen Verhaltenspflichten zeigt, daß die Überschätzung der Funktionsmöglichkeiten von Informationspflichten nicht zu unterschätzende Risiken birgt, besteht doch die Gefahr, daß durch die Verengung des Anlegerschutzes auf das Informationskriterium die Möglichkeiten dessen, was Aufklärung

---

69 Eine solche Regelung hat der Gesetzgeber in Gestalt der §§ 31 Abs. 1 Nr. 2, 32 Abs. 1 Nr. 1, 33 Abs. 1 Nr. 2 WpHG nunmehr seit dem 1.1.1995 geschaffen.

70 Zu den Hintergründen und Einzelheiten des § 34a WpHG vgl. Reg. Begründ. BT-Drucks. 13/ 7142, S. 110 f.

und Beratung zu leisten vermögen, überschätzt werden. Werden Informationspflichten jedoch zu Zwecken postuliert, die nicht ihrer Funktion entsprechen und denen sie von vornherein nicht gerecht werden können, so liegt darin eine Entartung des Beratungsgedankens.

Erfordert der Schutz des Verbrauchers dagegen mehr als nur die Bereitstellung von Information und damit mehr als Beratungspflichten zu leisten vermögen, so blockiert eine einseitige Fokussierung des Anlegerschutzes auf die Gesichtspunkte von Information und Beratung einen sachgerechten und angemessenen Anlegerschutz. Eine Interpretation der Informationspflicht als wichtigstes oder gar einziges Instrument des Verbraucherschutzes behindert den erstrebten Anlegerschutz deshalb eher als ihn zu fördern.[71] Eine enge konditionale Verknüpfung im Sinne eines Verbraucherschutzes, der sich vor allem auf Aufklärung und Information stützt, ist deshalb gerade im Interesse eines angemessenen und wirkungsvollen Anlegerschutzes nur eingeschränkt und mit Vorsicht möglich. Die Ableitung von Informationspflichten aus dem Gedanken des Verbraucherschutzes ist deshalb speziell im Bereich des Kapitalanlagegeschäfts, das neben dem Informationsrisiko weitere Risiken birgt, im Einzelfall sehr sorgfältig zu prüfen.

c. Der Verbraucherbegriff als unzureichendes Anknüpfungskriterium

Ein weiterer Grund neben der Gefahr einer Entartung des Beratungsgedankens, der gegen eine Anknüpfung an den sozialpolitisch motivierten Gedanken des Verbraucherschutzes als Grundlage für die Statuierung von Informationspflichten spricht, liegt in der mangelnden Tauglichkeit des Verbraucherbegriffs zur Umschreibung des schutzwürdigen Personenkreises. Der Begriff des privaten Verbrauchers ist im Kapitalanlagerecht auf der einen Seite zu eng, andererseits jedoch wiederum zu weit, um eine sachgerechte Abgrenzung der zu schützenden Personengruppe zu leisten.

Die Unzulänglichkeiten, die mit einer Anknüpfung an das Leitbild des privaten Verbrauchers als konstitutives Element dieses Schutzkonzepts verbunden sind, werden bereits an den zahlreichen Ausnahmen und Differenzierungen deutlich, die gerade von den typischen Verfechtern des Verbraucherschutzgedankens vorgenommen werden. Obwohl bei Vertretern des Verbraucherschutzgedankens wie *Schumacher* und *Hopt* der „*unerfahrene Verbraucher"* und der „*schutzbedürftige Typ des wirtschaftlich Ungewandten, den Geheimnissen des Börsengeschehens unwissend und hilflos gegenüberstehenden Durchschnittsanlegers"* [72] im Mittelpunkt steht, sehen sich auch diese Autoren im Rahmen ihrer Systeme zu zahlreichen „Korrekturen" gezwungen, die im Ergebnis den Verbraucherbezug eliminieren. So bezieht beispielsweise *Hopt* unter bestimmten Umständen auch Vollkaufleute in das System des Anlegerschutzes ein. Nach Ansicht *Hopts* besteht für die Bank auch gegenüber geschäftserfahrenen Vollkaufleuten ausnahmsweise dann eine besondere Informationspflicht, wenn der Kaufmann für den Beratenden

---

71 So auch Simitis, Verbraucherschutz, S. 149; vgl. auch Dauner-Lieb, ZfgK 1984, S. 988 ff.
72 Hopt, Kapitalanlegerschutz, S. 418; Schumacher, Vertragsaufhebung, S. 77.

erkennbar eine entscheidungsrelevante aktuelle Information nicht kennt.[73] Darüber hinaus faßt *Hopt* den Begriff des schutzbedürftigen *„Durchschnittsanlegers"* sehr weit, so daß darunter auch gut verdienende Freiberufler fallen, obwohl diese Anlegergruppe gerade aus sozialpolitischer Sicht nur wenig schutzbedürftig erscheint.[74]

Auch *Schumacher* vertritt einen weiten Verbraucherbegriff, der allerdings nach seiner Ansicht gleichwohl nicht ausreicht, um den schutzwürdigen Personenkreis vollständig zu erfassen.[75] Aus diesem Grund sollen nach Ansicht *Schumachers*, ähnlich wie bei Hopt, neben Gewerbetreibenden, Handwerkern und Minderkaufleuten auch Vollkaufleute unter bestimmten Voraussetzungen durch spezielle Informationspflichten geschützt werden.[76]

Wie die zahlreichen Ausnahmen und Differenzierungen in der Literatur zeigen, ist der Begriff des privaten Verbrauchers zu eng, um eine sachgerechte Umschreibung des zu schützenden Personenkreises zu leisten, denn Informationsbedarf besteht gerade in Fragen der Kapitalanlage nicht nur auf Seiten privater Kleinanleger, sondern auch bei zahlreichen Freiberuflern, Gewerbetreibenden und Kaufleuten, die im allgemeinen durchaus als geschäftserfahren gelten dürfen. Selbst bei Kunden, die aufgrund ihrer beruflichen Tätigkeit über Erfahrung und Professionalität in Anlageangelegenheiten verfügen, wie beispielsweise bei Steuerberatern oder Wirtschaftsprüfern, kann ausnahmsweise ein Bedürfnis nach Information bestehen, etwa weil der Kunde von einer aktuellen anlagerelevanten Nachricht noch keine Kenntnis hat.[77]

Umgekehrt ist auch kein Grund ersichtlich, warum Privatanleger grundsätzlich immer aufzuklären wären. Eine Aufklärung ist vielmehr entbehrlich, wenn der Anleger z.B. aufgrund langjähriger Anlageerfahrung oder aufgrund seiner Ausbildung hinreichend in der Lage ist, die finanziellen Folgen seiner Entscheidung, insbesondere die damit verbundenen Risiken, selbständig zu überschauen, oder wenn der Anleger - aus welchen Gründen auch immer - nicht aufgeklärt werden möchte.[78] In den genannten Fällen könnte eine Beratungspflicht ihre Aufgabe, nämlich dem Anleger die informationelle Grundlage für eine sachverständige Anlageentscheidung zu bereiten, gar nicht erfüllen, denn der Anleger verfügt bereits über die notwendigen Kenntnisse für eine informierte Wahl bzw. ist an einer solchen gar nicht interessiert.

Aufklärungs- und Beratungspflichten sollen jedoch lediglich Nachteile des Anlegers ausgleichen, die ihren Grund in der fachlichen Ohnmacht und mangelnden Fähigkeit des Anlegers zu einer wohlüberlegten, sachgerechten Anlageentscheidung haben. Der Anleger soll dagegen nicht besser gestellt werden, als er bei eigener originärer Informiertheit stünde.[79] Das Prinzip der Eigenverantwortung erfordert deshalb eine Begrenzung der

---

73   Hopt, Kapitalanlegerschutz, S. 417/418.
74   Vgl. Hopt, Kapitalanlegerschutz, S. 418/419.
75   Schumacher, Vertragsaufhebung, S. 74 ff.
76   Schumacher, Vertragsaufhebung, S. 77 bzw. 103/104.
77   So auch OLG Nürnberg WM 1998, S. 378 ff. , das selbst bei einer gelernten Bankkauffrau ein Beratungsbedürfnis bejaht.
78   So auch Schäfer, Anlageberatung, S. 19/20.
79   Schäfer, Anlageberatung, S. 17.

Informationspflichten auf Fälle eines tatsächlichen Informationsbedürfnisses.[80] Anderenfalls droht eine Entartung der Informationspflicht zu einer allgemeinen sozialfürsorglichen (General-)Schutzpflicht vor Selbstschädigung, die selbst von verbraucherfreundlichen Vertretern in der Literatur zu Recht abgelehnt wird.[81] Der starre, vor allem auf den privaten Kleinanleger bezogene Ansatz des Verbraucherschutzkonzepts ist in dem Zusammenhang jedoch ungeeignet, um eine sachgerechte Definition des schutzwürdigen Personenkreises zu leisten.

Wie vor dem Hintergrund der zahlreichen Ausnahmen und Differenzierungen, die mit dem verbraucherbezogenen Ansatz verbunden sind, deutlich wird, beschreibt die unzureichende Befähigung des Anlegers zur eigenständigen Auswahl einer geeigneten Anlagemöglichkeit kein verbraucherspezifisch-soziales Problem, sondern vielmehr ein allgemeines, für den Anlagemarkt charakteristisches, weil strukturell begründetes Defizit, das seine Wurzeln in der besonderen Komplexität und Vielschichtigkeit des Anlagemarktes einerseits und den begrenzten Fachkenntnissen und Erfahrungen des durchschnittlichen Anlegers auf diesem Gebiet andererseits, darüber hinaus aber auch in der besonderen, durch einen hohen Intermediarisierungsgrad gekennzeichneten Struktur der Kapitalmärkte hat. Die Ursache der wertpapiergeschäftlichen Informationsproblematik liegt mithin weniger in einer sozial oder wirtschaftlich begründeten Unterlegenheit des privaten Kleinanlegers gegenüber anderen Kapitalmarktteilnehmern, insbesondere gegenüber den Banken, als vielmehr in der besonderen fachlichen Kompliziertheit der Anlagethematik und den strukturellen Besonderheiten des Kapitalmarktes, insbesondere der typischen „Mittler"-Rolle der Kreditinstitute bei der Vorbereitung und Abwicklung von Wertpapiergeschäften.

Vor diesem Hintergrund der kapitalmarktlichen Informationsproblematik liegt es nahe, sich von dem verbraucherschutzbezogenen Konzept als rechtsideologische Grundlage für die Begründung spezieller Informationspflichten zum Schutz des Anlegers zu lösen. Dem Verbraucherschutzgedanken sollte deshalb in bezug auf Informationspflichten bei der Kapitalanlage weder als Pflichtengrund für den Bestand noch als pflichtendifferenzierendes Kriterium im Hinblick auf Inhalt und Umfang der Pflichten eine eigenständige Bedeutung beigemessen werden.[82]

---

80 Die Notwendigkeit „einer Begrenzung gesteigerter Informationspflichten auf Fälle eines besonderen Informationsbedürfnisses" wird auch von Schumacher, Vertragsaufhebung, S. 104, eingeräumt, der ansonsten einen sehr verbraucherbezogenen Ansatz vertritt.

81 Vgl. Hopt, Kapitalanlegerschutz, S. 422/423; ebenso Heinsius, ZHR 145 (1981), S. 177 (188).

82 Kritisch gegenüber dem Verbraucherschutzkonzept auch Dauner-Lieb, ZfgK 1984, S. 988 (990 f.) sowie Breidenbach, Informationspflichten, S. 31, der statt dessen den konkreten Informationsbedarf des Anlegers, gemessen am jeweiligen Vertragszweck, abstellen will.

II. Die Funktionsfähigkeit des Kapitalmarktes als Grund für die Statuierung von Informationspflichten

1. Ableitung von Informationspflichten aus den Funktionserfordernissen des Kapitalmarktes

Anstelle sozialpolitischer Motive lassen sich besser wirtschaftliche Gründe für die Notwendigkeit besonderer Informationspflichten bei der Kapitalanlage heranziehen. Charakteristisch für diesen funktional-marktbezogenen Ansatz ist die Erkenntnis, daß sich die wirtschaftliche Bedeutung der Anlageberatung nicht im Verhältnis der Bank zu ihrem Kunden erschöpft, sondern darüber hinaus auch makroökonomische Auswirkungen entfaltet. Aufklärung und Beratung sind insoweit Teil eines Prozesses, der durch Auswahl, Weitergabe und Erklärung von Informationen letztendlich Investitionsentscheidungen am Kapitalmarkt bestimmt, die wiederum Auswirkungen auf die nachgelagerten Märkte für Güter, Dienstleistungen und Arbeitskräfte haben. Die Informationsversorgung des Kapitalanlegers ist deshalb vor allem ein wichtiges Funktionselement des Kapitalmarktes, das nicht zuletzt mit Blick auf die nachgelagerten Faktormärkte von erheblicher Bedeutung ist. Aus diesem Grund sollte bei der inhaltlichen Ausgestaltung der Informationspflichten das makroökonomische Desiderat der Informationspflicht nicht außer Betracht bleiben.[83]

2. Vorteile des funktional-marktbezogenen Ansatzes

Im Gegensatz zum sozialpolitisch motivierten Verbraucherschutzkonzept bietet der funktional-marktorientierte Ansatz vor allem den Vorteil erhöhter Präzision im Hinblick auf Bestand, Inhalt und Umfang von Informationspflichten. So sind *konkrete* Anlegerschutzmaßnahmen aus dem Prinzip der Sozialstaatlichkeit oft nur schwer abzuleiten. Bei dem Versuch der Herstellung von Chancengleichheit auf dem Kapitalmarkt bleibt insbesondere unklar, welches Maß an wirtschaftlicher Macht bei der besser informierten Marktseite - in diesem Fall also vor allem den Kreditinstituten - noch geduldet bzw. bereits abgelehnt werden soll.[84] Das gewollte Maß an Anlegerschutz ist nach dieser Ansicht vielmehr nur sozialpolitisch zu rechtfertigen. Das schließt auch die Frage nach der Informationsverteilung und die daraus resultierende Belastung bestimmter Marktteilnehmer durch entsprechende Aufklärungs- und Beratungspflichten zugunsten weniger gut informierter Marktteilnehmer ein.[85] In dem Bestreben nach einem möglichst umfassenden Schutz des sozial und wirtschaftlich schwächeren und deshalb als schutzbedürftig empfundenen Anlegers neigt die Verbraucherschutzpolitik häufig zu einer Über-

---

83   So im Ergebnis Ballwieser in Löffelholz/Müller, Gabler-Bank-Lexikon (10. Aufl.), S. 129 ff.; Assmann, ZBB 1989, S. 49 (52); Kübler, AG 1977, S. 85 ff.); ders., Gesellschaftsrecht, S. 525 f.
84   Ballwieser in Löffelholz/Müller, Gabler-Bank-Lexikon (10. Aufl.), S. 131/132.
85   Vgl. Ballwieser in Löffelholz/Müller, Gabler-Bank-Lexikon (10. Aufl.), S. 131/132; ders. in Schmalenbachs Zeitschrift für betriebswirtschaftliche Forschung, 1976, S. 231 (236 ff.).

regulierung.[86] Eine solche Übersteuerung birgt jedoch für den Kapitalmarkt erhebliche Belastungen, die unter Umständen höher sind als der Nutzen verhinderter Mißstände.[87] So beinhaltet der Versuch, den Anleger aus sozialen Motiven umfassend vor den finanziellen Risiken der Kapitalanlage zu schützen, nicht nur die Gefahr des Verlustes von Eigenverantwortung zugunsten einer allgemeinen Sozialfürsorge- und Vollkasko-Mentalität auf Seiten der Anleger, sondern auch eine Lähmung nützlicher unternehmerischer Initiativen seitens der Anlageanbieter und Marktintermediäre.[88] Die Folge wäre eine auch aus Sicht des Anlegerschutzes bedenkliche Reduzierung attraktiver Anlagemöglichkeiten und qualifizierter Beratung durch die Kreditinstitute.[89]

Übersteigerter Anlegerschutz führt insbesondere dann zu Marktstörungen, wenn er dem Anleger ermöglicht, das spezifische wirtschaftliche Risiko, das mit jeder Kapitalanlage verbunden ist, nachträglich auf die Marktgegenseite abzuwälzen. Auch sozialmotivierter Anlegerschutz darf deshalb keine Möglichkeiten zur Spekulation auf Kosten anderer Marktteilnehmer eröffnen.[90]

Im Gegensatz dazu vermag ein an den Funktionserfordernissen des Marktes orientierter Ansatz diese Risiken weitgehend zu vermeiden, ist er doch vor allem auf den Ausgleich strukturell bedingter Informationsasymmetrien zwischen den Marktteilnehmern gerichtet. Darüber hinaus sind im Rahmen der funktionsorientierten Betrachtung neben dem Anlegerschutz noch weitere Faktoren, insbesondere die durch den Anlegerschutz hervorgerufenen Belastungen für andere Marktteilnehmer, wie etwa Banken oder Wertpapieremittenten, und die daraus für den Markt resultierenden Funktionshemmnisse (z.B. eine Abnahme des Anlageangebots als Folge steigender Angebotskosten) zu berücksichtigen. Diese Fokussierung auf grundlegende kapitalmarktliche Funktionsbedingungen und Zusammenhänge verhindert eine lähmende Überregulierung. Das bedeutet jedoch keineswegs, daß sich dieser Ansatz allein auf marktbildende und marktordnende Regelungen beschränkt und auf den individuellen Schutz des einzelnen Anlegers völlig verzichtet. Vielmehr ergänzen Individualschutz und Funktionsschutz einander, denn Funktionsprobleme sind gerade dann zu erwarten, wenn Anleger ungeschützt sind und sich deshalb durch Rückzug vom Markt zu schützen versuchen.[91] Umgekehrt dient ein leistungsfähiger Kapitalmarkt auch den Interessen des einzelnen Anlegers, dem auf diese Weise attraktive Anlagemöglichkeiten eröffnet werden.[92] Individualschutz und Funk-

---

86 Hartmut Schmidt, Kredit und Kapital 1983, S. 184 (185) m.w.N.; Helkenberg, Anlegerschutz, S. 7 f.
87 Helkenberg, Anlegerschutz, S. 8.
88 Assmann, ZBB 1989, S. 49 (52, 57); Kübler, AG 1977, S. 85 (87).
89 So stellte die Stiftung Warentest, die Ende 1997 die Anlageberatung von 28 deutschen Kreditinstituten verglich, besonders bei den Sparkassen einen zunehmenden Trend zur Beschränkung auf haus- bzw. gruppeneigene und deshalb beratungsarme Produkte sowie eine unzureichende Bereitschaft zu konkreten Anlageempfehlungen fest, vgl. Finanztest 12/1997, S. 12 (14, 18).
90 Kübler, AG 1979, a.a.O.
91 Ballwieser in Löffelholz/Müller, Gabler-Bank-Lexikon (10. Aufl.), S. 131; Kümpel, Bank- und Kapitalmarktrecht, Rn. 8.230.
92 Koch/Schmidt, BFuP 1981, S. 231 (238).

tionsschutz sind insofern eng verwoben und begrifflich nicht immer scharf voneinander zu trennen.[93]

Andererseits besteht das Regelungsziel nicht darin, die eine Marktseite durch umfassende Fürsorgepflichten einseitig zu Lasten der anderen Marktseite zu schützen. Die Notwendigkeit eines angemessenen Anlegerschutzes darf deshalb nicht zu einer „Vollkasko-Mentalität" verleiten, die Individualschutz im Sinne lückenloser Fürsorgepflichten zugunsten der Anleger interpretiert und die Kreditinstitute als allverantwortliche Schutzinstanzen begreift, deren Aufgabe darin besteht, den Anleger vor jeder Schädigung zu bewahren. Ein solches (Miß-)Verständnis des Anlegerschutzes würde dem Ziel eines effizienten Kapitalmarktes diametral zuwiderlaufen. Ein an den Funktionsbedingungen des Marktes orientierter Ansatz konzentriert den Anlegerschutz deshalb zu Recht auf die Beseitigung strukturelle Defizite und der Gewährleistung der Funktionsbedingungen für einen leistungsfähigen Kapitalmarkt, der den Interessen der Kapitalanleger wie denen der Kapitalnachfrager gleichermaßen entspricht.

3. Markteffizienz als Richtschnur für Anlegerschutz

Präzise Vorstellungen über die Aufgaben des Anlegerschutzes sind nicht nur nötig, wenn darüber diskutiert wird, ob Anleger geschützt werden sollen. Eine klare Aufgabenstellung ist auch und insbesondere erforderlich, wenn es darum geht, wie Anleger geschützt werden können, denn die Ziele des Anlegerschutzes bilden den Maßstab, an dem die Eignung der Instrumente des Anlegerschutzes zu messen ist. Das gilt auch für die Frage, in welchem Umfang Anlegerschutz durch spezielle Aufklärungs- und Beratungspflichten zu gewährleisten ist. Dabei wird gerade vor dem Hintergrund des allgemeinen Interesses an einem reibungslos funktionierenden Kapitalmarkt die besondere Bedeutung des Marktschutzes als Maßstab für die Statuierung von Informationspflichten deutlich.

a. Bedeutung des Kapitalmarktes für die Gesamtwirtschaft

Der besondere Wert des kapitalmarktlichen Funktionsschutzes wird generell darin gesehen, daß ein leistungsfähiger, effizienter Kapitalmarkt eine unverzichtbare Voraussetzung für die Entfaltung und Nutzung der wirtschaftlichen Produktivkräfte einer Volkswirtschaft ist.[94] Auf dem Kapitalmarkt werden Spar- und Anlagegelder in Investitionskapital transformiert. Der Kapitalmarkt bringt dabei Kapitalangebot und -nachfrage zum Ausgleich.[95] Die Transformation privater Ersparnisse in unternehmerisches Investitionskapital findet dabei in drei Ausprägungen statt. Zum einen wird das wirtschaftliche Risiko unternehmerischer Investitionen auf die Schultern vieler Anleger verteilt (sog.

---

93 Kümpel, Bank- und Kapitalmarktrecht, Rn. 8230.
94 Koch/Schmidt, BFuP 1981, S. 231 (236).
95 Schacht, Kapitalmarktaufsicht, S. 16; Thomas/Treutler in Obst/Hintner, Geld-, Bank- und Börsenwesen (39. Aufl.), S. 1206 ff.

Risikotransformation).[96] Umgekehrt kann der Anleger durch Streuung seines Vermögens auf Anteile vieler verschiedener Investoren sein Verlustrisiko verringern. Zum anderen ermöglicht der Kapitalmarkt die Zusammenfassung kleiner Anlagebeträge zu größeren Summen (sog. Summen- oder Losgrößentransformation). Auf diese Weise können auch die Ersparnisse von Kleinanlegern mobilisiert und für größere Investitionsvorhaben verfügbar gemacht werden. Dabei spielen vor allem Finanzintermediäre[97] wie Banken, Kapitalanlagegesellschaften und Versicherungen eine zentrale Rolle, denn sie „sammeln" privates Anlagekapital und stellen es kapitalsuchenden Wirtschaftssubjekten „gebündelt" zur Verfügung. Schließlich bietet der Handel mit fungiblen, gestückelten Beteiligungs- und Anleihetiteln die Möglichkeit einer Abstimmung der Anlagefristen aufeinander (sog. Fristentransformation), denn obwohl das Kapital dem Emittenten nach wie vor zur Verfügung steht, kann der einzelne Anteilseigner bzw. Anleihegläubiger seinen Titel jederzeit an der Börse verkaufen. Die Wirtschaftsunternehmen können dadurch den Kapitalmarkt durch Emission von Aktien und Schuldverschreibungen unmittelbar zur Deckung ihres Finanzbedarfs nutzen.[98] Auf diese Weise wird nicht nur der Kapitalbedarf der einzelnen Unternehmen gedeckt, gleichzeitig werden durch die Verteilung der Investitionsmittel Wachstum und Strukturwandel in der Volkswirtschaft gefördert.[99] Die Effizienz und Leistungsfähigkeit eines Kapitalmarktes wird deshalb nicht zuletzt auch zu einem entscheidenden Faktor für die internationale Wettbewerbsfähigkeit einer Volkswirtschaft.

Der Kapitalmarkt dient jedoch nicht nur den Finanzierungsbedürfnissen der privaten Wirtschaftsunternehmen, sondern ein funktionierender Kapitalmarkt ist auch für die öffentliche Hand von erheblicher Bedeutung, denn ein Großteil der staatlichen Finanzierungsbedürfnisse der öffentlichen Hände in Bund, Ländern und Gemeinden wird durch Emission von Schuldverschreibungen und anderen Finanztiteln (z.B. Bundesschatzbriefe, Finanzierungsschätze usw.) befriedigt, deren erfolgreiche Platzierung wesentlich von einem leistungsstarken Kapitalmarkt abhängt.[100]

Daneben dient ein leistungsfähiger Kapitalmarkt auch dem privaten Interesse an Kapitalbildung. Gerade mit Blick auf die wachsende Bedeutung der privaten Altersvorsorge als Alternative oder Ergänzung zur staatlichen Sozialversicherung und betrieblichen Alterssicherung gewinnt die private Vermögensanlage zunehmend an Bedeutung. Ein

---

96 Stützel in Obst/Hintner, Geld-, Bank- und Börsenwesen (38. Aufl.), S. 47.
97 Finanzintermediäre (financial intermediaries) werden im allgemeinen als „Mittler" zwischen Kapitalanbietern und -nachfragern definiert. Diese Unternehmen zeichnen sich dadurch aus, daß sie auf beiden Seiten ihrer Bilanz im wesentlichen nur Finanzvermögenspositionen bzw. Verbindlichkeiten aufweisen. Zu den klassischen Finanzintermediären zählen neben den Banken vor allem Investmentgesellschaften und Versicherungen. Vgl. Stützel in Obst/Hintner, Geld-, Bank- und Börsenwesen (38. Aufl.), S. 47.
98 Kümpel, Kapitalmarktrecht, S. 66
99 Vgl. Zimmermann in Finanzmarktinnovationen, S. 29 (33) sowie die Begründ. der Bundesregr. zum Entwurf des 3. FinanzmarktförderungsG, BR-Drucks. 605/97, S. 55 f.
100 Kümpel, Kapitalmarktrecht, a.a.O.

umfassendes und breites Angebot unterschiedlicher Anlageprodukten ist deshalb auch aus Sicht des einzelnen Anlegers von wachsender Bedeutung.[101]

b. Aufgaben des Kapitalmarktes

Zur Präzisierung des Konzepts des Marktfunktionsschutzes sollen zunächst spezifische Funktionen des Kapitalmarktes erläutert werden, um sodann in einem zweiten Schritt aufzuzeigen, inwiefern diese Funktionen nicht erfüllt werden, wenn Anleger ohne ausreichenden Informations- und Beratungsschutz sind.

aa. Kapitalaufbringung - Institutionelle Funktionsfähigkeit

Über die Kapitallenkung und -verwendung entscheiden in einem marktwirtschaftlich organisierten Wirtschaftssystem die verschiedenen Wirtschaftssubjekte unabhängig voneinander. Eine zentrale Aufgabe des Kapitalmarktes besteht deshalb darin, durch Mobilisierung privater Ersparnisse ausreichend Investitionskapital aufzubringen, um Angebot und Nachfrage nach Finanzierungsmitteln in Übereinstimmung zu bringen.[102] Voraussetzung dafür sind Rahmenbedingungen, die es Kapitalnachfragern ermöglichen, Anlagemöglichkeiten anzubieten und die Anleger dazu veranlassen, ihre Ersparnisse zur Verfügung zu stellen.[103] Eine wesentliche Voraussetzung dafür ist die Erhaltung und Festigung des langfristigen Vertrauens der Anleger in die Stabilität und Integrität des Kapitalmarktes und seiner Institutionen.

Dieses Vertrauen werden die Anleger jedoch nur aufbringen, wenn sie in der Lage sind, die angebotenen Anlageprodukte und die damit verbundenen Risiken hinreichend zu beurteilen, anderenfalls werden sie auf entsprechende Anlageangebote mit (berechtigtem) Mißtrauen reagieren.[104] Ausreichend Aufklärung und qualifizierte Informationen sind insofern wichtige Instrumente zur Mobilisierung privater Investitionsbereitschaft und zentrale Voraussetzungen, um die notwendige Breite (d.h. Vielfalt des Kapitalangebots in bezug auf Risiko-, Rendite- und Liquiditätserwartungen der Anleger) und Tiefe (d.h. Zahl der Investoren und Volumen des angebotenen Kapitals) des Marktes zu gewährleisten.[105]

---

101 Der Gesetzgeber hat angesichts der steigenden Bedeutung privater Altersvorsorge im Rahmen des 3. FinanzmarktförderungsG das KAGG in weiten Bereichen geändert, insbesondere neue Fondstypen (vgl. oben Fußnote 14) zugelassen sowie die Geschäftsmöglichkeiten bereits bestehender Investmentfondstypen deutlich erweitert, vgl. Begründung der Bundesreg. zum Entwurf des 3. FinanzmarktförderungsG, BR-Drucks. 605/97, S. 62 ff.

102 Helkenberg, Anlegerschutz, S. 5; Schacht, Kapitalmarktaufsicht, S. 15.

103 Assmann in Großkomm. AktG, Einl. Rn. 360; Kohl/Kübler/Walz/Wüstrich, ZHR 138 (1974), S. 1 (16).

104 Koch/Schmidt, BFuP 1981, a.a.O.

105 Assmann in Assmann/Schütze (Hrsg.), Handbuch des Kapitalanlagerechts, § 1 Rn. 26.

Eine weitere wichtige Aufgabe des Kapitalmarktes besteht in der Kapitallenkung. Dabei geht es anders als im Fall der zuvor beschriebenen Finanzierungsfunktion nicht um den mengenmäßigen Ausgleich von gespartem und investiertem Kapital, sondern vielmehr um die Verteilung (Allokation) der Mittel auf alternative wirtschaftliche Verwendungsmöglichkeiten. Die Allokation des knappen Gutes „Kapital" hat erhebliche Auswirkungen auf die dem Kapitalmarkt nachgeordneten Märkte für Waren und Dienstleistungen, denn die Ausstattung dieser Märkte mit dem notwendigen Kapital entscheidet darüber, welche ökonomischen Projekte und Vorhaben in der Volkswirtschaft realisiert werden.[106] In diesem Zusammenhang wird auch von der „Selektionsaufgabe" des Kapitalmarktes gesprochen, in dem Sinne, daß durch den Marktmechanismus leistungsstarke Unternehmen und effiziente Produktionsverfahren bei der Kapitalversorgung bevorzugt werden, während weniger leistungsfähige Unternehmen das Nachsehen haben.[107] Im Interesse allgemeiner Wohlfahrt sind deshalb Rahmenbedingungen zu schaffen, die gewährleisten, daß Investitionskapital an die Stellen der Volkswirtschaft fließt, wo es am dringendsten benötigt und am effizientesten verwendet wird.[108] Bereits daraus wird deutlich, daß ein solches Regelungsziel ein Höchstmaß an aktuellen, zukunftsbezogenen Informationen und an Markttransparenz voraussetzt.

Ausschlaggebend für die Attraktivität eines Anlageangebots und damit für die Kapitalallokation sind neben Anlagedauer und Liquidität vor allem *Risiko* und *Rendite* einer Anlage.[109] Eine optimale Kapitalallokation wird dann erreicht, wenn der Anleger unter alternativen Anlagemöglichkeiten mit vergleichbarem Risiko diejenige mit der höchsten Rendite auswählt. In diesem Fall werden leistungsschwache Unternehmen von der Kapitalversorgung über den Markt weitgehend ausgeschlossen, statt dessen werden die zur Verfügung stehenden Investitionsmittel in einer Art und Weise verwendet, die unter den gegebenen Knappheitsbedingungen sowohl gesamtwirtschaftlich wie für den einzelnen Anleger den größtmöglichen Nutzen bietet. Bei diesem Verteilungsvorgang kommt den Wertpapierkursen eine Schlüsselfunktion zu, denn als Marktpreise der gehandelten Papiere spiegeln die Kurse unter den Bedingungen eines idealen Marktes die Knappheitsbedingungen und Ertragserwartungen in bezug auf die einzelnen Wertpapiere wider und steuern auf diese Weise quasi als „Signale", an welche Stellen innerhalb der Wirtschaft Kapital fließt.[110] Uninformiertheit der Anleger hätte in diesem Zusammenhang zur Folge, daß diese marktmäßige Steuerung der Kapitalströme versagt, denn wenn die Marktteilnehmer keine hinreichenden Informationen haben, an denen sie ihr Nachfrageverhalten orientieren, können Kurse und Zinssätze keine korrekten Ertragserwartungen

---

106 Vgl. dazu Henrichsmeyer/Gans/Evers, Einführung in die Volkswirtschaftslehre, S. 25 und 256 f.; Woll, Allgemeine Volkswirtschaftslehre, S. 78 ff.
107 Schacht, Kapitalmarktaufsicht, S. 15 (dort Fn. 6) m.w.N.
108 Kübler, AG 1977, S. 85 (89); Assmann in Assmann/Schütze (Hrsg.), Handbuch des Kapitalanlagerechts, § 1 Rn. 24; Kohl/Kübler/Walz/Wüstrich, ZHR 138 (1974) S. 1 (1/2).
109 Arendts in Jahrbuch Junger Zivilrechtswissenschaftler (1995), S. 165 (172 ff.).
110 Zur Signalwirkung der Marktpreise vgl. Grass/Stützel, Volkswirtschaftslehre, S. 224/225.

und Knappheitsrelationen zum Ausdruck bringen.[111] Die Folge ist eine Verzerrung der Signalwirkung, die zu einer Fehlallokation von Investitionskapital führt. Eine entscheidende Voraussetzung für eine effiziente Kapitalallokation ist deshalb ein hinreichender Informationsstand aller Marktteilnehmer.[112]

c. Operationale Effizienz des Marktes

Neben den Erfordernissen, die aus den genannten Aufgaben der Kapitalaufbringung und -allokation resultieren, hängt die Funktionsfähigkeit des Kapitalmarktes entscheidend von den Kosten ab, die mit dem Kapitalumsatz verbunden sind (sog. Transaktionskosten). Die Investition von Ersparnissen in Effekten oder andere Anlageprodukte verursacht regelmäßig Kosten. Insbesondere den Wertpapieremittenten entstehen durch die Emission und anschließende Börseneinführung oft erhebliche Kosten. Daneben verursacht aber auch jeder einzelne Wertpapierumsatz in Form von Makler- und Händlerprovisionen sowie Umsatzgebühren der Kreditinstitute, die die Effektenaufträge entgegennehmen und ausführen, Kosten, die von dem auftraggebenden Kunden zu tragen sind.[113]

Im Hinblick auf die Frage der Verteilung von Informationslasten ist zu berücksichtigen, daß auch die Beschaffung, Aufbereitung und Weitergabe von Informationen Kosten verursacht, die letztendlich als Folge von Abwälzungen ebenfalls von den Anlegern zu tragen sind. Durch derartige Kosten wird jedoch der Wert der Investition nicht nur für den jeweiligen Anleger, sondern auch für die Allgemeinheit gemindert, da sie die operationale Effizienz des Kapitalmarktes schwächen,[114] denn hohe Transaktionskosten vermindern den Ertrag des Anlegers und behindern auf diese Weise das Zustandekommen von finanziellen Beziehungen zwischen den Marktkontrahenten.[115] Dadurch wird die Wettbewerbsfähigkeit des Gutes Kapital insgesamt beeinträchtigt,[116] denn je höher die mit dem Anlagegeschäft verbundenen Kosten sind, desto geringer wird die Bereitschaft des Anlegers sein, Kapital für eine solche Investition zur Verfügung zu stellen.[117] Der Anleger wird statt dessen andere Anlageangebote mit höherem Erlös vorziehen oder mehr Kapital für Konsumzwecke aufwenden. Die Folge ist eine Störung der Finanzierungsfunktion des Kapitalmarktes. Kapitalnachfragern, die volkswirtschaftlich durchaus vorteilhafte und nützliche Investitionsvorhaben finanzieren wollen, aber nicht in der Lage sind, eine höhere Rendite zu bieten, gelingt es unter diesen Umständen nicht, die notwendigen Investitionsmittel am Kapitalmarkt aufzunehmen. Derartige Investi-

---

111 Koch/Schmidt, BFuP 1981, S. 231 (236) m.w.N.
112 Assmann in Großkomm AktG, Einl. Rn. 358; ders., ZBB 1989, S. 49 (59); Kübler, ZHR 145 (1981), S. 205 (206).
113 Ausführlich zu den bei der Kapitalanlage im einzelnen entstehenden Kosten: Hartmut Schmidt, Kredit und Kapital 1983, S. 184 (188 ff.).
114 Kübler, ZHR 145 (1981), S. 205 (206).
115 Zum Zusammenhang von Rendite und Transaktionskosten ausführlich Hartmut Schmidt, Wertpapierbörsen S. 6.
116 Assmann in Großkomm AktG, Einl. Rn. 359.
117 Vgl. Hartmut Schmidt, Wertpapierbörsen, S. 6.

tionsvorhaben können dann, selbst wenn sie volkswirtschaftlich wünschenswert oder gar erforderlich sind, mangels ausreichendem Kapitalangebot nicht realisiert werden - mit entsprechenden Nachteilen für die Gesamtwirtschaft.

Insbesondere für die Investitionsbereitschaft institutioneller Großanleger ist die Belastung durch Transaktionskosten an einem Finanzplatz ausschlaggebend. Mit der Folge, daß bei zu hoher Kostenbelastung die internationale Wettbewerbsfähigkeit eines Kapitalmarktes und damit auch die Fähigkeit dieses Marktes, international ausreichend Investitionskapital aufzubringen, sinkt.[118]

Zu hohe Transaktionskosten schwächen darüber hinaus die Fähigkeit des Kapitalmarktes zu einer sinnvollen Mittelallokation, denn die Erträge einer Kapitalanlage (vor allem Zinsen, Dividenden und Kursgewinne) vermögen die Attraktivität einer Kapitalanlage für den Anleger um so besser widerzuspiegeln, je weniger sie durch die Kosten des Kapitalumsatzes verzerrt werden.[119] Eine zuverlässige Signalwirkung auf die Kapitalströme ist deshalb nur dann zu erwarten, wenn die Anlagerenditen möglichst wenig durch Transaktionskosten beeinträchtigt werden. Eine hohe Belastung durch Transaktionskosten hat hingegen zur Folge, daß die Anlagerendite ihrer Steuerungsfunktion nur noch eingeschränkt gerecht wird, denn hohe Transaktionskosten verursachen bildlich gesprochen „Reibungsverluste", die die Signalfunktion der Wertpapierkurse verfälschen.[120] Eine ökonomisch sinnvolle Kapitallenkung, die gewährleistet, daß Kapital vor allem dorthin fließt, wo es am besten und effizientesten verwendet wird, ist unter diesen Bedingungen nicht mehr gewährleistet.

d. Zielkonflikt zwischen institutioneller und allokativer Funktionsfähigkeit einerseits und operationaler Effizienz andererseits

Ausreichende Aufklärung und Beratung des Anlegers sind insofern einerseits unverzichtbare Elemente einer funktionierenden Kapitalaufbringung und -allokation, andererseits sind umfassende Informationspflichten und strenge Haftungsregelungen jedoch auch mit hohen Transaktionskosten verbunden, die das institutionelle und allokative Ertragsplus nicht nur neutralisieren, sondern unter Umständen sogar übersteigen können. Daraus resultiert ein grundlegender Zielkonflikt, der eine präzise Verteilung der Informationsverantwortung unter den Marktteilnehmern erschwert.[121] So gewährleisten weitreichende Informationspflichten zwar eine umfassende Aufklärung der Anlegerschaft und fördern dadurch den Abbau funktionsbeeinträchtigender Informationsdefizite, andererseits verursachen intensive Beratungspflichten erhebliche Kosten, die dazu führen können, daß insbesondere solche Anlageangebote, die aufgrund ihrer Kompliziertheit oder erhöhten Risiken mit besonderen Beratungsanforderungen verbunden sind, am Markt behindert

---

118   Vgl. Kümpel, Kapitalmarktrecht, S. 74.
119   Helkenberg, Anlegerschutz, S. 86; Hartmut Schmidt, Zirkulationsmarkt, S. 11 ff.; ders., Kredit und Kapital 1983, S. 186/187.
120   Vgl. Helkenberg, Anlegerschutz, S. 86/87.
121   Kübler, ZHR 145 (1981), S. 205 (207).

werden, mit der Konsequenz, daß solche Anlageprodukte, die für bestimmte Anleger durchaus sinnvoll und attraktiv sein könnten, langfristig gleichwohl vom Kapitalmarkt verdrängt werden, weil ihr Absatz mit zu hohen Kosten verbunden ist.[122]

Im Interesse optimaler Markteffizienz muß die Statuierung von Informationspflichten durch die Rechtsordnung deshalb stets eine ausgewogene Balance zwischen den allokativen und institutionellen Funktionserfordernissen des Kapitalmarktes einerseits und der dadurch verursachten Kostenbelastung mit ihren nachteiligen Auswirkungen auf die Vielfalt und den Umfang des Anlageangebot andererseits gewährleisten.

4. Beeinträchtigung der Kapitalmarkteffizienz durch informationsbedingtes Marktversagen

Wurde in den vorangegangenen Abschnitten auf die besondere Funktion und Bedeutung des Kapitalmarktes im Rahmen des gesamtwirtschaftlichen Gefüges, aber auch für den einzelnen Anleger hingewiesen, so soll nunmehr im einzelnen untersucht werden, inwiefern durch einen unzureichenden Informations- und Beratungsschutz die Funktionsfähigkeit des Kapitalmarktes gestört wird. Dazu sollen zunächst die Voraussetzungen für die Funktionsfähigkeit des Kapitalmarktes herausgearbeitet werden, um sodann zu untersuchen, ob der Markt von selbst, also auch ohne Festlegung spezieller Verhaltenspflichten durch die Rechtsordnung, eine hinreichende Mittelaufbringung und -allokation zu erreichen vermag, bzw. welche Umstände dem entgegenstehen und inwieweit eine rechtliche Regelung hier Lösungsmöglichkeiten bieten kann.

a. Funktionsbedingungen des Kapitalmarktes

Die Wirtschaftswissenschaften haben sich eingehend mit den Funktionsbedingungen von Märkten beschäftigt.[123] Standardansatz zur Analyse von Märkten ist dabei das Modell der vollständigen Konkurrenz, das als Idealbild eines stabilen Marktes in besonderer Weise geeignet ist, die Grundprinzipien und Funktionsweise von Märkten anschaulich und geschlossen zu beschreiben.[124] Die vielfältigen Erscheinungsformen und Besonderheiten realer Märkte erfordern zwar Erweiterungen und Modifikationen dieses Modells, Grundlage und Bezugspunkt der Beschreibung ökonomischer Zusammenhänge bleibt jedoch stets der Theorienrahmen der vollständigen Konkurrenz.[125] Insofern bietet

---

122 Koch/Schmidt, BFuP 1981, S. 231 (237).
123 Zur Funktionsweise von Märkten nach der makroökonomischen Theorie vgl. Linde, Einführung in die Makroökonomie, S 3 ff.; Wachtel, Makroökonomik, S. 79 ff.; Spahn, Makroökonomie, S. 4 ff.; Wohltmann, Grundzüge der makroökonomischen Theorie, S. 42 ff.; Westphal, Makroökonomik, S. 15 ff.
124 Fritsch/Wein/Evers, Marktversagen und Wirtschaftspolitik, S. 12; Henrichsmeyer/Gans/Evers, Einführung in die Volkswirtschaftslehre, S. 60 ff.; Hardes/Krol/Rohmeyer/Schmid, Volkswirtschaftslehre, S. 20.
125 Henrichsmeyer/Gans/Evers, Einführung in die Volkswirtschaftslehre, a.a.O.

sich das Modell auch zur Analyse kapitalmarktlicher Prozesse und Funktionsbedingungen an.

Das Modell der vollständigen Konkurrenz ist jedoch durch eine Reihe von besonderen Annahmen gekennzeichnet. Neben der Annahme eines unbeschränkten Marktzutritts, Homogenität der Marktleistung sowie atomistischer Konkurrenz aufgrund einer Vielzahl von Anbietern und Nachfragern bilden rationales Verhalten und umfassende Markttransparenz der Wirtschaftssubjekte wichtige Funktionsbedingungen des Modells.[126] Unter diesen Voraussetzungen kann der einzelne Anbieter die insgesamt angebotene Menge und damit den Marktpreis nicht beeinflussen, sondern er handelt als Mengenanpasser, d.h., er bietet diejenige Menge an, die bei dem herrschenden Marktpreis für ihn zu einem Gewinnmaximum führt.[127] Da gemäß der Modellprämisse vollständige Markttransparenz herrscht, sind die Nachfrager über sämtliche angebotenen Güter, deren Eigenschaften sowie deren Preis informiert und treffen ihre Entscheidung unabhängig von persönlichen oder räumlichen Präferenzen allein nach Wirtschaftlichkeitsaspekten.[128] Ausschließlicher Wettbewerbsparameter unter den Anbietern ist dabei der Preis. Unter diesen Bedingungen wird durch den Preismechanismus ein stabiles Gleichgewicht von Angebot und Nachfrage erreicht, wobei die Nachfrager die Leistung zum geringstmöglichen Preis erhalten, der gleich den Kosten des Anbieters ist.[129]

Bezogen auf den Kapitalmarkt bedeutet dies, daß eine Vielzahl kleiner und deshalb für sich genommen machtloser Kapitalanbieter einer Vielzahl ebensolcher Kapitalnachfrager gegenüber stünde. Ferner müßten die Anleger als Nachfrager von Anlageprodukten über uneingeschränkte Markttransparenz verfügen. Das bedeutet, die Anleger müßten nicht nur die Bedingungen der angebotenen Anlagemöglichkeiten, also Verzinsung, Kursentwicklung, Rendite, mögliche Risiken, Liquidität, Laufzeit, steuerliche Behandlung usw. vollständig kennen, die Anleger müßten ferner die unterschiedlichen Anlageangebote uneingeschränkt miteinander vergleichen können, um zu beurteilen, welches Produkt angesichts der eigenen Anlagewünsche das geeignetste ist. Darüber hinaus dürften die Anleger keine gefühls- oder gewohnheitsmäßigen Präferenzen für bestimmte Anlageanbieter oder -produkte hegen, beispielsweise nicht aus übertriebener, irrationaler Furcht vor Verlusten traditionelle Sparprodukte gegenüber vergleichbaren Wertpapieranlagen (z.B. Anleihen bonitätsmäßig einwandfreier Emittenten) bevorzugen.

---

126 Zum Modell der vollständigen Konkurrenz vgl. Woll, Allgemeine Volkswirtschaftslehre, S. 289 f.; ferner Westphal in Geigant/Sobotka/Westphal (Hrsg.), Lexikon der Volkswirtschaft, S. 721; Henrichsmeyer/Gans/Evers, Einführung in die Volkswirtschaftslehre, S. 61 ff.; Hardes/Krol/ Rohmeyer/Schmid, Volkswirtschaftslehre, S. 22 ff.

127 Assmann, Prospekthaftung, S. 278.

128 Fritsch/Wein/Evers, Marktversagen und Wirtschaftspolitik, S. 17. Das Fehlen räumlicher Präferenzen impliziert u.a., daß keine Transportkosten entstehen, die das Zustandekommen von Austauschbeziehungen behindern. In der Wirtschaftspraxis sind diese Annahmen jedoch weitgehend Fiktion

129 Sog. Kostengesetz, dazu Westphal in Geigant/Sobotka/Westphal (Hrsg.), Lexikon der Volkswirtschaft, S. 721.

b. Abweichung vom Leitbild des idealen Marktes

Die Voraussetzungen vollständiger Konkurrenz beschreiben jedoch einen Zustand, der die in der Realität vorzufindenden Marktverhältnisse im Ergebnis auf wenige, weitgehend wirklichkeitsfremde Parameter verkürzt.[130] Insbesondere im Falle des Kapitalmarktes weichen die tatsächlichen Marktbedingungen, aber auch die ökonomischen Handlungsweisen der Marktteilnehmer zum Teil deutlich von den Prämissen dieses Modells ab.

aa. Geringe Markttransparenz der Privatanleger

Ein wesentlicher Unterschied der realen Marktverhältnisse im Vergleich zur Annahme vollständiger Konkurrenz liegt in der unzureichenden Markttransparenz privater Anleger. Während die Marktteilnehmer nach den Prämissen des Modells zuverlässig und vollständig über die für die Preisbildung maßgeblichen Faktoren, insbesondere über die Eigenschaften und Qualitäten der Produkte informiert sind und ihr Marktverhalten deshalb rational steuern können, ist der private Durchschnittsanleger nur sehr begrenzt in der Lage, die anlagerelevanten Faktoren, vor allem Rendite, Laufzeit, Liquidität sowie die möglichen Verlustrisiken und steuerlichen Auswirkungen der in Betracht kommenden Anlageprodukte einzuschätzen und gegeneinander abzuwägen. Darüber hinaus vermag kaum ein Kleinanleger die komplexen Funktionsmechanismen und vielschichtigen ökonomischen Zusammenhänge der Kapitalmärkte umfassend zu überschauen.

Die Gründe für die mangelnde Produkt- und Markttransparenz sind vielschichtig. Zum einen handelt es sich bei den zur Wahl stehenden Produkten häufig um sehr komplizierte, in ihrer Funktionsweise nur schwer verständliche Anlageformen. Insbesondere solche Anlageformen, die überdurchschnittliche Erträge versprechen, wie etwa risikoorientierte Aktien sowie vor allem Derivat- oder Termingeschäfte, verlangen besondere Börsenkenntnisse. Der Normalanleger verfügt jedoch i.d.R. nicht über dieses spezielle Fachwissen und kann es sich auch nicht ohne weiteres verschaffen.[131] Erschwerend kommt hinzu, daß im Zuge der Globalisierung der Kapitalmärkte nicht nur die Zahl und Vielfalt der dem Anleger zur Verfügung stehenden Anlageprodukte erheblich zugenommen hat,[132] sondern daß darüber hinaus aufgrund der verstärkten internationalen Verflechtung der Märkte auch eine Kumulation von Anlagerisiken stattgefunden hat. Diese Entwicklung hat dazu geführt, daß die Anforderungen an die Kompetenz und Professionalität der Marktteilnehmer spürbar gewachsen sind, wird doch beispielsweise die Entwicklung an den nationalen Wertpapiermärkten in immer stärkerem Maße auch von dem Geschehen an den Auslandsmärkten und damit letztendlich von Faktoren bestimmt, die für den

---

130 Fritsch/Wein/Evers, Marktversagen und Wirtschaftspolitik, S. 51 ff.
131 Vgl. Frankfurter Allgemeine Zeitung vom 24.5.1999, S. 26 („Aus einfachen Sparplänen sind komplizierte Produkte geworden"). Danach ist es aufgrund der Produktkomplexität inzwischen selbst für Finanzfachleute (!) schwer, ein Anlageprodukt korrekt zu beurteilen.
132 Fischer, Sparkasse 1995, S. 7.

privaten Anleger nur schwer nachzuvollziehen, geschweige denn vorauszusehen sind.[133] Die Verständlichkeit des Marktgeschehens und die Vergleichbarkeit der Finanzprodukte für den Anleger wird durch diesen Prozeß zusätzlich erschwert.

Die fachliche Ohnmacht spiegelt sich nicht zuletzt im geringen Interesse vieler Privatanleger am Börsengeschehen wider. So ist die Initiative und Bereitschaft vieler Anleger, sich selbständig über grundlegende anlagetechnische Zusammenhänge oder die aktuelle Börsenentwicklung zu informieren nach wie vor nur sehr gering.[134] Die überwiegende Mehrheit der Anleger verläßt sich statt dessen vor allem auf die Empfehlungen und Ratschläge der Kreditinstitute.[135] Das unterstreicht die unzureichende Markttransparenz und die mangelnde Fähigkeit der überwiegenden Mehrheit der privaten Anleger zu einer selbständigen Anlagewahl.

bb. Gewohnheitsmäßiges Anlageverhalten

Eine weitere Besonderheit der kapitalmarktlichen Realität im Vergleich zu dem Modell vollständiger Konkurrenz liegt in dem gewohnheitsmäßigen, häufig von persönlichen Einstellungen und Präferenzen geprägten Verhalten vieler Privatanleger, bei dem die ökonomisch rationale, nutzenmaximierende Anlagewahl getreu dem Leitbild des homo oeconomicus eher die Ausnahme als die Regel ist. So sind vor allem konservativ orientierte Anleger, für die vor allem die Sicherheit einer Anlage im Vordergrund steht, vielfach nicht bereit, die vertraute Sparanlage zu Gunsten einer lohnenderen Anlagemöglichkeit aufzugeben und bevorzugen statt dessen nach wie vor insbesondere risikoarme aber ertragsschwache Anlageformen, wie z.B. Sparprodukte, Bundesschatzbriefe oder mündelsichere Wertpapiere.[136]

---

133 Beispiele für diese Verflechtung der internationalen Finanzmärkte bieten die zahlreichen Krisen, die angefangen mit der Asien- und Japankrise, über die Russlandkrise, bis hin zur Südamerikakrise in der zweiten Jahreshälfte 1998 immer wieder zu erheblichen Erschütterungen auch am deutschen Aktienmarkt führten. So fiel z.B. der DAX allein durch die Asienkrise im Spätsommer 1998 innerhalb von 3 Monaten um mehr als 2.000 Punkte und verlor damit mehr, als er im gesamten vorangegangenen Jahr (1997) hinzugewonnen hatte.

134 Nach einer Repräsentativbefragung des Instituts für Demoskopie Allensbach informieren sich die (westdeutschen) Anleger nur in geringem Umfang durch Tageszeitungen (23,9 %), Fachzeitschriften (18,2 %) oder andere Fachpublikationen selbständig in Sachen Kapitalanlage. Dabei ist das Vertrauen der Anleger in die genannten Medien darüber hinaus sehr gering (Tageszeitungen: 7,9 %, Fachzeitschriften: 5,9 %), vgl. Repräsentativbefragung des Instituts für Demoskopie Allensbach im Auftrag des Bundesverbandes der Deutschen Volksbanken und Raiffeisenbanken, abgedruckt in Vortmann, Beratungspflichten, S. 187.

135 Vergleiche Repräsentativbefragung des Instituts für Demoskopie Allensbach, abgedruckt bei Vortmann, Beratungspflichten, a.a.O.

136 Die beliebteste Kapitalanlage deutscher Anleger ist trotz wachsender Bedeutung der Aktienanlage nach wie vor das Sparbuch. Daneben spielen vor allem Versicherungsanlagen eine wesentliche Rolle, vgl. Frankfurter Allgemeine Zeitung vom 16.7.1999, S. 13 („Das Geldvermögen steigt"). So betrug der in Sparanlagen angelegte Anteil des Privatvermögens im Jahr 1998 gut 21 %, der Versicherungsanteil sogar knapp 22,2 %, während der Aktienanteil nur etwa 8,6 % ausmachte, vgl. Fonds-Magazin 4/1999, S. 7 („Vermögensstruktur - So sparen die Bundesbürger").

Die Ursachen für den Hang vieler Anleger zu den altbekannten Sparprodukten liegt zum einen in der erwähnten Unkenntnis und mangelnden Erfahrung vieler Anleger mit Wertpapieren, insbesondere Aktien, zum anderen aber auch in einer übertriebenen Furcht vor Ersparnisverlusten und einem irrationalen Sicherheitsbedürfnis, das insbesondere ältere Anleger aus der Erfahrung von Wirtschaftskrise und Währungsreform selbst um den Preis eines deutlich höheren Ertrags vor ungewohnten, wenig vertrauten Börsenprodukten zurückschrecken läßt.

Neben gewohnheitsmäßigen Überzeugungen und irrationalen Ängsten ist jedoch auch die unzulängliche Beratungspraxis vieler Kreditinstitute in der Vergangenheit für das unflexible, irrationale Anlageverhalten vieler Privatanleger verantwortlich, haben doch viele Banken und Sparkassen in der Vergangenheit im Interesse des eigenen Einlagengeschäfts gerade privaten Kleinanleger vor allem risikoarme hauseigene Sparprodukte empfohlen, während ertragsorientierte Wertpapieranlagen, speziell Aktien, i.d.R. nur vermögenden Anlegern mit entsprechendem finanziellen Freiraum aktiv angeboten wurden. Die breite Masse der Privatanleger wurde auf diese Weise überwiegend an mäßig verzinste risikoarme Standardanlagen gewöhnt und hatte so kaum Gelegenheit, Wertpapiererfahrung zu sammeln.

Erst in jüngerer Zeit scheinen größere Teile der privaten Anlegerschaft allmählich renditebewußter zu werden. Die Gründe dafür sind nicht zuletzt in den spektakulären Börsengängen der jüngeren Vergangenheit,[137] die breite Anlegerkreise angesprochen haben, sowie in dem verstärkten Auftreten kostengünstiger Direktbanken, die Kontoführung und Wertpapiergeschäfte zu günstigeren Konditionen anbieten, andererseits ihren Kunden aber auch ein erhöhtes Maß an Selbständigkeit und Eigenverantwortung abverlangen, zu suchen.[138]

Wenn und soweit die überwiegende Mehrzahl der Anleger jedoch nach wie vor aufgrund von Unkenntnis und mangelnder Anlageerfahrung eher persönlichen Präferenzen und vertrauten Gewohnheiten folgt, anstatt ökonomisch rational zu handeln, ist eine wesentliche Voraussetzung für ein reibungsloses Funktionieren des Marktes nicht erfüllt.

---

137 Zwar hat die Aktienanlage seit etwa Mitte der 90er Jahre angesichts einiger spektakulärer Börsengänge (Deutsche Telekom (1996), Pro Sieben Media AG (1997); Lufthansa (1997), Jenoptik (1998) u.a.) auch unter den Privatanlegern an Bedeutung gewonnen, allerdings hat dies die Aktienquote in Privatbesitz in Westdeutschland von 1995 bis 1997 nur um gerade 2 Prozentpunkte und in Ostdeutschland nur um 0,8 Prozentpunkte erhöht (Focus 41/1997, S. 251.) Gegenüber den anderen westlichen Industrieländern besteht in der Bundesrepublik Deutschland deshalb nach wie vor ein signifikantes Defizit, was den privaten Aktienbesitz angeht. Während sich in Deutschland 1997 nur 14,6 % des Aktienbesitzes in Privathand befanden, lag die Quote in Frankreich immerhin bei 19,4 %, in Großbritannien bei 29,6 % und in den USA sogar bei 36,4 % (vgl. Der Spiegel 12/1997, S. 102).

138 Zur Verschärfung des Wettbewerbs unter den Kreditinstituten im Privatkundengeschäft durch das Auftreten der Direktbanken vgl. Stiftung Warentest, Finanztest 4/97, S. 14. So vermöchte z.B. allein die BfG Bank seit Einführung ihres Direktbank-Angebots in einem Zeitraum von gut zwei Jahren über 160.000 Neukunden zu gewinnen; vgl. Stiftung Warentest, Finanztest, 6/98, S. 12.

c. Störung der Marktfunktion durch asymmetrische Informationsverteilung

Die aufgezeigten Besonderheiten - mangelnde Markttransparenz und irrationales Anlageverhalten - werfen die Frage auf, ob und inwieweit diese Umstände die Funktionsfähigkeit des Kapitalmarktes gefährden, insbesondere welche Konsequenzen es für den Markt hat, wenn Anleger unbewußt auf der Grundlage falscher oder unzureichender Informationen handeln oder sich ihrer Informationsnachteile bewußt werden.[139] Bereits anhand der Fragestellung wird deutlich, daß die Informationsverteilung die Struktur und das Geschehen an den Kapitalmärkten beeinflußt, während umgekehrt die Marktstruktur wesentlichen Einfluß auf die Informationsaktivitäten der Wirtschaftssubjekte hat.[140] Der Informationsstand der Marktakteure wird damit weniger exogen, d.h. von außerhalb des Marktsystems liegenden Einflüssen bestimmt, sondern vielmehr durch endogene Faktoren, die sich mit dem Verhalten der Marktteilnehmer und den Marktverhältnissen verändern.[141]

aa. Economics of Informationen - Informationsökonomie

Die Zusammenhänge von Marktstruktur, Informationsverteilung und Informationsversorgung zu untersuchen, hat sich die sog Informationsökonomie („Economics of Information") zur Aufgabe gesetzt. Im Mittelpunkt dieses ökonomischen Ansatzes steht die Frage, inwieweit die Informationsverteilung, insbesondere strukturell bedingte Informationsasymmetrien, negative Auswirkungen auf die Funktionsbedingungen eines Marktes und das Transaktionsverhalten der Wirtschaftssubjekte haben.[142] Dazu sind in der ökonomischen Literatur unterschiedliche Modelle entwickelt worden, die Marktversagen

---

139   Eine weitere Besonderheit der kapitalmarktlichen Realität im Unterschied zu den Prämissen des Modells vollständiger Konkurrenz liegt beispielsweise in der Existenz einflußstarker Marktintermediäre, vor allem Kreditinstitute, Investmentfonds und Versicherungen, die erhebliche Kapitalsummen dirigieren und sowohl als Kapitalanbieter wie als Kapitalnachfrager gegenüber weniger potenten Marktteilnehmern, insbesondere gegenüber privaten Kleinanlegern, über ein erhebliches Machtpotential verfügen, was sich beispielsweise darin äußert, daß größere Transaktionen dieser Marktteilnehmer die Wertpapierkurse beeinflussen können, was zu einer Interessenbeeinträchtigung bei den Kleinanlegern führen kann, wenn diese als Wertpapierkäufer oder -verkäufer auf derselben Marktseite stehen. Ein weiterer wichtiger Unterschied der kapitalmarktlichen Realität im Vergleich zum Modell der vollständigen Konkurrenz besteht darin, daß die angebotenen Anlageprodukte in erheblichem Maße inhomogen sind und deshalb für den Anleger nicht beliebig austauschbar sind. Die Produkte sind aufgrund ihrer häufig sehr unterschiedlichen Eigenschaften und Anlagebedingungen (Verzinsung, Risiko, Laufzeit, Liquidität, steuerliche Auswirkungen etc.) nur begrenzt substituierbar. Der Anleger kann deshalb Anlageprodukte „schlechter Qualität", also vor allem Papiere mit hohem Risiko und gleichzeitig mäßiger Rendite, nicht ohne weiteres gegen vorteilhaftere Anlageprodukte austauschen. Diese Umstände sind allerdings im Hinblick auf die im Rahmen dieser Arbeit im Vordergrund stehenden kapitalmarktlichen Informationsprobleme von untergeordneter Bedeutung und sollen deshalb für die weiteren Überlegungen nur am Rande eine Rolle spielen.

140   Assmann, Prospekthaftung, S. 279.

141   Hopf, Informationen, S. 28/29; Assmann, Prospekthaftung, a.a.O.

142   Vgl. Hopf, Informationen, a.a.O.; Assmann, Prospekthaftung, a.a.O.

als Folge asymmetrisch verteilter und unvollkommener Information erklären. Die Zielrichtung dieser Ansätze besteht im Kern darin, die Gründe und den Prozeß des informationsbedingten Marktversagens darzustellen und aufbauend auf diese Erkenntnisse die Notwendigkeit spezieller, über den Preismechanismus hinausgehender marktexogener, insbesondere rechtlicher Mechanismen zur Bewältigung von Informationsproblemen auf Märkten nachzuweisen. Daran anknüpfend ist es *Assmann* gelungen, Prospektpflichten und Prospekthaftung als sinnvolle und notwendige Reaktion der Rechtsordnung auf die Gefahr eines informationsbedingten Marktversagens abzuleiten.[143] Die in der Ökonomie allgemein zur Erklärung eines informationsbedingten Marktversagens entwickelten und von *Assmann* für das Problem der Allgemeinpublizität nutzbar gemachten Überlegungen sind aber auch geeignet, um die dysfunktionalen Folgen unzureichender Individualpublizität zu beschreiben.[144]

(1) Marktversagen als Folge asymmetrisch verteilter und unvollkommener Informationen

(aa) Marktzusammenbruch durch adverse Auslese (adverse selection)

Besteht wie im Fall der Kapitalanlage eine asymmetrische Informationsverteilung zu Lasten der privaten Anleger, die dazu führt, daß diese Marktseite die Qualität der Güter bzw. Leistungen und damit die Angemessenheit des Preises nicht hinreichend beurteilen kann, kann das Problem der adversen Auslese auftreten.[145] Das bedeutet: Sind die Nachfrager nicht in der Lage, die Qualität der angebotenen Güter und Leistungen hinreichend zu beurteilen, so können sie ihr Nachfrageverhalten nicht daran ausrichten und zwischen „guten" und „schlechten" Angeboten unterscheiden. Die Nachfrager werden dadurch gezwungen, die Produkteigenschaften anhand eines Marktdurchschnitts zu bewerten. Als Folge davon werden jedoch Angebote, die besser sind als der Durchschnitt, nicht mehr honoriert, weil sie von den Nachfragern aufgrund der Informationsdefizite nicht erkannt

---

143 Assmann, Prospekthaftung, S. 292 ff.
144 Neben den beiden im Anschluß dargestellten Ansätzen (adverse Auslese, Begünstigung von Monopolisierungstendenzen) nennt Assmann zwei weitere in der US-amerikanischen Literatur zu diesem Themenkreis entwickelte Modelle, zum einen den Markteffizienz-Ansatz, zum anderen den sog. Wohlfahrtsökonomischen Ansatz (vgl. Assmann, Prospekthaftung, S. 280 ff.). Diese Modelle erklären jedoch nicht in erster Linie das für diese Arbeit interessante Phänomen des informationsbedingten Marktversagens, sondern beschreiben vor allem, inwieweit der Prozeß der Informationsverarbeitung aufgrund der besonderen Eigenschaften des Gutes „Information" von bekannten ökonomischen Annahmen und Gesetzmäßigkeiten abweicht. Diese Ansätze sind deshalb weniger geeignet, um im Hinblick auf die Funktionsfähigkeit des Kapitalmarktes die dysfunktionalen Folgen einer asymmetrischen Informationsverteilung zu beschreiben und daraus konkrete (rechtliche) Lösungsmöglichkeiten abzuleiten. Auf eine Darstellung dieser Ansätze wird deshalb an dieser Stelle verzichtet. Eingehend zu diesen Theorien Assmann, Prospekthaftung, a.a.O.
145 Fritsch/Wein/Evers, Marktversagen und Wirtschaftspolitik, S. 214; Hopf, Informationen, S. 28; allgemein zum Phänomen adverser Auslese vgl. Samuelson/Nordhaus, Volkswirtschaftslehre, S. 234 ff.

werden, was unter Wettbewerbsbedingungen dazu führt, daß der Qualitätsdurchschnitt allmählich aber stetig immer mehr fällt, weil Angebote schlechterer Qualität geringe Kosten verursachen und deshalb aufgrund des höheren Durchschnittspreises am Markt im Gegensatz zu höherwertigen Produkten gewinnbringend abgesetzt werden können.[146] Das Ergebnis dieses Prozesses ist eine sog. adverse Auslese (advers selection), d.h. am Markt vermögen sich langfristig nur „schlechte" Angebote durchzusetzen.[147] Am Ende dieser Tendenz zum unteren Qualitätsniveau steht schließlich der vollständige Zusammenbruch des Marktes, obwohl es durchaus Nachfrager gäbe, die bereit und in der Lage wären, für hochwertigere Angebote einen höheren Preis zu bezahlen, aber mangels hinreichender Informationen solche Angebote nicht erkennen können.[148]

Dieser Prozeß eines informationsbedingten Marktzusammenbruchs wurde zuerst von *Akerlof* am Beispiel des Gebrauchtwagenmarktes aufgezeigt.[149] Das Modell der adversen Auslese ist jedoch, wie *von Randow* zeigt, grundsätzlich auch auf den Kapitalmarkt anwendbar.[150] Sind die Anleger nicht hinreichend in der Lage, die „Qualität" eines Wertpapiers, insbesondere dessen Risikobelastung und Kursentwicklung, ausreichend zu beurteilen, so sind sie auch nicht im Stande, ihr Anlageverhalten an diesen elementaren Merkmalen zu orientieren. Überdurchschnittlich empfehlenswerte Wertpapiere mit vergleichsweise hoher Rendite und geringem Risiko werden vom Markt nicht honoriert, so daß Anbieter solcher Anlageprodukte allmählich vom Markt verdrängt werden. Die Folge dieser Entwicklung eine stetige Verschlechterung der Anlagequalität, insbesondere was Risiko und Rendite der angebotenen Anlagen anbetrifft.[151] Hinzu kommt, daß sich dem Anleger neben der klassischen Wertpapieranlage in Aktien oder Schuldverschreibungen zahlreiche Anlagealternativen z.B. in Gestalt von Versicherungs- oder Immobilienanlagen bieten. Diese Substitutionsmöglichkeiten erschweren nicht nur die Markttransparenz, gleichzeitig begünstigen sie auch die Abwanderung von Anlegern, die bessere Anlagemöglichkeiten suchen, und beschleunigen auf diese Weise das Versagen des Finanzanlagemarktes. Am Ende dieses Prozesses droht schließlich aufgrund des allmählich voranschreitenden Vertrauensverlusts der Anleger der vollständige Zusammenbruch des Anlagemarktes.

---

146 Hopf, Informationen, S. 30 f.
147 Fritsch/Wein/Evers, Marktversagen und Wirtschaftspolitik, S. 215/216.
148 Hopf, Informationen, a.a.O.
149 Akerlof, The Market for „Lemons", in: The Quarterly Journal of Economics, Vol. 84, 1970, S. 488 ff. Zur Anwendung dieses Ansatzes auf Versicherungsmärkte, insbesondere unter dem Gesichtspunkt des „moralischen Risikos" vgl. Fritsch/Wein/Evers, Marktversagen und Wirtschaftspolitik, S. 217 f.
150 Vgl. von Randow, ZBB 1995, S. 140 (143).
151 Vgl. von Randow, ZBB 1995 a.a.O., der den Prozeß adverser Auslese am Beispiel des Anleihemarktes darstellt.

Daß der Kapitalmarkt trotz der beschriebenen Informationsasymmetrien gleichwohl nicht vollständig zusammenbricht, ist nach *Assmann* unter anderem darauf zurückzuführen, daß auf dem Kapitalmarkt wie auch auf anderen Märkten Möglichkeiten zur Informationsweitergabe und -beschaffung bestehen, die zumindest in begrenztem Umfang einen Informationsaustausch zwischen den Marktteilnehmern ermöglichen[152] Zwar bietet der Kapitalmarkt nach Ansicht *Assmanns* keine zuverlässigen Informationsmöglichkeiten in bezug auf die unmittelbaren Qualitätsmerkmale von Anlagemöglichkeiten - gemeint sind damit vor allem Bonitätsrisiken sowie die Unsicherheit der zukünftigen Zins- und Kursentwicklung - jedoch bestehen nach Auffassung *Assmanns* z.B. in Gestalt von Prospektpflichten und Prospekthaftung durchaus geeignete Mechanismen, die zu einer Informationsübertragung zwischen den Marktseiten führen.[153] So können Emittenten von Anlageprodukten durch die Einschaltung von Vertrauenspersonen und Sachverständigen, wie z.B. Notaren, Steuerberatern oder Wirtschaftsprüfern, quasi „Signale" für die Seriosität und Richtigkeit ihrer Prospektangaben setzen, die es den Anlegern ermöglichen, die Qualität der Anlageprodukte zuverlässig zu beurteilen.

Vergleichbare, aus dem Marktprozeß selbst herausgebildete Verfahren des Informationsaustausches werden in der Ökonomie unter den Stichworten *„signaling"* und *„screening"* diskutiert.[154] So lassen sich Informationsasymmetrien etwa dadurch abbauen, daß die schlecht informierte Marktseite - im Falle des Kapitalmarktes also vor allem die Privatanleger - von sich aus versucht, zusätzliche Informationen zu gewinnen (sog. „screening") oder die gut informierte Marktseite - also insbesondere die anlageanbietenden Kreditinstitute - sich bemühen, möglichst glaubwürdige Informationen über die Qualität der angebotenen Produkte bzw. Leistungen zu verbreiten (sog. „signaling").[155]

Für den von *Assmann* untersuchten Fall der Allgemeinpublizität bietet die Veröffentlichung eines Wertpapierverkaufsprospekts ohne Zweifel eine gute Möglichkeit, allgemeine, grundsätzliche Informationen über Anlageprodukte und Emittenten dem Anlagepublikum zur Verfügung zu stellen. Prospektpublizität leistet insoweit sicher einen wichtigen Beitrag zum Abbau von marktbeeinträchtigenden Informationsasymmetrien, so daß es sinnvoll und berechtigt war, diese Form der Informationsübertragung rechtlich zu regeln, wie es der Gesetzgeber im Börsengesetz (§§ 36, 45 ff. i.V.m. §§ 13 ff. BörsZulVO) sowie im Wertpapier-Verkaufsprospektgesetz (§§ 5 ff. i.V.m. §§ 1 ff. VerkProspVO) bzw. zuvor die Rechtsprechung in Form richterlicher Rechtsfortbildung getan hat.[156]

---

152 Assmann, Prospekthaftung, S. 282 ff.
153 Assmann, Prospekthaftung, S. 283.
154 Ausführlich dazu Fritsch/Wein/Evers, Marktversagen und Wirtschaftspolitik, S. 219 ff.
155 Fritsch/Wein/Evers, Marktversagen und Wirtschaftspolitik, S. 219; Hopf, Informationen, S.31.
156 So auch Assmann, Prospekthaftung, a.a.O.

Allerdings sind - wie *Assmann* selbst eingesteht - auch Prospektangaben oft unsichere Signale und müssen von den Marktteilnehmern richtig gedeutet werden.[157] Voraussetzung dafür ist vor allem, daß die Anleger grundsätzlich fachlich in der Lage sind, die zur Verfügung gestellten Informationen zutreffend auszuwerten und zu beurteilen, inwieweit Anlageprodukte vor dem Hintergrund der eigenen persönlichen und wirtschaftlichen Erwartungen für sie geeignet sind. Der gewöhnliche Privatanleger ist mit einer solchen Informationsbewertung jedoch angesichts der Vielzahl und Komplexität der bei der Anlageentscheidung im einzelnen zu berücksichtigenden Umstände oft überfordert.[158] Prospektpflichten können insofern zwar eine grundlegende, allgemeine Aufklärung über den Anlageemittenten und die wichtigsten Merkmale des Wertpapiers (z.B. Nennwert, Laufzeit, Verzinsung, Ausgabekurs usw.) leisten, bieten aber keine konkrete, auf die individuelle Situation des einzelnen Anlegers bezogene Anlageempfehlung. Hinzu kommt, daß Prospektpflichten lediglich für den Zeitpunkt der Emission (§ 1 VerkProspG) bzw. der Börsenzulassung (§ 36 BörsG) aktuelle Informationen gewährleisten. Für Anleger, die nach diesem Zeitpunkt einen Wertpapierkauf beabsichtigen, bieten Prospektangaben deshalb keine geeignete, weil nicht hinreichend aktuelle Informationsgrundlage.[159] Ihr Beitrag zur Lösung des kapitalmarktlichen Informationsproblems ist insofern begrenzt. Ein hinreichender Abbau von Informationsdefiziten bei der Mehrzahl der Privatanleger ist deshalb allein durch Prospektinformation kaum zu erreichen. Im Interesse eines befriedigenden Ausgleichs von Informationsasymmetrien und zum Schutz vor informationsbedingtem Marktversagen muß vielmehr eine einzelfallbezogene, auf die besonderen Umstände der Anlagesituation zugeschnittene (Individual-)Beratung des Anlageinteressenten hinzutreten.

(2) Beeinträchtigung der Marktstruktur durch Monopolisierungstendenzen

Eine weitere Gefahr für die Funktionsfähigkeit des Kapitalmarktes durch Informationsasymmetrien resultiert aus der Förderung informationsbedingter Marktmacht. Der Grund dafür wird vor allem in der Existenz von Informationsbeschaffungskosten gesehen. Während nach der Modellvorstellung der klassischen Gleichgewichtstheorie Informationsaktivitäten der Marktteilnehmer grundsätzlich überflüssig sind,[160] weil diese ihre

---

157 Assmann, Prospekthaftung, S. 283 f., auch Assmann warnt deshalb zu Recht vor der Gefahr eines „Marktversagens aufgrund mangelhafter Urteilsbildungsfähigkeit im Bereich subjektiver Nutzeneinschätzung".

158 So im Ergebnis auch Immenga, ZHR 151 (1987), S. 148 (160 f.).

159 Auf die Gefahr mangelnder Aktualität von Prospektangaben hat auch der BGH (BGHZ 123, 126 (130 f.) - „Bond") ausdrücklich hingewiesen. Auch der Gesetzgeber geht davon aus, daß Prospektangaben höchstens bis zu einem halben Jahr nach Börseneinführung (§ 45 Abs. 1 Satz 1 a.E. BörsG) bzw. nach Emission (§ 13 Abs. 1 Nr. 1 VerkProspG) der Papiere die Entscheidung des Anlegers beeinflussen.

160 Der Grund für die Überflüssigkeit von Suchaktivitäten nach der klassischen Markttheorie liegt darin, daß auf vollkommenen Märkten homogene Güter zu einem *einzigen Preis*, dem Gleichgewichtspreis, den alle Marktteilnehmer kennen, gehandelt werden. Vgl. Woll, Wirtschaftslexikon, S. 580.

Entscheidungen per definitionem unter vollkommener und gleichverteilter Information über die herrschenden Güterpreise und -qualitäten treffen - insofern also vollkommene Markttransparenz herrscht -, sind die Märkte in der Realität oft durch Intransparenz und Preisdispersionen gekennzeichnet. Das gilt insbesondere für den Kapitalmarkt.[161] Die Folge sind Suchaktivitäten der Nachfrager nach einer optimalen Kombination von Qualität und Preis.[162] Die Informationsbeschaffung ist für die Nachfrager jedoch mit Kosten verbunden. Deshalb wird kein Nachfrager um jeden Preis versuchen, das optimale Angebot zu finden. Vielmehr werden die Nachfrager ihre Suchaktivitäten spätestens dann abbrechen, wenn die dadurch verursachten Anstrengungen und Mühen, wirtschaftlich ausgedrückt also die Kosten der Informationsbeschaffung, deren Nutzen übersteigen.[163] Die Informationsverteilung ist nach diesem Ansatz also wesentlich von den Kosten der Informationsbeschaffung abhängig, mit der Konsequenz, daß ein Markt von sich aus um so eher zum Abbau von Informationsasymmetrien und damit verbundenen Funktionsproblemen neigt, je geringer die Anstrengungen für die Nachfrager und damit aus ökonomischer Sicht die Kosten[164] der Suchaktivitäten sind.

Bezogen auf den Kapitalmarkt bedeutet das, daß hier nur in begrenztem Umfang mit selbständigen Suchaktivitäten der Anleger zu rechnen ist, weil die Informationsbeschaffung für Anleger regelmäßig mit z.T. erheblichen Mühen und Anstrengungen verbunden ist. Angesichts der Komplexität der zu berücksichtigenden entscheidungsrelevanten Faktoren und der Vielfalt der angebotenen Produkte ist der gewöhnliche Privatanleger kaum willens, sich durch mühsames das Sammeln und Auswerten einer Vielzahl von Einzeldaten und Hintergrundinformationen ein umfassendes Bild über die Qualität eines Wertpapiers sowie möglicher Anlagealternativen zu verschaffen. Soweit solche Informationsaktivitäten überhaupt stattfinden, sind sie regelmäßig mit Mühen und Aufwendungen verbunden, die der Anleger nur solange auf sich nehmen wird, wie der durch die verbesserte Aufklärung zusätzlich erwirtschaftete Gewinn die Belastungen durch die Informationsbeschaffung nicht übersteigt. Im Falle der privaten Kapitalanlage sind die Hürden, die den Anleger von einer aktiven Informationsbeschaffung abhalten, vor allem zeitlicher und intellektueller Art, ist doch die Informationsbeschaffung nicht nur zeitin-

---

161 Zu den Gründen mangelnder Markttransparenz privater Anleger vergleiche oben 1. Kapitel § 2 II 4 b aa.

162 Vergleiche dazu das von Stigler zur Informationsbeschaffung entwickelte Modell, Stigler, The Economics of Information, in: The Journal of Political Economy, Vol. 69, 1961, S. 213 ff.; ferner Assmann, Prospekthaftung, S. 280 m.w.N.

163 Vergleiche Grass/Stützel, Volkswirtschaftslehre, S. 23 f.; Assmann, Prospekthaftung, S. 280; Hopf, Informationen, S. 37 ff.

164 Der Kostenbegriff umfaßt in diesem Zusammenhang zum einen die monetären Aufwendungen, die mit der Informationstätigkeit verbunden sind, daneben sind aber auch nicht finanzielle Belastungen, wie z.B. Zeitaufwand, besondere fachliche Voraussetzungen, die sich der Informationssuchende zuvor mühsam aneignen muß, oder sonstige mit der Datensuche und Auswertung verbundene Belastungen, zu berücksichtigen, die aus Sicht des Anlegers in die Gesamtabwägung von Aufwand und Nutzen einer Informationssuche einfließen. Die finanziellen Kosten (z.B. Kauf von Fachliteratur) treten gegenüber diesen zeitlichen und intellektuellen Belastungen der Informationssuche und -auswertung eher in den Hintergrund.

tensiv, sondern verlangt darüber hinaus auch ein hinreichendes Maß an Fachkenntnissen und Anlageerfahrung. Ein marktendogener Ausgleich von Informationsmängeln durch selbständige Informationsaktivitäten der Anleger ist unter diesen Bedingungen nur in einem sehr begrenzten Umfang zu erwarten.[165]

Das wiederum läßt das Anbieterverhalten nicht unbeeinflußt und führt zu dementsprechenden Kursreaktionen, denn wenn eine Verschlechterung der Anlagebedingungen, also vor allem wachsende Risiken und sinkende Renditen, aufgrund der hohen Informationshürden nicht zwangsläufig zu einer Abwanderung der Anlegerschaft führt, verfügen die Anlageanbieter gegenüber den unzureichend informierten Anlegern über Marktmacht, die eine zuverlässige marktgesteuerte Kapitalallokation behindert.[166] Eine zeitaufwendige und komplizierte Informationssuche und -auswertung mit hohen fachlichen Anforderungen an die Anleger begünstigt auf diese Weise Monopolisierungstendenzen bei den Anlageanbietern.[167] Ein reibungsloses Funktionieren des Kapitalmarktes ist unter diesen Umständen nicht zu erwarten.

bb. Folgen der Beeinträchtigung der Kapitalmarktfunktion

Die von der Informationsökonomie herausgearbeiteten Wechselbeziehungen zwischen Informationsverteilung, Marktstruktur und Markteffizienz verdeutlichen die Probleme, die angesichts asymmetrisch verteilter und unvollkommener Informationen dem Konzept einer auf selbständigen Informationsaktivitäten der Marktteilnehmer beruhenden Marktfunktion entgegenstehen. Gerade vor dem Hintergrund der besonderen Bedeutung zuverlässiger und vollständiger Informationen nicht nur für den persönlichen Anlageerfolg des einzelnen Anlegers, sondern gerade im Hinblick auf die gesamtökonomische Funktion des Kapitalmarktes sind die Konsequenzen eines informationsbedingten Versagens des Kapitalmarktes nicht zu unterschätzen, birgt doch die angesprochene Informationsproblematik die Gefahr einer massiven Beeinträchtigung der zentralen Kapitalmarktfunktionen Allokation und Finanzierung.

(1) Beeinträchtigung der Allokationsfähigkeit

Sind die Anleger aufgrund eigener fachlicher Hilflosigkeit und unzureichender Informationsmöglichkeiten nur unzureichend in der Lage, die wesentlichen anlagerelevanten Merkmale und Risiken eines Anlageprodukts sowie dessen Nutzen vor dem Hintergrund der eigenen finanziellen Ziele und Bedürfnisse zu beurteilen, besteht die Gefahr, daß die Anleger auf unattraktive Anlageprodukte hereinfallen, während empfehlenswerte Anlagen gleichzeitig unbeachtet bleiben. Die Folge solcher suboptimalen Anlagetransaktionen

---

165 Die mangelnde Bereitschaft vieler Anleger, sich selbständig zu informieren, ist statistisch belegbar, vgl. die Repräsentativbefragung der Volks- und Raiffeisenbanken, abgedruckt bei Vortmann, Beratungspflichten, S. 187 sowie oben Fußn. 135.
166 Hopf, Informationen, S. 40.
167 Assmann, Prospekthaftung, S. 280 und 289/290; Hopf, Informationen, a.a.O.

uninformierter Anleger betreffen nicht nur den jeweiligen Anleger, der so einen höheren Gewinn „verschenkt" oder ein für seine Bedürfnisse ungeeignetes Anlageprodukt kauft, Nachteile ergeben sich auch und vor allem im Hinblick auf die gesamtwirtschaftlich optimale Allokation knapper Ressourcen, denn je stärker Anleger auf der Grundlage unzureichender Informationen handeln, desto geringer ist die Wahrscheinlichkeit, daß Investitionskapital tatsächlich an die Stellen der Wirtschaft gelangt, an denen es dringend benötigt und erfolgversprechend verwendet wird. Statt dessen steigt die Gefahr, daß dringend benötigtes Kapital an anderer Stelle uneffizient „versickert". Ökonomisch ungeschicktes, weil uninformiertes Anlageverhalten beeinträchtigt auf diese Weise vor allem die dem Kapitalmarkt nachgelagerten Märkte für Waren und Dienstleistungen. In den daraus resultierenden negativen Auswirkungen auf die Leistungs- und Wettbewerbsfähigkeit der Gesamtwirtschaft liegt die besondere Gefahr eines allokativen Versagens des Kapitalmarktes.

Informationsmängel schlagen jedoch nicht nur unmittelbar auf die nachgelagerten Märkte für Waren und Dienstleistungen durch, sondern auch auf die Fähigkeit des Kapitalmarktes, die am Markt bekannt werdende Informationen durch entsprechende Reaktionen von Angebot und Nachfrage in Preise und damit in Signale umzusetzen, die den Marktteilnehmern die Knappheitsrelationen zutreffend widerspiegeln. [168] Die Fähigkeit des Kapitalmarktes, durch informationseffiziente Preise aus eigener Kraft Informationsasymmetrien abzubauen, wird dadurch gemindert. Das Ergebnis sind Wertpapierkurse, die bestehende Knappheitsrelationen und daraus resultierenden Anlagebedarf falsch oder unzureichend ausdrücken. Die dysfunktionalen Folgen asymmetrischer Informationsverteilung werden dadurch noch verstärkt, ist doch die bisherige Kursentwicklung eines Wertpapiers gerade für unerfahrene Anleger ein entscheidendes Kriterium für die Anlagewahl. Kurse, die die Zukunftserwartungen des Marktes in ein Wertpapier nicht korrekt widerspiegeln, sind jedoch nicht geeignet, den Marktteilnehmern geeignete Verhaltenssignale für ihr Anlageverhalten zu setzen. Im Gegenteil: Informationsineffiziente Kurse bergen die erhöhte Gefahr von Fehlallokationen, weil dadurch tatsächlich bestehender Kapitalbedarf und damit interessante Anlagemöglichkeiten unerkannt bleiben, während andere Papiere aufgrund einer vermeintlich günstigen Kursentwicklung in der Vergangenheit gerade für den ungeübten Anleger attraktiv erscheinen, tatsächlich jedoch nur eine suboptimale Anlage bieten.

(2) Störung der institutionellen Funktionsfähigkeit

Neben der Gefahr von Fehlallokationen droht durch Informationsasymmetrien vor allem eine Beeinträchtigung der Fähigkeit des Marktes zur Kapitalaufbringung, denn werden sich Anleger ihres Informationsnachteils bewußt, so resultiert daraus nicht selten

---

168   Grundlegend zu diesen als Markteffizienz-Ansatz bezeichneten Überlegungen zum Zusammenhang zwischen Information und Marktpreisbildung: Fama, Efficient Capital Markets: A Review of Theorie and Empirical Work. in: The Journal of Finance, Vol. 25, 1970, S. 383 ff. sowie Assmann, Prospekthaftung, S. 280 f.

berechtigtes Mißtrauen, das als Schutzmaßnahme Abwanderungen von enttäuschten Anlegern nach sich ziehen wird, insbesondere wenn diese aufgrund ihres Informationsnachteils befürchten müssen, von besser informierten Marktteilnehmern übervorteilt zu werden.[169]

In der Literatur wurde eine signifikante Minderung des Anlagevolumens als Folge eines unzureichenden Anlegerschutzes indes bisweilen in Zweifel gezogen.[170] Zwar ist dieser Auffassung zuzugeben, daß der empirische Nachweis einer Funktionsbeeinträchtigung des Marktes mangels Quantifizierbarkeit des Vertrauensverlustes nur eingeschränkt möglich ist, betrachtet man hingegen die negativen Auswirkungen, die in der Vergangenheit von Börsenskandalen und anderen Mißständen am Kapitalmarkt auf die Anlagebereitschaft ausgingen, so scheint in der Tat vieles dafür zu sprechen, daß strukturelle Mängel und Lücken im Anlegerschutz der Mehrheit der privaten Anleger nicht gleichgültig sind.[171] So führte beispielsweise eine Reihe von Börsenskandalen, die Anfang der 90er Jahre in Japan bekannt wurden, zu einem drastischen Gewinnrückgang bei japanischen Wertpapierhäusern, die im Einzelfall bis zu 70 % ausmachten.[172] Als Grund wurde in japanischen Zeitungen genannt, daß die Anleger sich infolge des unzureichenden Schutzes zurückgehalten hätten, mit der Konsequenz eines deutlich geringeren Kapitalangebots und erheblichen Umsatzrückgängen an der Börse. Ähnliches gilt für die sog. Insider-Affäre an der Frankfurter Wertpapierbörse, die 1991 auch an deutschen Börsen begründete Furcht vor Umsatzeinbußen auslöste.[173] Diese Reaktionen der Anlegerschaft auf Mißstände lassen darauf schließen, daß auch unzureichender Schutz der Anleger vor Informationsmängeln in ähnlicher Weise zu einer Beeinträchtigung der Fähigkeit des Kapitalmarktes zur Kapitalaufbringung führen würde.

Besonders beeinträchtigend wirkt in dem Zusammenhang, daß sich das Mißtrauen der verunsicherten Anleger nicht nur gegen zweifelhafte Anlageanbieter und -produkte richtet, sondern häufig pauschal und undifferenziert zu Unrecht auch gute Angebote und zuverlässige Anbieter trifft.[174] Der Anleger, der mangels ausreichender Informationen vorteilhafte Anlagemöglichkeiten kaum von weniger empfehlenswerten Anlagen unterscheiden kann, kann sich aus seiner Sicht am besten vor Übervorteilung schützen, indem

---

169   Assmann, Prospekthaftung, S. 289 ff.
170   Vgl. Kübler, AG 1977, S. 85 (87); Mertens, ZHR 138 (1974), S. 269 (270); Pfister, ZGR 10 (1981); S. 318 (338).
171   So auch Mennicke, Sanktionen gegen Insiderhandel, S. 103 ff.
172   Mennicke, Sanktionen gegen Insiderhandel, S. 103.
173   Im Juni 1991 wurden Insider-Vorwürfe gegen 3 Mitarbeiter aus der Börsenabteilung der Deutschen Bank bekannt. Diesen wurde vorgeworfen, Optionsscheine empfohlen zu haben, die sie selbst zuvor gekauft hatten, um auf diese Weise die Kurse der Papiere hochzutreiben (sog. Front-running). Aufgrund mangelnder Nachweisbarkeit konnte auf der Grundlage der zu dem Zeitpunkt gültigen freiwilligen Insiderregeln kein förmliches Insider-Verfahren eingeleitet werden. Gleichwohl hat die Affäre dem Börsengeschäft insgesamt erheblich geschadet. Vgl. Handelsblatt vom 26./27.7.1991, S. 2 („Insider-Affäre hat dem Ansehen der Börse geschadet") und vom 8.8.1991, S. 19 („Insider-Affäre weitet sich aus") sowie vom 10.9.1991, S. 10 („Insider-Affäre nimmt größere Dimensionen an").
174   Koch/Schmidt, BFuP 1981, a.a.O.

er sich vom Markt zurückzieht. Die Folge ist ein produktübergreifender Rückgang der Anlagebereitschaft und eine allgemeine Minderung der Kapitalaufbringung.

Der Markt für Risikokapital ist von einem solchen Vertrauensverlust besonders bedroht, denn dieses Marktsegment ist in erhöhtem Maße von ertragsorientierten, risikobewußten Anlegern abhängig, die jedoch aufgrund des erhöhten Anlagerisikos besonders umfassende und zuverlässige Informationen erwarten. Ist eine entsprechend qualifizierte Informationsversorgung jedoch nicht gewährleistet, so daß die Anleger befürchten müssen, auf schlechte Anlagen hereinzufallen, so werden diese Anleger von einer Risikokapitalanlage leicht Abstand nehmen. Der Risikokapitalmarkt ist insofern nicht zuletzt vor dem Hintergrund der relativ geringen Zahl von Anlegern, die sich in diesem Marktsegment engagieren, besonders anfällig für einen Rückgang der Anlagebereitschaft. Die Folge ist ein empfindlicher Mangel an Wagniskapital, den gerade junge, innovative Unternehmen in technologieorientierten Zukunftsbranchen zu spüren bekommen.[175] Die Beeinträchtigung der Fähigkeit des Kapitalmarktes zur Aufbringung von ausreichend Risikokapital belastet jedoch letztendlich die Entwicklung der Gesamtwirtschaft, denn gerade innovative Pionierunternehmen in Wachstumsbranchen sind für den Strukturwandel und die Wettbewerbsfähigkeit einer Wirtschaft von besonderer Bedeutung.[176]

§ 3   Lösung des Informationsproblems durch Beratungswettbewerb

Vor dem Hintergrund der aufgezeigten Gefahren eines drohenden Marktversagens stellt sich die Frage, ob eine rechtlich-institutionelle Regelung und damit unter Umständen eine Intervention des Gesetzgebers notwendig ist, um den dysfunktionalen Folgen unzureichender Informationsverteilung entgegenzuwirken, oder inwieweit Wettbewerbsmechanismen und damit die Kräfte des Marktes ausreichen, um auf der Grundlage privater Informationsproduktion und -übertragung eine hinreichende Informationsversorgung aller Marktteilnehmer, einschließlich der privaten Kleinanleger zu gewährleisten.[177] Die angesprochenen marktvermittelten Informationsmechanismen bezeichnen dabei weniger den durch unmittelbare informationsbedingte Angebots- bzw. Nachfragereaktionen der Marktteilnehmer bewirkten Prozeß der Bildung informationseffizienter Kurse - daß dieser Form einer marktendogenen Informationsumsetzung angesichts der asymmetrischen Informationsverteilung und der fachlichen Ohnmacht privater Anleger enge Grenzen gesetzt sind, darauf wurde bereits hingewiesen[178] -, vielmehr ist an eine vom

---

175   Vgl. Reg.-Begründ. zum 3. FinanzmarktförderungsG, BR-Drucks. 605/97, S. 65 f.
176   Vgl. Reg.-Begründ. zum 3. FinanzmarktförderungsG, BR-Drucks. 605/97, a.a.O. In der Reg.-Begründung wird die Bedeutung junger, innovativer Unternehmen in Zukunftsbranchen für den langfristigen Strukturwandel und die Wettbewerbsfähigkeit der Volkswirtschaft besonders betont und als wichtiger Grund für die Förderung der Risikokapitalanlage genannt.
177   Dazu vergleiche Hopf, Informationen, S. 167 ff.
178   Vgl. 1. Kapitel § 2 II 4 c aa.

Wettbewerb gesteuerte aktive Informations- und Beratungstätigkeit speziell der Kredit-institute zu denken.

Eine solche marktgesteuerte Informationsversorgung liegt nicht nur deshalb nahe, weil die Kreditinstitute sowohl über das notwendige personelle und technische Beratungs-potential als auch, bedingt durch die Intermediärsfunktion, über den unmittelbaren Kon-takt zu den aufklärungsbedürftigen Anlegern verfügen, sondern auch, weil im Falle einer Funktionsstörung des Kapitalmarktes und der daraus resultierenden Abwanderung von Anlegern gerade den Kreditinstituten erhebliche Nachteile drohen. Insofern müßte es im besonderen Interesse der Kreditinstitute liegen, durch intensive Aufklärung und gute Beratung der Anleger ein informationsbedingtes Versagen des Kapitalmarktes zu verhindern.[179] Darüber hinaus bietet eine aktive Anlageberatung für die Kreditinstitute möglicherweise wertvolle Vorteile im Wettbewerb um Anlagekunden. Es stellt sich des-halb die Frage, ob nicht bereits der Wettbewerb unter den Kreditinstituten eine befriedi-gende Informationsversorgung der Anleger gewährleistet. Wenn und soweit das der Fall wäre, wären rechtlich-institutionelle Regelungen zur Überwindung von Informations-asymmetrien insoweit überflüssig. Die rechtlichen Arrangements könnten sich dann auf die Sicherung eines funktionierenden Beratungswettbewerbs unter den Kreditinstituten beschränken. Zur Begründung des Nutzens einer rechtlichen Intervention bedarf es des-halb des Nachweises, daß mit Hilfe zwingenden Rechts zu schaffende Informations-strukturen den damit verbundenen Kontroll- und Durchsetzungsaufwand tatsächlich rechtfertigen, weil andere Lösungen nicht in gleichem Maße den gewünschten Erfolg versprechen.[180] Diese, aus dem Grundsatz der Verhältnismäßigkeit erwachsende Er-kenntnis entspricht auch den Forderungen der Ökonomie.[181] Denn wenn und soweit rechtliche Konstrukte nur das zu leisten vermögen, was sich sowieso auch ohne recht-lichen Zwang aufgrund marktendogener Anreize und natürlicher ökonomischer Mecha-nismen als das Ergebnis freiwilliger Informationsaktivitäten bestimmter Marktakteure er-gibt, wäre eine rechtliche Regelung nicht nur überflüssig, sondern auch schädlich, weil sie die Allgemeinheit mit unnötigen Kosten für Erlaß, Kontrolle und Durchsetzung unnötiger rechtlicher Bestimmungen belastet. Dann, und nur dann, wenn der Markt ver-sagt und eine ausreichende wettbewerbsgesteuerte Informationsversorgung nicht ge-währleistet ist, empfiehlt sich eine juristische Regelung.[182]

I. Nutzen des Wettbewerbs in der Kreditwirtschaft

Wurde in der Vergangenheit bis etwa Ende der sechziger Jahre der Nutzen des Wett-bewerbs im Kreditgewerbe ganz überwiegend bezweifelt, ja Wettbewerb unter Banken

---

179 Fritsch/Wein/Evers, Marktversagen und Wirtschaftspolitik, S. 231.
180 Ähnlich auch von Randow, ZBB 1995, S. 140 (145) zur insofern vergleichbaren Frage einer ge-setzlichen Regulierung des Rating-Wesens.
181 von Randow, ZBB 1995, a.a.O.
182 So auch von Randow, ZBB 1995, S. 140 (145) m.w.N.

sogar als gesamtwirtschaftlich schädlich betrachtet und deshalb abgelehnt,[183] sind heute Berechtigung und Nutzen des Wettbewerbs in der Kreditwirtschaft allgemein anerkannt.[184]

Die wettbewerbsfeindliche Haltung der h.M. in den 50er und 60er Jahren beruhte vor allem auf den negativen Erfahrungen eines intensiven Verdrängungswettbewerbs Ende des 19. Jahrhunderts. So entwickelte sich seit etwa 1876 im Deutschen Reich ein zunehmend ruinöser Wettbewerb zwischen Privat- und Universalbanken, aus dem die Universalbanken schließlich als Sieger hervorgingen. Durch die zahlreichen Bankenzusammenbrüche verloren nicht nur viele Sparer ihr Geld, der Verdrängungswettbewerb führte darüber hinaus zu verstärkter Konzentration und Kartellierungsbestrebungen im Bankgewerbe, die die Funktionsfähigkeit des Kapitalmarktes insgesamt beeinträchtigten.[185] Um eine Wiederholung derartiger Auswüchse zu vermeiden, war nach Ansicht der h.M. eine Beschränkung des Wettbewerbs unter den Kreditinstituten im allgemeinen Interesse geboten.

Als Gründe für die besondere Sensibilität des Kreditgewerbes wurde zum einen die geringe Eigenkapitalausstattung der Kreditinstitute, die Verluste ohne Gefährdung von Kundeneinlagen nur in einem sehr begrenzten Ausmaß zuließen, zum anderen das besondere soziale Schutzbedürfnis gegenüber der großen Mehrheit von Kleinsparern genannt.[186] Darüber hinaus wurde als Rechtfertigung für ein erhöhtes staatliches Regulierungsinteresse auf die besondere Bedeutung der Kreditinstitute im Rahmen des volkswirtschaftlichen Gesamtgefüges verwiesen.[187] Der Wettbewerb im Kreditwesen unterlag deshalb zahlreichen Sonderregelungen. Diese wettbewerbsrechtliche Sonderstellung der Kreditwirtschaft, die sich beispielsweise in der Regulierung der Zinssätze und der Ausnahme des Bankgewerbes vom Anwendungsbereich des GWB äußerte, wurde erst mit Aufhebung der Zinsverordnung und des Wettbewerbsabkommens im Jahr 1967 aufgehoben, nachdem sich vor dem Hintergrund des 1961 grundlegend novellierten KWG die Erkenntnis durchgesetzt hatte, daß die Stabilität des Kreditwesens und damit die Sicherheit der Kundeneinlagen weniger von einem Ausschluß des Bankgewerbes vom Wettbewerb abhängt als vielmehr von besonderen Eigenkapital- und Liquiditätsvorschriften sowie speziellen aufsichtsrechtlichen Anforderungen an die Geschäftstätigkeit der Kreditinstitute, wie sie durch die §§ 10 ff. KWG hinreichend gewährleistet werden. Seitdem unterliegt der Wettbewerb im Kreditwesen mit der Einschränkung des § 29 GWB den allgemeinen wettbewerbsrechtlichen Vorschriften.

Seit Aufhebung der wettbewerbsrechtlichen Sonderstellung hat sich in vielen Teilbereichen des Bankgeschäfts teilweise ein sehr intensiver Wettbewerb zwischen den einzelnen Kreditinstituten sowie den Institutsgruppen entwickelt. So ist seit etwa Mitte

---

183 Vgl. z.B. die gemeinsame Stellungnahme der Spitzenverbände des Kreditgewerbes vom 4.3.1953, abgedruckt in WuW 1953, S. 641 ff.; Stützel, Bankpolitik, Rn. 3 ff.; Gnam, WuW 1956, S. 581 (582 ff.).

184 Hopt, Kapitalanlegerschutz, S. 173 m.w.N.

185 Hopt, Kapitalanlegerschutz, S. 171.

186 Stützel, Bankpolitik, Rn. 47 und 54.

187 Hopt, Kapitalanlegerschutz, S. 170.

der 90er Jahre, unterstützt durch das verstärkte Auftreten der Direktbanken, vor allem das Giro- und Kontokorrentgeschäft zum Gegenstand eines sehr engagiert geführten Preiswettbewerbs geworden.[188]

Gerade am Beispiel des Girogeschäfts wird die veränderte Rolle des Wettbewerbs im Kreditgewerbe deutlich. Während bis in die 60er Jahre unter Hinweis auf die besondere Bedeutung eines funktionierenden Bankwesens für die Volkswirtschaft, z.B. bei der Abwicklung des unbaren Zahlungsverkehrs und der Verwaltung von Giral-Geld, Wettbewerb als Gefahr für die Stabilität des Bankgewerbes empfunden und deshalb abgelehnt wurde,[189] hat der Preiswettbewerb im Girogeschäft für die Privatkundschaft zum Teil erhebliche Kosten- und Gebührenvorteile gebracht. So verzichten z.B. einige Kreditinstitute inzwischen im Kampf um Kunden unter bestimmten Voraussetzungen ganz auf Gebühren für die Führung von Girokonten.[190] Ähnlich vorteilhaft für die Bankkunden hat sich der Wettbewerb auf die Entwicklung der Zinsen für langfristige Hypothekendarlehen ausgewirkt, die aufgrund des intensiven Wettbewerbs im Kreditgeschäft inzwischen einen Tiefstand erreicht haben.[191] Vor dem Hintergrund dieser Entwicklungen ist der Nutzen des Wettbewerb im Kreditgewerbe heute unbestritten.

II. Grenzen des Wettbewerbs

Hat sich im Bereich des Giro- und des Kreditgeschäfts ein lebhafter Wettbewerb mit Vorteilen für die Bankkunden entwickelt, so sind dem Wettbewerbsmechanismus doch gerade im Bereich der Informationsdienstleistungen, speziell der Anlageberatung, enge Grenzen gesetzt. Wettbewerb unter den Kreditinstituten für sich allein ohne Unterstützung durch eine rechtliche Regelung vermag eine ausreichende Information der Privatanleger kaum sicherzustellen.[192]

Der Grund dafür liegt, wenn auch nicht ausschließlich, so doch zu einem wesentlichen Teil, in der mangelnden Fähigkeit der Anleger, die Qualität der Beratungsleistung zu beurteilen und mit der Leistung anderer Banken zu vergleichen und so auf Qualitätswettbewerb unter den Informations- und Beratungsanbietern zu reagieren.[193]

1. Unzureichende Qualitätstransparenz für Anleger

Während sich der Kunde in den oben genannten Beispielen des Giro- und Darlehensgeschäfts die für funktionierenden Wettbewerb notwendige Markttransparenz,

---

188 Vgl. Stiftung Warentest, Finanztest 4/97, S. 14 ff. sowie Finanztest 6/98, S. 12 ff.
189 Vgl. die Darstellung bei Hopt, Kapitalanlegerschutz, S. 170.
190 Einen ausführl. Gebührenvergleich bietet die Stiftung Warentest, Finanztest 6/98,S. 12, 15 ff.
191 Vgl. Stiftung Warentest, Finanztest 6/98, S. 23 ff., die in dem Zusammenhang von einem „Rekordtief" als Folge des intensiven Wettbewerbs unter den Kreditinstituten spricht.
192 Auf den unzureichenden Schutz der Anlegerbedürfnisse durch den Wettbewerbsmechanismus weist auch Hopt, Kapitalanlegerschutz, S. 182, hin.
193 Vgl. Hopt, Kapitalanlegerschutz, a.a.O.

genauer Preistransparenz, durch einen einfachen Vergleich der Zinsen, Gebühren und Provisionen verschaffen kann, ist ein Qualitätsvergleich bei der Anlageberatung nur sehr begrenzt möglich. Wie soll der Privatanleger, außer bei ganz groben Fehlgriffen des Beraters, beurteilen, wo er besser mit Informationen versorgt und vorteilhafter beraten wird, wenn er doch die Richtigkeit der Informationen selbst nicht überprüfen kann und gar nicht weiß, ob eine andere Anlageempfehlung nicht sehr viel vorteilhafter für ihn gewesen wäre.[194] Der Durchschnittskunde, der auf die Beratung angewiesen ist, verfügt ja weder über die notwendigen ökonomischen Hintergrundinformationen noch über das finanzfachliche Spezialwissen, um beurteilen zu können, welcher Anlagerat der Bank angesichts der Marktlage vorteilhaft gewesen wäre. Vielmehr vertraut sich der Anleger ja gerade wegen mangelnder eigener Kompetenz einem Anlageberater an. Selbst dann, wenn der Anleger, was in der Praxis kaum vorkommt, sich in derselben Anlageangelegenheit von mehreren Kreditinstituten parallel beraten ließe, wüßte er nicht, welche Anlageempfehlung vorteilhafter ist. Ob eine Anlageempfehlung gut oder schlecht war, erfährt der Anleger i.d.R. erst später, nämlich dann, wenn seine Investition endet und er die Papiere an der Börse verkauft bzw. bei fälligen Rentenpapieren die Rückzahlung erfolgt. Erst jetzt steht der Gewinn bzw. Verlust sicher fest und kann zuverlässig mit Alternativen verglichen werden.

Doch auch ex post läßt sich die Qualität der Beratungsleistung nur schwer beurteilen, denn das finanzielle Ergebnis einer Investition sagt wenig über Qualität und Zuverlässigkeit der Beratung aus. Selbst wenn der Anleger (Kurs-)Verluste erzielt, so spricht dieses nicht zwangsläufig gegen die Qualität der Beratung, sondern kann ebenso gut Folge einer auch für den besten Berater nicht vorhersehbaren Börsenentwicklung sein.[195] Umgekehrt sprechen Gewinne, die möglicherweise zufällig auf einer allgemeinen Börsen-Hausse beruhen, nicht zwangläufig für die gute Qualität der Beratung, vielmehr hätten die Gewinne bei Beratung durch eine Konkurrenzbank deutlich höher ausfallen können, so daß der vermeintlich vorteilhafte Anlagerat von eher minderer Qualität war.

Teilweise wird das Problem der Qualitätstransparenz durch den Hinweis zu entschärfen versucht, der Anleger könne die Beratungsqualität durch einen Vergleich der Wertentwicklung seines Depots mit der Entwicklung wichtiger Börsen-Indices erkennen. Dabei wird jedoch oft verkannt, daß ein solcher Vergleich mit einem festen Index, wie z.B. dem DAX, REX oder Euro-STOXX, die individuellen Anlagepräferenzen und Besonderheiten der persönlichen und wirtschaftlichen Umstände des einzelnen Anlegers völlig übersieht. Der Vergleich der individuellen Depotentwicklung mit einem bestimmten Index gibt insofern kaum Aufschluß über die Qualität der Anlageberatung.

Ist der Kunde jedoch nicht in der Lage, die Leistung eines Anlageberaters hinreichend zu beurteilen, so kann er auch nicht die Bank als Geschäftspartnerin auswählen, die ihm eine optimale Beratung bietet. Die geringe Qualitätstransparenz ist deshalb der Haupt-

---

194   So auch Hopt, Kapitalanlegerschutz, S. 183.
195   So auch Hopt, Kapitalanlegerschutz, a.a.O.

grund dafür, daß Anleger auf einen Beratungswettbewerb der Kreditinstitute kaum zu reagieren vermögen.

2. Lethargie der Anleger

Ein weiterer Grund, warum die Kräfte des Wettbewerbs allein nicht ausreichen, um eine ausreichende Informationsverteilung zu gewährleisten, liegt in der allgemeinen Scheu vieler Anleger, das Kreditinstitut zu wechseln. Eine nennenswerte Bereitschaft, aktiv auf wettbewerbsmäßiges Verhalten der Banken zu reagieren, besteht bei den meisten Kunden nur, wenn ihnen dadurch deutliche finanzielle Vorteile erwachsen.[196] Diese Lethargie beruht zum einen auf mangelnder Markttransparenz und unzureichender Anlageerfahrung vieler Anleger, zum anderen scheuen nicht wenige Anleger die mit einem Wechsel der Depotverbindung oder gar der gesamten Bankverbindung verbundenen Mühen und Kosten. So fallen bei der Auflösung des Altdepots und Eröffnung des Neudepots regelmäßig Gebühren an; bei der Auflösung von Spareinlagen entstehen gegebenenfalls Vorschußzinsen. Darüber hinaus ist der Depotwechsel mit nicht unerheblichem bürokratischen Aufwand verbunden, denn der Anleger muß nicht nur die Depotgebühren sowie die darin enthaltenen Leistungen der jeweiligen Banken mühsam miteinander vergleichen, er muß außerdem bestehende Verfügungsberechtigungen oder Drittbegünstigungen (z.B. für den Todesfall) neu erteilen sowie Freistellungsaufträge ändern. Hinzu kommt unter Umständen die Eröffnung zusätzlicher Verrechnungskonten[197] Darüber hinaus benötigen die meisten Kreditinstitute für die Depoteröffnung mehrere Tage, so daß vorübergehend keine Transaktionen möglich sind.

Mangelndes Wettbewerbsbewußtsein i.V.m. gewohnheitsmäßigem Anlageverhalten führen dazu, daß Unterschiede im Beratungsangebot der Kreditinstitute von vielen Kunden gleichwohl nicht zum Anlaß für eine Änderung ihrer Bankverbindung genommen werden. Diese Lethargie beeinträchtigt die Funktion des Wettbewerbsmechanismus in doppelter Hinsicht: Zum einen wird ein qualitätsorientiertes Nachfrageverhalten selbst dann behindert, wenn der Anleger (ausnahmsweise) Unterschiede in der Beratungsqualität erkennt,[198] zum anderen wird das Bemühen innerhalb der Anlegerschaft um eine verbesserte Qualitätstransparenz in der Anlageberatung geschwächt, da aus Sicht vieler Anleger eine verbesserte Beurteilungsfähigkeit im Hinblick auf die Beratungsleistung angesichts der erheblichen Mühen eines Bankwechsels ohnehin kaum konkrete Vorteile verspricht.

---

196 Das mangelnde Wettbewerbsbewußtsein kritisiert auch Hopt, Kapitalanlegerschutz, S. 186.

197 Auch die Stiftung Warentest rät angesichts der mit einem Wechsel der Bankverbindung verbundenen Kosten und Mühen erst ab einem signifikanten finanziellen Vorteil zu einem Bankwechsel, Finanztest 6/98, S. 13.

198 Dieser Aspekt fällt nach Hopt, Kapitalanlegerschutz, S 186, besonders bei vermögenden Privatanlegern, deren Marktübersicht im Vergleich zum Durchschnittsanleger zumeist besser sei, ins Gewicht.

3. Trend zur Bildung von Allfinanz-Unternehmen

Zu diesen Problemen auf Seiten der Anleger kommen Gründe, die im Verhalten der Kreditinstitute liegen und die einen intensiven Beratungswettbewerb aus Sicht der Institute wenig lohnend erscheinen lassen. So ist seit etwa Mitte der 80er Jahre in der Kreditwirtschaft verstärkt ein Trend zur Bildung von Allfinanz-Unternehmen festzustellen. Kreditinstitute, aber auch Versicherungen beschränken sich nicht mehr auf ihr traditionelles Tätigkeitsfeld, sondern bieten selbst oder in Kooperation mit anderen Unternehmen oder durch Tochtergesellschaften ein breites Spektrum von Finanzdienstleistungen an.[199] Für den Bereich des Kapitalanlagegeschäfts ist hier vor allem die Zusammenarbeit von Banken und Sparkassen mit Kapitalanlagegesellschaften sowie mit Versicherungen und Bausparkassen zu nennen. Hinzu kommen spezielle Finanzdienstleistungen, wie etwa die Vermögensverwaltung oder die Vermittlung von Immobilien.

Das Konzept einer verstärkten Kooperation mit anderen Finanzdienstleistern zielt neben der Erschließung zusätzlicher Kundengruppen und der Nutzung von Synergieeffekten im Vertrieb vor allem auf eine Stärkung der Kundenbindung und damit eine Abschottung der eigenen Kundschaft gegenüber der Konkurrenz.[200] Folge dieser Bildung von Finanzgruppen[201] ist zum einen eine Abnahme des Wettbewerbs innerhalb der Gruppe. Zum anderen resultiert aus der verstärkten Kooperation eine Beeinträchtigung der Beratungsobjektivität und -qualität, denn die Beratung ist in erster Linie darauf gerichtet, Produkte der eigenen Finanzgruppe zu verkaufen, auch wenn Konkurrenzprodukte den Kundenansprüchen besser gerecht würden.[202] Beispielhaft genannt sei der Verkauf von Investmentfonds. Die Kreditinstitute sind hier vor allem daran interessiert, Fondsanteile des eigenen Investmentpartners zu verkaufen, selbst wenn Konkurrenzprodukte angesichts der Bedürfnisse und finanziellen Ziele des Kunden im Einzelfall empfehlenswerter wären. Die mit dem Allfinanz-Konzept verknüpften eigenen wirtschaftlichen Interessen der beratenden Kreditinstitute stehen dabei einer sachlich-objektiven Anlageberatung vielfach entgegen.

4. Steigender Kostendruck bei den Kreditinstituten

Ein weiterer Grund, warum ein offensiver Beratungswettbewerb aus Sicht der meisten Kreditinstitute wenig attraktiv erscheint, liegt in den hohen Kosten, die mit der sach- und

---

199 Dazu vgl. Grill/Gramlich/Eller, Gabler-Bank-Lexikon (11. Aufl.), S. 44; Franke in Obst/Hintner, Geld-, Bank- und Börsenwesen (39. Aufl.), S. 1057.

200 Grill/Gramlich/Eller, Gabler-Bank-Lexikon (11. Aufl.), a.a.O.

201 Zum Beispiel die Sparkassen-Finanzgruppe, die aus den regionalen Sparkassen, den Sparkassen-Fonds der Deka-Gruppe, den Landesbanken/Girozentralen, den Landesbausparkassen, einzelnen Leasing- und Factoring-Gesellschaften sowie den öffentlich-rechtlichen Versicherungen besteht, vgl. Grill/Gramlich/ Eller, Gabler-Bank-Lexikon (11. Aufl.), S. 1426.

202 Ein besonders ausgeprägtes Bestreben, Produkte des eigenen Hauses bzw. der eigenen Finanzgruppe zu verkaufen, hat die Stiftung Warentest bei den Sparkassen und Genossenschaftsbanken festgestellt, vgl. Stiftung Warentest, Finanztest 12/97, S. 12 ff.

personalintensiven Anlageberatung verbunden sind.[203] Eine Forcierung der Beratungsleistung als offensiver Wettbewerbsparameter wäre für die Kreditinstitute nur dann lohnend, wenn sie die erhöhten Sach- und Personalkosten durch höhere Gebühren und Provisionen (über-)kompensieren könnten. Die Anlageberatung als solche wird jedoch von den Kreditinstituten bislang regelmäßig kostenfrei angeboten. Die Institute profitieren erst von den Anschlußgeschäften, wie beispielsweise dem Kauf oder Verkauf von Wertpapieren, bei dem Gebühren und Provisionen anfallen. Allein die Begründung oder Festigung der Kontoverbindung durch die Beratung reicht jedoch nicht aus, um die damit verbundenen Kosten auszugleichen, denn das Kapitalanlagegeschäft bietet im Gegensatz beispielsweise zum Giro- und Kontokorrentgeschäft wenig Anknüpfungspunkte, die Kontoverbindung durch sog. Cross-Selling, also durch zusätzliche gewinnbringende Anschlußgeschäfte intensiv auszuschöpfen.[204]

Hinzu kommt, daß die Kreditinstitute vor dem Hintergrund der zuvor beschriebenen Probleme der Mehrzahl der Anleger bei der Beurteilung der tatsächlichen Beratungsqualität und der nach wie vor stark ausgeprägten Treue vieler Kunden zu ihrer Hausbank kaum ernsthafte Kundenverluste als Folge einer unterdurchschnittlichen Anlageberatung befürchten müssen, sondern eine nennenswerte Abwanderung von Kunden vielmehr erst bei deutlichen und offensichtlichen Kompetenzdefiziten droht.[205] Demgegenüber wären höhere Gebühren bzw. Provisionen zur Finanzierung eines hohen Beratungsstandards vor dem Hintergrund des vor allem durch das Auftreten kostengünstiger Direktbanken verschärften Gebührenwettbewerbs am Markt kaum durchsetzbar. Im Gegenteil: Aufgrund des wachsenden Preiswettbewerbs im Wertpapiergeschäft unterliegen die Kreditinstitute einem allgemeinen Druck zur Kostensenkung.[206] Vor dem Hintergrund einer deutlichen Kostenbelastung, der andererseits nur geringe Marktvorteile gegenüberstehen, erscheint eine anspruchsvolle Anlageberatung den meisten Kreditinstituten als aktiver Wettbewerbsparameter geschäftspolitisch insofern wenig opportun.

---

203 Daß die Banken den Faktor `Anlageberatung´ im Wettbewerb kaum aktiv zur Gewinnung neuer Kunden nutzen, belegen Untersuchungen der Stiftung Warentest, die in den Jahren 1995 und 1997 die Qualität der Anlageberatung bei 21 bzw. 28 deutschen Kreditinstituten prüfte. Dabei stellte die Stiftung Warentest insgesamt eine Verschlechterung des Beratungsniveaus fest. So wurde 1997 allein die Hälfte der untersuchten Kreditinstitute als mangelhaft oder schlechter beurteilt. Die Stiftung Warentest vermochte lediglich bei den Instituten eine Verbesserung festzustellen, die zwei Jahre zuvor ein extrem schlechtes Ergebnis erzielt hatten. Vgl. Finanztest 5/95, S. 14 ff. und Finanztest 12/97, S. 12 ff.

204 Zur Bedeutung des Cross-Selling im Finanzdienstleistungsbereich: Grill/Gramlich/Eller, Gabler-Bank-Lexikon (11. Aufl.), S. 371. In Fall der Anlageberatung beschränkt sich das Anschlußgeschäft lediglich auf den Kauf bzw. Verkauf der empfohlenen Wertpapiere sowie ggf. deren Verwahrung.

205 Daß die Kreditinstitute in der Praxis tatsächlich keine nennenswerte Kundenabwanderung als Folge schlechter Beratung zu befürchten brauchen, belegt nicht zuletzt der geringe Stellenwert, den offenbar viele Banken der Beratungstätigkeit beimessen. Vgl. Stiftung Warentest, Finanztest 12/97, S. 12 ff.

206 Zum steigenden Kostendruck in den Kreditinstituten vgl. Monatsbericht der Deutschen Bundesbank, August 1996, S. 35 ff.

Angesichts der aufgezeigten Unzulänglichkeiten marktgesteuerte Mechanismen bei der Überwindung von Informationsungleichgewichten sind institutionell-rechtliche Strukturen zur Gewährleistung einer ausreichenden Informationsversorgung der Marktteilnehmer, insbesondere der privaten Kleinanleger, unumgänglich. Die Notwendigkeit einer rechtlichen Regelung manifestiert sich vor allem angesichts der oben beschriebenen dysfunktionalen Folgen von Informationsasymmetrien, die bei einer rein marktmäßigen Informationssteuerung nicht nur eine schwerwiegende Beeinträchtigung der Funktionsfähigkeit des Kapitalmarktes befürchten lassen, sondern auch auf nachgelagerte Märkte und damit die gesamtwirtschaftliche Stabilität durchzuschlagen drohen, darüber hinaus resultiert die Erforderlichkeit verrechtlichter Informationsmechanismen nicht zuletzt aus dem Bedürfnis des einzelnen Anlegers nach juristischem Schutz vor unzureichender Beratung.

Ist damit das Bedürfnis nach einer juristischen Regelung zur Lösung des Informationsproblems gerechtfertigt, so stellt sich nunmehr die Frage, wie die von der Rechtsordnung zu schaffenden Informationsstrukturen beschaffen sein müssen, um im Interesse effizienter Kapitalmärkte eine befriedigende Informationsversorgung aller Marktteilnehmer sicherzustellen, insbesondere wie die Informationslasten unter den Marktteilnehmern zu verteilen sind und welche Anforderungen an Inhalt und Umfang daraus resultierender Rechtspflichten zu stellen sind. Bei der Beantwortung dieser Fragen bieten u.a. Erkenntnisse der ökonomischen Analyse des Rechts wertvolle Anhaltspunkte.

I.   *Ökonomische Analyse des Rechts als Maßstab für die Zuweisung von Informationsverantwortung*

1.   *Aufgabenstellung der ökonomischen Rechtsanalyse*

Kerngedanke der ökonomischen Analyse des Rechts ist, die Normen und Institute des Rechts, insbesondere die Rahmenordnung von Märkten, mit ökonomischen Erkenntnismethoden auf ihre wirtschaftliche Effizienz zu überprüfen.[207] Geschichtlich[208] geht der wissenschaftliche Ansatz dieser Theorie vor allem auf die Arbeiten von *Calabresis*[209], *Coase*[210] und *Posner*[211] in den 60er und frühen 70er Jahren zurück. Während es

---

207   Bydlinski, Fundamentale Rechtsgrundsätze, S. 283; Ott/Schäfer, JZ 1988, S. 213 (214 ff.).

208   Einen Überblick über die geschichtlichen Entwicklung der ökonomischen Analyse des Rechts gibt Schanze in Assmann/Kirchner/Schanze (Hrsg.), S. 1 (2 ff.).

209   Calabresis, Some Thoughts on Risk Distribution and the Law of Torts, The Yale Law Journal 70 (1960/61), S. 499 ff.

210   Coase, The Problem of Social Cost, Journal of Law and Economics 3 (1960), S. 1 ff., (übersetzt von Kirchner in Assmann/Kirchner/Schanze (Hrsg.), Ökonomische Analyse des Rechts, S. 129 ff.)

Calabresis vor allem um eine rationale ökonomische Interpretation des Deliktsrechts am Beispiel des Verkehrsunfallschadensrechts im common law ging, verstand *Posner* die ökonomische Analyse des Rechts umfassender, nämlich generell als Analyse des positiven Rechts, gewonnen aus der Anwendung der Ökonomie auf das Recht.[212] Den Nutzen der ökonomischen Rechtsanalyse sah *Posner* deshalb vor allem darin, die Reaktion der Menschen auf Änderungen des Rechts als Mittel der Verhaltenssteuerung zu bestimmen und auf das Effizienzkriterium auszurichten.

Die Arbeiten von *Coase* schließlich sind zu einem Eckpfeiler der ökonomischen Analyse geworden. Der von *Coase* aufgestellte Lehrsatz, das sog. *Coase-Theorem*, besagt, dass unter der Voraussetzung rational handelnder Marktteilnehmer und des Fehlens rechtlicher Hindernisse der Markt dann zu einer optimalen Allokation von Ressourcen führt, wenn die Transaktionskosten gleich null sind.[213] Als Konsequenz dieser Aussage wurde gefolgert, daß Marktversagen weniger durch staatliche Eingriffe zu korrigieren ist, als vielmehr durch eine konsequente Ausweitung des Marktprozesses.[214]

Obwohl das Coase-Theorem theoretisch überzeugend ist, hat es praktisch kaum Bedeutung erlangt, da es an viele in der Realität selten erfüllte Bedingungen geknüpft ist.[215] Insbesondere das Fehlen von Transaktionskosten ist nur in idealen Modellvorstellungen, nicht jedoch auf realen Märkten erfüllt, denn durch das Handeln der Marktakteure, z.B. durch die Beschaffung und Auswertung von Informationen, werden - wie oben gezeigt[216] - Kosten verursacht.[217] Darüber hinaus ist auch die postulierte Rationalität des Verbraucherverhaltens gerade im Fall des Kapitalmarkts weitgehend Fiktion, die das tatsächliche Verhalten vieler Anleger nur unzureichend beschreibt.[218] Die Schlußfolgerung des Coase'schen Ansatzes, daß Marktversagen durch konsequenten Verzicht auf staatliche Intervention zu korrigieren sei, ist deshalb nach allgemeiner Auffassung so nicht aufrechtzuerhalten.[219]

---

211   Posner, Economic Analyse of Law, S. 4 ff. (übersetzt von Assmann in Assmann/Kirchner/Schanze (Hrsg.), Ökonomische Analyse des Rechts, S. 79 ff.).

212   Posner, a.a.O.

213   Dazu vgl. Woll, Wirtschaftslexikon, S. 102; Kübler, ZHR 144 (1980), S. 589 (591); Ott/Schäfer, JZ 1988, S. 213 (216).

214   Zu diesem Ansatz vgl. Assmann in Assmann/Kirchner/Schanze (Hrsg.), S. 17 (19); ders., Wirtschaftsrecht als Kritik des Privatrechts, S. 239 (293 ff.) sowie Ott/Schäfer, JZ 1988, a.a.O. Ein wesentliches Element des Coase'schen Ansatzes besteht in dem Bemühen um eine Verhinderung externer Effekte und damit der Möglichkeit der Abwälzung von Nachteilen durch Wirtschaftssubjekte auf andere (dazu vgl. Samuelson/Nordhaus, Volkswirtschaftslehre, S. 60 f.). Solche externen Effekte können z.B. durch Informationsasymmetrien entstehen, wenn es gut informierten Marktteilnehmern aufgrund von Informationsvorteilen gelingt, Nachteile oder wirtschaftliche Risiken unbemerkt auf schlechter informierte Marktteilnehmer zu verlagern.

215   Woll, Wirtschaftslexikon, a.a.O.

216   Vgl. oben 1. Kapitel § 2 II 3 c.

217   So auch Kübler, ZHR 144 (1980), a.a.O.

218   Zur mangelnden Rationalität des Anlageverhaltens privater Anleger ausführlich oben 1. Kapitel § 2 II 4 b bb

219   Vergleiche beispielsweise Woll, Wirtschaftslexikon, a.a.O.

Das Verdienst von *Coase* besteht jedoch darin, den Zusammenhang von Transaktionskosten und Allokationseffizienz aufgezeigt zu haben. Mit Blick auf eine juristische Regelung des Informationsproblems ergibt sich daraus die Forderung, die Transaktionskosten so weit wie möglich zu senken, weil diese die Fehlallokation von Ressourcen begünstigen. Im Interesse einer ökonomisch effizienten, die Funktionsfähigkeit des Kapitalmarktes unterstützenden Regelung ist die Rechtsordnung deshalb aufgefordert, durch eine entsprechende Ausgestaltung von Informationsrechten und Informationspflichten einen Beitrag zur Senkung der Transaktionskosten zu leisten.[220]

2. Zuweisung der Informationslast

Sind damit aus ökonomischer Sicht die Leitprinzipien für eine rechtliche Regulierung des Informationsproblems aufgezeigt, so ist nunmehr zu fragen, inwieweit die von der ökonomischen Analyse aufgezeigten Zusammenhänge zwischen Kostenbelastung und Effizienz einer Marktordnung für eine sinnvolle und angemessene Verteilung der Informationsverantwortung unter den Marktteilnehmern praktisch nutzbar gemacht werden kann.

a. Lösungsansatz im US-amerikanischen Recht: Die „shingle theorie"

Konkrete Ansätze zur Lösung des Problems der Zuweisung von Informationsverantwortung finden sich u.a. im US-amerikanischen Recht. Die Informationspflicht trifft danach vor allem die Effektenhändler (broker-dealer), die dem Kunden als Verkäufer von Anlageprodukten gegenübertreten.

Die dogmatische Grundlage für die Inpflichtnahme der Effektenhändler bietet dabei die sogenannte „shingle theory". Diese knüpft im Hinblick auf die Pflichtzuweisung an das beruflich-professionelle Auftreten der Effektenhändler und das dadurch bei den Anlegern typischerweise hervorgerufene Vertrauen an.[221] Dabei wird davon ausgegangen, daß der typische Effektenhändler seinen Kunden grundsätzlich nicht als normaler Verkäufer gegenübertritt, sondern daß er aufgrund seines in besonderem Maße auf die Inanspruchnahme von Vertrauen ausgerichteten Geschäftsverhaltens gegenüber den Kunden zum Ausdruck bringt, er werde seine Kunden fachkompetent, zuverlässig und den üblichen Gepflogenheiten von Fairness und Seriosität entsprechend bedienen.[222]

Während die „shingle theory" im amerikanischen Recht in der Vergangenheit vor allem als Rechtsgrundlage für die Verpflichtung des Effektenhändlers zu ordnungsgemäßer und interessengerechter Auftragsabwicklung sowie fairer Preisgestaltung diente,[223] werden inzwischen auch die allgemeinen Standards ordnungsgemäßer Auf-

---

220 In diesem Sinne auch Lehmann, Vertragsanbahnung, S. 238 ff. und Ott/Schäfer, JZ 1988, a.a.O.
221 Ausführlich zur „shingle theory": Hopt, Kapitalanlegerschutz, S. 353 ff.
222 Vergleiche Hopt, Kapitalanlegerschutz, S. 354 m.w.N.
223 Dem in diesem Zusammenhang als „leading case" bekannt gewordenen Charles-Hughes-Fall aus dem Jahr 1943 lag ein Sachverhalt zugrunde, bei dem Effektenhändler arglosen und uner-

klärung und Beratung auf diese Theorie zurückgeführt.[224] So beispielsweise die Pflicht eines Effektenhändlers zur Abgabe wohlüberlegter, qualifizierter Empfehlungen ebenso wie die Pflicht, sich vor einer Transaktion über die Anlageziele und finanziellen Möglichkeiten des Anlegers zu erkundigen und nur „anlegergerechte" Papiere zu empfehlen (sog. *suitability doctrin*).[225]

Zwar bieten berufstypisches Auftreten und die mit bestimmten Berufstätigkeiten erfahrungsgemäß verbundenen Erwartungen von Nachfragern interessante Anknüpfungspunkte für die Zuweisung spezifischer Verhaltenspflichten, doch sind solchen Lösungsansätzen Grenzen gesetzt. So dürfte es sich beispielsweise auf der Grundlage dieses Ansatzes als dogmatisch schwierig erweisen, auch solchen Marktteilnehmern besondere Pflichten aufzubürden, die der typischen Berufsrolle nicht entsprechen oder deren öffentliches Auftreten und Geschäftsgebaren nicht dem der übrigen Berufsvertreter entspricht. Auf diese Weise ließen sich z.B. für die Direktbanken, die im Interesse günstiger Konditionen offen jede Art der Beratung ablehnen, dogmatisch kaum Informationspflichten begründen.

Darüber hinaus bietet ein Ansatz wie die *shingle theorie*, der die Zuweisung von Pflichten an die durch die berufliche Stellung vermittelte Öffentlichkeitserwartung knüpft, kaum konkrete zuverlässige Kriterien zur Bestimmung von Inhalt und Umfang der Pflicht, denn nur selten lassen sich allgemeine öffentliche Erwartungen an die Tätigkeit einer Berufsgruppe in konkrete rechtliche Anforderungen an ein Regelungsprogramm fassen. Vielfach treten statt dessen unscharfe Wertungen und am Gedanken des Verbraucherschutzes orientierte allgemeine Rechtmäßigkeitserwägungen an die Stelle konkreter Vorgaben für eine juristische Regelung. Betrachtet man es jedoch als Aufgabe der Rechtsordnung, die Markteffizienz zu fördern, so sind gerade präzise Kriterien als Regelungsvorgaben unerläßlich.

b. Das Prinzip des „cheapest-cost-consultant" als Zuweisungskriterium

Hilfestellung in dieser Hinsicht bietet möglicherweise der von der ökonomischen Rechtsanalyse aufgezeigte Zusammenhang zwischen Markteffizienz und Kostenbelastung, steht damit doch ein konkretes Kriterium zur Verfügung, um die Informationsverantwortung so unter den Marktteilnehmern zu verteilen, daß dadurch die Funktionsfähigkeit des Marktes gefördert wird. Eine ökonomisch effiziente juristische Lösung des kapitalmarktlichen Informationsproblems müßte danach vor allem bestrebt sein, mit Hilfe der Verteilung von Informationsverantwortung die Belastung des Kapitalmarktes durch

---

fahrenen Anlegern Wertpapiere zu Preisen verkauft hatten, die bis zu 41 % über dem Marktpreis lagen. Die von der US-amerikanischen Kapitalmarktaufsichtsbehörde (<u>S</u>ecurities and <u>E</u>xchange <u>C</u>ommission - SEC) in diesem Fall erstmals angewandte *shingle theory* wurde schließlich gerichtlich bestätigt und dient seitdem im US-amerikanischen Recht als Rechtsgrundlage für besondere Verhaltenspflichten von Effektenhändlern.

224 Hopt, Kapitalanlegerschutz, S. 155.
225 Vergleiche Hopt, Kapitalanlegerschutz, a.a.O.; zur „suitability doctrin" ausführlich später 2. Kapitel § 3 III 2 c.

Informationskosten möglichst zu minimieren..[226] Das bedeutet, die Aufgabe der Informationsbeschaffung, -auswertung und -weitergabe müßte hauptsächlich denjenigen Marktteilnehmern zugewiesen werden, die diese Aufgabe am *kostengünstigsten* erfüllen können (sog. *cheapest-cost-consultants* in der Literatur auch als *cheapest-cost-avoider* bezeichnet).[227]

Die Fixierung dieses Ansatzes auf das Kriterium wirtschaftlicher Effizienz ist in der Literatur teilweise auf heftige Kritik[228] gestoßen, die sich vor allem gegen die angeblich mangelnde Berücksichtigung rechtsstaatlicher Gerechtigkeitsanliegen und sozialer Schutzbedürfnisse zugunsten einer einseitigen Orientierung an der Allokationseffizienz wendet.[229]

Dieser Kritik ist zuzugeben, daß sich rechtliche Ziele ohne Zweifel nicht auf wirtschaftliche Effizienz beschränken lassen, sondern darüber hinaus auch soziale Schutzgesichtspunkte beinhalten.[230] Zutreffend hat *Kirchner* darauf hingewiesen, daß rechtliche Probleme unter verschiedenen Aspekten beurteilt werden können, unter anderem, aber nicht ausschließlich, unter ökonomischen.[231] Das Effizienz-Kriterium der ökonomischen Rechtsanalyse kann deshalb nicht allein über Zuweisung von Informationsverantwortung durch die Rechtsordnung entscheiden, hinzutreten müssen andere, vor allem soziale, aber auch allgemein rechtsstaatliche Kriterien, wie beispielsweise das Informations- und Schutzbedürfnis des Anlegers.[232] In dem Bewußtsein um die Notwendigkeit der Ergänzung durch weitere Kriterien kann das Ergebnis ökonomischer Folgenanalyse juristischer Strukturen allerdings einen wichtigen Beitrag zur Gestaltung wirtschaftsrechtlicher Normen leisten, insbesondere wenn das Ziel der Regelung wie im vorliegenden Fall in der Schaffung rechtlicher Rahmenbedingungen für ökonomisch effiziente Märkte liegt.

c. *Marktintermediäre als Informationsintermediäre*

Betrachtet man das Problem der Informationsbereitstellung und -verteilung unter dem Aspekt der Kostenminimierung, so liegt es nahe, diese Aufgabe denjenigen Marktteilnehmern oder Institutionen zuzuweisen, die diese Aufgabe aufgrund ihrer Voraus-

---

226 Lehmann, NJW 1981, S. 1233 (1240).
227 Breidenbach, Informationspflichten, S. 41 ff., der u.a. auf Lehmann, NJW 1981, S. 1233 (1239), sowie Lehmann, Vertragsanbahnung, S. 307 f. verweist.Vgl. dazu auch Arendts in Jahrbuch Junger Zivilrechtswissenschaftler (1995), S. 165 (169).
228 Ausführlich zur Kritik an der ökonomischen Analyse Assmann in Wirtschaftsrecht als Kritik des Privatrechts, S. 239 (301 ff.).
229 Vergleiche z.B. die Kritik von Fezer, JZ 1986, S. 817 ff.; ders. JZ 1988, S. 223 ff.; Breidenbach, Informationspflichten, S. 42 f. und Bydlinski, Fundamentale Rechtsgrundsätze, S. 283.
230 In diesem Sinne auch Breidenbach, Informationspflichten, S. 43 m.w.N.
231 Kirchner in Assmann/Kirchner/Schanze (Hrsg.), Ökonomische Analyse des Rechts, S. 62 (66 f.); ähnlich Kübler, ZHR 144 (1980), S. 589 (609), der zwar auf das Effizienz-Kriterium verweist, aber klarstellt, daß darin nicht das alleinige Gestaltungskriterium für rechtliche Regelungen liegen kann.
232 So auch Breidenbach, Informationspflichten, S. 43 ff. m.w.N.

setzungen und ihrer Funktion am Markt am ehesten und besten und damit hinsichtlich der dadurch die Informationsaktivitäten verursachten Belastungen am kostengünstigsten zu erfüllen vermögen. Im Falle des Kapitalmarktes sind das die Marktintermediäre, allen voran die Kreditinstitute, die am Kapitalmarkt als „Mittler" zwischen Kapitalnachfragern, also vor allem kapitalsuchenden Wirtschaftsunternehmen, und Kapitalanbietern, wie z.B. Privatanlegern, auftreten.

Der Vorteil, der die Kreditinstitute aus ökonomischer Sicht für die Informationsaufgabe prädestiniert, liegt dabei in der besonderen Funktion, die den Kreditinstituten am Kapitalmarkt zukommt: Die Besonderheit der Intermediärsfunktion besteht darin, daß die Kreditinstitute als Vertreiber von Anlageprodukten in ständiger Geschäftsverbindung sowohl zu den Kapitalnachfragern als auch zu den Kapitalanbietern stehen. Denn weil die Anleger keinen unmittelbaren Zugang zum Kapitalmarkt besitzen und die kapitalsuchenden Wirtschaftsunternehmen umgekehrt über keine Kontakte zu privaten Kleinanlegern verfügen, sind Kreditinstitute als Mittler bei Investitionsgeschäften für beide Marktseiten unentbehrlich. Die Funktionsfähigkeit des Kapitalmarktes ist auf die Mitwirkung solcher Intermediäre in besonderem Maße angewiesen.[233] Insbesondere die Akteure an den Wertpapierbörsen müssen sich auf eine ordnungsgemäße und professionelle Abwicklung der Geschäfte durch die Kontrahenten verlassen können, denn beim Börsenhandel muß jeder Kontrahent ungeachtet seiner Bonität akzeptiert werden.[234] Dementsprechend sind Zugangsschranken hinsichtlich, Bonität, Zuverlässigkeit und Professionalität der Börsenteilnehmer erforderlich, wenn der Wertpapierhandel zum Nutzen der Gesamtwirtschaft in geordneten Bahnen verlaufen soll. Private Anleger sind deshalb gem. § 7 BörsG von einem unmittelbaren Zugang zur Börse ausgeschlossen.

Auch das sog. Online-Broking, d.h. die Erteilung von Wertpapieraufträgen über das Internet, das Anlegern gegenüber häufig den Eindruck eines unmittelbaren Börsenzugangs vermittelt, hat in dieser Hinsicht keine Veränderungen gebracht. Zwar werden die online erteilten Wertpapieraufträge nicht mehr manuell bearbeitet, die elektronische Abwicklung erfolgt allerdings gleichwohl nach wie vor über ein Kreditinstitut, denn gem. § 7a BörsG ist privaten Anlegern auch der Zugang zu den elektronischen Börsenhandelssystemen, wie z.B. dem Xetra-Handelssystem, verschlossen. Vielmehr ist auch hier im Interesse eines reibungslosen Handels eine besondere Zulassung erforderlich, für die die gleichen Anforderungen hinsichtlich fachlicher Eignung, Bonität und ordnungsgemäßer Geschäftsführung gelten wie gem. § 7 BörsG für die Teilnahme am Börsenpräsenzhandel. Private Anleger sind deshalb bei der Abwicklung von Wertpapiergeschäften nach wie vor in jedem Fall auf die Mitwirkung von Kreditinstituten angewiesen.

Auch bei der Platzierung von Wertpapieren kommt es regelmäßig zu keinem unmittelbaren rechtsgeschäftlichen Kontakt zwischen Emittent und privaten Anlegern.[235] Vielmehr wird ein Bankenkonsortium zwischengeschaltet, denn die Banken verfügen im Gegensatz zu den Emittenten nicht nur über das notwendige Know-how, sondern auch

---

233 Vgl. Assmann in Assmann/Schütze (Hrsg.), Handbuch des Kapitalanlagerechts, § 1 Rn. 53 ff.
234 Kümpel, Bank- und Kapitalmarktrecht, Rn. 8.76; ders., WM 1993, S. 2025 (2025).
235 Kümpel, Bank- und Kapitalmarktrecht, Rn. 8.77.

über entsprechende Vertriebsnetze und Kontakte zu potentiellen Käuferschichten, die für eine erfolgreiche Platzierung der Emission am Markt erforderlich sind.[236]

Insofern ist die Mittler-Rolle, die die Kreditinstitute am Kapitalmarkt erfüllen, gesamtwirtschaftlich nicht nur nützlich, sondern notwendig. Gleichzeitig erlangen die Kreditinstitute funktionsbedingt aufgrund ihrer ständigen Präsenz im Börsengeschehen, insbesondere der damit verbundenen engen Kontakte zu den Emittenten, alle investitionsrelevanten Informationen und verfügen über die notwendigen sachlichen und personellen Voraussetzungen zur Auswertung derselben. Die Kreditinstitute sind deshalb aufgrund ihrer Mittler-Funktion zur Aufarbeitung und Bereitstellung der von den Anlegern benötigten Informationen bestens in der Lage.

Im Vergleich dazu würde beispielsweise eine Informationsversorgung, die weitgehend auf den Schultern der Wertpapieremittenten ruht, auf enge praktische Grenzen stoßen. Zwar wäre denkbar, daß durch eine deutliche Verschärfung der börsenrechtlichen Publizitätspflicht (§ 36 BörsG i.V.m. §§ 13 ff. BörsZulVO) sowie der Zwischenberichtspflicht (§ 44b BörsG i.V.m. §§ 53 ff. BörsZulVO) in gewissem Umfang eine Verbesserung der Allgemeinpublizität erreicht wird,[237] damit wäre allerdings in bezug auf die gerade für unerfahrene Anleger besonders wichtige Individualpublizität nichts gewonnen, so daß ein solches Konzept kaum geeignet wäre, Wesentliches zur Lösung des kapitalmarktlichen Informationsproblems beizutragen.

Eine Konzept dagegen, das die Informationsverantwortung im wesentlichen dem Anleger zuweist, wäre praktisch überhaupt nur tragfähig, sofern dem Anleger auch ein ausreichendes Netz von unabhängigen und fachkundigen Anlageinformationsdiensten, Consultants und Finanzberatern zur Seite stünde. Solche gewerblichen Informations- und Beratungsdienstleister sind am deutschen Anlagemarkt - im Gegensatz zum angloamerikanischen Finanzraum - jedoch bislang eher die Ausnahme..[238] Ein derartiges Informationskonzept wäre für den Anleger darüber hinaus mit höheren Kosten verbunden, weil er gezwungen wäre, Information und Beratung als eigenständige Dienst-

---

236 Kümpel, Bank- und Kapitalmarktrecht, a.a.O.

237 Vorbild könnte hier beispielsweise die für das Marktsegment `Neuer Markt` geltende Quartalsberichtspflicht sein. Die in § 44b BörsG geforderte halbjährliche Zwischenberichtspflicht der Emittenten ist dagegen als Informationsgrundlage für den Anleger unzureichend. So ist zum einen der Turnus von 6 Monaten für eine aktuelle Information zu lang, zum anderen ist die Zwischenberichtspflicht auch inhaltlich unzureichend, da sie sich vor allem auf die vergangene Geschäftsentwicklung (§ 53 BörsZulVO) bezieht und eine Prüfung durch unabhängige Sachverständige nicht vorgeschrieben ist. Interessant für den Anleger sind hingegen vor allem objektive Angaben über die Unternehmenszukunft. Die in § 55 S. 1 BörsZulVO geforderten Angaben reichen indes für eine solche Information nicht aus.

238 Vgl. Breuer, Die Bank 1994, S. 444 (447)). Der Grund für die hohe Anzahl von gewerblichen Anlage-Consultants und Finanzberatern am angloamerikanischen Anlagemarkt liegt nicht zuletzt im Trennbankensystem, in dem der Kunde, anders als im deutschen Universalbanksystem, nicht die Möglichkeit vorfindet, von einer Hausbank in allem Finanzangelegenheiten umfassend betreut zu werden. Zum US-Trennbankensystem ausführlich Grason, ZBB 2000, S. 153 ff.

leistung zu kaufen und zu vergüten, während die Kreditinstitute ihre Informationsdienste kostenlos anbieten und erst von dem anschließenden Anlagegeschäft profitieren.[239]

Im Interesse einer effizienten, inhaltlich angemessenen, gleichzeitig aber auch kostengünstigen Informationsversorgung erscheint es deshalb sinnvoll, in der Frage der Informationsaufbereitung und -übermittlung an bereits am Markt vorhandene Strukturen anzuknüpfen und insbesondere solche Institutionen mit der Aufgabe der Informationsversorgung zu betrauen, die aufgrund ihrer Tätigkeit und Funktion am Kapitalmarkt bereits beste Voraussetzungen zur Erfüllung dieser Aufgabe vorweisen können.[240] Diese Voraussetzungen bieten insbesondere Kreditinstitute. Sie sind aufgrund ihrer fachlichen Kompetenz und umfassenden Marktkenntnis am besten in der Lage, dem Anleger einen allgemeinen Markt- und Produktüberblick zu vermitteln, darüber hinaus aber auch auf individuelle Informationswünsche und konkrete Fragen einzugehen. Angesichts dieser Voraussetzungen liegt es aus ökonomischer Sicht nahe, den Kreditinstituten die Hauptlast bei der Beschaffung und Verbreitung anlagerelevanter Informationen aufzubürden.

---

239 Der Grund für den Kostenvorteil der Banken gegenüber selbständigen Finanz- und Anlageberatern liegt vor allem darin, daß die Universalbanken Ressourcen und Strukturen aus anderen Geschäftsfeldern auch für die Beratungstätigkeit mitnutzen können. Gerade im einem Geschäftsbereich wie der Anlageberatung, der zahlreiche Überschneidungen und Berührungspunkte mit anderen Geschäftsfeldern des Bankbetriebs aufweist, wie z.B. den Spargeschäft, dem Wertpapierkommissionsgeschäft, dem Emissionsgeschäft, der Vermögensverwaltung, aber auch zu zahlreichen Stabsabteilungen wie der Unternehmensanalyse oder der Resaerch-Abteilung, bietet die Möglichkeit, die technischen und personellen Ressourcen anderer Geschäftsbereiche auch für die Beratungstätigkeit nutzen können, den Universalbanken einen wesentlichen Vorteil. So kann z.B. das von der Analysten-Abteilung erstellte Gutachten über die wirtschaftliche Zukunft eines Unternehmens nicht nur im Wertpapiereigenhandel der Bank Verwendung finden, sondern ebenso zur Kundenberatung wichtige Informationen beisteuern. In dieser Hinsicht hat auch die gesetzliche Verankerung des Compliance-Prinzips in § 33 Abs. 1 WpHG keine Veränderungen gebracht, da die Compliance-Grundsätze zwar eine organisatorische Trennung und geschäftspolitische Selbständigkeit der einzelnen Geschäftsbereiche verlangen (dazu ausführlich unten 3. Kapitel § 3 III 2c), aber keine absolute Abschottung verlangen. Vielmehr ist ein Informationsaustausch zwischen den einzelnen Geschäftsabteilungen nicht nur zulässig, sondern im Interesse ungestörter Funktionsfähigkeit der Geschäftsbereiche sogar notwendig (vgl. unten 3. Kapitel § 3 III 2 b cc), sofern gewährleistet ist, daß ein Informationsmißbrauch nicht stattfindet. Dazu gehört auch die Weitergabe von wichtigen Wirtschafts- und Unternehmensdaten aus anderen Geschäftsbereichen, die auch für eine sachgerechte Anlageberatung von Bedeutung sind.

240 Im Ergebnis ähnlich Breidenbach, Informationspflichten, S. 42 ff., der zwar das Effizienzkriterium ablehnt und statt dessen die Möglichkeit der Information aufgrund präsenten Wissens als pflichtenbegründendes Kriterium in den Mittelpunkt stellt. Darin liegt jedoch kein Widerspruch zum Effizienz-Kriterium, denn derjenige, der aufgrund präsenten Wissens die Möglichkeit zur Information besitzt, wird diese Aufgabe auch einfacher und deshalb kostengünstiger erfüllen können als jemand, bei dem diese Voraussetzungen erst künstlich geschaffen werden müssen.

II. Anforderungen an die Informationspflicht aus ökonomischer Sicht

Folgt man der Prämisse, daß die Informationslast denjenigen trifft, der aufgrund seiner Marktfunktion für diese Aufgabe am ehesten und besten geeignet ist, so bedarf es einer weiteren juristischen Wertung, um Kriterien zu erarbeiten, anhand derer sich Inhalt und Umfang der Informationspflicht bestimmen lassen. Maßgeblich dafür muß vor allem die Funktion sein, der Information auf Märkten zukommt.

Informationen bilden die Grundlage für eine überlegte, rational durchdachte Entscheidung des Anlegers. Nur wenn der Anleger die ökonomischen Daten und Zusammenhänge hinreichend kennt, ist er in der Lage, die Anlageprodukte zu beurteilen und abzuwägen, welche Anlage vor dem Hintergrund der eigenen Ziele und Bedürfnisse am besten geeignet ist. Informationen sind mithin eine notwendige Voraussetzung dafür, daß sich der Anleger getreu dem Leitbild des homo oeconomicus nutzenmaximierend verhalten kann.[241] Doch nur derjenige kann sachgemäß entscheiden, der die finanziellen Auswirkungen und Gefahren, die mit dem Geschäft verbunden sind, tatsächlich abschätzen kann.[242] Die Aufklärung muß sich deshalb in bezug auf das Anlageobjekt auf diejenigen Eigenschaften und Risiken beziehen, die für die Anlageentscheidung des Kunden wesentliche Bedeutung haben können Diese grundlegenden Informationen sind aus ökonomischer Sicht notwendige Bedingung für den erfolgreichen Abbau effizienzbeeinträchtigender Informationsasymmetrien. Ausreichende Kenntnis der Anlageprodukte ist insofern eine notwendige Voraussetzung für eine optimale Kapitalallokation. Aufklärungs- und Beratungspflichten müssen deshalb sicherstellen, daß die Anleger hinreichend über die maßgeblichen entscheidungsrelevanten Tatsachen unterrichtet werden.

Eine einzel- wie gesamtwirtschaftlich erfolgreiche Kapitalanlage verlangt jedoch mehr als die schlichte Zurverfügungstellung von Informationen über Wertpapiere und ihre Emittenten. Vielmehr ist darüber hinaus eine im Hinblick auf die finanziellen Ziele des Kunden interessengemäße Beratung erforderlich. Das bedeutet, die Informationstätigkeit darf sich ausschließlich an den wohlverstandenen Erwartungen und Bedürfnissen des Kunden orientieren. Vor allem darf die Informationsaufgabe von den Kreditinstituten nicht für eigene geschäftliche Zwecke mißbraucht werden, um beispielsweise den Absatz eigener Anlageprodukte zu fördern. Das heißt nicht, daß die informationspflichtigen Kreditinstitute überhaupt keine eigenen Interessen verfolgen dürfen, jedoch müssen die Eigeninteressen im Falle der Kollision mit Kundeninteressen zurücktreten. Eine nicht interessengerechte Beratung würde dagegen nicht nur das Vertrauen und damit die Anlagebereitschaft breiter Anlegerkreise schmälern und dadurch die institutionelle Funktionsfähigkeit des Kapitalmarktes gefährden, eine Beratung, die sich an weniger an den finanziellen Erwartungen und Bedürfnissen des Anlegers als vielmehr an den geschäftlichen Interessen des Beraters orientiert, wäre darüber hinaus auch nicht in der Lage, eine gesamtwirtschaftlich befriedigende Mittelallokation zu erreichen.

---

241 Vergleiche dazu oben 1. Kapitel § 1 I, II.
242 Arendts in Jahrbuch Junger Zivilrechtswissenschaftler (1995), S. 165 (167).

III. Finanzielle Tragbarkeit für den Informationspflichtigen

Wenngleich im Interesse der Funktionsfähigkeit des Kapitalmarkts eine umfassende sach- und interessengerechte Aufklärung des Anlegers über die zur Verfügung stehenden Anlagemöglichkeiten unverzichtbar ist, so dürfen andererseits die Anforderungen an den Berater auch nicht überspannt werden, droht doch ansonsten die Gefahr, daß die beratungspflichtigen Marktintermediäre mit Pflichten belastet werden, die nicht mehr dem Zweck der Informationsaufgabe entsprechen. Insofern kommt der Begrenzung von Aufklärungs- und Beratungspflichten gerade vor dem Hintergrund des aufgezeigten Zusammenhangs von Risiko- bzw. Kostentragung und Markteffizienz besonderes Gewicht zu.[243] Übersteigen die Kosten der Informationsbeschaffung und -weiterleitung den dadurch vermittelten Nutzen, so ist das auch für den Anleger ökonomisch unsinnig und entspricht nicht mehr seinen Interessen, denn die Informationskosten sind über Gebühren und Provisionen letztendlich vom Anleger zu tragen und mindern so den Ertrag seiner Anlage.[244] Insofern liegen übermäßige Informationspflichten auch nicht im Interesse des Anlegers. Übermäßige Informationspflichten, die sämtlichen nur denkbaren Risiken und Gefahren Rechnung tragen, sind deshalb abzulehnen. Damit soll keineswegs einer unsorgfältigen oder oberflächlichen Aufklärung das Wort geredet werden, vielmehr sollten Informationspflichten sowohl was die Frage des Bestehens der Pflicht angeht, aber auch hinsichtlich Inhalt und Umfang auf die Fälle tatsächlichen Beratungsbedarfs begrenzt werden. Soweit der Anleger ohne fremde Hilfe in der Lage ist, sich angemessen zu informieren, bedarf er aus wirtschaftlicher wie aus juristischer Sicht keiner weiteren Informationen, denn der Anleger ist aus eigener Kraft zu einer selbständigen Entscheidung fähig.[245] Im Gegenteil: Eine Informationspflicht in solchen Fällen würde die Eigeninitiative sowie das Bewußtsein des Anlegers um die finanzielle Eigenverantwortung nur schmälern und der damit verbundene unnötige Kostenaufwand würde die Allokationseffizienz des Kapitalmarktes mehr behindern als fördern. Informationspflichten sind deshalb nur insoweit wünschenswert, als auch tatsächlich ein Informationsbedürfnis besteht. Übertriebene Informationspflichten um jeden Preis, sind deshalb ebenso abzulehnen wie eine oberflächliche oder unvollständige Beratung.

Ob und inwieweit die von Gesetzgebung und Rechtsprechung entwickelten Aufklärungs- und Beratungspflichten diesen Kriterien gerecht werden, soll nunmehr Gegenstand der nachfolgenden Untersuchungen sein.

---

243 So im Ergebnis auch Lehmann, Vertragsanbahnung, S. 352 und Breidenbach, Informationspflichten, S. 44, die beide auf die Notwendigkeit einer Begrenzung der Informationspflicht hinweisen.

244 Zum Kostenaspekt vergleiche auch oben 1. Kapitel § 2 II 3 c.

245 Mit Einschränkungen, im Ergebnis aber ähnlich Canaris, Bankvertragsrecht (3. Aufl.), Rn. 1884.

2. Kapitel - Zivilrechtliche Informationspflichten bei der Kapitalanlage

Die Diskussion um Aufklärungs- und Beratungspflichten in Zusammenhang mit Kapitalanlagegeschäften ist nicht neu. Bereits das Reichsgericht hat eine Verpflichtung der Bank zu sorgfältiger und korrekter Beratung des Anlegers ausgesprochen und eine Haftung der Bank für fehlerhafte Anlageempfehlungen bejaht.[246] Doch gerade in den letzten Jahren ist mit zunehmender privater Vermögensbildung und wachsendem Angebot von Finanzprodukten auch die Thematik anlagebezogener Informationspflichten zu einem Schwerpunkt in Rechtsprechung und Literatur geworden. Während sich die Rechtsprechung zunächst überwiegend mit Finanzprodukten des sog. grauen Kapitalmarktes auseinander zu setzen hatte, sind in den vergangenen Jahren zunehmend die Beratungsanforderungen an Banken und Sparkassen in den Vordergrund des Rechtsprechungsinteresses gerückt. Ziel der folgenden Ausführungen soll sein, die Grundzüge der von Rechtsprechung und Literatur für den Bereich des Kapitalanlagegeschäfts entwickelten Informationspflichten darzustellen und den erreichten Pflichtenstandard an den im ersten Teil der Arbeit entwickelten Anforderungen an kapitalmarktliche Informationsprozesse zu messen.

§ 1 Rechtsgrundlage

I. Grundsatz: Keine generelle Aufklärungs- oder Beratungspflicht

Eine generelle Pflicht des Kreditinstituts zur Aufklärung oder Beratung wird von der herrschenden Rechtsprechung und Literatur zu Recht abgelehnt.[247] Demgegenüber bejaht eine Minderauffassung in der Literatur jedenfalls gegenüber Privatkunden eine allgemeine Pflicht der Banken zur Information über anlagerelevante Umstände.[248]

Eine solche generelle Informationspflicht erscheint jedoch schon wegen des natürlichen Interessenwiderstreits zwischen den Vertragsparteien bedenklich, liefe sie doch darauf hinaus, daß der Anleger pauschal und ohne Rücksicht auf die Besonderheiten des konkreten Einzelfalls immer als aufklärungsbedürftig angesehen würde. Den Banken würde dadurch die für eine Marktwirtschaft typische Ausnutzung geschäftlicher Vorteile verwehrt, da sie durch eine entsprechend intensive und eingehende Beratung in jedem

---

246 So etwa RGZ 27, 118 ff.; RGZ 42, 125 ff; RGZ 67, 394 ff.; RGZ 126, 50 ff.; RG Bank-Archiv 15, 144 ff.

247 Heinsius, ZHR 145 (1981), S. 172 (187); Vortmann, Beratungspflichten, Rn. 11 ff.; v. Heymann in Assmann/Schütze (Hrsg.), Handbuch des Kapitalanlagerechts, § 5 Rn. 6 ff.; BGH ZIP 1981, 962 (963); zuletzt ausdrücklich so LG Bremen WM 1999, 847 m.w.N.

248 So z.B. Werner/Machunsky, DB 1982, S. 2229 (2231). Zu dieser Ansicht vgl. auch Bultmann, Betrieb und Wirtschaft 1995, S. 760 ff.

Fall dafür zu sorgen hätten, daß der Anleger eine vernünftige und sachgerechte Entscheidung trifft.[249]

Doch zumindest in Fällen, in denen der Anleger bereits hinreichend informiert ist oder gar nicht aufgeklärt werden möchte, sind Informationspflichten überflüssig, denn Ziel der Beratung soll lediglich sein, den Anleger mit den erforderlichen Informationen zu versorgen, damit dieser das Für und Wider einer Anlagemöglichkeit vernünftig abwägen und eine eigenverantwortliche Anlageentscheidung treffen kann.[250] Aufklärung und Beratung sollen dem Anleger dagegen nicht die Entscheidung aus der Hand nehmen oder ihn vor den wirtschaftlichen Risiken des Anlagegeschäfts bewahren.[251] Die Informationspflicht ist insofern nicht gleichzusetzen mit einer allgemeinen sozialfürsorglichen Pflicht der Bank zum Schutz des Anlegers vor Selbstschädigung. Eine ebensolche Pflicht würde jedoch im Ergebnis begründet, wären die Banken generell und unabhängig vom Einzelfall zur Aufklärung und Beratung des Anlegers verpflichtet. Dadurch würden nicht nur die wirtschaftlichen Interessen des Anlegers unabhängig von den Umständen des Einzelfalls schlechthin zum Maßstab für das Handeln der Kreditinstitute erhoben, darüber hinaus würde die Anlageentscheidung faktisch vollständig auf die Bank verlagert und die Eigenverantwortung des Anlegers weitgehend verdrängt. Insofern darf der Kauf bzw. Verkauf von Anlageprodukten nicht per se mit Informationspflichten verbunden werden, vielmehr müssen dafür stets besondere Voraussetzungen erfüllt sein. So muß insbesondere ein Informationsungleichgewicht zu Lasten des Anlegers vorliegen, das ein besonderes Schutzbedürfnis des Anlegers begründet, etwa weil der Kunde erkennbar unzureichend über die finanziellen Risiken und Gefahren des Geschäfts informiert ist oder weil die Bank Kenntnis von besonderen, für die Anlageentscheidung des Kunden wichtigen Informationen hat, die der Kunde nicht kennt, beispielsweise weil es sich um eine aktuelle, erst kürzlich bekannt gewordene Meldung handelt[252] Die Statuierung von Informationspflichten bedarf deshalb stets einer besonderen rechtlichen Grundlage.

II. Allgemeiner Bankvertrag

Vor allem in der älteren Literatur wird der allgemeine Bankvertrag als sedes materiae für Aufklärungs- und Beratungspflichten genannt.[253] Nach dieser z.B. von *Hopt* vertretenen Auffassung regelt der allgemeine Bankvertrag als Grund- oder Rahmenvertrag

---

249 Ähnlich Schäfer, Anlageberatung, S. 21, der zu Recht die Gefahr einer allgemeinen sozialfürsorglichen Pflicht zum Schutz vor Selbstschädigung sieht.
250 Vgl. Schäfer, Anlageberatung, S. 19 f.; Horn, WM 1999, S. 1 (9).
251 Vgl. auch oben 1. Kapitel § 1 III.
252 Im Ergebnis so auch Vortmann, Beratungspflichten, Rn. 14. Das betrifft insbesondere Informationen, die auf Ad-hoc-Mitteilungen des Emittenten gem. § 15 WpHG beruhen und die oft über besondere elektronische Informationssysteme veröffentlicht werden, auf die zwar die Banken, nicht aber der private Anleger Zugriff hat.
253 Hopt, Kapitalanlegerschutz, S. 395 ff.; Pikart, WM 1957, S. 1238; in der neuen Lit. z.B. vertreten von Claussen, Bankrecht, § 9 Rn. 108 und Häuser, WuB I G 4. - 2.90.

den gegenseitigen geschäftlichen Kontakt zwischen Kunde und Bank und eröffnet damit ein Dauerschuldverhältnis, das unabhängig von seiner tatsächlichen Dauer beide Vertragsparteien fortlaufend in die Pflicht nimmt.[254] Aus dem allgemeinen Bankvertrag ergibt sich nach dieser Ansicht neben der allgemeinen Pflicht, dem Kunden die erforderlichen Geschäftseinrichtungen zur Verfügung zu stellen, grundsätzlich auch eine Pflicht des Kreditinstituts, die Interessen des Kunden zu wahren.[255] Diese allgemeine Interessenwahrungspflicht soll auch die Pflicht der Bank zur Aufklärung und Beratung in Anlageangelegenheiten umfassen.[256]

Diese Auffassung vermag jedoch nicht zu überzeugen. Gegen die Annahme eines allgemeinen Rahmenvertrags zwischen Kunde und Kreditinstitut sprechen grundsätzliche Bedenken. So erscheint die Konstruktion eines Vertragstypus, der die gesamte Geschäftsverbindung überspannt, als lebensfremd und ist mit der allgemeinen Praxis im Bankgeschäft nur schwer vereinbar, denn für gewöhnlich entspricht es nicht dem Willen der Beteiligten, durch Aufnahme der Geschäftsbeziehung für alle Arten von Bankgeschäften ein Vertragsverhältnis zu begründen.[257] Es widerspricht insbesondere dem Interesse der Bank, mit Aufnahme der Geschäftsverbindung die Belange des Kunden besonders schützen zu wollen, müßte doch die Bank bei sämtlichen Eigengeschäften, die das Vermögen von Kunden in irgendeiner Weise zu beeinträchtigen drohen, dem Kundenschutz regelmäßig Priorität einräumen.[258] Eine solche allgemeine, umfassende Vermögensfürsorgepflicht ist auch kaum mit dem Verzicht der h.M. auf eine generelle Informationspflicht vereinbar.

Darüber hinaus ist nicht ersichtlich, welche konkreten Rechtsfolgen durch den allgemeinen Bankvertrag in Geltung gesetzt werden sollen. Gegen eine vertragliche Bindung spricht insbesondere der Umstand, daß die Geschäftsverbindung gem. Nr. 1 Abs. 2 der Allgemeinen Geschäftsbedingungen der Banken[259] einseitig durch die Bank gestaltet werden kann[260] und daß beide Teile laut Nr. 18 und 19 AGB-Banken jederzeit kündigen können.

Auch vermag es nicht zu überzeugen, der Bank eine Pflicht aufzuerlegen, durch die sie bereits bei Aufnahme der Geschäftsbeziehung verpflichtet wird, später nicht näher konkretisierte Einzelgeschäfte abzuschließen.[261] Für einen derartigen Willen der Bank ergeben sich keinerlei Anhaltspunkte aus den Allgemeinen Geschäftsbedingungen, im Gegenteil, die Unterstellung eines derartigen Willens widerspräche gerade bei (Privat-)

---

254 Hopt, Kapitalanlegerschutz, S. 395 f.
255 Hopt, Kapitalanlegerschutz, a.a.O.
256 Hopt, Kapitalanlegerschutz, S. 400; ders., Bankrechtstag 1992, S. 10 f.; Pikart, WM 1957, S. 1238 (1242); Claussen, Bank- und Börsenrecht, § 5 Rn. 5.
257 So auch Schwark, Anlegerschutz, S. 100.
258 Schwark, Anlegerschutz, S. 100 f.
259 Abgedruckt in Beck-Texte im dtv, Band „Bankrecht", 28. Aufl., Nr. 19.
260 Nr. 1 Abs. 2 AGB-Banken sieht eine einseitige Änderung der Sonderbedingungen durch die Bank vor.
261 So jedoch Claussen, Bank- und Börsenrecht, § 5 Rn. 7.

Banken, die sich oft auf wenige Geschäftszweige beschränken, den Interessen dieser Banken.

Letztlich läßt sich das Geschäftsverhältnis zwischen Bank und Kunde ohne Annahme eines allgemeinen Bankvertrags besser als gegenseitiges Vertrauensverhältnis mit dementsprechenden Verhaltens- und Sorgfaltspflichten deuten.[262] Die Lehre vom allgemeinen Bankvertrag ist deshalb abzulehnen.

III. Besonderes gesetzliches Schuldverhältnis

Eine andere, speziell von *Canaris* vertretene Literaturauffassung sieht die rechtliche Grundlage für eine Beratungspflicht in einem besonderen gesetzlichen Schuldverhältnis.[263] Nach dieser Ansicht begründet die Geschäftsverbindung zwischen Kunde und Bank zwar keinen allgemeinen Rahmenvertrag, wohl aber ein besonderes gesetzliches Schuldverhältnis, das in dem durch die Geschäftsverbindung zwischen Kunde und Bank begründeten Vertrauensverhältnis wurzelt. Diese Auffassung leitet aus der laufenden Geschäftsverbindung besondere Schutzpflichten der Bank zugunsten des Kunden ab.[264] Dazu soll auch die Pflicht gehören, den Kunden richtig und vollständig zu informieren.[265] Anknüpfungspunkt für die Pflichtbegründung ist dabei die durch die Geschäftsbeziehung eröffnete tatsächliche Möglichkeit der Bank wie des Kunden, auf die Rechtsgüter des jeweils anderen Teils in gesteigertem Maße einwirken zu können.[266] Unter Hinweis auf das dadurch begründete besondere Vertrauen der Geschäftspartner wird ein eigenständiges gesetzliches Schuldverhältnis postuliert, das zwar keine primären Leistungspflichten, wohl aber gesteigerte Schutz- und Loyalitätspflichten gegenüber dem anderen Teil begründen soll.[267]

Auch die Konstruktion eines gesetzlichen Schuldverhältnisses, das weder dem vertraglichen noch dem deliktischen Bereich eindeutig zugeordnet werden kann, sondern vielmehr eine zwischen diesen beiden Kategorien stehende besondere Rechtsbeziehung begründet, sieht sich mangels hinreichender dogmatischer Grundlage berechtigter Kritik ausgesetzt.[268] Insbesondere der Begriff des durch die Geschäftsbeziehung begründeten „Vertrauensverhältnisses" erscheint zu ungenau, um daraus präzise Verhaltenspflichten der Bank herleiten zu können.

---

262 So auch Wieneke, Discount-Broking und Anlegerschutz, S. 52.
263 Canaris, Bankvertragsrecht (4. Aufl.), Rn. 12 ff., der von einem „gesetzlichen Schuldverhältnis ohne primäre Leistungspflicht" spricht. Auch in der neueren Literatur wird diese Auffassung nach wie vor vertreten, so etwa von Wieneke, Discount-Broking und Anlegerschutz, S. 55 ff.
264 Wieneke, Discount-Broking und Anlegerschutz, S. 55.
265 Canaris, Bankvertragsrecht (4. Aufl.), Rn. 28.
266 Canaris, Bankvertragsrecht (4. Aufl.), Rn. 12 ff.
267 Ausführlich dazu Wieneke, Discount-Broking und Anlegerschutz, S. 55 ff. m.w.N.
268 Vgl. Heymann/Horn, HGB-Kommentar, Anh. § 372, I. Allgem. Teil, Rn. 7 sowie Vor § 343 Rn. 62 ff., 68 f.; Hopt in FS für Gernhuber, S. 169 (175).

Darüber hinaus erscheint auch die Ableitung der Beratungspflicht aus einem, die gesamte Geschäftsverbindung umspannenden, omnipräsenten gesetzlichen Rechtsverhältnis ähnlich wie die Annahme eines allgemeinen Bankvertrags nur schwer mit dem Verzicht auf eine generelle Informationspflicht der Banken vereinbar. Insofern gilt auch hier das bereits zur Kritik am allgemeinen Bankvertrag Gesagte, erscheint doch die Konstruktion eines eigenständigen, die gesamte Geschäftsbeziehung überlagernden „gesetzlichen Schuldverhältnisses ohne primäre Leistungspflicht" nicht nur als gekünstelte Fiktion, sondern sie ist darüber hinaus auch überflüssig. Die klassischen Instrumente des Schuldrechts, allen voran vertragliche und vorvertragliche Rechtsinstitute, reichen vollkommen aus, um das Geschäftsverhältnis zwischen Bank und Kunde hinreichend zu erfassen. Aus diesen Gründen ist die Konstruktion eines eigenständigen gesetzlichen Schuldverhältnisses in der Literatur zu Recht auf Ablehnung gestoßen.[269]

IV. (Konkludent geschlossener) Aufklärungs- bzw. Beratungsvertrag

Die Rechtsprechung dagegen stützt Aufklärungs- und Beratungspflichten auf einen selbständigen, dem problematischen Anlagegeschäft zeitlich vorgeschalteten Aufklärungs- bzw. Beratungsvertrag.[270] Dabei handelt es sich wenn im Rahmen einer festen Geschäftsbeziehung eine dauerhafte Informationspflicht der Bank begründet werden soll um einen Dienstvertrag mit Geschäftsbesorgungscharakter nach §§ 611, 675 BGB oder bei einmaliger Beratung um einen Werkvertrag nach § 631 BGB.[271]

Ein solcher Beratungsvertrag, der eine eigenständige Hauptpflicht der Bank begründet, kann ausdrücklich geschlossen werden, etwa wenn der Kunde explizit um Beratung bittet und die Bank dieser Bitte entspricht. In der überwiegenden Zahl der Fälle kommt der Beratungsvertrag nach Ansicht der Rechtsprechung jedoch konkludent zustande. Dabei ist gleichgültig, ob der Kunde an die Bank herangetreten ist oder ob sich die Bank zuerst an den Kunden gewandt hat, um ihm ihre Dienste anzubieten.[272] Für den stillschweigenden Abschluß eines Beratungsvertrages ist allein ausschlaggebend, daß die Bank das Beratungsgespräch aufnimmt und dieses eine konkrete Vermögensdisposition des Kunden zur Folge hat.[273]

Erforderlich, aber auch ausreichend für den konkludenten Abschluß eines Beratungsvertrags ist nach Auffassung der Rechtsprechung, daß sich aus den Umständen des Einzelfalls ein rechtsgeschäftlicher Verpflichtungswille der Bank schlüssig ergibt. Ob ein

---

269 Zur Kritik an dieser Auffassung vgl. Heymann/Horn, HGB-Kommentar, a.a.O. sowie Hopt in FS für Gernhuber, a.a.O.

270 So z.B. BGHZ 123, 126 (128); BGHZ 100, 117 (118 f.) BGHZ 74, 103 (104 ff.); BGH WM 1985, 81; OLG Schleswig WM 1996, 1487; OLG Koblenz 1996, 1089 (1090); OLG Nürnberg, WM 1998, 378 (379); OLG Braunschweig WM 1998, 375 (376); zuletzt BGH NJW 1999, 638 und BGH WM 1999, 137; vgl. auch Horn, ZBB 1997, S. 139 (141); ders. WM 1999, S. 1 (4).

271 OLG Saarbrücken BB 1978, 1434 (1436) m.w.N.; OLG München BB 1980, 717.

272 BGHZ 100, 117 (118); Arendts, ÖBA 1994, S. 251 (252).

273 BGHZ 123, 126 (128); BGHZ 100, 117 (118 f.); ebenso Arendts, WM 1993, S. 229 (231).

solcher rechtsgeschäftlicher Verpflichtungswille vorliegt, ist anhand einer umfassenden Würdigung der konkreten Umstände des Einzelfalles zu prüfen.[274] Entscheidend dabei ist, daß der Anlagerat der Bank erkennbar von erheblicher Bedeutung für den Kunden ist und er die Empfehlung zur Grundlage wichtiger Vermögensentscheidungen machen will.[275] Darüber hinaus muß die beratende Instanz über besondere Sachkunde verfügen oder zumindest vorgeben, über solche Sachkenntnis zu verfügen.[276] Diese Voraussetzungen sind nach der Rechtsprechung i.d.R. erfüllt, wenn der Kunde deutlich macht, daß er sich auf die Kompetenz der Bank verläßt und die Bank daraufhin das Beratungsgespräch aufnimmt.[277] Der für das Zustandekommen eines Vertrages notwendige Antrag im Sinne von § 145 BGB wird dabei entweder in der Bitte des Kunden um Beratung oder in dem Beratungsangebot der Bank an den Kunden gesehen. Angenommen wird der Antrag durch die Aufnahme des Beratungsgesprächs durch den jeweils anderen Teil.[278] Die Vereinbarung eines Entgelts ist dabei für das Zustandekommen des Beratungsvertrags nicht erforderlich.[279]

Nicht ausreichend für den Abschluß eines Beratungsvertrages soll dagegen sein, daß die Bank lediglich Kontakt mit dem Kunden aufgenommen hat oder die Effektenaufträge des Kunden bloß ausführt (sog. unsolicited order).[280] Denn erteilt der Kunde der Bank von sich aus gezielt einen Auftrag zum Kauf bestimmter Wertpapiere, die ihm beispielsweise von einem Dritten empfohlen wurden, so gibt der Kunde nach Ansicht der Rechtsprechung durch die unbedingte Auftragserteilung zu erkennen, daß er eine Beratung nicht benötigt und nicht wünscht. In einem solchen Fall beruht die Anlageentscheidung allein auf dem von der Bank unbeeinflußten Willensentschluß des Kunden. Der BGH hat deshalb in diesen Fällen einen konkludenten Beratungsvertrag zu Recht verneint.[281]

Darüber hinaus hat die Rechtsprechung aber auch dann eine vertragliche Beratungspflicht abgelehnt, wenn die Bank beispielsweise aufgrund eigener Informationslücken gegenüber dem Kunden ausdrücklich die Beratung verweigert hatte.[282]

---

274 Froehlich, Haftung für Anlageberatung, S. 30.
275 Vergleiche Emmerich, JuS 1999, S. 496 (497) sowie BGH NJW 1999, S. 638, (Das Urteil überträgt die Konstruktion des selbständigen Beratungsvertrages erstmals auch auf den Fall der Immobilienanlage).
276 BGHZ 123, 126 (128); BGH WM 1992, 1031 (1033 f.); BGH WM 1989, 1836 (1837); vgl. auch Heinsius, ZBB 1994, S. 47 (49), v. Heymann in Assmann/Schütze (Hrsg.), Handbuch des Kapitalanlagerechts, § 5 Rn. 11 ff.; Niehoff, Sparkasse 1987, S. 61; Strauch, JuS 1992, S. 897 (898).
277 BGHZ 123, 126 (128); BGHZ 100, 117 (118 f.) mit Anm. Assmann, WuB I G 4. - 5.87.
278 Arendts, DZWir 1995, S. 185 m.w.N.
279 Siol in Bankrechts-Handbuch, § 43 Rn. 6 m.w.N.; Raeschke-Kessler, WM 1993, S. 1830 (1831) m.w.N.
280 BGH WM 1996, 906; BGH ZIP 1998, 1183 f.; OLG Hamm BB 1997, 12; OLG Oldenburg BB 1997, 1275; OLG Braunschweig WM 1996, 1484 (1485); OLG München BB 1997, 2501 (2502).
281 BGH ZIP 1998, 1220 (1221); BGH ZIP 1998, 1183 f.; BGH ZIP 1996, 872, vgl. auch Zeller, EWiR 1996, 641 f. und Schäfer, WuB I G 1. - 9.96 sowie Hartung, EWiR 1994, 1065 (1066). Die Vordrucke der Kreditinstitute zur Entgegennahme von Wertpapieraufträgen bieten in Anlehnung an die herrschende Rspr. deshalb regelmäßig die Möglichkeit, den Verzicht des Kunden auf Beratung zum Schutz vor späteren Schadensersatzforderungen zu dokumentieren.
282 BGH WM 1998, 1220 (1221); Vgl. auch den von Horn, WM 1999, S. 1 (2), geschilderten Fall.

V. Vorvertragliches Schuldverhältnis

Eine Verpflichtung der Bank zur Aufklärung oder Beratung kann sich aber auch aus einem vorvertraglichen Schuldverhältnis ergeben, denn selbst wenn zwischen Anleger und Bank keine vertraglichen Verbindungen bestehen, können sich quasivertragliche Rechte und Pflichten ergeben. Grundlage für die Statuierung spezieller Schutz- und Fürsorgepflichten ist in diesem Fall ein besonderes, durch die Geschäftsverbindung begründetes vorvertragliches Vertrauensverhältnis zwischen den Parteien.[283] So hat die Rechtsprechung mehrfach Informationspflichten aus dem gewohnheitsrechtlichen Institut der culpa in contrahendo (c.i.c.) abgeleitet.

Während ein konkludenter Beratungsvertrag vor allem dann angenommen wurde, wenn die Informationen der Bank falsch oder unvollständig waren[284], stellte die Rechtsprechung dann, wenn eine Information überhaupt nicht stattgefunden hatte, auf die Verletzung eines vorvertraglichen Vertrauensverhältnisses als Rechtsgrundlage für Ersatzansprüche geschädigter Anleger ab.[285] Aus der jüngeren Rechtsprechung sind hier vor allem die Pflichten in Zusammenhang mit der Vermittlung von Warentermin- und Optionsgeschäften zu nennen, bei denen die Rechtsprechung eine Informationspflicht des Vermittlers aus dem vorvertraglichen Schuldverhältnis abgeleitet hat.[286]

VI. Stellungnahme

In der Literatur wird die von der Rechtsprechung favorisierte Konstruktion eines konkludenten Aufklärungs- oder Beratungsvertrags als unnötige Fiktion kritisiert.[287] So zeigt die beratende Bank nach Ansicht von *Canaris* kein Verhalten, aus dem ein rechtsgeschäftlicher Verpflichtungswille geschlossen werden könne.[288] Auch *Hopt* sieht in der Konstruktion eines selbständigen Informationsvertrags nur den Versuch der Rechtsprechung, die Bank in den Fällen haften zu lassen, in denen sie zwar nicht rechtsgeschäftlich haften wolle, aber nach Ansicht der Gerichte gleichwohl haften solle.[289] *Hopt* wendet sich dabei vor allem gegen den Versuch der Rechtsprechung, das Vertrauen des Kunden in die Richtigkeit der Information unter Hinweis auf das Wissen des

---

283 Vgl. Emmerich, Leistungsstörungen, § 5 I 2a m.w.N.; ders. JuS 1999, S. 496.
284 So in BGH WM 1992, 133 (134); BGH WM 1990, 1990 (1991). Vgl. auch BGH NJW 1999, 638.
285 So z.B. BGH WM 1991, 1410; OLG Frankfurt/Main RiW 1991, 865 (866 f.).
286 Für Termingeschäfte: BGHZ 124, 151 (153 ff.); BGH WM 1994, 492 ff.; OLG Düsseldorf WM 1995, 1710 (1712). Für Penny Stocks: OLG Frankfurt/Main RiW 1991, a.a.O.
287 Roth in Assmann/Schütze (Hrsg.), Handbuch des Kapitalanlagerechts, § 12 Rn. 18; Hopt in FS für Gernhuber, S. 169 (173); Canaris, Bankvertragsrecht (4. Aufl.), Rn. 100. Kritisch zur Annahme eines selbständigen Beratungsvertrages auch Immenga, ZHR 151 (1987), S. 148 (150).
288 Canaris, Bankvertragsrecht (4. Aufl.), Rn. 88.
289 Vgl. Hopt, Kapitalanlegerschutz, S. 410: „Um die Fiktivität eines solchen Vertrages nicht zu sehr durchscheinen zu lassen hat, hat man versucht, auch die isolierte Auskunft oder Beratung in einen finanziellen Zusammenhang zu stellen, um daraus wenigstens Indizien für das Vorliegen eines rechtsgeschäftlichen Bindungswillens herzuleiten."

Anlageberaters um das besondere Gewicht seiner Auskünfte für den Anlageerfolg des Kunden unter den Schutz eines selbständigen Vertragsverhältnisses zu stellen, denn nach Auffassung *Hopts* muß die Bank stets damit rechnen, daß ein Kunde auf ihren Rat vertrauend wichtige Vermögensdispositionen trifft, so daß allein das Bewußtsein um die Bedeutung der Auskunft nicht als Indiz für eine konkludente Willenserklärung der Bank ausreichen könne.[290]

Ungeachtet der Kritik in der Literatur hat die Rechtsprechung gleichwohl an der Figur eines stillschweigend geschlossenen Beratungsvertrags festgehalten.[291] Der Grund dafür liegt offenbar darin, daß die Rechtsprechung unter dem Eindruck der wachsenden Bedeutung von Aufklärungs- und Beratungsleistungen in der bankgeschäftlichen Praxis Informationsdienstleistungen rechtlich verselbständigen möchte. Informationspflichten werden deshalb vor allem im Anlagegeschäft, in dem der Beratung besondere Bedeutung zukommt, nicht mehr nur als vorgelagerte Nebenpflichten zu dem eigentlichen Wertpapierkauf bzw. -verkauf betrachtet, sondern zu eigenständigen Hauptpflichten aus einem speziellen Beratungsvertrag verselbständigt.[292]

Aus dieser Perspektive ist die Qualifizierung einer Anlageempfehlung als Willenserklärung zum Abschluß eines Beratungsvertrags durchaus nachvollziehbar, denn der Kunde, der der Bank als Gläubiger einer eigenständigen Serviceleistung gegenübertritt und eine fehlerfreie Leistung erwartet, bedarf des rechtlichen Schutzes. Ebendiesen Schutz bietet das Vertragsverhältnis.[293]

Obgleich in der Bankpraxis eine zunehmende Verselbständigung von Beratungsleistungen feststellbar ist, erscheint die Konstruktion eines selbständigen Aufklärungsbzw. Beratungsvertrags dennoch fiktiv und überflüssig.[294] Fiktiv, weil der Anknüpfungspunkt für die Schutzwürdigkeit des Anlegers nicht in dem Willen des Auskunftgebenden oder seiner Erklärung liegt, sondern vielmehr in dem besonderen Vertrauen, das der Anleger dem Berater entgegenbringt. Wirtschaftlich gesehen profitiert die beratende Bank dabei von einer besonderen Reputation, die es ihr ermöglicht, Kunden an sich zu binden, Anschlußgeschäfte abzuschließen und so Marktvorteile gegenüber Wettbewerbern zu nutzen.[295] Dieser Vertrauens- oder „Reputationsprämie" muß rechtlich eine entsprechende Haftung gegenüberstehen, die die fehlerhaft beratende Bank ökonomisch gesehen mit den „Kosten" der Falschberatung belastet. Diese Funktion der Haftung für in Anspruch genommenes Vertrauen erfüllt traditionell das Rechtsinstitut der cupla in contrahendo, das auf der Grundlage des Vertragsanbahnungsverhältnisses das besondere Vertrauen der

---

290 Vgl. Hopt, Kapitalanlegerschutz, S. 411.
291 So zuletzt BGHZ 123, 126 ff.; BGH WM 1999, 137 ff.; BGH NJW 1996, 1744 (Urteil v. 12.3.1996); BGH NJW 1996, 1744 (Urteil v. 27.2.1996); BGH NJW 1997, 1361 (1362); OLG Nürnberg WM 1998, 378 (379); OLG Braunschweig WM 1998, 375 (376).
292 In diesem Sinne auch Horn, WM 1999, S. 1 (4).
293 So Froehlich, Haftung für Anlageberatung, S. 37, der die Rechtsprechung unterstützt.
294 Roth in Assmann/Schütze (Hrsg.), Handbuch des Kapitalanlagerechts, § 12 Rn. 18.
295 Zur marktpolitischen und betriebswirtschaftlichen Bedeutung von „Reputation" ausführlich Fritsch/Wein/Evers, Marktversagen und Wirtschaftspolitik, S. 221 f. und 266 f.

einen Partei in die speziellen Kenntnisse und Fähigkeiten der anderen Partei rechtlich schützt.

Das gilt auch für Aufklärung oder Beratung in Anlageangelegenheiten:[296] Der Anlagekunde, der im Vorfeld eines Wertpapiergeschäfts auf die Beratung einer Bank vertraut, wird im Rahmen der c.i.c. durch entsprechende Sorgfaltspflichten der Bank geschützt. Die Konstruktion eines selbständigen Beratungsvertrags auf der Grundlage konkludenter Willenserklärungen ist deshalb insoweit überflüssig, denn die c.i.c. schützt den Anleger auch außerhalb vertraglicher Beziehungen.[297] Das Vertrauensverhältnis besteht unabhängig von der Dauer der Geschäftsverbindung schon beim ersten Kontakt, selbst wenn die Geschäftsverbindung danach abbricht.[298]

Die dogmatische Fragwürdigkeit der von der Rechtsprechung bevorzugten Vertragskonstruktion zeigt sich insbesondere in Fällen, in denen der Bankmitarbeiter, der die falsche Auskunft gibt, nicht über die notwendige Vertretungsmacht verfügt.[299] In diesen Fällen müßte die Rechtsprechung konsequenterweise den konkludenten Abschluß eines Beratungsvertrags ablehnen und damit einen vertraglichen Schadensersatzanspruch des fehlerhaft beratenen Anlegers ablehnen. Gleichwohl hat der BGH in dogmatisch fragwürdiger Weise trotz fehlender Vertretungsmacht des auskunftgebenden Bankangestellten den (konkludenten) Abschluß eines Beratungsvertrags und einen vertraglichen Schadensersatzanspruch des geschädigten Anlegers bejaht.[300] Der BGH begründete dies mit der Besonderheit der Vertrauenshaftung im Gegensatz zur Erfüllungshaftung aus einem „echten" Vertrag. Denn ebenso wie der Geschäftsherr aus c.i.c. für Handlungen eines Verrichtungsgehilfen entsprechend § 278 BGB einzustehen habe - selbst wenn dieser ohne Vertretungsmacht handele -, so müsse es auch für den Abschluß eines Auskunftsvertrags ausreichen, daß der Mitarbeiter die Beratungshandlung „in Zusammenhang mit einer Tätigkeit vornehme, mit der er betraut wurde und die ihrer Art nach geeignet sei, eine Vertrauenshaftung des Geschäftsherrn zu begründen".[301]

Bereits die vom BGH gewählte Unterscheidung zwischen „echten" Verträgen und „unechten" Beratungsverträgen zeigt die Fragwürdigkeit dieser Konstruktion. Darüber hinaus spricht gerade die vom BGH selbst ins Feld geführte analoge Anknüpfung der Haftungsgrundlage an die Vertrauenshaftung aus culpa in contrahendo dafür, die Rechtsgrundlage der Beratungspflicht in einem dem eigentlichen Vertragsschluß vorgelagerten besonderen Vertrauensverhältnis zwischen Bank und Anleger anzusiedeln statt in einem zweifelhaft konstruierten selbständigen Informationsvertrag.

---

296 Zutreffend v. Heymann in Assmann/Schütze (Hrsg.), Handbuch des Kapitalanlagerechts, § 5 Rn. 15/16; Horn, ZBB 1997, S. 139 (144).
297 Im Ergebnis so auch Immenga, ZHR 151 (1987), S. 148 (150), der die c.i.c. der Konstruktion eines selbständigen Beratungsvertrags vorzieht.
298 Heinsius, ZHR 145 (1981), S. 177 (183) m.w.N.
299 So etwa im Fall von BGH NJW-RR 1998, 1343 (1344).
300 BGH NJW-RR 1998, 1343 (1344) - in dem vom BGH entschiedenen Fall ging es zwar um einen Auskunftsvertrag für eine Kreditvergabe. Die Argumentation des BGH ist jedoch ohne weiteres auf die Vertragskonstruktion im Bereich der Anlageberatung übertragbar.
301 BGH NJW-RR 1998, 1343 (1344).

Das Rechtsinstitut der c.i.c bietet neben dogmatischer Stringenz darüber hinaus den Vorteil einer sinnvollen Begrenzung der Informationspflicht auf die Fälle, in denen der Anleger angesichts der eigenen Aufklärungsbedürftigkeit und der Relevanz der Information für die Anlageentscheidung der Beratung in besonderem Maße persönliches Vertrauen entgegenbringt. Die c.i.c. bietet insofern in besonderer Weise die Möglichkeit, Aufklärungs- und Beratungspflichten auf die Fälle eines tatsächlichen Informationsbedürfnisses des Anlegers zu beschränken.

Aus den genannten Gründen bietet es sich in mehrfacher Hinsicht an, vertragsschlußbezogene Informationspflichten in Zusammenhang mit Kapitalanlagegeschäften auf ein besonderes vorvertragliches Schuldverhältnis zwischen Anleger und Bank zu stützen. Da jedoch in absehbarer Zukunft kaum eine Änderung der Rechtsprechung in dieser Hinsicht zu erwarten ist,[302] wird im folgenden trotz der aufgezeigten Schwächen vor allem auf die von der Rechtsprechung favorisierte Lösung eines konkludenten Aufklärungs- bzw. Beratungsvertrags eingegangen.

§ 2   Inhalt und Umfang der Informationspflicht

I.   Terminologie

Anlagebezogene Informationspflichten werden in Gesetz, Rechtsprechung und Literatur mit den unterschiedlichsten Bezeichnungen belegt. So ist die Rede von Aufklärungs-, Mitteilungs-, Beratungs-, Offenbarungs-, Warn- oder Hinweispflichten. Vielfach werden die verschiedenen Begriffe synonym gebraucht.[303] Dabei wird oft übersehen, daß es sich bei der Terminologie weniger um ein Phänomen sprachlicher Kreativität als um die Bezeichnung rechtlich unterschiedlicher Pflichteninhalte geht. Zwar weisen die Pflichten sachliche Berührungspunkte auf und überschneiden sich teilweise, dennoch haben sich für die einzelnen Pflichtenkreise gerade in der jüngeren Rechtsprechung immer deutlicher unterschiedliche Schwerpunkte herauskristallisiert. Eine begriffliche Abgrenzung erscheint daher nicht nur zur Ordnung des Stoffes, sondern gerade im Hinblick auf eine inhaltliche Präzisierung der Informationspflicht zweckmäßig.

Information bildet in dem Zusammenhang den Oberbegriff. Sie ist grundsätzlich darauf gerichtet, den Kunden über die für das jeweilige Bankgeschäft entscheidungserheblichen Umstände zu unterrichten, um ihm so eine vernünftige, wohlüberlegte Entscheidung zu ermöglichen.

---

302   Der BGH hat die Annahme eines konkludenten Beratungsvertrags in seiner jüngsten Rechtsprechung sogar über den Bereich der Wertpapier- und Finanzanlage hinaus auch auf Immobilienanlagen ausgedehnt, obwohl sich im Bereich der Sachanlage außerdem die Problematik der Abgrenzung zu den §§ 459 ff. BGB ergibt, vgl. dazu BGH NJW 1999, 638 mit Anmerkung von Emmerich in JuS 1999, S. 496 f.

303   So Siol in Bankrechts-Handbuch, § 43 Rn. 5, ebenso Breidenbach, Informationspflichten, S. 4.

Einen Unterfall der Informationspflicht bildet die Aufklärungspflicht. Sie ist vor allem auf die Mitteilung anlagerelevanter Tatsachen gerichtet. Meist kann der Kunde diese Tatsachen nicht als präzise Fragen formulieren. Aufgabe der Bank ist deshalb, den Kunden ohne Nachfrage von sich aus über die Merkmale und Risiken eines Anlagegeschäfts zu informieren.[304]

Die Beratungspflicht ist sachlich davon nur teilweise zu trennen. Auch sie beinhaltet die Mitteilung anlagerelevanter Tatsachen, verlangt darüber hinaus aber von Berater eine Interpretation und Beurteilung dieser Umstände vor dem Hintergrund der finanziellen Ziele und persönlichen Anlagesituation des Kunden.[305]

Die Warnpflicht schließlich hat einen spontanen Hinweis zum Inhalt. Er bezieht sich (meist) auf eine konkrete Gefahr, von der der Kunde - für die Bank erkennbar - keine Kenntnis hat, wie z.B. eine erst kürzlich bekannt gewordene Information. Die Warnung soll auf diese Weise vor allem den ansonsten selbständig entscheidenden Anleger, der jedoch beispielsweise aufgrund eines aktuellen Ereignisses nicht über alle entscheidungsrelevanten Umstände unterrichtet ist, vor einer übereilten Entscheidung auf der Grundlage unvollständiger Informationen schützen.[306]

Von Aufklärung und Beratung ist schließlich die Auskunft zu unterscheiden. Banken erteilen im Rahmen einer laufenden Geschäftsbeziehung auf Wunsch häufig allgemein gehaltene Auskünfte über die Kreditwürdigkeit und wirtschaftlichen Verhältnisse ihrer Kunden. Voraussetzung ist jedoch eine konkrete Anfrage eines Kunden oder einer anderen Bank sowie das *Einverständnis* des betroffenen Kunden.[307] Die Erteilung derartiger Bankauskünfte wird in den Allgemeinen Geschäftsbedingungen der Kreditinstitute geregelt.[308] Da Bankauskünfte im Kapitalanlagegeschäft kaum eine Rolle spielen, wird darauf im folgenden nicht weiter eingegangen.

II. Inhaltliche Konkretisierung der Informationspflicht - Lösungsansätze in der Literatur

Inhalt und Umfang der Informationspflicht sind von einer Vielzahl von Kriterien abhängig. So sollen Aufklärung und Beratung den Anleger vor allem zuverlässig und vollständig über diejenigen Umstände und Faktoren unterrichten, die für eine sachgerechte und erfolgreiche Anlageentscheidung erforderlich sind. Der Anleger soll so in die Lage versetzt werden, die finanziellen Folgen seines Handelns abzuschätzen, damit er in Kenntnis aller entscheidungsrelevanten Informationen die Chancen und Gefahren einer

304 v. Heymann, DStR 1993, S. 1147 (1148); Schäfer, Anlageberatung, S. 6.
305 v. Heymann, DStR 1993, a.a.O.; Schäfer, Anlageberatung, S. 7.
306 Horn, ZBB 1997, S. 139 (141); Vortmann, Beratungspflichten, Rn. 7 ff.
307 Zu den Fällen, in denen die Bank gesetzlich zur Auskunft verpflichtet ist, z.B. im Strafverfahren (§§ 161a, 162 StPO) oder im Steuerverfahren vgl. im einzelnen Löffelholz/Müller, Gabler-Bank-Lexikon (10. Aufl.), Spalten 195 ff.
308 Vergleiche AGB-Banken (Jan. 1998) Nr. 2 Abs. 2 - 4 sowie AGB-Sparkassen (Jan. 1993) Nr. 3.

Anlage vernünftig abwägen und sich eigenverantwortlich für oder gegen ein bestimmtes Anlagegeschäft entscheiden kann.

Andererseits dürfen Aufklärungs- und Beratungspflichten nicht dazu führen, daß der Anleger durch eine wie auch immer geartete Berufshaftung der Banken bessergestellt wird, als er bei eigener originärer Informiertheit stünde.[309] Dem Anleger soll durch die Beratung nicht das Risiko eines wirtschaftlichen Mißerfolgs seines finanziellen Engagements abgenommen werden.[310] In der Literatur wurde deshalb versucht, ein System zu entwickeln, mit dessen Hilfe im Einzelfall Inhalt und Umfang der Informationspflicht angemessen bestimmt werden können. Die vor allem von *Hopt*[311], *Heinsius*[312], *Breidenbach*[313] und *Rümker*[314] in dem Zusammenhang entwickelten Ansätze stellen dabei - mit unterschiedlicher Gewichtung - insbesondere auf das Informationsbedürfnis des Anlegers ab.[315] Daneben werden aber auch die Intensität der geschäftlichen Beziehung zwischen Kunde und Kreditinstitut sowie die betriebliche und wirtschaftliche Tragbarkeit der Beratungsanforderungen für die Bank als Kriterien für eine Konkretisierung der Informationspflicht genannt. Die Literatur stellt damit neben dem Schutzbedürfnis des Anlegers auch auf Belastung des Informationspflichtigen ab.

III. *Differenzierung zwischen Anlagevermittlung und Anlageberatung - der Ansatz der Rechtsprechung*

Auch die Rechtsprechung knüpft bei der Konkretisierung der Informationspflicht im Ergebnis vor allem an die Schutzbedürftigkeit des Anlegers und dessen Vertrauen auf die Information an.[316] Äußerlich differenziert die Rechtsprechung dabei allerdings entsprechend dem Charakter der vertraglichen Beziehung zwischen Anleger und Informationsschuldner. Entscheidend dabei ist, ob der Informationspflichtige als Anlagevermittler oder als Anlageberater im engeren Sinn tätig wird, denn nach herrschender Rechtsprechung treffen den Anlageberater im Vergleich zum Anlagevermittler deutlich höhere Pflichten. Maßgeblich für die Abgrenzung von Anlagevermittlung und Anlageberatung im engeren Sinne sind dabei die tatsächlichen Umstände des Einzelfalles.[317]

---

309 Vergleiche oben 1. Kapitel § 1 II und III.
310 Herrmann, JZ 1983, S. 422 (429); Heinsius, ZHR 145 (1981), S. 177 (186 ff.); Kübler, ZHR 145 (1981), S. 204 ff.
311 Hopt, Kapitalanlegerschutz, S. 414 ff.
312 Heinsius, ZHR 145 (1981), S. 177 (186 ff.).
313 Breidenbach, Informationspflichten, S. 61 ff.
314 Rümker, Bankrechtstag 1992, S. 29 (38 ff.).
315 Hopt, Kapitalanlegerschutz, a.a.O.; Heinsius, ZHR 145 (1981), S. 177 (187); Breidenbach, Informationspflichten, S. 62 ff.; Rümker, Bankrechtstag 1992, a.a.O.
316 Einen umfassenden Überblick über die neuere Rechtsprechung zu Aufklärungs- und Beratungspflichten bietet Ellenberger, WM-Sonderbeilage 1/2001, S. 3 ff.
317 Hoegen in FS für Stimpel, S. 248 ff.

I. *Anlageberatung im engeren Sinne*

Die Rechtsprechung betrachtet den Anlageberater im Gegensatz zum Anlagevermittler, der gegen Provision im Interesse des Kapitalsuchenden tätig wird, als einen unabhängigen Sachkundigen, von dem der Anleger grundsätzlich eine besonders gründliche und differenzierte Beratung erwarten darf.[318] Der Anlageberater (i.e.S.) muß den Anleger deshalb nicht nur alle für den Anlageentschluß wesentlichen tatsächlichen Umstände unterrichten, darüber hinaus trifft ihn auch die Pflicht, diese Umstände zu bewerten und in ihrer Bedeutung für die Anlageentscheidung des Kunden sorgfältig gegeneinander abzuwägen.[319]

Nach herrschender Rechtsprechung werden Kreditinstitute - sofern keine besonderen Umstände vorliegen, etwa weil das Kreditinstitut eine Beratung ausdrücklich ablehnt oder auf eigene Informationslücken oder Kompetenzdefizite hinweist - bei der Betreuung von Kapitalanlegern in der Regel stets als Anlageberater im engeren Sinne tätig. Banken und Sparkassen sind deshalb grundsätzlich zu einer besonders sorgfältigen und ausgewogenen Beratung verpflichtet.[320] Die hochgesteckten Informationsanforderungen an Kreditinstitute rechtfertigt der BGH damit, daß der Anlageinteressent einem Kreditinstitut erfahrungsgemäß in besonderem Maße persönliches Vertrauen entgegenbringe. Die Beratung dürfe sich deshalb nicht auf die bloße Mitteilung anlagerelevanter Tatsachen beschränken, sondern müsse darüber hinaus eine auf die individuellen persönlichen und wirtschaftlichen Verhältnisse des Kunden zugeschnittene Empfehlung bieten.[321]

Die Anlageberatung zerfällt damit theoretisch in zwei unterschiedliche Teile: Zum einen unterrichtet die Bank den Effektenkunden über die typischen Merkmale der angebotenen Finanzprodukte (z.B. Kurswert, Nennwert, Gesamtrendite Verzinsung, Laufzeit, anfallende Gebühren, steuerliche Behandlung, Rückzahlung, vorzeitige Verfügbarkeit usw.), insbesondere über die mit der Anlageform verbundenen Risiken (z.B. (Kursrisiko, Währungsrisiko, Zinsrisiko, Insolvenzrisiko usw.).[322] Insoweit gibt die Bank lediglich Informationen weiter.

Zum anderen beurteilt die Bank die bekannten Informationen hinsichtlich ihrer Glaubwürdigkeit und Relevanz für die weitere Wertentwicklung des Wertpapiers, aber auch hinsichtlich der Eignung des Papiers für den jeweiligen Kunden. Die Bank interpretiert die vorliegenden Informationen und gibt eine Prognose über den wirtschaftlichen Erfolg

---

318 BGH ZIP 1993, 997 (998); Vortmann, Beratungspflichten, Rn. 288.
319 Siol in Bankrechts-Handbuch, § 45 Rn. 3 m.w.N.
320 Vgl. die Nachweise bei Raeschke-Kessler, WM 1993, S. 1830 (1831 f.).
321 v. Heymann, DStR 1993, S. 1147 f.; BGH NJW-RR 1987, 936; OLG Oldenburg WM 1987, 169 f. mit Anmerkung von Assmann, WuB IV A. § 276 BGB 2.87.
322 Vgl. Schwintowski/Schäfer, Bankrecht, § 11 Rn. 59.

des Anlagegeschäfts ab, die auf einer subjektiven Einschätzung und Abwägung der anlagerelevanten Umstände beruht.[323]

Im praktischen Beratungsgespräch werden diese theoretisch zu unterscheidenden Aspekte kaum getrennt voneinander auftreten, denn der Anleger, der i.d.R. keinen ausreichenden Überblick über die wirtschaftlichen Zusammenhänge hat, hat weniger Interesse an einer isolierten Beschreibung der anlagerelevanten Einzelumstände als an einer konkreten Handlungsempfehlung. Der Schwerpunkt der Beratungsleistung liegt deshalb vor allem in der Bewertung der entscheidungsrelevanten Umstände und den daraus aus Sicht des Kunden zu ziehenden Schlußfolgerungen.[324] In der Beratungspraxis der Banken und Sparkassen werden Informationsmitteilung und -bewertung deshalb oft miteinander verwoben und münden in eine individuelle Anlageempfehlung für den Kunden.[325]

II. Die Grundsatzentscheidung: Das „Bond"-Urteil des BGH

Inhalt und Umfang der Beratungspflicht hat der BGH vor allem in der Entscheidung BGHZ 123, 126 ff. („Bond")[326] konkretisiert. Dieses Urteil ist für die Anlageberatung der Banken von grundlegender Bedeutung, stellt der BGH doch erstmals fast lehrbuchartig die einzelnen Kriterien zusammen, die für die Anlageberatung maßgeblich sind. Dabei entwickelt der BGH seine frühere Rechtsprechung zu diesem Themenkreis konsequent weiter.

Bemerkenswert an der „Bond"-Entscheidung des BGH ist, daß sich der BGH inhaltlich wie terminologisch bei der Konkretisierung der Beratungspflicht an der EG-Wertpapierdienstleistungsrichtlinie (93/22/EWG)[327] orientiert, die zum Zeitpunkt der BGH-Entscheidung vom Bundesgesetzgeber noch nicht in deutsches Recht umgesetzt worden war. Obwohl der BGH unzweifelhaft nicht Adressat der Richtlinie war, stellte das Gericht auf diese Weise sicher, daß das deutsche Anlageberatungsrecht mit den europäischen Anforderungen zu diesem Themenkreis harmoniert. Der Judikatur des BGH haben sich die unteren Instanzgerichte inzwischen nahezu ausnahmslos angeschlossen.[328] Auch in der Literatur ist die Entscheidung überwiegend auf Zustimmung gestoßen.[329] Die wesentlichen Grundsätze der vom BGH entwickelten Rechtsprechung sollen im folgenden dargestellt werden.

---

323 Schwintowski/Schäfer, Bankrecht, a.a.O.
324 OLG Karlsruhe WM 1988, 411 (412); Schäfer, Anlageberatung, S. 7.
325 Für eine klare Trennung plädiert hingegen: Kümpel, Bank- und Kapitalmarktrecht, Rn. 8.253. Wie hier dagegen Siol in Bankrechts-Handbuch, § 45 Rn. 3.
326 Der Abdruck in der amtlichen Entscheidungssammlung ist verkürzt. Das Urteil ist vollständig abgedruckt in WM 1993, 1455 ff. sowie in NJW 1993, 2438 ff.
327 Richtlinie des Rates vom 10.5.1993, abgedruckt: ABl. EG Nr. L 141/27 vom 11.6.1993.
328 OLG Braunschweig WM 1998, 375 ff.; OLG Nürnberg WM 1998, 378 ff.; LG Hamburg WM 1997, 1701 ff.; OLG Braunschweig WM 1994, 59 ff.; OLG München WM 1994, 236 f.; OLG Düsseldorf WM 1994, 1468 ff.; LG Duisburg 1997, 374 (375); LG Berlin 1997, 1422 (1423).
329 Vergleiche z.B. Kümpel, Bankrecht, Rn. 8.256; Fischer/Klanten, Bankrecht, Rn. 7.67.

III. Inhalt und Umfang der Beratungspflicht

Wie der BGH in der „Bond"-Entscheidung ausgeführt hat, muß ein Kreditinstitut sowohl objektgerecht als auch anlegergerecht beraten.[330] Das bedeutet, die Beratung muß zum einen objektive, d.h. vom Anlageprodukt abhängige Faktoren, zum anderen subjektive, d.h. in der Person des Kunden begründete Umstände, berücksichtigen.

1. Objektgerechte Beratung

Im Mittelpunkt der Beratung steht das Anlageobjekt. Die Auskünfte über das Anlageobjekt bilden die Informationsgrundlage für die Entscheidung des Anlegers. Nur wenn der Anleger hinreichend über die charakteristischen Eigenschaften des Anlageobjekts informiert ist, kann er beurteilen, ob die Anlageform seinen Erwartungen entspricht. Der Berater muß den Anleger deshalb auf all diejenigen Umstände und Faktoren hinweisen, die für den wirtschaftlichen Erfolg der Anlage und damit für die Entscheidung des Anlegers bedeutsam sein können.[331] Von besonderem Interesse für den Anleger sind in dem Zusammenhang neben den wirtschaftlichen Grundlagen vor allem die Risiken des Anlageprodukts, insbesondere die Bonität des Emittenten. Nur wenn der Anleger die Risiken, die mit dem Geschäft verbunden sind, hinreichend kennt, ist er auch in der Lage, die finanziellen Konsequenzen seiner Entscheidung richtig einzuschätzen. Falsche oder unzureichende Bonitätsinformationen waren deshalb auch häufig der Grund, warum die Gerichte eine Haftung der Bank wegen fehlerhafter Anlageberatung bejaht haben.[332]

a. Wahrheitsgemäße Darstellung des Anlageobjekts

Die Beratung muß wahrheitsgemäß erfolgen, d.h. die Angaben des Beraters über das Anlageobjekt müssen inhaltlich zutreffen.[333] Dabei kommt es weniger auf buchstäbliche Richtigkeit an, als vielmehr auf die zutreffende Wiedergabe des Gesamtbildes des Anlageobjekts.[334] Eine entscheidende Voraussetzung dafür ist, daß die verwendeten Informationen aktuell sind. Veraltete oder überholte Informationen sind dagegen gerade in Zusammenhang mit innovativen Börsenprodukten keine geeignete Grundlage, um die Erfolgsperspektiven einer Anlage zutreffend zu beschreiben. Die Wahrheitspflicht erstreckt sich dabei sowohl auf Tatsachen als auch auf Beurteilungen und Prognosen, z.B. über die zu erwartende Kursentwicklung eines Wertpapiers. Die Feststellung, ob eine Bank richtig beraten hat, kann gerade bei Prognosen und Werturteilen Schwierigkeiten

---

330 BGHZ 123, 126 (128 ff.).
331 BGHZ 123, 126 (129 f.).
332 Zur besonderen Bedeutung des Bonitätsaspekts bei der Anlageberatung vgl. BGHZ 123, a.a.O.; OLG Düsseldorf ZIP 1994, 1256 f.; OLG Schleswig WM 1996, 1487 f.; OLG Koblenz WM 1996, 1089 (1090); OLG Braunschweig WM 1998, 375 ff.; OLG Nürnberg WM 1998, 378 ff.
333 Niehoff, Sparkasse 1987, S. 61 (63); BGHZ 123, 126 (129).
334 Vortmann, Beratungspflichten, Rn. 358 m.w.N.

bereiten, denn die Bewertung unterliegt erheblichen subjektiven Maßstäben.[335] Während Tatsachenangaben wahr sind, wenn sie sachlich zutreffen, müssen Werturteile und Prognosen aus Sicht eines unabhängigen Fachkundigen plausibel, d.h. in sich schlüssig und sachlich nachvollziehbar sein, wobei dem Berater jedoch aufgrund des subjektiven Charakters der Empfehlung ein gewisser Ermessensspielraum verbleibt, der um so geringer ist, je genauer und konkreter die vom Kunden geäußerten finanziellen Ziele und Anlagewünsche sind.[336]

b. Verständliche Erläuterung der Produktmerkmale

Die Verpflichtung zur Wahrheit umfaßt auch die Pflicht zur Klarheit. Der Anleger muß deshalb in einer für ihn verständlichen Art und Weise beraten werden, d.h. die Bedeutung und Tragweite der Informationen müssen für den Anleger leicht erfaßbar sein. Da vor allem moderne Finanzprodukte dem angloamerikanischen Sprachraum entstammen, sind diese oft mit englischen Bezeichnungen versehen, die regelmäßig auch von der deutschen Fachwelt verwendet werden. Dem Kunden, dem solche Bezeichnungen i.d.R. fremd sind, müssen diese Fachbegriffe übersetzt und in verständlicher Form erläutert werden.[337]

Hat der Kunde Fragen zum Anlageprodukt, z.B. zu den Risiken, so darf der Berater nicht ausweichend oder irreführend darauf antworten. Maßgeblich für die Antwort ist vielmehr der Verständnishorizont des Kunden.[338] Deshalb darf der Berater auf die Frage des Kunden nach möglichen Verlustgefahren diese nicht herunterspielen oder verharmlosen, um so den irreführenden Eindruck zu erwecken, solche Risiken seien insbesondere bei sorgfältiger fachlicher Betreuung durch die Bank eher theoretischer Natur und würden deshalb nur im „äußersten Fall" eintreten.[339]

c. Vollständige Darlegung anlagerelevanter Umstände

Darüber hinaus müssen die Informationen vollständig sein, d.h. die Beratung muß sich auf all diejenigen Umstände und Risiken beziehen, die für die Anlageentscheidung des Kunden von Bedeutung sein können.[340] Der BGH unterscheidet dabei zwischen allgemeinen Risiken - wie z.B. das generelle Kursrisiko bei Aktien, aber auch Risiken, die auf der Konjunkturentwicklung, der Zins- oder Devisenkursentwicklung oder der Entwicklung des allgemeinen Börsentrends beruhen - und speziellen Risiken, die sich aus den spezifischen Gegebenheiten des jeweiligen Anlageobjekts ergeben (z.B. wirtschaftliche Lage des Emittenten oder seiner Branche, eventuell Länder- oder Währungsrisiken bei

---

335   Zu den in dem Zusammenhang auftretenden Problemen in der Rechtsprechungspraxis vgl. ausführlich unten 2. Kapitel § 3 IV 2 b.
336   Vgl. Niehoff, Sparkasse 1987, a.a.O.; Kübler, ZHR 145, S. 204 (212).
337   Raeschke-Kessler, WM 1993, S. 1831 (1835); BGH WM 1992, 770 (772).
338   Niehoff, Sparkasse 1987, S. 61 (64).
339   BGH WM 1991, 127 (129) (in bezug auf die Risiken spekulativer OTC-Geschäfte).
340   BGHZ 123, 126 (128 ff.); BGH WM 1987, 531 (532).

Auslandsanlagen).[341] Gerade in bezug auf die speziellen Risiken kann - insbesondere wenn es sich um außergewöhnliche, nicht alltägliche Anlageprodukte, wie z.B. moderne Finanzinnovationen handelt - erheblicher Erklärungsbedarf des Kunden bestehen, denn die Funktionsweise derartiger Finanzprodukte ist dem durchschnittlichen Anleger i.d.R. nicht vertraut.[342]

Gleiches gilt für den Vertrieb ausländischer Wertpapiere. Auch in dem Zusammenhang trifft die Bank regelmäßig eine erhöhte Mitteilungspflicht, denn die Kenntnisse des Kunden über ausländische Papiere und deren Emittenten sind erfahrungsgemäß gering und der Kunde hat kaum Gelegenheit, sich die notwendigen Informationen selbst zu beschaffen. Aus diesem Grund muß der Anlageberater nach h.M. den Kunden ausdrücklich auf die speziellen Risiken einer Auslandsanlage, wie z.B. das Fremdwährungsrisiko, hinweisen.[343] Soweit in dem Zusammenhang darüber hinaus besondere produktbezogene Informationen, z.B. über die wirtschaftliche Situation des ausländischen Emittenten, von Bedeutung sind, kann selbst bei ansonsten erfahrenen Anlegern ausnahmsweise ein Informationsbedürfnis bestehen. Solche Informationen, die sich oft auf sehr spezielle Vorgänge und Zusammenhänge beziehen, sind selbst für geübte Anleger aus der allgemeinen Wirtschaftspresse nur unzureichend zu entnehmen. Die h.M. formuliert deshalb bei Auslandsanlagen besonders strenge Informationspflichten.[344]

Die Beratung muß dem Kunden insgesamt einen zutreffenden Eindruck über die Gewinnchancen und Verlustrisiken einer Anlage vermitteln. Eine einseitige, ausschließlich auf die positiven Merkmale ausgerichtete Produktbeschreibung wird diesem Anspruch nicht gerecht. Der Anlageberater muß vielmehr alle günstigen und ungünstigen Umstände entsprechend ihrer tatsächlichen Bedeutung für den Anlageerfolg gewichten und Chancen und Risiken angemessen abwägen.[345] Dazu gehört auch, daß die Bank den Kunden auf kritische oder warnende Hinweise in der Wirtschaftspresse z.B. über die Bonität des Emittenten aufmerksam macht oder den Kunden auf Zweifel an der in Börsenkreisen vorherrschenden Beurteilung eines Wertpapiers hinweist.[346] Der Kunde soll so die Möglichkeit bekommen, die Anlage kritisch zu hinterfragen und etwaige Risiken, selbst wenn sie von der herrschenden Stimmung am Markt nicht geteilt werden, zu berücksichtigen.

Umstritten ist hingegen, inwieweit der Berater die Existenz eines Ratings berücksichtigen muß. Der BGH hat diese Frage in der „Bond"-Entscheidung ausdrücklich offengelassen.[347] Ein Teil der Literatur lehnt deshalb eine Pflicht der Bank zur Berücksichtigung von Ratings bei der Anlageberatung grundsätzlich ab.[348] Diese Auffassung betrachtet das

---

341 BGHZ 123, 126 (129); LG Düsseldorf WM 2000, 1191 (Beratungspflicht bei Auslandsanlagen).
342 Raeschke-Kessler, WM 1993, S. 1830 (1834); Schäfer, Anlageberatung, S. 61 f.
343 Vortmann, WM 1993, S. 581 (585).
344 BGHZ 123, 126 (131); vgl. auch Vortmann, WM 1993, S. 581 (581, 585 f.).
345 OLG Braunschweig WM 1994, 59 (61).
346 BGHZ 123, 126 (128 ff.); so auch Heinsius, ZHR 145 (1981), S. 177 (188).
347 BGH WM 1993, 1455 (1457).
348 Vortmann, Beratungspflichten, Rn. 375; Potthoff, EWiR 1992, 19 (20); Hartung, EWiR 1991, 1059 f.

Rating als bloße Meinung, als subjektives Werturteil der jeweiligen Rating-Agentur, das nicht auf allgemeinverbindlichen, objektiven und für Außenstehende nachprüfbaren Kriterien beruht.

Demgegenüber bejahen das OLG Celle sowie ein Teil der Literatur unter Hinweis auf die besondere anlagespezifische Aussagekraft des Ratings als unabhängiges Fachurteil über die Bonität des Emittenten grundsätzlich eine Pflicht der Kreditinstitute zur Berücksichtigung von Ratings im Rahmen der Wertpapierberatung.[349]

Angesichts der wachsenden Bedeutung des Ratings auch im deutschen und europäischen Wirtschaftsraum[350] und der nicht unerheblichen Aussagekraft des Ratings über die Bonität eines Emittenten läßt sich die Relevanz von Ratings für die Risikobewertung von Finanzanlagen nicht mehr leugnen.[351] Aus diesem Grund dürfte zumindest eine Verpflichtung der Bank bestehen, den Kunden im Rahmen der Wertpapierberatung auf die Existenz eines negativen Ratings aufmerksam zu machen, denn allein der Umstand, daß in Fachkreisen Bonitätszweifel geäußert werden, begründet ein nicht unerhebliches Anlagerisiko.[352] Über dieses Anlagerisiko muß sich der Kunde bei seiner Anlageentscheidung im Klaren sein.

Andererseits müssen sich die Anforderungen an die beratende Bank im Rahmen des wirtschaftlich Vertretbaren bewegen. Ob darüber hinaus neben der Hinweispflicht auf das Vorliegen eines Ratings auch eine Verpflichtung zur inhaltlichen Überprüfung und fachlichen Beurteilung des Ratings besteht, ist insofern zweifelhaft,[353] denn der Bank sind insbesondere bei ausländischen Rating-Agenturen die Bewertungskriterien und die dem Rating zugrundeliegenden Daten und Hintergrundinformationen im einzelnen nicht bekannt. Eine Pflicht zur inhaltlichen Prüfung des Ratings würde die Banken deshalb angesichts des damit verbundenen Zwangs zur Beschaffung und Auswertung der entsprechenden Hintergrundinformationen mit einem unzumutbaren Aufwand belasten. Darüber hinaus wäre im Falle einer solchen Prüfungspflicht der besondere Wert des Ratings als unabhängiges Fachurteil gefährdet, denn die Banken könnten jedenfalls dann, wenn sie das Rating für zweifelhaft halten, der eigenen, möglicherweise deutlich günstigeren Bonitätsbeurteilung im Rahmen der Wertpapierberatung den Vorzug einräumen. Der Stellenwert, der dem Rating als einem unabhängigen Fachurteil über die Bonität eines Emittenten zukommt, würde dadurch erheblich gemindert.

---

349 OLG Celle WM 1993, 191 (192); ausführlich dazu auch Arendts, WM 1993, S. 229 (232); Raesche-Kessler, WM 1993, S. 1830 (1831).
350 Bislang war die Bedeutung von Ratings in Deutschland dagegen eher gering. So wurde Anfang März 1999 mit der U.R.A. Unternehmens-Rating-Agentur AG (München) die erste unabhängige deutsche Rating-Agentur gegründet. Vergleiche Süddeutsche Zeitung vom 11.3.1999, S. 26.
351 Ebenroth/Daum, WM-Sonderbeilage 1992 Nr. 5, S. 4.
352 So auch Arendts, WM 1993, 229 (333 f.).
353 In diesem Sinne auch Hartung in EWiR 1991, 1059 f.

d. Offenlegung von Informationslücken

Objektgerechte Beratung verlangt schließlich auch, daß der Anlageberater offen auf eigene Wissenslücken und Informationsdefizite hinweist.[354] Gibt der Berater trotz seines unzureichenden Informationsstands gleichwohl eine konkrete Anlageempfehlung, ohne ausdrücklich auf die eigenen Informationsmängel hinzuweisen, verletzt er seine Beratungspflicht.[355] Die Rechtsprechung will durch die Pflicht zur Offenlegung von Informationslücken sicherstellen, daß der Kunde, dem die Anlageempfehlung als Grundlage für Vermögensdispositionen dient, die Qualität des Ratschlags zumindest im groben einzuschätzen vermag, um so eventuell zusätzliche Informationen einholen zu können.

Hat die Bank auf Informationsdefizite ihrerseits hingewiesen, so besteht darüber hinaus jedoch keine weitergehende Verpflichtung zur Verweigerung des Anlagegeschäfts, wenn der Kunde in voller Kenntnis der unzureichenden Informationsgrundlage gleichwohl auf dem Geschäft besteht.[356] Eine solche Verweigerungspflicht der Bank ist nicht nur mit Blick auf den Grundsatz der Privatautonomie zu verneinen, sondern auch deshalb, weil der Anleger anderenfalls zu einer zeitraubenden Suche nach einem sachkundigen Kreditinstitut gezwungen würde, obwohl er erkennbar keinen Wert auf eine umfassende Aufklärung legt.

2. Anlegergerechte Beratung

a. Fachkundige Bewertung anlagerelevanter Umstände

Neben dem Anlageobjekt muß die Anlageberatung auch die Person des Anlegers zum Gegenstand haben.[357] Die bloße Mitteilung von Daten und Fakten über das Anlageobjekt erlaubt dem Anleger noch kein hinreichendes Urteil darüber, inwieweit die Anlage angesichts seiner eigenen finanziellen Bedürfnisse speziell für ihn geeignet ist. Reine Produktinformationen helfen dem Anleger deshalb kaum weiter, vielmehr muß die Beratung auch eine fachkundige Interpretation der anlagerelevanten Umstände bieten.[358] Dazu gehört, daß der Anlageberater die Informationen kundengerecht aufarbeitet und in eine individuelle Empfehlung umsetzt. Mit der Empfehlung teilt der Berater dem Kunden sozusagen mit, wie er selbst handeln würde, wenn er sich in der Situation des Kunden

---

354 BGH WM 1993, 1455 (1457); Arendts WM 1993, S. 229 (234); vgl. auch Hoegen in FS für Stimpel, S. 249 (250).
355 BGH WM 1993, 1455 (1456), BGHZ 100, 121 f.
356 So zutreffend BGH WM 1998, 1220 f. Anders noch OLG Düsseldorf als Vorinstanz.
357 Grundlegend BGHZ 123, 126 ff., ferner OLG Schleswig WM 2001, 812; Arendts, DZWir 1994, S. 185 ff.; Heinsius, ZBB 1994, S. 47 (52 ff.); Raeschke-Kessler, WM 1993, S. 1830 (1833 f.).
358 BGHZ 123, 126 (129); OLG Oldenburg WM 1987, 169; OLG Köln WM 1989, 402 (404); OLG Schleswig WM 2001, 812; vergleiche auch Lehmann, WM 1985, S. 281 ff.

befände. Deshalb muß die Anlageempfehlung auf die besonderen persönlichen Umstände und wirtschaftlichen Verhältnisse des Anlegers zugeschnitten sein.[359]

b. Berücksichtigung der persönlichen und wirtschaftlichen Umstände des Kunden

aa. Anlageziele und Risikobereitschaft

Zu den persönlichen Umständen des Anlegers, die bei der Beratung zu berücksichtigen sind, gehören insbesondere der Zweck, dem die Anlage dienen soll, sowie die Risikobereitschaft des Kunden. Äußert der Kunde konkrete Anlageziele, so muß die empfohlene Anlage den Wünschen des Kunden gerecht werden, anderenfalls haftet die beratende Bank für den entstehenden Schaden.[360]

Die Anlageziele des Kunden sind auch im Hinblick auf dessen Risikobereitschaft von Bedeutung. Soll die Anlage beispielsweise der späteren Altersversorgung dienen, so muß die Bank eine besonders sichere Anlageform, z.B. Bundesschatzbriefe, öffentliche Anleihen oder Schuldverschreibungen bonitätsmäßig einwandfreier Emittenten, empfehlen.[361] Wünscht der Anleger hingegen kurzfristig einen möglichst hohen Ertrag, so muß die Bank auf typische Risikopapiere, wie z.B. spekulative Aktien oder Optionsscheine, hinweisen.

Auch das bisherige Anlageverhalten kann ein wichtiges Indiz für die Risikobereitschaft eines Kunden sein. Hat der Anleger z.B. bereits in der Vergangenheit mehrfach Fremdwährungsanleihen gekauft, so deutet das nach Ansicht der Rechtsprechung auf eine gewisse Risikofreudigkeit hin.[362] Ebenso, wenn der Kunde bereits mit wechselndem Erfolg spekulative Wertpapiergeschäfte, z.B. Derivat- oder Hybridgeschäfte, getätigt hat.[363] Anders dagegen, wenn der Kunde bislang nur konservative, sichere Anlageformen wie Festgelder, Bundesschatzbriefe, öffentliche Anleihen oder mündelsichere Wertpapiere bevorzugt hat. Von einer ausgeprägten Risikobereitschaft des Kunden kann in einem solchen Fall grundsätzlich nicht ausgegangen werden. Die Bank darf einem solchen Kunden deshalb nicht von sich aus ungefragt hochspekulative Wertpapiere empfehlen.[364]

bb. Kenntnisstand und Erfahrung des Anlegers

Die Anlageberatung muß sich darüber hinaus auch am Wissensstand und der Erfahrung des Kunden mit Geschäften der beabsichtigten Art orientieren.[365] Das indi-

---

359 BGHZ 123, 126 (128 f.); vgl. auch v. Heymann in Assmann/Schütze (Hrsg.), Handbuch des Kapitalanlagerechts, § 5 Rn. 3 m.w.N..
360 So OLG Frankfurt/Main, EWiR 1997, 777 f. mit Anmerkung Zeller.
361 Arendts in Jahrbuch Junger Zivilrechtswissenschaftler (1995), S. 165 (173).
362 So das OLG Frankfurt/Main WM 1994, 2106 (2107).
363 Vgl. OLG München WM 1997, 1802 (1805).
364 Vgl. BGH NJW 1997, 1361 ff. In dem Fall hatte die Bank einen auf Sicherheit bedachten Anleger pflichtwidrig zum kreditfinanzierten Kauf hoch spekulativer Wertpapiere verleitet.
365 Kümpel, Bank- und Kapitalmarktrecht, Rn. 8.256; OLG Braunschweig, WM 1994, 56 (61).

viduelle Informationsbedürfnis ist bei den einzelnen Kunden je nach Kenntnis und Anlageerfahrung unterschiedlich ausgeprägt. Die beratende Bank muß deshalb berücksichtigen, ob es sich bei dem Kunden um einen erfahrenen Wertpapieranleger mit einschlägigen Börsenkenntnissen handelt oder ob der Kunde das erste Mal eine risikoorientierte Anlageform wählt.[366] Bei Kunden mit langjähriger Wertpapiererfahrung ist eine eingehende Beratung i.d.R. entbehrlich. Anders dagegen bei geschäftsunerfahrenen Kunden, die bislang lediglich konservative, risikoarme Anlageprodukte, wie z.b. Sparanlagen, genutzt haben. Interessiert sich ein solcher Kunde erstmals z.b. für eine Aktienanlage, so muß eine differenzierte und umfassende Beratung erfolgen, die dem Kunden insbesondere die Risiken einer Aktienanlage aufzeigt.[367]

cc. Einkommens- und Vermögensverhältnisse

Grundlage einer anlegergerechten Empfehlung sind nicht zuletzt die Einkommens- und Vermögensverhältnisse des Anlegers, einschließlich seiner steuerlichen Situation.[368] Von Interesse für den Anlageberater ist in dem Zusammenhang vor allem, ob der Kunde zusätzlich zur Anlagesumme über weiteres Vermögen verfügt, auf das er gegebenenfalls zurückgreifen kann oder ob ein Bedürfnis besteht, in finanziellen Notlagen vorzeitig über das Anlagekapital verfügen zu können. In diesem Fall müßte die Bank eine relativ wertbeständige Anlageform empfehlen, die die Möglichkeit vorzeitiger Veräußerung bietet, etwa börsennotierte Anleihen bonitätsmäßig einwandfreier Emittenten.

Wichtig ist ferner das Einkommen des Anlegers, das dem Berater Auskunft über den finanziellen Spielraum des Kunden gibt. So ist der Kunde unter Umständen bei geringem Einkommen auf ein Anlageprodukt angewiesen, das ihm regelmäßige Erträge bietet, während ein Kunde mit höherem Einkommen einen Teil davon zur regelmäßigen Vermögensbildung nutzen kann.

Von besonderem Interesse für die Anlageempfehlung sind schließlich die steuerlichen Auswirkungen einer Anlage. So kann beispielsweise gerade die Möglichkeit einer Steuerersparnis eine Anlageform für den Kunden attraktiv machen. Auch im Hinblick auf die Laufzeit einer Kapitalanlage und den Zeitpunkt, zu welchem dem Kunden Gewinne zufließen, sind steuerliche Aspekte von Bedeutung.

Zu berücksichtigen ist ferner die persönlich-familiäre Situation des Kunden, beispielsweise ob der Kunde verheiratet ist und Kinder hat. Diese Umstände sind nicht nur im Hinblick auf steuerliche Aspekte, wie z.B. die Frage der Höhe von Steuerfreibeträgen

---

366 BGH WM 1993, 1455 (1456); Arendts, JuS 1994, S.915 (917); ders. WM 1993, S. 229 (232). Zu weitgehend dagegen LG Hannover (Az.: 7 O 123/97 - unveröffentlicht), das unabhängig von der individuellen Anlageerfahrung des Kunden generell eine umfassende, sämtliche Anlagerisiken einschließende Beratung des Anlegers fordert, vgl. Hannoversche Allgemeine vom 17.3.1998, S. 22. („Bank unterliegt vor Gericht - Auch aktienerfahrene Anleger haben Anspruch auf Beratung").

367 So im Ergebnis auch Siol in Bankrechts-Handbuch, § 43 Rn. 16.

368 Zur Kasuistik der im einzelnen bei der Beratung zu berücksichtigenden Umstände ausführlich Vortmann, Beratungspflichten, Rn. 397b.

oder die Versteuerung von Zinseinkünften, sondern darüber hinaus auch für die Berechnung des zur Verfügung stehenden Einkommens oder zur Berücksichtigung möglicher Unterhaltsbelastungen von Interesse.

Der Anlageberater muß insofern im Rahmen seiner Empfehlung die finanzielle, steuerliche und persönliche Situation des Kunden umfassend berücksichtigen. Eine Beratung nach einem starren Schema vermag diese individuellen Umstände nicht zu erfassen, denn ein Papier, das z.B. für einen anlageerfahrenen, risikofreudigen Anleger mit entsprechendem finanziellen Freiraum im Rahmen sorgfältiger Beratung durchaus empfehlenswert ist, kann für einen Kleinanleger mit geringem Einkommen, der seine Ersparnisse sicher und jederzeit verfügbar anlegen möchte, völlig ungeeignet sein.[369]

dd. Ermittlung der persönlichen Verhältnisse des Kunden

Damit die Bank die individuellen persönlichen und wirtschaftlichen Verhältnisse, insbesondere den Kenntnisstand und die Anlageerfahrung, aber auch die Anlageziele des Kunden bei der Beratung berücksichtigen kann, muß sie diese zuvor ermitteln. Dabei kann sie auf Erkenntnisse aus einer bereits bestehenden Geschäftsbeziehung zum Kunden zurückgreifen.[370] Eine solche Vorgehensweise bietet sich insbesondere dann an, wenn der Kunde bereits seit längerer Zeit mit der Bank in Geschäftsverbindung steht und die Bank insofern einen hinreichenden Überblick über das Anlageverhalten sowie die persönlichen und wirtschaftlichen Verhältnisse des Kunden hat. Hat der Kunde beispielsweise in der Vergangenheit bereits eine Reihe vergleichbarer Wertpapiergeschäfte wie das geplante getätigt, so spricht das für seine Anlageerfahrung.[371] Eine umfassende und differenzierte Beratung ist in diesem Fall entbehrlich.

Weitere Indizien für die Beratungsbedürftigkeit bieten Ausbildung und Beruf des Anlegers.[372] So lassen Ausbildung und Beruf nützliche Rückschlüsse auf den Kenntnisstand des Anlegers zu, allerdings darf diese Anknüpfung nicht zu einer formalen Differenzierung nach Personen- bzw. Berufsgruppen verleiten.[373] Ausschlaggebend für die Informationsintensität muß im Interesse einer qualifizierten Betreuung vielmehr grundsätzlich das tatsächliche Beratungsbedürfnis des Anlegers sein, denn anlagespezifische Fachkenntnisse und Wertpapiererfahrung korrelieren oft, aber nicht immer mit Ausbildung oder ausgeübter Tätigkeit.[374] So können beispielsweise selbst von einem gelernten Bankkaufmann, der jedoch seit Jahren als Kreditsachbearbeiter tätig ist, weder tiefschürfenden

---

369 Vortmann, Beratungspflichten, Rn. 343b.
370 Klanten/Fischer, Bankrecht, Rn. 7.72.
371 Arendts, WM 1993, S. 229 (232).
372 Arendts, JuS 1994, S. 915 (917).
373 So jedoch Rümker, Bankrechtstag 1992, S. 29 (41); Heinsius, ZHR 145 (1981), S. 177 (186); ähnlich Hopt, Kapitalanlegerschutz, S. 417 ff. Wie hier dagegen Breidenbach, Informationspflichten S. 64.
374 Anders hingegen Arendts in Jahrbuch Junger Zivilrechtswissenschaftler (1995), S. 165 (175), der in bedenklicher Weise von der Schulbildung des Anlegers auf dessen Beratungsbedürfnis schließen will.

Kenntnisse über die Funktionsweise moderner Finanzinstrumente noch ein umfassender Überblick über den Börsenterminmarkt erwartet werden.[375] Umgekehrt bedarf ein Kunde, der bereits über solide Börsenkenntnisse und langjährige Wertpapiererfahrung verfügt, nicht allein deshalb einer umfassenden Beratung, weil er über keine kaufmännische Ausbildung verfügt.[376]

Kann die Bank die persönlichen Verhältnisse des Kunden weder aus der bisherigen Geschäftsbeziehung noch aus anderen Indizien ableiten, muß sie diese Informationen vom Kunden erfragen. Zwar ist der Kunde nicht verpflichtet, die Fragen des Bankberaters nach seinen persönlichen und wirtschaftlichen Ver-hältnissen zu beantworten - das wird von § 31 Abs. 2 Satz 2 WpHG ausdrücklich festgestellt[377] -, allerdings kann ein Anleger, der unvollständige oder falsche Angaben über seine Anlageziele oder Erfahrungen mit Wertpapieren macht, keine zuverlässige anlegergerechte Beratung erwarten.[378] Vielmehr muß der Anleger, der sich wahrheitswidrig als anlageerfahren geriert, auch als solcher behandeln lassen.[379] Soweit ein Beratungsvertrag bzw. ein zur Beratung verpflichtendes vorvertragliches Schuldverhältnis in einem solchen Fall überhaupt zustande kommt, trifft den Anleger dann zumindest ein erhebliches anspruchsminderndes Mitverschulden an Schäden, die durch ungeeignete Anlageempfehlungen entstehen.

c. Parallelen zur US-amerikanischen suitability-Doktrin

Der Grundsatz anlegergerechter Beratung in der deutschen Rechtsprechung läßt Parallelen zur sog. suitability-Doktrin im US-amerikanischen Recht erkennen.[380] Die unter dem Begriff suitability-Doktrin zusammengefaßten Regeln und Rechtsprinzipien konstituieren im US-amerikanischen Recht das Verbot zur Abgabe von Anlageempfehlungen, die für den Adressaten ungeeignet sind. Der Anleger soll sich generell auf die professionelle und interessengemäße Tätigkeit des gewerbsmäßig tätigen Wertpapierhändlers verlassen dürfen. Das rechtpolitische telos der suitability-Doktrin zielt damit vor allem auf die Fälle, in denen Anleger von einem auf Umsatz- und Provisionsmaximierung getriebenen Anlageverkäufer zu fragwürdigen Anlagegeschäften gedrängt wurden.[381]

---

375 Im Ergebnis so auch OLG Nürnberg WM 1998, 378, das eine Informationspflicht auch gegenüber einer gelernten Bankkauffrau bejaht. Ähnlich BGH WM 1981, 552 in bezug auf einen anlageunerfahrenen Vollkaufmann.

376 So im Ergebnis LG Darmstadt WM 1984, 332 (333), das ein Beratungsbedürfnis eines in Anlageangelegenheiten erfahrenen Maschinenbaustudenten verneint.

377 Dem Wortlaut nach bezieht sich § 31 Abs. 2 Satz 2 WpHG lediglich auf die gesetzliche Pflicht des Wertpapierunternehmens nach § 31 Abs. 2 Nr. 1 WpHG zur Kundenbefragung. Diese gesetzliche Pflicht zur Ermittlung der Kundenverhältnisse ist jedoch in Zweck und Inhalt weitgehend identisch mit der zivilrechtlichen Pflicht, so daß für letztere nichts anderes gelten kann.

378 Übereinstimmend Horn, WM 1999, S. 1 (5).

379 Vergleiche BGH WM 1980, 284 m.w.N.; OLG Stuttgart WM 1990, 630; LG Stuttgart WM 1989, 993 (995).

380 Zur suitability-Doctrin vergleiche Kübler in FS für Coing, Band II, S. 193 ff. sowie Assmann, Prospekthaftung, S. 191 ff.

381 Vergleiche Kübler in FS für Coing, Band II, S. 193 (205).

Die von der US-amerikanischen Bundesaufsichtsbehörde für den Wertpapierhandel (SEC) geprägten Informationsgrundsätze stellen vor allem darauf ab, ob der Anlageberater angesichts der Begleitumstände des Geschäfts annehmen durfte, seine Empfehlung sei für den Kunden „suitable" bzw. zumindest „not unsuitable".[382] Der Begriff der „suitability" bezeichnet dabei die Eignung der Empfehlung für den jeweiligen Kunden. Die Empfehlung muß mithin „kundengerecht" sein. Inwiefern die Empfehlung kundengerecht ist, hängt dabei maßgeblich von den „investment objectives, financial situation and needs" des Empfehlungsadressaten ab. Deshalb muß sich der Effektenhändler vor Abgabe einer Anlageempfehlung ausreichend über die Anlageziele, die Vermögensverhältnisse sowie die finanziellen Bedürfnisse des Kunden unterrichten. Dieses grundlegende Prinzip wird auch als „know-your-coustomer"-rule bezeichnet.[383] Der Umfang der Erkundigungspflicht läßt sich dabei nicht generell festlegen. Er ist in erheblichem Maße von den Umständen des Einzelfalles, insbesondere der Anlageerfahrung des Kunden, aber auch von dem Professionalität vermittelnden Auftreten des Wertpapierhändlers abhängig.

Die von der deutschen Rechtsprechung aufgestellten Anforderungen an eine „anlegergerechte" Beratung zeigen damit sowohl im Hinblick auf die Berücksichtigung der persönlichen und wirtschaftlichen Umstände des Kunden als auch in bezug auf das Verbot ungeeigneter, weil interessenwidriger Anlageempfehlungen deutliche Parallelen zu den Grundsätzen der suitabilty-Doctrin im US-amerikanischen Kapitalmarktrecht.

3. Pflicht der Bank zur Risikodiversifikation?

Umstritten ist dagegen, ob und inwieweit die Bank im Rahmen anlegergerechter Beratung auch verpflichtet ist, dem Kunden von besonders riskanten Anlagegeschäften abzuhalten bzw. ihm zumindest davon abzuraten. Während eine Literaturauffassung[384] eine derartige Pflicht bejaht, lehnt die h.M., insbesondere die Rechtsprechung, eine Kontrolle

---

382 Vgl. Kübler in FS für Coing, Band II, S. 193 (204). Zur dogmatischen Begründung der Informationspflicht im Rahmen der sog. „shingle theorie" vgl. oben 1. Kapitel § 4 I 1 a.

383 Vgl. Kübler in FS für Coing, Band II, S. 193 (208) m.w.N.

384 So insbesondere Schwintowski, EWiR 1991, 259 (260); ders., EWiR 1996, 791 (792); ders. ZIP 1988, S. 1021 (1026); Arendts, DZWir 1994, 185 (186); ders. in Jahrbuch Junger Zivilrechtswissenschaftler (1995), S. 165 (177); Wittkowski, EWiR 1994, 119 (120); Sieper, Geldanlage professionell, 1990, S. 195 ff. Ähnlich auch Wieneke, Discount-Broking und Anlegerschutz, S. 135f., der zwar eine Pflicht zur Zurückweisung riskanter Anlagegeschäfte verneint, die Bank aber für verpflichtet hält, dem Kunden von solchen Geschäften abzuraten. Daß diese Auffassung auch in der Rechtsprechung nicht gänzlich ohne Sympathien geblieben ist, zeigt die Entscheidung des OLG Düsseldorf, das als Vorinstanz in dem von Schwintowski in EWiR 1996, 791 kommentierten BGH-Fall zu entscheiden hatte und das, anders als der BGH, im Hinblick auf die Informationsanforderungen der Bank, nicht darauf abstellt, ob der Kunde subjektiv beraten werden wollte, sondern vielmehr inwiefern der Kunde aufgrund seiner wahren Professionalität tatsächlich objektiv, und damit ggf. auch gegen seinen Willen, beratungsbedürftig erschien (vgl. EWiR 1996, 791 (792)). Der Schritt zu einer allgemeinen Vermögensfürsorgepflicht der Bank, die den Anleger nötigenfalls vor seinen eigenen Entscheidungen schützt, ist hier nicht mehr weit.

der Anlageentscheidung durch die Bank oder gar eine Pflicht zur Zurückweisung eines „unvernünftigen" Anlagegeschäfts ab[385].

Nach der erstgenannten Ansicht ist der Anlageberater grundsätzlich verpflichtet, durch Klärung der persönlichen Vermögensverhältnisse sicherzustellen, daß das Geschäft den Kunden nicht ruinieren kann.[386] Deshalb soll der Anlageberater insbesondere bei sehr risikoreichen Anlageformen, wie etwa Börsentermingeschäften, für eine ausreichende Risikostreuung sorgen.[387] Eine solche Pflicht der Bank zur Risikodiversifikation ist in der Literatur vor allem in Fällen angenommen worden, in denen der Kunde sein gesamtes Vermögen einsetzt und aufgrund des besonders hohen Risikos der erworbenen Papiere ein Totalverlust droht.[388] Nach dieser Auffassung darf die beratende Bank nicht sehenden Auges zulassen, daß der Kunde sozusagen alles „auf eine Karte setzt" und sein Depot mit einem einseitigen Risiko belastet.[389] Gegebenenfalls soll die Bank verpflichtet sein, das riskante Geschäft abzulehnen.[390]

In welchem Umfang der Kunde sein Vermögen in riskante Anlageformen soll investieren dürfen, ist dabei unter den Vertretern dieser Ansicht strittig. Teilweise wird eine feste Quote von 10% des Gesamtvermögens genannt[391], teilweise ein variabler Anteil[392], der im jeweiligen Einzelfall unter Berücksichtigung der besonderen Verhältnisse des Anlegers individuell bestimmt werden soll.

Begründet wird diese sehr weitreichende Vermögensfürsorgepflicht, die in praxi quasi auf eine allgemeine Verpflichtung der Bank zur Überprüfung der Kundenaufträge auf ökonomische Zweckmäßigkeit hinausläuft, zum einen mit der besonderen Schutzbedürftigkeit des in derartigen Risikogeschäften weithin unerfahrenen Privatanlegers, zum anderen damit, daß der unvorsichtige Anleger im Falle eines Totalverlustes seines Vermögens zum Sozialfall würde und als solcher der Solidargemeinschaft zur Last fiele.[393]

Es kann indes nicht Aufgabe der anlageberatenden Bank sein, die Solidargemeinschaft vor leichtfertig in Not geratenen Spekulanten zu bewahren. Der Gesetzgeber des Bundessozialhilfegesetzes (BSHG) hat den Sozialhilfeanspruch gerade ohne Rücksicht auf die Gründe der Bedürftigkeit gewährt. Will man die Gemeinschaft vor solchen Belastungen durch leichtsinnig verschuldete Mittellosigkeit schützen, wäre statt einer umfassenden Warn- und Fürsorgepflicht der Banken gegenüber spekulationsfreudigen

---

385 BGH WM 1998, 1220 f. (2. Leitsatz); BGH WM 1998, 1183 f. (3. Leitsatz); ähnlich auch OLG Frankfurt/Main WM 1994, 234 (235) und OLG München BB 1997, 2501 (2502); Heinsius, ZHR 145 (1981), S. 177 (188); Vortmann, ÖBA 1994, S. 579 (583); Hopt, Kapitalanlegerschutz, S. 423; Rümker, Bankrechtstag 1992, S. 29 (39); im Ergeb. so auch Schäfer, Anlageberatung, S. 63.
386 Schwintowski, EWiR 1991, a.a.O.
387 Arendts in Jahrbuch Junger Zivilrechtswissenschaftler (1995), S. 165 (177).
388 Wittkowski, EWiR 1994, 119 (120).
389 Schwintowski, EWiR 1991, 259 (260).
390 Schwintowski, Prüfe dein Wissen - Bankrecht, S. 567 (für den Fall der kreditfinanzierten Risikospekulation); ders. in EWiR 1991, 259 (260).
391 Schwintowski, Prüfe dein Wissen - Bankrecht, S. 566 f.; ders., ZIP 1988, S. 1021 (1026).
392 Arendts in Jahrbuch Junger Zivilrechtswissenschaftler (1995), S. 165 (177).
393 Schwintowski, EWiR 1991, 259 (260).

Anlegern eine Verschärfung der Anspruchsvoraussetzungen nach §§ 4, 11 BSHG im Rahmen des verfassungsrechtlich Möglichen der richtige Weg.

Allerdings hat selbst der BGH die Anforderungen in bezug auf die Deutlichkeit der Risikowarnung überraschend deutlich der Literaturauffassung nach besonderem Schutz des Anlegers vor riskanten Geschäften angenähert.[394] So forderte das Gericht in einer Entscheidung aus dem Jahr 1991, daß der Berater einem Anleger, der aus eigenem Entschluß heraus risikoreiche Warenterminoptionen zu erwerben wünschte, im einzelnen ausdrücklich vorrechnete, daß er bei diesem Geschäft eigentlich gar nicht gewinnen könne, da die Aufschläge des Vermittlers eine (sehr unwahrscheinliche) Kurssteigerung von $66^2/_3$ % in 3 Monaten erforderten, bevor der Anleger die Gewinnzone erreichte.[395] Faktisch verpflichtete der BGH den Berater damit, dem Kunden zurückhaltend aber bestimmt vom Erwerb der Papiere abzuraten.[396] Dem folgend hat auch das LG München I zumindest vom Grundsatz her eine Pflicht der Bank bejaht, einem anlageentschlossenen Kunden, der erhebliche Teile seines Vermögens in riskante Börsentermingeschäfte zu investieren wünscht, vor einer derartigen „Vermögensverschleuderung" abzuraten.[397]

Eine solche Pflicht der Bank, dem Anleger von einer eigenverantwortlich gefaßten Entscheidung abzuraten oder durch Ablehnung des Geschäfts gar abzuhalten, ist indes abzulehnen. Es kann nicht Aufgabe des beratenden Kreditinstituts sein, die Investitionsentscheidung, die der Kunde in Kenntnis aller anlagerelevanten Umstände, insbesondere in vollem Bewußtsein um die damit verbundenen Risiken und Gefahren, selbstverantwortlich getroffen hat,[398] in Zweifel zu ziehen und einen Anleger, der sich bewußt und gewollt für eine risikoreiche Anlage entschieden hat, zu seinem eigenen Schutz zu einer konservativen Anlagestrategie zu „bekehren".[399] Eine Auffassung, die die Informationsaufgaben der Bank so definiert, verkennt die Gewährleistungen der Privatautonomie. Die Anlageentscheidung ist nicht von der Bank, sondern allein vom Kunden zu treffen. Eine Pflicht der Bank, die Anlageentscheidung des Kunden auf Zweckmäßigkeit oder Vernunft zu überprüfen und den Kunden von gefährlichen Geschäften abzuhalten, steht nicht nur im Widerspruch zum Grundsatz der Vertragsfreiheit, sondern führt im Ergebnis unter dem Deckmantel des Anlegerschutzes zu einer bedenklichen Bevormundung des Anlegers.[400] Ziel der Anlageberatung ist jedoch gerade der Schutz der Privatautonomie des Anlegers und nicht die Einschränkung derselben durch Kontrolle und Bevormundung.

---

394 So BGH ZIP 1991, 1207 ff.
395 BGH ZIP 1991, 1207 (1208/1209).
396 Übereinstimmend in der Interpretation der Entscheidung: Schäfer, Anlageberatung, S. 57.
397 LG München I WM 1995, 1308 (1312) - gleichwohl hat das LG im konkreten Fall aufgrund der besonderen Professionalität und Erfahrung des Kunden einen Pflichtverstoß der Bank verneint.
398 Sofern der Kunde nicht hinreichend informiert ist, z.B.weil er wesentliche Risiken übersehen hat, besteht entsprechend den Grundsätzen anleger- und anlagegerechter Beratung diesbezüglich eine Warnpflicht der Bank. Die Entscheidung, ob er das Risiko eingehen will, trifft jedoch allein der Kunde. Darin besteht ein wesentlicher Unterschied zu der hier dargestellten „Risikodiversifikationspflicht".
399 So auch Heinsius, ZHR 145 (1981), S. 177 (188); Vortmann, ÖBA 1994, S. 579 (583); Hopt, Kapitalanlegerschutz, S. 423; Rümker, Bankrechtstag 1992, S. 29 (39).
400 So nunmehr auch BGH WM 1998 1220 (1221). Wie hier Vortmann, ÖBA 1994, S. 579 (583).

Darüber hinaus ist die Literaturauffassung, die eine Pflicht zur Risikodiversifikation bejaht, bislang auch eine Antwort auf die Frage schuldig geblieben, welche Anlagegeschäfte als besonders risikoreich gelten sollen und daher von Privatanlegern nur unter bestimmten Voraussetzungen abgeschlossen werden sollten - insbesondere, ob es sich dabei nur um Termingeschäfte oder auch um spekulative Aktiengeschäfte beispielsweise am `Neuen Markt´ handelt.

Hinzu kommt, daß die Kreditinstitute angesichts des Massengeschäftscharakters der Anlageberatung schon rein praktisch gar nicht in der Lage sind, eine Vielzahl von Depots im Hinblick auf mögliche Risiken optimal zu strukturieren und das Anlageverhalten der Kunden dementsprechend zu „korrigieren". Die Bank kann, lediglich die Pflicht haben, Gefahren, die bestimmte Anlageformen oder Anlagestrategien (z.B. eine einseitige Ausrichtung des Depots auf bestimmte Wertpapierformen oder bestimmte Branchen) mit sich bringen, grundsätzlich und im allgemeinen aufzuzeigen. Wünscht der Kunde darüber hinaus ein aktives Depotmanagement seitens der Bank, so kann er diese mit der Verwaltung seines Vermögens beauftragen.[401] Eine Pflicht der Kreditinstitute, außerhalb der Vermögensverwaltung für eine Risikodiversifikation zu sorgen, ist jedoch abzulehnen.

Offenbar hat auch der BGH die mit der erwähnten Entscheidung aus dem Jahr 1991 eingeschlagene Haltung inzwischen aufgegeben. So hat das Gericht in seiner jüngeren Rechtsprechung eine Pflicht der Bank, die Anlageentscheidung des Kunden inhaltlich zu überprüfen und riskante Wertpapiergeschäfte zurückzuweisen, zu Recht mit überraschend klaren Worten abgelehnt.[402] So verneinte der BGH in der Entscheidung aus dem Jahr 1998 ausdrücklich eine Pflicht der Bank, riskante Optionsgeschäfte zu verweigern. In dem der Entscheidung zugrundeliegenden Fall war die Bank mangels hinreichender Informationen nicht in der Lage, die Risiken des Optionsscheingeschäfts zu beurteilen und hatte den Kunden auf diese Informationslücke ausdrücklich hingewiesen. Dieser hatte in freier Willensentscheidung gleichwohl auf seinem Entschluß beharrt. Der BGH erachtete den Hinweis der Bank auf ihre unzureichende Beratungsfähigkeit als ausreichend.

Darüber hinaus hat der BGH in einer weiteren Entscheidung eine Pflicht der Bank, einem kaufentschlossenen Kunden Rat und Informationen „aufzudrängen", verneint.[403] In dem vom BGH entschiedenen Fall war ein Kunde mit gezielten Aufträgen zum Kauf risikoreicher Wertpapiere an das Kreditinstitut herangetreten. Das Gericht hat in diesem Fall eine (vor-)vertragliche Beratungspflicht der Bank unter Hinweis auf das fehlende Aufklärungsbedürfnis des Kunden zu Recht ausdrücklich abgelehnt.[404] Der BGH hat damit einer Rechtspflicht der Bank, die Anlageentscheidung des Kunden auf ihre Zweck-

---

401 Vortmann, ÖBA 1994, S. 579 (584).
402 BGH WM 1998, 1220 (2. Leitsatz sowie S. 1221)).
403 So ausdrücklich BGH WM 1998, 1183 (3. Leitsatz sowie S. 1183/1184)) Ähnlich OLG München BB 1997, 2501 (2502), das eine Pflicht der Bank, einem beratungsunwilligen Kunden „nachzulaufen", zu Recht ablehnt.
404 BGH WM 1998, 1183 f.; ebenso OLG München BB 1997, a.a.O.; vgl. auch die bei Horn, WM 1999, S. 1 (2) dargestellte (unveröffentlichte) BGH-Rechtsprechung.

mäßigkeit hin zu prüfen und riskante Wertpapiergeschäfte zurückzuweisen, de facto eine Absage erteilt.[405]

4. Pflicht zur Depotüberwachung?

Streit besteht hingegen nach wie vor darüber, ob die Beratungspflicht über den Abschluß des Wertpapiergeschäfts hinausreicht oder vielmehr mit der Erteilung des Wertpapierauftrags durch den Kunden endet. Während die Bank nach einer Ansicht[406] unerledigte Kundenaufträge auch nach Auftragserteilung ständig darauf zu prüfen hat, ob sie aufgrund der aktuellen Börsensituation noch empfehlenswert sind oder nicht, endet der Informationsauftrag nach h.M.[407] mit der Erteilung des Kauf- bzw. Verkaufsauftrags. Die Bank ist nach h.A. deshalb grundsätzlich nicht verpflichtet, ihre Kunden fortlaufend über Veränderungen am Kapitalmarkt zu unterrichten, die nachträglich zu einer Änderung der Anlageentscheidung führen könnten. Eine fortlaufende, über den Zeitpunkt der Auftragserteilung hinausreichende Beratungspflicht kommt nur ausnahmsweise aufgrund der spezifischen Besonderheiten des Anlagegeschäfts in Betracht, beispielsweise bei Prolongation von Termineinlagen, bei denen die Bank vereinbarungsgemäß jeweils nach Ablauf der Festlegungsdauer vor einer erneuten Verlängerung zu prüfen hat, ob sich für den Kunden nicht eine bessere Anlage empfiehlt.[408]

Eine zeitliche Begrenzung der Beratungspflicht durch die Auftragserteilung, so wie sie die h.M. vornimmt, folgt bereits aus dem Zweck der Beratung. Der Anleger soll durch die Informationen des Beraters über die zu erwartenden Konsequenzen einer Anlagemöglichkeit aufgeklärt werden, um in Kenntnis dieser Umstände selbständig eine informierte Anlageentscheidung treffen zu können. Hat der Anleger sich jedoch einmal entschieden und der Bank einen entsprechenden Auftrag erteilt, so bedarf er insofern auch keiner weiteren Beratung mehr.

Darüber hinaus ist zu bedenken, daß das Wertpapiergeschäft für die Kreditinstitute weithin zum Massengeschäft geworden ist. Eine Pflicht der Banken, sämtliche unerledigten Kundenaufträge fortlaufend daraufhin zu überprüfen, ob sie angesichts der aktuellen Börsenlage für den Anleger noch attraktiv sind, wäre für die Kreditinstitute angesichts

---

405 Ob der BGH mit den zitierten Entscheidungen der in der Lit. vertretenen Forderung nach einer Pflicht zur Risikodiversifikation bei potentiell ruinösen Anlagegeschäften endgültig eine Absage erteilt hat, ist noch nicht mit letzter Sicherheit geklärt, denn in den vom BGH entschiedenen Fällen war nicht das gesamte Vermögen der Kunden gefährdet, sondern nur Teile davon. Insofern hatte der BGH auch nicht über die von der Literatur vor allem ins Auge gefaßte Situation einer extrem riskanten Risikospekulation zu entscheiden, bei der der Kunde sich vollständig zu ruinieren und der Sozialhilfe anheim zu fallen droht.

406 So etwa AG Frankfurt/Main WM 1995, 700 (701) und Siol in Bankrechts-Handbuch, § 43 Rn. 27, der auch bei ursprünglich richtiger Information dann eine Warnpflicht bejaht, wenn sich die Börsenlage ändert und keine gewichtigen Interessen der Bank oder Dritter der Warnung entgegenstehen.

407 Vortmann, Beratungspflichten, Rn. 356a, der sich u.a. auf OLG München ZIP 1994, 125; LG München WM 1996, 2113 (2114 f.) und LG Hamburg ZIP 1994, 1439 beruft.

408 So auch Vortmann, Beratungspflichten, Rn. 356c m.w.N.

der Vielzahl der täglich anfallenden Wertpapieraufträge mit außerordentlich großen Mühen und unzumutbaren Belastungen verbunden[409], insbesondere wenn man berücksichtigt, daß die Auftragserteilung in steigendem Maße online über Computer und Internet erfolgt, so daß der Berater die einzelnen Aufträge sowie die damit verbundene Motivation der Kunden im einzelnen oft gar nicht kennt und insoweit auch kaum sachgerecht beurteilen kann, ob der Kunde trotz der veränderten Umstände gleichwohl an dem Auftrag festhalten will.

Eine solche Überwachungs- und Warnpflicht der Bank kann auch nicht aus dem Depotvertrag abgeleitet werden, denn der Depotvertrag verpflichtet die Bank lediglich zur Verwahrung und Verwaltung der Wertpapiere. Zum Gegenstand des Depotvertrages gehört jedoch nicht die Pflicht, die ins Depot eingebuchten oder noch einzubuchenden Papiere auf negative Meldungen hin zu überwachen und den betreffenden Kunden entsprechend zu warnen.[410] Wünscht der Kunde eine solche Überwachung seines Depots, so kann er die Bank vertraglich mit der Verwaltung seines Wertpapiervermögens beauftragen, muß diese Dienstleistung dann jedoch auch besonders vergüten.[411] Anderenfalls endet die Beratungspflicht der Bank mit Abschluß des Anlagegeschäfts.

Von der Pflicht, die Börsenentwicklung auf Umstände hin zu überwachen, die für den Erfolg eines bereits geschlossenen Anlagegeschäfts von Bedeutung sein könnten, ist die Pflicht der Bank zur Berichtigung fehlerhafter Informationen zu unterscheiden. Hat die Bank einen Kunden im Vorfeld eines Wertpapiergeschäfts fehlerhaft beraten und erkennt sie nachträglich den Fehler, so muß sie die falsche Information selbstverständlich richtigstellen. Eine solche Berichtigungspflicht ergibt sich schon aus dem Grundsatz von Treu und Glauben und Haftung für vorangegangenes Tun, das insbesondere die Pflicht umfaßt, den Kunden vor Schaden zu bewahren bzw. den Schaden zumindest möglichst gering zu halten.[412]

IV. Zweckmäßigkeit der bestehenden Beratungspflichten als Mittel zur Förderung kapitalmarktlicher Effizienz

Nachdem zuvor die wesentlichen inhaltlichen Grundsätze der in Rechtsprechung und Literatur entwickelten Beratungspflichten dargestellt wurden, ist nunmehr zu fragen, inwieweit dieses Pflichtenschema eine geeignete und angemessene und damit letztendlich zweckmäßige Regelung zur Abwehr eines informationsbedingten Kapitalmarktversagens bietet.

Ausgangspunkt dabei ist die Erkenntnis, daß ein bestimmtes Maß an Information unentbehrlich ist für eine sachgerechte und vernünftige Anlagewahl, denn nur wenn der

---

409   So auch Vortmann, Beratungspflichten, Rn. 356b und 365.
410   So im Ergebnis OLG München WM 1997, 1802 (1806) und OLG Karlsruhe WM 1992, 577.
411   Vortmann, Beratungspflichten, Rn. 356a.
412   Siol in Bankrechts-Handbuch, § 43 Rn. 27; Froehlich, Haftung für Anlageberatung, S. 59, der die Pflicht aus culpa post contractum finitum ableitet.

Anleger über bestimmte grundlegende Informationen verfügt, ist er auch in der Lage, die Vor- und Nachteile einer Anlagemöglichkeit vernünftig abzuwägen und entsprechend dem Grundsatz ökonomischer Vernunft das Papier zu wählen, das entsprechend den eigenen Anlagezielen und Risikoerwartungen die beste Rendite bietet. Dieses Maß an Information muß - soweit sich der Anleger nicht aus eigener Kraft befriedigend informieren kann - durch entsprechende Informationspflichten der Marktintermediäre, insbesondere der Kreditinstitute, gewährleistet werden, um auf diese Weise eine Beeinträchtigung der Funktionsfähigkeit des Kapitalmarktes durch Informationsasymmetrien und Fehlentscheidungen unzureichend informierter Anleger zu vermeiden.

Andererseits bergen übertriebene Informationsanforderungen nicht nur erhebliche Haftungsrisiken für die beratungspflichtigen Kreditinstitute und damit die Gefahr einer Lähmung unternehmerischer Initiative und wertpapiergeschäftlichen Engagements der betroffenen Institute, mit entsprechend negativen Auswirkungen auf Umfang und Vielfalt des Anlageangebots. Auch ist gerade angesichts wachsender Risikobereitschaft in Anlegerkreisen eine sorgfältige Abgrenzung der Beratungsverantwortung der Banken vom wirtschaftlichen Risiko des Anlegers besonders wichtig, denn eine zunehmende Zahl von Anlegern ist fasziniert von scheinbar raschen und mühelosen Gewinnen bereit, ihre traditionell eher konservative und vorsichtige Haltung der Aussicht auf erhöhte Erträge zu opfern. Erleiden diese häufig unerfahrenen Anleger dann Verluste, so sehen viele die Ursache dafür in einer unzureichenden Beratung durch die Bank.[413] Die Anlageberatung kann den Anleger jedoch lediglich über mögliche Risiken informieren, sie kann dem Anleger dagegen nicht ein erfolgreiches oder gewinnbringendes Geschäft garantieren. Aus Sicht kapitalmarktlicher Effizienz sind überstrenge Informationspflichten vielmehr ebenso bedenklich wie ein Zuwenig an Aufklärung und Beratung.

Deshalb stellt sich die Frage, ob und inwieweit die Beratungspflichten, die die h.M. Banken und Sparkassen auferlegt, tatsächlich erforderlich, andererseits aber auch ausreichend sind, um eine angemessene Informationsversorgung der Anlegerschaft zu gewährleisten.

1. Inhaltliche Anforderungen an qualifizierte Beratung

a. Notwendigkeit produkt- und personenbezogener Beratung

Soweit die Verpflichtung der Kreditinstitute, wahrheitsgemäß und vollständig über das Anlageprodukt zu informieren (objektgerechte Beratung)[414] und dabei die persönlichen Verhältnisse des Anlegers, insbesondere dessen finanzielle Ziele und Risikobereitschaft, aber auch seine Anlageerfahrung zu beachten (anlegergerechte Beratung)[415], in Rede steht, erscheinen die von der Rechtsprechung entwickelten Grundsätze nicht überspannt. Im Gegenteil: Erst eine Beratung, die den Anleger umfassend und sachlich zuver-

---

413   Übereinstimmend Horn, WM 1999, S. 1.
414   Dazu ausführlich oben 2. Kapitel § 3 III 1.
415   Dazu ausführlich oben 2. Kapitel § 3 III 2.

lässig über das Anlageobjekt aufklärt, ihm insbesondere die Chancen und Risiken aufzeigt und ihm damit die möglichen finanziellen Konsequenzen seiner Entscheidung vor Augen führt, schafft die Voraussetzungen dafür, daß der Anleger erkennt, worauf er sich bei dem Geschäft einläßt. Der durchschnittliche Anleger verfügt regelmäßig nicht über die entsprechenden Informationsquellen, um sich die notwendigen aktuellen Börsendaten und wirtschaftlichen Hintergrundinformationen selbst zu beschaffen, die erforderlich sind, um das Erfolgspotential von Wertpapieren beurteilen zu können. Zwar kann der Anleger die eine oder andere Information aus Zeitungen oder Fachzeitschriften entnehmen, neuerdings z.T. auch aus den entsprechenden Internet-web-sides einiger Unternehmen, das reicht jedoch für eine qualifizierte Anlageentscheidung nicht aus, denn die Angaben sind oft nur wenig konkret und spiegeln i.d.R. nur einen unvollständigen Ausschnitt der entscheidungsrelevanten Faktoren wider. Darüber hinaus kann der Anleger die Richtigkeit der Informationen nicht überprüfen. Für den Anleger ist deshalb vielfach unklar, ob und inwieweit er den Angaben Glauben schenken darf, insbesondere wenn widersprüchliche Berichte vorliegen. Der Anleger ist deshalb gerade was zuverlässige und vollständige Anlageinformationen anbetrifft auf die besondere Marktkenntnis der Banken angewiesen.[416]

Die Beratung darf sich jedoch nicht in der unkommentierten Weitergabe von Daten und Fakten erschöpfen, denn der Durchschnittsanleger besitzt für gewöhnlich gerade nicht das erforderliche Fachwissen über die Funktionsweise oder Bewertung moderner Finanzprodukte. Der Anleger ist aus diesem Grund ohne sachverständige Erklärung kaum in der Lage, die einzelnen Informationen zu interpretieren und hinsichtlich ihrer Tragweite für die konkrete Anlageentscheidung zu einem realistischen Gesamtbild zusammenzufügen. Deshalb muß der Berater die entscheidungsrelevanten Umstände mit Blick auf die Anlageziele des Kunden bewerten und mit möglichen Alternativen vergleichen, um dem Kunden so die Wahl einer geeigneten Anlageform zu ermöglichen. Die Rechtsprechung versteht die Anlageberatung insofern zu Recht als kommunikativen Prozeß zwischen Berater und Beratenem, wobei das Ergebnis dieses Kommunikationsprozesses nicht von vornherein feststeht, sondern nur durch aktives Eingehen des Beraters auf die persönlichen Umstände und Erwartungen des Anlegers gefunden wird. Erst die Berücksichtigung der individuellen Kundenverhältnisse läßt eine Anlagelösung erwarten, die den konkreten Bedürfnissen des Kunden gerecht wird.

Die Notwendigkeit hinreichender Information wird dabei neben den Erfordernissen des Anlegerschutzes wesentlich durch die Allokationsaufgabe des Kapitalmarktes und die damit verbundene Mittler-Funktion der Kreditinstitute zwischen Kapitalangebot und -nachfrage unterstrichen, denn die Tragweite der Beratung ist nicht auf das Verhältnis zwischen Kunde und Bank beschränkt, sondern hat darüber hinaus Auswirkungen auf die Kapitalausstattung der nachgelagerten Märkte. Darin liegt ein wesentlicher Unterschied der Anlageberatung im Vergleich zur Informationstätigkeit der Kreditinstitute in anderen Bereichen des Bankgeschäfts.

---

416 So auch Escher-Weingart, JZ 1994, S. 102 (105).

Während beispielsweise eine unzureichende Aufklärung des Kunden im Kreditgeschäft vor allem Nachteile für den betreffenden Kreditnehmer mit sich bringt, weil dieser z.B. erhöhte Kreditkosten zu tragen oder besondere Sicherheiten zu stellen hat, führen Informationsdefizite der Anleger im Wertpapiergeschäft neben unmittelbaren finanziellen Verlusten für den einzelnen Anleger darüber hinaus zu Allokationsmängeln und damit zu Nachteilen für die Gesamtwirtschaft. Denn sind die Anleger gezwungen, ihre Investitionsentscheidung auf der Grundlage unzureichender Informationen zu treffen, so sind sie nicht in der Lage, attraktive Anlagemöglichkeiten, die auch gesamtwirtschaftlich eine erfolgreiche Kapitalverwendung versprechen, ökonomisch weniger sinnvollen Anlagen vorzuziehen. Fehlentscheidungen unzureichend informierter Kapitalanbieter beeinträchtigen auf diese Weise die Fähigkeit des Kapitalmarktes, leistungsstarke Wirtschaftsunternehmen und zukunftsorientierte Produktionsverfahren bei der Kapitalversorgung gegenüber weniger effizienten Investitionsalternativen zu bevorzugen.

Angesichts der beschriebenen Tragweite qualifizierter Beratung hat die Rechtsprechung die Beraterrolle der Banken im Wertpapiergeschäft zu Recht deutlich weiter gefaßt als in anderen Bereichen des Bankgeschäfts. So besteht beispielsweise im Kreditgeschäft weder eine dem Grundsatz objektgerechter Beratung vergleichbare Pflicht, den Kreditnehmer umfassend über die Folgen und Risiken der Darlehensaufnahme aufzuklären[417], noch ist das Kreditinstitut verpflichtet, unter Berücksichtigung der individuellen Kundenverhältnisse die Zweckmäßigkeit der Kreditaufnahme oder den Nutzen der gewählten Kreditart zu prüfen.[418] Die Rechtsprechung weist dem Kreditnehmer insofern deutlich mehr informationelle Eigenverantwortung als dem Anleger zu. Umfassende Informationspflichten sind insoweit im Kreditgeschäft auch überflüssig, denn der Kunde ist i.d.R. ohne weiteres selbst in der Lage, sich über die finanziellen Folgen der Darlehensaufnahme, insbesondere die damit verbundenen Kosten und Gefahren (z.B. Verlust von Sicherheiten) zu informieren und die Zweckmäßigkeit der Kreditaufnahme zu beurteilen. So kann sich der Kunde i.d.R. bereits anhand des Preisverzeichnisses ein umfassendes Bild über die mit der Kreditaufnahme verbundenen Kosten machen. Bei Verbraucherkrediten i.S.v. § 1 Abs. 1 VerbrKrG sind gemäß § 4 Abs. 1 VerbrKrG außerdem im Kreditvertrag sämtliche Kosten sowie die zu stellenden Sicherheiten anzugeben. Bei verbundenen Geschäften bietet § 9 VerbrKrG dem Kreditnehmer darüber hinaus die Möglichkeit, der Bank Einwendungen aus dem kreditfinanzierten Kaufvertrag entgegenzuhalten. Eines weitergehenden Schutzes durch besondere Warn- oder Informationspflichten der Bank bedarf der Kreditnehmer deshalb nur in eng begrenzten Ausnahmefällen, etwa weil die Bank ihre Rolle als Kreditgeberin überschreitet und als Partei des zu finanzierenden Geschäfts auftritt oder dem Kunden durch Interessenkonflikte und die

---

417 OLG Hamm WM 1990, 1491 (1495); Vortmann, Beratungspflichten, Rn. 83 ff.

418 Zu den Informationsanforderungen im Kreditgeschäft vgl. BGH NJW 1999, 2032 ff.; BGH WM 1982, 480 ff.; Nobbe, Höchstrichterliche Rechtsprechung, Rn. 59 m.w.N. Anderer Ansicht dagegen Köndgen, Grundpfandrechtlich gesicherte Kredite, S. 49, der in Anlehnung an den Grundsatz anlegergerechter Beratung von „*kundengerechter*" Beratung spricht und damit auch im Kreditgeschäft eine umfassende, kreditnehmerbezogene Beratungspflicht vertritt.

wirtschaftliche Übermacht der Bank besondere, über das eigentliche Kreditgeschäft hinausgehende Gefahren drohen.[419]

Im Gegensatz dazu ist das Informationsbedürfnis des Kunden im Wertpapiergeschäft deutlich größer, denn der Anleger ist nicht nur hinsichtlich des Zugangs zu anlagerelevanten Informationen auf die Kreditinstitute angewiesen, darüber hinaus begrenzt vor allem die unzureichende Fähigkeit vieler Anleger zur Auswertung und Umsetzung der Informationen die Möglichkeit, die eigenen Interessen durch Informationsbeschaffung selbständig zu wahren. Angesichts der fachlichen Ohnmacht der überwiegenden Mehrzahl der Anleger erscheint es insofern nicht zuviel verlangt, daß der Anlageberater über bloße Produktinformationen hinaus im Rahmen anlegergerechter Beratung auch die persönlichen und wirtschaftlichen Verhältnisse des Kunden zu berücksichtigen hat, denn erst die Klärung der jeweiligen Anlagesituation des Kunden liefert das Rüstzeug für eine sorgfältige Bedarfsanalyse, die die Basis für eine interessengerechte Beratung bildet. Der Anlageberater kann nur dann eine qualifizierte, sachgerechte Empfehlung aussprechen, wenn er neben den anlagespezifischen Kriterien auch die besonderen persönlichen und wirtschaftlichen Umstände des Kunden berücksichtigt. Schwierigkeiten sind dabei insbesondere im Hinblick auf die Ermittlung des Kenntnisstands und der Anlageerfahrung des Kunden zwar nicht immer zu vermeiden, derartige Unwägbarkeiten lassen sich jedoch im Zweifel durch eine eher etwas umfassendere als zu knappe Beratung kompensieren, wobei insbesondere die Möglichkeit eines Mitverschuldens (§ 254 BGB) des Kunden bei unvollständigen oder mißverständlichen Auskünften eine übermäßige Belastung der beratenden Bank verhindert.[420]

Daß der von der Rechtsprechung erhobene Anspruch anleger- und objektgerechter Beratung vom Grundsatz her keine unverhältnismäßigen Anforderungen an die beratenden Kreditinstitute stellt, zeigt nicht zuletzt auch ein internationaler Vergleich. So verlangt nicht nur das US-amerikanische Kapitalmarktrecht in Gestalt der suitability-Doctrin[421] eine umfassende kunden- und produktbezogene Beratung, darüber hinaus sind die Prinzipien produkt- und kundengerechter Beratung auch dem europäischen Kapitalmarktrecht nicht mehr fremd, wie sich neben Deutschland auch am Beispiel Österreichs zeigt.

---

419 Zu den in der Rechtsprechung entwickelten 4 Fallgruppen von Aufklärungspflichten im Kreditgeschäft ausführlich Nobbe, Höchstrichterliche Rechtsprechung, Rn. 60 ff. Danach besteht eine Aufklärungspflicht nur ausnahmsweise bei (1) einem ungerechtfertigten, erheblichen Informationsvorsprung der Bank, der für den Kunden erhebliche finanzielle Gefahren begründet, z.B. wenn die Bank um die Konkursreife des Geschäftspartners des Kreditnehmers weiß, (2) bei Überschreitung der Kreditgeberrolle durch die Bank, so daß diese als Partei des zu finanzierenden Geschäfts auftritt, (3) bei Schaffung eines besonderen, über die Kreditvergabe hinausreichenden Gefährdungstatbestands durch die Bank sowie (4) bei besonders schwerwiegenden Interessenkonflikten, etwa wenn die Bank auch als Kreditgeberin des Geschäftspartners des Darlehensnehmers auftritt, so daß Interessenkonflikte drohen.

420 Ähnlich auch Escher-Weingart, JZ 1994, S. 102 (105). Zu einem möglichen Mitverschulden des Anlegers vgl. ausführlich unten 2. Kapitel § 5 III 5.

421 Vergleiche oben 1. Kapitel § 4 I 2 a.

b. Zum Vergleich: Der Umfang vertragsschlußbezogener Informationspflichten nach österreichischem Recht

Während in Deutschland Inhalt und Umfang vertraglicher bzw. vorvertraglicher Beratungspflichten im wesentlichen von Rechtsprechung und Literatur entwickelt wurden, hat in Österreich vor allem die Kreditwirtschaft selbst den Sorgfaltsmaßstab für die Anlageberatung geprägt. Rechtsprechung und Literatur haben diese Entwicklung lediglich angestoßen.

Trotz dieser unterschiedlichen Ausgangssituationen sind Inhalt und Umfang der Beratungspflichten in beiden Rechtsordnungen sehr ähnlich. Der Grund dafür mag zum einen in der Rolle der EG-Wertpapierdienstleistungsrichtlinie (93/22/EWG)[422] als Vorbild für die Ausdifferenzierung vertragsschlußbezogener Informationspflichten sowohl im österreichischen als auch im deutschen Kapitalanlagerecht zu sehen sein, vor allem jedoch in der Notwendigkeit einer ausreichenden Informationsversorgung des Anlagepublikums als elementare Voraussetzung für einen funktionsfähigen und effizienten Kapitalmarkt.

aa. Grundsatz

Grundsätzlich treffen auch nach österreichischem Recht einen Vertragspartner gegenüber der anderen Partei nur dann besondere Aufklärungs- oder Beratungspflichten, wenn diese Pflichten vertraglich übernommen wurden oder wenn sie sich nach der Verkehrssitte als notwendig erweisen. Nach Auffassung des Obersten Gerichtshofes der Republik Österreich (OGH) besteht insofern ähnlich wie im deutschen Recht keine allgemeine Rechtspflicht, den Geschäftspartner über Umstände aufzuklären, die für seine Entscheidung von Bedeutung sein könnten.[423] Vielmehr obliegt es jedem Vertragspartner grundsätzlich selbst, sich die notwendigen Informationen zu beschaffen. Gleichzeitig hat der OGH jedoch betont, daß vertragliche bzw. vorvertragliche Aufklärungspflichten dann bestehen, wenn nach den Grundsätzen des redlichen Verkehrs eine Aufklärung erwartet werden dürfe.[424]

bb. „Anlegerbezogene" und „anlagebezogene" Beratung

Seit etwa Mitte der neunziger Jahre etablierte der OGH einen strengen Sorgfaltsmaßstab für anlageberatende Tätigkeiten. Dabei orientierte sich das Gericht - ähnlich wie der BGH - inhaltlich am Art. 11 der EG-Wertpapierdienstleistungsrichtlinie. So betonte der OGH ausdrücklich, daß bei Abschluß von Effektengeschäften das Kundeninteresse gegenüber den Interessen der Bank Vorrang genieße. Der Kunde dürfe darauf vertrauen, daß die Bank über spezifisches Fachwissen verfüge und sie ihn umfassend berate. Ent-

---

422 ABl. EG Nr. L 141/27 vom 11.6.1993.
423 OHG SZ 52/22.
424 OHG, a.a.O.

scheidend für den Umfang der Beratungspflicht sei dabei vor allem der Aufklärungs-bedarf des Kunden.[425]

1994 wurde daraufhin von der österreichischen Kreditwirtschaft ein umfassender Verhaltenskodex erarbeitet, der zentrale Verhaltensregeln für die Tätigkeit der Anlageberatung formuliert. Dieser Kodex wurde Ende 1994 von der Bundeskreditsektion der Wirtschaftskammer Österreichs als Empfehlung erlassen. Die in der Empfehlung formulierten Verhaltensregeln konkretisieren allgemeine vertragliche Beratungspflichten und dienen auf diese Weise quasi als „Auslegungshilfe" zur Bestimmung von Sorgfaltsanforderungen an eine pflichtgemäße Anlageberatung.[426]

Inhaltlich ähneln die Verhaltenspflichten weitgehend den vom BGH in der „Bond"-Entscheidung für die deutsche Rechtsprechung entwickelten Grundsätzen einer kunden- und objektgerechten Anlageberatung.[427] So sind auch die österreichischen Kreditinstitute sowohl zu einer „anlegerbezogenen", d.h. am individuellen Kundenprofil orientierten Beratung, als auch zu einer „anlagebezogenen" und damit an den speziellen Eigenschaften und Risiken des jeweiligen Anlageprodukts ausgerichteten Beratung verpflichtet. Die Bank hat sich in dem Zusammenhang - ähnlich wie im deutschen Recht - durch entsprechende Nachfragen beim Kunden Klarheit darüber zu verschaffen, wie weit die Beratung zu gehen hat.[428]

Dabei gehen die von der Bundeskreditsektion empfohlenen Verhaltensregeln im Detail teilweise über die von der deutschen Rechtsprechung formulierten Beratungsanforderungen hinaus. So umfasst die Empfehlung neben allgemeinen Risikohinweisen auch detaillierte produktbezogene Informationsanforderungen für einzelne Wertpapierarten, wie z.B. Anleihen, Aktien, Investmentzertifikate und Optionsscheine. Durch die umfassenden und präzisen Beratungsanforderungen wird nicht nur dem Aufklärungsbedürfnis des einzelnen Anlegers umfassend entsprochen, gleichzeitig wird durch die verbesserte Individualpublizität und erhöhte Markttransparenz privater Anleger eine wichtige Voraussetzung für rationales Anlageverhalten und damit für einen allokationseffizienten Kapitalmarkt geschaffen. Die Anforderungen an eine sorgfältige Beratung werden insofern zu Recht im deutschen wie im österreichischen Recht an den Kriterien Produkt- und Anlegerbezogenheit gemessen.

2. Gefahr durch übermäßige Beratungspflichten

Trotz der Notwendigkeit anleger- und objektgerechter Beratung dürfen die Sorgfaltsanforderungen an eine pflichtgemäße Beratung andererseits nicht überspannt werden. Versuche und Tendenzen, den Umfang der Beratungspflicht zu Lasten der Banken immer

---

425 Kalss, ÖBA 1995, S. 835 (840).
426 Kalss, ÖBA 1995, a.a.O.
427 Zu den Einzelheiten der „Bond"-Rechtsprechung des BGH vgl. oben 2. Kapitel § 3 II und III.
428 Kalss, ÖBA 1995, a.a.O.

weiter auszudehnen, verkennen das jeder Vermögensanlage - in positivem Sinne - innewohnende spekulative Element.[429]

Übermäßige Informationsanforderungen führen dazu, daß das wirtschaftliche Risiko der Kapitalanlage nicht mehr, wie es selbstverständlich sein sollte, beim Anleger liegt, sondern auf das beratungspflichtige Kreditinstitut übergeht. Die Anlageberatung begründet jedoch gerade keine Einstandspflicht für den wirtschaftlichen Erfolg der Kapitalanlage.[430] Das Risiko, daß eine Investition den erhofften Erfolg nicht bringt, muß allein der Anleger tragen. Eine solche Risikoverteilung ist auch gerechtfertigt, denn andererseits kommt auch der Anlagegewinn allein dem Anleger zugute, die beratende Bank partizipiert nicht daran. Aus diesem Grund muß der Anleger auch das Risiko eines wirtschaftlichen Mißerfolgs allein tragen.

a.   Überhöhte Sorgfaltsanforderungen durch Nachforschungspflicht

aa.   Allgemeine Bonitätsprüfungspflicht

Die Rechtsprechung des BGH zeigt bereits erste deutliche Ansätze einer solchen Übersteigerung der Beratungsanforderungen. So muß die Bank nach herrschender Rechtsprechung nicht nur anleger- und objektgerecht beraten, sondern darüber hinaus auch die Informationen, auf die sie ihre Empfehlung stützt, selbst nachprüfen.[431] Die Bank darf deshalb Angaben Dritter (z.B. anderer Banken oder des Emittenten) nicht ohne weiteres übernehmen und an den Kunden weitergeben, sondern die Bank muß Wertpapiere, die sie in ihr Anlageprogramm aufgenommen hat, selbst auf ihre Bonität hin überprüfen.[432] Dem Anleger dürfen grundsätzlich nur solche Auskünfte gegeben werden, von deren Zuverlässigkeit und Richtigkeit sich die Bank durch sorgfältige Prüfung selbst überzeugt hat.[433] Die Bank muß zu diesem Zweck eigene Nachforschungen über das betreffende Papier und den Emittenten anstellen. Verzichtet sie auf eine eigene Bonitätsanalyse, kann sie sich später nicht mit der Behauptung entlasten, die der Empfehlung zugrunde gelegten Informationen für zuverlässig gehalten zu haben.

Begründet wird diese umfassende Nachforschungspflicht mit der wirtschaftlichen Bedeutung der Empfehlung für den Anleger.[434] Im Mittelpunkt steht dabei das Vertrauen, das der Anleger der Beratung entgegenbringt. Nach Ansicht des BGH begründet bereits die Aufnahme eines Wertpapiers in das Anlageprogramm der Bank einen besonderen

---

429   So auch Heinsius, ZBB 1994, S. 47 (55).
430   Vgl. Schimansky, Bankrechtstag 1992, S. 67.
431   BGHZ 100, 117 (121 f.); BGHZ 123, 126 (129); OLG Braunschweig, WM 1993, 1462 (1465); vgl. auch v. Heymann in Assmann/Schütze (Hrsg.), Handbuch des Kapitalanlagerechts, § 5 Rn. 25; Arendts, DZWir 1994, S. 185 (187).
432   BGH 123, 126 (129 ff.); BGHZ 74, 103 (111 f.); Arendts, DZWir 1994, a.a.O.
433   Vgl. OLG Karlsruhe WM 1989, 1380 ff. mit zustimmender Anmerkung von Häuser in WuB I G 4. - 2.90. Das OLG wertet es als „leichtfertig", wenn sich die Bank auf „nicht objektivierte Informationen" von Anteilseignern stütze.
434   BGH ZIP 1982, 169 (170); Vortmann, Beratungspflichten, Rn. 336.

Vertrauenstatbestand.[435] Der Kunde, der sich in einer Anlageangelegenheit an eine Bank wendet und auf ihre Empfehlung hin eine Vermögensdisposition trifft, vertraut in besonderem Maße der Sachkunde des Beraters und will sich nach Auffassung der Rechtsprechung auf diese Weise das Mehr an Sicherheit, das aus seiner Sicht die Inanspruchnahme einer Bank bietet, zunutze machen.[436] Der Anleger darf deshalb nach Ansicht der Rechtsprechung grundsätzlich davon ausgehen, daß die Bank ein Objekt, das sie in ihr Anlageprogramm aufgenommen hat, selbst für „gut" befunden hat.[437]

Für die Nachforschungen der Bank gelten strenge Maßstäbe. Die Bank muß nicht nur die allgemeine Entwicklung an den Börsen und Finanzmärkten beobachten, sondern sich auch die für die Beratung notwendigen aktuellen Daten und Informationen über die Liquidität, Rentabilität und Sicherheit der Anlage zuverlässig beschaffen.[438] So hat der BGH festgestellt, daß sich die Bank bei der Beurteilung der Bonität eines Emittenten nicht ohne weiteres auf Jahresabschlüsse oder Börsenzulassungsprospekte verlassen darf, sondern eigene Recherchen vornehmen muß.[439]

Insbesondere die Börsenzulassung bietet nach Ansicht der Rechtsprechung keine verläßliche Grundlage für eine hinreichende Beurteilung einer Anlage, denn die Börsenzulassungsstelle führe keine eigenen Ermittlungen über die Bonität des Emittenten und die Absicherung der zuzulassenden Wertpapiere durch. Daher sei die im Rahmen des Zulassungsverfahrens nach § 36 Abs. 3 Nr. 3 BörsG durchgeführte Prospektprüfung auch keine Bonitätsprüfung in dem vom BGH geforderten strengen Sinne.[440] Darüber hinaus bietet der Börsenzulassungsprospekt nach Ansicht des BGH vor allem bei solchen Papieren, die bereits längere Zeit an der Börse notiert werden, keine aktuellen, zeitnahen Informationen.

Das ist auch der Grund, warum die Gutachten eines Wirtschaftsprüfers nach Auffassung der Rechtsprechung nur bedingt als Grundlage für eine Bonitätsprüfung der Bank geeignet sind. So ist die Aussagekraft derartiger Unterlagen nach Meinung des BGH gerade im Hinblick auf die augenblickliche Bonität des Emittenten vielfach eingeschränkt, weil die Prüfung nicht immer zeitnah erfolgt.[441]

---

435   BGHZ 123, 126 (129), zustimmend Arendts, ÖBA 1994, S. 251 (254); Raeschke-Kessler, WM 1993, S. 1830 (1832), befürwortet darüber hinaus eine Bonitätsprüfungspflicht für sämtliche Anlageempfehlungen, unabhängig von der Aufnahme in das Anlageprogramm.
436   So BGHZ 100, 117 (121 f.); ähnlich auch BGHZ 74, 103 ff.
437   So ausdrücklich BGHZ 123, 126 (129).
438   OLG Karlsruhe, WM 1989, 1380 (1380, 1383 ff.); zustimmend Häuser, WuB I G 4. - 2.90.
439   So die nunmehr herrschende Rechtsprechung, vgl. BGH WM 1993, 1455 (1456 f.), die im Börsenzulassungsprospekt keine verläßliche Informationsgrundlage sieht. Ebenso OLG Nürnberg ZIP 1986, 562, das Testate von Wirtschaftsprüfern grundsätzlich nicht als ausreichend ansieht und eigene Nachforschungen der Bank fordert. Anders dagegen noch OLG Braunschweig WM 1993, 190 f. mit zustimmender Anmerkung von Vortmann, EWiR 1992, 965 f., wonach selbst bei widersprüchlichen Pressemeldungen nicht zwangsläufig eine Nachforschungspflicht der Bank besteht. Die Entscheidung des OLG Braunschweig ist jedoch durch die zitierte „Bond"-Entscheidung des BGH (BGH WM 1993, 1455 ff.) verworfen worden.
440   So ausdrücklich BGH WM 1993, 1455 (1456 f.). Anderer Auffassung ist dagegen Schwark, WuB I G 4. - 9.93, der in der Börsenzulassung auch ein Stück Bonitätsprüfung sieht.
441   BGHZ 123, 126 (130 f.); BGHZ 100, 117 (123).

Die Bank muß ihre Bonitätsanalyse nach herrschender Rechtsprechung deshalb auf eigene Ermittlungen stützen. Dazu muß sie vor allem die aktuelle Wirtschaftspresse auswerten. Dazu gehören zumindest die Börsenpflichtblätter, nach Ansicht des BGH jedoch auch die übrige einschlägige Wirtschafts- und Tagespresse, wie z.b. die *Frankfurter Allgemeine Zeitung*, die *Börsenzeitung* oder das *Handelsblatt*.[442]

Bietet eine Bank darüber hinaus ausländische Wertpapiere an, so muß sie diese Papiere besonders sorgfältig prüfen und darf sich dabei nicht allein auf deutsche Publikationen stützen, sondern muß auch ausländische Quellen, speziell die aktuelle ausländische Wirtschaftspresse, insbesondere die *Financial Times*, auswerten.[443] Als Grund für die besonderen die Sorgfaltsanforderungen an die Bonitätsprüfung bei ausländischen Papieren hat der BGH den erschwerten Zugang zu ausländischen Informationsquellen und die daraus resultierenden Schwierigkeiten für Anleger, an wichtige Informationen zu gelangen, genannt.[444]

bb. Kritik an einer allgemeinen Bonitätsprüfungspflicht

Ein derart weitgehendes Verständnis der Beratungspflicht überspannt indes die Sorgfaltsanforderungen an das Verhalten der Kreditinstitute. Zwar ist die Notwendigkeit aktueller Informationen für die Qualität der Anlageberatung zu Recht unbestritten, eine generelle Bonitätsprüfungspflicht, die die beratende Bank unabhängig von den Begleitumständen des Einzelfalls bereits allein aufgrund der Aufnahme eines Wertpapiers in das Verkaufsprogramm zu einer umfassenden Bonitätsanalyse verpflichtet, überdehnt jedoch die Sorgfaltsanforderungen in bedenklicher Weise.[445]

So ist zu bedenken, daß Kreditinstitute keine Wirtschaftsprüfer sind, die die Bonität eines Emittenten ohne weiteres bis ins letzte beurteilen können. Gleichwohl hat die Rechtsprechung eine Pflichtverletzung darin gesehen, daß einen Bank den Bericht eines Unternehmensprüfers nicht sorgfältig nachgeprüft hatte.[446] Es kann jedoch nicht Aufgabe der anlageberatenden Bank sein, Fehler, die fremden Sachverständigen bei der Unternehmensbeurteilung unterlaufen, zu korrigieren. Anderenfalls wäre der Schritt zu einer generellen und umfassenden Haftung der Banken für die Bonität verkaufter Wertpapiere nicht mehr weit, denn in diesem Fall könnten Pflichtverletzung und Verschulden der Bank selbst dann, wenn im konkreten Einzelfall keinerlei Zweifel an der Bonität und damit an sich auch kein Anlaß für entsprechende Nachforschungen erkennbar waren, gleichwohl damit begründet werden, daß die Bank die Anlageempfehlung auf unzureichend geprüfte Informationen gestützt hat. Die Banken wären dann gezwungen, sämtliche Gerüchte und Informationen, die für die Investitionsentscheidung möglicherweise

---

442   BGH WM 1993, 1455 (1457).
443   Arendts, ÖBA 1994, S. 251 (254); BGH WM 1993, a.a.O.
444   BGHZ 123, 126 (131).
445   Im Ergebnis so auch Schwintowski/Schäfer, Bankrecht, § 11 Rn. 71 und dort Fußn. 117, die die Pflicht der Bank zu Nachforschungen und Bonitätsprüfung ebenfalls für überzogen halten.
446   OLG Nürnberg WM 1986, 124 (127 ff.).

irgendwie von Bedeutung sein könnten, selbst wenn sie noch so unbedeutend oder unwahrscheinlich erscheinen, umfassend zu überprüfen. Das käme faktisch einer „Bonitätsgarantie" der Bank gleich. Eine solche „Garantie" widerspricht jedoch nicht nur der Beratungsfunktion der Banken, sie überspannt auch den Aussagegehalt, der mit der Aufnahme eines Wertpapiers in das Anlageprogramm einer Bank zum Ausdruck kommt.

Eine allgemeine Bonitätsprüfungspflicht ist insbesondere wenn es sich um Auslandsanlagen handelt für die Kreditinstitute regelmäßig mit erheblichem Aufwand verbunden, der gerade bei kleineren Kreditinstituten die Grenze des betrieblich und wirtschaftlich Zumutbaren überschreiten. Durch eine solche Übersteigerung der Sorgfaltsanforderungen drohen vor allem kleineren Banken und Sparkassen Wettbewerbsnachteile.[447]

Es erscheint darüber hinaus aber auch grundsätzlich zweifelhaft, Kreditinstitute in eine allgemeine „Kontrolleursrolle" für Kapitalmarktinformationen zu drängen, die nicht ihrer Funktion entspricht und der sie nicht gerecht werden können. Daß die Beurteilung von Wertpapieren durch fehlerhafte, unvollständige oder unsichere Informationen erschwert wird, ist ein allgemeines Kapitalmarktproblem, das nicht nur beratungsbedürftige private Kleinanleger, sondern alle Anleger betrifft, also z.B. auch den versierten, wertpapiererfahrenen Börsenprofi, der nach herrschender Rechtsprechung keiner besonderen Beratung durch die Bank bedarf. Die Lösung dieses grundsätzlichen Informationsproblems läge deshalb wohl eher in einer Verschärfung der Publizitäts- und Rechnungslegungsvorschriften oder in der Schaffung der Voraussetzungen für eine funktionierende Rating-Kultur. Insbesondere ein funktionierendes Rating-Wesen bildet, wie am Beispiel des angloamerikanischen Finanzraumes deutlich wird, eine wichtige Voraussetzung für mehr Bonitätstransparenz am Kapitalmarkt.[448] Doch gerade was die rechtliche Anerkennung von Ratings und damit die Etablierung eines Systems betrifft, das zuverlässige Bonitätsauskünfte bieten könnte, zeigt der BGH erstaunliche Zurückhaltung.[449] So hat der BGH in der Bond-Entscheidung die Frage der Berücksichtigung von Ratings im Rahmen der Anlageberatung ausdrücklich offengelassen. Statt dessen wälzt der BGH wenig überzeugend unter Hinweis auf das besondere Vertrauen des Anlegers die Aufgabe der Bonitätsprüfung auf die Kreditinstitute ab. Dabei verlagert der BGH, indem er als Maßstab für die Vertrauenshaftung die Schutzbedürftigkeit des Anlegers in den Mittelpunkt rückt, in dogmatisch fragwürdiger Weise das Schwergewicht vom Verhalten des Haftenden weitgehend auf die Erwartungen desjenigen, der geschützt werden soll.[450] Dagegen

---

447 Zwar sind auch kleinere Genossenschaftsbanken oder Sparkassen durch eine verstärkte Zusammenarbeit mit den Zentralinstituten ihres Verbandes in der Lage, die von der Rechtsprechung gestellten Ansprüche zu erfüllen, gleichwohl werden kleinere Kreditinstitute durch die zeit- und personalintensive Bonitätsprüfung stärker belastet als z.B. die Großbanken, die ohnehin über entsprechende Analystenstäbe verfügen. Vgl. auch Heinsius, ZBB 1994, 47 (55); ders., ZHR 145 (1981), S. 177 (188).

448 Zu den Defiziten, die aus der mangelnden Rating-Kultur, für den deutschen Kapitalmarkt resultieren vgl. Frankfurter Allgemeine Zeitung vom 13.7.1999, S. 27, 29 („Der Markt schreibt quasi einen Preis auf das Unternehmen.").

449 BGH WM 1993, 1455 (1457).

450 So auch Niehoff, Sparkasse 1987, S. 61 (64); Vortmann, Beratungspflichten, Rn. 390.

beruht die Vertrauenshaftung an sich darauf, daß ein bestimmtes Verhalten des Haftenden als rechtlich bedeutsam gewertet wird und deshalb Rechtsfolgen erzeugt.[451] Bei der auf den Anleger konzentrierten Betrachtungsweise des BGH ist dagegen die Tendenz zu einer undifferenzierten Ausweitung der Haftungstatbestände zu Lasten der Banken bereits vorgezeichnet. Eine allgemeine Bonitätsprüfungspflicht der Banken, wie sie die Rechtsprechung formuliert, erscheint insofern sehr bedenklich.[452]

Eine Pflicht zur Bonitätsprüfung kann nur unter besonderen Umständen in Betracht kommen, etwa dann, wenn die Bank dem Anleger durch ihr Verhalten in besonderem Maße Anlaß zu Vertrauen gibt, z.B. weil die Bank eine Kapitalanlage ausdrücklich als „bankgeprüft" bezeichnet oder in besonderer Weise für ein Papier wirbt, z.B. den Anlageerfolg ausdrücklich „garantiert".[453] Entgegen der h.M. reicht jedoch die bloße Aufnahme eines Wertpapiers in das Anlageprogramm allein nicht aus, um eine Bonitätsprüfungspflicht der Bank zu begründen. Etwas anderes kann nur ausnahmsweise gelten, wenn sich dem Kreditinstitut aufgrund von Widersprüchen konkrete Zweifel an der Richtigkeit der vorliegenden Informationen stellen.[454] In solchen Fällen gebietet jedoch bereits der Grundsatz objektgerechter Beratung, daß der Anlageberater die widersprüchlichen Informationen überprüft und aufklärt. Einer eigenständigen Pflicht zur Bonitätsprüfung, wie sie der BGH formuliert hat, bedarf es insofern nicht.

b. *Unzureichende Abgrenzung der Informationsverantwortung des Beraters vom*
Investitionsrisiko des Anlegers

aa. *Notwendigkeit einer Abgrenzung der Verantwortungsbereiche*

Angesichts der Notwendigkeit qualifizierter Beratung als Grundlage für eine sachgerechte Anlageentscheidung einerseits und der Gefahr unerwünschter Risikoabwälzung auf die Beratungsinstanz andererseits, ist es besonders wichtig, die Informationsverantwortung der Bank vom wirtschaftlichen Risiko des Anlegers abzugrenzen. Diese Abgrenzung bereitet jedoch der Rechtsprechung in der Praxis insbesondere bei Risikoanlagen teilweise erhebliche Probleme. Ursache dafür ist, daß die Rechtsprechung die Beratungspflicht nicht auf die bloße Mitteilung anlagerelevanter Tatsachen beschränkt, sondern die beratende Bank entsprechend dem Grundsatz anlegergerechter Beratung darüber hinaus verpflichtet hat, die für die Anlageentscheidung bedeutsamen Umstände nach Maßgabe

---

451   Niehoff, Sparkasse 1987, a.a.O.; Vortmann, Beratungspflichten, a.a.O.
452   Im Ergebnis übereinstimmend Siol im Bankrechts-Handbuch, § 43 Rn. 24.
453   Ähnlich Niehoff, Sparkasse 1987, S. 61 (64) und Vortmann, Beratungspflichten, Rn. 392; im Ergebnis so auch OLG Düsseldorf ZIP 1994, 1256 f. und OLG Köln ZIP 1997, 1372 ff. In diese Richtung deutet auch die frühere Rechtsprechung des BGH in der sog. „Börsendienstentscheidung" (BGHZ 70, 356 ff.), in der der beklagte Börseninformationsdienst den Anlageerfolg ausdrücklich „garantiert" hatte.
454   In diesem Sinne auch OLG Düsseldorf ZIP 1994, a.a.O., das im Gegensatz zum BGH eine Pflicht zur Bonitätsprüfung nur für den Fall bejaht, daß konkrete Bonitätszweifel vorliegen.

der persönlichen Verhältnisse und Bedürfnisse des Kunden zu interpretieren.[455] Die Anlageempfehlung stützt sich insofern nicht allein auf objektive Daten und Fakten, die als Tatsachenbehauptungen entweder richtig oder falsch sind, sondern beruht insbesondere bei Aktien und anderen Anlagen mit Kursrisiken wesentlich auf subjektiven Einschätzungen und Werturteilen des Beraters, z.B. über die künftige Börsenentwicklung, die Entwicklung des Zinsniveaus, aber auch einzelner Unternehmen und Branchen.[456] Bei solchen Papieren ist eine sichere (Kurs-) Prognose selbst bei sorgfältigster Auswertung aller Informationen kaum möglich. Vielmehr bleibt die Empfehlung lediglich eine „begründete Vermutung".

Die Gefahr, daß sich die Prognose im nachhinein als falsch erweist, hat jedoch der Anleger zu tragen, denn darin liegt gerade das spekulative Moment jeder Kapitalanlage. Die Bank trifft keine Erfolgshaftung für eine bestimmte Kurs- oder Zinsentwicklung.[457] Dementsprechend darf die Bank auch nicht dafür verantwortlich gemacht werden, daß sich die Kurs- oder Dividendenerwartungen, die der Anleger in ein Wertpapier gesetzt hat, aufgrund unvorhersehbarer Entwicklungen an den Kapitalmärkten nicht erfüllt haben. Das wirtschaftliche Risiko, daß die Investition nicht den erhofften Ertrag erbringt oder das eingesetzte Kapital durch Verluste aufgezehrt wird, trifft allein den Anleger.[458] Deshalb hat das OLG Frankfurt/Main in Abweichung von der herrschenden Rechtsprechung zu Recht eine Pflichtverletzung der beratenden Bank verneint, die in Zeiten ungewisser Börsenentwicklung zwar bestimmte Aktien zum Kauf empfohlen hatte, gleichzeitig aber auf die unsichere Marktlage und das Risiko der Kursentwicklung hingewiesen hatte.[459]

Unrichtig sind Rat oder Empfehlung allerdings dann, wenn dabei unrichtige Tatsachen zugrunde gelegt wurden oder wenn nicht alle maßgeblichen Umstände, die für eine Kursbeurteilung von Bedeutung sind, berücksichtigt wurden. Geht der Berater hingegen von zutreffendem und vollständigem Tatsachenmaterial aus, so kann von Rechts wegen nur gefordert werden, daß die Bewertung der mitgeteilten Umstände, insbesondere die Abwägung von Chancen und Risiken, weder gegen allgemeine Erfahrungsgrundsätze und Erkenntnisse der Ökonomie verstößt noch die Vorsicht und Zurückhaltung außer acht läßt, die bei derartigen Prognosen erfahrungsgemäß angebracht sind. Mit anderen Worten: Die Anlageempfehlung muß de lege artis zustande gekommen sein und sich im Rahmen des ökonomisch Vertretbaren bewegen.

bb. Unzureichende Abgrenzung in der Rechtspraxis

Die Rechtsprechung dagegen tut sich angesichts immer umfassenderer Sorgfaltsanforderungen zunehmend schwer, im konkreten Einzelfall die Informationsverantwortung

---

455   Dazu vgl. oben 2. Kapitel § 3 III 2 a, b.

456   Vgl. Kübler, ZHR 145 (1981), S. 204 (212 ff.)

457   So im Ergebnis auch Kübler, ZHR 145 (1981), S. 202 (208). Anders dagegen der BGH, der eine Haftung der beratenden Bank für eine „Fehleinschätzung der in einem Wertpapier liegenden Entwicklungsmöglichkeiten" bejaht hat (BGHZ 70, 356 ff.).

458   Vgl. Rümker, Bankrechtstag 1992, S. 29 (32).

459   OLG Frankfurt/Main WM 1990, 1452 (1453); Vortmann, Beratungspflichten, Rn. 347.

der beratenden Bank und das Investitionsrisiko des Anlegers angemessen voneinander abzugrenzen. Zwar hat die Rechtsprechung vor allem in den achtziger Jahren unter Hinweis auf die Eigenverantwortung des Anlegers eine Verschiebung des Investitionsrisikos zu Lasten der Bank ausdrücklich verneint. Der BGH hat in dem Zusammenhang selbst mehrfach betont, daß die Beratung dem Anleger lediglich die Möglichkeit geben solle, die rechtlichen und wirtschaftlichen Risiken der Investition zu erkennen, ihm diese Risiken aber nicht abnehmen solle.[460] Das hat den BGH in der Folge gleichwohl nicht davon abgehalten, die Sorgfaltspflichten der Banken in bedenklicher Weise auszudehnen. Vor dem Hintergrund dieser Rechtsprechung erscheint es fraglich, ob der BGH das Risiko einer Abwälzung des Investitionsrisikos auf die Beratungsinstanz noch ernst nimmt.

(1) Ungenügende Berücksichtigung des Prognose-Charakters von Anlageempfehlungen

Die Gefahr einer Verschiebung des Anlagerisikos resultiert vor allem daraus, daß der BGH bei der Prüfung der Beratungspflichtverletzung im Einzelfall nicht hinreichend zwischen Tatsachenmitteilungen, für deren Richtigkeit und Vollständigkeit die beratende Bank uneingeschränkt haftet, und nur bedingt verbindlichen Werturteilen und Prognosen differenziert.[461] Der Unsicherheitsfaktor, der jeder Anlageempfehlung qua ihrer Eigenschaft als subjektives Werturteil über die Qualität einer Kapitalanlage anhaftet, wird so von der Rechtsprechung häufig nicht hinreichend berücksichtigt und die Empfehlung als in jeder Hinsicht verbindliche Vorhersage überbewertet.

(2) Gefahr einer retrospektiven Bewertung der anlagerelevanten Umstände

Der Grund für diese Überinterpretation liegt nicht zuletzt darin, daß die Gerichte in der Auseinandersetzung um mögliche Ersatzansprüche geschädigter Anleger eine Pflichtverletzung der beratenden Bank naturgemäß retrospektiv zu prüfen haben und insofern selbstverständlich den tatsächlichen Geschehensverlauf, der zum Scheitern der Anlage führte, kennen. Diese rückschauende Betrachtung darf die Gerichte allerdings nicht zu einer ex-post-Perspektive im Hinblick auf die Bewertung und Interpretation der anlagerelevanten Umstände verleiten, die sich unter dem Eindruck des finanziellen Verlustes, den der Anleger durch das Geschäft erlitten hat, an einen bequemen Haftungstatbestand anlehnt.[462] Erforderlich ist vielmehr eine ex-ante-Perspektive, die die Frage stellt, inwieweit die beratende Bank angesichts der zum Zeitpunkt der Beratung bekannten Informationen drohende Risiken hätte voraussehen können und den Kunden darauf hinweisen müssen. Es ist deshalb insbesondere bei Risikoanlagen nicht unproblematisch, wenn die Gerichte im nachhinein, aufgrund des Wissens um die spätere Insolvenz des Emittenten quasi „unfehlbar" geworden, aus der Summe der bekannten Informationen

---

460 BGH NJW 1982, 1095; BGH NJW-RR 1987, 936 f.
461 Zum Doppelcharakter der Anlageberatung - einerseits Tatsachenmitteilung, andererseits Werturteil - vgl. auch oben 2. Kapitel § 3 I.
462 So auch Breidenbach, Informationspflichten, S. 13.

einseitig diejenigen zu einem Mosaik zusammensetzen, die den Mißerfolg der Anlage voraussehen ließen, und gestützt darauf die Empfehlung des Beraters als fehlerhaft abqualifizieren.[463] Im Ergebnis verlangt die Rechtsprechung damit, daß die Bank im Rahmen der Beratung aus der Vielzahl von Informationen zuverlässig diejenigen Umstände und Ereignisse vorhersieht, die sich für den späteren Mißerfolg der Anlage als ausschlaggebend erweisen sollten.

In der Regel ist die Informationslage zum Zeitpunkt der Beratung jedoch keineswegs so eindeutig und durchschaubar, daß sich dem Anlageberater eine eindeutige, unzweifelhafte Schlußfolgerung in bezug auf die Kursentwicklung des Wertpapiers aufdrängt. Vielmehr liegen gerade bei Risikoanlagen sehr oft unterschiedliche, häufig widersprüchliche Informationen vor, die je nach Einschätzung und Gewichtung der einzelnen Faktoren durchaus sehr unterschiedliche Prognosen rechtfertigen.

(aa) Beispiel: Bond-Fall [464]

So lagen auch in dem vom BGH entschiedenen „leading case" zur Anlageberatung, dem Bond-Fall, widersprüchliche Informationen über die Bonität der Anleiheemittentin, der australischen Bond-Finance Ldt., vor: Einerseits begründeten negative Berichte in der deutschen und internationalen Wirtschaftspresse ebenso wie eine Herabstufung der Rating-Beurteilung der Bond-Gruppe Zweifel an der Solidität der Anleihe, andererseits ließen ein uneingeschränkt positives Testat der weltweit renommierten Wirtschaftsprüfungsgesellschaft *Arthur Anderson & Co.* wie auch ein von mehreren namhaften deutschen Großbanken gezeichneter Börsenzulassungsprospekt die geäußerten Bonitätszweifel unbegründet erscheinen. Mehrere Banken hatten die Bond-Anleihe deshalb im Frühjahr 1989 ihren Kunden zum Kauf empfohlen. Als die Emittentin Ende 1989 schließlich in ernsthafte finanzielle Schwierigkeiten geriet, erlitten diese Anleger z.T. erhebliche finanzielle Ausfälle.

Eine objektiv sichere Prognose, welche der widersprüchlichen Informationen im Hinblick auf die wirtschaftliche Zukunft der Anleiheschuldnerin sich als maßgeblich und welche als unzutreffend erweisen würden, war zum Zeitpunkt der Beratung nicht möglich. Die Anlageempfehlungen der Banken beruhte vielmehr auf der subjektiven Abwägung der positiven und negativen Umstände durch die Berater.

Anders als das OLG Braunschweig, das angesichts der widersprüchlichen Informationssituation ein Beratungsverschulden der Bank verneinte, hat der BGH einseitig die negativen Aspekte, die gegen eine Empfehlung des Wertpapiers sprachen, in den Mittelpunkt seiner Betrachtung gerückt. So hat das Gericht die Pflichtverletzung der beratenden Bank damit begründet, daß der Berater den Anleger nicht über die kritischen Presseberichte, die die hohe Verschuldung des Bond-Konzerns anprangerten, aufgeklärt hatte, sondern seine Empfehlung statt dessen im wesentlichen auf den positiven Börsenzu-

---

463 So auch Reifner, EWiR 1992, 651 (652).
464 BGHZ 123, 126 ff. = WM 1993, 1455 ff. = NJW 1993, 2438 ff. = JZ 1994, 102 ff.

lassungsprospekt gestützt hatte.[465] Darin sah der BGH einen Verstoß gegen den Grundsatz objektgerechter Beratung.

Ob der Börsenzulassungsprospekt tatsächlich, wie vom BGH vertreten, keine geeignete Grundlage für eine Anlageempfehlung darzustellen vermag, ist fraglich.[466] Zwar führt die Börsenzulassungsstelle im Rahmen des Zulassungsverfahrens nach § 36 BörsG keine eigenen Ermittlungen durch, insofern bietet das Zulassungsverfahren, wie der BGH richtig feststellt, keine Gewähr für die Bonität eines Wertpapiers, gleichwohl erfolgt eine inhaltliche Überprüfung des Prospekts zumindest auf Vollständigkeit und die Veröffentlichung des Prospekts hängt gem. § 38 Abs. 3a BörsG davon ab, daß die Zulassungsstelle den Prospekt inhaltlich billigt. Auf diese Weise soll sichergestellt werden, daß der Prospekt tatsächlich die erforderlichen Angaben enthält, um dem Anlagepublikum ein zutreffendes Urteil über den Emittenten und das Wertpapier zu ermöglichen.[467] Angesichts dieser Anlegerschutzfunktion der Börsenzulassung den Zulassungsprospekt gleichwohl als völlig ungeeignet für die Anlageberatung und damit letztendlich auch als unbrauchbar für die Entscheidung des Anlegers abzuqualifizieren, wie der BGH dies im Ergebnis tut, wird weder dem Zulassungsverfahren noch der Funktion des Prospekts gerecht, insbesondere wenn man darüber hinaus bedenkt, daß - wie der BGH selbst eingesteht - unabhängig vom Börsenzulassungsverfahren gem. §§ 36 ff. BörsG i.V.m. §§ 13 ff. BörsZulVO auch in der gesamtschuldnerischen Haftung des antragstellenden Kreditinstitut für fehlerhafte Prospektangaben nach § 45 BörsG eine weitere Absicherung gegen falsche Prospektangaben liegt.[468] Angesichts dieser Umstände ist vielmehr davon auszugehen, daß das Kreditinstitut, das den Börsengang begleitet, bereits im eigenen Haftungsinteresse die Prospektangaben auf Zuverlässigkeit und Richtigkeit überprüft hat. Warum der Prospekt ungeachtet der schwerwiegenden haftungs- wie börsenzulassungsrechtlichen Folgen unrichtiger oder unvollständiger Angaben nach Auffassung des BGH gleichwohl keine hinreichende Grundlage für ein Urteil des Anlageberaters über ein Wertpapier bieten soll, erscheint um so weniger verständlich, als die Börsenzulassung - wie im Bond-Fall[469] - erst kurze Zeit zurücklag, so daß die Prospektangaben ohne Zweifel auch ein aktuelles Bild des Emittenten vermittelten.

Nicht allein im Hinblick auf die Bedeutung von Wertpapierprospekten für die Anlageberatung wirft die Entscheidung des BGH Fragen auf, auch auf den Umstand, daß ein Teil der Presseberichte, auf die das Gericht die Pflichtverletzung stützt, wenig aussagekräftig war, weil sie sich entweder mehr mit der persönlichen Lebensführung des Inhabers der Bond-Gruppe als mit der wirtschaftlichen Situation des Konzerns beschäftigten, bzw. andere Presseberichte die Kritik an der wirtschaftlichen Lage des Konzerns unter Hinweis auf ein geplantes Sanierungsprogramm bereits selbst deutlich relativierten, geht

---

465 BGH WM 1993, 1455 (1457).
466 BGHZ 123, 126 (130 f.).
467 Vgl. Regierungsbegründung zum 3. FMG, BR-Drucks. 605/97, S. 72.
468 Vgl. Schwark, WuB I G 4. - 9.93, der in dem Börsenzulassungsverfahren ebenfalls ein „Stück" Bonitätsprüfung sieht, jedoch gerade bei älteren Prospekten eigene Recherchen der Bank gleichwohl für erforderlich hält.
469 Vgl. BGHZ 123, 126 (126/127).

der BGH in seinem Urteil überraschender Weise nicht ein, ebenso wenig wie auf das uneingeschränkt positive Testat der international renommierten Wirtschaftsprüfungsgesellschaft Arthur Anderson & Co.[470] Dieses Gutachten sah im Gegensatz zu den vom BGH angeführten Presseberichten keinen Anlaß zu Kritik an der wirtschaftlichen Situation der Bond-Gruppe, sondern prognostizierte im Gegenteil für die Zukunft eine deutliche Verbesserung der Ertragslage der Emittentin.

In der Gesamtschau aller vorliegenden Informationen war das Bonitätsrisiko der Anleiheschuldnerin deshalb keineswegs so offensichtlich, daß die Bank das Papier einem durchschnittlichen Anleger unter keinen Umständen mehr hätte empfehlen dürfen, insbesondere wenn dieser Anleger weniger an einer sicheren als vielmehr an einer quellensteuerfreien Anlage interessiert war. Durchaus ernst zu nehmende Informationen nährten nicht nur begründete Zweifel an der in den Presseberichten zum Ausdruck gekommenen kritischen Beurteilung der Unternehmenslage, auf die sich der BGH im wesentlichen stützt, sondern ließen die Bond-Anleihe vor allem für steuerlichorientierte Anlegerkreise sogar als durchaus interessant erscheinen.[471]

(bb) Beispiel: Fokker-Fall [472]

Ähnlich wie im Bond-Fall, war auch im sog. Fokker-Fall die bedenkliche Wirtschaftslage der Anleiheemittentin aufgrund der zum Beratungszeitpunkt bekannten Informationen für die beratende Bank nur schwer erkennbar. Mehrere Kreditinstitute hatten in den Jahren 1993/94 Anlegern den Kauf von Anleihen des niederländischen Flugzeugherstellers Fokker empfohlen. Als sich Anfang 1996 die Daimler-Benz AG über ihre Tochtergesellschaft, die Deutsche Aerospace AG (DASA), aus ihrem Engagement bei Fokker zurückzog, fiel Fokker schließlich im März 1996 in Konkurs. Die Anleihe wurde wertlos, was bei den Anlegern zu Vermögensverlusten führte.

Wie schon im Bond-Fall, so lagen auch in diesem Fall zum Zeitpunkt der Beratung widersprüchliche Informationen vor, die eine zuverlässige Erfolgsprognose ausschlossen, die aber in der Gesamtschau eher optimistisch denn pessimistisch stimmten.

Die Fokker AG war Anfang 1993 aufgrund einer Rezession in der Luftfahrtindustrie und eines Nachfragerückgangs auf dem Markt für Regionalflugzeuge in wirtschaftliche Schwierigkeiten geraten.[473] In der *Börsen-Zeitung* waren deshalb Anfang 1993 drei Berichte erschienen, die die Krise in der Flugzeugindustrie im allgemeinen sowie die wirtschaftlichen Schwierigkeiten bei Fokker im besonderen beschrieben.[474] Allerdings zeichnete sich bereits im Frühjahr 1993 aufgrund der Beteiligung der DASA und eines Darlehens des niederländischen Staates eine Entspannung der finanziellen Krise bei

---

470 Kritisch in der Beurteilung der Informationslage ebenfalls Vortmann, EWiR 1992, 655 (656); Potthoff, EWiR 1992, 19 (20) und Reifner, EWiR 1992, 651 (652).
471 Ähnlich die Beurteilung der Informationslage durch das OLG Braunschweig, WM 1993, 190.
472 BGH ZIP 2000, 1204 ff.; OLG Hamburg WM 1999, 1875 ff.; OLG Koblenz ZIP 1999, 1667 ff.; OLG Nürnberg WM 1998, 378 ff.; OLG Braunschweig WM 1998, 375 ff.
473 OLG Nürnberg WM 1998, 378 (380).
474 OLG Braunschweig WM 1998, 375 (377).

Fokker ab. Darüber hinaus wurde die Krise in der Luftfahrtindustrie in Wirtschaftskreisen nur als vorübergehend betrachtet.[475] Aus diesem Grund galt die Krise bereits im Frühjahr 1993 in Börsenkreisen als überwunden.[476] Konkrete Hinweise auf eine drohende Insolvenz Fokkers lagen Mitte 1993 jedenfalls nicht vor. Im Gegenteil: Analysten-Berichte renommierter niederländischer Investmentbanken sahen die wirtschaftliche Zukunft Fokkers positiv und den Fortbestand des Unternehmens als gesichert an.[477] Selbst als Ende 1995 erste Zahlungsschwierigkeiten Fokkers bekannt wurden, blieb der Kurs der Anleihe davon zunächst unbeeindruckt, was zuverlässig darauf hindeutet, daß selbst Börsenkreise nach wie vor keine Anzeichen für eine ernsthafte wirtschaftliche Krise sahen. Der Zusammenbruch des Unternehmens im Frühjahr 1996, der im wesentlichen auf den plötzlichen Rückzug der DASA zurückzuführen war, kam damit selbst für Börsenkreise überraschend.

Aus diesem Grund haben auch die Landgerichte Duisburg, Berlin, Hamburg, Nürnberg-Fürth und Osnabrück sowie das Amtsgericht Nordhorn in erster Instanz Ersatzansprüche geschädigter Anleger gegen die beratenden Banken durchweg unter Hinweis auf das Fehlen einer Beratungspflichtverletzung abgelehnt.[478] Nach übereinstimmender Auffassung der Gerichte lagen zum Zeitpunkt der Anlageberatung (Mitte 1993 bis Anfang 1994) keine Hinweise auf eine Insolvenz Fokkers vor, die einer Empfehlung der Anleihe durch die Banken entgegengestanden hätten. Insbesondere das Landgericht Duisburg, das sich eingehend mit der Einschätzung der Bonität des Unternehmens in Fachkreisen auseinander setzte, sah bezogen auf den Zeitpunkt der Beratung keinerlei Anzeichen für einen drohenden Zusammenbruch des Unternehmens.[479]

Die Oberlandesgerichte Braunschweig, Nürnberg und Koblenz hingegen, die als Berufungsinstanzen über Ersatzansprüche geschädigter Fokker-Anleger zu befinden hatten, entschieden unter Berufung auf die Rechtsprechung des BGH im Bond-Fall zugunsten der Anleger.[480]

Im Gegensatz zu den vorgenannten landgerichtlichen Entscheidungen sah das OLG Nürnberg durchaus begründete Zweifel an der Bonität Fokkers. Die Anlageempfehlung der beratenden Bank beruhte nach Ansicht des Gerichts lediglich auf der „spekulativen Hoffnung", die Konsolidierung des internationalen Flugzeugmarktes werde auch bei Fokker zu einer Überwindung der Krise führen.[481] Die Anleihe war deshalb nach Ansicht des OLG Nürnberg bereits zum Zeitpunkt der Beratung (Mitte 1993) für sicherheitsbe-

---

475   LG Duisburg, WM 1997, 574 (575).
476   LG Duisburg WM 1997, 574 (575). Von einem „grundlegenden Wandel in der Beurteilung der Bonität Fokkers" spricht auch das OLG Braunschweig, WM 1998, 375 (377).
477   Vgl. LG Duisburg WM 1997, 574 (575).
478   LG Duisburg WM 1997, 574 ff.; LG Berlin WM 1997, 1422 f.; LG Hamburg WM 1997, 1423 ff.; LG Nürnberg-Fürth WM 1997, 1426 f.; LG Osnabrück WM 1998, 381; AG Nordhorn WM 1997, 1700 f.
479   Vgl. LG Duisburg, WM 1997, a.a.O.
480   OLG Nürnberg WM 1998, 378 ff.; OLG Braunschweig WM 1998, 375 ff.; OLG Koblenz ZIP 1999, 1667 ff. – anders nur OLG Hamburg WM 1999, 1875 ff., differenzierend neuerdings auch der BGH, vgl. BGH ZIP 2000, 1204 ff.
481   OLG Nürnberg WM 1998, 378 (379 f.), vgl. auch Beier, Das Wertpapier 5/1998, S. 60.

wußte Anleger nicht mehr empfehlenswert.[482] Das OLG stützt die Begründung seines Urteils dabei im wesentlichen auf eine interne Einschätzung der beratenden Bank. Diese bankinterne Analyse beurteilte die Fokker-Anleihe zum Zeitpunkt der Beratung als Anlage „mittleren Risikos" (sog. Y-Anleihe).[483] Das beratende Kreditinstitut war deshalb nach Auffassung des Gerichts über die mangelnde Bonität Fokkers durchaus informiert und hätte dem Anleger, der eine sichere Anlage wünschte, dieses Papier nicht verkaufen dürfen.[484] Dabei verkennt das OLG jedoch, daß die bankinterne Einschätzung nicht auf nachgewiesener mangelnder Bonität der Fokker AG beruhte, sondern vielmehr allein darauf, daß für die Anleihe kein offizielles Rating vorlag. Die bankinterne Beurteilung bot damit, anders als vom OLG Nürnberg angenommen, keineswegs einen Nachweis für die wirtschaftliche Krise der Anleiheemittentin, sondern beruhte unabhängig von der tatsächlichen Unternehmensbonität allein auf dem Fehlen eines offiziellen Ratings.

Auf die Frage, ob die Informationen, die zum Zeitpunkt der Beratung in Finanz- und Börsenkreisen zur wirtschaftlichen Situation Fokkers bekannt waren, tatsächlich eine Empfehlung der Anleihe verboten, geht das OLG hingegen nur einseitig ein. So verweist das Gericht auf die „generell bestehende Gefahr, daß sich ein Investor zurückzieht", sowie auf die Einschätzung eines Wirtschaftsprüfungsinstituts, das auf die allgemein angespannte wirtschaftliche Situation in der Luftfahrtindustrie hingewiesen hatte.[485] Von den o.g. positiven Umstände, wie z.B. dem Engagement des niederländischen Staates, die massiven Investitionen durch die DASA sowie den positiven Analysen namhafter niederländischer Investmentbanken, zeigte sich das Gericht ebenso wenig beeindruckt wie von dem Umstand, daß selbst die von OLG zitierte Analyse des Wirtschaftsprüfers von einer baldigen Konsolidierung der Luftfahrtindustrie und entsprechend positiven Einflüssen auf die Entwicklung Fokkers ausging.[486]

Im Ergebnis bezieht sich das OLG Nürnberg damit in seiner Urteilsbegründung - ähnlich wie der BGH in der „Bond"-Entscheidung - lediglich einseitig auf die wenigen negativen Meldungen, die auf ein Scheitern der Kapitalanlage hindeuteten, während die gleichfalls vorliegenden positiven Indizien in den Erwägungen des Gerichts nur beiläufig Erwähnung finden.

Das Gericht geht dabei sogar über die Anforderungen der „Bond"-Rechtsprechung hinaus, verlangt es doch im Ergebnis von der beratenden Bank, die wirtschaftliche Situation und Bonität eines Emittenten zuverlässiger und besser einzuschätzen als die h.M. in Finanz- und Börsenkreisen, die zum Zeitpunkt der Beratung keine Anzeichen für

---

482 OLG Nürnberg WM 1998, a.a.O.
483 OLG Nürnberg WM 1998, S. 378 (380), dazu Drygala, EWiR 1998, 441.
484 OLG Nürnberg WM 1998, S. 378 (379 f.).
485 OLG Nürnberg WM 1998, 378 (380).
486 OLG Nürnberg WM 1998, a.a.O, anders OLG Hamburg WM 1999, 1875, wonach der Hinweis des Beraters auf das finanzielle Engagement des niederländischen Staates bei dem Versuch der Unternehmenssanierung ausreichte. Stärker differenzierend auch BGH ZIP 2000, 1204.

einen drohenden Zusammenbruch des Unternehmens sah.[487] Darin liegt eine bedenkliche Ausdehnung der Beratungsanforderungen.

Anders als das OLG Nürnberg ist das OLG Braunschweig in seiner Urteilsbegründung in verstärktem Maße bemüht, die negativen Indikatoren, die auf das erhöhte Risiko der Fokker-Anlage hindeuteten, im einzelnen nachzuweisen. Die Entscheidung des OLG Braunschweig betrifft allerdings im Unterschied zu den zuvor genannten landgerichtlichen Urteilen sowie der Entscheidung des OLG Nürnberg insofern einen Sonderfall, als der Kläger im Falle des OLG Braunschweig die Fokker-Anleihen zu einem früheren Zeitpunkt, nämlich Anfang 1993, erworben hatte.[488] Zu diesem Zeitpunkt befand sich Fokker tatsächlich aufgrund des zusammengebrochenen Flugzeugmarktes in einer wirtschaftlich schwierigen Phase. Zu Recht verweist das OLG Braunschweig insoweit auf Berichte in der *Börsen-Zeitung*, die auf die allgemeine Wirtschaftskrise in der Luftfahrtindustrie aufmerksam machten.[489]

Dennoch stützt sich auch das OLG Braunschweig im Ergebnis einseitig auf die negativen Informationen und Einschätzungen, die vor einem Kauf von Luftfahrttiteln, darunter Fokker, warnten. Die bereits erwähnten positiven Faktoren, insbesondere das geplante beträchtliche Engagement der DASA und des niederländischen Staates sowie die sich abzeichnende Trendwende in der Luftfahrtindustrie, die in Fachkreisen schließlich zu einem grundlegenden Wandel in der Beurteilung von Fokker führten, nimmt das Gericht zwar beiläufig zur Kenntnis, läßt sie im Ergebnis allerdings - offenbar unter dem Eindruck des späteren Unternehmenszusammenbruchs - nicht durchgreifen. Im Gegenteil: Das OLG sieht gerade in der geplanten Sanierung und dem damit verbundenen Abbau von Arbeitsplätzen einen Beweis für die mangelnde Bonität der Fokker AG.[490] Daß die Beurteilung der wirtschaftlichen Situation Fokkers jedoch keineswegs so eindeutig negativ erschien, wie vom Gericht angenommen, belegt schon der Umstand, daß selbst das OLG für einen wenig später gelegenen Zeitpunkt bereits einen grundlegenden Beurteilungswandel in Finanzkreisen konstatiert.[491]

(3) Verschiebung des Investitionsrisikos auf die Beratungsinstanz

Gerade die abweichenden Urteile im Fokker-Fall und im Bond-Fall belegen die Schwierigkeiten der Rechtsprechung, die zum Zeitpunkt der Beratung bekannten anlagerelevanten Informationen in der Retrospektive angesichts der Kenntnis der tatsächlichen Entwicklung sachgerecht zu gewichten, ohne dabei unter dem Eindruck der Insolvenz

---

487 So auch Drygala, EWiR 1998, 441 (442). Daß Fachkreise keine Anzeichen für einen baldigen Unternehmenszusammenbruch sahen, belegt vor allem die Tatsache, daß der Börsenkurs des Papiers trotz der bekannt gewordenen negativen Umstände zunächst nach wie vor stabil blieb. Im Ergebnis übereinstimmend BGH ZIP 2000 1204 ff., wonach das Papier für *„begrenzt risikobereite, renditeorientierte Anleger im Oktober 1993 durchaus empfehlenswert war."*
488 OLG Braunschweig WM 1998, 375.
489 OLG Braunschweig WM 1998, 375 (376 f.).
490 OLG Braunschweig WM 1998, a.a.O.
491 OLG Braunschweig WM 1998, 375 (377).

des Emittenten bestimmte Umstände in ihrer Bedeutung für die späteren Kursverluste des Papiers ex post über zu bewerten. Indem die Rechtsprechung jedoch in dem Wissen um das Scheitern der Anlage im nachhinein einseitig auf die Risiken und die in dem Zusammenhang bekannt gewordenen negativen Meldungen abstellt, verlangt sie von der beratenden Bank de facto, den Zusammenbruch des Unternehmens aus der Gemengelage widersprüchlicher Informationen zuverlässig vorherzusehen. Die objektive Informationslage war jedoch weder im Bond- noch im Fokker-Fall eindeutig auf eine baldige Insolvenz der Anleiheemittenten gerichtet. Im Gegenteil: Die Abwägung aller Informationen ließ eine positive Entwicklung der Papiere nicht nur als möglich, sondern bisweilen sogar als wahrscheinlich erscheinen. Die Kaufempfehlungen der Banken waren insofern de lege artis jedenfalls für renditeorientierte, begrenzt risikobewußte Anleger vertretbar.[492]

Indem die Rechtsprechung gleichwohl eine schuldhafte Pflichtverletzung bejaht, verkennt sie den jeder Anlageempfehlung innewohnenden Prognosecharakter und bürdet der beratenden Bank im Ergebnis eine Garantiehaftung für den finanziellen Erfolg der empfohlenen Wertpapiere auf. Dadurch wird nicht nur das wirtschaftliche Risiko der Anlage in bedenklicher Weise auf die Beratungsinstanz abgewälzt, sondern die Beratungstätigkeit wird darüber hinaus mit prohibitiven Haftungsrisiken belegt.[493]

3. Folgen eines einseitig sicherheitsorientierten Beratungsverständnisses

Eine Rechtsprechung, die einseitig die Gefahren einer Anlage in den Mittelpunkt der Beratungsanforderungen rückt, verengt die für die Anlageentscheidung maßgeblichen und deshalb beratungsrelevanten Umstände im wesentlichen auf den Aspekt der Anlagesicherheit. Andere anlagerelevante Parameter, insbesondere die Rendite, treten dagegen in den Hintergrund. Die Folgen einer solchen einseitigen Verkürzung des Beratungsverständnisses, das vor allem auf den Erhalt des investierten Kapitals gerichtet ist, sind nicht nur Ertragseinbußen zugunsten übertriebener Sicherheit, darüber hinaus wird auch eine ausgewogene und qualifizierte Informationsversorgung der Anlegerschaft und damit das eigentliche Ziel der Beratung, der Abbau marktbeeinträchtigender Informationsasymmetrien, gefährdet, denn die Banken werden bemüht sein, die mit einem solchen Beratungsverständnis verbundenen erheblichen Haftungsrisiken durch zunehmende „Flucht" aus der Beratung zu begrenzen, besonders sofern volatile, ertragsorientierte Anlageformen mit erhöhten Verlustgefahren betroffen sind.

Entsprechende Möglichkeiten, sich der umfassenden Beratungspflicht zu entziehen, hat der BGH im übrigen selbst aufgezeigt. So unterliegen Anlagevermittler nach herrschender Rechtsprechung deutlich geringeren Informationsanforderungen als Anlageberater (i.e.S.).[494] Es bietet sich deshalb für Kreditinstitute an, ihre Dienstleistung auf die

---

492 Übereinstimmend BGH ZIP 2000, 1204 ff. Im Ergebnis so auch OLG Hamburg WM 1999, 1875 ff.

493 Ebenso Heinsius, ZHR 145 (1981), S. 204 (213); ders., ZBB 1994, S. 47 (55) m.w.N.

494 Grundlegend BGH NJW 1982, 1095 ff., bestätigt durch BGH WM 1993, 1238 ff. Ausführlich zu den Informationspflichten des Anlagevermittlers vgl. unten 2. Kapitel § 4 I.

bloße Vermittlung von Kapitalanlagen zu beschränken, zumal keine allgemeine Verpflichtung zum Abschluß eines Beratungsvertrages besteht.[495] Vielmehr kann sich die Bank gezielt auf die Position eines Anlagevermittlers zurückziehen, indem sie den Kunden ausdrücklich darauf hinweist, daß sie eine Beratung nicht vornehmen wird.[496] Die Bank kann sich auf diese Weise insbesondere der mit erheblichen Haftungsrisiken verbundenen Pflicht zur Abwägung und Interpretation der anlagerelevanten Umstände unter Berücksichtigung der individuellen finanziellen Bedürfnisse des Kunden entziehen.

Daneben bietet auch eine Beschränkung des Anlageangebots auf risikoarme und deshalb wenig beratungsintensive Produkte eine Möglichkeit zur Reduzierung des Beratungsrisikos. Vor allem für kleinere und mittlere Kreditinstitute, die zu der vom BGH geforderten umfassenden Bonitätsprüfung nur unter großen Anstrengungen in der Lage sind, erscheint es sinnvoll, sich auf ausgewählte, bevorzugt institutseigene Wertpapiere zu konzentrieren, deren Bonität unzweifelhaft ist.[497] Konsequenz dieser Einschränkung des Produktangebots, von der vor allem Wertpapiere mit hohem Risiko, wie z.B. Derivatanlagen, aber auch risikoreiche Aktien betroffen wären, wäre nicht nur ein Verlust an attraktiven Anlagemöglichkeiten, darüber hinaus droht eine Abwanderung vor allem ertragsorientierter Anleger ins Ausland - eine Entwicklung, die gerade mit Blick auf die allokative und institutionelle Effizienz des deutschen Kapitalmarkts bedenklich stimmen muß.[498]

Darüber hinaus ist eine verstärkte Beschränkung der Anlageprodukte auf bestimmte Kundengruppen zu befürchten. Da nicht jedes Papier für jeden Anleger geeignet ist, liegt es aus Sicht der Kreditinstitute nahe, zur Reduzierung des Haftungsrisikos, bestimmte Produkte von vornherein grundsätzlich nur bestimmten Kundengruppen anzubieten, beispielsweise das Angebot von ertragsorientierten Risikopapieren auf vermögende Anleger mit ausreichend finanziellem Freiraum und entsprechender Anlageerfahrung zu beschränken, während dem Durchschnittsanleger überwiegend risikoarme, gleichzeitig aber ertragsschwache Standardanlagen, wie z.B. Sparbriefe oder Festgeldanlagen, angeboten werden.[499] Aus Sicht der Kreditinstitute bietet ein solches Vorgehen neben dem Vorteil eines verminderten Haftungsrisikos vor allem die Möglichkeit, die personalintensive Individualberatung kostenwirksam zu reduzieren.

Daß diese „Flucht" aus der Beratung als Reaktion der Kreditinstitute auf übermäßige Informationsanforderungen nicht nur eine theoretische Gefahr darstellt, belegen Untersuchungen der *Stiftung Warentest*. Die *Stiftung Warentest* untersuchte Ende 1997 die Qualität von insgesamt 28 Kreditinstituten und -institutsgruppen.[500] Dabei zeigte sich,

---

495   Vgl. oben 1. Kapitel § 1 I.
496   Vgl. BGHZ 123, 126 (129/130); BGH WM 1998, 1220 (1221).
497   So auch Vortmann, ÖBA 1994, S. 579 (585/586).
498   Vgl. Frankfurter Allgemeine Zeitung vom 20.3.99, S. 27 („Interessenkonflikte bei Derivathandel"): Danach führte die auf Furcht vor Haftungsrisiken zurückzuführende mangelnde Bereitschaft deutscher Banken zum Abschluß von Derivatgeschäften bereits zu einer bedenklichen Verlagerung deutscher Wertpapierdepots in die Schweiz.
499   Vortmann, Beratungspflichten, Rn. 397a f.; ders. ÖBA 1994, S. 579 (586).
500   Stiftung Warentest, Finanztest 12/1997, S. 12 ff.

daß trotz deutlich gestiegener Anforderungen der Rechtsprechung an eine pflichtgemäße Anlageberatung die tatsächliche Beratungsqualität in der Praxis erschreckend schlecht war.[501] Einen wesentlichen Grund für die schlechte Beratungspraxis in vielen Banken sah die *Stiftung Warentest* unter anderem darin, daß vor allem kleine Sparkassen und Genossenschaftsbanken zu einer umfassenden, auf die individuellen Ansprüche der Kunden zugeschnittenen Beratung kaum bereit sind. Um das mit einer Anlageempfehlung verbundene erhebliche Haftungsrisiko zu vermeiden, beschränken diese Kreditinstitute ihr Beratungsangebot weitgehend auf eine bloße Produktbeschreibung und vermeiden konkrete Empfehlungen.[502] Hinzu kommt, daß sich insbesondere die Sparkassen bei der Beratung auf hauseigene Produkte oder solche der Sparkassenorganisation (z.B. Investmentprodukte der Deka) beschränken, weil bei diesen Produkten aufgrund des leicht zu beurteilenden Anlagerisikos die vom BGH geforderte umfassende Bonitätsanalyse nicht erforderlich ist.[503]

Der Trend, sich durch Konzentration auf relativ wenige, risikoarme Anlageprodukte einer umfassenden Beratung zu entziehen, erscheint vor allem im Hinblick auf eine optimale Kapitalallokation bedenklich, denn etwa zwei Drittel aller Spar- und Girokonten werden von Sparkassen und Genossenschaftsbanken geführt. Dementsprechend groß ist die Wahrscheinlichkeit, daß Anleger dort Rat suchen. Werden diese Anleger dann jedoch von den Kreditinstituten aus Furcht vor unüberschaubaren Beratungsrisiken undifferenziert und vorschnell mit ertragsschwachen Standardanlagen „abgespeist", so wirkt sich das zu Lasten anderer, weitaus attraktiver Anlageformen, insbesondere zum Nachteil der Aktienanlage aus.[504] Die Folge ist, daß wertvolles Investitionskapital in erheblichem Umfang unproduktiv in eher mittelmäßigen Anlageformen versickern, während gleichzeitig an anderen Stellen, die eine deutlich effizientere, erfolgreichere Mittelverwendung bieten würden, dringend Kapitalbedarf besteht.

Die Auferlegung (über-)strenger Informationspflichten ist deshalb - wie die Erfahrungen in der Praxis zeigen - nicht gleichzusetzen mit hoher Beratungsqualität und garantiert keineswegs eine optimale Investition des zur Verfügung stehenden Anlagekapitals. Vielmehr wirken Pflichten, die über die den Kreditinstituten kraft ihrer Marktfunktion zugewiesenen Aufgabe, elementare Informationsasymmetrien zwischen den Kapitalmarktteilnehmern auszugleichen, hinausgehen, kontraproduktiv und führen vielfach zu ökonomisch fragwürdigen Allokationsergebnissen.

---

501 Von 28 geprüften Kreditinstituten erhielten allein 33 % die Note „mangelhaft" und 17 % „sehr mangelhaft", während gerade ein Fünftel (20 %) mit „gut" und nur 3 % mit „sehr gut" bewertet wurden. Vgl. Stiftung Warentest, Finanztest 12/1997, S. 13.

502 Stiftung Warentest, Finanztest 12/1997, S. 13 f.

503 Vgl. Stiftung Warentest, Finanztest 12/1997, S. 14: „*Daß die Sparkassen bei der Anlageempfehlung so schlecht abschnitten, könnte folgenden Grund haben: Die Berater werden offenbar auf den Verkauf aktueller Angebote gedrillt. Oftmals gaben sie sich zwar große Mühe, vieles über den Kunden zu erfahren und ihm Fragen umfassend zu beantworten - am Ende mündete dies aber dennoch in einer Empfehlung nach Verkaufsvorgabe.*"

504 Daß übermäßige Beratungsrisiken als Hemmnis bei der Beratung insbesondere bei der Aktienanlage wirken, hat inzwischen auch der Gesetzgeber erkannt (vgl. Reg.-Begründung zum 3. FMG, BR-Drucks. 605/97, S. 96).

4. Vermeidung unangemessener Beratungsanforderungen

a. Keine Beratungspflicht in bezug auf allgemein erkennbare Umstände

Ungeachtet der Notwendigkeit sorgfältiger und qualifizierter Beratung muß, um eine Übersteigerung der Beratungsanforderungen de lege ferenda zu vermeiden, auch die Eigenverantwortung des Anlegers hinreichend Berücksichtigung finden. Gerade vor dem Hintergrund, daß das Wertpapiergeschäft in der Vergangenheit für die Kreditinstitute immer mehr zum Massengeschäft geworden ist, ist eine allumfassende Beratungspflicht, die sich - obgleich keine Anhaltspunkte für eine konkrete Gefahr vorliegen - auf sämtliche theoretisch denkbaren Risiken einer Anlage erstreckt, angesichts der damit für die Kreditwirtschaft verbundenen unübersehbaren Haftungsrisiken abzulehnen. Vielmehr ist ein Mindestmaß an informationeller Eigenverantwortung des Anlegers unverzichtbar. Insbesondere ist nicht einzusehen, warum ein mündiger Anleger sich über allgemein erkennbare, offenkundige Umstände nicht selbst informieren soll. Dazu gehört beispielsweise, daß sich der Anleger über die grundlegenden wirtschaftlichen Zusammenhänge und charakteristischen Eigenschaften des Anlageprodukts, insbesondere die typischen Risiken, selbst unterrichtet, also z.B. weiß, daß der Kauf von Aktien grundsätzlich mit einem Kursrisiko verbunden ist[505], daß Fremdwährungsanlagen - wie bereits die Bezeichnung nahe legt - mit einem Währungsrisiko behaftet sind oder daß Anleihen einem Bonitätsrisiko unterliegen.[506] So dürfte selbst einem in Aktiengeschäften bislang unerfahrenen Anleger angesichts zahlreicher Medienberichte über Wirtschafts- und Anlagethemen nicht zuletzt in Zusammenhang mit den zahlreichen Aktienkrisen der jüngeren Vergangenheit klargeworden sein, daß die Aktienanlage, insbesondere in ausländischen Werten, erheblichen Risiken unterliegen kann. Auch aktuelle Marktdaten, wie z.B. Aktien- und Rentenindices, Devisenkurse sowie die Kurse der wichtigsten Aktienwerte kann der Anleger inzwischen problemlos aus der allgemeinen Tagespresse oder anderen Medien entnehmen. Soweit der Anleger zu einer solchen selbständigen Information nicht in der Lage ist, kann er die Bank um Unterstützung bitten, eine allgemeine Pflicht der Bank, über solche grundlegenden Umstände ungefragt zu beraten, ist entgegen der Rechtsprechung des BGH[507] jedoch abzulehnen.[508] Einer Aufklärung durch die Bank

---

505 Das OLG Hamm, WM 1996, 1812 (1813/1814), lehnt z.B. bei „akademisch gebildeten Personen" eine Belehrung über das allgemeine Kursrisiko ab. Ähnlich das LG Duisburg, WM 1997, 574 f., das eine Informationspflicht in bezug auf das allgemeine Insolvenzrisiko ablehnt.

506 Daß die genannten Umstände zu den allgemein bekannten Risiken gezählt werden können, zeigt z.B. ein Vergleich mit dem schweizerischen Recht. So ist nach Art. 3 Abs. 2 der Verhaltensrichtlinien der Schweizerischen Bankiervereinigung (beigefügt als Anhang) eine Aufklärung des Kreditinstituts über die üblicherweise mit dem Kauf, Verkauf und Halten von Effekten verbundenen Risiken nicht erforderlich. Zu den als bekannt vorauszusetzenden „üblichen Risiken" gehört danach neben dem allgemeinen Bonitätsrisiko bei Anleihen auch das Kursrisiko bei Aktien und Aktienfondsanteilen (vgl. Richtlinie der Schweizerischen Bankiervereinigung, Kommentar 6 - beigefügt als Anhang).

507 Der BGH hingegen bejaht auch bezüglich allgemeiner Risiken eine Beratungspflicht, vgl. BGHZ 123, 126 (129); dazu ausführlich 2. Kapitel § 3 III 1 c.

bedarf der Anleger nur, soweit er dazu nicht aus eigener Kraft in der Lage ist. Das folgt bereits aus dem Grundsatz anlegergerechter Beratung, denn die Beratung soll lediglich die unzureichenden fachlichen Fähigkeiten und fehlenden praktischen Möglichkeiten des Anlegers, sich ausreichend zu informieren, ausgleichen, nicht dagegen die mangelnde Bereitschaft zur Information kompensieren oder dem Anleger einen „Allround-Schutz" gegen alle vorstellbaren Anlagerisiken bieten.

Um so bedenklicher erscheint eine neuere Entscheidung des Landgerichts Hannover, die über die Rechtsprechung des BGH hinausgehend eine umfassende Beratungspflicht der Bank selbst bei aktienerfahrenen Anlegern bejaht.[509] Nach der Entscheidung des Gerichts muß eine Bank stets ungefragt auch über allgemeine Risiken einer Kapitalanlage aufklären, selbst dann, wenn der Anleger bereits über Jahre hinweg vergleichbare Anlagegeschäfte getätigt hat und aufgrund seiner langjährigen Erfahrung die Risiken des Geschäfts selbständig überblicken kann. Die Beratungspflicht soll nur dann entfallen, wenn der Anleger ausdrücklich darauf verzichtet.

Eine so weit gefaßte Definition der Beratungspflicht, wie sie das Landgericht Hannover vornimmt, verkennt nicht nur den Zweck der Beratung, sondern widerspricht auch dem vom BGH geprägten Grundsatz anlegergerechter Beratung. Danach ist eine Beratung nur erforderlich, soweit ein entsprechendes Schutzbedürfnis des Anlegers besteht. Dieses Bedürfnis nach Beratung fehlt jedoch, soweit Risiken betroffen sind, die als allgemein bekannt gelten dürfen oder selbst für den unerfahrenen Anleger leicht in Erfahrung zu bringen sind. Es gilt deshalb, das Bewußtsein der Rechtsprechung darauf zu richten, daß „anlegergerechte" Beratung nicht zwangsläufig mit umfassenden Beratungsanforderungen gleichzusetzen ist, sondern ebenso auch eine Begrenzung der Informationsanforderungen beinhaltet.

Vereinzelte Entscheidungen einiger Instanzgerichte, die eine Informationspflicht der Bank hinsichtlich allgemeiner Umstände, wie z.B. bezüglich des allgemeinen Börsentrends[510], des generell bei einem Emittenten bestehenden Insolvenzrisikos[511] oder der Verlustgefahren aufgrund internationaler politischer Spannungen oder weltwirtschaftlicher Krisen, zu Recht verneint haben,[512] weisen in diesem Zusammenhang in die richtige Richtung.[513]

---

508   In diesem Sinne auch Vortmann, Beratungspflichten, Rn. 391.
509   Unveröffentlichtes Urteil des LG Hannover (Az.: 7 O 123/97), wiedergegeben in Hannoversche Allgemeine vom 17.3.1998, S. 22 („Bank unterliegt vor Gericht - Auch aktienerfahrene Anleger haben Anspruch auf Beratung").
510   OLG Frankfurt/Main WM 1994, 234 (235). Anders der BGH, der generell eine Beratungspflicht bzgl. der allgem. Entwicklung des Börsenmarktes bejaht, vgl. BGHZ 123, 126 (129).
511   So z.B. LG Duisburg WM 1997, 574 (575); Vgl. auch LG Berlin WM 1997, 1422 (1423) und LG Nürnberg-Fürth WM 1997, 1426 (1427). Anders dagegen LG Osnabrück, WM 1998, 381 und OLG Nürnberg, WM 1998, 378 (380), die eine Aufklärungspflicht auch bzgl. des allgemeinen Insolvenzrisikos bzw. des generell bestehenden Risikos des Rückzugs eines wichtigen Investors bejahen .
512   Vgl. OLG München WM 1994, 236 (237); Köndgen, NJW 1996, S. 558 (569); OLG Frankfurt a.M. WM 1994, 234 (235).
513   Wie hier Horn, WM 1999, S. 1 (3).

b. Klare Anlageziele des Kunden

Nicht nur in bezug auf allgemein bekannte oder erkennbare Umstände ist ein erhöhtes Maß an Eigenverantwortung des Anlegers zumutbar, sondern auch bei der Auswahl des geeigneten Anlageprodukts ist mehr Engagement des Anlegers gefordert. Zentrale Voraussetzung für eine optimale Beratung ist, daß der Anleger weiß, was er will, und daß er seine Ziele und Wünsche nachdrücklich und mit der notwendigen Deutlichkeit zum Ausdruck bringt. So muß der Kunde dem Anlageberater z.B. klar und unmißverständlich aufzeigen, ob er in erster Linie an einer wertbeständigen und sicheren oder vor allem an einer wachstumsstarken und ertragsorientierten Kapitalanlage interessiert ist und welche Anlageformen er keinesfalls wünscht, beispielsweise keine riskanten Derivatanlagen oder keine Auslandsanlagen.[514]

Die Anlageberatung ist kein einseitiger Vorgang, der allein den Berater fordert, sondern eine optimale Lösung ist nur dann zu erwarten, wenn auch der Kunde klare Vorstellungen und Prioritäten hinsichtlich der beabsichtigten Anlage hat und seine Beratungswünsche klar äußert, denn nur dann kann der Berater beurteilen, ob ein Anlageprodukt angesichts der finanziellen Ziele und Risikoerwartungen des Anlegers für diesen geeignet ist oder nicht.[515]

Äußert der Kunde hingegen keine klaren Präferenzen, so räumt er dem Berater insoweit für die Auswahl einer geeigneten Kapitalanlage konkludent einen Beurteilungsspielraum ein, der erst überschritten wird, wenn das empfohlene Produkt für den Anleger offenkundig ungeeignet ist. Der Kunde darf in einem solchen Fall nicht erwarten, daß das empfohlene Produkt ein Optimum an Sicherheit und Rendite bietet.

c. Sorgfältige Abwägung möglicher Anlagerisiken

Neben klaren Anlagezielen kann von einem mündigen Anleger schließlich auch erwartet werden, daß er sich mit den Risiken und Gefahren, die ihm der Berater aufzeigt, aktiv und bewußt auseinandersetzt und gegebenenfalls Fragen oder Widersprüche, die aus seiner Sicht offengeblieben sind, mit Hilfe des Beraters klärt. Die Entscheidung für oder gegen eine Anlage liegt letztendlich beim Anleger, der Berater kann dabei lediglich unterstützen. Doch nur wenn der Anleger neben den Chancen auch die Risiken einer Anlage bewußt zur Kenntnis nimmt und beides sorgfältig gegeneinander abwägt, ist er in der Lage, eine sachgerechte Entscheidung zu treffen. Gerade angesichts der Verlockung durch scheinbar schnell und mühelos zu erzielende Gewinne muß sich der Anleger auch mit den Risiken des Geschäfts auseinandersetzen.[516] Verdrängt der Anleger dagegen mit Blick auf die attraktive Rendite die Gefahren, so muß er später auch die Verluste in Kauf

---

514 So auch Staab, WM 1994, 541.
515 Vgl. Arendts in Jahrbuch Junger Zivilrechtswissenschaftler (1995), S. 165 (171 f.)
516 Ähnlich Horn, WM 1999, S. 1 (9 f.), der auf die mangelnde Bereitschaft vieler Anleger, sich kritisch mit einem attraktiven Anlageangebot auseinander zu setzen, verweist. Horn spricht in dem Zusammenhang von *„mangelnder Einsicht, Spieltrieb und Geldgier"* vieler Anleger.

nehmen, denn die Anlageentscheidung beruht auf dem eigenverantwortlichen Willensentschluß des Kunden.[517]

In der Rechtsprechung, die vielfach vorschnell und einseitig anlegerfreundlich auf angebliche Beratungsversäumnisse der Bank abstellt, findet die für jedes Anlagegeschäft unverzichtbare Eigenverantwortung des Anlegers dagegen oft nur am Rande Berücksichtigung. So haben bislang nur wenige Instanzgerichte unter Hinweis auf die Eigenverantwortung des Anlegers eine Minderung oder gar einen Ausschluß von Ersatzansprüchen bejaht.[518] Eine stärkere Beachtung des Gedankens des Mitverschuldens (§ 254 BGB) in der Rechtsprechung würde in diesem Zusammenhang vielfach zu einer angemesseneren Abgrenzung der Informationsverantwortung der Bank vom Investitionsrisiko des Kunden führen.[519]

Vor allem bei besonders riskanten Anlagegeschäften wie etwa dem Erwerb spekulativer Auslandspapiere oder extrem risikoreicher Derivat- oder Hybrid-Anlagen ist dem Anleger ein erhöhtes Maß an Selbständigkeit zumutbar, denn die Beratung in bezug auf derartige Produkte birgt zum einen für die Bank erhebliche Haftungsrisiken, da es bei derart spekulativen Produkten selbst für eine Bank schwierig ist, sämtliche für den Anlageerfolg maßgeblichen Faktoren angemessen abzuwägen.[520] Zum anderen profitiert der Anleger bei solchen Geschäften im Erfolgsfall auch von deutlich höheren Gewinnen. Den wesentlich höheren Ertragschancen muß deshalb auch die Bereitschaft des Anlegers zu mehr informationeller Selbständigkeit und finanzieller Eigenverantwortung gegenüberstehen.

Gerade vor dem Hintergrund wachsender Risikobereitschaft größerer Anlegerkreise kommt der auch Eigenverantwortung des Anlegers besondere Bedeutung zu, denn umfassende Informationspflichten allein gewährleisten, wie oben gezeigt, keineswegs auch eine optimale Kapitalverwendung. Stets erforderlich ist auch das Bewußtsein des Anlegers um die eigene Verantwortung sowie ein hinreichendes Maß an Selbständigkeit und Eigeninitiative. Aus diesem Grund wäre zu wünschen, daß die Rechtsprechung neben berechtigten Beratungsanforderungen an die Banken andererseits auch der Eigenverantwortung des Anlegers angemessene Beachtung schenkt. Einige Entscheidungen der Oberlandesgerichte, die zumindest in Teilbereichen eine Absenkung der Informationspflichten der Banken bei besonders risikoreichen Spekulationsgeschäften bejahen, weisen in diesem Zusammenhang in die richtige Richtung.[521]

---

517   So auch Staab, WM 1994, S. 541.

518   So hat z.B. das OLG Braunschweig WM 1994, 59 (63) wegen unzureichender Abwägung der Anlagerisiken durch den Anleger ein hälftiges Mitverschulden und eine entsprechende Anspruchsminderung bejaht. Im Ergebnis ähnlich OLG München WM 1994, 236 f., das die Information über allgemeine, typische Anlagerisiken in den Verantwortungsbereich des Anlegers stellt.

519   Zu dem Aspekt des Mitverschuldens des Anlegers ausführlich unten 2. Kapitel § 5 II 5.

520   Vgl. z.B. den von Horn, WM 1999, S. 1 (2) geschilderten Fall des Erwerbs spekulativer Dollar-Optionsscheine eines Emittenten auf den Niederländischen Antillen.

521   OLG München WM 1997, 1802 (1802 [1. Leitsatz] sowie 1804 f.); OLG Frankfurt/Main WM 1995, 245 (245 [1. Leitsatz] sowie 247); OLG Köln WM 1989, 402 (402, 404 f.).

Während die Rechtsprechung an die Beratungstätigkeit des Anlageberaters im engeren Sinne sehr weitreichende, teilweise übermäßige Anforderungen stellt, hat sie für Anlagevermittler deutlich geringere, zum Teil unzureichende Aufklärungspflichten formuliert. Auf diese Weise hat die Rechtsprechung vor allem für den Vertrieb von Beteiligungen an Abschreibungsgesellschaften, geschlossenen Immobilienfonds und steuerbegünstigten Kapitalanlagen verringerte Informationsstandards geschaffen.[522] Zwar hatte der BGH dabei vor allem selbständige private Vermittler im Auge, die gegen Provision am grauen Kapitalmarkt alternative Finanzprodukte vertreiben[523], allerdings können auch Kreditinstitute als Anlagevermittler tätig werden.[524] Ob eine Bank im Rahmen eines Anlagegeschäfts als Berater (i.e.S.) oder als Vermittler tätig wird, hängt zum einen von den Wünschen des Kunden, zum anderen aber auch vom geschäftlichen Auftreten und dem Verhalten der Bank ab. Legt der Kunde z.B. keinen Wert auf eine differenzierte Anlageempfehlung, sondern wünscht er lediglich grundlegende, allgemeine Auskünfte und Informationen über das Anlageobjekt, so spricht das für eine bloße Aufklärungspflicht der Bank.[525] Umgekehrt kann sich auch die Bank auf die Position eines Anlagevermittlers zurückziehen, indem sie den Kunden ausdrücklich darauf hinweist, daß sie eine umfassende Beratung nicht vornehmen kann.[526] Das wird insbesondere dann der Fall sein, wenn der Bank die erforderlichen Informationen für eine eingehende Beurteilung des Anlageobjekts fehlen, so daß sie lediglich einzelne Informationen an den Kunden weitergeben, aber kein eigenes Bonitätsurteil oder einen individuellen Anlagerat aussprechen kann.[527]

I. Aufklärungspflicht

Zwischen dem Kunden und dem Anlagevermittler kommt nach h.M. ein Aufklärungsvertrag zustande. Dieser verpflichtet den Vermittler - ähnlich den oben beschriebenen Grundsätzen objektgerechter Beratung - zu richtiger, vollständiger und verständlicher Mitteilung derjenigen tatsächlichen Umstände, die für die Investitionsentscheidung des Anlegers von Bedeutung sind.[528] Diese Pflicht wird nicht nur durch falsche Angaben, sondern auch durch die Vorenthaltung wichtiger Angaben verletzt.[529] Darüber hinaus

---

522 BGH NJW 1982, 1095, (1096); Vortmann, Beratungspflichten, Rn. 286 ff.
523 Raeschke-Kessler, WM 1993, S. 1830 (1831).
524 Vgl. BGHZ 100, 117 ff.; BGH ZIP 1998, 1220 f.; Siol in Bankrechts-Handbuch, § 45 Rn. 4; Vortmann, ÖBA 1994, S. 579 (585).
525 Siol in Bankrechts-Handbuch, § 45 Rn. 4
526 Vgl. BGH ZIP 1998, 1220, (1221).
527 Vortmann, ÖBA 1994, a.a.O.; ders. Beratungspflichten, Rn. 397 ff.
528 BGH WM 1993, 1238 (1239); BGH NJW 1982, 1095 (1096); BGH WM 1982, 90.
529 Vgl. BGH NJW 1982, 1095; mit Anmerkung von Assmann in NJW 1982, S. 1083 f.

verlangt die Aufklärungspflicht, alle vom Kunden in Zusammenhang mit dem Anlagegeschäft gestellten oder sich aufdrängenden Fragen wahrheitsgemäß zu beantworten.[530] Die anlagevermittelnde Bank genügt deshalb nicht schon dadurch ihrer Aufklärungspflicht, daß sie dem Kunden schriftliche Unterlagen überläßt, aus denen der Kunde dann die entsprechenden Informationen über das Anlageobjekt selbständig entnehmen soll, vielmehr muß sie die Unterlagen auch verständlich erläutern. Das umfaßt auch die Pflicht, im Prospekt enthaltene Widersprüche aufzuklären und mißverständliche oder falsche Angaben richtigzustellen.[531]

Die Aufklärungspflicht ist damit im wesentlichen auf die Beschreibung und Erklärung des Anlageprodukts gerichtet.[532] Diese Produktinformationen bilden die Grundlage für eine sachgerechte Entscheidung. Der Effektenkunde soll dadurch in die Lage versetzt werden, die Chancen und Risiken einer Investition zu erkennen, um so eine eigenständige Entscheidung treffen zu können.[533]

Der Anlagevermittler ist jedoch im Gegensatz zum Anlageberater nicht verpflichtet zu beurteilen, ob die angebotenen Finanzprodukte vor dem Hintergrund der persönlichen Anlageziele und Risikobereitschaft für den Anlageinteressenten geeignet sind. Eine Abwägung des Für und Wider einer Anlageoption unter Berücksichtigung seiner persönlichen und wirtschaftlichen Umstände darf der Anlageinteressent nur in Zusammenhang mit einer individuellen Beratung erwarten, zu der der Anlagevermittler gerade nicht verpflichtet ist.[534]

Den Grund für die geringeren Informationsanforderungen an den Vermittler sieht die Rechtsprechung darin, daß der Anlageinteressent i.d.R. wisse, daß bei der Anlagevermittlung der „werbende und anpreisende Charakter" der Angaben im Vordergrund stehe.[535] Der Kunde tritt dem Vermittler deshalb nach Auffassung des BGH selbständiger und kritischer gegenüber und setzt geringere Erwartungen in die Unterrichtung. Der Anleger ist deshalb nach Ansicht der Rechtsprechung in geringerem Maße schutzwürdig.[536]

1. Beschränkung der Informationspflicht auf „berechtigtes" Vertrauen des Anlegers

Zwar ist auch der Anlagevermittler vom Grundsatz her zu einer richtigen und vollständigen Aufklärung über die wesentlichen anlagerelevanten Umstände verpflichtet,[537] das bedeutet jedoch nicht, daß sich der Anleger deshalb vorbehaltlos und blind auf die

---

530 Siol in Bankrechts-Handbuch, § 45 Rn. 9. Nach LG Darmstadt ZfIR 2000, 426 ff. reicht die bloße Aushändigung eines Anlage-Prospekts zur Erfüllung der Beratungspflicht nicht aus.
531 BGH ZIP 1983, 433 ff.; BGH WM 2000, 426 ff.; v. Heymann, DStR 1993, S. 1147 (1148).
532 OLG Karlsruhe WM 1988, 411 (412); vgl. auch LG Darmstadt ZfIR 2000, 115..
533 v. Heymann in Assmann/Schütze (Hrsg.), Handbuch des Kapitalanlagerechts, § 5 Rn. 22.
534 BGHZ 74, 103 (110 f.); BGH WM 1993, 1238 (1239) mit Anmerkung Bring, EWiR 1993, 765; BGH NJW 1982, 1095 f.; OLG Oldenburg WM 1987, 169 ff. mit Anmerkung Assmann in WuB IV A. § 276 BGB 2.87; vgl. auch v. Heymann in Assmann/Schütze (Hrsg.), Handbuch des Kapitalanlagerechts, a.a.O.; Vortmann, Beratungspflichten, Rn. 287.
535 BGH WM 1993, 1238 f.; BGH NJW 1982, 1095 f.; OLG Oldenburg WM 1987, 169 f.
536 BGH NJW 1982, 1095 (1096); vgl. auch Müssig, NJW 1989, S. 1697 (1700).
537 BGH ZIP 1993, 997 (998); BGH NJW 1982, 1095 (1096).

Informationen des Vermittlers verlassen darf. Die Pflicht zu sorgfältiger und gewissenhafter Aufklärung reicht nach herrschender Rechtsprechung vielmehr nur soweit, wie das Vertrauen des Anlegers auf die Angaben des Vermittlers „schutzwürdig" und „berechtigt" ist.[538] Ob und inwieweit das Vertrauen des Anlegers schutzwürdig ist, hängt nach der Rechtsprechung von den besonderen Umständen des Einzelfalles ab, zu denen vor allem die Form der werblichen Vertragsanbahnung sowie das geschäftliche Auftreten des Anlagevermittlers gehören.[539]

Entscheidend für die Reichweite des Vertrauensschutzes ist jedoch auch das Anlageprodukt, auf das sich die Informationen beziehen, sowie die Anlagemotivation des Kunden. So sind beispielsweise Anleger, die durch die Kapitalanlage Steuern sparen wollen, nach Auffassung des BGH allein aufgrund ihres Anlagemotivs nicht schutzwürdig.[540] Der Anlagevermittler darf vielmehr davon ausgehen, daß an Steuervergünstigungen interessierte Anleger grundsätzlich „über ein höheres Einkommen verfügen und in der Regel wirtschaftlich und rechtsgeschäftlich nicht unerfahren sind".[541] Deshalb muß ein Anleger, der eine steuerbegünstigte Anlage zu erwerben wünscht, nach Ansicht des BGH damit rechnen, daß der Vermittler ihm wesentliche Tatsachen, die dessen Vertriebsinteresse entgegenstehen könnten, nicht mitteilt.[542] Der Anleger muß die Angaben des Vermittlers deshalb zumindest im groben überprüfen und Unklarheiten und Widersprüche durch Rückfragen, nötigenfalls sogar durch eigene Nachforschungen beseitigen.[543] Die Rechtsprechung des BGH erlaubt dem Vermittler steuerbegünstigter Anlagen damit im Ergebnis, einseitig lediglich über die Vorteile des Anlageprodukts zu informieren und die Risiken gezielt zu verschweigen.[544]

2. Unzureichender Umfang der Aufklärungspflicht

a. Festigung von Informationsasymmetrien

Der von der Rechtsprechung für die Tätigkeit der Anlagevermittlung entwickelte Pflichtenstandard ist insbesondere von *Assmann* zu Recht kritisiert worden.[545] Allein der Erwerb eines steuerbegünstigten Anlageprodukts rechtfertigt noch nicht den Schluß, der Anleger kenne die mit dem Geschäft verbundenen Risiken und Gefahren ausreichend und

---

538 So BGH NJW 1982, 1095 (1096 f.); BGH WM 1993, 1238 (1239 f.).
539 BGH NJW 1982, a.a.O.; BGH WM 1993, 1238 (1240); OLG Oldenburg WuB IV A. § 276 BGB 2.87
540 BGH WM 1992, 1355 (1356 f.), mit Anmerkung Eckert, WuB I G 1. - 13.92; BGH NJW 1982, 1095 (1097); OLG Oldenburg WuB IV A. § 276 BGB 2.87; OLG Hamm WM 1989, 598 ff.; zustimmend auch Vortmann, Beratungspflichten, Rn. 341.
541 BGH WM 1992, 1355 (1357).
542 BGH NJW 1982, 1095 (1097).
543 BGH NJW 1982, a.a.O.; OLG Hamm WM 1989, 598 (600).
544 BGH NJW 1982, a.a.O.
545 Assmann, NJW 1982, S. 1083 ff.; ders. in WuB IV A. § 276 BGB 2.87.

sei deshalb nicht schutzbedürftig.[546] Gerade wirtschaftlich wenig erfahrene und deshalb an sich beratungsbedürftige Durchschnittsanleger wurden in der Vergangenheit von geschäftstüchtigen Vermittlern zu derartigen Anlagegeschäften veranlaßt. Es drängt sich deshalb der Verdacht auf, daß die Rechtsprechung unter dem Deckmantel zweifelhafter Schutzwürdigkeitserwägungen, Anlageprodukte und -motive, die als moralisch zweifelhaft empfunden werden, durch eine Reduzierung des Vertrauensschutzes zu diskriminieren versucht.[547] Dafür spricht insbesondere der Vergleich zwischen neuerer und älterer Rechtsprechung. So unterschied die ältere Rechtsprechung in bezug auf Inhalt und Umfang der Informationspflicht nicht zwischen (umfassender) Anlageberatung und (weniger pflichtenintensiver) Anlagevermittlung, sondern bejahte selbst im Falle der Vermittlung einer steuerbegünstigten Kapitalanlage eine weitreichende Informationspflicht des Vermittlers.[548] Erst Anfang der 80er Jahre mit wachsender Bedeutung der gewerblichen Anlagevermittlung und zunehmender Ausdehnung des grauen Kapitalmarktes, insbesondere steigender Beliebtheit steuerprivilegierter Anlagen, begann die differenzierende Unterscheidung zwischen Anlageberatung und Anlagevermittlung in der Rechtsprechung Konturen zu gewinnen.[549] Angesichts dieser Parallelität liegt die Vermutung nahe, daß die Rechtsprechung durch eine Verringerung des Schutzniveaus die Käufer und Interessenten solcher als zweifelhaft empfundenen Produkte schutzlos stellen wollte.

Es ist indes nicht Aufgabe der Rechtsprechung, über die Motivation von Anlegern oder den Wert von Anlageprodukten zu urteilen und damit den wirtschaftspolitischen Impuls, den der Gesetzgeber durch die Steuerprivilegierung erreichen wollte, zu konterkarieren. Ausschlaggebend für den Umfang der Aufklärungspflicht darf vielmehr allein der objektive Informationsbedarf sein, der neben der Komplexität des Anlageprodukts vor allem vom Informationsbedürfnis des Anlegers abhängt.

Eine pauschale Einschränkung der Schutzwürdigkeit, wie sie die Rechtsprechung bei Anlegern, die an einer steuersparenden Anlage interessiert sind, vornimmt, verkennt dagegen nicht nur den tatsächlichen Informationsbedarf der Mehrzahl solcher Anleger, sondern beeinträchtigt darüber hinaus die für die Funktionsfähigkeit der Kapitalmärkte unverzichtbare Informationsversorgung und Markttransparenz des Anlagepublikums. So muß nach der Rechtsprechung des BGH der Anleger selbst entscheiden, welchen Angaben des Vermittlers er „berechtigterweise" vertrauen darf und welche Informationen er zu überprüfen und ggf. zu ergänzen hat. Die Beantwortung der Frage, welche Informationen „vertrauenswürdig" sind und welche nicht, setzt jedoch gerade die Informationen voraus, die es zu überprüfen gilt. Die wenigsten Anleger sind deshalb tatsächlich in der

---

546 Wie hier im Ergebnis auch Heinsius, ZHR 145 (1981), S. 177 (187) und Köndgen, NJW 1996, S. 558 (569); anders dagegen der BGH in NJW 1982, 1095 (1097) sowie OLG Hamm WM 1989, 598 (600) und OLG Oldenburg WuB IV A. § 276 BGB 2.87.

547 Auch Böhlhoff in FS für Heinsius, S. 49 (57) verneint die Schutzwürdigkeit von Anlegern, die sich an Steuersparmodellen beteiligen.

548 BGHZ 74, 103 (106 ff.).

549 Den Wendepunkt in der Rechtsprechung bildet BGH NJW 1982, 1095 ff. Es folgten OLG Oldenburg WuB IV A. § 276 BGB 2.87; OLG Hamm WM 1989, 598; BGH WM 1992, 1355 ff.; BGH WM 1993, 1238 ff.

Lage, die Angaben des Vermittlers zu überprüfen. Durch die Differenzierung des BGH zwischen „berechtigtem Vertrauen" einerseits und „kritischer Informationswürdigung" andererseits geht letztendlich genau der Mechanismus verloren, der einen wirkungsvollen und effizienten Ausgleich der Informationsasymmetrie zwischen den beteiligten Parteien hätte leisten sollen.[550] Dem Anleger wird statt dessen letztlich das volle Informationsrisiko zurückgegeben.

Darüber hinaus ist fraglich, ob die Anleger die ihnen zugewiesene Informationslast tatsächlich durch zusätzliche Beratung und selbständige Informationsbeschaffung ausgleichen. Vielmehr werden nicht wenige angesichts der damit verbundenen Mühen und Kosten auf die Inanspruchnahme zusätzlicher Beratungskompetenz verzichten und ihre Anlageentscheidung statt dessen allein auf die für ein fundiertes Urteil unzureichenden Informationen des Vermittlers stützen. Die Folge ist eine Fehlallokation von dringend benötigtem Kapital und damit letztendlich eine Vergeudung von Ressourcen.

Hinzu kommt, daß denjenigen Anlegern, die sich entsprechend der Forderung der Rechtsprechung selbständig informieren, z.B. mit Hilfe unabhängiger Finanzberater oder Anlegerschutzorganisationen, zusätzliche Kosten entstehen. Die Verteilung der Informationslast, so wie sie die Rechtsprechung vornimmt, erhöht deshalb die Kosten, die für den Ausgleich marktbeeinträchtigender Informationsasymmetrien von den Marktteilnehmern aufgewandt werden müssen.[551] Die Funktionseffizienz des Kapitalmarktes wird dadurch ebenso wie durch Fehlallokationen unnötig belastet.

b. Unbefriedigende Beschränkung der Aufklärungspflicht auf Tatsachenmitteilungen

Kritik gilt auch dem Verzicht der Rechtsprechung auf die Verpflichtung der Anlagevermittler zu einer konkreten Empfehlung, denn die herrschende Rechtsprechung erwartet vom Anlagevermittler lediglich die Mitteilung der für die Anlageentscheidung bedeutsamen Umstände. Zu einer Bewertung oder Abwägung dieser Umstände und damit zu einem individuellen Anlagerat ist der Vermittler - im Gegensatz zum Berater - nicht verpflichtet.[552]

Diese Differenzierung zwischen Anlageberatung und -vermittlung ist um so weniger verständlich, als der Kunde in beiden Fällen mangels ausreichender Fachkenntnisse und Erfahrungen i.d.R. nicht in der Lage ist, die Chancen und Risiken des Anlagegeschäfts selbständig zu beurteilen und gegeneinander abzuwägen. Der Anleger wird deshalb kaum zwischen Anlageberater und Anlagevermittler differenzieren, sondern beiden in gleicher Weise Vertrauen entgegenbringen.[553]

---

550   Übereinstimmend Assmann, NJW 1982, S. 1083 (1084 f.).
551   Assmann, NJW 1982, S. 1083 (1085).
552   Vortmann, Beratungspflichten, Rn. 287; v. Heymann in Assmann/Schütze (Hrsg.), Handbuch des Kapitalanlagerechts, § 5 Rn. 22.
553   So auch Assmann, WuB IV A. § 276 BGB 2.87, nach dessen Ansicht der Anleger alle Emissionshelfer letztlich „über einen Leisten schert".

Der BGH dagegen knüpft bei der Ausgestaltung der Informationspflicht nicht an die Person des Anlageinteressenten und dessen tatsächliches Vertrauen in die Kompetenz des Vermittlers an, sondern an das äußere Auftreten des Vermittlers und dessen Einbindung in die Vertriebsstruktur des Kapitalsuchenden. Es ist jedoch nicht einzusehen, warum der Anlagevermittler durch sein offensives Auftreten für ein Anlageprodukt oder durch ein besonders anpreisendes Verhalten die eigenen Informationspflichten soll mindern können. Eine solche Betrachtungsweise widerspricht vielmehr dem bisher erreichten Standard von Informationspflichten bei der Kapitalanlage, der sich gerade am objektiven Informationsbedarf des Anlagepublikums orientiert. So werden beispielsweise auch die Prospektpflichten eines Wertpapieremittenten nach § 7 VerkProspG i.V.m. der VerkProspVO nicht durch das werbende Auftreten des Emittenten oder durch die Zwischenschaltung von Vertriebshelfern gemindert. Es ist insofern kein Grund ersichtlich, warum Anlagevermittler nur aufgrund ihrer engen Beziehung zu dem Kapitalsuchenden weniger umfassenden Informationspflichten unterliegen sollen als Anlageberater.

c.   De lege ferenda Angleichung der Aufklärungspflicht an die Beratungspflicht

De lege ferenda sollte deshalb für die Anlagevermittlung eine Angleichung vertragsschlußbezogener Informationspflichten an die Standards der Anlageberatung und damit im Ergebnis eine Übernahme der Prinzipien anleger- und objektgerechter Beratung angestrebt werden.[554] Dafür spricht nicht nur, daß die Grenzen zwischen Anlageberatung und Anlagevermittlung zusehends verwischen, so daß mit steigender Inanspruchnahme von persönlichem Vertrauen auch die Rechtsprechung die Sorgfaltspflichten des Anlagevermittlers zunehmend den Pflichten des Anlageberaters angleicht[555], darüber hinaus vertreiben Anlageberater und Anlagevermittler zumeist vergleichbare, teilweise sogar die gleichen Anlageprodukte. Gründe für unterschiedliche Pflichtenmaßstäbe sind deshalb gerade mit Blick auf die objektiven Beratungsanforderungen nicht ersichtlich. Vielmehr bergen Unterschiede im Pflichtenumfang die Gefahr von Wettbewerbsverzerrungen gerade zu Lasten derjenigen Anlageanbieter, die eine sorgfältige und umfassende Information bieten und dadurch den Abbau von Informationsasymmetrien unterstützen.[556]

Für eine Angleichung der Informationsstandards spricht auch, daß die §§ 31 ff. WpHG nicht zwischen Anlagevermittlung und Anlageberatung unterscheiden, sondern die wertpapierhandelsrechtliche Informationspflicht des § 31 Abs. 2 Nr. 2 WpHG un-

---

554 Den jüngsten, wenngleich gescheiterten Versuch des Gesetzgebers, die de lege lata unzureichenden Informationspflichten gewerblicher Anlagevermittler dem Beratungsstandard im Bankbereich anzugleichen, bildete eine gescheiterte Gesetzesinitiative des Bundesrates vom Sommer 1997 (BR-Drucks. 517/97), die eine inhaltliche Angleichung der Informationspflichten für Anlagevermittler an die Verhaltenspflichten der §§ 31, 32 WpHG vorsah. Zu dem Gesetzentwurf ausführlich Brandt, ZRP 1998, S. 179 ff.

555 Vgl. BGHZ 74, 103 ff.; BGH NJW 1982, 1083 ff.; OLG Oldenburg WM 1987, 169 ff.

556 Auf die Gefahr von Wettbewerbsverzerrungen verweist auch Assmann, WuB IV A. § 276 BGB 2.87.

abhängig von der Vertriebsform und dem Geschäftsgebaren des Wertpapierdienstleisters allgemein für die Erbringung von Wertpapierdienstleistungen bzw. Wertpapiernebendienstleistungen gilt.[557]

Richtungsweisend im Hinblick auf eine Angleichung der Sorgfaltsanforderungen könnte möglicherweise eine neuere Entscheidung des OLG Oldenburg sein. Das OLG hat entschieden, daß auch Anlagevermittler für Schäden durch fehlerhafte oder unterlassene Information uneingeschränkt haften, wenn sie sich zuvor gegenüber dem Anleger als besonders sachkundig ausgegeben haben.[558] Obwohl auch in dem vom OLG Oldenburg entschiedenen Fall der werbende und anpreisende Charakter der Vermittlungtätigkeit dominierte und der Vermittler für den Anleger erkennbar im Interesse des Kapitalsuchenden tätig wurde, hat das Gericht gleichwohl eine Beratungspflichtverletzung und Haftung des Vermittlers bejaht.[559] In der Begründung führte das OLG aus, der Kunde habe von sich aus ein mögliches Risiko bei der Geldanlage nicht erkennen können und sei deshalb auf den Rat des vermeintlich sachkundigen Vermittlers angewiesen gewesen. Der Vermittler könne sich deshalb nicht unter Hinweis auf seine formale Stellung als bloßer Vermittler der Haftung entziehen.[560]

Ob und inwieweit die Rechtsprechung die Entscheidung des OLG Oldenburg zum Anlaß nehmen wird, die Informationspflicht des Anlagevermittlers den Sorgfaltspflichten eines Anlageberaters anzugleichen, bleibt abzuwarten.

---

557 Im Ergebnis zustimmend Schwintowski/Schäfer, Bankrecht, § 11 Rn. 60 m.w.N., die die Unterscheidung Anlageberatung - Anlagevermittlung mit Blick auf die §§ 31 ff. WpHG ebenfalls für hinfällig halten und für eine Angleichung plädieren.

558 Unveröffentl. Entscheidung des OLG Oldenburg, wiedergegeben in Einbecker Morgenpost vom 4.3.1998 („Vermittler haften für Geldgeschäfte" - OLG Oldenburg verurteilt Finanzvermittler zur Rückzahlung von 20.000 DM"). Vgl. auch die jüngste Entscheidung des V. Zivilsenats des BGH, der im Falle einer Immobilienanlage den Käufer trotz seiner steuerlichen Motive als schutzwürdig betrachtet und eine Beratungspflicht des Anlagevermittlers bejaht (BGH NJW 1999, 638 ff.). Ob die Rechtsprechung damit nunmehr auch für den Bereich der steuerbegünstigten Finanzanlagen eine Wende hin zu einer umfassenden Beratungspflicht des Anlagevermittlers einleitet, geht aus der Entscheidung nicht hervor, ist jedoch zweifelhaft, da die Entscheidung des BGH insofern eine Ausnahme betrifft, als sich der Beratungsfehler gerade auf den Umstand der Steuerbefreiung der Immobilie bezog.

559 Anders als in den vom BGH entschiedenen Fällen (BGH NJW 1982, 1095 ff. und BGH WM 1993, 1238 ff.) brauchte sich der Anleger in Fall des OLG Oldenburg kein Mitverschulden entgegenhalten zu lassen.

560 Im Gegensatz zu den vom BGH entschiedenen Fällen zur Anlagevermittlung handelte es sich im Fall des OLG Oldenburg um ein betrügerisches Anlagekonzept. Da der beklagte Vermittler jedoch an dem Kapitalanlagebetrug (§ 264a StGB) des Projektinitiators in keiner Weise - weder als Mittäter noch als Gehilfe - beteiligt war, sondern die Kapitalanlage neben anderen seriösen Anlageprodukten lediglich den betrügerischen Charakter des Anlagekonzepts für die Beurteilung der Vermittlungtätigkeit und die damit im Zusammenhang stehenden Informationspflichten keine Rolle. Für das OLG Oldenburg bestand insofern an sich kein Anlaß zu einer Abweichung von den bisherigen Rechtsprechungsgrundsätzen des BGH. Gleichwohl hat das OLG eine Pflichtverletzung und Haftung des Vermittlers (zu Recht) bejaht.

II. Besonderheiten bei der Vermittlung von Börsentermingeschäften und anderen Risikoanlagen

Während die Rechtsprechung für die Vermittlung alternativer, insbesondere steuerbegünstigter Anlageformen vergleichsweise geringe Informationspflichten formuliert hat, stellt sie an die Vermittler von Börsenterminkontrakten deutlich umfassendere Informationsanforderungen.[561] So sind beim Abschluß von Börsentermingeschäften zwei unterschiedliche Arten von Informationspflichten zu unterscheiden: Zum einen die gesetzlich vorgeschriebene Informationspflicht nach § 53 Abs. 2 BörsG als Voraussetzung für die Börsentermingeschäftsfähigkeit des Privatanlegers, zum anderen darüber hinausgehende vertragliche bzw. vorvertragliche Aufklärungspflichten.[562] Der Grund für die erhöhten Anforderungen an die Aufklärungstätigkeit bei der Vermittlung von Börsentermingeschäften im Vergleich zum Vertrieb von Beteiligungen an Abschreibungsgesellschaften, geschlossenen Immobilienfonds oder sonstigen alternativen Finanzprodukten liegt vor allem in den Anforderungen, die die Funktionsfähigkeit der Terminmärkte an den Informationsstand der Marktteilnehmer stellt.

1. Gesetzliche Informationspflicht nach § 53 Abs. 2 BörsG

Börsentermingeschäfte sind - wie sich aus den §§ 52 ff. BörsG ergibt - nur dann verbindlich, wenn beide Vertragsparteien termingeschäftsfähig sind.[563] Die Börsentermingeschäftsfähigkeit richtet sich nach § 53 BörsG. Während ins Handels- oder Genossenschaftsregister eingetragene Kaufleute nach § 53 Abs. 1 Nr. 1 BörsG kraft Gesetzes termingeschäftsfähig sind, werden Privatanleger gem. § 53 Abs. 2 erst durch eine schriftliche Information über die im Gesetz genannten Risiken solcher Geschäfte termingeschäftsfähig.[564] Sind beide Vertragsteile termingeschäftsfähig, so ist das Geschäft von Anfang an verbindlich und der Anleger kann nicht den Einwand des Differenzgeschäfts (§§ 764, 762 BGB) erheben, § 58 BörsG.

Von den Spitzenverbänden der Kreditwirtschaft wurde ein Informationsblatt formuliert, daß die erforderliche Grundaufklärung über Funktionsweisen und Risiken der verschiedenen Arten von Börsentermingeschäften enthält.[565] Die Kenntnis dieser Informationsschrift ist vom Anlageinteressenten vor Abschluß des ersten Termingeschäfts schriftlich zu bestätigen (§ 53 Abs. 2 Satz 3 BörsG).

Bei Wertpapiertermingeschäften kann die Information nach § 53 Abs. 2 Satz 1 BörsG nur von einem der Bank- oder Börsenaufsicht unterliegenden Kaufmann geleistet werden. In der Praxis betraf das Informationsmodell des § 53 Abs. 2 BörsG deshalb bis

---

561 Vgl. BGH WM 1992, 1355 (1357 ff.) (kreditfinanziertes Optionsgeschäft). Zu den Informationspflichten bei Börsentermingeschäften vgl auch Schwennicke, WM 1997, S. 1265 ff.
562 BGH WM 1997, 811 (812 f.).
563 Vgl. BGHZ 117, 135 (138) m.w.N.; BGHZ 107, 192 (193); BGHZ 102, 204 (206); BGHZ 94, 262 (264); BGH WM 1990, 94 (95).
564 Ausführlich dazu Ellenberger, WM-Sonderbeilage 1999 Nr. 2, S. 6 ff.
565 Abgedruckt in WM 1989, S. 1193 sowie in ZIP 1989, S. 1158.

zum Inkrafttreten der 6. KWG-Novelle Anfang 1998 im wesentlichen ausschließlich Kreditinstitute. Mit dieser Beschränkung auf Kreditinstitute wandte sich der Gesetzgeber ursprünglich gegen die als unseriös empfundenen Anlagevermittler des grauen Kapitalmarktes, die auf diese Weise im Interesse der Funktionsfähigkeit der Terminmärkte, aber auch zum Schutz der Anleger von Börsentermingeschäften weitgehend ausgeschlossen werden sollten.[566]

Mit Inkrafttreten der 6. KWG-Novelle zum Jahresbeginn 1998 wurde jedoch auch der Vertrieb von Waren-, Devisen- und Finanzterminkontrakten in den Anwendungsbereich des KWG einbezogen. Deshalb unterliegen nunmehr auch Anlagevermittler, die derartige Kontrakte vertreiben, der Bankaufsicht durch das Bundesaufsichtsamt für das Kreditwesen und erfüllen damit die Voraussetzungen des § 53 Abs. 2 Satz 1 BörsG für eine rechtsverbindliche Vermittlung von Termingeschäften.

Termingeschäfte, die von Privatanlegern ohne die nach § 53 Abs. 2 BörsG erforderliche Information abgeschlossen wurden, sind dagegen entsprechend § 52 BörsG unwirksam.[567] Der nicht termingeschäftsfähige Anleger wird durch solche Geschäfte rechtlich nicht gebunden. Zahlt der Privatanleger jedoch nach Eintritt der Fälligkeit den Kaufpreis, so wird das unwirksame Termingeschäft gem. § 57 BörsG nachträglich geheilt und damit voll wirksam.[568]

2. (Vor-)Vertragliche Aufklärungspflicht

Unabhängig von § 53 Abs. 2 BörsG kann der Vermittler von Börsentermingeschäften zu einer weiterführenden Aufklärung über die spezifischen Chancen und Risiken solcher Geschäfte verpflichtet sein. Das Informationsmodell bei Börsentermingeschäften ist insofern zweistufig.[569]

Rechtsgrundlage für die weiterreichende Informationspflicht ist entweder ein vorvertragliches Schuldverhältnis oder ein konkludent geschlossener selbständiger Aufklärungsvertrag.[570] Inhalt und Umfang der (vor-)vertraglichen Informationspflicht sind abhängig vom Einzelfall. Sie richten sich nach den Besonderheiten des Anlageprodukts und dem Informationsstand des Anlegers, insbesondere nach den Kenntnissen und Erfahrungen des Anlegers mit derartigen Geschäften.[571]

Die Aufklärung muß insbesondere über die speziellen Eigenarten und Risiken des konkreten Geschäfts informieren, damit der Anleger bewußt und in Kenntnis der Gefahren entscheiden kann, ob er dieses Geschäft eingehen will. Die Aushändigung der von den Banken verwendeten Informationsschrift nach § 53 Abs. 2 BörsG reicht dazu vor

---

566 BT-Drucks. 11/4721, S. 11 ff.; vgl. auch Schwintowski/Schäfer, Bankrecht, § 13 Rn 67.
567 Dazu Schwennicke, WM 1997, S. 1265 (1270 ff.).
568 Schwennicke, WM 1997, S. 1265 (1271).
569 BGH WM 1997, 309 (310); BGH ZIP 1997, 782 (783); BGH ZIP 1996, 1206 (1207).
570 Ellenberger, WM-Sonderbeilage 1999 Nr. 2, S. 13 ff.
571 BGH WM 1998, 1183 f.; BGHZ 133, 82 (86); OLG Köln WM 1995, 381 ff.; OLG Stuttgart ZBB 1999, 312 mit Anmerkung von Balzer in EWiR 1999, S. 775.

allem bei unerfahrenen Anlegern i.d.R. nicht aus.[572] Insbesondere befreit die schriftliche Information nicht von der Warnung vor etwaigen zusätzlichen Risiken aufgrund der besonderen Umstände des Geschäfts, denn die Informationsschrift leistet lediglich eine allgemeine Grundaufklärung über die Funktionsweise und Merkmale der verschiedenen Arten von Termingeschäften.[573] Bei einem erfahrenen Anleger mögen diese Informationen nach Lage des Falles ausreichen, während bei einem ungeübten Anleger eine weitergehende Aufklärung erforderlich ist, die auch die individuellen Geschäftsumstände, wie z.B. anfallende Kosten oder zu stellende Sicherheiten, einbezieht.[574]

Angesichts der erhöhten Risiken von Börsentermingeschäften hat die Rechtsprechung umfassende, im Vergleich zur Vermittlung anderer Anlageprodukte deutlich erhöhte Informationspflichten formuliert. So trifft den Vermittler von Termingeschäften nicht nur die Pflicht, wahrheitsgemäß, vollständig und gedanklich geordnet über die spezifischen Eigenschaften und erhöhten Risiken von Termingeschäften aufzuklären[575], darüber hinaus muß der Vermittler auch auf die individuellen persönlichen und wirtschaftlichen Verhältnisse des Kunden eingehen.[576] Die Information muß insofern anleger- und objektgerecht erfolgen. Die Rechtsprechung hat damit die Informationsanforderungen in Zusammenhang mit der Vermittlung von Termingeschäften im Ergebnis zu Recht den umfassenden Pflichten eines Anlageberaters angeglichen.

a. Aufklärungspflichten in Zusammenhang mit Warentermingeschäften

Warentermindirekt- und Warenterminoptionsgeschäfte sind für den Anleger mit besonderen Risiken verbunden. Der BGH hat deshalb für den Vertrieb solcher Finanzprodukte besonders strenge (vor-)vertragliche Informationspflichten statuiert.[577] So ist die Schutzbedürftigkeit des einzelnen Anlegers aufgrund der besonders hohen Risiken dieser Anlageformen für den Pflichtenumfang ohne Bedeutung. Vielmehr bestehen auch gegenüber geschäftserfahrenen Kunden, wie etwa eingetragenen Kaufleuten, weitreichende Informationspflichten, selbst wenn diese sich die notwendigen Informationen selbst beschaffen könnten.[578]

Die Aufklärung muß bei derartigen Geschäften grundsätzlich so erfolgen, daß auch ein unbefangener, mit Warentermingeschäften nicht vertrauter Anleger einen realistischen Eindruck von den Eigenarten und besonderen Gefahren solcher Geschäfte erhält.[579] Der

---

572 BGH WM 1997, 811 (812); OLG Köln WM 1997, 570 (573).
573 BGH WM 1997, 811 (812); LG Berlin NJW-RR 1992, 554 (554 f.).
574 Vgl. BGH WM 1997, 811 (812); BGH WM 1996, 1260 (1261).
575 Vgl. LG Hamburg NJW-RR 1999, 556; ferner Rollinger, Börsentermingeschäfte, S. 56 ff.
576 OLG München WM 1997, 1802 (1804 f.) - unter Berufung auf BGH WM 1993, 1455 ff.; nach OLG Stuttgart ZBB 1999, 312 wird die Beratungspflicht der Bank auch nicht dadurch eingeschränkt, dass der Bank selbst keine näheren Informationen zu dem Anlagepapier vorliegen.
577 BGH ZIP 1985, 272 (273 f.); vgl. auch v. Heymann in Assmann/Schütze (Hrsg.) Handbuch des Kapitalanlagerechts, § 5 Rn. 89 ff.
578 OLG Karlsruhe, EWiR 1999, 214; v. Heymann in Assmann/Schütze (Hrsg.) Handbuch des Kapitalanlagerechts, § 5 Rn. 93; Vortmann, Beratungspflichten, Rn. 307 m.w.N.
579 OLG Düsseldorf VuR 1996, 114 ff.

Anlageinteressent ist deshalb über die wirtschaftlichen Zusammenhänge und die Funktionsweise von Warentermingeschäften ebenso zu informieren wie über das Risiko des Totalverlustes sowie die Minderung der Gewinnchancen durch eventuell anfallende Aufschläge.[580] Bei Warenterminoptionsgeschäften ist darüber hinaus die Optionsprämie aufzuschlüsseln, um dem Anleger die Möglichkeit zu geben, die Höhe der zusätzlichen Kosten und Risiken zu erkennen.[581]

Eine mündliche Aufklärung reicht in dem Zusammenhang nicht aus, die Information muß vielmehr regelmäßig schriftlich erfolgen. Durch das Schriftformerfordernis will der BGH sicherstellen, daß gerade die im Warenterminhandel i.d.R. unerfahrenen Privatanleger die Möglichkeit erhalten, die wichtigsten Informationen wiederholt und in Ruhe zu lesen, um so die schwierigen wirtschaftlichen Hintergründe und Zusammenhänge zu begreifen.[582] Insbesondere soll vermieden werden, daß der Vermittler bei mündlicher Aufklärung die Angaben beschönigt oder Risiken verharmlost und so die Warnung des Anlegers im Ergebnis vereitelt wird.[583]

Zur Erfüllung des Schriftformerfordernisses kann sich der Anlagevermittler - ähnlich wie bei § 53 Abs. 2 BörsG - einer Broschüre oder eines Formblattes bedienen, das die notwendigen Angaben enthält.[584] Der Inhalt der Broschüre muß auch für den ungeübten Anleger verständlich sein und selbst bei flüchtigem Lesen müssen die Risiken unmißverständlich und in auffälliger Form aufgezeigt werden.[585] Entscheidend dafür ist der Gesamteindruck der Informationsschrift. Gestaltung, Aufmachung und Inhalt dürfen insbesondere nicht den Eindruck vermitteln, die dargestellten Risiken seien lediglich theoretischer Natur und könnten bei entsprechender Betreuung und Beratung durch den Vermittler vermieden werden, so daß die Anlage am Ende sicher erfolgreich sein werde.[586] Darüber hinaus dürfen wichtige Detailinformationen, wie z.B. der Hinweis, daß sich durch höhere Gebühren als üblich die Gewinnaussichten des Anlegers erheblich verschlechtern, drucktechnisch oder durch ihre Plazierung nicht in den Hintergrund treten.[587]

Zusätzlich zu der schriftlichen Information muß außerdem ein mündliches Gespräch stattfinden, das dem Anleger die Möglichkeit bietet, Fragen zu stellen, Widersprüche aufzudecken und zusätzliche Informationen einzuholen.[588]

---

580 Zu den einzelnen Punkten vgl. Vortmann, Beratungspflichten, Rn. 310 sowie Froehlich, Haftung für Anlageberatung, S. 48 ff.
581 BGH ZIP 1991, 1207 ff.
582 BGHZ 105, 108 (110 f.).
583 BGHZ 105, a.a.O. mit Anmerkung von Schwark, EWiR 1988, 1197 f.
584 Die von der Kreditwirtschaft zu diesem Zweck entwickelten „Basisinformationen über Börsentermingeschäfte" informieren über die Grundlagen, wirtschaftlichen Zusammenhänge, Möglichkeiten und Risiken derartiger Geschäfte.
585 BGH ZIP 1994, 1102 f.; BGH ZIP 1994, 447 ff.; BGH WM 1994, 492 (493).
586 BGH ZIP 1991, 1207 f. mit Anmerkung von Schäfer, EWiR 1991, 873.
587 BGH WM 1994, 453 f.; BGH WM 1992, 770 (771 f.).
588 Vortmann, Beratungspflichten, Rn. 319.

b. Aufklärungspflichten in Zusammenhang mit Aktienoptionsgeschäften

Die vom Bundesgerichtshof für Warentermingeschäfte entwickelten Informationsgrundsätze finden auch auf die Vermittlung von Aktien- und Aktienindexoptionen Anwendung.[589] Beide Produkte bergen für den Anleger ähnliche Risiken wie Warentermingeschäfte. Ebenso wie bei Warentermingeschäften kann auch bei Aktienoptionen eine vom Vermittler in Rechnung gestellte, zu den börsenmäßigen Optionsprämien hinzutretende zusätzliche Vergütung die Gewinnaussichten des Anlegers wesentlich verschlechtern, weil dadurch ein deutlich höherer Kursanstieg notwendig wird, bis der Kunde Gewinne erzielt, ein solcher Kursanstieg jedoch unter den gegebenen Börsenbedingungen unrealistisch ist. Aus diesem Grund besteht auch bei der Vermittlung von Aktienoptionen eine Aufklärungspflicht des Vermittlers über zusätzliche Aufschläge.[590] Angesichts der zahlreichen Risiken muß die Information auch in diesem Fall schriftlich erfolgen und alle wesentlichen, für den Entschluß des Anlegers maßgeblichen Umstände wahrheitsgemäß, vollständig und mit der notwendigen Deutlichkeit darstellen, dazu gehört beispielsweise, daß dem Anleger die Wirkung des sog. Hebeleffekts[591] erläutert und seine Bedeutung für die Erfolgschancen der Anlage erklärt wird.

c. Aufklärungspflichten in Zusammenhang mit Penny Stocks

Auch an die Vermittler sog. Penny Stocks stellt die Rechtsprechung erhöhte Informationsanforderungen. Penny Stocks sind Billigaktien, die vor allem für den US-amerikanischen Finanzraum typisch sind. Die Kurse dieser Aktien liegen in der Regel unter einem US-Dollar.[592] Die Aktien werden vor allem von jungen, aufstrebenden Unternehmen ausgegeben, um sich in der unternehmerischen Anlaufphase das nötige Risikokapital zu beschaffen.

Penny Stocks sind im Vergleich zu gewöhnlichen Aktien besonders spekulativ. Der Grund dafür liegt nicht zuletzt darin, daß es sich bei den Emittenten um junge, innovative Unternehmen in Wachstumsbranchen handelt, die sich am Markt noch nicht etabliert haben und deren wirtschaftlicher Erfolg deshalb noch ungewiß ist.[593] Zum anderen werden Penny Stocks nicht an staatlich organisierten regulären Börsen gehandelt,

---

589   BGH ZIP 1991, 87 f.; OLG Düsseldorf ZIP 1999, 2144; ähnlich OLG Frankfurt/Main WM 1994, 542 (543); ferner Schäfer, Anlageberatung, S. 78 f.

590   BGH ZIP 1991, 87 (88 f.) mit Anmerkung Nassall in WuB I G 4. - 3.91.

591   Die „Hebelwirkung" (Leverage-Effekt) bezeichnet die erhöhte Kurssensivität bestimmter Finanzinstrumente. Optionen und optionsähnliche Finanzinstrumente, die sich auf ein Basispapier beziehen, haben im Vergleich zum Basiswert einen geringeren Kapitaleinsatz. Der geringere Kapitaleinsatz führt dazu, daß die prozentualen Kursgewinne bzw. -verluste bei diesen Finanzinstrumenten um ein Vielfaches höher sind als bei den entsprechenden Basispapieren. Vgl. Grill/Gramlich/Eller, Gabler-Bank-Lexikon (11. Aufl.), S. 822.

592   Bestmann, Börsen und Effekten, S. 224.

593   OLG Frankfurt/Main RiW 1991, 865 f. Ausführlich zu den Merkmalen von Penny Stocks: Eilenberger, Finanzinnovationen, S. 219 und Rössner/Lachmair, DB 1986, S. 336 ff.

sondern nur an von Brokern organisierten Märkten.[594] Eine ausreichende Marktbreite und -tiefe und damit eine hinreichende Nachfrage nach derartigen Wertpapieren ist bei dieser Art des Handels jedoch nicht gewährleistet. Die Kurse der Billigaktien unterliegen deshalb, verursacht durch geringe Liquidität und zufällige Transaktionen einzelner Anleger, vielfach erheblichen Schwankungen. Darüber hinaus werden die Kurse für solche Wertpapiere nur von wenigen, zum Teil sogar nur von einem Brokerhaus gestellt. Der Anleger ist in diesem Fall vor allem bei geringer Nachfrage den Preisfestsetzungen des Brokers ausgeliefert, bis hin zur vollständigen Illiquidität seiner Anlage.

Vermittler von Penny Stocks haben auf diese besonderen Gefahren, die mit dieser Form der Geldanlage verbunden sind, hinzuweisen, insbesondere darauf, dass die Wertpapiere nicht an den öffentlichen Börsen gehandelt werden und dass die Emittenten einem hohen wirtschaftlichen Risiko unterliegen.[595] Die Information muss dem Anlageinteressenten deutlich vor Augen führen, dass es sich bei Penny Stocks um hoch spekulative Papiere handelt und eine solche Geldanlage mit einem erheblichen Verlustrisiko behaftet ist.[596]

§ 5   Haftung bei Informationspflichtverletzungen

I.   Grundsatz

Verletzt die Bank die ihr obliegende Informationspflicht, kommen Schadensersatzansprüche des Anlegers, der sein investiertes Geld ganz oder teilweise verloren hat, in Betracht. Die Schadensersatzpflicht richtet sich dabei nach den allgemeinen Haftungsgrundsätzen. Daneben sind jedoch zahlreiche Besonderheiten zu beachten, die vor allem durch den Zweck der Beratung, nämlich die Voraussetzungen für eine informierte Entscheidung des Anlegers zu schaffen, aber auch durch die besondere informationelle Abhängigkeit des Anlegers vom Berater begründet sind.

Zwar gilt gem. § 675 Abs. 2 BGB der Grundsatz, daß Rat oder Empfehlung keine Haftung begründen, nach allgemeiner Auffassung werden davon jedoch nur Ratschläge erfaßt, die im Rahmen eines Gefälligkeitsverhältnisses erteilt werden.[597] Andere Anspruchsgrundlagen, insbesondere vertragliche und deliktische Ansprüche, bleiben nach ausdrücklichem Wortlaut des § 675 Abs. 2 BGB von diesem Haftungsausschluß unberührt. § 675 Abs. 2 BGB spielt deshalb für Aufklärung und Beratung durch professionelle Anlageanbieter keine Rolle.[598]

---

594   Ellenberger, WM-Sonderbeilage 1999 Nr. 2, S. 17.
595   BGH WM 1991, 315 (316 f.), vgl. dazu die Anmerkung von Schwark, EWiR 1991, 437; OLG Düsseldorf BB 1996, 1904; OLG Frankfurt/Main RiW 1991, 865 (866 f.).
596   Vgl. OLG Frankfurt/Main RiW 1991, a.a.O.; Bröker, Bankkaufmann Heft 10/91, S. 49 ff.
597   Vgl. Staudinger/Wittmann, BGB, § 676 Rn. 3 zu der inhaltlich im wesentlichen identischen Vorgängernorm des § 676 BGB.
598   Niehoff, Sparkasse 1987, S. 61; Heinsius, ZBB 1994, S. 47 (48).

II. Vertragliche und vertragsähnliche Haftungsansprüche

Als Haftungsgrundlage für Schadenseratzansprüche kommt neben culpa in contrahendo und der Verletzung vertraglicher Nebenpflichten nach herrschender Rechtsprechung insbesondere die Verletzung eines selbständigen Informationsvertrags in Betracht. Auf welche der genannten Anspruchsgrundlagen mögliche Ersatzansprüche zu stützen sind, hängt davon ab, worin man die Rechtsgrundlage der Aufklärungs- bzw. Beratungspflicht sieht.[599]

1. Selbständiger Informationsvertrag oder vorvertragliches Schuldverhältnis als Haftungsgrundlagen

Folgt man der herrschenden Meinung und sieht die Rechtsgrundlage der Informationspflicht in einem konkludent zwischen Bank und Anleger geschlossenen selbständigen Beratungsvertrag, so haftet die Bank im Falle falscher Beratung wegen schuldhafter Verletzung des Beratungsvertrags nach den Grundsätzen der positiven Vertragsverletzung (pVV).[600]

Liegt dagegen kein Vertrag vor, weil beispielsweise überhaupt keine Beratung stattgefunden hat, so sind Ansprüche des geschädigten Anlegers aus culpa in contrahendo in Betracht zu ziehen.[601] Voraussetzung dafür ist allerdings, daß zwischen Anleger und Bank ein besonderes vorvertragliches Vertrauensverhältnis bestanden hat, vermöge dessen der Anleger auf eine sorgfältige und gewissenhafte Beratung durch die Bank vertrauen durfte.[602] Das ist der Fall, wenn die Beratung eine konkrete Vermögensentscheidung des Anlegers zum Gegenstand hatte und die Bank dem Kunden, der selbst nicht über die erforderlichen Kenntnisse und Informationen verfügte, den Eindruck einer sachkundigen und kompetenten Information vermittelt hat.

Von der Rechtsprechung bislang unentschieden ist hingegen, ob eine Bank, die ihren Kunden falsch berät, auch dann haftet, wenn der Kunde sich zwar von der Bank beraten läßt, das Anlagegeschäft anschließend aber bei einem anderen Kreditinstitut, z.B. einer kostengünstigeren Direktbank, abschließt.

Entscheidend dafür ist, ob auch bei bloßer Beratung ohne anschließenden Wertpapierkauf ein Beratungsvertrag zwischen dem Kunden und der beratenden Bank zustande kommt, der als Haftungsgrundlage für Ersatzansprüche in Betracht käme. Eine Literaturauffassung stellt in dieser Frage ausschließlich auf die Bedeutung und Wichtigkeit der Informationen für den Kunden ab und bejaht deshalb auch in diesem Fall einen Schadensersatzanspruch des falsch beratenen Kunden.[603] Nach dieser Auffassung trägt

---

599   Vgl. dazu ausführlich 2. Kapitel § 1 I - VI.
600   Vortmann, Beratungspflichten, Rn. 15 ff.; beispielhaft für die Rechtsprechung: BGHZ 123, 126 (128).
601   Schäfer, Anlageberatung, S. 8.
602   Vgl. Vortmann, Beratungspflichten, Rn. 15; Siol in Bankrechts-Handbuch, § 43 Rn. 10.
603   So z.B. Escher-Weingart, JZ 1994, S. 102 (104 f.).

die beratende Bank das volle Haftungsrisiko, ohne andererseits einen Vorteil (z.B. in Form der Provision für den anschließenden Wertpapierkauf) aus der Beratungsleistung zu haben. Ein Vorteil der Bank ist nach dieser Ansicht auch keine notwendige Voraussetzung für das Zustandekommen eines Beratungsvertrags, was durch den Verzicht des BGH auf ein Beratungsentgelt als Vertragsvoraussetzung nach dieser Auffassung belegt wird. Entscheidend sei allein, daß der Kunde auf die Richtigkeit der Informationen vertraue und auf der Grundlage dieses Vertrauens wichtige Vermögensentscheidungen treffe.[604]

Diese Meinung vermag jedoch nicht zu überzeugen. Voraussetzung für das Zustandekommen eines Beratungsvertrags, der Grundlage für einen vertraglichen Schadensersatzanspruch sein könnte, ist der Rechtsbindungswille der Beteiligten. Läßt der Kunde sich jedoch nur beraten, um die empfohlenen Papiere anschließend zu günstigeren Konditionen bei einem Konkurrenzinstitut zu kaufen, so fehlt der beratenden Bank der erforderliche Rechtsbindungswille zum Abschluß eines Beratungsvertrags.[605] Der Verpflichtungswille der Bank erstreckt sich gerade bei der Anlageberatung auch auf die mit der Beratungsleistung in Zusammenhang stehende Kaufentscheidung des Anlegers, denn die Bank berät den Kunden, damit er die Kapitalanlage bei ihr und nicht bei einem Mitbewerber kauft. Aus betriebswirtschaftlicher Sicht ist die Beratung eine Nebenleistung, die der Anbahnung des eigentlichen Anlagegeschäft dient. Die Beratung ist damit auf die Bindung des Kunden und den anschließenden gebührenverursachenden Wertpapierumsatz gerichtet, zumal die Bank aus der Beratung selbst keine unmittelbaren Vorteile erlangt, da die Kreditinstitute eine Beratungsgebühr (bislang) nicht erheben. Der Anleger kann deshalb nicht erwarten, daß der Rechtsbindungswille der Bank sich auch auf eine Beratung ohne anschließenden Kauf erstreckt.[606]

Der Anleger erscheint in diesem Fall auch nicht schutzwürdig, denn will er sich gegen das Risiko einer falschen Beratung absichern, so kann er dieses ohne weiteres dadurch tun, daß er die Kapitalanlage bei der beratenden Bank kauft. Will der Anleger aber hingegen die erheblich günstigeren Konditionen einer Discount-Bank nutzen, so muß er sich darüber bewußt sein, daß er dann auch das Risiko fehlerhafter oder unvollständiger Informationen trägt. Eine Abwälzung des Informationsrisikos auf die beratende Bank widerspricht in diesem Fall dem Grundsatz von Treu und Glauben. Aus den gleichen Gründen scheidet auch ein Ersatzanspruch aus c.i.c. aus, denn Voraussetzung dafür wäre ein besonderes vorvertragliches Vertrauensverhältnis, das jedoch zu verneinen ist, wenn sich der Kunde lediglich beraten läßt, um das empfohlene Anlagegeschäft anschließend bei einem kostengünstigen Konkurrenzinstitut abzuschließen. Ein Schadensersatzanspruch des fehlerhaft beratenen Anlegers ist insofern mangels hinreichender Haftungsgrundlage abzulehnen.[607]

---

604 Escher/Weingart, JZ 1994, a.a.O.
605 Wie hier Vortmann, ÖBA 1994, S. 579 (582).
606 Vortmann, ÖBA 1994, a.a.O.; ders., Beratungspflichten, Rn. 354d.
607 Vortmann, Beratungspflichten, a.a.O.; ders., ÖBA 1994, a.a.O.

2. Pflichtverletzung

Sowohl ein Anspruch aus pVV des Beratungsvertrages als auch aus c.i.c. erfordern eine Pflichtverletzung der Bank. Inhalt und Umfang der Informationspflicht bestimmen sich dabei nach den oben im einzelnen dargestellten Grundsätzen.[608] Unabhängig von den im einzelnen an den Berater zu stellenden Sorgfaltsanforderungen liegt eine Pflichtverletzung jedenfalls dann vor, wenn die Bank sachlich unrichtig oder unvollständig berät.[609] Das ist dann der Fall, wenn die Äußerungen des Beraters Tatsachen enthalten, die unwahr sind oder die nicht alle notwendigen Informationen beinhalten, die für die Anlageentscheidung von Bedeutung sind. Die Beratung ist in diesem Fall nicht „objektgerecht" i.S.d. „Bond"-Rechtsprechung, weil sie das Anlageobjekt nicht zutreffend beschreibt.

Eine Pflichtverletzung kann sich darüber hinaus aber auch aus einer nicht „anlegergerechten" Beratung ergeben.[610] Das ist dann der Fall, wenn die Bank ein Papier empfiehlt, das den Anlagezielen und Risikoerwartungen des Kunden nicht gerecht wird, beispielsweise weil die Anlagebedürfnisse des Kunden im Vorfeld der Beratung nicht ausreichend ermittelt wurden oder weil der Berater die Chancen und Risiken der Anlagemöglichkeit unzureichend abgewogen hat. Dabei begründet jedoch nicht jede Fehleinschätzung der Kursentwicklung eines Wertpapiers auch eine Pflichtverletzung, vielmehr ist zu berücksichtigen, daß jede Anlageempfehlung auf einer subjektiven Bewertung der anlagerelevanten Umstände durch den Berater beruht und insofern, je nach Risikocharakter des Wertpapiers, eine ganze Reihe unvorhersehbarer Umstände und Faktoren beinhaltet, die eine sichere Kursprognose kaum zulassen.[611] Eine Pflichtverletzung ist deshalb nur insoweit zu bejahen, als die Anlageempfehlung entweder auf einer unzureichenden oder falschen Tatsachengrundlage beruht oder die Interpretation der entscheidungsrelevanten Umstände gegen allgemeine Erkenntnisse und Erfahrungssätze der Ökonomie verstößt, mit anderen Worten, der Berater also nicht de lege artis gearbeitet hat.

Bei der Beurteilung, ob der Berater die gebotene Sorgfalt gewahrt hat, muß jedoch stets eine klare Trennung zwischen ex-ante- und ex-post-Betrachtung erfolgen, d.h. es dürfen bei der rückschauenden Beurteilung, ob eine Pflichtverletzung des Beraters vorliegt, nur solche Tatsachen und Werturteile berücksichtigt werden, die dem Berater zum Zeitpunkt des Anlagegeschäfts bekannt waren oder zumindest hätten bekannt sein müssen.[612]

---

608   Zu den von der Rechtsprechung im Rahmen von Anlageberatung und -vermittlung im einzelnen gestellten Anforderungen an die Information vgl. oben 2. Kapitel § 3 und § 4.
609   Siol in Bankrechts-Handbuch, § 43 Rn. 12.
610   Heinsius, ZBB 1994, S. 47 (54).
611   So auch Kübler, ZHR 145 (1981), S. 204 (212 f.).
612   Vgl. 1. Kapitel § 1 IV sowie 2. Kapitel § 3 IV 2 b. Wie hier Arendts, WM 1993, S. 229 (235).

3. Verschulden der Bank

Unabhängig von der Anspruchsgrundlage haftet die Bank nur, soweit sie ein Verschulden trifft.[613] Ein Verschulden liegt dann vor, wenn und soweit ein Mitarbeiter der Bank die Sorgfalt eines ordentlichen Kaufmanns verletzt hat.[614] Die Bank haftet somit gemäß § 276 Abs. 1 BGB i.V.m. §§ 1, 347 HGB für Vorsatz und Fahrlässigkeit. Nach § 278 Satz 1 2. Alt. BGB muß sie sich dabei das Verschulden ihrer Mitarbeiter zurechnen lassen.

4. Mitverschulden des Anlegers

Die Schadensersatzpflicht kann gem. § 254 BGB infolge Mitverschuldens des Anlegers eingeschränkt sein. Die Umstände, die ein Mitverschulden zu begründen vermögen, sind indes unterschiedlich. Dabei ist von entscheidender Bedeutung, ob der Auskunftgebende als Anlagevermittler oder als Anlageberater im engeren Sinne tätig wird. Der BGH differenziert hier in gleicher Weise wie bei der Bestimmung von Inhalt und Umfang der Informationspflicht.

Nach herrschender Rechtsprechung ist das Vertrauen des Anlegers in die Richtigkeit und Vollständigkeit der Auskünfte eines Anlagevermittler in geringerem Maße geschützt als in die Aussagen eines Anlageberaters.[615] Den Grund dafür sieht der BGH darin, daß der Anlagevermittler im Gegensatz zum Anlageberater nicht als unabhängiger Sachkundiger, sondern in erster Linie für den Anlageinitiator tätig wird und deshalb überwiegend im Interesse des Kapitalsuchenden handelt.[616] Den Anleger trifft deshalb nach Meinung der Rechtsprechung im eigenen Interesse generell die Obliegenheit, das Anlagegeschäft sorgfältig und aufmerksam zu prüfen und gegebenenfalls durch Rückfragen oder eigene Nachforschungen Widersprüche und Unklarheiten zu beseitigen. Vertraut der Anleger hingegen unbesehen und vorbehaltlos den Auskünften des Vermittlers, so muß er sich ein anspruchsminderndes Mitverschulden entgegenhalten lassen.[617]

Auch der Anlageberater kann dem geschädigten Anleger grundsätzlich den Vorwurf des Mitverschuldens entgegenhalten, wenn dieser durch eine Obliegenheitsverletzung zur Entstehung des Schadens beigetragen hat, § 254 BGB. Allerdings stellt die h.M. im Rahmen der Anlageberatung regelmäßig deutlich höhere Anforderungen an den Vorwurf des Mitverschuldens, denn der sachunkundige Anleger vertraut sich gerade wegen seiner mangelnden Kenntnisse und Fähigkeiten einem unabhängigen Fachkundigen an.[618] Eine generelle Obliegenheit des Anlegers, die Angaben des Beraters zu überprüfen und

---

613   v. Heymann, DStR 1993, S. 1147 (1150).
614   Vgl. BGH WM 1986, 1032 (1034); Siol in Bankrechts-Handbuch, § 43 Rn. 33.
615   BGH NJW 1982, 1095 (1097); bestätigt durch BGH WM 1993, 1238 (1240).
616   BGH NJW 1982, a.a.O. mit Anmerkung Assmann, NJW 1982, S. 1083 ff. Vgl. auch oben 2. Kapitel § 4 I.
617   BGH NJW 1982, a.a.O.; in der jüngeren Rechtsprechung bestätigt durch BGH WM 1993, 1238 (1240). Zur Kritik an dieser Rechtsprechung ausführlich oben 2. Kapitel § 4 I 2.
618   Schäfer, Anlageberatung, S. 29; Arendts, ÖBA 1994, S. 251 (256) m.w.N.

gegebenenfalls durch eigene Erkundigungen zu vervollständigen, besteht deshalb nicht. Ein unerfahrener Anleger kann sich nach h.M vielmehr grundsätzlich ohne Einschränkungen auf die Kenntnisse und Empfehlungen des Beraters verlassen.[619]

Ein Mitverschulden kann jedoch auch bei Betreuung durch einen Anlageberater ausnahmsweise darin gesehen werden, daß der Kunde kritische oder zur Vorsicht mahnende Äußerungen ignoriert hat. Die Rechtsprechung hat deshalb zu Recht dann ein Mitverschulden des Anlegers angenommen, wenn dieser Warnungen von dritter Seite oder differenzierende Hinweise des Beraters nicht ernstgenommen hat oder der Kunde trotz dramatischen Kursverfalls sich nicht um eine Verlustbegrenzung, beispielsweise durch rechtzeitigen Verkauf der Papiere, bemüht hat.[620] Ein Mitverschulden des Anlegers kann sich schließlich auch daraus ergeben, daß der Kunde Fragen des Beraters nach seinen Anlagezielen, seiner Risikobereitschaft oder seiner Anlageerfahrung falsch oder mißverständlich beantwortet.[621]

Ein Mitverschulden kann dagegen nach Auffassung der Rechtsprechung nicht bereits darauf gestützt werden, daß der Kunde trotz einer außergewöhnlich (verdächtig) hohen Rendite das Risiko eines Anlagegeschäfts dennoch nicht erkannt haben will.[622] So hat das OLG Karlsruhe selbst dann ein Mitverschulden des Anlegers abgelehnt, wenn diesem trotz des außergewöhnlich hohen Zinssatzes von 30,5 % pro Quartal (!) das Risiko der Anlage angeblich gleichwohl verborgen geblieben war.[623]

Das Urteil verdeutlicht die bereits oben angesprochene Gefahr der Rechtsprechung, angesichts immer weiter ausufernder Beratungsanforderungen die Erkenntnisfähigkeit des Anlegers zu unterschätzen und dessen Eigenverantwortung nicht ausreichend zu würdigen.[624] Eine derart hohe Verzinsung, die unbestritten weit über der üblichen Marktrendite lag, hätte selbst einen in Anlageangelegenheiten unerfahrenen Anleger zur Vorsicht mahnen und auf das erhöhte Anlagerisiko aufmerksam machen müssen.[625]

Ähnlich kritisch ist auch eine Entscheidung des OLG Hamm zu sehen.[626] Das Gericht konnte trotz eines weit überdurchschnittlichen Renditeversprechens von 28 % p.a. keine verdächtigen Umstände erkennen, die dem Anleger Anlaß zu Bedenken hinsichtlich des Risikos hätten geben müssen. Das OLG verneinte deshalb auch in diesem Fall ein Mitverschulden des Anlegers.

Es kann jedoch nicht Aufgabe des Anlageberaters sein, den Kunden ungefragt auf derart offenkundige, sich beinahe aufdrängende Risiken umfassend aufzuklären. Selbst einen in Anlageangelegenheiten unerfahrenen Anleger mußte angesichts eines derart hohen Renditeversprechens, das deutlich über der Rendite vergleichbarer Anlagen lag,

---

619 v. Heymann in Assmann/Schütze (Hrsg.), Handbuch des Kapitalanlagerechts, § 5 Rn. 134 ff.
620 BGH BB 1993, 1317 (1319); BGH WM 1982, 90 (91 f.).
621 v. Heymann in Assmann/Schütze (Hrsg.), Handbuch des Kapitalanlagerechts, § 5 Rn. 137.
622 OLG Karlsruhe WM 1992, 1101 ff.; OLG Hamm WM 1993, 241 (241/243).
623 OLG Karlsruhe WM 1992, a.a.O.
624 Vgl. auch oben 2. Kapitel § 3 IV 2 b.
625 Ähnlich Arendts, WM 1993, S. 229 (236); ders., ÖBA 1994, S. 251 (256); Vortmann, EWiR 1993, 235 (236); Medicus, WuB I G 4. - 6.92.
626 OLG Hamm WM 1993, 241 ff.; dazu Medicus, WuB I G 4. - 3.93.

das erhöhte Risiko zur Vorsicht mahnen. Das bedeutet freilich nicht, daß dem pflicht-widrig handelnden Berater dadurch die Möglichkeit gegebenen wird, sich mit der Be-gründung zu entlasten, der Anleger habe die Pflichtverletzung des Beraters nicht erkannt. Vielmehr wird dadurch, jedenfalls soweit Gefahren betroffen sind, die für einen ver-nünftigen Anleger quasi auf der Hand liegen, nur einem Minimum an Mündigkeit und Selbständigkeit seitens des Anlegers Rechnung getragen.

Setzt man hingegen wie die genannten OLG-Entscheidungen die Voraussetzungen für ein anspruchsminderndes Mitverschulden derart hoch an, wird der Anleger von jeder kritischen Würdigung des Anlageobjekts und damit im Ergebnis von der Sorge um die eigenen finanziellen Angelegenheiten nahezu vollständig befreit.[627] Statt dessen wird der Anleger geradezu ermutigt, mit Blick auf die attraktiven Gewinnaussichten möglichst hochspekulative Risikoanlagen zu erwerben, um im Falle des späteren Scheiterns der An-lage den erlittenen Verlust auf die beratende Bank abzuwälzen.

5. Schaden

Der Ersatz des entstandenen Schadens bestimmt sich nach den allgemeinen Vor-schriften. Dabei können sich jedoch durch den Grundsatz anlegergerechter Beratung Be-sonderheiten ergeben.

Grundsätzlich ist ein Vermögensschaden dann gegeben, wenn sich die Vermögenslage des Anlegers als Folge der pflichtwidrigen Empfehlung im Vergleich zu dem bei richtiger Beratung zu erwartenden Vermögensstand verschlechtert hat.[628] Aber auch wenn keine unmittelbare Vermögensminderung im Sinne der Differenzhypothese vorliegt, ist gleich-wohl ein Schaden zu bejahen, wenn die empfohlene Anlage entsprechend dem Grundsatz anlegergerechter Beratung für die Zwecke des Kunden unbrauchbar ist.[629] Das ist bei-spielsweise der Fall, wenn der Kunde eine ertragsorientierte, wachstumsstarke Anlage wünscht, die Bank dagegen eine zwar wertstabile, aber auch nur mäßig verzinste Anlage, z.B. gewöhnliche Schuldverschreibungen oder Standard-Aktien mit nur geringem Kurs-potential, empfiehlt. Dabei kommt es für die Frage, ob ein Schaden infolge mangelnder Eignung des Anlageprodukts vorliegt, nicht auf die rein subjektive, willkürliche Sicht des Kunden an, sondern auf das, was nach der Verkehrsanschauung unter Berücksichtigung der konkreten Kundenverhältnisse als unvernünftig und den Vermögensinteressen des Kunden unangemessen zu beurteilen ist.[630]

Vom Umfang her ist der Schadensersatzanspruch auf das negative Interesse gerichtet, d.h. es ist der Schaden zu ersetzen, der dem Anleger dadurch entstanden ist, daß er auf

---

627 Kritisch gegenüber der Rechtsprechung auch Vortmann, EWiR 1993, 235 (236) und Medicus, WuB I G 4. - 6.92.
628 Vgl. BGH ZIP 1998, 154 (157).
629 BGH ZIP 1998, 154 (158).
630 BGH ZIP 1998, a.a.O.

die Richtigkeit der Information vertraut hat.[631] Der Schädiger hat deshalb den Zustand herzustellen, der ohne das pflichtwidrige Verhalten - also die ungeeignete Anlageempfehlung - bestehen würde.[632] Der Kunde kann somit Befreiung von dem unvorteilhaften Anlagegeschäft und Ersatz des Kaufpreises einschließlich der Kosten des Erwerbs verlangen.[633] Daneben kann der Kunde gem. § 252 BGB auch den Gewinn geltend machen, der ihm durch den Nichtabschluß einer günstigeren Investition konkret entgangen ist.[634] Kann der Anleger keine konkrete Anlagealternative mit höherer Verzinsung nachweisen, so kann er den zum Zeitpunkt des Vertragsabschlusses am Kapitalmarkt üblichen Durchschnittszins als entgangenen Gewinn ersetzt verlangen, denn im allgemeinen ist davon auszugehen, daß der Kunde bei korrekter Beratung sein Vermögen anderweitig zu den am Kapitalmarkt üblichen Konditionen angelegt hätte.

Der geschädigte Anleger hat hingegen keinen Anspruch auf das positive Interesse, d.h. er kann nicht die Rendite verlangen, die er während des Anlagezeitraumes mit dem wertlos gewordenen Papier erzielt hätte. Das bekommt der Anleger insbesondere dann zu spüren, wenn die versprochene Rendite des erworbenen Papiers über der üblichen Marktrendite lag. In diesem Fall erhält der Anleger gem. § 252 BGB lediglich die Durchschnittsrendite.[635] Der Grund dafür liegt darin, daß die beratende Bank zwar für die Zuverlässigkeit und Vollständigkeit der Informationen haftet, nicht dagegen für den wirtschaftlichen Erfolg der Anlage. Ebendieses Erfolgsrisiko würde dem Anleger jedoch abgenommen, wenn er im Falle eines Beratungsfehlers nicht nur den Vertrauensschaden, sondern das positive Interesse ersetzt bekäme.

Zieht der Geschädigte anderseits einen Vorteil aus der pflichtwidrigen Empfehlung, beispielsweise in Form von Steuervorteilen, so muß er sich diese Vorteile grundsätzlich auf den Schadensersatzanspruch anrechnen lassen.[636] Ist der als Schadensersatz geleistete Betrag jedoch seinerseits nachzuversteuern, findet eine Anrechnung im Rahmen des Vorteilsausgleichs nicht statt.[637] Verbleibt dem Anleger jedoch ausnahmsweise ein Vorteil, weil beispielsweise der Nachzahlungsanspruch des Finanzamtes bereits verjährt ist oder der Steuertatbestand zwischenzeitlich entfallen ist, so hat der BGH eine Vorteilsanrechnung wegen unbilliger Entlastung des Schädigers dann abgelehnt, wenn der Staat dem Geschädigten den Steuervorteil aus einem besonderen Grund gewährt hat, beispielsweise um ein bestimmtes Sparverhalten seitens der Anleger zu fördern.[638] Nach Ansicht

631 Vgl. BGH WM 1992, 1355 (1357 f.); BGH WM 1992, 1269, (1271); v. Heymann in Assmann/Schütze (Hrsg.) Handbuch des Kapitalanlagerechts, § 5 Rn. 141; Heinsius, ZHR 145 (1981), S. 177 (198).
632 Siol in Bankrechts-Handbuch, § 43 Rn. 43.
633 Schäfer, Anlageberatung, S. 32; v. Heymann in Assmann/Schütze (Hrsg.), Handbuch des Kapitalanlagerechts, § 5 Rn. 141 m.w.N.
634 Vortmann, Beratungspflichten, Rn. 47.
635 Heinsius, ZHR 145 (1981), S. 177 (198); Hopt in FS für Fischer, S. 237 (254).
636 BGHZ 53, 132 (134); Siol in Bankrechts-Handbuch, § 43 Rn. 40; Vortmann, Beratungspflichten Rn. 54 ff.
637 v. Heymann in Assmann/Schütze (Hrsg.), Handbuch des Kapitalanlagerechts, § 5 Rn. 154.
638 Beispielhaft für die Privilegierung eines bestimmten Sparverhaltens durch den Fiskus ist die Arbeitnehmersparzulage (§ 13 VermBG), die die Ersparnisbildung in Arbeitnehmerhand fördern

des BGH wäre es unbillig, etwaige dem Geschädigten verbleibende Steuervergünstigungen, die der Fiskus dem Geschädigten aus einem speziellen Anlaß gewährt hat, dem Geschädigten zur Entlastung des Schädigers zu entziehen.[639] Eine Anrechnung kommt vielmehr nur ausnahmsweise in Betracht, wenn der Anleger Steuervorteile in so außergewöhnlicher Höhe oder Art und Weise erlangt hat, daß diese im Hinblick auf den Schutzzweck der Beratungspflicht billigerweise angerechnet werden müssen, etwa weil der Steuervorteil den durch die Falschberatung verursachten Schaden unangemessen übersteigt.[640]

6. Kausalität

Auch Haftungsansprüche wegen Verletzung von Aufklärungs- oder Beratungspflichten setzen Kausalität voraus. Die falschen Angaben des Beraters müssen den Anleger deshalb zu seiner Entscheidung bestimmt haben und die unrichtige Information muß ursächlich für den geltend gemachten Schaden des Anlegers sein. Das ist jedenfalls dann der Fall, wenn der Kunde auf Empfehlung der Bank ein wert-loses Papier kauft.[641]

Äußert die Bank dagegen Vorbehalte oder warnt sie sogar vor dem Geschäft und entschließt sich der Kunde dennoch zum Kauf der Anlage, so kommt neben einer Unterbrechung des haftungsbegründenden Kausalzusammenhangs auch ein anspruchsminderndes Mitverschulden des Anlegers in Betracht. Während im ersten Fall überhaupt kein Ersatzanspruch besteht, ist dieser im zweiten Fall lediglich im Betrag gemindert. Eine Abgrenzung wird man entsprechend der Deutlichkeit und Nachdrücklichkeit der ausgesprochenen Vorbehalte vornehmen müssen. Spricht die Bank eine deutliche, nachdrückliche Warnung aus, die vom Kunden gleichwohl ignoriert wird, so beruht der Erwerb des wertlosen Papiers allein auf dem Willensentschluß des Kunden, so daß man von einer Unterbrechung des haftungsbegründenden Kausalzusammenhangs wird ausgehen müssen. Dagegen wird bei lediglich allgemeinen, grundsätzlichen Risikohinweisen der Kausalzusammenhang i.d.R. fortbestehen, wobei allerdings ein anspruchsminderndes Mitverschulden des Anlegers gem. § 254 BGB nahe liegt.

Begrenzt wird die Haftung durch den Schutzzweck der Norm. War die Bank - was die Regel sein wird - zu umfassender Beratung verpflichtet, so haftet sie, selbst wenn sie diese Pflicht lediglich hinsichtlich eines einzelnen Punktes verletzt, grundsätzlich für alle Schäden, die dem Anleger infolge der nachteiligen Empfehlung entstehen.[642] Beschränkt sich die Informationspflicht der Bank hingegen auf ganz bestimmte, für das Vorhaben bedeutsame Einzelpunkte, wie z.B. Fragen der Zinsbesteuerung oder der Inanspruchnahme

---

soll, oder die steuerliche Privilegierung des Bausparens bzw. die Zahlung einer Wohnungsbauprämie, um die Bildung von Wohnungseigentum zu fördern.

639   BGH WM 1990, 145 (149); Schäfer, Anlageberatung, S. 34.
640   BGH ZIP 1984, 1080 (1083 f.); v. Heymann in Assmann/Schütze (Hrsg.), Handbuch des Kapitalanlagerechts, § 5 Rn. 156 m.w.N.
641   BGH NJW 1981, 1449 (1450 ff.).
642   BGH ZIP 1992, 987 (990).

von Steuervorteilen durch den Kauf bestimmter Anlageprodukte, so ist die Ersatzpflicht auf den Schaden begrenzt, der sich isoliert aus dieser Pflichtverletzung ergibt.[643]

7. Beweislast

Grundsätzlich trägt derjenige, der Schadensersatzansprüche aus pVV oder c.i.c. geltend macht, auch die Beweislast dafür, daß alle anspruchsbegründenden Voraussetzungen vorliegen.[644] Bei Verstößen gegen Informationspflichten sind jedoch Besonderheiten zu beachten. So muß der Kunde die Pflichtverletzung der beratenden Bank beweisen, d.h. der Anleger muß nachweisen, daß der Bank besondere vertragliche oder vorvertragliche Verhaltenspflichten oblagen und sie diese Pflichten verletzt hat.[645]

Beweiserleichterungen aus den nach § 34 WpHG für Kreditinstitute bestehenden Aufzeichnung- und Aufbewahrungspflichten ergeben sich dabei für den Anleger nicht. Zwar läßt die Rechtsprechung bei der Verletzung von Dokumentationspflichten grundsätzlich Beweiserleichterungen bis hin zur Umkehr der Beweislast zu, wenn dem Geschädigten nach tatrichterlichem Ermessen die Beweisführung für das pflichtwidrige Verhalten des Gegners angesichts des von diesem verschuldeten Aufklärungshindernisses billigerweise nicht mehr zugemutet werden kann.[646] Voraussetzung für eine solche Beweiserleichterung ist jedoch, daß die verletzte Dokumentationspflicht gerade den Zweck hatte, Feststellungen für den Geschädigten zu treffen, also gerade den Interessen des Geschädigten dienen sollte.[647] Eben diese Voraussetzung ist jedoch bei der Aufzeichnungspflicht nach § 34 WpHG nicht erfüllt, denn § 34 soll lediglich der Aufsichtsbehörde die Kontrolle der Einhaltung der wertpapierhandelsrechtlichen Verhaltensregeln ermöglichen, nicht aber dem Kunden die Beweisführung erleichtern. Die Dokumentationspflicht besteht insoweit nur im öffentlichen Interesse. Aus § 34 WpHG kann deshalb keine Beweiserleichterung zugunsten des Anlegers abgeleitet werden.[648]

Allerdings mildert die Rechtsprechung Beweisschwierigkeiten, die dem geschädigten Anleger durch Führung eines Negativbeweises bei behaupteter Nichtaufklärung entstehen, grundsätzlich dadurch, daß die Bank ihrerseits die behauptete Pflichtverletzung substantiiert bestreiten muß. Der Anleger muß dann die Unrichtigkeit der Darstellung der Bank beweisen.[649]

Besonderheiten gelten auch für den Beweis der Kausalität. So kommt dem Anleger nach herrschender Rechtsprechung eine Kausalitätsvermutung zugute, d.h. es wird

---

643   BGH WM 1992, 133 (134 f.). In dem vom BGH entschiedenen Fall erstreckte sich die Aufklärungspflicht nur auf die Fortdauer der Sozialbindung eines Hauses.
644   Thomas/Putzo, ZPO, Vorbem. § 284 Rn. 23; Bruske, Beweiswürdigung und Beweislast, S. 18; BGHZ 61, 118 (120) m.w.N. aus der Rechtsprechung.
645   Schäfer, Anlageberatung, S. 44 ff.; Siol in Bankrechts-Handbuch, § 43 Rn. 42.
646   BGHZ 72, 132 (139); BGH ZIP 1985, 312 (314).
647   BGH ZIP 1985, a.a.O.
648   Koller in Assmann/Schneider (Hrsg.), WpHG, § 34 Rn. 1. Ausführlich zu § 34 WpHG unten 3. Kapitel § 4 II.
649   Siol in Bankrechts-Handbuch, a.a.O.

widerlegbar vermutet, daß der Kunde bei richtiger Information eine andere Entscheidung getroffen hätte, so daß ihm kein Schaden entstanden wäre.[650] Die beratende Bank ist deshalb beweispflichtig dafür, daß der Schaden auch bei pflichtgemäßem Verhalten eingetreten wäre, der Geschädigte sich also über ihren Rat hinweggesetzt hätte.[651] Der Grund für diese Beweislastumkehr liegt in einer häufig auftretenden Not des Geschädigten, den strikten Beweis für einen hypothetischen Kausalverlauf zu führen. Deshalb bejaht die h.M. jedenfalls in Fällen, in denen keine ernsthaften Zweifel bestehen, daß der Kunde bei richtiger Beratung eine andere Anlageentscheidung getroffen hätte, eine Beweislastumkehr zugunsten des Kunden.[652] Handelt es sich hingegen nur um allgemeine, oberflächliche Informationen zur Vorbereitung der Anlageentscheidung, so daß ungewiß ist, wie der Kunde sich bei richtiger Auskunft verhalten hätte, bleibt es bei dem allgemeinen Grundsatz, daß der Kunde den vollen Kausalitätsbeweis zu führen hat.

Steht fest, daß die Beratung fehlerhaft und ursächlich für den Schaden war, muß die Bank beweisen, dass sie und ihre Erfüllungsgehilfen (§ 278 BGB) kein Verschulden trifft.[653] Diese Exkulpationslast folgt daraus, dass die Schadensursache aus dem Gefahrenkreis der Bank hervorgegangen und nur sie allein Einblick in die Umstände hat, die die Pflichtwidrigkeit des Verhaltens begründen[654], denn der Kunde hat regelmäßig keinen Einblick in die bankinternen Abläufe und Zusammenhänge, die den Beratungsfehler verursacht haben. Er ist vielmehr in besonderem Maße von der Zuverlässigkeit der Auskünfte des Beraters abhängig und hat keine Möglichkeit, die Richtigkeit der Information und damit die ordnungsgemäße Pflichterfüllung zu überprüfen.

Zwar ist diese Abkehr der Rechtsprechung von der allgemeinen Beweislastverteilung in der Literatur nicht ohne Widerspruch geblieben, allerdings räumen auch die Gegner einer Beweislastumkehr dem Anleger großzügige Beweiserleichterungen nach den Regeln des Anscheinsbeweises ein.[655] An einer angemessenen, an den Gefahren- und Verantwortungsbereichen orientierten Beweislastverteilung zwischen Anleger und Bank besteht deshalb im Ergebnis kein Streit.[656]

650 BGHZ 124, 151 (159 ff.); BGH WM 1992, 770 (773).
651 BGHZ 124, 151 (160 f.); BGHZ 81, 118 (120); BGH WM 1992, 770 (773); OLG München WM 1990, 1331 (1332); v. Heymann in Assmann/Schütze (Hrsg.), Handbuch des Kapitalanlagerechts, § 5 Rn. 126.
652 Siol in Bankrechts-Handbuch, § 43 Rn. 44 und 45.
653 Vortmann, Beratungspflichten, Rn. 62; Hopt in FS für Fischer, S. 237 (255).
654 Vgl. BGHZ 28, 251 (254); BGHZ 23, 288 (290 f.).
655 Vgl. Bruske, Beweiswürdigung und Beweislast, S. 26 ff.; Stadolkowitz, VersR 1994, S. 11 (12 ff.); Grunewald, ZIP 1994, S. 1162 (1165); Roth, ZHR 154, S. 513 (520 ff.).
656 So auch Siol in Bankrechts-Handbuch, § 43 Rn. 44, der keine „praktischen Unterschiede" zwischen den unterschiedlichen Ansätzen zu erkennen vermag.

III. Deliktische Ansprüche

Eine Haftung wegen falscher oder unterlassener Information kann sich auch aus unerlaubter Handlung ergeben. Allerdings spielt die deliktische Haftung in der Praxis neben der vertraglichen und vorvertraglichen Haftung lediglich eine untergeordnete Rolle. Der Grund dafür liegt vor allem darin, daß die deliktische Haftung aus § 831 Abs. 1 Satz 2 BGB für die Bank die Möglichkeit der Exkulpation für den pflichtwidrig handelnden Mitarbeiter bietet.

Eine Haftung aus § 823 Abs. 1 BGB scheidet als Anspruchsgrundlage darüber hinaus von vornherein aus, weil durch die fehlerhafte Beratung kein absolutes Rechtsgut im Sinne von § 823 Abs. 1 BGB verletzt wird, sondern allein das Vermögen des Anlegers. Dieses Rechtsgut wird jedoch von § 823 Abs. 1 BGB nicht geschützt.[657]

1. § 826 BGB

Der Schwerpunkt der deliktischen Auskunfts- und Beratungshaftung liegt bei § 826 BGB. Eine Haftung aus § 826 BGB wegen vorsätzlicher sittenwidriger Schädigung ist dann gegeben, wenn der Berater den Anleger bewußt falsch oder unvollständig informiert, um auf diese Weise den eigenen Wissensvorsprung auszunutzen und den Kunden zu einem von Anfang an aussichtslosen Geschäft zu bewegen.[658] Einen Anspruch aus § 826 BGB hat die Rechtsprechung deshalb zu Recht mehrfach bei Vermittlung hochriskanter Termingeschäfte an gezielt falsch aufgeklärte unerfahrene Kunden angenommen. Die Anleger waren dabei vom Vermittler durch bewußt beschönigende und verschleiernde Angaben zu dem Geschäft verleitet worden.[659] Dabei reicht nach Auffassung der Rechtsprechung für eine vorsätzliche sittenwidrige Schädigung bereits aus, daß der Vermittler leichtfertig „ins Blaue hinein" falsche Angaben macht, um den Kunden auf diese Weise zu dem aussichtslosen Geschäft zu bewegen.[660]

Die Deliktshaftung ermöglicht im Gegensatz zur (vor-)vertraglichen Haftung auch eine persönliche Inanspruchnahme derjenigen Personen, die weder Vertragspartner sind noch unmittelbar an der Beratung mitgewirkt haben, die aber an der Schädigung des Anlegers gleichwohl im Hintergrund maßgeblich beteiligt waren.[661] Das gilt insbesondere für die Hintermänner dubioser Anlage- und Vermittlungsgesellschaften.

Aber auch die unmittelbaren Vermittler, gegen die vertragliche Ersatzansprüche nach den Grundsätzen des Vertrags mit Schutzwirkung zugunsten Dritter nur bestehen, sofern diese besonderes persönliches Vertrauen in Anspruch genommen haben - was in der Regel nicht der Fall ist -, haften gem. § 826 BGB persönlich, wenn sie durch ihre Ver-

---

657 Palandt/Thomas, BGB, § 823 Rn. 31; Jauernig/Teichmann, BGB, § 823, II A. 5. ff.
658 MünchKomm/Mertens, BGB, § 826 Rn. 182 ff.; Palandt/Thomas, BGB, § 826 Rn. 25 und 26; Ellenberger, WM-Sonderbeilage 1999 Nr. 2, S. 18.
659 BGH WM 1988, 291 (292 f.); BGH WM 1982, 738 ff.; OLG Düsseldorf WM 1994, 1796 (1796 f.); MünchKomm/Mertens, BGB, § 826 Rn. 182 f.
660 BGH NJW 1986, 180 (181).
661 Vgl. BGH NJW 1994, 512 (514); Wach, Terminhandel, Rn. 545 ff.

mittlungstätigkeit vorsätzlich und sittenwidrig zur Schädigung des Anlegers beigetragen haben.

2. *§ 823 Abs. 2 BGB*

Des weiteren kommen Ansprüche aus § 823 Abs. 2 BGB in Betracht. Voraussetzung dafür ist jedoch die Verletzung eines Schutzgesetzes, das zumindest auch dem Individualschutz des einzelnen Anlegers dient.[662] Diese Voraussetzung ist nach allgemeiner Auffassung in den Fällen der §§ 263 und 264a StGB bei vorsätzlichem Anlagebetrug erfüllt.[663]

Marktrechtliche Normen haben hingegen nicht in allen Fällen den Schutz der Individualinteressen des Anlegers im Auge. Ob und inwieweit im Falle fehlerhafter Aufklärung oder Beratung in Anlagegeschäften eine Haftung des beratenden Kreditinstituts aus § 823 Abs. 2 BGB i.V.m. §§ 31 ff. WpHG in Betracht kommt, ist umstritten. Während die h.M. eine solche Schutzgesetzeigenschaft für die §§ 31, 32 WpHG bejaht, wird die Schutzgesetzeigenschaft für die §§ 33, 34 WpHG allgemein abgelehnt.[664] Darauf wird jedoch im einzelnen in Zusammenhang mit der Darstellung der Verhaltenspflichten nach dem Wertpapierhandelsgesetz ausführlich einzugehen sein.[665]

IV. *Verjährung*

1. *§ 37a WpHG*

Schadensersatzansprüche aus pVV oder wegen Verschuldens bei Vertragsschluß verjähren nach h.M. gem. § 195 BGB für gewöhnlich in 30 Jahren.[666] Das galt bislang auch für Ansprüche, die aus einer Verletzung von Aufklärungs- oder Beratungspflichten resultierten.[667] Durch das Dritte Finanzmarktförderungsgesetz wurde die Verjährungsfrist für Ansprüche aus Informationspflichtverletzungen im Zusammenhang mit Wertpapiergeschäften jedoch erheblich verkürzt. Gemäß § 37a WpHG verjähren Schadensersatzansprüche wegen Verletzung der Pflicht zur Information oder wegen fehlerhafter Beratung in Zusammenhang mit einer Wertpapierdienstleistung oder -nebendienstleistung nunmehr in 3 Jahren nach Entstehung des Anspruchs. Dagegen verjähren Schadens-

---

662 Palandt/Thomas, BGB, § 823 Rn. 141; Jauernig/Teichmann, BGB, § 823, B III 2 b; Staudinger/ Schäfer, BGB, § 823 Rn. 580 m.w.N.

663 Palandt/Thomas, BGB, § 823 Rn. 149; BGH NJW 1992, 241 ff. Zur betrügerischen Vermittlung von Warenterminoptionen vgl. Rollinger, Börsentermingeschäfte, S. 39 und Worms, wistra 1984, S. 123 (125).

664 Koller in Assmann/Schneider (Hrsg.), WpHG, Vor § 31 Rn. 17 m.w.N. sowie § 33 Rn. 1 und § 34 Rn. 1.

665 Zur Frage des Schutzgesetzcharakters der §§ 31 ff. WpHG ausführlich unten 3. Kapitel § 2 V 3.

666 MünchKomm/Emmerich, vor § 275, Rn. 209.

667 Für pVV: BGHZ 70, 356 (361). Für c.i.c.: BGHZ 87, 27 (35 f.); BGH NJW 1990, 1658 f.

ersatzansprüche, denen keine Wertpapier(neben)dienstleistung i.S.v. § 2 Abs. 3 bzw. Abs. 3a WpHG zugrunde liegt, wie z.B. Ansprüche aus fehlerhafter Vermittlung von Anteilen an geschlossenen Immobilienfonds oder GmbH-Beteiligungen, nach wie vor in 30 Jahren.

Der Gesetzgeber wollte durch die Verkürzung der Verjährungsfrist der Schnelligkeit des Geschäftsverkehrs im Wertpapierdienstleistungsbereich Rechnung tragen.[668] Nach Auffassung der Bundesregierung behinderten die überlangen Haftungszeiträume eine aktienorientierte Beratung, weil die Banken angesichts des unüberschaubar langen Haftungszeitraums die Anlageberatung vielfach auf festverzinsliche risikoarme Standardprodukte beschränkten, bei denen die Gefahr einer fehlerhaften Beratung gering war. Im Interesse einer Belebung der Wertpapieranlage, insbesondere der Aktienanlage, bestand deshalb nach Meinung der Bundesregierung ein Bedürfnis nach einer zeitlichen Begrenzung des Haftungsrisikos für die beratenden Kreditinstitute.

2. Grundsätzliche Bedenken gegen eine pauschale Verjährungsdauer anstelle einer produktabhängigen Frist

Zwar bestehen angesichts der überlangen Dauer der 30jährigen Verjährungsfrist an der Notwendigkeit einer Verkürzung speziell im Bereich des vielfach schnelllebigen Kapitalanlagegeschäfts kaum Zweifel, andererseits erheben sich gegen eine Kürzung der Verjährungsfristen als geeignetes Mittel zur Forcierung der aktienorientierten Beratung und Steigerung der privaten Wertpapiernachfrage grundsätzliche dogmatische Bedenken. Statt dessen hätte der Gesetzgeber besser die inhaltlich-materiellen Anforderungen an die Beratung überdenken sollen, um auf diese Weise eine Überdehnung und Loslösung der Beratungspflicht von ihrem eigentlichen Zweck, dem Ausgleich struktureller Informationsasymmetrien zwischen den Marktteilnehmern, zu verhindern. Eine pauschale Verkürzung der Verjährungsfrist auf 3 Jahre erscheint hingegen mit Blick auf den Anlegerschutz nicht unbedenklich, denn vielfach treten Verluste, verursacht durch fahrlässige Falschberatung, erst nach längerer Zeit auf. Insbesondere bei langfristigen Kapitalanlagen, etwa zur privaten Altersvorsorge, werden Beratungsfehler oft erst nach Jahren erkennbar.[669] Die Verjährungsfrist nach § 37a WpHG beginnt jedoch, da sich der Kunde aufgrund der fehlerhaften Beratung ein für seine Verhältnisse ungeeignetes, nicht anlegergerechtes Produkt erwirbt, bereits mit dem Erwerb des Papiers. Das kann insbesondere bei langfristigen Anlagen dazu führen, daß Schadensersatzansprüche bereits verjährt sind, bevor die Ansprüche von den geschädigten Anlegern überhaupt erkannt und geltend gemacht werden konnten. Im Interesse eines wirksamen Schutzes des Anlegers vor fehlerhafter Beratung wäre deshalb eine nach Anlageformen und Anlagezielen differenzierende Regelung vorteilhafter gewesen. Auf diese Weise wäre es beispielsweise möglich gewesen, die Verjährungsfristen den Besonderheiten der unterschiedlichen An-

---

668 Begründung des RegE zum 3. FMG, BR-Drucks. 605/97, S. 96.
669 So auch die Bedenken der Stiftung Warentest, vgl. Finanztest, Heft 10/97, S. 53 f. und Heft 12/97, S. 48.

lagearten anzupassen, mit der Folge, daß beispielsweise Ansprüche aus dem Verkauf langfristig ausgerichteter Kapitalanlagen zur Altersvorsorge (z.B. Fondsanteile an sog. Altersvorsorge-Sondervermögen (AS-Fonds)) über einen deutlich längeren Zeitraum verjähren als kurzfristige, spekulative Anlageprodukte, wie z.b. Optionsscheine, Termin-kontrakte oder Derivatanlagen, für die die 3jährige Verjährungsfrist des § 37a WpHG ohne Zweifel übertrieben lang ist und statt dessen eine Verjährungsdauer von einigen Monaten angemessener gewesen wäre. Eine solche Differenzierung nach Anlageformen hätte sowohl den Interessen geschädigter Anleger als auch dem Bedürfnis nach Begren-zung des Haftungsrisikos und einer stärker aktienorientierten Beratung besser Rechnung getragen. Gleichwohl hat sich der Gesetzgeber offenbar in dem Bemühen um eine rasche und einfache Lösung für eine pauschale Verjährungsfrist von 3 Jahren entschieden.

3. Anwendungsbereich des § 37a WpHG

§ 37a WpHG erfaßt unstreitig die Haftung wegen Verletzung von Pflichten aus Infor-mations- und Beratungsverträgen sowie aus einem vorvertraglichen Schuldverhältnis.[670] Umstritten ist hingegen, ob die Norm auch Ansprüche aus § 826 und § 823 Abs. 2 BGB erfaßt oder ob deliktische Ansprüche wie bislang nach § 852 Abs. 1 BGB verjähren.

Zwar beträgt die Verjährungsdauer sowohl nach § 37a WpHG als auch nach § 852 BGB übereinstimmend 3 Jahre, allerdings fällt der Fristenbeginn auf unterschiedliche Zeitpunkte. Nach § 37a WpHG beginnt die Frist bereits mit dem Zeitpunkt der An-spruchsentstehung, d.h. wenn alle Tatbestandsmerkmale des Ersatzanspruchs erfüllt sind.[671] Das ist spätestens dann der Fall, wenn die Wertpapiere, die der Anleger aufgrund der Empfehlung erworben hat, wertlos geworden sind und der Anleger dadurch eine reale Vermögensminderung erlitten hat. Unerheblich ist dabei, ob der Anspruch der Höhe nach bereits exakt feststeht oder der Schaden schon in vollem Umfang eingetreten ist.[672]

Doch selbst wenn keine Vermögensminderung im Sinne der Differenzhypothese vor-liegt, ist entsprechend dem Grundsatz anlegergerechter Beratung gleichwohl ein Ver-mögensschaden des Kunden zu bejahen, wenn die empfohlene Anlage für den Kunden unbrauchbar ist.[673] Das bedeutet, daß in Fällen, in denen der Kunde risikoreiche Papiere erwirbt, die für seine finanziellen Verhältnisse und Anlageziele ungeeignet sind, der Schadensersatzanspruch bereits mit dem Zeitpunkt des Erwerbs entsteht. Die Ver-jährungsfrist nach § 37a WpHG beginnt deshalb nicht erst, wenn sich das Risiko in einem konkreten Wertverlust realisiert hat, sondern bereits mit dem Erwerb der ungeeigneten Wertpapiere.[674]

Demgegenüber beginnt die Verjährungsfrist für deliktische Ansprüche gemäß § 852 Abs. 1 BGB erst mit der tatsächlichen Kenntnis des Verletzten von Schaden und Schädi-

---

670 Koller in Assmann/Schneider (Hrsg.), WpHG, § 37a Rn. 6.
671 Koller in Assmann/Schneider (Hrsg.), WpHG, § 37a Rn. 7 f.
672 BGH NJW 1992, 2766 (2767).
673 BGH ZIP 1998, 154 (158); vgl. auch oben 2. Kapitel § 5 III 6.
674 Koller in Assmann/Schneider (Hrsg.), WpHG, § 37a, a.a.O.

ger, also erst dann, wenn sich das Risiko, über das pflichtwidrig nicht aufgeklärt wurde, in einer konkreten Vermögensminderung realisiert hat.[675] Insofern führen die Regelungen in § 852 BGB und § 37a WpHG in der wertpapiergeschäftlichen Praxis häufig zu unterschiedlichen Verjährungsergebnissen.

Nach Ansicht von *Koller* bezieht sich die Regelung in § 37a WpHG nur auf vertragliche und vorvertragliche Schadensersatzansprüche, während deliktische Ansprüche (§ 826, § 823 Abs. 2 BGB i.V.m. Schutzgesetz) nach wie vor gemäß § 852 verjähren sollen, selbst wenn diese mit vertraglichen Ersatzansprüchen oder solchen aus c.i.c. konkurrieren.[676] Dabei verweist Koller auf die Gesetzesbegründung, aus der sich ergebe, daß der Gesetzgeber bei der Verkürzung allein die überlange 30jährige Verjährungsfrist des § 195 BGB für vertragliche und vorvertragliche Ansprüche im Auge gehabt habe.

Die Ausnahme deliktischer Ersatzansprüche aus dem Anwendungsbereich des § 37a WpHG vermag indes trotz der o.g. Vorbehalte gegen eine pauschale Verkürzung der Verjährungsfrist nicht zu überzeugen, so erstreckt sich die § 37a WpHG vergleichbare dreijährige Verjährungsfrist für Schadensersatzansprüche des Mandanten gegen den Rechtsanwalt gem. § 51b BRAO nach h.M. nicht nur auf vertragliche und vertragsähnliche Ersatzansprüche, sondern auch auf deliktische Ansprüche, obwohl die Norm im Gegensatz zu § 37a WpHG ausdrücklich das „Vertragsverhältnis" zwischen Schädiger und Geschädigtem anspricht.[677] Gleiches gilt für § 51a WPO und § 68 Steuerberatungsgesetz. Auch hier findet die spezialgesetzliche Verjährungsfrist nach h.M. Anwendung auf deliktische Ersatzansprüche.

Jedenfalls für Ansprüche, die auf einer fahrlässigen Verletzung der allgemeinen Verhaltenspflichten gem. § 31 WpHG, insbesondere der gesetzlichen Informationspflicht nach § 31 Abs. 2 Nr. 2 WpHG, beruhen, ist eine Anwendung der 3jährigen Verjährungsfrist des § 37a WpHG angesichts der vom Gesetzgeber betonten ratio legis geboten, weil anderenfalls das erklärte Ziel, die Verjährungsfristen für Ersatzansprüche aus fehlerhafter Anlageberatung spürbar zu verkürzen und so eine aktive Anlageberatung zu fördern, weitgehend leer laufen würde. Anleger könnten dann bei fehlerhafter Beratung der Bank 3 Jahre nach Erwerb der Papiere zwar keine vertraglichen oder vorvertraglichen Ersatzansprüche mehr geltend machen, gleichwohl würden der Bank, je nachdem wann Kursverluste eintreten, schlimmstenfalls jedoch bis zu 30 Jahren nach Abschluß des Anlagegeschäfts Ersatzansprüche aus § 823 Abs. 2 BGB i.V.m. § 31 Abs. 2 Nr. 2 WpHG drohen.[678] Die vom Gesetzgeber gewünschte aktive Anlageberatung würde angesichts dieses prohibitiven Haftungsrisikos kaum Unterstützung finden. Deshalb muß mit Blick auf die ratio legis des § 37a WpHG unabhängig davon, inwieweit die Regelung inhaltlich

---

675 Vgl. Palandt/Thomas, BGB, § 852 Rn. 4; Jauernig/Teichmann, BGB, § 852 Anm. 2a.
676 Koller in Assmann/Schneider (Hrsg.), WpHG, § 37a Rn. 6.
677 Vgl. Jessnitzer/Blumber, BRAO, § 51b Rn. 13; Vollkommer, Anwaltshaftungsrecht, Rn. 454; Bergmann/Haug, Anwaltshaftung, § 48 Rn. 11.
678 A.A. Koller in Assmann/Schneider (Hrsg.), WpHG, § 37a Rn. 6, der die Gefahr eines Leerlaufens der Verjährungsfrist nach § 37a WpHG verneint, weil die Dauer der Frist nach Ansicht Kollers in der Praxis kaum jemals 30 Jahren erreichen wird. Allerdings verkennt Koller dabei, daß bei langfristig orientierten Anlageprodukten der Schaden erst sehr spät eintreten kann.

als angemessen gelten kann, die Norm auch auf Ersatzansprüche aus § 823 Abs. 2 BGB i.V.m. § 31 Abs. 2 Nr. 2 WpHG jedenfalls in Fällen einfach fahrlässiger Falschberatung Anwendung finden,

Dagegen erscheint es bei leichtfertigen und gewissenlosen oder gar vorsätzlichen Beratungspflichtverletzungen ungerechtfertigt, das ersatzpflichtige Kreditinstitut in den Genuß der verkürzten Verjährungsfrist nach § 37a WpHG kommen zu lassen. Solche besonders schwerwiegenden Verstöße liegen beispielsweise in einer Verletzung der besonderen Lauterkeitspflichten nach § 32 WpHG. Aus diesem Grund verjähren Ersatzansprüche, die gem. § 826 BGB oder § 823 Abs. 2 BGB aus einem groben Verstoß gegen die besonderen Verhaltenspflichten des § 32 WpHG resultieren, z.B. weil die Empfehlung den Tatbestand der Gebührenschinderei[679] (sog. chruning, § 32 Abs. 1 Nr. 1) oder des Front-running (§ 32 Abs. 1 Nr. 3) erfüllt oder weil die Bank die Beratungstätigkeit dazu mißbraucht hat, die Kurse eigener Wertpapiere in die Höhe zu treiben (§ 32 Abs. 1 Nr. 2), nach wie vor gem. § 852 BGB erst 3 Jahre nach Kenntnis des Schadens und Schädigers durch den Gläubiger. Gleiches gilt für Ersatzansprüche gem. § 823 Abs. 2 BGB i.V.m. § 263 StGB bzw. § 264a StGB, die aus einer Straftat des Beraters resultieren.[680] Auch in solchen Fällen ist es nicht gerechtfertigt, das informationspflichtige Wertpapierdienstleistungsunternehmen in den Genuß der in der Anlagepraxis regelmäßig früher eintretenden Verjährung nach § 37a WpHG kommen zu lassen. Statt dessen gelten die allgemeinen Verjährungsregeln.

---

679 Dazu ausführlich 3. Kapitel § 2 VI 3 c aa (1). Vgl. auch Rössner/Arendts, WM 1996 1517 ff.
680 So im Ergebnis auch Koller in Assmann/Schneider (Hrsg.), WpHG, § 37a Rn. 6.

3. Kapitel - Informationspflichten nach dem Wertpapierhandelsgesetz

§ 1 Das Wertpapierhandelsgesetz[681]

I. Bedeutung des Wertpapierhandelsgesetzes für die Thematik

Während im vorangegangenen Kapitel die vertraglichen und vorvertraglichen Verhaltenspflichten der Kreditinstitute und Anlagevermittler Gegenstand der Betrachtung waren und dementsprechend die individuelle schuldvertragliche Beziehung zwischen Kunde und Anlagedienstleister die Darstellung bestimmte, sollen im folgenden vor allem die marktrechtlichen Aspekte der Anlageberatung in den Vordergrund rücken. Im Mittelpunkt steht dabei das Wertpapierhandelsgesetz (WpHG) als wichtigste kapitalmarktrechtliche Kodifikation des deutschen Rechts.

Das Wertpapierhandelsgesetz, das als Teil des Zweiten Finanzmarktförderungsgesetzes zum 1. Jan. 1995 in Kraft getreten ist, enthält im 5. Abschnitt mit den §§ 31 - 37a wichtige Verhaltensregeln, die gerade für die Aufklärung und Beratung bei der Kapitalanlage von besonderer Bedeutung sind.

Neben der Normierung spezieller Verhaltensregeln für Wertpapierdienstleistungsunternehmen (§§ 31 - 37a) enthält das Wertpapierhandelsgesetz weitere marktrechtliche Schwerpunkte, insbesondere Bestimmungen über den Insiderhandel (§§ 12 - 20) und zur Offenlegung bedeutsamer Beteiligungen an inländischen börsennotierten Aktiengesellschaften (§§ 21 - 30). Darüber hinaus legt das Gesetz die rechtlichen Grundlagen für die staatliche Aufsicht über den Wertpapierhandel durch das eigens zu diesem Zweck errichtete Bundesaufsichtsamt (§§ 3 - 11). Angesichts der legislatorischen Erfassung zentraler kapitalmarktrechtlicher Bereiche ist in der Literatur wiederholt auf die besondere Bedeutung des Wertpapierhandelsgesetzes für das deutsche Kapitalmarktrecht hingewiesen worden.[682]

II. Marktbezogenheit als spezifisches Charakteristikum des WpHG

Charakteristisch für das Wertpapierhandelsgesetz ist sein marktrechtlicher Ansatz. Das WpHG stellt den Kapitalmarkt als solchen und nicht wie in der Vergangenheit eine bestimmte Anlageart oder das Anlageangebot eines in einer bestimmten Rechtsform organisierten Emittenten in den Mittelpunkt des gesetzgeberischen Handelns. Der Ge-

---

681 Gesetz vom 26. Juli 1994 (BGBl. I, S. 1749 ff.).

682 Vgl. Vorwort zu Assmann/Schneider (Hrsg.), WpHG (1. Aufl.), S. V. Nach Hopt, ZHR 159 (1995), S. 135 ff. ist das WpHG als „Grundgesetz" des deutschen Kapitalmarktrechts zu betrachten. Kümpel, WpHG, S. 15, sieht in dem Gesetz „das wichtigste börsen- und kapitalmarktrechtliche Gesetz seit 100 Jahren".

setzgeber hat damit die bisherige Regelungsperspektive aufgegeben, die das Kapitalmarktrecht im wesentlichen auf Regelungen über die Beteiligung an Aktiengesellschaften und die bei der Emission entsprechender Beteiligungstitel mitwirkenden Institutionen beschränkte.[683] Dementsprechend war das Kapitalmarktrecht als genuines Rechtsgebiet in der Vergangenheit lediglich in Randbereichen gesetzlich normiert.[684] Kapitalmarktrechtliche „Einsprengsel" fanden und finden sich vor allem im Aktiengesetz[685], in den rechtlichen Rahmenbedingungen für die Wertpapierbörsen, vor allem im Börsengesetz[686], sowie im Bankrecht[687]. Aktien-, Bank- und Börsenrecht wurden jedoch bislang isoliert betrachtet; Die Berücksichtigung funktionaler Zusammenhänge fand nur am Rande statt.[688] Dem lag die Vorstellung zugrunde, daß das Aktienrecht die gesellschaftsinterne, rechtsformspezifische Organisation von Kapitaleignern zum Gegenstand habe, während das Bankrecht die Stabilität und Integrität des Kreditwesens gewährleistete und dem Börsenrecht die Regelung der Emission und des Handels von Wertpapieren obliege. Der Regelungsansatz war dementsprechend überwiegend rechtsform- und institutionsbezogen.

Die Konsequenzen dieser tradierten, rechts- und anlageformbezogenen Kapitalmarktordnung zeigten sich bereits in den 70er Jahren. Während einerseits der rechtlich geordnete organisierte Kapitalmarkt im wesentlichen nur Aktiengesellschaften offen stand, gleichzeitig jedoch aufgrund der aufwendigeren Organisationsform der AG, die die Aktie zu einem dementsprechend teuren Finanzierungsinstrument machten, immer weniger Unternehmen die am Leitbild des Großunternehmens orientierte Rechtsform der Aktiengesellschaft wählten, bestand andererseits an anlagefähigem und anlagesuchendem Kapital kein Mangel.[689] Das machten sich vor allem Unternehmen zunutze, die dem Anleger Investitionsangebote unterbreiteten, welche erheblich höhere Renditen als etwa die Aktienanlage versprachen. Auf diese Weise entstand neben dem organisierten Aktien-

---

683 Assmann in Assmann/Schneider (Hrsg.), WpHG, Einl. Rn. 1.
684 Zur bisherigen Regelungsperspektive vgl. Schwark in FS für Stimpel, S. 1087 (1093).
685 So z.B. in § 47 Nr. 3 AktG. Dazu vgl. Hüffer, Aktiengesetz, § 47 Rn. 9 ff. Aber auch die aktienrechtlichen Rechnungslegungsvorschriften (§§ 150 ff.) haben kapitalmarktrechtlichen Charakter. Übereinstimmend Kümpel, Kapitalmarktrecht, S. 85 f., der darüber hinaus auch das aktienrechtliche Gleichbehandlungsgebot des § 53a AktG als Marktrecht qualifiziert.
686 Beispielhaft genannt seien an dieser Stelle nur die Vorschriften zur Feststellung des Börsenpreises (§§ 29 ff. BörsG) sowie die Zulassungspflicht gem. § 36 BörsG und die Emittentenpflichten gem. § 44 BörsG, dazu vgl. Kümpel, Kapitalmarktrecht, S. 75, 85 f.
687 Zum Beispiel die bankaufsichtsrechtlichen Vorschriften des KWG, insbes. die Eigenmittel- und Liquiditätsvorschriften der §§ 10 ff. sowie die Aufsichtsvorschriften des 3. Abschnitts (Zulassungserfordernis, §§ 32 ff., und Gefahrenabwehr, §§ 45 ff.) dienen neben dem Gläubigerschutz auch dem Funktionsinteresse des Kapitalmarktes, indem sie die Stabilität und Integrität des Kreditwesens als wesentliche Institution des Kapitalmarktes gewährleisten. Daneben sind aber auch bankrechtliche Bestimmungen im weiteren Sinne zu nennen. So finden sich kapitalmarktrechtliche Bestimmungen vor allem im Gesetz über die Kapitalanlagegesellschaften (§§ 6 ff. KAGG) sowie im Auslandsinvestmentgesetz (§§ 2 ff. AuslInvestmG).
688 Hopt, ZHR 140 (1976), S. 201 (202); ders., ZHR 141 (1977), S. 389 (390 ff.).
689 Nach Ansicht von Assmann in Assmann/Schneider (Hrsg.), WpHG, Einl. Rn. 4, wurde der Attraktivitätsverlust der AG und der Aktie als Finanzierungsinstrument durch die Aktienrechtsreform von 1965 eher verstärkt als gebremst.

kapitalmarkt ein neues Kapitalmarktsegment - der sog. freie Kapitalmarkt, der von den aktien- und institutionsbezogenen Elementen des traditionellen Kapitalmarktrechts nicht mehr erfaßt wurde. Dieser herkömmliche Regelungsansatz wird vom Wertpapierhandelsgesetz nunmehr zugunsten einer umfassenden markt- und vertriebsorientierten Regelung durchbrochen.

Betrachtet man es als Aufgabe des Marktrechts, die Marktorganisation und das Verhalten der Marktteilnehmer zu regeln, um auf diese Weise die Bedingungen für Funktionsfähigkeit und Effizienz des Kapitalmarktes zu schaffen und zu erhalten[690], so hat der Gesetzgeber mit dem WpHG einen entscheidenden Schritt in diese Richtung getan. Zwar ist das WpHG nicht der erste, wohl aber der bedeutendste Schritt in Richtung einer marktbezogenen Regelung des Wertpapier- und Kapitalanlagerechts. Ansätze einer kapitalmarktrechtlichen Gesetzgebung wurden bereits in dem Gesetz über die Kapitalanlagegesellschaften (KAGG) von 1969 sowie im Wertpapier-Verkaufsprospektgesetz von 1990 erkennbar. Allerdings bezogen sich dieses Gesetze lediglich auf spezifische Teilbereiche des Effektenvertriebs. So beschränkte sich das Wertpapier-Verkaufsprospektgesetz im wesentlichen darauf, die Börsenzulassungspublizität zu einer veritablen Vertriebspublizität für börsengehandelte oder dem Börsenhandel zugängliche Wertpapiere auszuweiten. Dabei bildete das Gesetz im weiten Feld rechtsformbezogener Regelungen jedoch nicht mehr als eine Einzelmaßnahme, die faktisch allein den Vertrieb von Aktien und Aktienderivaten erfaßte.[691] Ähnlich das KAGG, das das Anlageverhalten der Investmentgesellschaften und den Vertrieb der Investmentanteile regelt und insofern ebenfalls nur einen Ausschnitt des Kapitalmarktes erfaßt. Gleiches gilt für das Auslandsinvestmentgesetz, das entsprechende Regelungen für den Vertrieb ausländischer Investmentanteile enthält.[692]

---

690 Zur Definition des Kapitalmarktrechts vgl. Kümpel, Kapitalmarktrecht, S. 107 m.w.N.; Assmann im Großkommentar zum AktG, Einl. Rn. 357.
691 Vgl. Assmann in Assmann/Schneider (Hrsg.), WpHG, Einl. Rn. 9.
      Die Vertriebspublizität (§ 1 VerkProspG) für nicht börsengehandelte Wertpapiere unterliegt darüber hinaus zahlreichen Ausnahmen, sowohl hinsichtlich der Art des Wertpapierangebot (§ 2 VerkProspG) als auch in bezug auf den Emittenten (§ 3 VerkProspG) und die Wertpapiere (§ 4 VerkProspG).
692 Der Erlaß des KAGG sowie des AuslInvestmG sind vor allem als Reaktion des deutschen Gesetzgebers auf die negativen Folgen des IOS-Skandals Ende der 60er Jahre zu sehen. Seit etwa Mitte der 60er Jahre hatte die amerikanische Investmentgesellschaft Investment Overseas Services (IOS) weltweit, darunter auch in Deutschland, mit hohen Gewinnversprechen erhebliche Kapitalbeträge gesammelt. Infolge einer ganzen Reihe undurchsichtiger Finanztransaktionen und risikoreicher Investitionsstrategien, aber auch aufgrund der aufwendigen Lebensweise des Fonds-Initiators Bernhard Cornfeld brach die Gesellschaft kurze Zeit nach ihrem Bösrengang 1969 zusammen, wodurch auch in Deutschland eine Vielzahl von Anlegern quer durch alle gesellschaftlichen Schichten z.T. erhebliche Anlagebeträge verloren. Der Zusammenbruch von IOS erschütterte dadurch das Vertrauen vieler Anleger in die Kapitalmärkte. Zum Schutz der Anleger, aber auch im nachteilige Auswirkungen auf die Kapitalmärkte in Zukunft zu verhindern, sah sich der deutsche Gesetzgeber deshalb zu einer gesetzlichen Regelung der Investmentbranche, die sowohl für den Vertrieb von Investmentanteilen als auch für das Anlageverhalten der Fonds entsprechende Regelungen enthält, gezwungen.

Als Durchbruch zu einer wirklich marktbezogenen Regelung konnten diese Gesetze deshalb noch nicht bezeichnet werden. Den entscheidenden Schritt hin zu einer rechts- und anlageformabhängigen Regelung leistet erst das WpHG, das im Interesse optimaler Effizienz und Funktionsfähigkeit der Kapitalmärkte nicht nur das Verhalten der Marktteilnehmer in zentralen Bereichen, wie z.B. den Umgang mit sensiblen Insider-Informationen (§§ 12 ff. WpHG) oder die Behandlung von Interessenkonflikten (§§ 31 ff. WpHG), regelt, sondern darüber hinaus in Gestalt besonderer Mitteilungs- und Veröffentlichungspflichten für die Veränderung des Stimmrechtsanteils börsennotierter Gesellschaften (§§ 21 ff. WpHG) wichtige rechtliche Rahmenbedingungen für eine offene Informationskultur und damit für entsprechende Transparenz an den Kapitalmärkten schafft sowie der Organisation des Wertpapierhandels durch die Einführung einer zentralen staatlichen Marktaufsicht (§§ 4 ff. WpHG) entscheidende rechtliche Strukturen setzt.

Der spezifisch marktrechtliche Charakter des Wertpapierhandelsgesetzes kommt insbesondere in der Zielsetzung des Gesetzes zum Ausdruck. Erklärtes Ziel des Gesetzes ist die Förderung der kapitalmarktlichen Effizienz.[693] Dabei ist die Stärkung der Funktionsfähigkeit der Wertpapiermärkte durch den Abbau von Informations- und Machtasymmetrien zwischen den Marktteilnehmern sowie durch Maßnahmen zur Sicherung des Anlegervertrauens in die Integrität der Märkte ein zentrales Anliegen des Gesetzes.[694]

Diese spezifisch marktrechtliche Zielsetzung spiegelt sich vor allem in den §§ 31 ff. WpHG wider, deren Aufgabe nach Aussage der Gesetzesmaterialien vor allem darin besteht sicherzustellen, daß die Kapitalmärkte „ihre volkswirtschaftliche Funktion jederzeit zu erfüllen vermögen".[695] Die wertpapierhandelsrechtlichen Wohlverhaltensregeln wollen deshalb im Interesse effizienter Kapitalmärkte grundlegende Verhaltensprinzipien für die Erbringung von Wertpapierdienstleistungen etablieren. Diese Verhaltensgrundsätze bilden den rechtlichen Rahmen für die Stabilität des Finanzsystems und ein reibungsloses Funktionieren der Wertpapiermärkte.[696]

Voraussetzung für die Stabilität des Finanzsystems ist die institutionelle Funktionsfähigkeit der Kapitalmärkte und damit die Fähigkeit ausreichend Kapital aufzubringen. Das Ziel der wertpapierhandelsrechtlichen Verhaltensregeln sowie ihrer staatlichen Überwachung und Durchsetzung besteht deshalb vor allem darin, das Vertrauen der Effektenkunden in die Integrität und Solidität der Kapitalmärkte zu schützen[697]. Nur wenn die privaten Anleger sicher sein können, daß ihre Interessen von den professionellen Marktteilnehmern geachtet werden, werden sie auf Dauer bereit sein, dem Markt

---

693 Vgl. Begründ. des RegE zum 2. FMG, BT-Drucks. 12/6679, S. 33 sowie Beschlußempfehlung und Bericht des Finanzausschusses, BT-Drucks. 12/7918, S. 92 und 107.
694 Kümpel, WpHG, S. 29.
695 BT-Drucks. 12/6679, S. 33; außerdem Beschlußempf. und Bericht des Finanzausschusses, BT-Drucks. 12/7918, S. 97. Zum Schutzzweck des WpHG im allgemeinen und der §§ 31 ff. im besonderen vgl. Kümpel, Bank und Kapitalmarktrecht, Rn. 8.230; Koller in Assmann/Schneider (Hrsg.), WpHG, Vor § 31 Rn. 8 ff. sowie Schwintowski/Schäfer, Bankrecht, § 11 Rn. 66.
696 Kümpel, WpHG, S. 156; ders., WM 1993, S. 2025 (2025).
697 Vgl. Begründ. des RegE zum 2. FMG, BT-Drucks. 12/6679, S. 33

das notwendige Investitionskapital zur Verfügung zu stellen. Das Vertrauen der Anleger in die Anlagemärkte ist deshalb ein zentrales Schutzgut des WpHG im allgemeinen und der wertpapierhandelsrechtlichen Wohlverhaltensregeln im speziellen.[698]

Neben der institutionellen Funktionsfähigkeit ging es dem Gesetzgeber aber auch darum, die allokative Funktionsfähigkeit der Kapitalmärkte zu optimieren.[699] Eine zentrale Aufgabe der §§ 31 ff. WpHG besteht deshalb darin, die Bedingungen dafür zu schaffen, daß Kapital an die Stellen der Volkswirtschaft fließt, wo es am dringendsten gebraucht und am effizientesten verwendet wird. Eine wesentliche Voraussetzung dafür ist eine ausreichende Informationsversorgung der Anlegerschaft. Die wertpapierhandels-rechtlichen Verhaltens- und Organisationspflichten schaffen dafür den notwendigen rechtlichen Rahmen.

Durch die wertpapierhandelsrechtlichen Wohlverhaltensregeln soll darüber hinaus die operationale Effizienz der Kapitalmärkte gefördert, denn dadurch, daß das WpHG den Wertpapierunternehmen in § 31 spezielle Informations- und Verhaltenspflichten auferlegt, wird nicht nur ein höherer Informationsstand bei den Anlegern und eine verbesserte Markttransparenz erreicht, gleichzeitig wird dadurch sichergestellt, daß die Informationslast von den denjenigen Marktteilnehmern zu tragen ist, die aufgrund ihrer Marktfunktion und beruflichen Voraussetzungen dazu am besten und kostengünstigsten in der Lage sind. Auf diese Weise gelingt es, Transaktionskosten, die das Funktionieren der Kapitalmärkte unnötig hemmen und die Wettbewerbsfähigkeit des Gutes „Kapital" beeinträchtigen würden, im Interesse des ökonomischen Gemeinwohls zu minimieren.[700]

Neben der Gewährleistung der unmittelbaren, grundlegenden kapitalmarktlichen Funktionsbedingungen ist das Wertpapierhandelsgesetz darüber hinaus auf die Förderung der internationalen Wettbewerbsfähigkeit der deutschen Finanzmärkte gerichtet.[701] Aus diesem Grund nimmt das Gesetz eine umfassende Anpassung der gesetzlichen Rahmenbedingungen im Börsenbereich an die Globalisierung des Wertpapiergeschäfts vor. Gerade vor dem Hintergrund der wachsenden Bedeutung der Kapitalmärkte für die Finanzierungspraxis breiter Wirtschaftskreise und einer zunehmenden Internationalisierung des Wertpapierhandels kommt der Steigerung der Leistungsfähigkeit und Attraktivität des Finanzplatzes Deutschland im internationalen Vergleich besondere Bedeutung zu.

Die Globalisierung der Wertpapiermärkte, das Vordringen elektronischer Informations- und Handelssysteme sowie die Entwicklung einer Vielzahl von neuen Finanzinstrumenten erforderten jedoch nicht nur eine Liberalisierung und Deregulierung überkommener Marktstrukturen und -abläufe, sondern verlangten darüber hinaus auch nach einer entsprechenden ordnungspolitischen Absicherung. Das WpHG wird deshalb vor allem durch öffentlich-rechtliche Normen geprägt, die die aufsichtsrechtlichen Rahmen-

---

698 Vergleiche Beschlußempfehlung und Bericht des Finanzausschusses, BT-Drucks. 12/7918, a.a.O.; Koller in Assmann/Schneider (Hrgs.), WpHG, Vor. § 31 Rn. 8 f.
699 Koller in Assmann/Schneider (Hrsg.), WpHG, Vor § 31 Rn. 10.
700 Koller in Assmann/Schneider (Hrsg.), WpHG, Vor § 31 Rn. 9.
701 Vgl. Begründung des RegE zum 2. FMG, BT-Drucks. 12/6679, S. 33; Assmann in Assmann/ Schneider (Hrsg.), WpHG, Einl. Rn. 15; Breuer, Die Bank 1994, S. 444 ff.

bedingungen für die Funktionsfähigkeit der Wertpapiermärkte den veränderten Anforderungen eines globalen Wertpapier- und Kapitalhandels anpassen.

Zwar liegt der Schwerpunkt des Wertpapierhandelsgesetzes aufgrund der Anknüpfung des Gesetzgebers an wertpapiermäßig verbriefte Kapitalanlagen nach wie vor im Bereich des staatlich organisierten (Wertpapier-)Kapitalmarktes[702], allerdings weist das Gesetz in seiner Bestrebung zur Etablierung einer zentralen Kapitalmarktaufsicht und der Statuierung markt- und kundenbezogener Verhaltenspflichten für Finanzdienstleister bereits über diesen Rahmen hinaus. Einen ersten, wenngleich bescheidenen Schritt, die kapitalmarktrechtlichen Verhaltenspflichten des WpHG auf einzelne Anlagen des sog. freien Kapitalmarktes auszudehnen, bildet die Einbeziehung der Waren-, Devisen- und Finanztermingeschäfte in den Anwendungsbereich des Gesetzes Anfang 1998. Das WpHG bildet insofern einen Kristallisationspunkt für ein umfassendes Kapitalmarktrecht, in das vorhandene und zukünftige Regelungen zur Kapitalanlage nach und nach integriert werden können.

III. Europarechtliche Grundlagen

Das Wertpapierhandelsgesetz mit seinem spezifischen, auf den Funktionsschutz der Kapitalmärkte ausgerichteten Regelungsansatz ist zum einen eine notwendige Reaktion des Gesetzgebers auf die einschneidenden Entwicklungen an den nationalen und internationalen Kapitalmärkten, zum anderen werden durch das WpHG die Vorgaben dreier EG-Richtlinien, nämlich der Insider-Richtlinie (89/592/EWG)[703], der Transparenz-Richtlinie (88/627/EWG)[704] sowie der Wertpapierdienstleistungsrichtlinie (93/22/ EWG)[705] in deutsches Recht umgesetzt.[706]

1. Die EG-Wertpapierdienstleistungsrichtlinie (93/22/EWG)

Insbesondere die EG-Wertpapierdienstleistungsrichtlinie (WpDRiL) ist im Hinblick auf Aufklärungs- und Beratungspflichten bei der Kapitalanlage von besonderem Interesse, statuiert sie doch in den Art. 10 und 11 grundlegende Verhaltensregeln für Wertpapierfirmen.

Die Richtlinie 93/22/EWG ist nicht der erste Versuch einer europäischen Harmonisierung des Vertriebs und des Umgangs mit Wertpapierprodukten. Bereits 1977 veröffentlichte die Kommission der Europäischen Gemeinschaften die Empfehlung 77/534/EWG, die Wohlverhaltensregeln für Wertpapierunternehmen vorsah.[707] Diese

---

702 Vgl. Assmann in Assmann/Schneider (Hrsg.), WpHG, § 1 Rn. 6.
703 ABl. EG Nr. L 334/30 vom 18.11.1989.
704 ABl. EG Nr. L 348/62 vom 17.12.1988.
705 ABl. EG Nr. L 141/27 vom 11.6.1993.
706 Vgl. Krimphove, JZ 1994, S. 23 (25).
707 Empfehlung der Kommission 77/534/EWG vom 25.7.1977 betreffend europäische Wohlverhaltensregeln für Wertpapiertransaktionen, ABl. EG Nr. L 212/37 vom 20.8.1977.

Verhaltensregeln betrafen ein breites Spektrum von Sachverhalten, angefangen von Informations- und Beratungspflichten der Banken gegenüber ihren Kunden, über das Verhalten der Banken bei Interessenkonflikten und den Umgang mit Insiderinformationen, bis hin zu Themen, die das Gesellschaftsrecht berührten, wie z.B. Übernahmeangebote. Zentrales Ziel der Empfehlung war die Schaffung von Regeln für ein loyales Verhalten von Wertpapierdienstleistern, um auf diese Weise einen angemessenen Interessenschutz des Anlagepublikums zu gewährleisten. Der Schwerpunkt der Empfehlung lag deshalb im Bereich der Anlageberatung. Die Empfehlung blieb jedoch, da sie für die Mitgliedstaaten nicht zwingend war, weitgehend unbeachtet. Ein unabweisbares Bedürfnis zur Harmonisierung der wertpapier- und kapitalmarktrechtlichen Vorschriften der Mitgliedstaaten entstand erst Mitte der achtziger Jahre. Die Gründe dafür waren sowohl rechtlicher als auch ökonomischer Natur.

a. Europarechtlicher Hintergrund

Die Ursachen für den Harmonisierungsbedarf lagen vor allem auf europäischer Ebene. Insbesondere der Abbau von Kapitalverkehrsbeschränkungen in der Europäischen Gemeinschaft begründet das Bedürfnis nach einer Rechtsangleichung in den Mitgliedstaaten. So wurden durch die Dritte Liberalisierungsrichtlinie (88/361/EWG)[708] Ende der achtziger Jahre bis dahin bestehende Kapitalverkehrsbeschränkungen weitgehend abgebaut. Spürbar verstärkt wurde die Notwendigkeit nach einer Harmonisierung des Kapitalanlagerechts durch die Einführung der Dienstleistungsfreiheit für Kreditinstitute innerhalb der EG im Rahmen der Zweiten Bankrechtskoordinierungsrichtlinie (89/646/EWG)[709]. Kreditinstitute in einem Mitgliedstaat der Europäischen Gemeinschaft erhielten dadurch die Berechtigung zur gemeinschaftsweiten Betätigung auf der Grundlage der Zulassung durch die heimatstaatliche Aufsichtsbehörde (Prinzip der Heimatlandkontrolle).[710] Eine Angleichung insbesondere der aufsichtsrechtlichen Standards in den einzelnen Mitgliedstaaten wurde dadurch sowohl im Interesse gleicher Wettbewerbsbedingungen für die Kreditinstitute als auch im Interesse eines wirkungsvollen Anlegerschutzes unumgänglich.[711] Ziel der Harmonisierung war die Schaffung eines sog. „Europapasses" für Kreditinstitute. Auf der Grundlage der harmonisierten Aufsichtsregeln wurden die Mitgliedstaaten verpflichtet, Kreditinstituten aus anderen Mitgliedstaaten der Europäischen Union Gelegenheit zu geben, grenzüberschreitend und ohne besonderes Zulassungsverfahren Dienstleistungen anzubieten und Zweigstellen zu eröffnen.[712] Ein wesentlicher Bereich der Harmonisierungsbestrebungen betraf dabei die

---

708   Richtlinie des Rates vom 24.6.1988, ABl. EG Nr. L 178/5 vom 8.7.1988.
709   Richtlinie des Rates vom 15.12.1989, ABl. EG Nr. L 386/1 vom 30.12.1989.
710   Dazu vgl. Jentsch, WM 1993, S. 2189 (2190 f.).
711   Vergleiche Erwägungsgründe 5 und 6 der WpDRiL, ABl. EG Nr. L 141/27 (27) vom 11.6.1993.
712   Kümpel, Bank- und Kapitalmarktrecht, Rn. 15.11. Die Kontrolle der laufenden Geschäftstätigkeit fällt dabei in die Zuständigkeit der Aufsichtsbehörden des Heimatlandes des Wertpapierunternehmens, die dabei jedoch eng mit den Aufsichtsbehörden des Aufnahmestaates zusammenarbeiten, vgl. dazu die Regelung § 36c WpHG.

Schaffung einheitlicher Mindeststandards für den Anlegerschutz. Ausreichende Mindeststandards zum Schutz der den Wertpapierfirmen anvertrauten Vermögenswerte bildeten nicht nur eine wesentliche Voraussetzung für das Vertrauen der Kapitalanbieter in die Stabilität und Integrität der Anlagebranche und damit letztendlich eine wichtige Funktionsbedingung des Finanzsystems, sondern ein hinreichender Anlegerschutz erschien auch mit Blick auf das in Art. 3 lit. s und Art. 129a EGV zur Gemeinschaftsaufgabe avancierte Ziel einer Stärkung des Verbraucherschutzes geboten. In den Erwägungsgründen der Wertpapierdienstleistungsrichtlinie wird die Harmonisierung des Anlegerschutzes deshalb als eine zentrale Voraussetzung für die Verwirklichung eines gemeinsamen europäischen Binnenmarktes für Kapitalanlagen besonders hervorgehoben.[713] Dazu gehören insbesondere einheitliche Zulassungskriterien für Wertpapierdienstleistungsunternehmen, die sicherstellen, daß gemeinschaftsweit nur solche Wertpapierdienstleister tätig werden dürfen, die bestimmten Mindestanforderungen in bezug auf Mittel- und Personalausstattung, betrieblicher Organisation und Professionalität der Geschäftstätigkeit gerecht werden. Die im *Forum of European Securities Commissions (Fesco)* [714] zusammengeschlossenen europäischen Wertpapieraufsichtsbehörden haben sich inzwischen auf Mindeststandards für die Zulassung von Wertpapierdienstleistungsunternehmen geeinigt, die z.B. für die Prüfung der Zuverlässigkeit und fachlichen Qualifikation der Geschäftsleiter einheitliche Maßstäbe festlegen.

Ein weiterer Aspekt, der die Harmonisierung im Wertpapierdienstleistungsbereich vorantrieb, war eine verstärkte Koordinierung der Tätigkeit der Wertpapieraufsichtsbehörden durch die *IOSCO (International Organisation of Securities Commissions).*[715] Deren Aufgabe besteht vor allem darin, auf der Grundlage nationaler empirischer Studien und Rechtsentwicklungen Resolutionen zu erarbeiten, um für aktuelle transnationale Rechtsfragen und -probleme im Bereich des Bank- und Kapitalmarktrechts eine Lösung anzubieten. Anfang der neunziger Jahre warb die IOSCO vor allem für eine internationale Harmonisierung der Aufsichtsstandards im Wertpapierbereich.[716] Die von der IOSCO in einer Resolution[717] vorgeschlagenen Verhaltensregeln für Wertpapierunternehmen orientierten sich insbesondere an einer fairen, sorgfältigen und konfliktfreien Erbringung von Wertpapierleistungen.[718] Diese Grundsätze wurden schließlich für die Art. 10 und 11 der EG-Wertpapierdienstleistungsrichtlinie zum bestimmenden Leitmotiv.

---

713 Vgl. Erwägungsgründe 2 - 5 der WpDRiL, ABl. EG Nr. L 141/27 (S. 27) vom 11.6.1993
714 In der Fesco sind insgesamt 17 europäische Wertpapieraufsichtsbehörden, darunter auch das deutsche Bundesaufsichtsamt für den Wertpapierhandel, zusammengeschlossen. Aufgabe der Fesco ist es, durch einen intensiven Informationsaustausch zwischen den nationalen Wertpapieraufsichtbehörden sowie eine stärkere Koordination der Aufsichtstätigkeit den Anlegerschutz zu verbessern sowie die Transparenz und Integrität auf den Finanzmärkten zu erhöhen.
715 Zur Problematik einer grenzüberschreitenden Wertpapieraufsicht vgl. Kurth, WM 2000, 1521 ff.
716 Jentsch, WM 1993, S. 2189 (2191); zur Bedeutung der IOSCO für Deutschland: Köhler, WM 1990, S. 1953.
717 Die IOSCO-Resolution ist eine nicht verpflichtende Empfehlung, der vor allem inhaltliche Vorbildwirkung für entsprechende nationale Regelungen zukommt.
718 Zum Inhalt der von der IOSCO verabschiedeten „Rules of Conduct" vgl. im einzelnen Kalss, ÖBA 1995, S. 835 (837 f).

b. Ökonomischer Hintergrund

Daneben gaben auch ökonomische Gründe Anlaß zu einer verstärkten Harmonisierung der wertpapier- und kapitalmarktrechtlichen Vorschriften. So unterliegt der gesamte Kapitalmarkt seit Ende der siebziger Jahre einem fortdauernden und tiefgreifenden Wandel. Zum Teil kann dieser Wandel als Globalisierung der Märkte für Finanzdienstleistungen umschrieben werden.[719] Daneben spielen aber auch die Ausdehnung des Marktes und die wachsende Intermediarisierung eine Rolle.

Ebenso wie Emittenten nicht mehr nur im Inland, sondern zunehmend auch an den internationalen Finanzmärkten Kapital aufnehmen und Investoren sich in zunehmendem Maße für ausländische Anlageprodukte interessieren, sind auch die Kreditinstitute und Wertpapierhäuser in steigendem Maße gefordert, international tätig zu werden. Diese Entwicklung wurde nicht zuletzt durch die rasante Entwicklung im Bereich der Informations- und Kommunikationstechnologie vorangetrieben.[720] Die Notwendigkeit, mit den veränderten Ansprüchen der kapitalsuchenden Unternehmen, aber auch den Wünschen der Anlagekunden Schritt zu halten, zwang die Kreditinstitute zu einem verstärkten internationalen Engagement. Damit die unterschiedlichen aufsichtsrechtlichen Standards in den einzelnen Ländern im Bereich des Anlegerschutzes jedoch nicht dazu führten, daß Anlageanbieter aus Staaten mit geringem Anlegerschutz ihre Produkte und Dienstleistungen auch in Ländern mit höheren Schutzstandards anboten, wurde parallel zur Globalisierung der Märkte vor allem in Europa mit seinen traditionell relativ eng verflochtenen Finanzmärkten eine Harmonisierung der nationalen Anlegerschutzstandards erforderlich.[721]

Hinzu kommt eine spürbare Ausdehnung des Marktes. Neuartige innovative Anlageprodukte streben in stetig wachsender Zahl und in immer kürzerer Zeit an die Kapitalmärkte. Parallel dazu unterliegt die gesamte Unternehmensfinanzierung einem deutlichen Wandel. Dieser ist nicht nur durch einen deutlichen Bedeutungszuwachs der Wertpapieremission als Finanzierungsinstrument für Wirtschaftsunternehmen gekennzeichnet, sondern auch durch eine Zunahme der Intermediarisierung der Wertpapiermärkte, durch die Einschaltung von Mittlerinstanzen wie insbesondere Banken oder Investmenthäuser.[722] Die Folge davon ist unter anderem ein Anstieg der Institutionalisierung der Kapitalmärkte, so daß die Finanzmärkte in wachsendem Maße von institutionellen Anlegern dominiert werden, die über große Portefeuilles verfügen.[723]

Die zunehmende Intermediarisierung führt gerade im Verhältnis der institutionellen Anleger zu ihren Kunden, den Privatanlegern, zu einem bedenklichen Macht- und Informationsgefälle. So besteht die Gefahr, daß Privatanleger im Verhältnis zu Investmentfonds, Pensionsfonds oder vermögensverwaltenden Banken in die Defensive gedrängt

---

719 Vgl. Baum/Breidenbach, WM-Sonderbeilage 1997 Nr. 6, S. 4 ff.
720 Baum/Breidenbach, WM-Sonderbeilage 1997 Nr. 6, S. 5.
721 Baum/Breidenbach, WM-Sonderbeilage 1997 Nr. 6, S. 6 f.
722 Baum/Breidenbach, WM-Sonderbeilage 1990 Nr. 6, S. 4 ff.
723 Baum/Breidenbach, WM-Sonderbeilage 1997 Nr. 6, S. 6 m.w.N.

werden, weil die Aufgabe der Vermögensfürsorge und -verwaltung nahezu vollständig auf diese Vermögenssammelstellen übergeht und dadurch die Abhängigkeit der Anleger von diesen institutionellen Marktteilnehmern steigt. So hat beispielsweise ein Anleger, der Anteile an einem Aktienfonds erwirbt, keine Einflußmöglichkeit auf die Verwendung seines Geldes, insbesondere nicht auf das Investitionsverhalten des Fonds. Bei einer Direktanlage in Aktien hingegen hätte der Anleger zumindest in begrenztem Umfang aus der Mitgliedschaft erwachsende Mitverwaltungsrechte, wie z.B. das Recht zur Teilnahme an der Hauptversammlung, das Stimmrecht, das Auskunftsrecht sowie das Recht zur Anfechtung von Hauptversammlungsbeschlüssen. Bei einer Investmentanlage hingegen kann der Anleger auf unzureichende Leistungen des Fondsmanagements ausschließlich mit dem Verkauf seiner Anteile reagieren, was mit erheblichen finanziellen Verlusten verbunden sein kann. Ähnliches gilt für die Vermögensverwaltung durch Banken. Zwar kann der Anleger hier im Gegensatz zur Investmentanlage dem Vermögensverwalter grundsätzlich Weisungen erteilen, allerdings handelt es sich dabei schon allein aufgrund der mangelnden Kenntnisse des Anlegers regelmäßig nur um sehr grobe Vorgaben. Selbst im herkömmlichen Wertpapierkommissionsgeschäft ist angesichts der Vielzahl und Komplexität der zur Wahl stehenden Anlageformen, aber auch der Verflechtung der Märkte die Bedeutung der Kreditinstitute als Vermittler zwischen Kapitalangebot und -nachfrage gerade im Hinblick auf Informations- und Beratungsleistungen erheblich gestiegen. Dadurch ist jedoch auch die Abhängigkeit der Anleger von den Kreditinstituten gewachsen. Aus dieser zunehmenden Intermediarisierung der Anlagemärkte folgt aus ordnungspolitischer Sicht deshalb die Forderung nach einem wirkungsvollen, internationalen Standards entsprechenden Anlegerschutz. Die EG-Wertpapierdienstleistungsrichtlinie will diesem erhöhten Bedürfnis nach ordnungspolitischer Absicherung auf europäischer Ebene Rechnung tragen.[724]

2. Doppelter Schutzzweck der EG-Wertpapierdienstleistungsrichtlinie

Mit Blick auf die genannten rechtlichen und ökonomischen Hintergründe sind im wesentlichen zwei Ziele der EG-Wertpapierdienstleistungsrichtlinie zu nennen: Zum einen die Verwirklichung der rechtlichen Voraussetzungen für Dienstleistungs- und Niederlassungsfreiheit im Bereich der Wertpapieranlage und damit Schaffung der Rahmenbedingungen für einen gemeinsamen europäischen Binnenmarkt für Wertpapierdienstleistungen.[725] Zum anderen die Einführung gemeinsamer Mindeststandards für einen einheitlichen europäischen Anlegerschutz.[726]

---

724 Vgl. 29. Erwägungsgrund der Richtlinie, ABl. EG Nr. L 141/27 (S. 29) vom 11.6.1993, der auf einen solchen, durch Intermediarisierung begründeten Gefahrentatbestand Bezug nimmt.

725 Das Ziel der Vollendung des Binnenmarktes wird im 1.Erwägungsgrund der Richtlinie ausdrücklich genannt, vgl. ABl. EG Nr. L 141/27 (S. 27) vom 11.6.1993. Dazu vgl. auch Jentsch, WM 1993, S. 2189 (2191) und Krimphove, JZ 1994, S. 23 (25).

726 Reich, WM 1997, S. 1601 f.; allgemein zur Harmonisierung des Bankrechts auf europäischer und internationaler Ebene: Schneider, NJW 1991, S. 1985 ff.

Einheitliche vertriebsbezogene Verhaltensregeln für Finanzintermediäre sind dabei in beiderlei Hinsicht von maßgeblicher Bedeutung. Zum einen, um durch eine Harmonisierung aufsichtsrechtlicher Standards gemeinschaftsweit vergleichbare Wettbewerbsbedingungen für Finanzdienstleister zu schaffen, denn zur Schaffung eines gemeinsamen Marktes für Wertpapierfirmen ist die Eröffnung eines freien Marktzugangs durch den Abbau von Marktzutrittsbarrieren nicht ausreichend, vielmehr müssen durch einheitliche Standards im Bereich des Anlegerschutzes Wettbewerbsvorteile für Unternehmen in Ländern mit niedrigem Schutzniveau ausgeschlossen werden.[727] Zum anderen, ist ein angemessener Anlegerschutz auch erforderlich, um das Vertrauen der Wertpapierkunden in den Markt zu stärken und so die Anlagebereitschaft zu fördern.[728] Die enge Verknüpfung von Anlegerschutz und Funktionsschutz der Wertpapiermärkte ist deshalb kennzeichnend für den doppelten Schutzzweck der Richtlinie, besteht doch gerade im Hinblick auf das übergeordnete Ziel, der Schaffung eines gemeinsamen Finanzdienstleistungsmarktes, die Gefahr, daß Wertpapierdienstleister in Länder mit niedrigem Anlegerschutzniveau ausweichen und die Interessen der Verbraucher deshalb nicht hinreichend geschützt sind.

Die Folgen eines unzureichenden Interessenschutzes für Anleger wären nicht nur Fehlallokationen, sondern vor allem ein nachhaltiger Vertrauensverlust des Anlagepublikums in die Stabilität und Integrität des Kapitalmarktes und seiner Akteure. Die Wertpapierdienstleistungsrichtlinie formuliert deshalb neben grundlegenden Aufsichts- und Organisationsanforderungen in den Art. 10 und 11 besondere Wohlverhaltensregeln, sog. rules of conduct, die die Wahrung des Kundeninteresses, die Vermeidung von Interessenkonflikten sowie die Informationsversorgung des Anlegers in den Mittelpunkt des unternehmerischen Verhaltens von Wertpapierdienstleistern rücken. Dabei gehen die rules of conduct über das individuelle Vertragsverhältnis zwischen Anleger und Wertpapierunternehmen hinaus, mit dem Ziel, im Interesse der Marktintegrität allgemeine objektive Verhaltensstandards zu etablieren, die das Anlagepublikum als Träger des Kapitalangebotspotentials insgesamt schützen.[729]

Die Wertpapierdienstleistungsrichtlinie im allgemeinen und die Bestimmungen der Art. 10 und 11 im besonderen erfüllen somit eine Doppelfunktion: Zum einen zielen sie auf das reibungslose Funktionieren der Wertpapiermärkte im Sinne einer möglichst hohen Kapitalaufbringung und bestmöglicher Allokation, daneben dienen sie aber auch dem individuellen Schutz des einzelnen Anlegers.[730] Die Richtlinie verfolgt neben dem Funktionsschutz der Märkte insofern auch eine verbraucherschützende Funktion.[731] denn die enge Verknüpfung von Individualschutz und Funktionsschutz resultiert nicht zuletzt aus der besonderen Rolle, die den Finanzmärkten bei der Kapitalbeschaffung der Wirt-

---

727 Wieneke, Discount-Broking und Anlegerschutz, S. 73.
728 Vgl. Kümpel, Bank- und Kapitalmarktrecht, Rn. 8.230.
729 Vgl. Kümpel, WM 1993, S. 2025.
730 Vgl. die Erwägungsgründe 2, 5, 29, 32, 41, 42 der WpDRiL, ABl. EG Nr. L 141/27 (S. 27 ff.) vom 11.6.1993.
731 Metzger, Sparkasse 1993, S. 361 (362).

schaftsteilnehmer zukommt und der diese Märkte nur gerecht werden können, wenn sie das Vertrauen der Anleger genießen. Dieses Vertrauen hängt jedoch insbesondere davon ab, daß Regelungen bestehen, die die Sachkunde und Zuverlässigkeit der Finanzdienstleister, auf die die Kapitalanleger angewiesen sind, gewährleisten.[732] Aus diesem Grund wurde durch die Richtlinie erstmals ein verbindlicher gemeinschaftsweit geltender Mindeststandard auf dem Gebiet des Anlegerschutzes geschaffen, der vom nationalen Gesetzgeber der Mitgliedstaaten nicht unterschritten werden darf. Der besondere Stellenwert, der dem Anlegerschutz im Rahmen der Marktintegration und der Errichtung eines gemeinsamen Finanzdienstleistungsbinnenmarkts durch die Richtlinie zugewiesen wird, erklärt sich dabei nicht nur vor dem Hintergrund der erwähnten engen funktionalen Verknüpfung von Individualschutz und Marktschutz, sondern ergibt sich auch aus der häufigen Nennung dieses Ziels in den Erwägungsgründen der Richtlinie.[733]

Die Richtlinie betrachtet den Anlegerschutz insofern nicht nur als bloßes Mittel zum Zweck, um ein reibungsloses Funktionieren der Kapitalmärkte zu gewährleisten, der Funktionsschutz der Märkte und der Verbraucherschutz bilden vielmehr gleichberechtigte Ziele der Richtlinie.[734]

3. Inhalt der EG-Wertpapierdienstleistungsrichtlinie

Neben Bestimmungen, die als Voraussetzung für den freien Dienstleistungsverkehr und Niederlassungsfreiheit die (aufsichtsrechtlichen) Voraussetzungen für die Zulassung zur Tätigkeit harmonisieren, enthält die Richtlinie in Gestalt der sog. rules of conduct spezielle Verhaltensnormen für Wertpapierfirmen, die die Ausübung der Tätigkeit regeln und die das erforderliche Maß an Solidität und Integrität bei der Erbringung von Wertpapierdienstleistungen gewährleisten sollen.[735] Die Art. 10 und 11 der Richtlinie formulieren in dem Zusammenhang relativ präzise Anforderungen an die Organisation und die Tätigkeit von Wertpapierfirmen. Dabei knüpfen die Regelungen entsprechend der doppelten Zielsetzung der Richtlinie sowohl an die Funktionserfordernisse des Marktes als auch an das individuelle Schutzbedürfnis des Anlegers an.

So muß eine Wertpapierfirma gem. Art. 11 Abs. 1 Satz 4 2. Spiegelstrich „ihre Tätigkeit mit der gebotenen Sachkenntnis, Sorgfalt und Gewissenhaftigkeit im bestmöglichen Interesse ihrer Kunden und der Integrität des Marktes ausüben".[736] Dazu gehört nach

---

732 So auch der EuGH in der Alpine-Investments-Entscheidung, EuGH Slg. 1995 I, 1141 (= WM 1995, 1908).

733 So wird der Anlegerschutz insgesamt sechsmal in den Erwägungsgründen der WpDRiL genannt, vgl. Erwägungsgründe 2, 5, 29, 32, 41, 42 (ABl. EG Nr. L 141/27 (S. 27 - 30).

734 Das gleichberechtigte Verhältnis beider Regelungsziele kommt nicht zuletzt im 42. Erwägungsgrund der Richtlinie zum Ausdruck, der explizit auf die „doppelte Zielsetzung" von Markt- und Anlegerschutz hinweist, vgl. ABl. EG Nr. L 141/27 (S. 30) vom 11.6.1993.

735 Zu den einzelnen Bestimmungen der Richtlinie vgl. Jentsch, WM 1993, S. 2189 (2193).

736 Vgl. auch Art. 11 Abs. 1 Satz 4 1. Spiegelstrich: Danach muß die Wertpapierfirma „bei der Ausübung ihrer Tätigkeit recht und billig im bestmöglichen Interesse ihrer Kunden und der Integrität des Marktes handeln". (ABl. EG Nr. L 141/27 (S. 37) vom 11.6.1993.

dem Wortlaut der Richtlinie nicht nur, daß die Wertpapierfirma Kunden zu ihren finanziellen Verhältnissen, ihren Anlagezielen sowie Erfahrungen mit Wertpapiergeschäften befragt, sondern auch, daß sie ihren Kunden alle für die Anlageentscheidung zweckdienlichen Informationen in geeigneter Form mitteilt.[737]

Das EG-Recht verlangt damit ein Informationsmodell, das nicht nur negativ formuliert ist, indem etwa täuschende oder irreführende Informationen untersagt werden - derartige Regelungen enthält bereits die Richtlinie 84/450/EWG über irreführende Werbung[738] -, vielmehr statuiert die Wertpapierdienstleistungsrichtlinie eine darüber hinausgehende positive Informationspflicht.[739] Diese Informationspflicht hängt nicht davon ab, ob der Anleger sie explizit einfordert oder nicht. Entscheidend ist nach Art. 11 Abs. 1 Satz 2 allein die Professionalität des Anlegers. Ein unerfahrener Anleger, der das Börsengeschehen nicht kennt, muß nach dem Verständnis der Richtlinie deshalb intensiver und genauer informiert werden als ein Anleger, der bereits über umfassende Börsenerfahrung verfügt.[740]

Über die Versorgung des Anlegers mit den erforderlichen anlagerelevanten Informationen hinaus sind die Wohlverhaltensregeln allgemein auf den Schutz und die Wahrung der Kundeninteressen gerichtet. Die Wertpapierfirmen haben sich deshalb generell um die Vermeidung von Interessenkonflikten zu bemühen und ihre Dienstleistung im bestmöglichen Interesse ihrer Kunden und der Integrität des Marktes zu erbringen, Art. 11 Abs. 1 Satz 4 6. und 7. Spiegelstrich.

Neben Verhaltenspflichten, die die Ausübung der Tätigkeit regeln, sieht die Richtlinie spezielle Anforderungen an den Aufbau und die interne Organisation von Wertpapierfirmen vor. So müssen Wertpapierunternehmen ihren Betrieb gemäß Art. 10 5. Spiegelstrich grundsätzlich so organisieren, daß die Gefahr von Interessenkonflikten zwischen der Wertpapierfirma und ihren Kunden oder von Interessenkonflikten zwischen verschiedenen Kunden, möglichst gering ist, sog. Compliance-Organisation[741]. Das kann beispielsweise durch die organisatorische Trennung sensibler Betriebsbereiche, die derartige Interessenkonflikte befürchten lassen, geschehen.

Insgesamt wird die Tätigkeit der Wertpapierfirmen durch die rules of conduct als eine professionelle, an den Interessen des Wertpapierkunden orientierte Dienstleistung charakterisiert, wobei jedoch bewußt Raum für eine Berücksichtigung der unterschiedlichen Schutzbedürftigkeit der Anleger gelassen wurde.[742]

---

737 Vgl. Art. 11 Abs. 1 Satz 4 4. und 5. Spiegelstrich der Richtlinie; ABl. EG Nr. L 141/27 (S. 37) vom 11.6.1993.
738 ABl. EG Nr. L 250/17 vom 19.9.1984.
739 Reich, Europäisches Verbraucherrecht, Rn. 143a ff.
740 Reich, WM 1997, S. 1601 (1603).
741 Zur Compliance-Organisation im einzelnen ausführlich unten 3. Kapitel § 3 III.
742 Vgl. Jentsch, WM 1993, S. 2189 (2193).

Die gemeinschaftsrechtlichen Vorgaben der Art. 10 und 11 der Wertpapierdienstleistungsrichtlinie hat der bundesdeutsche Gesetzgeber im 5. Abschnitt des Wertpapierhandelsgesetzes in Gestalt der §§ 31 - 37 in nationales Recht umgesetzt. Damit wurden erstmals im deutschen Recht gesetzlich verbindliche kundenbezogene Berufspflichten für Anlagedienstleister geschaffen.[743]

Die Verhaltensregeln der §§ 31 ff. WpHG enthalten neben allgemeinen Pflichten (§ 31), die grundlegende inhaltliche Anforderungen an die Tätigkeit von Wertpapierdienstleistern formulieren, sowie besonderen Verhaltensverboten (§ 32) auch spezielle Organisations- (§ 33) und Dokumentationspflichten (§ 34) für Wertpapierdienstleistungsunternehmen. Darüber hinaus wird die aufsichtsrechtliche Überwachung und Sanktionierung der Verhaltenspflichten geregelt (§§ 35 - 36c).

Die Vorschriften der §§ 31 ff. WpHG sind nicht zuletzt vor dem Hintergrund der in § 31 Abs. 2 normierten Informationsgrundsätze von zentraler Bedeutung im Hinblick auf Aufklärungs- und Beratungspflichten in Zusammenhang mit Wertpapiergeschäften, werden durch die gesetzlichen Bestimmungen doch Mindeststandards geschaffen, die einen den Belangen des Anlegerschutzes genügenden Ausgleich zwischen Kundeninteressen und Eigeninteressen des Wertpapierunternehmens sicherstellen sollen.[744]

I. Reichweite der wertpapierhandelsrechtlichen Verhaltensregeln

Adressat der Wohlverhaltensregeln sind Wertpapierdienstleistungsunternehmen i.S.v. § 2 Abs. 4 WpHG. Dabei handelt es sich vor allem um Kreditinstitute i.S.v. § 1 Abs. 1 KWG, aber auch um Finanzdienstleistungsinstitute nach § 1 Abs. 1a KWG, die Wertpapierdienstleistungen oder -nebendienstleistungen erbringen. Der Begriff der Wertpapierdienstleistung umfaßt dabei gem. § 2 Abs. 3 WpHG insbesondere die Anschaffung, Veräußerung und Vermittlung von Wertpapieren[745], Geldmarktinstrumenten[746] oder

---

743 Zwar enthielten bereits die freiwilligen Händler- und Beraterregeln von 1988 (abgedruckt bei Baumbach/Duden/Hopt, HGB, 2. Teil, Handelsrechtliche Nebengesetze, Nr. 17) Empfehlungs- und Eigengeschäftsverbote (Regel 1), diese Regeln waren jedoch nicht allgemeinverbindlich, sondern mußten von den Kreditinstituten ausdrücklich anerkannt werden, darüber hinaus fehlte auch eine umfassende Regelung des Verhaltens der Anlagedienstleister. Die §§ 31 ff. WpHG beseitigen diesen unbefriedigenden Zustand, vgl. v.Megede in Assmann/Schütze (Hrsg.), Handbuch des Kapitalanlagerechts, § 14 Rn. 88.
744 Eisele in Bankrechts-Handbuch, § 109 Rn. 18.
745 Der Wertpapierbegriff des WpHG wird in § 2 Abs. 1 WpHG definiert.
746 Geldmarktinstrumente sind (meist kurzfristige) Forderungen, die nicht unter den Wertpapierbegriff des § 2 Abs. 1 WpHG fallen und üblicherweise auf dem Geldmarkt gehandelt werden. (vgl. § 2 Abs. 1a WpHG).

Derivaten[747] für andere. Aufgrund der Erweiterung[748] des Anwendungsbereichs des WpHG auf Wertpapiernebendienstleistungen[749] nach § 1 i.V.m. § 2 Abs. 3a WpHG sowie der Einbeziehung von Finanzdienstleistungsinstituten i.S.v. § 1 Abs. 1a KWG im Rahmen der 6. KWG-Novelle erfassen die wertpapierhandelsrechtlichen Verhaltensregeln nunmehr umfassend alle in Zusammenhang mit Wertpapieren von Kreditinstituten und Finanzdienstleistungsunternehmen erbrachten Leistungen.

Voraussetzung ist jedoch stets, daß die erbrachte Dienstleistung bzw. Nebendienstleistung Wertpapiere, Geldmarktinstrumente oder Derivate betrifft (§ 1 i.V.m. § 2 Abs. 1, 1a, 2 WpHG). Die wertpapierhandelsrechtlichen Verhaltensregeln finden deshalb keine Anwendung auf Geschäfte am sog. grauen oder freien Kapitalmarkt, die in aller Regel keine Wertpapiere oder vergleichbare Anlageprodukte (Derivate, Geldmarktinstrumente) zum Gegenstand haben.[750] Das gilt insbesondere für die Tätigkeit freier Anlageberater, die nicht unter den Begriff des Wertpapierdienstleistungsunternehmens nach § 2 Abs. 4 WpHG fallen. Selbst wenn solche Personen Beratungsleistungen in bezug auf Wertpapiere, Derivate oder Geldmarktinstrumente erbringen, sind die §§ 31 ff. WpHG unanwendbar. Der Grund dafür ist, daß der Gesetzgeber den Begriff des Wertpapierdienstleistungsunternehmen in § 2 Abs. 4 WpHG im wesentlichen auf Kreditinstitute i.S.v. § 1 Abs. 1 KWG und Finanzdienstleistungsunternehmen gem. § 1 Abs. 1a KWG erstreckt

---

747 Derivate sind als Fest- oder Optionsgeschäfte ausgestaltete Termingeschäfte, deren Preis vom Basispreis bestimmter Waren oder Wertpapiere abhängig ist (§ 2 Abs. 2 WpHG). Vergleiche dazu Kümpel, WM 1993, S. 2025 (2026).

748 Gesetz zur Umsetzung von EG-Richtlinien zur Harmonisierung bank- und wertpapieraufsichtsrechtlicher Vorschriften vom 22.10.1997, (BGBl. I, 1997, S. 2518).

749 Wertpapiernebendienstleistungen sind Dienstleistungen, die nach Art. 1 Nr. 1 der EG-WpDRiL nicht zum Kern des Wertpapiergeschäfts gehören. Die Wertpapiernebendienstleistungen sind in Abschnitt C des Anhangs zur EG-WpDRiL aufgezählt. Dazu gehört u.a. die Anlageberatung, soweit diese als selbständige Dienstleistung unabhängig vom Kauf oder Verkauf von Wertpapieren als bloße Beratungsleistung erbracht wird. Dazu vgl. Schwintowski/Schäfer, Bankrecht, § 11 Rn. 67 ff.

750 Vgl. Assmann in Assmann/Schneider (Hrsg.), WpHG, Einl. Rn. 10. Aufsichtsrechtlich unterfällt der graue Kapitalmarkt allein den Vorschriften der Gewerbeordnung. Allerdings ist auch die Erfassung durch die Gewerbeordnung unvollkommen. So ist gem. § 34c Abs. 1 Nr. 1b GewO nur die gewerbsmäßige Vermittlung von Verträgen über den Erwerb bestimmter Finanzanlagen oder der Nachweis der Gelegenheit zum Abschluß solcher Verträge erlaubnispflichtig (vgl. Marcks in Landmann/Rohmer, GewO, Band I, § 34c Rn. 34 ff.; Brandt, ZRP 1998, S. 179 ff.). Problematisch ist dabei vor allem, daß der Katalog der regelungsbedürftigen Anlagedienstleistungen nur unvollständig erfaßt wird, weil nur die Vermittlung von Fondsanteilen, von Anteilen an einer Kapital- oder Kommanditgesellschaft sowie die Vermittlung von Vermögensanlagen, die für gemeinsame Rechnung der Anleger verwaltet werden, eine Erlaubnispflicht auslösen. Außerhalb des Anwendungsbereichs des § 34c Abs. 1 Satz 1 Nr. 1b GewO besteht nach § 14 Abs. 1 GewO lediglich eine Anzeigepflicht, der z.B. die Vermittler von Beteiligungssparverträgen und geschlossenen Immobilienfonds, von Bausparverträgen und Versicherungen unterliegen (Marcks in Landmann/Rohmer, GewO, Band I, § 14 Rn. 9). Auch auf sog. OTC-Geschäfte im termingeschäftlichen Bereich findet das WpHG keine Anwendung, denn solche „over the counter"-Geschäfte werden mangels Standardisierung der Kontrakte regelmäßig nicht an organisierten Märkten gehandelt, vgl. Kümpel, WM 1993, S. 2025 (2016).

hat.[751] Das KWG wiederum knüpft die Qualifizierung als Kreditinstitut oder Finanzdienstleistungsunternehmen im Anlagebereich neben dem Einlagengeschäft (§ 1 Abs. 1 Nr. 1 KWG) vor allem an die Durchführung von Wertpapier-, Geldmarktpapier- oder Derivatgeschäften (§ 1 Abs. 1 Nr. 4 KWG sowie § 1 Abs. 1a i.V.m. Abs. 11 KWG).[752] Der Anwendungsbereich der §§ 31 ff. WpHG beschränkt sich damit in der Praxis im wesentlichen auf das Wertpapiergeschäft, insbesondere damit verbundene Beratungsleistungen, sowie die Vermögensverwaltung durch Banken und Sparkassen.

Darüber hinaus gelten die allgemeinen und besonderen Verhaltensregeln (§§ 31, 32 WpHG) sowie die Aufzeichnungspflichten (§ 34 WpHG) aufgrund ihrer Kundenbezogenheit grundsätzlich nicht für Börsengeschäfte zwischen Wertpapierunternehmen, § 37 Abs. 1 WpHG. Für solche Geschäfte sind vor allem die Börsenordnungen und die Börsenusancen maßgeblich, die Verhaltensregeln des Wertpapierhandelsgesetzes sind hingegen auf die außerbörslichen Geschäftsbeziehungen zwischen den Wertpapierunternehmen und ihren Kunden[753] gerichtet.[754]

Spezielle Fürsorgepflichten sind im Verhältnis der Kreditinstitute zueinander auch nicht erforderlich, denn zwischen den professionellen Marktteilnehmern besteht anders als z.B. im Verhältnis zwischen Privatkunde und Kreditinstitut regelmäßig kein strukturelles Macht- oder Informationsgefälle, das durch spezielle Verhaltensregeln ausgeglichen werden müßte. Vielmehr verfügen die Wertpapierunternehmen regelmäßig selbst über die für Wertpapiergeschäfte erforderlichen personellen und sachlichen Ressourcen und sind insoweit auch allein in der Lage, sich die erforderlichen Informationen zu beschaffen.

II. Schutzzweck der wertpapierhandelsrechtlichen Verhaltensregeln – Anlegerschutz als wesentliches Element des kapitalmarktlichen Funktionsschutzes

Entsprechend dem spezifisch marktrechtlichen Ansatz des WpHG sind die §§ 31 ff. in erster Linie auf den Funktionsschutz der Wertpapiermärkte gerichtet. Dabei spielt jedoch der Schutz des einzelnen Anlegers eine zentrale Rolle. Der hohe Stellenwert des Anlegerschutzes im Rahmen der wertpapierhandelsrechtlichen Verhaltensregeln folgt zum einen aus der besonderen Bedeutung, die die EG-Wertpapierdienstleistungsrichtlinie diesem Anliegen beimißt,[755] zum anderen bildet der Anlegerschutz aber auch eine wichtige Ausprägung des für das WpHG charakteristischen marktrechtlichen Ansatzes. Denn der

---

751 Zum Begriff des „Wertpapierdienstleistungsunternehmens" i.S.v. § 2 Abs. 4 WpHG vergleiche Assmann in Assmann/Schneider (Hrsg.), WpHG, § 2 Rn. 77 ff.

752 Zu der komplizierten Definitionstechnik, insbesondere den Querverbindungen zwischen WpHG und KWG vgl. Assmann in Assmann/Schneider (Hrsg.), WpHG, 2 Rn. 77 - 81.

753 Zur Frage, wer „Kunde" eines Wertpapierdienstleistungsunternehmens ist, insbes. zur Zwischenschaltung von Mittlern, Boten und Stellvertretern, ausführlich Koller, ZBB 1996, S. 97 ff.

754 Kümpel, WpHG, S. 158.

755 Vgl. Erwägungsgründe 2, 5, 29, 32, 41, 42 der EG-WpDRiL, ABl. EG Nr. L 141/27 (S. 27 ff.) vom 11.6.1993.

Individualschutz des einzelnen Anlegers und der Funktionsschutz des Marktes greifen im Kapitalmarktrecht eng ineinander und bilden im wesentlichen zwei Seiten ein und derselben Medaille.[756] So liegt ein leistungsfähiger Kapitalmarkt, der ein möglichst vielseitiges und umfassendes Angebot an Anlagemöglichkeiten bietet, besonders im Interesse der Anleger, während umgekehrt Funktionsprobleme im Finanzsystem vor allem dann zu erwarten sind, wenn Anleger nicht ausreichend geschützt sind und sich deshalb vom Markt zurückziehen oder Kapital fehlerhaft und damit für den Anleger oft verlustbringend investiert wird.[757] Aus Sicht des Anlegers geht es deshalb vor allem um eine Optimierung seiner Anlageentscheidung sowie deren anschließender Umsetzung.

Die Anleger sind jedoch aufgrund mangelnder Marktkenntnis und unzureichender Einblicke in die wertpapiergeschäftlichen Betriebsabläufe der Banken kaum in der Lage zu überprüfen, ob ihre Interessen gewahrt werden, insbesondere ob Ratschläge und Empfehlungen der Kreditinstitute zuverlässig und interessengerecht sind oder ob statt dessen Eigeninteressen des beratenden Instituts im Vordergrund standen.[758] Ziel der wertpapierhandelsrechtlichen Wohlverhaltenspflichten ist deshalb, den Anleger als den schwächeren Marktteilnehmer gegenüber den professionellen Wertpapierdienstleistern zu schützen. Im Mittelpunkt dieses Anlegerschutzes steht dabei die Einebnung der strukturell bedingten Informationsasymmetrie zwischen Wertpapierunternehmen und Anleger, um den Anleger eine informierte, eigenständige Anlageentscheidung zu ermöglichen.[759] Das WpHG sieht zu diesem Zweck sowohl Informationspflichten (§ 31 Abs. 2) als auch besondere Lauterkeitspflichten, die auf die Wahrung des Kundeninteresses gerichtet sind (§ 32), vor.[760]

Nicht klar ersichtlich ist hingegen, ob die wertpapierhandelsrechtlichen Verhaltensregeln lediglich den rational und vernünftig handelnden homo oeconomicus, dem jedoch die nötigen Informationen fehlen, im Blick haben, oder ob den Verhaltenspflichten ein allgemein verbraucherschützender Charakter beizumessen ist, der auch den impulsiv und emotional agierenden Anleger, der ökonomisch fragwürdige Entscheidungen trifft, schützt.[761]

Das WpHG nimmt zu dieser Frage nicht Stellung und auch die Gesetzesmaterialien betonen lediglich den Ausgleich des Macht- und Informationsgefälles zwischen professionellen Wertpapierdienstleistern und privaten Anlegern.[762] Für eine allgemein anlegerschützende Funktion der §§ 31 ff. WpHG läßt sich aber vor allem die ver-

---

756 Hopt, ZHR 159 (1995), S. 135 (159); Kübler ZHR 145 (1981), S. 204 (206); Schwark in FS für Stimpel, S. 1087 (1092); Kümpel, Bank- und Kapitalmarktrecht, Rn. 8.230

757 Koch/Schmidt, BFuP 1981, S. 234 (237 f.).

758 Kümpel, Bank- und Kapitalmarktrecht, Rn. 8.228 f.

759 Vgl. Beschlußempf. und Bericht des Finanzausschusses, BT-Drucks. 12/7918, S. 97 sowie Begründung zum RegE des 2. FMG, BT-Drucks. 12/6679, S. 33. Anlegerschutz als zentrales Mittel kapitalmarktlichen Funktionschutzes betont auch Assmann, AG 1994, S. 196 (201).

760 Zur Frage, inwieweit aus dem Individualschutzcharakter der §§ 31 ff. WpHG bei der Verletzung von Wohlverhaltenspflichten privatrechtliche Schadensersatzansprüche des einzelnen Anlegers folgen, ausführlich 3. Kapitel § 2 V.

761 Koller in Assmann/Schneider (Hrsg.), WpHG, Vor § 31 Rn. 12.

762 Beschlußempfehlung und Bericht des Finanzausschusses, BT-Drucks. 12/7918, a.a.O.

braucherschützende Funktion der EG-Wertpapierdienstleistungsrichtlinie ins Feld führen.[763] Berücksichtigt man darüber hinaus, daß eine Stärkung des Verbraucherschutzes erklärtes Ziel der Europäischen Union ist (vgl. Art 3 lit. s sowie Art. 129a EGV)[763a], so spricht vieles dafür, auch den wirtschaftlich unvernünftig handelnden Anleger zu schützen.[764] Entscheidend ist jedoch, daß eine Differenzierung zwischen vernünftigen, und damit schutzwürdigen Entscheidungen und irrationalen, ökonomisch fragwürdigen Entscheidungen praktisch nicht möglich ist, weil im Einzelfall ex ante kaum feststellbar ist, welche Anlageentscheidung zu einer optimalen Investition führt. Das Geschehen an den Kapitalmärkten wird regelmäßig nicht nur von wohldurchdachtem, rationalem Anlageverhalten bestimmt, sondern oft auch von Gerüchten und Stimmungen, so daß der Anlageerfolg auch bei vernünftiger und sorgfältiger Abwägung aller anlagerelevanten Umstände nicht sichergestellt ist. Daß emotionale und gefühlsmäßige Aspekte im Rahmen der Anlageentscheidung vielfach eine erhebliche Rolle spielen, zeigt nicht zuletzt der Erfolg der zahlreichen sog. ethischen Investmentfonds, die ihr Anlageverhalten nicht allein nach rein wirtschaftlichen Gesichtspunkten (Gewinnmaximierung), sondern auch nach ethisch-moralischen Maßstäben (z.B. Umweltschutz, ressourcenschonende Produktion, soziale Gerechtigkeit) ausrichten. Insbesondere außerhalb des Bereichs zweckrational handelnder Unternehmen ist gerade das Verhalten privater Anleger erstaunlich impulsiv und irrational.[765] Im Vordergrund steht dabei vielfach gewohnheitsmäßiges Verhalten.[766] Doch auch der unüberlegt und gefühlsmäßig handelnde Anleger ist als Kapitalanbieter Teil des Kapitalmarktes und als solcher in seinen Interessen zu schützen. Gerade weil zweckrationales Handeln nicht immer charakteristisch für das Anlageverhalten Privater ist, ist schon aus Gründen der Funktionsfähigkeit der Kapitalmärkte auch die Einbeziehung solcher Anleger in den wertpapierhandelsrechtlichen Interessenschutz unumgänglich.

Die Bejahung einer allgemein verbraucherschützenden Funktion §§ 31, 32 WpHG darf jedoch nicht als Bevormundung des Anlegers mißverstanden werden. Ziel der gesetzlichen Bestimmungen ist vielmehr, die Rahmenbedingungen für die Verwirklichung der individuellen Anlagewünsche und -vorstellungen des Kunden zu schaffen, gleichgültig ob diese Vorstellungen ökonomisch vernünftig erscheinen oder nicht.[767] Eine Kontrolle oder gar Korrektur der Anlageentscheidung im Sinne ökonomischer Rationalität

---

763   Vgl. Stellungnahme des EG-Wirtschafts- und Sozialausschusses, ABl. EG Nr. C 298/6 vom 27.11.1989, Ziff. 1.7 und 1.8.2.1 sowie 1.8.2.2.
763a Regelung zum Zeitpunkt des Erlasses der EG-Wertpapierdienstleistungsrichtlinie, nunmehr Art. 3 lit. t bzw. Art. 153 EGV (Amsterdam).
764   So auch Schwintowski/Schäfer, Bankrecht, § 11 Rn. 66 unter Berufung auf Koller in Assmann/Schneider (Hrsg.), WpHG, Vor § 31 Rn. 11 ff. und 14..
765   So gaben laut Focus 41/1997, S. 250 (251) immerhin ca. 43 % der privaten Wertpapieranleger „Spiellust und Herausforderung" als bestimmenden Beweggrund für ihr Anlageengagement an. Ein weiteres Drittel nannte den „Nervenkitzel" als bestimmende Motivation.
766   Vgl. Koller in Assmann/Schneider (Hrsg.), WpHG, a.a.O. sowie oben 1. Kapitel § 2 II 4 b bb.
767   Koller in Assmann/Schneider (Hrsg.), WpHG, Vor § 31 Rn. 15.

oder eine „aufgezwungene" Beratung, die den Anleger eines Besseren belehren soll, wird von den wertpapierhandelsrechtlichen Verhaltenspflichten nicht verlangt.

Ein solcher, auf umfassende Fürsorge zugunsten des Anlegers gerichteter Charakter ist auch den Bestimmungen der EG-Wertpapierdienstleistungsrichtlinie fremd. Art. 11 Abs. 1 der Wertpapierdienstleistungsrichtlinie will lediglich die für eine sachgemäße Entscheidung des Anlegers erforderliche Informationsgrundlage sicherstellen, nicht dagegen den einzelnen Anleger vor unüberlegten oder schädlichen Anlageentscheidungen bewahren. Das folgt nicht zuletzt aus dem oben erwähnten „doppelten Schutzzweck" der Richtlinie, die den Anlegerschutz nicht als isolierte Aufgabe begreift, sondern im Zusammenhang mit dem übergeordneten Ziel, der Schaffung der funktionellen Voraussetzungen eines gemeinsamen Binnenmarktes für Finanzdienstleistungen, bzw. in Verbindung mit dem Aspekt der Stabilität des Finanzsystems betrachtet.[768] Vor diesem Hintergrund sind auch die wertpapierhandelsrechtlichen Verhaltenspflichten in der Weise zu interpretieren, daß zwar die üblichen Schwächen des Verbraucherverhaltens im Interesse der Funktionsfähigkeit der Märkte nicht von den Wertpapierunternehmen ausgenutzt werden dürfen[769], eine umfassende, sozialmotivierte Fürsorgepflicht hingegen nicht begründet wird. Der Anleger wird vielmehr in erster Linie in seiner Funktion als Kapitalanbieter und Marktteilnehmer geschützt.

III. Rechtssystematische Einordnung der gesetzlichen Verhaltenspflichten

In Anbetracht der Doppelfunktion der Wohlverhaltensregeln, die sowohl auf den Funktionsschutz der Märkte als auch auf den Schutz des einzelnen Anlegers gerichtet sind, stellt sich die Frage nach der rechtssystematischen Einordnung dieser Vorschriften.

Die Frage, ob die §§ 31 ff. WpHG dem öffentlichen Recht oder eher dem Privatrecht zuzuordnen sind, hat erhebliche praktische Konsequenzen, denn davon hängen nicht nur Inhalt und Umfang der Pflichten ab, sondern insbesondere welche Sanktionen an eine Verletzung der Verhaltensregeln geknüpft sind.[770]

1. Die Wohlverhaltensregeln als privatrechtliche Vertragspflichten

Zur Abgrenzung zwischen öffentlichem und privatem Recht sind in Rechtsprechung und Literatur im wesentlichen 3 Theorien entwickelt worden.[771] Die sog. Interessentheorie fragt, welchem Interesse - dem öffentlichen oder dem privaten - eine Regelung dient,[772] während die (modifizierte) Subjektstheorie daran anknüpft, an welches Zuord-

---

768   Vgl. Erwägungsgründe 1 und 2 sowie 41 und 42 der EG-WpDRiL, ABl. EG Nr. L 141/27 (S. 27, 30) vom 11.6.1993

769   So auch Koller in Assmann/Schneider (Hrsg.), WpHG, Vor § 31 Rn. 15.

770   Zur rechtssystematischen Einordnung vgl. Kümpel, WpHG, S. 160.

771   Maurer, Allgem. Verwaltungsrecht, § 3 Rn. 14 ff.; Götz, Allgem. Verwaltungsrecht, S. 60.

772   Maurer, Allgem. Verwaltungsrecht, § 3 Rn. 15; Rennert in Eyermann, VwGO, § 40 Rn. 43.

nungssubjekt - den Staat als Träger hoheitlicher Gewalt oder an jedermann - sich eine Regelung wendet[773]. Für die Subordinationstheorie ist dagegen entscheidend, ob durch die Regelung ein Über-/Unterordnungsverhältnis zwischen den Beteiligten geschaffen wird.[774]

Wendet man diese Abgrenzungsmodelle auf die Verhaltensregeln der §§ 31 ff. WpHG an, spricht einiges dafür, die Vorschriften dem öffentlichen Recht zuzuordnen, denn nach den Gesetzesmaterialien besteht angesichts des besonderen Stellenwerts effizienter Kapitalmärkte für die Ressourcenallokation und damit auch für die internationale Wettbewerbsfähigkeit der Gesamtvolkswirtschaft ein besonderes öffentliches Interesse an der Schaffung und Durchsetzung spezieller Verhaltensregeln, die ein reibungsloses Funktionieren der Wertpapiermärkte sicherstellen.[775]

Allerdings weist *Kümpel* zutreffend darauf hin, daß die Interessenrichtung nicht in allen Fällen eine zweifelsfreie Antwort auf ihre rechtssystematische Zugehörigkeit zu geben vermag.[776] Die Feststellung, daß eine Gesetzesbestimmung ein bestimmtes öffentliches Interesse schützen soll, begründet deshalb nicht zwingend eine Zuordnung zum öffentlichen Recht. Statt dessen kann sich bei erschöpfender Betrachtung aus dem übergeordneten Zusammenhang, in den die betreffende Norm gestellt ist, ergeben, daß diese wegen ihres weitergehenden Regelungsziels gleichwohl dem Privatrecht zuzuordnen ist.[777] Eine insbesondere von *Kümpel* vertretene Auffassung ordnet die allgemeinen und besonderen Verhaltensregeln der §§ 31 und 32 WpHG aufgrund ihrer engen sachlichen Verzahnung mit den kommissions- und auftragsrechtlichen Bestimmungen des HGB und BGB (§§ 383 ff. HGB, 663, 675 BGB) deshalb dem Privatrecht zu.[778]

Nach Ansicht *Kümpels* legen die §§ 31, 32 WpHG grundsätzliche (privat-rechtliche) Elemente der Wertpapierdienstleistung fest. Elemente, wie sie auch den kommissions- und auftragsrechtlichen Normen zugrunde liegen.[779] So sei die in den §§ 31, 32 WpHG umschriebene Verpflichtung der Wertpapierunternehmen zu sorgfältiger, gewissenhafter und loyaler Dienstleistung nicht neu, sondern decke sich weitgehend mit der Pflicht des Kommissionärs aus § 384 Abs. 1 HGB, das übernommene Geschäft mit der Sorgfalt eines ordentlichen Kaufmannes auszuführen und dabei die Interessen des Kommittenten wahrzunehmen.[780] Deshalb sind nach Meinung *Kümpels*, soweit es um die Tätigkeit von

---

773 Rennert in Eyermann, VwGO, § 40 Rn. 44.; Ehlers in Erichsen, Allgem. Verwaltungsrecht, § 2 Rn. 15.

774 Ehlers in Erichsen, Allgemeines Verwaltungsrecht, § 2 Rn. 16; Stern, Verwaltungsprozessuale Probleme, S. 11.

775 Begründung des RegE zum 2. FMG, BT-Drucks. 12/6679, S. 33; Kümpel, WpHG, S. 30 f.

776 Kümpel, Kapitalmarktrecht, S. 90 f.; ders. WpHG, S. 161.

777 Kümpel, WpHG, a.a.O.

778 Kümpel, WpHG, S. 161 f.; ders., Bank- und Kapitalmarktrecht, Rn. 8.239; ders., WM 1993, S. 2025 (2026 f.).

779 Kümpel, Kapitalmarktrecht, S. 91 ff.; ders., WpHG, S. 161 - unter Berufung auf Bericht und Beschlußempf. des Finanzausschusses, BT-Drucks. 12/7918, S. 103.

780 So auch Than in Hadding/Hopt/Schimansky, 2. FMG, S. 135 (137) und Kümpel, WM 1995, S. 689, die auf die inhaltliche Nähe der §§ 31, 32 WpHG zu den §§ 383 ff. HGB hinweisen.

Wertpapierdienstleistungsunternehmen geht, die wertpapierhandelsrechtlichen Wohlverhaltensregeln leges speciales zu den allgemeinen kommissions- und auftragsrechtlichen Schutzpflichten.[781]

In dem engen räumlichen Kontext der Normen zu den gewerbeaufsichtsrechtlichen Organisations-, Aufzeichnungs- und Aufbewahrungspflichten der §§ 33 und 34 WpHG sieht *Kümpel* ebenso wenig einen Hinderungsgrund für eine privatrechtliche Qualifizierung wie in der behördlichen Überwachung der Vorschriften durch das Bundesaufsichtsamt für den Wertpapierhandel. Die in den §§ 35, 36 WpHG ausdrücklich gesetzlich normierte Aufsichtstätigkeit des Bundesaufsichtsamtes betrachtet *Kümpel* als deklaratorische Aufgabenzuweisung, die für die rechtssystematische Zuordnung der §§ 31, 32 ohne Bedeutung sein soll. Vielmehr habe die Aufsichtsbehörde die Einhaltung der wertpapierhandelsrechtlichen Vorschriften ebenso zu überwachen wie die Beachtung der sonstigen im Anlagegeschäft relevanten privatrechtlichen Bestimmungen, wie beispielsweise der einschlägigen Bestimmungen des BGB (§§ 663 ff.) und HGB (§§ 383 ff.) oder der wertpapiergeschäftlichen AGB-Klauseln, für die keine spezielle gesetzliche Aufsichtsregelung besteht, die aber vom Bundesaufsichtsamt gleichwohl auf der Grundlage der allgemeinen Aufgabenzuweisung gem. § 4 Abs. 1 WpHG[782] zu überwachen sind.[783]

Dagegen sind die Organsations-, Aufzeichnungs- und Aufbewahrungsvorschriften der §§ 33, 34 WpHG auch nach Ansicht *Kümpels* mangels individualschützenden Charakters dem öffentlichen Recht zuzuordnen.[784]

2. Die Wohlverhaltensregeln als öffentlich-rechtliche Gewerbepflichten

Zwar verweist *Kümpel* zu Recht auf die enge inhaltliche Beziehung der wertpapierhandelsrechtlichen Verhaltenspflichten zu den auftrags- und kommissionsrechtlichen Normen des BGB und HGB, indes vermag die inhaltliche Ähnlichkeit allein noch keine Zuordnung der §§ 31, 32 WpHG zum Privatrecht zu begründen. Für eine öffentlich-rechtliche Zuordnung der Verhaltensregeln spricht statt dessen der systematische Kontext zu den Organisations- und Aufzeichnungspflichten der §§ 33, 34 WpHG, die der organisatorischen Etablierung der Wohlverhaltensregeln bzw. ihrer Überwachung durch die Aufsichtsbehörde dienen und die deshalb unbestritten dem öffentlichen Recht zuzuordnen sind.[785] Eine unterschiedliche rechtssystematische Einordnung der §§ 31, 32 einerseits und der §§ 33, 34 andererseits wäre insbesondere vor dem Hintergrund des gemeinsamen Regelungsziels kaum nachvollziehbar.

In der öffentlich-rechtlichen Qualifizierung liegt auch kein Widerspruch zu der anlegerschützenden Intention[786] der Wohlverhaltenspflichten. Zwar ist *Kümpel* insofern

---

781 Kümpel, WpHG, S. 172 f.
782 Zu den Aufgaben des BAWe vgl. Dreyling in Assmann/Schneider (Hrsg.), WpHG, § 4 Rn.1 ff
783 So Kümpel, WpHG, S. 162; ders., Kapitalmarktrecht, S, 92.
784 Kümpel, WpHG, S. 162; ders., Kapitalmarktrecht, S. 93.
785 Selbst nach Ansicht von Kümpel, WpHG, S. 162, sind die §§ 33, 34 WpHG dem öffentlichen Recht zuzuordnen. Vgl. auch Kümpel, Kapitalmarktrecht, S. 93.
786 Zur Bedeutung des Anlegerschutzes im Rahmen der §§ 31, 32 vgl. oben 3. Kapitel § 2 II.

zuzugestehen, daß in einer Rechtsordnung wie der deutschen, in der Anlegerschutz in erster Linie über privatrechtliche Bestimmungen vermittelt wird, eine privatrechtliche Qualifizierung vertriebsbezogener Wohlverhaltenspflichten auf den ersten Blick nahe liegt, zwingend ist eine solche Verknüpfung von Anlegerschutz und Privatrecht dagegen nicht. Vielmehr kann wirkungsvoller Anlegerschutz gerade öffentlich-rechtliche Normen erfordern. Das zeigt auch der europarechtliche Hintergrund der wertpapierhandelsrechtlichen Verhaltensregeln. So genießt der Anlegerschutz im Rahmen der EG-Wertpapierdienstleistungsrichtlinie zweifelsohne einen zentralen Stellenwert[787], gleichwohl geht die Richtlinie im Ergebnis offenbar von einer aufsichtsrechtlichen Umsetzung aus, denn die Richtlinie enthält in erster Linie Vorschriften über die Zulassung von Wertpapierfirmen, die öffentlich-rechtlicher Natur sind. Das gilt auch für die in den Art. 10 und 11 WpDRiL normierten rules of conduct, spricht doch das in Art. 11 Abs. 1 Satz 4 3. Spiegelstrich normierte Organisationserfordernis, das von den Wertpapierunternehmen die „erforderlichen Mittel und Verfahren" für eine zuverlässige Tätigkeit verlangt, deutlich für eine aufsichtsrechtliche Umsetzung der Verhaltensregeln.

Für eine öffentlich-rechtliche Qualifizierung der Wohlverhaltensregeln streitet auch die in Art. 11 Abs. 2 WpDRiL angesprochene Durchsetzung und Überwachung der Verhaltenspflichten, die gerade in bezug auf die angesprochenen Organisationsvorschriften sinnvoll nur im öffentlich-rechtlichen Rahmen erfolgen kann.[788] Dieser aufsichtsrechtliche Aspekt spiegelt sich auch im 41. Erwägungsgrund der Richtlinie wider, der von den Mitgliedstaaten verlangt, „...jeglichen Praktiken von Wertpapierfirmen gegen die Wohlverhaltensregeln sowie gegen die aus Gründen des Gemeinwohls erlassenen Rechts- und *Verwaltungsvorschriften* vorzubeugen und sie zu ahnden sowie im Notfall *einzugreifen...".*[789] Das läßt darauf schließen, daß der Richtliniengeber in erster Linie an eine aufsichtsrechtliche Gewährleistung des Anlegerschutzes gedacht hat und deshalb eine verwaltungsrechtliche Gestaltung des Verhältnisses zwischen staatlicher Aufsichtsbehörde und Wertpapierfirma intendiert war.[790]

Davon ging offenbar auch der deutsche Gesetzgeber bei der Umsetzung der Richtlinie in nationales Recht aus, denn nach den Gesetzesmaterialien zum WpHG dienen die §§ 31 ff. vor allem dazu, „das Vertrauen der Anleger in das ordnungsgemäße Funktionieren der Wertpapiermärkte" zu schützen.[791] Der Gesetzgeber wollte auf diese Weise vor allem das öffentliche Interesse an der Stabilität und Funktionsfähigkeit der Finanzmärkte in den Vordergrund der Regelung rücken. Die besondere Hervorhebung des öffentlichen Interesses an effizienten Kapitalmärkten in den Gesetzesmaterialien spricht dafür, daß der

---

787 Vgl. dazu oben 3. Kapitel § 1 III 2 sowie Erwägungsgründe 2, 5, 29, 32, 41 und 42 (ABl. EG Nr. L 141/27 (S. 27 ff.)) und Koller in Assmann/Schneider (Hrsg.), WpHG, Vor § 31 Rn. 16.
788 So auch Wieneke, Discount-Broking und Anlegerschutz, S. 76.
789 ABl. EG Nr. L 141/27 (S. 30) vom 11.6.1993.
790 Wie hier bejahen auch Horn, ZBB 1997, S. 139 (149) und Koller in Assmann/Schneider (Hrsg.), WpHG, Vor § 31 Rn. 16 die öffentlich-rechtliche Qualität der §§ 31, 32. Koller verweist dabei zur Begründung ausdrücklich auf die „ausschließlich aufsichtsrechtliche Zielsetzung der EG-WpDRiL".
791 Bericht und Beschlußempfehlung des Finanzausschusses, BT-Drucks. 12/7918, S. 97.

Gesetzgeber mit den Wohlverhaltensregeln öffentlich-rechtliche Normen schaffen wollte.[792]

Daß zumindest § 32 WpHG schwerlich das schuldvertragliche Verhältnis zwischen Kunde und Kreditinstitut betrifft, folgt nicht zuletzt aus Abs. 2 der Vorschrift. § 32 Abs. 2 WpHG beinhaltet Verhaltensregeln, die die Mitarbeiter des Wertpapierdienstleistungsunternehmens persönlich betreffen, so z.B. das Verbot des Front-runnings[793] zugunsten eigener Wertpapiere der Mitarbeiter. Die Vorschrift untersagt damit ein Verhalten von Personen, die weder Vertragspartner des Kunden sind noch unter dem Gesichtspunkt der Vertreterhaftung erfaßt werden können.[794] Für die Normierung privatrechtlicher Pflichten zwischen dem Anleger und den Beschäftigten des Instituts bestand für den Gesetzgeber insofern gar keine Anknüpfungsgrundlage.[795] Daraus läßt sich schließen, daß jedenfalls bei § 32 WpHG nicht die relative Vertragsbeziehung zwischen Kunde und Wertpapierdienstleister im Vordergrund steht, sondern vielmehr objektive gewerberechtliche Verhaltensprinzipien.[796]

Gleiches muß für die allgemeinen Verhaltenspflichten nach § 31 WpHG gelten, denn auch hier steht nicht nur angesichts der zahlreichen inhaltlichen Berührungspunkte zu § 32, sondern auch im Hinblick auf den gemeinsamen, auf den Funktionsschutz der Wertpapiermärkte gerichteten Normzweck der Wohlverhaltensregeln das Verhältnis zwischen staatlicher Gewerbeaufsicht und den Wertpapierunternehmen und damit der gewerbeaufsichtsrechtliche Aspekt im Vordergrund der gesetzlichen Regelung.

Eine zusammenfassende Betrachtung der dargelegten Erwägungen macht deutlich, daß überwiegende Gründe dafür sprechen, in den wertpapierhandelsrechtlichen Wohlverhaltensregeln im allgemeinen und den Nachfrage- und Informationspflichten des § 31 Abs. 2 WpHG im besonderen öffentlich-rechtliche Pflichten zu sehen, die primär aufsichtsrechtliche Anforderungen an die Tätigkeit von Wertpapierdienstleistungsunternehmen formulieren.

IV. Ausstrahlung der §§ 31 ff. WpHG auf die zivilrechtliche Beziehung

Die Zuordnung der §§ 31 ff. WpHG zum öffentlichen Recht bedeutet indes nicht, daß sich der Charakter der Wohlverhaltensregeln deshalb in objektivierten aufsichtsrecht-

---

792 In diesem Sinne auch v. Rosen, Die Bank 1995, S. 9 (14) sowie Wieneke, Discount-Broking und Anlegerschutz, S. 84 ff.

793 Dazu ausführlich in 3. Kapitel § 2 VI 3 c bb.

794 Schwark in Hadding/Hopt/Schimansky (Hrsg.), 2. FMG, S. 109 (120).

795 Diesen Widerspruch sieht auch Waldeck in Cramer/Rudolph/Waldeck, Handbuch Anlageberatung, S. 647, 652, der den privatrechtlichen Charakter der Verhaltenspflichten deshalb jedenfalls dann verneinen will, wenn sich die Verhaltensregeln wie Im Falle des § 32 Abs. 2 nicht an Wertpapierunternehmen, sondern an Dritte, wie z.B. Angestellte des Wertpapierunternehmens, wenden. Diese einzelfallbezogene Differenzierung ist indes dogmatisch nicht zu begründen und findet im Gesetz keine Stütze.

796 Schwark in Hadding/Hopt/Schimansky (Hrsg.), 2. FMG, a.a.O.

lichen Verhaltensstandards für Wertpapierdienstleistungsunternehmen erschöpft. Vielmehr spricht gerade die bereits angesprochene inhaltliche Ähnlichkeit der wertpapierhandelsrechtlichen Verhaltensregeln zu den auftrags- und kommissionsrechtlichen Pflichten für eine Einflußnahme der Wohlverhaltensregeln auf die schuldrechtlichen Pflichten des Wertpapierdienstleisters.[797] Dabei geht es vor allem um die Frage, ob und inwieweit im Falle einer Verletzung der gesetzlichen Verhaltensregeln neben aufsichtsrechtlichen Sanktionen auch privat-rechtliche Ersatzansprüche geschädigter Anleger in Betracht kommen.

Unabhängig davon, ob und in welcher Weise man konkret eine Einwirkung der §§ 31 ff. WpHG auf die zivilrechtliche Beziehung zwischen Anleger und Wertpapierunternehmen bejaht, so scheint doch zumindest eine gewisse inhaltliche „Ausstrahlung" der wertpapierhandelsrechtlichen Verhaltenspflichten auf das vertragliche bzw. vorvertragliche Schuldverhältnis zwischen Anleger und Wertpapierunternehmen nahe zu liegen, denn es ist nicht einzusehen, warum ein Unternehmen, das die gesetzlichen Verhaltenspflichten verletzt hat, zivilrechtlich nicht die gleiche Wertung treffen soll. Weitaus überzeugender erscheint es, einem Wertpapierdienstleistungsunternehmen, dem ein Verstoß gegen die wertpapierhandelsrechtliche Informationspflicht nachgewiesen werden kann, die Argumentationslast dafür aufzubürden, warum eine zivilrechtliche Parallelwertung in diesem Fall gerade ausgeschlossen sein soll.[798]

Eine solche Wertungsparallelität bietet nicht nur dem geschädigten Anleger Beweisvorteile, weil er sich bei der Durchsetzung seiner zivilrechtlichen Ansprüche auf die Ermittlungen des Bundesaufsichtsamtes stützen kann,[799] umgekehrt bietet eine inhaltliche Kongruenz zwischen gewerberechtlichen Berufspflichten und privatrechtlichen Informations- und Sorgfaltspflichten auch aus aufsichtsrechtlicher Sicht Vorteile, kann doch der private Kläger dadurch quasi als „private attorney general" gegen Pflichtverstöße der Wertpapierdienstleister mobilisiert werden.[800] Auf diese Weise wird eine weitaus bessere Kontrolle der Einhaltung der Verhaltensregeln erreicht als allein durch aufsichtsbehördliche Routinekontrollen.

Daß wertpapierhandelsrechtliche Wohlverhaltensregeln und vertragliche Aufklärungs- und Beratungspflichten nicht beziehungslos nebeneinander stehen, dafür spricht auch § 37a WpHG. Die Norm, die die Verjährungsdauer von Schadensersatzansprüchen gegen Wertpapierdienstleistungsunternehmen regelt, unterstellt nicht nur, daß ein Verstoß gegen die wertpapierhandelsrechtliche Informationspflicht gem. § 31 Abs.2 Nr.2 WpHG

---

797   Eine „Ausstrahlung" bejaht auch Koller in Assmann/Schneider (Hrsg.), WpHG, Vor § 31 Rn. 19; im Ergebnis ebenso Horn, ZBB 1997, S. 139 (149).
798   So auch Köndgen, ZBB 1996, S. 361 (362).
799   So schlägt Köndgen, ZBB 1996, a.a.O. vor, daß der betroffene Anleger den Verstoß gegen Verhaltensregeln zunächst bei Bundesaufsichtsamt für den Wertpapierhandel anzeigen solle, um sich auf diese Weise das überlegene Nachforschungspotential des Amtes zur Aufklärung des Sachverhaltes zunutze zu machen. Auf der Basis des vom Bundesaufsichtsamt ermittelten Sachverhalts, einschließlich der sichergestellten Beweise, soll der Anleger den Haftungsprozeß sodann leichter führen können.
800   Diesen Vorteil betont auch Köndgen, ZBB 1996, S. 361.

zivilrechtliche Schadensersatzansprüche auslöst,[801] darüber hinaus spricht auch der Umstand, daß der Gesetzgeber die Verjährungsdauer sowohl für Schadensersatzansprüche aus Verletzung vertraglicher Beratungspflichten als auch für Ansprüche, die aus einer Verletzung der gesetzlichen Informationspflichten resultieren, übereinstimmend auf 3 Jahre begrenzt hat, dafür, daß wertpapierhandelsrechtliche Wohlverhaltensregeln und vertragliche Fürsorgepflichten auch inhaltlich in Beziehung zueinander stehen.

Den öffentlich-rechtlichen Wohlverhaltensregeln kommt damit auch eine privatrechtliche Bedeutung zu. Insofern läßt sich zwar nicht im Hinblick auf die Rechtsnatur, wohl aber mit Blick auf die tatsächliche Wirkung der Regelung von einer „Doppelnatur" der Verhaltensregeln sprechen.[802] Diese Charakterisierung der Verhaltenspflichten wird auch den EG-rechtlichen Vorgaben gerecht, denn das EG-Recht überläßt den innerstaatlichen Instanzen die Wahl der Form und Mittel zur Umsetzung der gemeinschaftsrechtlich vorgegebenen Ziele (Art. 249 Satz 3 EGV (Amsterdam)). Die EG-Wertpapierdienstleistungsrichtlinie geht, wie sich aus dem Gesamtzusammenhang der Bestimmungen und Erwägungsgründe der Richtlinie ergibt, zwar in erster Linie von einer aufsichtsrechtlichen Umsetzung aus, schließt jedoch privatrechtliche Gewährleistungen, insbesondere wenn sie ergänzend neben aufsichtsrechtliche Regelungen treten, nicht aus. Im Gegenteil:

---

801 Vgl. Begründ. des Reg.-Entwurfs zum 3. FMG, BR-Drucks. 605/97, S. 96: „... *Von der Verkürzung der Verjährungsfrist erfaßt werden zum einen Verletzungen in Zusammenhang mit Informationspflichten. Hierbei ist unerheblich, ob die Informationspflichten sich unmittelbar aus dem Vertragsverhältnis mit dem Wertpapierdienstleistungsunternehmen und dem Kunden ergeben oder gesetzlich vorgesehen (§ 31 Abs. 2) sind.* ..."

802 Zweifelhaft ist dagegen, ob man wie Schwintowski, VuR 1997, S. 83 (85 f.) und ihm folgend Wieneke, Discount-Broking und Anlegerschutz, S. 104 f., in Anlehnung an § 10a VAG auch von einer rechtlichen Doppelnatur der §§ 31, 32 WpHG sprechen kann. Zum einen besteht im Versicherungsrecht mit § 5a VVG eine gesetzliche Regelung, die die Verbraucherinformation nach § 10a VAG ausdrücklich in das zivilrechtliche Vertragsverhältnis zwischen Versicherer und Versichertem einbezieht und der gewerbeaufsichtsrechtlichen Pflicht nach § 10a VAG wird auf diese Weise unmittelbare schuldrechtliche Relevanz zugewiesen. Eine vergleichbare Vorschrift in bezug auf die §§ 31, 32 WpHG fehlt dagegen. Zum anderen wurde die enge inhaltliche Beziehung der Verbraucherinformation nach § 10a VAG bereits im Gesetzgebungsverfahren der Vorschrift ausdrücklich betont. So hatte der Gesetzgeber ursprünglich erwogen, die in § 10a VAG normierte Informationspflicht als privatrechtliche Pflicht aus dem Versicherungsvertragsverhältnis auszugestalten, vergleichbar dem später in das VVG eingefügten § 5a (vgl. BT-Drucks. 12/6959, Anlage 2), jedoch sah sich der Gesetzgeber aufgrund der EG-rechtlichen Vorgaben zu einer gewerbeaufsichtsrechtlichen Lösung gezwungen. Im Interesse eines möglichst umfassenden Verbraucherschutzes sollte diese jedoch privatrechtlich flankiert werden. (vgl. Prölss/Schmidt, VAG, § 10a Rn. 4, 35 ff.), was u.a. durch § 5a VVG geschieht. Ein solcher, durch die Gesetzesmaterialien ausdrücklich belegter privatrechtlicher Einschlag ist den §§ 31, 32 WpHG vor dem Hintergrund des marktrechtlich Ansatzes des WpHG dagegen fremd. Statt dessen bezwecken die §§ 31, 32 WpHG vor allem die Verbesserung der Attraktivität und internationalen Wettbewerbsfähigkeit des Finanzplatzes Deutschland durch eine ordnungspolitische Absicherung des Anlegerschutzes. Insofern ist zwar eine faktische „Ausstrahlung" der allgemeinen und besonderen Verhaltenspflichten des WpHG im Sinne eines unabdingbaren Mindeststandards an Verhaltens- und Sorgfaltspflichten auf die schuldrechtliche Beziehung zu bejahen, eine echte rechtliche Doppelnatur wie im Falle des § 10a VAG ist dagegen vor dem Hintergrund der unterschiedlichen Regelungsansätze der Vorschriften kaum zu begründen. Zu Recht zurückhaltend gegenüber einer rechtlichen Doppelnatur deshalb auch Reich, WM 1997, S. 1601 (1604).

Eine Flankierung der aufsichtsrechtlichen Regelung durch Ausstrahlung der Wohlverhaltensregeln auf die privatrechtliche Beziehung zwischen dem Wertpapierdienstleistungsunternehmen und dem Anleger erscheint gerade im Hinblick auf eine optimale praktische Verwirklichung der zentralen Ziele der Richtlinie - Anlegerschutz und Funktionsschutz des Marktes - geboten. Die Richtlinie steht insofern privatrechtlichen Ansprüchen als Folge einer Verletzung der §§ 31, 32 WpHG nicht entgegen, sondern unterstreicht eine derartige Wirkung der gesetzlichen Wohlverhaltensregeln eher.[803]

Ob und in welcher Weise die allgemeinen und besonderen Verhaltenspflichten des Wertpapierhandelsgesetzes in concreto in das Pflichtenprogramm des Geschäftsbesorgungsvertrages zwischen Kreditinstitut und Kunde eingehen, so daß im Falle einer Verletzung der wertpapierhandelsrechtlichen Verhaltenspflichten Schadensersatzansprüche des geschädigten Kunden in Betracht kommen, hängt im einzelnen davon ab, welche Funktion man den §§ 31 ff. WpHG im deutschen Schuldrechtssystem zuweist.[804]

Qualifiziert man die Verhaltensregeln als Konkretisierung allgemeiner vertraglicher bzw. vorvertraglicher Schutzpflichten, kommt bei Verstößen des Wertpapierunternehmens eine Haftung aus culpa in contrahendo oder nach den Grundsätzen der positiven Vertragsverletzung in Betracht. Darüber hinaus ist zu überlegen, ob die §§ 31, 32 WpHG möglicherweise eine Berufshaftung eigener Art begründen, die die einzelnen Haftungstatbestände aus Vertrag, Quasivertrag und Delikt überlagern. Ein Verstoß des Wertpapierdienstleisters könnte ferner deliktische Ersatzansprüche auslösen. Hier kommen insbesondere Ansprüche des Anlegers aus § 823 Abs. 2 BGB im Betracht, wenn die Wohlverhaltensregeln als Schutzgesetze i.S.d. Vorschrift anzusehen wären. Daneben ist aber auch eine Haftung aus § 826 BGB in Betracht zu ziehen, wenn und soweit die §§ 31 ff. WpHG als Verkehrspflichten zu qualifizieren sind.

Die Kodifizierung zwingender vertraglicher Pflichten durch die wertpapierhandelsrechtlichen Verhaltensregeln scheidet hingegen aus. Dagegen spricht bereits die öffentlich-rechtliche Natur dieser Vorschriften, denn die §§ 31 ff. WpHG sind als gewerberechtliche Pflichten des Wertpapierdienstleisters im Verhältnis zur staatlichen Aufsichtsbehörde konzipiert. Sie normieren insofern keine unmittelbar verbindlichen Pflichten im Vertragsverhältnis zwischen dem Wertpapierunternehmen und dem Anleger, sondern formulieren vielmehr einen objektiven gewerberechtlichen Verhaltensstandard. Unmittelbar zwingende privatrechtliche Pflichten gegenüber den Kunden lassen sich daraus nicht ableiten.

Doch selbst wenn man, wie etwa *Kümpel* dies tut, die Verhaltensregeln als privatrechtlich qualifiziert, so spricht gleichwohl der Wortlaut des § 31 Abs. 2 Satz 1 WpHG, wonach eine Information nur insoweit verlangt wird, als dies zur Wahrung der Interessen der Kunden und im Hinblick auf Art und Umfang der beabsichtigten Geschäfte erforderlich ist, gegen die Annahme unmittelbar zwingender Vertragspflichten. Die Wohlverhaltensregeln beinhalten nach dieser Formulierung des Gesetzgebers keinen starren

---

803   So im Ergebnis auch Wieneke, Discount-Broking und Anlegerschutz, S. 87 ff.
804   Schwark in Hadding/Hopt/Schimansky (Hrsg.), 2. FMG, S. 109 (118 f.).

Pflichtenkatalog, sondern bilden vielmehr ein bewegliches System allgemeiner Verhaltenspflichten, das sich im Einzelfall der Schutzbedürftigkeit des Anlegers und den Besonderheiten des beabsichtigten Wertpapiergeschäfts anpaßt.[805]

V. Die Rolle der §§ 31 ff. WpHG im deutschen Schuldrechtssystem

1. Konkretisierung vorvertraglicher und vertraglicher Pflichten

Auch wenn die §§ 31 ff. WpHG nicht als Kodifizierung unmittelbarer Vertragspflichten anzusehen sind, so sind sie doch andererseits für das Schuldverhältnis zwischen Kunde und Wertpapierunternehmen nicht bedeutungslos, vielmehr bietet es sich gerade aufgrund der engen inhaltlichen Beziehung zu den auftrags- bzw. kommissionsrechtlichen Schutz- und Fürsorgepflichten an, die gesetzlichen Verhaltenspflichten als Konkretisierung des im Einzelfall durch das gesetzliche Schuldverhältnis der c.i.c. oder durch Vertrag allgemein vorgezeichneten Pflichtenrahmen zu verstehen.[806]

Durch die gesetzlichen Wohlverhaltensregeln wurde der Pflichtenkreis der Kreditinstitute im Ergebnis nicht erweitert, denn die §§ 31, 32 WpHG enthalten im wesentlichen Grundsätze, die bereits vor dem Inkrafttreten des WpHG als Bestandteil effektengeschäftlicher Verträge anerkannt waren. Das gilt für die Pflicht zu Aufklärung und Information (§ 31 Abs. 2 Nr. 1 und 2 WpHG) ebenso wie für die Verpflichtung zu Sorgfalt und Sachkenntnis (§ 31 Abs. 1 Nr. 1 WpHG) und vorrangiger Beachtung des Kundeninteresses (§ 31 Abs. 1 Nr. 2 WpHG). Ähnliches gilt für die in § 32 Abs. 1 WpHG ausgesprochenen Verhaltensverbote, die an die allgemeine geschäftsbesorgungsrechtliche Treue- und Lauterkeitspflicht[807] anknüpfen. Die §§ 31, 32 WpHG wiederholen damit inhaltlich im wesentlichen die kommissionsrechtlichen Sorgfalts- und Interessenwahrungspflichten. Die kommissions- und auftragsrechtlichen Pflichten sind jedoch mit dem Inkrafttreten der §§ 31, 32 WpHG nicht obsolet geworden, vielmehr können die gesetzlichen Wohlverhaltensregeln, speziell die in § 32 Abs. 1 Nr. 1 - 3 WpHG normierten besonderen Lauterkeitsgrundsätze zur Präzisierung der allgemeinen schuldvertraglichen Schutzpflichten herangezogen werden.[808]

---

805 So auch Schwark in Hadding/Hopt/Schimansky (Hrsg.), 2. FMG, S. 109 (119 f.); Ähnlich auch Köndgen, ZBB 1996, S. 361 (365), der den zwingenden Charakter bejaht, aber einen „Differenzierungsvorbehalt" ausdrücklich zuläßt. Koller in Assmann/Schneider (Hrsg.), WpHG, § 31 Rn. 126 ff., folgert dagegen gerade aus der aufsichtsrechtlichen Zielsetzung der Wohlverhaltensregeln, daß diese nicht abdingbar sind, läßt aber bei mangelnder Schutzbedürftigkeit des Anlegers einen „rechtsgeschäftlichen Verzicht" zu. Strenger dagegen, Waldeck in Cramer/Rudolph/Waldeck, Handbuch Anlageberatung, S. 647, 652, der die Wohlverhaltensregeln mit zwingenden miet- und arbeitsrechtlichen Normen gleichsetzt.

806 So auch Schwark in Hadding/Hopt/Schimansky (Hrsg.), 2. FMG, S. 109 (120 f.).

807 Vgl. Palandt/Thomas, BGB, § 662 Rn. 9 und § 675 Rn. 7 ff.

808 Schwark in Hadding/Hopt/Schimansky (Hrsg.), 2. FMG, S. 109 (120 f.); Schödermeier, WM 1995, S. 2053 (2055); Kümpel, WM 1993, S. 2025 (2026 f.); Balzer, ZBB 1997, S. 261 (262).

Ob die in den §§ 31, 32 WpHG normierten Verhaltensgrundsätze deshalb, wie in der Literatur[809] vereinzelt vertreten, einen „normativen Handelsbrauch" i.S.v. § 346 HGB bilden, erscheint allerdings eher zweifelhaft. Selbst wenn man mit der herrschenden Rechtsprechung den Anwendungsbereich von Handelsbräuchen unter bestimmten Voraussetzungen auch auf das Rechtsverhältnis zwischen Kaufleuten und Nichtkaufleuten ausdehnt[810], so daß auch das Rechtsverhältnis zwischen Kreditinstitut und Privatanleger erfaßt würde, so ist doch Voraussetzung für die Entstehung eines Handelsbrauches eine lang andauernde, allgemeine Übung sowie die Überzeugung der beteiligten Verkehrskreise von der Notwendigkeit einer solchen Verfahrensweise.[811] Diese Voraussetzungen erscheinen jedoch vor allem vor dem Hintergrund, daß die §§ 31 ff. WpHG in erster Linie auf die Schaffung der aufsichtrechtlichen Bedingungen für funktionierende Kapitalmärkte gerichtet sind, zweifelhaft.

Näherliegend erscheint statt dessen, aus den objektivierten beruflichen Verhaltensstandards der Wohlverhaltensregeln grundsätzliche Anhaltspunkte und Hinweise zur inhaltlichen Konkretisierung der zwischen den Vertragsparteien regelmäßig nicht im Detail vereinbarten Einzelpflichten abzuleiten. Die in den §§ 31, 32 WpHG beschriebenen Verhaltensprinzipien können auf diese Weise im Rahmen zivilrechtlicher Haftungsfragen quasi als Erkenntnisquelle für einen allgemeinen Mindeststandard vertraglicher Verhaltens- und Sorgfaltspflichten herangezogen werden.[812]

Die Verhaltensregeln können jedoch nur dort zur Konkretisierung privatrechtlicher Pflichten genutzt werden, wo sie sich auf das Rechtsverhältnis zwischen Kunde und Bank beziehen.[813] Beziehen sich die gesetzlichen Wohlverhaltensnormen dagegen auf dritte Personen, die außerhalb der Vertragsbeziehung stehen und deren Handeln dem Wertpapierunternehmen auch nicht nach § 278 Satz 1 2. Alt. BGB zugerechnet werden kann, so kommt eine Konkretisierung von Vertragspflichten nicht in Betracht. Das betrifft insbesondere die Verhaltenspflichten der Mitarbeiter des Wertpapierunternehmens gem. § 32 Abs. 2 WpHG.[814]

Eine weitere Einschränkung ist schließlich auch insoweit erforderlich, als die wertpapierhandelsrechtlichen Bestimmungen lediglich die interne Unternehmensorganisation der Wertpapierunternehmen betreffen oder ausschließlich aufsichtsrechtlichen Zwecken dienen. Die §§ 33 und 34 WpHG können deshalb ebenfalls nicht zur Konkretisierung vertraglicher Pflichten herangezogen werden. So hat § 33 WpHG lediglich die unternehmensinterne Organisation im Auge, während § 34, der der zuständigen Behörde die Kontrolle der Einhaltung der Verhaltenspflichten ermöglichen soll, aufsichtsrechtlichen Zwecken dient.[815]

---

809 So ohne nähere Begründung Reich, WM 1997, S. 1601 (1604).
810 BGH NJW 1952, 257 ff.; BGH WM 1970, 695 (696); BGH WM 1980, 1122 (1123).
811 Baumbach/Duden/Hopt, HGB, § 346 Anm. 1) A.; Canaris, Handelsrecht, § 22 I 2a.
812 So auch Köndgen, ZBB 1996, S. 361.
813 Schwark in Hadding/Hopt/Schimansky (Hrsg.), 2. FMG, S. 109 (121, 122).
814 Schwark in Hadding/Hopt/Schimansky (Hrsg.), 2. FMG, a.a.O.
815 Beschlußempf. und Bericht des Finanzausschusses, BT-Drucks. 12/7918, S. 105.

2. Eigenständige Berufshaftung

In der Literatur gibt es ferner Überlegungen, ob durch die §§ 31 ff. WpHG eine eigenständige Berufshaftung für Wertpapierdienstleistungsunternehmen geschaffen wurde.[816] Voraussetzung dafür wäre jedoch, daß eine Haftung aufgrund beruflicher Stellung als eigenständiger anspruchsbegründender Tatbestand überhaupt anzuerkennen ist.

Zwar werden berufliche Kompetenz und Professionalität in der Literatur teilweise als pflichtenbegründende Kriterien herangezogen,[817] gleichwohl besteht neben den herkömmlichen Differenzierungen zwischen Vertrag bzw. Quasivertrag und Deliktsrecht für einen weiteren eigenständigen Haftungstatbestand kein Bedarf. Die klassischen Rechtsinstitute reichen aus, um die einschlägigen Fallgruppen erschöpfend zu erfassen.[818] Die h.M. lehnt deshalb eine Berufshaftung als selbständige Anspruchsgrundlage zu Recht ab.[819] Die berufliche Position begründet lediglich ein pflichtendifferenzierendes Haftungskriterium, das in Gestalt des unterschiedlichen Erwartungshorizonts der Kunden gegenüber den anlageberatenden Berufsgruppen als Anknüpfungspunkt zur Konkretisierung des Pflichtenumfangs herangezogen wird.

Eine in diesem Sinne verstandene Berufshaftung, die im Rahmen vertraglicher oder quasivertraglicher Haftungstatbestände der Bemessung des Pflichtenumfangs dient, ist weitgehend deckungsgleich mit der Funktion, die den Wohlverhaltensregeln bei der Konkretisierung vertraglicher bzw. vorvertraglicher Pflichten zukommt.[820] Anspruchsbegründende Wirkung haben jedoch allein die vertraglichen bzw. quasivertraglichen, ggf. deliktsrechtlichen Rechtsinstitute. Ein eigenständiger haftungsbegründender Tatbestand wird durch die wertpapierhandelsrechtlichen Verhaltenspflichten dagegen nicht geschaffen.

3. Die Verhaltensregeln als deliktische Schutzgesetze

Eine Qualifikation der §§ 31 ff. WpHG als Schutzgesetze i.S.v. § 23 Abs. 2 BGB setzt voraus, daß die Wohlverhaltensregeln zumindest auch den Schutz von Individualinteressen zum Gegenstand haben.[821] Keine Schutzgesetze sind dagegen Normen, die

---

816 Vgl. z.B. Schwark in Hadding/Hopt/Schimansky (Hrsg.), 2. FMG, S. 109 (122); Balzer, ZBB 1997, S. 260 (263). Allgemein zur Berufshaftung: Hirte, Berufshaftung, S. 3 ff. sowie Canaris/ Larenz, Schuldrecht, Band II/2, § 76 III 3b.

817 Z.B. Huber in FS für v. Caemmerer, S. 359 ff.; von Bar, Verkehrspflichten, S. 233 ff; Hopt, AcP 183 (1983), S. 608 (655 ff.), der die Berufshaftung sogar zu einem „privaten Marktrecht" weiterentwickeln wollte. Vgl. auch Werner/Machunsky, Rechte und Ansprüche geschädigter Kapitalanleger, S. 62, 63.

818 So auch Werner/Machunsky, Rechte und Ansprüche geschädigter Kapitalanleger, a.a.O.

819 Vgl. Larenz/Canaris, Schuldrecht - Band II/2, § 76 III 3b; Rümker, Bankrechtstag 1992, S. 29 (35 f.); Breidenbach, Informationspflichten, S. 34 f.

820 Schwark in Hadding/Hopt/Schimansky (Hrsg.), 2. FMG, a.a.O.

821 Ausführlich zu den Voraussetzungen der Schutzgesetzeigenschaft vgl. Staudinger/Schäfer, BGB § 823, Rn. 580; MünchKomm/Mertens, BGB, § 823, Rn. 162 ff.; Palandt/Thomas, BGB, § 823, Rn. 141.

ausschließlich öffentliche Interessen und damit Belange, die primär dem Wohl der Allgemeinheit dienen, schützen. Nicht ausreichend für eine Bejahung der Schutzgesetzqualität ist deshalb der Schutz des Anlagepublikums allgemein, denn der Schutz dieser nicht individualisierbaren, zahlenmäßig unbestimmten Personengesamtheit dient allein dem Funktionsschutz des Kapitalmarktes und damit dem öffentlichen Interesse an einem effizienten Finanzsystem, nicht aber dem Individualschutz des einzelnen Anlegers.[822] Zwar kommt auch der Funktionsschutz des Marktes im Ergebnis indirekt den Interessen des einzelnen Anlegers zugute, dabei handelt es sich jedoch um einen bloßen Rechtsreflex, der für die Bejahung der Schutzgesetzqualität nicht ausreicht.

Ob einer kapitalmarktrechtlichen Norm eine Individualschutzfunktion zukommt oder ob die Norm lediglich dem öffentlichen Interesse dient, hängt nicht von den tatsächlichen Auswirkungen der Norm ab, sondern vielmehr von der Ausgestaltung und dem Zweck, den der Gesetzgeber mit der Regelung verfolgt hat.[823] Maßgeblich dafür ist vor allem, ob der Interessenbereich des einzelnen allein durch staatliche Maßnahmen, insbesondere durch aufsichtbehördliche Sanktionen, geschützt werden soll, oder ob dem Anleger nach dem Willen des Gesetzgebers eigene privatrechtliche Mittel zum Schutz seiner Interessen an die Hand gegeben werden sollen.[824]

Diese Voraussetzungen sind im Falle der §§ 31 und 32 WpHG erfüllt. Dafür spricht zunächst der rechtssystematische Vergleich mit den insiderrechtlichen Vorschriften. Während § 15 Abs. 6 Satz 1 WpHG ausdrücklich bestimmt, daß ein Emittent bei der Verletzung von insiderrechtlichen Veröffentlichungs- und Mitteilungspflichten nach § 15 Abs. 1 - 4 WpHG nicht zum Ersatz des daraus entstehenden Schadens verpflichtet ist und damit eine Qualifizierung der Norm als Schutzgesetz i.S.v. § 823 Abs. 2 BGB ausschließt, ist eine vergleichbare Bestimmung im 5. Abschnitt des WpHG in bezug auf die §§ 31 ff. WpHG nicht zu finden.[825] Das deutet darauf hin, daß der Gesetzgeber anders als im Insiderrecht einen individuellen Anlegerschutz gerade nicht ausschließen wollte. Vielmehr bezwecken die §§ 31, 32 WpHG, wie aus den Gesetzesmaterialien hervorgeht, eine ordnungsgemäße und professionelle Abwicklung der Wertpapierdienstleistung gerade gegenüber dem Kunden.[826] Darin liegt ein wesentlicher Unterschied zum Insiderrecht. Zwar dienen sowohl die §§ 12 ff. WpHG als auch die §§ 31 ff. dem öffentlichen Interesse an effizienten Kapitalmärkten, allerdings bestehen sowohl aufgrund der unterschiedlichen Regelungsbereiche als auch der verschiedenen Regelungsansätze wesentliche Unterschiede. So sind die Insidervorschriften auf die Herstellung informationeller Chancengleichheit an den Wertpapiermärkten gerichtet.[827] § 14 i.V.m. §§ 12, 13 WpHG verbietet

---

822 Kümpel, Kapitalmarktrecht, S. 76.
823 Palandt/Thomas, BGB, § 823, a.a.O.; BGH ZIP 1991, 1597 ff.
824 Staudinger/Schäfer, BGB, § 823, Rn. 585; Palandt/Thomas, BGB, § 823, Rn. 141; BGHZ 40, 306 (307); BGH ZIP 1991, 1597 ff. m.w.N.
825 Laut Beschlußempf. und Bericht des Finanzausschusses, BT-Drucks. 12/7918, S. 102, besteht der Normzweck des § 15 WpHG ausschließlich im Funktionsschutz der Kapitalmärkte.
826 Beschlußempf. und Bericht des Finanzausschusses, BT-Drucks. 12/7918, S. 103 f.
827 Kümpel, WpHG, S. 48; Assmann, AG 1994, S. 196 (202); Assmann in Assmann/Schneider (Hrsg.), WpHG, Vor § 12 Rn. 40.

deshalb allen Personen, die aufgrund ihrer Organstellung, ihres Berufes, als Anteilseigner oder auch nur zufällig von Dritten Kenntnis von Insiderinformationen erlangt haben, die Weitergabe oder Ausnutzung dieser Kenntnisse.[828] Ein unmittelbarer Schutz derjenigen Personen, die keine Kenntnis von Insiderinformationen haben und denen durch die Ausnutzung derartiger Kenntnisse Nachteile drohen, scheidet dagegen schon deshalb aus, weil Geschädigter und Schaden eines Insiderverstoßes praktisch kaum nachzuweisen sind, so daß die h.M. dem Insiderverbot zu Recht den Individualschutzcharakter abspricht.[829] Vielmehr wird das öffentliche Interesse an der Einhaltung des Insiderverbots allein mit Hilfe strafrechtlicher (§ 38 WpHG) und aufsichtsrechtlicher Maßnahmen (§ 4 Abs. 1 Satz 2, 3 WpHG) geschützt.

Demgegenüber sind die allgemeinen und besonderen Verhaltenspflichten der §§ 31, 32 WpHG auf den Ausgleich marktbeeinträchtigender Informationsasymmetrien zwischen den Marktkontrahenten, nämlich den professionellen Anlageanbietern, insbesondere den Kreditinstituten, auf der einen Seite und privaten Anlegern auf der anderen Seite, gerichtet. Der unmittelbare persönliche Schutz des einzelnen aufklärungsbedürftigen Anlegers ist dabei im Gegensatz zum Insiderrecht ein unverzichtbares Element des angestrebten Funktionsschutzes und kein bloßer Rechtsreflex. Unmittelbare zivilrechtliche Sanktionen für den Fall der Verhaltenspflichtverletzung entsprechen vielmehr gerade der Intention der §§ 31, 32 WpHG. Die allgemeinen und besonderen Verhaltensregeln werden deshalb von der h.M. zu Recht als Schutzgesetze i.S.v. § 823 Abs. 2 BGB qualifiziert.[830]

Gleichwohl ist die praktische Bedeutung der deliktischer Ansprüche - jedenfalls was Ansprüche gegen Kreditinstitute anbetrifft - eher gering, denn § 831 Abs. 1 Satz 2 BGB bietet den Kreditinstituten die Möglichkeit, sich für das pflichtwidrige Verhalten ihrer Mitarbeiter zu exkulpieren. Der Bedeutungsschwerpunkt der Haftung aus § 823 Abs. 2 BGB liegt deshalb - abgesehen von den Fällen, in denen der Bank eine Exkulpation z.B. wegen unzureichend ausgebildeter oder überwachter Mitarbeiter ausnahmsweise nicht gelingt - vor allem in Ansprüchen gegen den pflichtwidrig handelnden Mitarbeiter persönlich, weil dieser gegen ein Verbot aus § 32 Abs. 2 WpHG verstoßen hat.

Anders als die §§ 31, 32 sind die §§ 33, 34 WpHG keine Schutzgesetze i.S.v. § 823 Abs. 2 BGB. So formuliert § 33 lediglich allgemeine Anforderungen an die interne Organisation des Wertpapierdienstleistungsunternehmens, die erst durch konkrete Maß-

---

828 Sekundärinsidern, die die Informationen von Dritten erlangt haben, ist gem. § 14 Abs. 2 WpHG nur die Weitergabe der Insiderinformationen verboten, nicht dagegen die Ausnutzung. Während Primärinsidern (§ 13 Abs. 1) sowohl die Ausnutzung als auch die Weitergabe der Informationen an Dritte verboten ist (§ 14 Abs. 1).

829 Assmann in Assmann/Schneider (Hrsg.), WpHG, Vor § 12 Rn. 43a; ders., AG 1994, S. 196 (203); Kümpel, WpHG, S. 50 ff.; vgl. auch Caspari, ZGR 1994, S. 530 (532); Kaiser, WM 1997, S. 1557 (1559/1560).

830 H.M.: Koller in Assmann/Schneider (Hrsg.), WpHG, Vor § 31 Rn. 17; Kümpel, Kapitalmarktrecht, S. 80; Köndgen, ZBB 1996, S. 361; ders., NJW 1996, 558 (569); Hopt, ZHR 159 (1995), S, 135 (160); Gaßner/Escher, WM 1997, S. 93 (94); so nunmehr auch Horn WM 1999, S. 1 (5), anders dagegen Horn in einem früheren Beitrag, vgl. ZBB 1997, S. 139 (150). Anderer Ansicht sind auch Fischer/Klanten, Bankrecht, Rn. 7.70 sowie Vortmann, Beratungspflichten, Rn. 285.

nahmen umgesetzt werden müssen und die deshalb zu unbestimmt sind, um bei Verletzung konkrete Ansprüche des einzelnen Anlegers zu begründen.[831]

Auch den Aufzeichnungs- und Aufbewahrungspflichten des § 34 WpHG ist ein Schutzgesetzcharakter fremd, denn diese Pflichten dienen allein der aufsichtsbehördlichen Kontrolle durch das Bundesaufsichtsamt für den Wertpapierhandel und damit ausschließlich dem öffentlichen Interesse.[832] Ansprüche aus § 823 Abs. 2 BGB scheiden insofern aus.

4. Die Verhaltensregeln als deliktische Verkehrspflichten

Eine vor allem von *Horn* vertretene Auffassung charakterisiert die wertpapierhandelsrechtlichen Verhaltensregeln schließlich als deliktische Verkehrspflichten, die für eine Haftung aus § 826 BGB bedeutsam sind.[833] Verkehrspflichten bezeichnen die Verpflichtung desjenigen, der z.B. durch die Übernahme einer Aufgabe oder einer Tätigkeit eine Gefahrenquelle für andere schafft, alle notwendigen und zumutbaren Maßnahmen zu treffen, um die Gefahr abzuwenden.[834] Auch die Erbringung einer Wertpapierdienstleistung oder -nebendienstleistung (z.B. Anlageberatung, Ausführung von Wertpapieraufträgen oder Vermögensverwaltung) kann grundsätzlich als Übernahme einer Tätigkeit im vorgenannten Sinn gewertet werden und damit zur Begründung deliktischer Verkehrspflichten führen. Den §§ 31 ff. WpHG würde dann die Aufgabe zufallen, die Sorgfaltsanforderungen, die an das Wertpapierunternehmen zu stellen sind, inhaltlich zu präzisieren.[835]

Eine solche Konkretisierungsfunktion in bezug auf deliktische Verkehrspflichten kommt jedenfalls den allgemeinen und besonderen Verhaltensregeln der §§ 31 und 32 WpHG zu, denn diese Normen formulieren konkrete Verhaltensstandards, die von den Wertpapierdienstleistungsunternehmen bei der Ausübung ihrer Tätigkeit unmittelbar zu beachten sind.

Anders dagegen bei den Organisations- und Aufzeichnungspflichten der §§ 33, 34 WpHG. Im Gegensatz zu den §§ 31, 32 WpHG enthält die Organisationsvorschrift des § 33 WpHG keine konkreten Handlungsvorgaben, sondern steckt lediglich einen weiten, allgemeinen Rahmen für die organisatorische Erbringung der Wertpapierdienstleistung ab. § 34 WpHG schließlich soll der Aufsichtsbehörde die Kontrolle der Einhaltung der Verhaltenspflichten ermöglichen und nicht Gefahren bei der Erbringung von Wertpapierdienstleistungen entgegenwirken.[836] Es fehlt somit in beiden Fällen an der inhaltlichen

---

831 Schwark in Hadding/Hopt/Schimansky (Hrsg.), 2. FMG, S. 109 (123).
832 Vgl. Beschlußempf. und Bericht des Finanzausschusses, BT-Drucks. 12/7918, S. 105.
833 Horn, ZBB 1997, S. 139 (145 und 150); ders. WM 1999, S. 1 (4 f.); im Ergebnis ebenso Schwintowski/Schäfer, Bankrecht, § 11, Rn. 98.
834 Zum Begriff der deliktischen Verkehrspflicht vgl. Larenz/Canaris, Schuldrecht, Band II/2, § 76 III 1a; Kötz, Deliktsrecht, Rn. 233 und 676.
835 Zur Konkretisierung der Verkehrspflichten durch gesetzliche Normen vgl. Larenz/Canaris, Schuldrecht, Band II/2, § 76 III 4 f.
836 Koller in Assmann/Schneider (Hrsg.), WpHG, § 34 Rn. 1.

Ausgestaltung von Verhaltenspflichten, die auf die Abwendung konkreter Gefahren gerichtet sind.[837]

Dagegen ist bei Vermögensschäden, die aus Verstößen gegen die allgemeinen und besonderen Verhaltensregeln der §§ 31, 32 WpHG resultieren, eine Haftung aus § 826 BGB grundsätzlich in Betracht zu ziehen.[838] So hat die Rechtsprechung bereits in der Vergangenheit in verschiedenen Fallgestaltungen bei beruflichen Fehlleistungen Sachverständiger Schadensersatzansprüche auf der Grundlage von § 826 BGB bejaht.[839] Der Sache nach handelte es sich dabei um die Verletzung berufsbezogener Verkehrspflichten zum Schutz fremden Vermögens. Dabei reichte leichtfertiges oder gewissenloses Handeln zur Begründung der Sittenwidrigkeit jedenfalls dann aus, wenn der Schädiger mit Rücksicht auf seine berufliche Qualifikation oder sein fachliches Ansehen eine besondere Vertrauensstellung genoß. Da auch einem Wertpapierdienstleistungsunternehmen, insbesondere Banken oder Sparkassen, regelmäßig eine besondere Vertrauensstellung zukommt, kann bei leichtfertigen Verstößen von Kreditinstituten gegen die §§ 31, 32 WpHG eine Haftung nach § 826 BGB bejaht werden. Allerdings ist zu berücksichtigen, daß leichtfertiges Handeln lediglich den objektiven Tatbestand der Sittenwidrigkeit zu erfüllen vermag, nicht aber den subjektiven Schädigungsvorsatz ersetzen kann.[840] Der subjektive Schädigungsvorsatz des Wertpapierberaters kann deshalb trotz leichtfertigen Handelns dennoch fehlen. Ein Ersatzanspruch nach § 826 BGB wird deshalb in der wertpapiergeschäftlichen Praxis nur ausnahmsweise begründet sein.

VI. Die allgemeinen und besonderen Verhaltenspflichten der §§ 31 und 32 WpHG

1. Allgemeine Verhaltensprinzipien

Ein Wertpapierdienstleistungsunternehmen ist gem. § 31 Abs. 1 Nr. 1 WpHG verpflichtet, Wertpapier(neben)dienstleistungen *„mit der erforderlichen Sachkenntnis, Sorgfalt und Gewissenhaftigkeit im Interesse seiner Kunden zu erbringen"*. Nach den Gesetzesmaterialien werden damit die grundlegenden Elemente einer Wertpapierdienstleistung umschrieben.[841]

Die erforderliche Sachkenntnis setzt voraus, daß der Wertpapierberater das Anlageprodukt hinreichend kennt. Fehlt ihm diese Kenntnis, so muß er sie sich durch Nach-

---

837 Auch Horn, ZBB 1997, S. 139 (150) qualifiziert nur die §§ 31, 32 WpHG, nicht hingegen die §§ 33, 34 WpHG als deliktische Verkehrspflichten.

838 Übereinstimmend Horn, ZBB 1997, a.a.O.; Schwintowski/Schäfer, Bankrecht, a.a.O.

839 Z.B. Erteilung falscher Testate durch Steuerberater: BGH NJW 1987, 1758 oder Haftung eines Sachverständigen für Schädigung Dritter durch falsche Gutachten: BGH NJW 1991, 3282 (3283) oder Haftung für leichtfertiges tierärztliches Gutachten: BGH NJW-RR 1986, 1150 (1151). In den genannten Fällen hat der BGH im Ergebnis eine Haftung aus § 826 BGB bejaht, allerdings ohne ausdrücklich auf die Verletzung der Verkehrspflicht abzustellen.

840 Vgl. Larenz/Canaris, Schuldrecht, Band II/2, § 78 II 2d m.w.N.

841 Beschlußempfehlung und Bericht des Finanzausschusses, BT-Drucks. 12/7918, S. 103.

forschungen und Erkundigungen verschaffen. Der Wertpapierberater muß insbesondere über die wesentlichen Merkmale und Hintergründe der Papiere, die er anbietet, informiert sein. Dazu gehört, daß er über die allgemeine Marktlage ebenso Auskunft geben kann wie über die wirtschaftliche Situation und Bonität einzelner Emittenten. Aber auch die spezifischen Charakteristika der einzelnen Anlageformen und die damit verbundenen Risiken, wie z.B. erhöhte Verlustgefahren durch die Hebelwirkung bei Optionsgeschäften, müssen dem Wertpapierberater hinreichend bekannt sein.[842]

2. *Konkretisierung der gesetzlichen Informationspflicht*

Neben allgemeinen Verhaltensgrundsätzen, die eine gewissenhafte und professionelle Erbringung von Wertpapierdienstleistungen gewährleisten sollen, normiert das WpHG darüber hinaus in § 31 Abs. 2 eine spezielle Informationspflicht eigens für Wertpapierdienstleistungsunternehmen. So verlangt das Gesetz von diesen Unternehmen, ihren Kunden alle für die Anlageentscheidung zweckdienlichen Informationen mitzuteilen (§ 31 Abs. 2 Nr. 2 WpHG). Dabei haben die Wertpapierunternehmen die Kenntnisse und Erfahrungen ihrer Kunden in derartigen Anlagegeschäften sowie die Anlageziele und die finanziellen Verhältnisse der Kunden zu berücksichtigen (§ 31 Abs. 2 Nr. 1 WpHG). Die Information muß somit sowohl auf der Basis der Kenntnis der angebotenen Anlageprodukte als auch der Verhältnisse des Kunden erfolgen. Im angloamerikanischen Rechtskreis werden diese grundlegenden Beratungsprinzipien durch die Formeln „know your product" bzw. „know your coustomer" bezeichnet.[843] Das WpHG beschreibt die Informationstätigkeit des Wertpapierdienstleisters damit als einen Prozeß, der sowohl objektive, produktbezogene Elemente als auch subjektive, von den persönlichen Bedürfnissen und Verhältnissen des Kunden abhängige Elemente umfaßt.

Mit diesen Anforderungen an eine sachgerechte Anlageberatung wird - zumindest was Kreditinstitute angeht - kein juristisches Neuland beschritten. Vielmehr hat die Rechtsprechung bereits Ende der 80er Jahre damit begonnen, für das Schuldverhältnis zwischen Anleger und Bank ähnliche Pflichten zu formulieren. Spätestens seit der richtungsweisenden „Bond"-Entscheidung[844] des BGH aus dem Jahr 1993 sind Banken auf der Grundlage eines konkludent geschlossenen Beratungsvertrages in der Regel zu einer umfassenden Anlageberatung verpflichtet, die sich sowohl auf das empfohlene Anlageprodukt erstreckt als auch den Anlagezielen und der Professionalität des Kunden gerecht wird.

---

842 Schwintowski/Schäfer, Bankrecht, § 11 Rn. 71.
843 Arendts in Jahrbuch Junger Zivilrechtswissenschaftler (1995), S. 165 (171, 176).
844 BGH 123, 126 ff. (= WM 1993, 1455). Zur „Bond"-Rechtsprechung ausführlich oben 2. Kapitel § 3 II, III.

a. Abgrenzung der gesetzlichen Informationspflicht von der vertraglichen Beratungs-pflicht

Die Rechtsprechung unterscheidet zwischen schlichter Aufklärungspflicht einerseits und umfassender Beratungspflicht andererseits. Weil Aufklärung und Beratung jedoch unterschiedlich intensive Pflichten begründen, stellt sich auch mit Blick auf die gesetzliche Informationspflicht nach § 31 Abs. 2 Nr. 2 WpHG die Frage, ob die Norm lediglich ein Mindestmaß an Informationsanforderungen normiert und damit im wesentlichen auf eine grundlegende Erläuterung der wichtigsten anlagerelevanten Umstände und Risiken des beabsichtigten Wertpapiergeschäfts gerichtet ist, oder ob die Vorschrift darüber hinaus die Verpflichtung zu einer umfassenden, individuellen Beratung des Anlegers beinhaltet.

Über diese Frage besteht in der Literatur nach wie vor Streit.[845] Während eine Auffassung aus § 31 Abs. 2 Nr. 2 WpHG lediglich die Verpflichtung des Wertpapierunternehmen zu einer grundlegenden Mindestaufklärung ableitet,[846] interpretiert eine andere Ansicht die wertpapierhandelsrechtliche Informationspflicht als gesetzliche Verkörperung des vom BGH geprägten Grundsatzes anleger- und objektgerechter Beratung[847]. Diese Meinung leitet aus § 31 Abs. 2 Nr. 2 WpHG eine Pflicht zu umfassender, über die bloße produktbezogene Grundaufklärung hinausgehenden, vielmehr auf die persönlichen Bedürfnisse und finanziellen Erwartungen des Kunden zugeschnittenen Anlageempfehlung ab.

aa. Richtlinienkonforme Auslegung

Die wertpapierhandelsrechtliche Informationspflicht geht auf die Vorgaben des Art. 11 EG-WpDRiL zurück, der den Mitgliedstaaten grundlegende Verhaltenspflichten für Wertpapierfirmen vorschreibt. § 31 Abs. 2 Nr. 2 WpHG ist deshalb richtlinienkonform auszulegen.

Gemäß Art. 11 Abs. 1 Satz 4 5. Spiegelstrich WpDRiL müssen Wertpapierfirmen *„bei den Verhandlungen mit ihren Kunden alle zweckdienlichen Informationen in geeigneter Form mitteilen"*. Abs. 1 Satz 2 fordert darüber hinaus, daß die Informationspflicht in der Weise angewandt wird, *„...daß der Professionalität der Person Rechnung*

---

845   Zum Streitstand vgl. Koller in Assmann/Schneider (Hrsg.), WpHG, § 31 Rn. 96b m.w.N.

846   So vor allem Kümpel, WM 1995, S. 689; (691 f.); ders., Bank- und Kapitalmarktrecht, Rn. 8.247; Schwark in Hadding/Hopt/Schimansky (Hrsg.), 2. FMG, S. 109 (119 f.); Schwennicke, WM 1998, S. 1101 (1106); Horn, WM 1999, S. 1 (4 f.); Bliesener, Verhaltenspflichten beim Wertpapierhandel, § 13; im Ergebnis so auch Eisele in Bankrechts-Handbuch, § 109 Rn. 29 ff. Für Discountgeschäfte: Titz, WM 1998, S.2179 (2181); Balzer, DB 1997, S. 2311 (2312 f.)

847   Schwintowski/Schäfer, Bankrecht, § 11 Rn. 76 ff.; Schwintowski, VuR 1997, S. 83 (84 ff.); ders. EWiR 1996, 791 (792); Wieneke, Discount-Broking und Anlegerschutz, S. 120 ff.; Kiethe/ Hektor, DStR 1996, S. 547 (549); Metz, VuR 1996, S. 183 ff.; Hoever, Sparkasse 1995, S. 402. Auch Koller in Assmann/Schneider (Hrsg.), WpHG, § 31 Rn 96b fordert eine über die bloß abstrakt-pauschale Grundaufklärung hinausgehende Information, lehnt aber eine Pflicht zur individuellen Anlageempfehlung ab, vgl. Rn. 114.

getrarn wird, für die die Dienstleistung erbracht wird".[848] In der ausdrücklichen Bezugnahme der Richtlinie auf die Professionalität des Kunden wird teilweise ein Argument für die Forderung nach einer umfassenden, über eine produktbezogene Grundaufklärung hinausgehenden und statt dessen sowohl anlage- wie auch anlegergerechten Beratung gesehen.[849] Der Verweis auf die Kundenprofessionalität wird dabei als pflichtensteigerndes Kriterium i.S.e. auf die persönlichen Bedürfnisse des Anlegers zugeschnittenen optimalen Anlageempfehlung verstanden.

An einer solch extensiven Interpretation des Professionalitätskriteriums bestehen jedoch Zweifel. Richtig ist, daß die Professionalität als Maßstab dafür dient, was zur Wahrung der Interessen des Kunden i.S.v. § 31 Abs. 2 Satz 1 letzter Halbsatz WpHG „erforderlich" ist. Darunter ist jedoch nicht zwingend eine auf die persönlichen Verhältnisse des Anlegers optimal abgestimmte umfassende Anlageempfehlung zu verstehen. Vielmehr ist das Kriterium der Kundenprofessionalität in Zusammenhang mit Informationspflicht nach Art. 11 Abs. 1 Satz 4 5. Spiegelstrich WpDRiL zu sehen. Danach wird jedoch von den Wertpapierfirmen lediglich verlangt, zweckdienliche Informationen mitzuteilen. Die Forderung nach Mitteilung zweckdienlicher Informationen im Sinne einer Pflicht zu umfassender Abwägung aller anlagerelevanten Umstände einschließlich individueller Anlageempfehlung zu interpretieren, übersteigt jedoch nicht nur die Grenzen dessen, was der Wortlaut des Art. 11 WpDRiL zuläßt, sondern auch den Zweck der Richtlinie. Die Richtlinie will im Interesse der Niederlassungsfreiheit und des freien Dienstleistungsverkehrs im Wertpapierdienstleistungsbereich lediglich ein allgemeines Mindestniveau für den Anlegerschutz schaffen.[850] Auf diese Weise sollen die Voraussetzungen für einen gemeinsamen Binnenmarkt geschaffen und durch gleiche Pflichten Wettbewerbsverzerrungen im Wertpapierdienstleistungsbereich vermieden werden.[851] Die Richtlinie will dagegen nicht den Anlegerschutz möglichst umfassend oder gar abschließend regeln, vielmehr ist das angestrebte Mindestmaß an Anlegerschutz stets in Zusammenhang mit dem übergeordneten Ziel der Marktintegration zu sehen.[852] Die Bezugnahme auf die Kundenprofessionalität vor dem Hintergrund dieses Regelungsziels als weit gefaßte Verpflichtung zu umfassender Abwägung der anlagerelevanten Umstände und zu einer kundengerechten Empfehlung zu verstehen, erscheint zweifelhaft.[853]

Näherliegend scheint statt dessen, das Merkmal der Kundenprofessionalität in Art. 11 Abs. 1 Satz 2 WpDRiL als pflichtenbegrenzendes Kriterium zu verstehen, das insbe-

---

848 ABl. EG Nr. L 141/27 (S. 37) vom 11.6.1993.

849 So etwa Metz, VuR 1996, S. 183 (184 ff.); Wieneke, Discount-Broking und Anlegerschutz, S. 173 f.

850 Vgl. 1. Erwägungsgrund der WpDRiL, ABl. EG Nr. L 141/27 (S. 27).

851 So auch Wieneke, Discount-Broking und Anlegerschutz, S. 73.

852 Zum Verhältnis zwischen EG-Verbraucherschutzrecht und der Verwirklichung der Marktintegration allgemein vgl. Reich, Europäisches Verbraucherrecht, Rn. 13 und 142 ff.

853 Anders Metz, VuR 1996, S. 183 (184 ff.), der aus Art. 11 WpDRiL eine umfassende Beratungspflicht ableitet. Ähnlich Wieneke, Discount-Broking und Anlegerschutz, S. 117 f., der zwar den pflichtenbegrenzenden Charakter des Professionalitätskriteriums bejaht, § 31 Abs. 2 Nr. 2 WpHG aber gleichwohl als Verpflichtung zu umfassender anleger- und anlagerechter Beratung verstehen will (S. 120 ff.).

sondere in den Fällen, in denen der Kunde aufgrund eigener Kenntnisse und Erfahrungen weiterer Informationen nicht bedarf, eine Einschränkung oder Abstufung der Aufklärungsanforderungen ermöglicht. Eine solche Auslegung harmoniert auch mit dem Wortlaut der Richtlinie. Zwar verlangt diese grundsätzlich die Mitteilung aller für das Wertpapiergeschäft zweckdienlichen Informationen (Art. 11 Abs. 1 Satz 4 5. Spiegelstrich), jedoch besteht andererseits gerade aufgrund dieser sehr weit gefaßten pauschalen Informationspflicht im Einzelfall ein legitimes Bedürfnis, jedenfalls dann, wenn der Anleger aufgrund eigener Kenntnisse und Fähigkeiten keiner Information mehr bedarf, die Anforderungen an die Informationstätigkeit der Wertpapierunternehmen einzuschränken. Eine solche Beschränkung der Informationspflicht auf die Fälle tatsächlich bestehenden Aufklärungsbedarfs, wie sie durch das Kriterium der Kundenprofessionalität erfolgt, ist im Interesse sachgemäßer Beratung geboten, denn es dient nicht dem Informationsinteresse des Anlegers, wenn er durch ein Zuviel an Beratung „erschlagen" wird.[854]

Eine solche Auslegung des Professionalitätskriteriums i.S.e. Pflichtenbegrenzung wird auch durch die Entstehungsgeschichte der Richtlinie bekräftigt, wird doch in dem Gemeinsamen Standpunkt des Rates zur WpDRiL vom 14.1.1993 in bezug auf die Informationspflicht einschränkend bemerkt, daß Geschäfte mit professionellen Anlegern „nicht unangemessenen" Vorschriften unterworfen werden dürfen.[855]

Dieser Deutung steht auch die in Art. 11 Abs. 1 Satz 4 4. Spiegelstrich normierte Pflicht der Wertpapierfirmen, *„von ihren Kunden Angaben über ihre finanzielle Lage, ihre Erfahrungen mit Wertpapiergeschäften und ihre mit den gewünschten Dienstleistungen verfolgten Ziele zu verlangen"*, nicht entgegen. Allein die Bezugnahme der Richtlinie auf die persönlichen Verhältnisse des Kunden vermag eine Interpretation der Informationspflicht i.S.e. umfassenden, auf die persönlichen Bedürfnisse des Kunden zugeschnittenen individuellen Beratungspflicht nicht zu begründen, denn der Umstand, daß der Richtliniengeber die Pflicht zur Ermittlung der Kundenverhältnisse (4. Spiegelstrich) von der eigentlichen Informationspflicht (5. Spiegelstrich) getrennt hat, legt vielmehr nahe, daß beide Pflichten nicht unmittelbar aufeinander bezogen sind. Vor dem Hintergrund der Trennung beider Pflichten erscheint es nicht überzeugend, die Pflicht zur Klärung der Kundenverhältnisse unter Spiegelstrich 4 als vorbereitende Maßnahme für die unter Spiegelstrich 5 normierte Informationsmitteilungspflicht zu verstehen. Sofern der Richtliniengeber mit der unter Spiegelstrich 5 geregelten Informationspflicht eine umfas-

---

854 Vgl. Koller in Assmann/Schneider (Hrsg.), WpHG, § 31 Rn. 96a, der ebenfalls ein Zuviel an Information ablehnt, andererseits aber das Professionalitätskriterium des Art. 11 Abs. 1 Satz 2 WpDRiL nicht als pflichteneinschränkendes Kriterium, sondern vielmehr als pflichtensteigerndes Kriterium verstehen will. Das ist um so weniger verständlich, als Art. 11 Abs. 1 Satz 4 Spiegelstrich 5 bereits von einer relativ weit gefaßten, „alle zweckdienlichen Informationen" umfassenden Aufklärungspflicht ausgeht. Wie hier auch Wieneke, Anlegerschutz und Discount-Broking, S. 117 f., im Ergebnis ebenso Bliesener, Verhaltenspflichten beim Wertpapierhandel, § 13 I 3.

855 SEK [93] 75 endg.-SYN 176, S. 5. A.A. auch hier wiederum Koller in Assmann/Schneider (Hrsg.), WpHG, § 31 Rn. 96a, der die Entstehungsgeschichte der WpDRiL als Argument für den pflichtensteigernden Charakter des Professionalitätskriteriums in Art. 11 Abs. 1 Satz 2 WpDRiL heranziehen will.

sende kundengerechte Anlageempfehlung gemeint hätte, wäre zu erwarten gewesen, daß er beide Pflichten in unmittelbarem Bezug zueinander geregelt hätte. Daß Art. 11 jedoch zwischen der Befragung des Kunden einerseits und der Mitteilung von Informationen andererseits differenziert, spricht eher dafür, daß der Richtliniengeber die unter Spiegelstrich 5 normierte Informationspflicht gerade nicht im Sinne einer die persönlichen Verhältnisse des Anleger berücksichtigenden Abwägung der Vorteile und Risiken des geplanten Anlagegeschäft verstanden wissen möchte, sondern vielmehr als produktbezogene Aufklärung, die den Kunden lediglich über die grundlegenden anlagerelevanten Tatsachen, insbesondere die in Zusammenhang mit dem beabsichtigten Wertpapiergeschäft zu berücksichtigenden tatsächlichen Umstände und Risiken informiert, aber keine umfassende, individuell auf den Anleger zugeschnittene Empfehlung verlangt.

Insofern ist die in Art. 11 Abs. 1 Satz 4 4. Spiegelstrich WpDRiL angesprochene Ermittlung der Kundenverhältnisse nur im Hinblick auf eine über die produktbezogene Mindestaufklärung hinausgehende vertragliche Beratung von Bedeutung. In bezug auf Bestand oder Inhalt einer solchen weitergehenden vertraglichen Beratungspflicht formuliert die Wertpapierdienstleistungsrichtlinie jedoch keinerlei Vorgaben, sondern ob und inwieweit eine solche umfassende Beratungspflicht auf der Grundlage eines Vertrages oder vorvertraglichen Schuldverhältnisses entsteht, liegt allein im Ermessen der nationalen Rechtsordnungen.

Die EG-Wertpapierdienstleistungsrichtlinie enthält somit keinerlei Hinweise dafür, daß die wertpapierhandelsrechtliche Informationspflicht in § 31 Abs. 2 Nr. 2 WpHG im Sinne einer umfassenden, auf die persönlichen Verhältnisse des Anlegers zugeschnittenen individuellen Kundenberatung zu interpretieren ist. Im Gegenteil, die in Art. 11 Abs. 1 Satz 2 WpDRiL vorgesehene Möglichkeit der Pflichtenabstufung entsprechend der Kundenprofessionalität sowie die Trennung der Pflicht zur Ermittlung der Kundenverhältnisse (Art. 11 Abs. 1 Satz 4 Spiegelstrich 4) und der Informationsmitteilungspflicht (Art. 11 Abs. 1 Satz 4 Spiegelstrich 5) legen eher eine Interpretation der wertpapierhandelsrechtlichen Informationspflicht i.S.e. produktbezogenen Grundaufklärung nahe.

bb. Der Wortlaut des Gesetzes

Für eine Interpretation der gesetzlichen Informationspflicht im Sinne einer schlichten Mindestaufklärung sprechen auch Wortlaut und Systematik des Gesetzes. Gemäß § 31 Abs. 2 Nr. 2 WpHG muß ein Wertpapierdienstleistungsunternehmen dem Kunden die zweckdienlichen Informationen lediglich mitteilen. Das WpHG verwendet hier die gleiche Formulierung wie die EG-Wertpapierdienstleistungsrichtlinie in Art. 11 Abs. 1 Satz 4 5. Spiegelstrich. Darüber hinaus besteht die Mitteilungspflicht auch nur insoweit, als dies zur Wahrung der Kundeninteressen und im Hinblick auf Art und Umfang der beabsichtigten Geschäfte erforderlich ist, § 31 Abs. 2 Satz 1 WpHG letzter Halbsatz. Eine allgemeine Pflicht der Wertpapierunternehmen, die anlagerelevanten Umstände umfassend abzuwägen und vor dem Hintergrund der individuellen Kundenbedürfnisse eine optimale Anlageempfehlung auszusprechen, ist mit der Formulierung des Gesetzes nur schwer zu vereinbaren.

Gegen eine solche Pflicht spricht auch ein Vergleich mit der Formulierung des Gesetzgebers im § 32 Abs. 1 Nr. 1 und 2 WpHG. Dort verwendete der Gesetzgeber ausdrücklich den Begriff *„Empfehlung"*, wie er für eine umfassende individuelle Anlageberatung i.S.d. „Bond"-Rechtsprechung des BGH typisch ist. § 31 Abs. 2 Nr. 2 WpHG spricht hingegen lediglich von der Pflicht zur Mitteilung zweckdienlicher Informationen. Die Empfehlung unterscheidet sich jedoch zumindest bei vertraglichen Informationspflichten nach herrschender Rechtsprechung des BGH inhaltlich deutlich von der bloßen Informationsmitteilung im Sinne unkommentierter Tatsachenangaben, denn mit der Empfehlung teilt die Bank dem Kunden sozusagen mit, wie sie handeln würde, wenn sie sich in der Situation des Kunden befände.[856]

Die unterschiedliche Terminologie bei der Formulierung der wertpapierhandelsrechtlichen Verhaltenspflichten zeigt, daß sich der Gesetzgeber durchaus des Unterschieds zwischen schlichter Aufklärung des Kunden und der wesentlich weiterreichenden Beratung im klaren war und aus diesem Grund in § 31 Abs. 2 Nr. 2 WpHG bewußt nur von der Pflicht zur Mitteilung zweckdienlicher Informationen spricht, um auf diese Weise die gesetzliche Informationspflicht auf bloße Aufklärung im Sinne eines Hinweises auf anlagerelevante Tatsachen zu beschränken.[857]

Diese Interpretation der gesetzlichen Informationspflicht steht entgegen einiger Stimmen in der Literatur auch nicht im Widerspruch zu § 31 Abs. 2 Nr. 1 WpHG.[858] Die Vorschrift verpflichtet Wertpapierdienstleistungsunternehmen, von ihren Kunden Angaben über ihre Erfahrungen und Kenntnisse in Geschäften, die Gegenstand von Wertpapierdienstleistungen sein sollen, sowie über ihre Anlageziele und finanziellen Verhältnisse einzuholen. Damit entspricht die Bestimmung den Vorgaben der Wertpapierdienstleistungsrichtlinie in Art. 11 Abs. 1 Satz 4 Spiegelstrich 4. Insofern stellt sich auch hier, ähnlich wie zuvor für die Wertpapierdienstleistungsrichtlinie erörtert, das Problem des Verhältnisses von Informationspflicht und der Pflicht zur Ermittlung der Kundenverhältnisse. Dabei gilt für die wertpapierhandelsrechtlichen Pflichten gem. § 31 Abs. 2 Nr. 1 und 2 nichts anderes als das oben in bezug auf das Verhältnis der in den Spiegelstrichen 4 und 5 des Art. 11 Abs. 1 Satz 4 WpDRiL geregelten Pflichten der Wertpapierunternehmen Gesagte. So soll das Wertpapierdienstleistungsunternehmen durch die Angaben des Kunden zwar in die Lage versetzt werden, eine auf die persönlichen Verhältnisse des Kunden zugeschnittene Anlage empfehlen zu können.[859] Zu einer solchen anlegergerechten Empfehlung ist das Wertpapierunternehmen jedoch nicht schon aufgrund der gesetzlichen Informationspflicht nach § 31 Abs. 2 Nr. 2 WpHG verpflichtet, vielmehr

---

856 Zum Begriff der „Empfehlung" vgl. Koller in Assmann/Schneider (Hrsg.), WpHG, § 32 Rn. 3
857 In diesem Sinne auch Kümpel, WpHG, S. 169 f.
858 A.A. Schwintowski/Schäfer, Bankrecht, § 11 Rn. 73 und 76 ff, die § 31 Abs. 2 Nr. 2 WpHG vor dem Hintergrund von § 31 Abs. 2 Nr. 1 WpHG im Sinne einer umfassenden anlegerbezogenen Beratungspflicht verstehen.
859 Beschlußempfehlung und Bericht des Finanzausschusses, BT-Drucks. 12/7918, S. 103.

bedarf es dazu des (konkludenten) Abschlusses eines Beratungsvertrages, der das Unternehmen zu einer umfassenden, auf die persönlichen Verhältnisse des Anlegers zugeschnittenen Beratung verpflichtet.

Die gesetzliche Pflicht der Bank nach § 31 Abs. 2 Nr. 1 WpHG, sich ausreichend über die Kundenverhältnisse zu unterrichten, bildet damit im erster Linie eine präventive Maßnahme, die gewährleisten soll, daß das Wertpapierdienstleistungsunternehmen seine Kunden jederzeit angemessen und kompetent beraten kann. Voraussetzung dafür ist, daß sich das Wertpapierunternehmen im vorhinein über die persönlichen Verhältnisse, insbesondere über die Beratungsbedürftigkeit des Kunden informiert hat, denn nur so kann das Wertpapierdienstleistungsunternehmen überhaupt erkennen, ob und in welchem Umfang es aufgrund eines konkludenten Beratungsvertrages oder eines vorvertraglichen Vertrauensverhältnisses zu einer über die bloße Produktaufklärung hinausgehenden, individuellen Beratung des Kunden verpflichtet ist. Zur Begründung einer solchen Verpflichtung kann § 31 Abs. 2 Nr. 1 WpHG dagegen nicht herangezogen werden. Die Vorschrift soll vielmehr lediglich die Voraussetzungen dafür schaffen, daß ein Wertpapierdienstleistungsunternehmen seine vertraglichen Beratungspflichten im Einzelfall stets sachgerecht zu erfüllen vermag.[860]

cc. Die Gesetzesmaterialien

Schließlich sprechen auch die Gesetzesmaterialien für eine restriktive Interpretation der Pflicht aus § 31 Abs. 2 Nr. 2 WpHG. Die Gesetzesmaterialien differenzieren klar zwischen Anlageberatung und Aufklärung.[861] Dementsprechend wird in den Gesetzesmaterialien ausdrücklich klargestellt, daß Wertpapierdienstleistungsunternehmen, die als sog. Discount-Broker[862] tätig sind, gesetzlich nicht verpflichtet sein sollen, Beratungsleistungen zu erbringen, weil sie - wie für das Direktbankgeschäft typisch - die Kundenorders zu besonders günstigen Konditionen ausführen.[863] Gleichwohl obliegt jedoch nach den Gesetzesmaterialien auch diesen Wertpapierfirmen aufgrund der gesetzlichen Bestimmungen des WpHG ein Mindestmaß an allgemeinen Schutz- und Informationspflichten.[864] Eine Interpretation der gesetzlichen Informationspflicht im Sinne einer individualisierten Beratungspflicht erscheint vor dem Hintergrund dieser Differenzierung des Gesetzgebers wenig überzeugend.

---

860 So auch Kümpel, WpHG, S. 176 f.
861 Beschlußempfehlung und Bericht des Finanzausschusses, BT-Drucks. 12/7918, S. 103 f.
862 Zum Discount-Geschäft der Kreditinstitute ausführlich im 4. Kapitel.
863 Beschlußempfehlung und Bericht des Finanzausschusses, BT-Drucks. S. 104; vgl. auch Koller in Assmann/Schneider (Hrsg.), WpHG, § 31 Rn. 96a.
864 So im Ergebnis auch Koller in Assmann/Schneider (Hrsg.), WpHG, § 31 Rn. 96; Kümpel, Bank- und Kapitalmarktrecht, Rn. 8.276; ders., WM 1995, S.689 (694); Balzer, ZBB 1997, S. 260 (266).

dd. Die Auffassung des Bundesaufsichtsamtes für Wertpapierhandel

Vor dem Hintergrund der dargestellten Argumente interpretiert auch das Bundesaufsichtsamt für den Wertpapierhandel als zuständige Aufsichtsbehörde die gesetzliche Informationspflicht i.S. einer schlichten Aufklärungspflicht, die lediglich ein allgemeines Mindestmaß an Information über die beabsichtigte Geschäftsart leisten will. So muß sich die Information nach Ansicht des Aufsichtsamtes im wesentlichen nur auf die typischen Eigenschaften und charakteristischen Risiken der einzelnen Anlageformen sowie auf die grundlegende Abwicklungsmodalitäten des Geschäfts, wie z.B. Limitierungsmöglichkeiten oder Mindestordergrößen, erstrecken.[865] Eine umfassende Beratung, einschließlich einer individuellen Beurteilung der in Betracht kommenden Anlageformen oder eine persönliche Anlageempfehlung werden dagegen nicht gefordert. Im Gegenteil, das Bundesaufsichtsamt verlangt nicht einmal eine Aufklärung über die Eigenschaften und Risiken der konkret geplanten Transaktion, sondern läßt eine abstrakt-pauschale Information über die typischen Merkmale und Risiken der einzelnen Geschäftsarten mittels vorformulierter Informationsbroschüren ausreichen.[866]

ee. Konsequenz: zweistufiges Informationsmodell

Folgt man dem Bundesaufsichtsamt in der Auslegung der gesetzlichen Informationspflicht i.S. einer abstrakten Grundaufklärung, so ergibt sich daraus für die Informationstätigkeit der Kreditinstitute ein zweistufiges Modell: Während § 31 Abs. 2 Nr. 2 WpHG lediglich grundlegende Mindeststandards normiert, die insbesondere auf die Schaffung eines Mindestmaßes an Markttransparenz gerichtet sind, ist die (vor-)vertragliche Beratungspflicht im Gegensatz dazu deutlich umfassender und an den Umständen des konkreten Einzelfalls, insbesondere den Bedürfnissen und individuellen Erwartungen des Kunden orientiert.

Der Grund für diese Differenzierung beruht nicht zuletzt auf unterschiedlichen Akzenten in der Schutzrichtung der Informationspflichten, denn während die vertragliche Beratungspflicht in erster Linie auf den persönlichen Schutz des jeweiligen Kunden in der spezifischen Anlagesituation gerichtet ist - was nicht zuletzt in der auf die Schutzbedürftigkeit und das Vertrauen des Anlegers gerichteten Argumentation der Rechtsprechung zum Ausdruck kommt[867] - dienen die wertpapierhandelsrechtlichen Verhaltenspflichten dagegen vor allem dem Funktionsinteresse der Wertpapiermärkte.[868] Zwar stehen Individual- und Funktionsschutz in enger Verbindung und das eine ist nicht ohne das andere denkbar, das schließt jedoch nicht aus, daß unterschiedliche Akzente in

---

865   Vgl. Ziff. 3.2 und 3.2.1 - 3.2.3 der Richtlinie, Bundesanzeiger vom 3.6.1997, Nr.98, S. 6587.
866   Ziff. 3.2 der Richtlinie, Bundesanzeiger vom 3.6.1997, Nr.98, S. 6587. Zustimmend Bliesener, Verhaltenspflichten beim Wertpapierhandel, § 13 I 3.
867   Ausführlich dazu oben 2. Kapitel § 2 III und § 3 I sowie § 4 I.
868   Dazu ausführlich oben 3. Kapitel § 2 II.

der einen oder anderen Richtung Inhalt und Umfang der jeweiligen Verhaltenspflichten im Detail differieren lassen.

Insofern ergibt sich eine Parallele zu den Informationspflichten der Kreditinstitute bei Börsentermingeschäften: Gemäß § 53 Abs. 2 BörsG sind Privatanleger nur dann börsentermingeschäftsfähig, sofern sie vor Abschluß solcher Geschäfte schriftlich über die maßgeblichen Risiken unterrichtet wurden.[869] Durch diese Regelung wollte der Gesetzgeber vor allem die Funktionsfähigkeit der Terminmärkte stärken, indem er einerseits privaten Anlegern den Zugang zu den Terminmärkten öffnete und dadurch ein breites Kapitalangebot und ausreichend Liquidität für dieses Marktsegment sicherstellte, gleichzeitig aber auch das Vertrauen und die Anlagebereitschaft des Anlagepublikums dadurch förderte, daß durch eine grundlegende Aufklärung des Anlegers über die besonderen Merkmale und Risiken des Terminmarktes ein Mindestmaß an Anlegerschutz gewährleistet wurde.[870]

§ 53 Abs. 2 BörsG normiert insoweit nur ein Mindestmaß an Informationspflichten, das eine Warnfunktion entfalten und den Anleger zum Nachdenken über die Gefahren von Termingeschäfte anregen soll. Unabhängig von dieser gesetzlich vorgeschriebenen Mindestaufklärung kann die Bank darüber hinaus jedoch je nach persönlicher Beratungsbedürftigkeit des Anlegers auf vertraglicher bzw. vorvertraglicher Grundlage zu einer sehr viel weiterreichenden Beratung verpflichtet sein. Diese Beratung muß sich neben den allgemeinen Risiken von Termingeschäften auch auf die speziellen Umstände des konkret beabsichtigten Geschäfts und die persönlichen Verhältnisse des Kunden beziehen. Insofern ergibt sich hier eine Parallele zum wertpapierhandelsrechtlichen Informationsmodell, das im Interesse der Marktfunktionsfähigkeit gleichfalls ein Mindestmaß an Informationsanforderungen festlegt, im Einzelfall aber je nach individueller Schutzbedürftigkeit des Kunden durch weiterführende vertragliche Beratungspflichten ergänzt wird.[871]

b. Inhalt und Umfang der gesetzlichen Informationspflicht

Was Inhalt und Umfang der wertpapierhandelsrechtlichen Aufklärungspflicht im einzelnen anbetrifft, ist das Gesetz wenig konkret, insbesondere mit Blick auf die dem Kunden mitzuteilenden Angaben spricht § 31 Abs. 2 Nr. 2 WpHG lapidar von „zweckdienlichen Informationen", ohne jedoch konkrete Anforderungen beispielsweise in bezug auf bestimmte Produktangaben oder Risikohinweise zu formulieren.

Der Gesetzgeber hat deshalb in § 35 Abs. 6 WpHG eine Ermächtigung des Bundesaufsichtsamtes für Wertpapierhandel vorgesehen, die es dem Amt erlaubt, die unbestimmt und generalklauselhaft gefaßten Verhaltensregeln inhaltlich näher zu bestimmen. Das Bundesaufsichtsamt erhält dadurch insbesondere die Möglichkeit, die im Gesetz nur

---

869   Zu den Informationspflichten bei Börsentermingeschäften vgl. oben 2. Kapitel § 4 II.

870   Vgl. Schwintowski/Schäfer, Bankrecht, § 13 Rn. 61; Schwintowski, Bankrecht - Prüfe Dein Wissen, S. 562 f.

871   So auch Kümpel, Bank- und Kapitalmarktrecht, Rn. 8.275; ders., WM 1995, S. 689 (690 ff.).

grob umschriebene Aufklärungspflicht nach § 31 Abs. 2 Nr. 2 WpHG zu einem subsumtionsfähigen und im Rahmen der aufsichtsbehördlichen Praxis handhabbaren Tatbestand zu konkretisieren.

Von dieser Richtlinienkompetenz hat das Bundesaufsichtsamt im Juni 1997 Gebrauch gemacht und eine Richtlinie veröffentlicht.[872] Bei dieser Richtlinie handelt es sich nicht um eine Rechtsnorm im materiellen Sinne, insbesondere nicht um eine Rechtsverordnung oder einen Verwaltungsakt.[873] Die Gerichte werden durch die Richtlinie deshalb nicht gebunden. Nach dem klaren Wortlaut des § 35 Abs. 6 Satz 1 WpHG handelt es sich vielmehr um Verwaltungsvorschriften, mit denen das Bundesaufsichtsamt seinen Beurteilungsspielraum zum Zwecke gleichförmiger Verwaltungspraxis konkretisiert.[874] Die Richtlinie gibt deshalb den zu prüfenden Wertpapierdienstleistungsunternehmen Auskunft darüber, wie das Bundesaufsichtsamt für den Wertpapierhandel seinen Beurteilungsspielraum in bezug auf die Frage der Einhaltung der Verhaltensregeln und Organisationspflichten ausüben wird. Bei einem Verstoß gegen die Richtlinien besteht die Vermutung, daß die betreffende gesetzliche Verhaltensregel verletzt wurde und damit ein Mißstand i.S.v. § 4 Abs. 1 Satz 2 WpHG vorliegt, gegen den das Bundesaufsichtsamt aufsichtsbehördlich einzuschreiten hat, § 4 Abs. 1 Satz 3 WpHG.[875]

Der Schwerpunkt der Richtlinie liegt sicher im Bereich des öffentlichen Rechts, denn die Richtlinie konkretisiert die Aufsichtstätigkeit des Bundesaufsichtsamtes. Ob und inwieweit die Richtlinie darüber hinaus auch das zivilrechtliche Pflichtenprogramm des Wertpapierunternehmens gegenüber dem Kunden beeinflußt, ist noch nicht abschließend geklärt. Eine Literaturmeinung bejaht eine solche inhaltliche Einwirkung der Richtlinie auf das Schuldverhältnis zwischen Kunde und Wertpapierdienstleistungsunternehmen.[876]

Zwar spricht der Umstand, daß sich die §§ 31, 32 WpHG nach h.M. nicht auf das Aufsichtsrecht beschränken, sondern in Gestalt eines objektivierten Mindeststandards auch die schuldrechtlichen Verhaltenspflichten der Wertpapierunternehmen konkretisieren und damit im Falle einer Pflichtverletzung neben aufsichtsrechtlichen Sanktionen auch privatrechtliche Schadensersatzansprüche auslösen, für eine ebensolche zivilrechtliche Wirkung der Richtlinie. Zwingend ist diese Wertungsparallelität indes nicht, bestehen doch gegen eine verbindliche Konkretisierung des privatrechtlichen Schuldverhältnisses durch eine staatliche Aufsichtsbehörde grundsätzliche rechtsstaatliche Bedenken, vor allem wenn man berücksichtigt, daß die Richtlinie, wie aus § 35 Abs. 6 WpHG ausdrücklich hervorgeht, allein der Kontrolle der gesetzlichen Wohlverhaltensregeln durch das Bundesaufsichtsamt dient. Das Bundesaufsichtsamt wird deshalb bei der Abfassung der Richtlinie vor allem aufsichtsrechtliche und verwaltungstechnische

---

872 Bundesanzeiger Nr. 98 vom 3.6.1997, S. 6586 ff. - abgedruckt auch in Assmann/Schneider (Hrsg.), WpHG, § 35 Rn. 7.

873 Kümpel, Bank- und Kapitalmarktrecht, Rn. 8.239.

874 Koller in Assmann/Schneider (Hrsg.), WpHG, § 35 Rn. 6.

875 Beschlußempf. und Bericht des Finanzausschusses, BT-Drucks. 12/7918, S. 106; zustimmend Kümpel, WpHG, S. 187; Balzer, ZBB 1997, S. 260 (268); a.A. dagegen Koller in Assmann/ Schneider (Hrsg.), WpHG, § 35 Rn. 6, der eine solche Verletzungsvermutung ablehnt.

876 Vgl. Köndgen, ZBB 1996, S. 361 f.

Aspekte in den Vordergrund stellen. Insofern bestehen berechtigte Zweifel gegen eine pauschale, undifferenzierte Übertragung der Richtlinienbestimmungen auf die privatrechtliche Beziehung zwischen Kunde und Wertpapierunternehmen. Statt dessen ist jeweils im Einzelfall differenziert zu prüfen, ob und inwieweit die Richtlinie ggf. Anhaltspunkte oder Indizien für eine entsprechende privatrechtliche Parallelwertung bieten kann.[877] Eine solche „Vorbildwirkung" der Richtlinie kann z.B. in bezug auf die in Ziff. 3.2 der Richtlinie präzise umschriebenen Produktangaben ohne weiteres bejaht werden, ebenso für die Konkretisierung der vom Kunden zu erfragenden persönlichen Angaben (Ziff. 3.1).[878] Demgegenüber ist für Richtlinienbestimmungen, die unmittelbar mit der Aufsichtstätigkeit des Bundesaufsichtsamtes in Zusammenhang stehen, wie z.B. Ziff. 2.3, 3.7, 3.8 und 4.6 eine privatrechtliche Ausstrahlung zu verneinen.

aa. Mitteilung zweckdienlicher Informationen, § 31 Abs. 2 Nr. 2 WpHG

Nach § 31 Abs. 2 Nr. 2 WpHG hat ein Wertpapierdienstleistungsunternehmen *„seinen Kunden alle zweckdienlichen Informationen mitzuteilen"*. Bei der Umsetzung dieser Pflicht muß das Wertpapierunternehmen u.a. Art und Umfang der beabsichtigten Geschäfte Rechnung tragen, § 31 Abs. 2 Satz 1 a.E. WpHG. Die Richtlinie des Bundesaufsichtsamtes bestimmt deshalb in Anlehnung an verschiedene Wertpapierformen (z.B. Aktien, Schuldverschreibungen, Derivate oder Optionsscheine), nach welchen Kriterien das Informationsniveau abzustufen ist und welche Produktinformationen in bezug auf die einzelnen Anlageformen mitzuteilen sind.[879]

(1) Produktinformation

Durch die Informationen über die einzelnen Wertpapierprodukte soll der Kunde in die Lage versetzt werden, die finanziellen Konsequenzen, die mit dem Kauf einer bestimmten Wertpapierform verbunden sind, einzuschätzen. Die Aufklärung muß sich deshalb insbesondere auf die spezifischen Merkmale und Eigenschaften der angebotenen Finanzprodukte beziehen.[880] Eine in diesem Sinne produktgerechte Information umfaßt nach Auffassung des Gesetzgebers alle für die Entscheidung des Anlegers wesentlichen Produktcharakteristika, zu denen neben den allgemeinen auch die mit der Anlageform speziell verbundenen Risiken zu rechnen sind.[881] Die Aufklärung muß insbesondere sachlich richtig, inhaltlich vollständig und für den Anleger verständlich erfolgen,[882] so daß Bedeutung und Tragweite der Informationen für den Anleger leicht zu erfassen sind. Dabei sind

---

877 So auch *Köndgen*, ZBB 1996, S. 361 f., der die Richtlinie als *„Erkenntnisquelle für einen unabdingbaren Mindeststandard privatrechtlicher Verhaltenspflichten"* heranziehen will.
878 Bundesanzeiger vom 3.6.1997, Nr. 98, S. 6587.
879 Ziff. 3.2.1 - 3.2.4, Bundesanzeiger vom 3.6.1997, Nr.98, S. 6587.
880 *Eisele* in Bankrechts-Handbuch, § 109 Rn. 29.
881 Vgl. Beschlußempf. und Bericht des Finanzausschusses, BT-Drucks. 12/7918, S. 104.
882 Beschlußempf. und Bericht des Finanzausschusses, BT-Drucks., a.a.O. Dazu vgl. *Koller* in Assmann/Schneider (Hrsg.), WpHG, § 31 Rn. 99 ff.

die Erklärungsanforderungen an das Wertpapierdienstleistungsunternehmen um so intensiver, je komplizierter die Anlageform ist und je größer das Risiko für den Anleger ist. Bei einfachen, weitgehend risikolosen Anlageformen, wie z.B. Sparanlagen, Festgeldern, Bundesschatzbriefen oder Schuldverschreibung öffentlich-rechtlicher Körperschaften, sind die Informationsanforderungen deshalb deutlich geringer als beispielsweise bei Options- oder Derivatgeschäften, die nicht nur ungleich höhere Risiken für den Anleger bergen, sondern die darüber hinaus im Gegensatz zu den traditionellen Sparformen dem Normalanleger in ihrer Funktionsweise und ihren wirtschaftlichen Zusammenhängen i.d.R. nur wenig bekannt sind. Insoweit stimmt die gesetzliche Informationspflicht mit den vom BGH für die vertragliche Beratungspflicht entwickelten Grundsätzen objektgerechter Aufklärung überein.

(2) Abstufung des Pflichtenumfangs

§ 31 Abs. 2 Satz 1 letzter Halbsatz WpHG begrenzt die Verpflichtung zur Mitteilung zweckdienlicher Informationen nicht nur im Hinblick auf Art und Umfang des beabsichtigten Geschäfts, sondern darüber hinaus auch durch die Anforderungen, die das Kundeninteresse an eine sachgerechte Aufklärung stellt. Das Informationsbedürfnis des Kunden ist damit nicht nur für eine anlegergerechte Beratung auf vertraglicher Grundlage von Bedeutung, sondern auch für Inhalt und Umfang der gesetzlichen Aufklärungspflicht.[883]

Die Maßgeblichkeit des Kundeninteresses schließt nicht aus, daß die Informationstätigkeit zum Teil standardisiert wird.[884] Gerade im Hinblick auf die unterschiedlichen Informationsbedürfnisse der jeweiligen Anlegerkreise bietet es sich an, die wichtigsten Informationen über die von den Anlegern bevorzugten Produkte zusammenzufassen. Auf diese Weise lassen sich z.B. aktienorientierte Anleger zuverlässig und effizient über die wesentlichen Merkmale und typischen Risiken der Aktienanlage aufklären. Insbesondere die Banken sind inzwischen dazu übergegangen, ihre Anlageprodukte entsprechend deren Eigenschaften und Charakteristika in Kategorien einzuteilen, die der Erklärungsbedürftigkeit der jeweiligen Anlageform und damit dem Grad der „Erforderlichkeit" i.S.v. § 31 Abs. 2 Satz 1 letzter Halbsatz entsprechen. Kunden mit entsprechender Anlagepräferenz und Risikobereitschaft können dann in standardisierter Form grundlegende Informationen zu diesen Anlageformen gegeben werden. Der *Zentrale Kreditausschuß* des deutschen Bankgewerbes hat zu diesem Zweck verschiedene Informationsbroschüren[885] entwickelt, die dem Anleger wichtige Informationen über die einzelnen Wertpapierformen (z.B. Aktien, Schuldverschreibungen, Fondsanteile, Optionen oder

---

883 Zur Einschränkung der gesetzlichen Informationspflicht wegen fehlender Schutzbedürftigkeit vgl. Koller in Assmann/Schneider (Hrsg.), WpHG, § 31 Rn. 97 und 120 ff.

884 Eisele in Bankrechts-Handbuch, § 109 Rn. 28.

885 Es sind bisher 3 Informationsbroschüren erschienen: (1) Basisinformationen über die Vermögensanlage in Wertpapieren, (2) Basisinformationen über die Vermögensanlage in Investmentfonds und (3) Basisinformationen über Börsentermingeschäfte.

Derivate), insbesondere was die wirtschaftlichen Grundlagen und Zusammenhänge sowie die mit diesen Geschäftsarten typischerweise verbundenen Chancen und Risiken anbetrifft, geben.

(3) Notwendigkeit objektgerechter Aufklärung im Einzelfall

Ohne Zweifel bietet standardisiertes, vorformuliertes Informationsmaterial eine wertvolle Möglichkeit, Kunden über die charakteristischen Merkmale und Eigenschaften von Anlageformen zu informieren, fraglich ist indes, ob eine solche abstrakt-generelle Information für die von § 31 Abs. 2 Nr. 2 WpHG geforderte Mindestinformation ausreicht oder ob darüber hinaus auch eine Aufklärung über die besonderen Umstände des konkret geplanten Effektengeschäfts im Sinne der vom BGH im Rahmen der „Bond"-Rechtsprechung[886] entwickelten Grundsätze objektgerechter Information erforderlich ist.[887]

Dabei sind im Rahmen richtlinienkonformer Auslegung insbesondere die Anforderungen der EG-Wertpapierdienstleistungsrichtlinie zu berücksichtigen. Die Richtlinie betont nicht nur in den Erwägungsgründen wiederholt den besonderen Stellenwert des Anlegerschutzes, darüber hinaus faßt die Richtlinie die Anforderungen an die gesetzliche Informationspflicht auch besonders weit. So müssen die Wertpapierfirmen gem. Art. 11 Abs. 1 Satz 4 5. Spiegelstrich ihren Kunden alle zweckdienlichen Informationen in geeigneter Form mitteilen. Zwar besteht insoweit keine auf die individuellen Verhältnisse des Kunden bezogene Verpflichtung zu umfassender Beratung, vielmehr läßt die Richtlinie eine Abstufung der Information entsprechend der Kundenprofessionalität ausdrücklich zu (Art. 11 Abs. 1 Satz 2 WpDRiL),[888] allerdings ist gerade angesichts der besonderen Bedeutung, die die Richtlinie dem Schutz des Anlegers beimißt, zweifelhaft, inwieweit eine lediglich abstrakte, an bestimmten allgemeinen Produktmerkmalen orientierte Information, wie sie das Bundesaufsichtsamt für den Wertpapierhandel für ausreichend hält,[889] die Interessen der Kunden hinreichend schützt.

Insbesondere die Formulierung, daß „*alle* Informationen *in geeigneter Form* mitzuteilen" sind, spricht dafür, daß die Information über eine standardisierte, pauschale Aufklärung, die sich lediglich auf allgemeine Produkteigenschaften und typische Merkmale der einzelnen Wertpapierarten bezieht, hinausgehen und auch auf die speziellen

---

886 BGHZ 123, 126 ff. (= BGH WM 1993, 1455), dazu ausführlich oben 2. Kapitel § 3 II, III.

887 Die Auslegung der gesetzlichen Informationspflicht im Sinne einer auf die individuellen Umstände des konkreten Wertpapiergeschäfts bezugnehmenden „objektgerechten Aufklärung" wird von der überwiegenden Literaturauffassung im Ergebnis geteilt. Vgl. etwa Horn, WM 1999, S. 1 (4 f.); Reich, WM 1997, S. 1601 (1605). Balzer, DB 1997, S. 2311 (2312 f.); Koller in Assmann/ Schneider (Hrsg.), WpHG, § 31 Rn. 96a f., 99 ff. und 104 ff. In diesem Sinne auch Schwark in Hadding/Hopt/Schimansky (Hrsg.), 2. FMG, S. 109 (119 f.); Kümpel, WM 1995, S. 689; (691 f.); ders., Bank- und Kapitalmarktrecht, Rn. 8.247. Teile der Lit. fordern darüber hinaus eine auf die persönlichen Verhältnisse des Anlegers zugeschnittene individuelle Beratung, so z.B. Metz, VuR 1996, S. 183 (184 ff.); Schwintowski, VuR 1997, S. 83 (84 ff.); Wieneke, Discount-Broking und Anlegerschutz, S. 120 ff.

888 Dazu ausführlich oben 3. Kapitel § 2 VI 2a aa.

889 Ziff. 3.2. der Richtlinie des BAWe, Bundesanzeiger vom 3.6.1997, Nr. 98, S. 6587.

Umstände und Risiken des im Einzelfall beabsichtigten Geschäfts eingehen muß. Eine solche auf die anlagerelevanten Aspekte der konkret geplanten Wertpapiertransaktion gerichtete Informationspflicht liegt auch angesichts der in Art. 11 Abs. 1 WpDRiL mehrfach betonten besonderen Bedeutung des Kundeninteresses als Maßstab für das Handeln des Wertpapierunternehmens nahe, verlangt doch die von der Richtlinie geforderte „bestmögliche Wahrung des Kundeninteresses" (vgl. Art. 11 Abs. 1 Satz 4 Spiegelstriche 1, 2 und 7 WpDRiL) mehr als nur eine einmalige pauschale Aufklärung über die abstrakte Funktionsweise und typischen Risiken bestimmter Wertpapierarten.[890] Vielmehr benötigt speziell der unerfahrene Kunde weitergehende Auskünfte, die ihm gerade im Hinblick auf ein bestimmtes Wertpapier die erforderlichen aktuellen Detailinformationen über die wirtschaftliche Situation und die Zukunftsperspektiven des Emittenten geben (z.B. Angaben über die Umsatz- und Gewinnentwicklung und über die Bonität des Emittenten sowie die wirtschaftliche Situation und die Zukunftsaussichten seiner Branche), aber auch aktuelle Informationen über die zu erwartende allgemeine Börsenentwicklung und mögliche Einflüsse durch die Zins- oder Devisensituation sowie durch die gesamtwirtschaftliche Konjunkturentwicklung sind für die Anlageentscheidung des Kunden von besonderem Interesse.

Für eine solche an den Grundätzen des BGH-Rechtsprechung zur objektgerechten Aufklärung orientierte Auslegung der gesetzlichen Informationspflicht sprechen auch teleologische Gründe. Der unmittelbare Zweck der Informationspflicht besteht darin, die Basis für eine wohlüberlegte, rationale Entscheidung des Anlegers zu schaffen. Voraussetzung dafür ist jedoch, daß der Anleger in der Lage ist, die Tragweite und Folgen seiner Anlagetransaktion zu überschauen und die wirtschaftlichen Risiken seiner Entscheidung abzuschätzen.[891] Hierfür reicht es in der Regel nicht aus, daß der Kunde einmalig bei Begründung der Geschäftsbeziehung anhand von Broschüren abstrakt über die wirtschaftliche Funktionsweise und die typischen Merkmale von Anlageprodukten informiert wird. Vielfach wird der Anleger, wenn überhaupt, derartige Informationsschriften nur einmal lesen. Eine wirkungsvolle Aufklärung über die in Zusammenhang mit den nachfolgenden Einzelgeschäften zu beachtenden Umstände ist auf diese Weise nicht möglich.[892]

Hinzu kommt, daß der Anleger für eine sachgerechte Entscheidung vor allem aktuelle ökonomische Daten über das gewünschte Papier benötigt, um die Chancen und Risiken des Geschäfts einschätzen zu können.[893] Diese Informationen kann sich der Anleger aus externen Quellen, wie etwa der Wirtschaftspresse, nur unzureichend beschaffen, denn oft werden die notwendigen Hintergrundinformationen nur unvollständig und verkürzt dargestellt, darüber hinaus kann der Anleger die Aktualität und Seriosität dieser Angaben

---

890 So im Ergebnis auch Koller in Assmann/Schneider (Hrsg.), WpHG, § 31 Rn. 96a.
891 So die Gesetzesmaterialien zum WpHG, vgl. BT-Drucks. 12/7918, S. 103.
892 Zu Recht skeptisch in bezug auf den Wert von Informationsbroschüren ist auch Horn, WM 1999, S. 1 (9/10).
893 In diesem Sinne auch Koller in Assmann/Schneider (Hrsg.), WpHG, a.a.O.

nicht überprüfen.[894] Ferner bereitet auch die Kombination der einzelnen anlagerelevanten Informationen zu einem Gesamtbild, insbesondere bei komplexen Risikogeschäften, wie z.B. Derivat- oder Hybrid-Anlagen, dem Anleger erhebliche Schwierigkeiten. Insofern ist gerade der ungeübte Anleger auf eine Aufklärung angewiesen, die ihm bezogen auf das im Einzelfall gewünschte Wertpapier die konkret zu berücksichtigenden anlagerelevanten Umstände, insbesondere die Risiken, die dieses Papier birgt, aufzeigt.

Zu demselben Ergebnis führt auch eine Beurteilung aus kapitalmarktrechtlicher Sicht. Die Kapitalmarkteffizienz, die letztlich Ziel der wertpapierhandelsrechtlichen Verhaltensregeln ist,[895] erfordert einen hinreichenden Informationsstand der Marktteilnehmer, damit Kapital dorthin fließt, wo es gesamtwirtschaftlich am effizientesten verwendet wird und wo es mit Blick auf die finanziellen Ziele des Kunden die beste Rendite erzielt.[896] Bereits daraus wird deutlich, daß ein solches Regelungsziel ein unverzichtbares Mindestmaß an Markttransparenz und aktuellen, zukunftsbezogenen Informationen voraussetzt.[897] Deren marktvermittelte Bereitstellung bedarf eines den Besonderheiten des Kapitalmarktes gerecht werdenden institutionellen Rahmens, den herzustellen und aufrechtzuerhalten Ziel der wertpapierhandelsrechtlichen Verhaltensregeln ist. Eine abstrakte, lediglich auf die allgemeinen Merkmale einer Wertpapierart gerichtete Aufklärung vermag dafür nicht auszureichen. Vielmehr ist ein ökonomisch vernünftiges, allokationseffizientes Anlageverhalten nur dann zu erwarten, wenn die Anleger auch im Einzelfall ausreichend über die Umstände des konkreten Geschäfts, insbesondere über die wirtschaftliche Situation des Emittenten, aber auch über die aktuelle Börsen- und Kapitalmarktentwicklung, informiert sind. Diese zukunftsbezogenen Hintergrundinformationen sind für die Abwägung möglicher Anlagealternativen und eine ökonomisch durchdachte, rationale Entscheidung des Anlegers unverzichtbar.

Inwieweit der Anleger die Produktinformationen würdigt, insbesondere wie er die Chancen und Risiken des Geschäfts gegeneinander abwägt und vor dem Hintergrund der eigenen Anlageziele und finanziellen Verhältnisse ein Wertpapier für geeignet hält oder nicht, bleibt dagegen Sache des Anlegers.[898] Daß das Wertpapierhandelsgesetz insoweit kein Höchstmaß an informationeller Betreuung des Anlegers verlangt, darauf wurde bereits hingewiesen.[899] Der Gesetzgeber wollte vielmehr lediglich ein hinreichendes Mindestmaß an produktbezogener Aufklärung des Anlegers gewährleisten, gleichzeitig aber auch, wie in dem Differenzierungsvorbehalt des § 31 Abs. 2 Satz 1 letzter Halbsatz WpHG zum Ausdruck kommt, ausreichend Freiraum für innovative Marktentwicklungen und alternative Formen von Wertpapierdienstleistungen lassen. Das Ziel der gesetzlichen

---

894 Anderer Ansicht ist Wieneke, Discount-Broking und Anlegerschutz, S. 125.
895 Beschlußempf. und Bericht des Finanzausschusses, BT-Drucks. 12/7918, S. 97. Dazu ausführlich oben 3. Kapitel § 2 II.
896 Koller in Assmann/Schneider (Hrsg.), WpHG, Vor § 31 Rn. 10.
897 Assmann in Großkomm AktG, Einl. Rn. 358.
898 Anderer Ansicht ausdrücklich Wieneke, Discount-Broking und Anlegerschutz, S. 120 ff., der § 31 Abs. 2 Nr. 2 WpHG i.S. einer umfassenden anleger- und objektgerechten Beratungspflicht versteht, ähnlich auch Metz, VuR 1996, S. 183 (184 ff.).
899 Vgl. oben 3. Kapitel § 2 VI 2 a.

Informationspflicht besteht insofern darin, die grundlegenden, elementaren Voraussetzungen für eine informierte und sachgerechte Entscheidung des Anlegers zu schaffen. Benötigt der Anleger darüber hinaus insbesondere im Hinblick auf seine persönlichen finanziellen Bedürfnisse eine umfassende fachliche Betreuung, so können auf vertraglicher bzw. vorvertraglicher Grundlage weiterführende Beratungspflichten bestehen, die auch die persönlichen Verhältnisse des Anlegers einbeziehen.

Die gesetzlichen Anforderungen an die Informationstätigkeit der Wertpapierunternehmen sind dagegen auf die grundlegenden entscheidungsrelevanten Umstände begrenzt. Die Informationsbeschaffung und -auswertung wird auf diese Weise auf ein zumutbares Maß begrenzt, das den Wertpapierdienstleistungsunternehmen den notwendigen Freiraum für eine Ausdifferenzierung ihres Leistungsangebots, insbesondere für eine Spezialisierung auf bestimmte Wertpapiere bietet.[900]

bb. Einholung wichtiger Kundenangaben

Das WpHG verlangt in § 31 Abs. 2 Nr. 1 von den Wertpapierdienstleistungsunternehmen ferner, von ihren Kunden Angaben über ihre Erfahrungen oder Kenntnisse in Geschäften, die Gegenstand der Wertpapierdienstleistung sein sollen, sowie über ihre mit den Geschäften verfolgten Ziele und über ihre finanziellen Verhältnisse einzuholen. Das Wertpapierunternehmen soll mit Hilfe der erfragten Informationen in die Lage versetzt werden, dem Kunden eine auf seine persönlichen Verhältnisse zugeschnittene Anlage zu empfehlen.[901]

Dem Wortlaut nach braucht der Kunde nur zu seinen Kenntnissen *oder* Erfahrungen in Wertpapiergeschäften befragt werden. Das bedeutet jedoch nicht, daß es dem Wertpapierunternehmen deshalb freigestellt wäre, welche Informationen es einholt. Eine solche Auslegung stände nicht nur im Widerspruch zu den Vorgaben des Art. 11 Abs. 1 Satz 4 4. Spiegelstrich WpDRiL, der ausdrücklich von „*Erfahrungen*" spricht, eine einseitige Befragung des Kunden würde darüber hinaus dem Zweck der Vorschrift, die Professionalität des Kunden möglichst umfassend zu ermitteln, um auf diese Weise die Zweckdienlichkeit der gem. § 31 Abs. 2 Nr. 2 WpHG mitzuteilenden Informationen sicherzustellen, nicht gerecht.[902] Die Kundenbefragung darf sich deshalb weder lediglich auf die theoretischen Anlagekenntnisse des Kunden noch allein auf dessen praktische Wertpapiererfahrungen beschränken, vielmehr ist § 31 Abs. 1 Nr. 1 WpHG so auszulegen, daß im Interesse der Zweckdienlichkeit der Information die Professionalität des

---

900 Koller in Assmann/Schneider (Hrsg.), WpHG, § 31 Rn. 111 m.w.N. Spezialisiert sich das Wertpapierunternehmen, so darf es Wertpapiere außerhalb der Spezialisierung nicht aktiv empfehlen. Verlangt der Kunde von sich aus solche Papiere, so muß das Wertpapierunternehmen vorhandene Informationen über die verlangten Papiere mitteilen und den Kunden darüber hinaus ausdrücklich auf die Lückenhaftigkeit der Information hinweisen.

901 Beschlußempfehlung und Bericht des Finanzausschusses, BT-Drucks. 12/7918, S. 103.

902 So auch Koller in Assmann/Schneider (Hrsg.), WpHG, § 31 Rn. 81, der in dem Zusammenhang zutreffend auf den englischen Text („*experience*" bzw. „*expertise*") der WpDRiL verweist, der sowohl auf Kenntnisse als auch auf Erfahrungen des Anlegers Bezug nimmt.

Kunden möglichst umfassend ermittelt wird.[903] Dazu müssen jedoch ungeachtet des Wortlautes der Vorschrift sowohl die theoretischen Kenntnisse als auch die praktischen Anlageerfahrungen des Kunden erfragt werden.[904]

Auch die Nachforschungspflicht des Wertpapierdienstleistungsunternehmens besteht nicht unbegrenzt, vielmehr muß das Wertpapierunternehmen auch beim Erfragen der persönlichen Verhältnisse den Grad der Kundenprofessionalität berücksichtigen.[905] Ziel der Kundenbefragung ist nicht der „gläserne" Kunde, vielmehr soll die Kenntnis der persönlichen und finanziellen Umstände des Anlegers dem Wertpapierdienstleister die Beurteilung erleichtern, welche Informationen in der Situation des Anlegers „zweckdienlich" i.S.v. § 31 Abs. 2 Nr. 2 WpHG sind bzw. sofern darüber hinaus eine umfassende vertragliche Beratungspflicht besteht dem Berater eine auf die individuellen Verhältnisse des Kunden zugeschnittene Anlageempfehlung ermöglichen.[906] Ist der Kunde jedoch z.B. aufgrund seines Berufes oder langjähriger Anlageerfahrung bereits ausreichend informiert, so bedarf er keiner weiteren Aufklärung. Dementsprechend sind auch weitere Erkundigungen überflüssig.[907] Im Gegenteil: Eine übermäßige oder gar aufdringliche Befragung, die das Kreditinstitut dem Verdacht aussetzt, die persönlichen und finanziellen Verhältnisse des Kunden systematisch „auszuforschen", würde nur Ablehnung und Mißtrauen des Anlegers gegenüber der Bank fördern und den Anleger vor weiterer Beratung abschrecken.[908] Die Begrenzung der Erkundigungspflicht durch das Kundeninteresse liegt somit im Interesse der Beratungsqualität, weil ein Zuviel an Befragung nur Überdruß des Kunden gegenüber der Informationsdienstleistung hervorrufen würde.

Auch die Verpflichtung zur Ermittlung der Kundenverhältnisse wird durch die Richtlinie des Bundesaufsichtsamtes für Wertpapierhandel inhaltlich näher konkretisiert.[909] Die Befragung des Kunden muß sich danach vor allem auf die Risikobereitschaft des Anlegers sowie auf die mit der Anlage verfolgten Ziele (z.B. langfristige Altersvorsorge oder gewinnorientierte Spekulation) erstrecken.[910] Darüber hinaus ist der Kunde in bezug auf seine bisherigen Anlageerfahrungen zu befragen, so z.B. in welcher Höhe und Häufigkeit er bereits in der Vergangenheit bestimmte Anlageformen genutzt hat.[911] Schließlich erstreckt das Bundesaufsichtsamt die Befragung auch auf die finanziellen Verhältnisse des Anlegers. Umfang und Intensität der Ermittlung der persönlichen Verhältnisse des Kunden sollen sich nach Auffassung des Bundesaufsichtsamtes dabei vor allem daran orientieren, ob die beabsichtigten Wertpapiergeschäfte aus Eigenmitteln des Kunden oder durch Kredit finanziert werden und ob besondere Verlustrisiken be-

---

903 So im Ergebnis auch Kümpel, WpHG, S. 176; ders. WM 1995, S 689 (691).
904 Koller in Assmann/Schneider (Hrsg.), WpHG, a.a.O.
905 Beschlußempfehlung und Bericht des Finanzausschusses, BT-Drucks. 12/7918, S. 104.
906 Koller in Assmann/Schneider (Hrsg.), WpHG, § 31 Rn. 87; Raeschke-Kessler, WM 1997, S. 1764 (1766).
907 Koller in Assmann/Schneider (Hrsg.), WpHG, § 31 Rn. 88; Koller, ZBB 1996, S. 361 (363).
908 Vgl. Than in Hadding/Hopt/Schimansky (Hrsg.), 2. FMG, S. 135 (142).
909 Ziff. 3.1 der Richtlinie, Bundesanzeiger vom 3.6.1997, Nr.98, S. 6587.
910 Ziff. 3.1.a) der Richtlinie, Bundesanzeiger vom 3.6.1997, Nr.98, a.a.O.
911 Ziff. 3.1.b) der Richtlinie, Bundesanzeiger vom 3.6.1997, Nr.98, a.a.O.

stehen.[912] Das Bundesaufsichtsamt interpretiert § 31 Abs. 2 Nr. 1 WpHG damit im wesentlichen im Sinne der von der Rechtsprechung im Rahmen vertraglicher Beratungspflichten entwickelten Grundsätze anlegergerechter Information.

Die Kreditinstitute haben zur Erfassung der persönlichen und finanziellen Daten des Kunden inzwischen spezielle Vordrucke entwickelt, die sich im wesentlichen an den vom Bundesaufsichtsamt verlangten Angaben orientieren.[913]

Aufgrund der weitgehend standardisierten Ermittlung der Kundenverhältnisse erfragen die Kreditinstitute bereits beim ersten Kundenkontakt häufig mehr Informationen, als zur Abwicklung des konkreten Wertpapierauftrags notwendig wären. Ein solches Sammeln von Informationen auf „Vorrat" begegnet nicht nur im Hinblick auf die Förderung von Mißtrauen und Ablehnung bei den Anlegern gegenüber einer die Kundenverhältnisse systematisch ausforschenden Informationstätigkeit der Kreditinstitute grundsätzlichen Bedenken. Darüber hinaus ist bei einer solchen Praxis auch der Nutzen und die Zweckdienlichkeit der Aufklärung gefährdet, denn nicht selten ändern sich im Laufe der Zeit die persönlichen und finanziellen Verhältnisse sowie die Anlagewünsche des Kunden.[914] Gerade spätere risikoreichere Effektenaufträge machen u.U. eine erneute Befragung des Kunden erforderlich, die dann jedoch aufgrund der bereits vorrätigen, vermeintlich noch aktuellen Daten oft unterbleibt. Die Pflicht zur Erfragung der Kundenverhältnisse gerät so in die Gefahr, zur bloßen Formalie bei Begründung des Geschäftskontakts zu werden. Ein solches Verständnis widerspricht jedoch der ratio des § 31 Abs. 2 Nr. 1 WpHG, der gerade eine der Geschäftsart und den Kundenbedürfnissen angemessene Information gewährleisten will. Gleichwohl läßt das Bundesaufsichtsamt für den Wertpapierhandel eine derartige Praxis zur *„Vereinfachung der Gesamtgeschäftsbeziehung"* grundsätzlich zu,[915] verlangt jedoch, die Befragung dann zu wiederholen, sobald sich die Verhältnisse des Kunden für das Wertpapierunternehmen erkennbar geändert haben.[916] Darüber hinaus ist die Befragung bei Anlegern, die sich in besonders risikoreichen Anlageformen wie Optionsscheinen und Derivaten engagieren, nach der Richtlinie des Bundesaufsichtsamtes in regelmäßigen Abständen, spätestens alle 3 Jahre zu wiederholen, gleichgültig, ob eine Veränderung der Kundenverhältnisse stattgefunden hat oder nicht.[917]

Der Anleger ist - wie § 31 Abs. 2 Satz 2 WpHG ausdrücklich feststellt - nicht verpflichtet, die gewünschten Auskünfte zu erteilen. Die Vorbehalte vieler Kunden gegen

---

912 Ziff. 3.1.c) der Richtlinie, Bundesanzeiger vom 3.6.1997, Nr.98, a.a.O.

913 Zu den in der Praxis verwendeten Vordrucken vgl. Than in Hadding/Hopt/Schimansky (Hrsg.), 2. FMG, S. 135, (143 ff.).

914 Anders Kümpel, WpHG, S. 177, der das Sammeln von Informationen auf Vorrat unter Hinweis auf die Möglichkeit des Anlegers, spätere Marktchancen ohne zeitliche Verzögerung durch die Beratung rascher wahrnehmen zu können, als unbedenklich ansieht.

915 Vgl. Ziff 3.1 Abs. 1 Satz 5 der Richtlinie des BAWe, Bundesanzeiger vom 3.6.1997, Nr. 98, S. 6587.

916 Ziff. 3.1 Abs. 2 Satz 2 und 3 der Richtlinie, Bundesanzeiger vom 3.6.1997, Nr.98, a.a.O.

917 Ziff. 3.1 Abs. 2 Satz 4 der Richtlinie, Bundesanzeiger vom 3.6.1997, Nr.98, a.a.O.; Koller in Assmann/Schneider (Hrsg.), WpHG, § 31 Rn. 94, schlägt statt dessen Intervalle von einem Jahr vor. Schwintowski/Schäfer, Bankrecht, § 11 Rn. 74, stehen einer streng periodischen Wiederholung der Befragung dagegen eher skeptisch gegenüber.

eine Offenlegung ihrer finanziellen Verhältnisse beruhen dabei nicht zuletzt auf der Furcht der Kunden, ihre Angaben könnten sie im Falle eines späteren Steuerermittlungsverfahren belasten.[918] Allerdings hat sich das Wertpapierunternehmen zu bemühen, Widerstände des Kunden abzubauen und dem Kunden die Bedeutung seiner Angaben zu verdeutlichen.[919] Weigert sich der Kunde trotzdem, so muß er damit rechnen, daß seine persönlichen Umstände und finanziellen Bedürfnisse bei dem Anlagegeschäft keine Berücksichtigung finden. Der Anleger muß sich darüber im klaren sein, daß unter diesen Umständen eine sachgerechte Information oder gar eine individuelle Anlageempfehlungen nicht möglich sind.[920] Aus Vorsichtsgründen empfiehlt es sich für das Wertpapierunternehmen deshalb nicht nur im Hinblick auf die aufsichtsrechtlichen Anforderungen des Bundesaufsichtsamts für Wertpapierhandel[921], sondern auch und gerade mit Blick auf eventuelle spätere Schadensersatzforderungen des Kunden, sich die Weigerung ausdrücklich schriftlich bestätigen zu lassen.[922]

3. Das Kundeninteresse als maßgebliche Bestimmungsgröße für das Handeln von Wertpapierdienstleistungsunternehmen

Die wertpapierhandelsrechtlichen Verhaltensregeln statuieren nicht nur spezielle Informationspflichten für Wertpapierunternehmen, vielmehr rücken die §§ 31 - 33 WpHG das Kundeninteresse allgemein in den Mittelpunkt des unternehmerischen Handelns von Wertpapierdienstleistern. So formuliert § 31 Abs. 1 Nr. 1, 2 WpHG eine grundlegende Verpflichtung zur Wahrung der Kundeninteressen, während § 32 WpHG besondere Verhaltensregeln zur Abwehr unlauterer Geschäftspraktiken von Wertpapierdienstleistern enthält. § 33 Abs. 1 Nr. 3 WpHG verlangt darüber hinaus schließlich die Wahrung des Kundeninteresses auch durch organisatorische Vorkehrungen abzusichern. Auf diese Weise hat der Gesetzgeber das Kundeninteresse generell wie auch im Einzelfall zum maßgeblichen Kriterium für das geschäftliche Handeln der Wertpapierdienstleistungsunternehmen erhoben.

Schon die kommissionsrechtliche Pflicht zur interessenwahrenden Auftragsausführung gebietet, daß die Bank bereits im Vorfeld einer Beeinträchtigung des Kundeninteresses möglichen Interessenkonflikten entgegenwirkt. Die gesetzliche Regelung im WpHG führt den Kreditinstituten den Grundsatz des Vorrangs des Kundeninteresses allerdings nicht nur deutlicher als bisher vor Augen, sondern stellt auch klar, daß dieses Grundprinzip umfassende Geltung im Rahmen wertpapiergeschäftlicher Tätigkeit beansprucht.[923]

---

918 Vgl. Raeschke-Kessler, WM 1997, S. 1764 (1766).
919 Koller in Assmann/Schneider (Hrsg.), WpHG, § 31 Rn. 93.
920 Kümpel, WpHG, S. 178.
921 Vgl. Ziff. 3.7 Satz 1 der Richtlinie des BAWe, Bundesanz. vom 3.6.97, Nr. 98, S. 6587.
922 Einschränkend Koller in Assmann/Schneider (Hrsg.), WpHG, § 31 Rn. 92a, nach dessen Ansicht eine solche Dokumentation vom Gesetz nicht gefordert wird. Zu den zivilrechtlichen Konsequenzen der Auskunftsverweigerung vgl. oben 2. Kapitel § 5 III 5, 7.
923 Than in Hadding/Hopt/Schimansky (Hrsg.), 2. FMG, S. 135 (137/138).

Eine Beeinträchtigung des Kundeninteresses kann zum einen aus gegenläufigen Interessen anderer Kunden, zum anderen aber auch aus Eigeninteressen der Bank resultieren.[924] Einige Konflikte haben ihre Wurzeln im Universalbanksystem. So sind Kreditinstitute nicht selten als Emissionsbank mit der Platzierung von Neuemissionen am Markt beauftragt, während sie gleichzeitig Wertpapierkommissionsgeschäfte für Anleger abwickeln. Das verursacht ein Spannungsverhältnis, denn das Kreditinstitut hat als Kommissionär einerseits das Interesse des Wertpapierkunden und andererseits als Emissionsbank die widerstreitenden Interessen des Emittenten zu wahren.[925]

Konsequenz dieses Spannungsverhältnisses kann jedoch nicht sein, zur Vermeidung von Interessenkonflikten das in Deutschland bestehende Universalbanksystem durch ein Spezial- oder Trennbanksystem nach angelsächsischem Vorbild zu ersetzen. Wirtschaftlichkeits- und Stabilitätserwägungen sprechen vielmehr für das Universalbanksystem.[926] Im Gegensatz zu einem auf ein Geschäftsfeld konzentrierten Kreditinstitut ist eine Universalbank zu einer gleichmäßigeren Ausnutzung ihrer Ressourcen in der Lage. Die Tätigkeit in mehreren Sparten des Bankgeschäfts (z.B. Kreditgeschäft, Girogeschäft, Wertpapiergeschäft, Spargeschäft, Vermögensverwaltung usw.) ermöglicht eine Risikostreuung und die Optimierung von Verlustrisiken. Die Universalbank kann auf diese Weise die Vorteile der Produktdiversifikation nutzen und Ertragsschwankungen in einzelnen Geschäftsfeldern besser ausgleichen. Die Ertragsentwicklung der Universalbank verläuft dadurch i.d.R. insgesamt kontinuierlicher, wodurch die Solvenz des Unternehmens gestärkt wird. Gerade dieser Aspekt ist für die Stabilität und Solidität der Finanzmärkte und damit nicht zuletzt für das Vertrauen der Anlegerschaft in diese Märkte und ihre Institutionen von besonderer Bedeutung.

Um den Kundeninteressen unter den Bedingungen des Universalbanksystems gleichwohl angemessen Rechnung zu tragen, enthielten bereits die 1970 von der Börsensachverständigenkommission in Zusammenhang mit den Insider-Richtlinien erarbeiteten Händler- und Beraterregeln ähnliche Verhaltensverbote, wie sie nunmehr durch § 32 Abs. 1 Nr. 1 - 3 WpHG normiert werden, allerdings nicht als gesetzliche Regelung, sondern als freiwillige Verhaltensregeln.[927] Obwohl alle Kreditinstitute die Insiderhandels-Richtlinien sowie die Händler- und Beraterregeln, die von den Spitzenverbänden der deutschen Kreditwirtschaft gemeinsam mit den Wertpapierbörsen zur freiwilligen Umsetzung empfohlen wurden, verbindlich anerkannten und ihre Mitarbeiter hierauf vertraglich verpflichteten, bedeutete das Inkrafttreten der §§ 31, 32 WpHG zum 1.1.1995 nicht nur einen Wechsel der Rechtsgrundlage, vielmehr wurden dadurch auch neue Maßstäbe sowohl in der Überwachung der Verhaltensregeln als auch in der

---

924   Koller in Assmann/Schneider (Hrsg.), WpHG, § 31 Rn. 49 f.
925   Vgl. Hopt, Kapitalanlegerschutz, S. 478 ff.; ders. in FS für Heinsius, S. 289 (315 ff.).
926   Vgl. Hopt in FS für Heinsius, S. 289 (319 und 315 [Fn. 80]). Aus diesem Grund zeichnen sich auch in Ländern mit Trennbanksystem wie den USA in den letzten Jahren zunehmend Tendenzen einer Universalisierung des Geschäfts ab, vgl. Löffelholz/Müller, Gabler-Bank-Lexikon (10. Aufl.), Spalte 2091, ferner Grason, ZBB 2000, S. 153 ff. und Hoffmann WM 2000, S. 1773 ff.
927   Die Insiderhandels-Regeln bzw. Händler- und Beraterregeln sind abgedruckt und kommentiert in Baumbach/Duden/Hopt, HGB, Anhang 16 und 17.

Reaktion auf Verstöße gesetzt. Während die Einhaltung der Händler- und Beraterregeln im Rahmen der freiwilligen Selbstkontrolle der Kreditwirtschaft nicht durch spezielle Institutionen überwacht wurde und selbst im Fall eines vorsätzlichen Verstoßes gem. Berater-Regel Nr. 5 lediglich die Streichung aus der Beraterliste und damit kaum spürbare Nachteile drohten, normiert das WpHG nunmehr nicht nur umfassende, der Kontrolle dienenden Aufzeichnungs- und Dokumentationspflichten (§ 34), sondern führt erstmals eine wirkungsvolle staatliche Kontrolle ein. Bei einem Verstoß gegen die gesetzlichen Verhaltenspflichten drohen dem Verletzer jetzt nicht mehr nur formale und weitgehend harmlose Sanktionen der Selbstverwaltungsorgane, sondern vielmehr unmittelbar spürbare, einschneidende Maßnahmen der Aufsichtsbehörde. Die Maßnahmen, die das Bundesaufsichtsamt für den Wertpapierhandel als zuständige Aufsichtsbehörde auf der Grundlage von § 4 Abs. 1 Satz 2 und 3 WpHG treffen kann, sind dabei sehr flexibel und reichen von der lediglich informellen Abmahnung über verbindliche Verhaltensanordnungen bis hin zur vollständigen Untersagung bestimmter Wertpapierdienstleistungen.[928]

a. *Interessenkonflikte zwischen Kunden*

aa. *Konflikte bei überzeichneten Emissionen*

Situationen, in denen Interessenkonflikte zwischen Kunden drohen, sind vielfältig, so beispielsweise bei überzeichneten Emissionen, wenn kein ausreichendes Wertpapierangebot zur Verfügung steht, um die Nachfrage vollständig zu befriedigen. Gerade in der jüngeren Vergangenheit wurde in Zusammenhang mit den Börsengängen einiger Wirtschaftsunternehmen gegen Kreditinstitute der Vorwurf laut, insbesondere private Kleinanleger mit geringem Ordervolumen zugunsten institutioneller Großanleger bei der Zuteilung benachteiligt zu haben.[929]

Allerdings ergibt sich aus den wertpapierhandelsrechtlichen Wohlverhaltensregeln kein Anspruch des Anlegers auf Berücksichtigung bei der Aktienzuteilung.[930] Zwar sind

---

928 Vgl. Dreyling in Assmann/Schneider (Hrsg.), WpHG, § 4 Rn. 17 ff. Soweit die Untersagung der wertpapiergeschäftlichen Tätigkeit ein Kreditinstitut oder Finanzdienstleistungsinstitut i.S.v. § 1 Abs. 1 bzw. Abs. 1a KWG betrifft, ist für den Entzug der Geschäftserlaubnis nach § 35 KWG nicht das Bundesaufsichtsamt für den Wertpapierhandel, sondern das Bundesaufsichtsamt für das Kreditwesen zuständig. Zwischen beiden Aufsichtsämtern besteht insoweit eine Zuständigkeitsaufteilung: Während das Bundesaufsichtsamt für das Kreditwesen für Erteilung und Entzug der Tätigkeitserlaubnis sowie für die Solvenzaufsicht zuständig ist, obliegt dem Bundesaufsichtsamt für den Wertpapierhandel die laufende Kontrolle der Geschäftsführung in Zusammenhang mit der Erbringung von Wertpapierdienstleistungen. Sind andere Maßnahmen nicht geeignet, Mißständen wirksam entgegenzuwirken, kann das Bundesaufsichtsamt für den Wertpapierhandel auch sog. „statusbetreffende Maßnahmen", wie z.B. die Abberufung von Geschäftsleitern oder den (vollständigen oder teilweisen) Entzug der Geschäftserlaubnis beim Bundesaufsichtsamt für das Kreditwesen anregen. Vgl. Dreyling in Assmann/Schneider (Hrsg.), WpHG, § 4 Rn. 9.
929 So das Bundesaufsichtsamt für Wertpapierhandel in seinem Jahresbericht 1998, vgl. Frankfurter Allgemeine Zeitung vom 13.8.1999, S. 25.
930 Zweifelhaft ist insbesondere die von der Schutzgemeinschaft der Kleinaktionäre vertretene Auffassung, die einen Zuteilungsanspruch aus dem aktienrechtlichen Gleichbehandlungsgebot des

die Banken auf der Grundlage des § 31 Abs. 1 Nr. 2 WpHG grundsätzlich verpflichtet, sich um die Vermeidung von Interessenkonflikten zu bemühen bzw. bei Unvermeidbarkeit solcher Konflikte zumindest für eine angemessene Berücksichtigung der Interessen des einzelnen Kunden zu sorgen, das bedeutet jedoch nicht, daß deshalb alle Anleger bei der Aktienzuteilung in gleicher Weise berücksichtigt werden müssen. Den gesetzlichen Anforderungen wird die Bank vielmehr auch dann gerecht, wenn sie ein Zuteilungsverfahren wählt, das nach sachlichen Kriterien differenziert. Das WpHG schreibt insofern kein bestimmtes Zuteilungsverfahrens vor. Die Zuteilung kann z.B. durch Los-Verfahren geschehen, wobei die ausgelosten Aufträge voll erfüllt werden und die übrigen unbefriedigt bleiben. Ebenso kann im First-Come-First-Serve-Verfahren entsprechend der Reihenfolge des Ordereingangs zugeteilt werden, wiederum mit der Folge, daß später eingehende Aufträge u.U. unberücksichtigt bleiben. Möglich ist auch, daß der Emittent Gruppen von Anlegern, die z.B. als Kunden, Geschäftspartner oder Belegschaftsangehörige besondere Beziehungen zu seiner Gesellschaft haben, aus geschäftspolitischen Gründen bevorzugt behandelt haben möchte. Zulässig ist auch die Zuteilung im Auktionsverfahren, bei dem die Zeichnungsaufträge vom höchsten Gebot an in absteigender Reihenfolge befriedigt werden, bis alle Aktien verteilt sind. Eine gleichberechtigte Zuteilung von Aktien findet dagegen nur beim sog. Quotierungsverfahren statt, weil bei diesem Verfahren den Käufern entsprechend der Überzeichnung Aktien anteilig zu einem bestimmten Prozentsatz zugeteilt werden, so daß alle Aufträge prozentual in gleichem Umfang erfüllt bzw. abgewiesen werden. Dieses Verfahren ist jedoch nicht zwingend, vielmehr rechtfertigt insbesondere das Interesse des Emittenten an einer besonderen Verteilung der Aktien, z.B. Bevorzugung langfristig orientierter (institutioneller) Anleger, die Wahl eines anderen Zuteilungsverfahrens.[931] Zulässig ist insbesondere eine Mindestzeichnungspflicht, um so die Zuteilung von Kleinststückelungen und damit eine diffuse Aktionärsstruktur zu vermeiden.

Das bedeutet andererseits nicht, daß die Banken willkürlich nach eigenem Ermessen zuteilen dürfen, sondern die Ungleichbehandlung der Anleger muß stets durch ein besonderes Interesse des Emittenten sachlich begründet sein, denn die gesetzliche Pflicht gem. § 31 Abs. 1 Nr. 2 WpHG, die Kundeninteressen in gebotener Weise zu wahren, erfordert stets eine Abwägung der kollidierenden Interessen. Insofern verlangt das WpHG keine absolute Gleichbehandlung der Kunden, wohl aber eine relative Gleichbehandlung, d.h. sachlich nicht gerechtfertigte, willkürliche Ungleichbehandlungen sind unzulässig, insbesondere wenn sie auf sachfremden, egoistischen Motiven der Bank beruhen. Die Bank darf deshalb beispielsweise wohlhabende Kunden nicht zu Lasten der Kleinanleger bevorzugen, um auf diese Weise „gute" Kunden an sich zu binden. Ebenso unzulässig

---

§ 53a AktG ableiten will. Diese Auffassung übersieht, daß § 53a AktG nur den Aktionär schützt, also denjenigen, der bereits Gesellschafter der AG ist, nicht dagegen den potentiellen Aktionär, der erst Aktien erwerben möchte, vgl. Hüffer, AktG, § 53a Rn. 3 ff.

931 Auch das Bundesaufsichtsamt für Wertpapierhandel interpretiert § 31 Abs. 1 Nr. 2 WpHG offenbar in diesem Sinne, denn die Richtlinie des BAWe zur aufsichtsrechtlichen Konkretisierung der Verhaltensregeln schreibt in Ziff. 4.4 vor, daß der Kunde über das gewählte Zuteilungsverfahren zu informieren ist, vgl. Bundesanzeiger Nr. 98 vom 3.6.1997, S. 6588.

wäre eine bevorzugte Zuteilung an Mitarbeiter der Bank.[932] Eine derartige Zuteilungspraxis würde nicht nur die Pflicht der Bank nach § 31 Abs. 1 Nr. 2 WpHG zu angemessener Konfliktbewältigung verletzen, sondern stünde darüber hinaus auch im Widerspruch zu dem in § 31 Abs. 1 Nr. 1 WpHG formulierten elementaren Grundsatz des Vorrangs von Kundeninteressen.

bb. Konflikte bei Auftragsabwicklung und Anlageberatung

Nicht nur bei der Aktienzuteilung, auch bei der Ausführung von Effektenaufträgen sind Bevorzugungen oder Benachteiligungen von Anlegern zu vermeiden. Für das Kreditinstitut gilt insofern der Grundsatz strikter Neutralität und Gleichbehandlung der Kunden.[933] Das bedeutet, die Bank darf grundsätzlich nicht zur Bevorzugung eines Anlegers von der gewöhnlichen Geschäftspraxis abweichen.[934] Die Aufträge sind vielmehr streng in der Reihenfolge ihres zeitlichen Eingangs abzuarbeiten.[935] Das Vorziehen von Aufträgen zugunsten bestimmter Kunden ist grundsätzlich unzulässig. Nur ausnahmsweise aus abwicklungstechnischen Gründen ist eine Abweichung von der Reihenfolge des Auftragseingangs zulässig, beispielsweise weil die Abwicklung an der Börse eine Bündelung gleichartiger Aufträge erfordert.

Bei unvermeidbaren Interessenkonflikten, d.h. bei solchen Interessenkonflikten, die weder durch entsprechende Organisation noch durch Neutralität des Beraters im Einzelfall oder durch Ablehnung eines konfligierenden Geschäfts befriedigend zu lösen sind, hat die Bank nach § 31 Abs. 1 Nr. 2 2. Alt. WpHG wenigstens zu gewährleisten, daß die Wertpapieraufträge unter der gebotenen Wahrung des Kundeninteresses ausgeführt werden.[936]

Die Vorschrift ist im Lichte der EG-Wertpapierdienstleistungsrichtlinie auszulegen, die in Art. 11 Abs. 1 Satz 4 1. Spiegelstrich[937] bestimmt, daß Wertpapierunternehmen ihre Kunden nach Recht und Billigkeit zu behandeln haben. Das bedeutet, daß das Wertpapierunternehmen nicht die Interessen des einen Kunden gänzlich zugunsten eines anderen Kunden hintanstellen darf. Das gilt auch und besonders für die Erbringung von Informations- und Beratungsleistungen. Die Bank darf deshalb z.B. ein Wertpapiergeschäft nicht deshalb empfehlen bzw. nicht empfehlen, um auf diese Weise die Nachfrage nach einem Wertpapier und damit die Zuteilungschancen anderer Kunden in bezug auf dieses Papiers zu beeinflussen. Die Bank darf vielmehr ausschließlich sachorientiert und neutral beraten. Das verbietet auch eine Bevorzugung bestimmter Anleger bei der Informationsversorgung, während anderen Kunden mit vergleichbaren Anlageinteressen diese Informationen erst später oder gar nicht mitgeteilt werden.

---

932 Vgl. Ziff. 4.4 Abs. 2 der Richtlinie des BAWe, Bundesanz. Nr. 98 vom. 3.6.1997, a.a.O.
933 Koller in Assmann/Schneider (Hrsg.), WpHG, § 31 Rn. 47 f.
934 Vgl. Kümpel, WM 1995, S. 689; ders., WM 1993, S. 2025 (2027).
935 Koller in Assmann/Schneider (Hrsg.), WpHG, § 31 Rn. 49.
936 Vgl. Koller in Assmann/Schneider (Hrsg.), WpHG, § 31 Rn. 52 ff.
937 EG-WpDRiL, ABl. EG Nr. L 141/27 (S. 37) vom 11.6.1993.

Was im Interesse einer billigen und gerechten Behandlung darüber hinaus erforderlich ist, ist abhängig vom jeweiligen Einzelfall. Denkbar ist insbesondere, daß das Wertpapierunternehmen die betroffenen Kunden über den Interessenkonflikt informiert, um ihnen so die Möglichkeit zu geben, sich an ein anderes Kreditinstitut, bei dem keine Interessenbeeinträchtigung droht, zu wenden.[938]

b. Kundeninteresse und Eigenhandel der Kreditinstitute

Eine Beeinträchtigung des Kundeninteresses kann auch aus dem Wertpapiereigenhandel der Kreditinstitute und damit dem Interesse der Institute an einer positiven Kursentwicklung eigener Wertpapiere resultieren.[939] In diesem Fall gilt der Grundsatz des Vorrangs des Kundeninteresses. Das bedeutet: Die Beratung muß und darf sich ausschließlich am wohlverstandenen Interesse des Kunden orientieren. Eigeninteressen der Bank müssen generell hinter den Kundeninteressen zurückstehen. Das Wertpapierunternehmen muß deshalb insbesondere dafür sorgen, daß das Kundeninteresse nicht durch parallel laufende Eigengeschäfte beeinträchtigt wird.[940] Gegebenenfalls darf das Kreditinstitut, das einen Kundenauftrag erhalten hat, auf eigene Rechnung erst dann handeln, wenn der Kundenauftrag erledigt ist und eine Beeinträchtigung des Kundeninteresses ausgeschlossen ist.[941]

Priorität des Kundeninteresses bedeutet jedoch nicht, daß deshalb der Wertpapiereigenhandel der Kreditinstitute durch § 31 Abs. 1 Nr. 2 WpHG gänzlich ausgeschlossen oder verboten wird.[942] Entscheidend ist vielmehr, daß die Bank beim Eigenhandel die Kenntnis von Kundenaufträgen nicht bewußt zum eigenen Vorteil ausnutzt.[943] Im Gegenteil, der Eigenhandel der Kreditinstitute kann auch mit Vorteilen für die Effektenkunden verbunden sein. So ist insbesondere eine Kursbeeinflussung durch das Eigengeschäft der Kreditinstitute für diejenigen Kunden von Vorteil, die mit ihren Effektenaufträgen auf der Marktgegenseite stehen. Führen Eigengeschäfte der Bank beispielsweise zu einer Kurssteigerung, so profitieren davon die Anleger, die Verkaufsaufträge erteilt haben und aufgrund der gestiegenen Kurse einen höheren Preis erzielen.

Darüber hinaus ist eine zentrale Voraussetzung für die institutionelle Funktionsfähigkeit des Marktes, daß dieser über die notwendige Breite und Tiefe verfügt. Ausreichende Liquidität trägt dabei zu einer Glättung der oft markttechnisch bedingten Kursschwankungen bei und vermindert so extreme Kursausschläge. Die Vermeidung solcher unerwünschten Volatilitäten liegt auch im Interesse des Anlagepublikums, das in der Mehrheit eine möglichst kontinuierliche und beständige Kursentwicklung wünscht.[944]

---

938 Vgl. Koller in Assmann/Schütze (Hrsg.), WpHG, § 31 Rn. 36 ff.
939 Koller in Assmann/Schneider (Hrsg.), WpHG, § 31 Rn. 54, der im Eigenhandel die Hauptursache für Interessenkonflikte sieht.
940 Koller in Assmann/Schneider (Hrsg.), WpHG, § 31 Rn. 50.
941 Koller in Assmann/Schneider (Hrsg.), WpHG, § 31 Rn. 50, 58.
942 So im Ergebnis auch Kümpel, WpHG, S. 165 f.
943 Kümpel, WpHG, S. 166.
944 Kümpel, WpHG, S. 165 f.

Konflikte zwischen dem Eigeninteresse der Kreditinstitute und den Interessen von Kunden an einer möglichst vorteilhaften Ausführung ihrer Wertpapieraufträge sind nach alledem nicht vollständig zu vermeiden. Das war auch dem Gesetzgeber bewußt. Die konkludente Einschränkung der Pflicht zur Konfliktvermeidung durch § 31 Abs. 1 Nr. 2 2. Alt. WpHG, wonach eine Beeinträchtigung des Kundeninteresses nicht unter allen Umständen und um jeden Preis zu vermeiden ist, sondern bei unvermeidbaren Interessenkonflikten das Kundeninteresse lediglich soweit als möglich zu wahren ist, gilt auch für Konflikte zwischen Kundeninteressen und Eigeninteressen des Kreditinstituts. Das WpHG verlangt insofern keine absolute, sondern lediglich eine angemessene Konfliktbewältigung. Das Kreditinstitut hat sich insofern zwar grundsätzlich soweit als möglich um die Vermeidung einer Beeinträchtigung von Kundeninteressen zu bemühen. Bei unvermeidbaren Konflikten treten die Interessen des Kreditinstituts hingegen nicht zwangsläufig in den Hintergrund, sondern den Kundeninteressen muß lediglich in verhältnismäßiger und zumutbarer Weise Rechnung getragen werden. Konkret bedeutet das, daß eine Wahrung des Kundeninteresses nur insoweit erforderlich ist, als dies unter den gegebenen Umständen und unter Abwägung der betroffenen Interessen, insbesondere dem Interesse an stabilen Marktverhältnissen, möglich ist. Deshalb darf das Kreditinstitut beispielsweise bei starkem Kursdruck durchaus Kurspflegemaßnahmen zugunsten von Wertpapieren vornehmen, selbst wenn dadurch die Interessen von Kunden beeinträchtigt werden, die diese Papiere möglichst billig erwerben wollen. Das Interesse an stabilen Marktverhältnissen, insbesondere der Vermeidung übermäßiger Volatilität, überwiegt in diesem Fall die Interessen der betroffenen Kunden.

c. Besondere Verhaltensregeln gegen unlauteres Verhalten von Wertpapierdienstleistern

Eine Beeinträchtigung des Kundeninteresses ist nicht nur durch konfligierende Interessen anderer Kunden oder durch den Wertpapiereigenhandel der Kreditinstitute zu befürchten, besondere Gefahren drohen darüber hinaus auch durch eine unlautere Verfolgung sonstiger eigennütziger Interessen durch das Wertpapierdienstleistungsunternehmen oder seine Mitarbeiter. So beispielsweise wenn das Kreditinstitut die Beratungstätigkeit mißbraucht, um durch Kaufempfehlungen und die dadurch hervorgerufene Steigerung des Aktienkurses den good will und damit die Solvenz eines Emittenten, dem die Bank umfassende Kredite gewährt hat, zu stärken und so einen Ausfall der Kredite zu verhindern. Darüber hinaus ist aber auch denkbar, daß ein Kreditinstitut bevorzugt solche Papiere empfiehlt, an deren Emission es beteiligt ist, um auf diese Weise die übernommenen Wertpapiere möglichst rasch und einfach unter den Anlegern zu platzieren. Gleiches ist für Wertpapiere denkbar, deren Marktpflege die Bank übernommen hat. Hier besteht für den Anleger die Gefahr, daß entsprechende Empfehlungen von der Bank vor allem deshalb gegeben werden, um den Wertpapierkurs in die gewünschte Richtung zu lenken.[945]

Weder mit dem Funktionsschutz der Kapitalmärkte noch mit den privaten Vermögensinteressen des einzelnen Anlegers ist es zu vereinbaren, daß Wertpapierdienstleister die Beratungstätigkeit oder die anschließende Geschäftsabwicklung zur Verfolgung eigennütziger Interessen ausnutzen. Aus diesem Grund hat der Gesetzgeber in § 32 WpHG ausdrücklich bestimmte unlautere Verhaltensweisen verboten, die dem Leitgedanken eines fairen und an den Interessen des Kunden orientierten Geschäftsverhaltens in besonders krasser und verwerflicher Weise widersprechen.

aa. Empfehlungsverbote

(1) Chruning, switching, scalping

Regelmäßig nicht mit den Kundeninteressen vereinbar sind Empfehlungen, die nicht durch die Anlageziele des Kunden, sondern vielmehr durch das Provisions- und Gebühreninteresse der beratenden Bank motiviert sind. Ein solcher Mißbrauch der Beratungstätigkeit liegt beispielsweise vor, wenn durch ständig wiederkehrende, überflüssige Kauf- und Verkaufsempfehlungen (sog. chruning) oder durch häufige sinnlose Depotumschichtungen (sog. switching) weniger die Anlageinteressen des Kunden gefördert als vielmehr vor allem Umsätze und damit Gebührenerträge für die Bank produziert werden sollen. Eine solche Gebührenschinderei wird durch § 32 Abs. 1 Nr. 1 WpHG verboten.[946]

Ebenfalls nicht im Kundeninteresse liegt das sog. scalping, d.h. die Abgabe von Empfehlungen, um Wertpapiere zum Vorteil der Bank in eine bestimmte Richtung zu lenken und Eigengeschäfte in diesen Papieren zu günstigeren Kursen abschließen zu können.[947] Derartige Empfehlungen werden deshalb von § 32 Abs. 1 Nr. 2 WpHG verboten. Abs. 2 Nr. 1 der Vorschrift erstreckt das Verbot unlauteren Verhaltens darüber hinaus auf Angestellte und Organe des Wertpapierunternehmens. Eine solche Ausdehnung des Verbotstatbestands ist mit Blick auf die ratio legis auch geboten, denn Sinn dieses Empfehlungsverbots ist es, im Interesse der Funktionsfähigkeit der Wertpapiermärkte mißbräuchliches, eigennütziges Verhalten von Marktintermediären in Zusammenhang mit Wertpapierdienstleistungen, insbesondere bei der Anlageberatung, zu unterbinden. Vielfach identifizieren die Anleger auch Angestellte und Geschäftsleiter eines Kreditinstituts mit dem jeweiligen Unternehmen und bringen diesem Personenkreises ebenso großes Vertrauen entgegen wie dem Institut selbst. Unlauteres Verhalten dieser Personen kann deshalb zu einem Vertrauensverlust der Anlegerschaft in die Integrität der Finanzbranche insgesamt führen und auf diese Weise die Funktionsfähigkeit der Finanzmärkte empfindlich gefährden.[948]

---

945 Weitere Beispiele bei Koller in Assmann/Schneider (Hrsg.), WpHG, § 31 Rn. 64.
946 Insbesondere zum sogenannten chruning ausführlich Rössner/Arendts, WM 1996, S, 1517 ff.
947 Vgl. Beschlußempf. und Bericht des Finanzausschusses, BT-Drucks. 12/7918, S. 104.
948 Vgl. Beschlußempf. und Bericht des Finanzausschusses, BT-Drucks. 12/7918, S. 105.

(2) Verbot des Mißbrauchs von Anlageempfehlungen zur Kursbeeinflussung

Gerade im Hinblick auf den Schutz der allokativen wie der institutionellen Funktionsfähigkeit der Wertpapiermärkte ist ein umfassender und vollständiger Ausschluß unseriöser Anlageempfehlungen wichtig. Um so unverständlicher ist, warum § 32 Abs. 1 Nr. 2 WpHG Empfehlungen zum Zwecke der Preisbeeinflussung nur insoweit verbietet, als diese zugunsten des Wertpapierdienstleistungsunternehmens selbst oder zugunsten verbundener Unternehmen erfolgen. Gleichermaßen interessenwidrig und deshalb unlauter ist eine Empfehlung auch dann, wenn das Kreditinstitut dadurch nicht sich selbst oder einem verbundenen Unternehmen, sondern einem Dritten, z.B. einem „guten" Kunden, gezielt einen Kursvorteil erschaffen will.[949] So ist z.B. denkbar, daß eine Bank ein mit ihr nicht verbundenes Unternehmen darin unterstützt, eine Mehrheitsbeteiligung an einem anderen Unternehmen zu erwerben, indem die Bank ihren Anlagekunden den Verkauf der Aktien dieses anderen Unternehmens empfiehlt und auf diese Weise den von dem übernahmewilligen Unternehmen ausgelösten Nachfrageüberhang ausgleicht. Ein solcher, im Interesse eines seriösen Marktgeschehens zu unterbindender Beratungsmißbrauch wird nach dem insoweit eindeutigen Wortlaut vom Verbot des § 32 Abs. 1 Nr. 2 WpHG gleichwohl nicht erfaßt.

Sofern die zur Kursbeeinflussung ausgesprochene Empfehlung die Interessen eines Kunden der Bank verletzt, ist ein Rückgriff auf das allgemeine Verbot des § 32 Abs. 1 Nr. 1 WpHG möglich, denn § 32 Abs. 1 Nr. 2 beschreibt lediglich eine typische Form der Marktmanipulation, die der Sache nach jedoch schon vom Verbot des § 32 Abs. 1 Nr. 1 erfaßt wird. Das Verbot der Kursmanipulation in § 32 Abs. 1 Nr. 2 besitzt deshalb vor allem Klarstellungsfunktion.[950] Weitergehende Bedeutung entfaltet das Verbot der Kursmanipulation dagegen vor allem gegenüber verbundenen Unternehmen, zu deren Gunsten Kursmanipulationen umfassend ausgeschlossen werden. Liegt die Empfehlung dagegen im Interesse des Kunden - was z.B. zu Beginn einer Werbeaktion für ein Wertpapier häufig der Fall sein wird, weil dann auch der Kunde, dem das Papier empfohlen wurde, von dem durch die Empfehlungskampagne ausgelösten Kursanstieg profitiert -, ist § 32 Abs. 1 Nr. 1 WpHG nicht anwendbar.[951] Insofern besteht im Falle der Kursmanipulation zugunsten nicht verbundener Unternehmen eine Regelungslücke, denn hier ist weder § 32 Abs. 1 Nr. 2 WpHG, der nur auf das Wertpapierunternehmen selbst oder verbundene Unternehmen Bezug nimmt, anwendbar noch § 31 Abs. 1 Nr. 1, der eine Beeinträchtigung von Kundeninteressen fordert. Einen Ausweg bietet hier möglicherweise § 32 Abs. 2 Nr. 1 WpHG.

Allerdings ist unklar, ob die altruistische Kursbeeinflussung zugunsten nicht verbundener Unternehmen von dem den Effektenberater persönlich treffenden Verbot des § 32 Abs. 2 Nr. 1 WpHG überhaupt erfaßt wird. Die Gesetzesmaterialien lassen den Zweck

---

949   So auch Schwintowski/Schäfer, Bankrecht, § 11 Rn. 83.
950   Koller in Assmann/Schneider (Hrsg.), WpHG, § 32 Rn. 10.
951   Koller in Assmann/Schneider (Hrsg.), WpHG, a.a.O.

der Vorschrift weitgehend im dunkeln.[952] Einerseits wird auf die Absicht von Eigenge-schäften abgestellt, andererseits soll der Entschluß genügen, auf die Bestände des Wert-papierunternehmens oder eines Dritten Einfluß zu nehmen. Fraglich ist, ob „Dritte" i.S.v. § 32 Abs. 2 Nr. 1 WpHG lediglich Personen sind, die z.B. als Angehörige, Verwandte oder Strohleute in besonderer Verbindung zu den in § 32 Abs. 2 WpHG genannten Personengruppen stehen oder ob auch Kunden des Wertpapierdienstleistungsunter-nehmens und sonstige natürliche oder juristische Personen, die in keiner näheren Be-ziehung zu dem Mitarbeiter des Wertpapierunternehmens stehen, darunter fallen.

Zählt man nicht nur Angehörige von Mitarbeitern, sondern auch Kunden und sonstige dem Wertpapierunternehmen nahestehende natürliche und juristische Personen zu den „Dritten", so verbietet § 32 Abs. 2 Nr. 1 WpHG nicht nur eigennützige, sondern jede interessenwidrige Empfehlung, die irgendwie Kurse beeinflussen soll.[953] Damit wären dann auch Kursmanipulationen zugunsten nicht verbundener Unternehmen erfaßt. Aus-geklammert wären lediglich unbewußte, fahrlässige Empfehlungen, die einem Dritten im Ergebnis zwar nützlich sind, die aber nicht bewußt zum Zweck der Kursbeeinflussung erfolgten.

Mit Blick auf die ratio der Vorschrift, den Funktionsschutz der Wertpapiermärkte, kann nicht maßgeblich sein, zu wessen Gunsten die Kursbeeinflussung erfolgt. Entschei-dend darf vielmehr lediglich sein, daß auf unzulässige Weise Einfluß auf die Kursent-wicklung genommen wird und diese Art der Marktmanipulation geeignet ist, das Ver-trauen der Anleger in die Seriosität und Lauterkeit des Marktgeschehens ernstlich zu erschüttern. Aus diesem Grund ist § 32 Abs. 2 Nr. 1 WpHG weit auszulegen.[954] „Dritte" i.S. der Vorschrift sind mithin nicht nur Angehörige und Personen, die den in § 32 Abs. 2 Genannten nahe stehen, sondern grundsätzlich alle natürlichen und juristischen Personen außerhalb des Wertpapierdienstleistungsunternehmens, zu deren Gunsten Kursbeeinflus-sungen vorgenommen werden sollen.[955]

bb. Verbot des Front- und Parallel-running

Der Eigenhandel der Kreditinstitute, der auch im Anlegerinteresse für die Liquidität der Kapitalmärkte unverzichtbar ist, kann zu einem Anstieg oder zu einem Absinken der Wertpapierkurse führen. Die Kursnachteile, die sich daraus für Effektenkunden ergeben können, müssen - wie oben dargelegt - im Interesse möglichst großer Marktliquidität grundsätzlich hingenommen werden.

---

952 Vgl. Beschlußempfehlung und Bericht des Finanzausschusses, BT-Drucks., a.a.O.
953 Koller in Assmann/Schneider (Hrsg.), WpHG, § 32 Rn. 20.
954 Auch Schwintowski/Schäfer, Bankrecht, § 11 Rn. 83 bejahen die Notwendigkeit eines umfas-senden Schutzes vor Kursbeeinflussung und bemängeln mit Blick auf § 32 Abs. 1 Nr. 2 WpHG eine Gesetzeslücke. Auf die Möglichkeit der Schließung der Regelungslücke durch § 32 Abs. 1 Nr. 1 WpHG gehen Schwintowski/Schäfer hingegen ebenso wenig ein wie auf § 32 Abs. 2 Nr. 1 WpHG.
955 So auch Kümpel, Bank- und Kapitalmarktrecht, Rn. 8.280; ders., WpHG, S. 180 sowie Koller in Assmann/Schneider (Hrsg.), WpHG, § 32 Rn. 20.

Solche negativen Auswirkungen auf die Kursentwicklung sind jedoch dann nicht mehr tolerabel, wenn das Wertpapierdienstleistungsunternehmen dabei seine Kenntnis von Kauf- oder Verkaufsaufträgen bewußt zum eigenen Vorteil ausnutzt.[956] Aus diesem Grund verbietet § 32 Abs. 2 Nr. 3 WpHG das sog. Front- und Parallel-running. Dabei werden vom Wertpapierdienstleistungsunternehmen Eigengeschäfte in Wertpapieren, für die der Anleger einen Auftrag erteilt hat, vor dessen Ausführung oder parallel dazu plaziert. Besonders bei marktengen Wertpapieren, d.h. bei Wertpapieren mit geringem Angebots- oder Nachfragepotential, oder bei Papieren, die sich aufgrund ihrer technischen Ausgestaltung durch eine Hebelwirkung[957] auszeichnen, wie z.B. Optionsscheine, besteht für die auftragsausführenden Wertpapierdienstleister ein erhöhter Anreiz, durch geschickte Plazierung eigener Aufträge auf Kosten der Anleger Gewinne zu erzielen. So ist z.B. bei Ausführung von Kundenaufträgen ab einem bestimmten Umfang mit Kurssteigerungstendenzen zu rechnen, von denen die im Rahmen eines Eigengeschäfts vorweg gekauften Wertpapiere des Kreditinstituts profitieren. Erreichen die auszuführenden Kundenaufträge schließlich ein Volumen. das geeignet ist, im Falle öffentlichen Bekanntwerdens den Kurs erheblich zu beeinflussen, erfüllt Front-running sogar den Tatbestand des verbotenen Ausnutzens einer Insidertatsache und verstößt damit auch gegen § 14 Abs. 1 Nr. 1 WpHG.[958]

Ebenfalls eine verbotene Ausnutzung der Kenntnis von Kundenaufträgen i.S.v. § 32 Abs. 1 Nr. 3 WpHG liegt im Falle des sog. Gegenlaufens vor.[959] Dabei „schöpft" die Bank durch gezielte Gegenorders die Preislimits der Kundenaufträge ab, zum Schaden der Kunden, die einen günstigeren Preis als das gesetzte Limit nicht erzielen.

Nicht unter § 32 Abs. 1 Nr. 3 WpHG fällt hingegen das Vorpositionieren eigener Wertpapiergeschäfte vor der Veröffentlichung wichtiger Marktdaten, wie z.B. Marktanalysen, Research-Berichte oder Kaufempfehlungen, denn es fehlt insoweit an einer Ausnutzung *von* Kundenaufträgen. Vielmehr nutzt das Wertpapierunternehmen nur seine Marktkenntnis aus. Das bedeutet allerdings nicht, daß ein solches Verhalten deshalb rechtlich unbedenklich ist, denn neben den besonderen Verhaltensregeln des § 32 WpHG bleiben die sonstigen Vorschriften des WpHG, insbesondere die allgemeinen Verhaltensregeln des § 31 Abs. 1 WpHG sowie die Insider-Vorschriften der §§ 12 ff. WpHG anwendbar. Ein Verbot gezielten Vorpositionierens eigener Effektenaufträge, um von der bevorstehenden Veröffentlichung kurssensibler Informationen zu profitieren, folgt für Wertpapierdienstleister deshalb aus der allgemeinen Pflicht zur Vermeidung von Inter-

---

956 Bliesener, Verhaltenspflichten beim Wertpapierhandel, § 10 II 4 b.
957 Die sog. Hebelwirkung (Leverage-Effekt) bezeichnet die erhöhte Kurssensivität bestimmter Finanzinstrumente. Optionen und optionsähnliche Finanzinstrumente, die sich auf ein Basispapier beziehen, haben im Vergleich zum Basiswert einen geringeren Kapitaleinsatz. Der geringere Kapitaleinsatz führt dazu, daß die prozentualen Kursgewinne bzw. -verluste bei diesen Finanzinstrumenten um ein Vielfaches höher sind als bei den entsprechenden Basispapieren. Vgl. Grill/ Gramlich/Eller, Gabler-Bank-Lexikon (11. Aufl.), S. 822.
958 Vgl. dazu Beschlußempf. und Bericht des Finanzausschusses, BT-Drucks. 12/7918, S. 104.
959 So im Ergebnis auch Koller in Assmann/Schneider (Hrsg.), WpHG, § 32 Rn. 11 sowie Kümpel, WpHG, S. 181.

essenkonflikten nach § 31 Abs. 1 Nr. 2 WpHG.[960] Für den Fall eines erheblichen Kurs-beeinflussungspotentials der zu veröffentlichenden Information folgt ein Vorpositionie-rungsverbot darüber hinaus aus dem Verbot der Ausnutzung von Insiderkenntnissen gem. § 14 Abs. 1 Nr. 1 WpHG.[961]

Ein Vorpositionieren eigener Aufträge ist unbeschadet der insiderrechtlichen Vor-schriften im Hinblick auf § 32 Abs. 1 WpHG allerdings dann unbedenklich, wenn es dazu dient, die durch die Empfehlung verursachten Kundenaufträge zu bedienen und nach-teilige Preisbewegungen für die Kunden zu vermeiden. In diesem Fall besteht nicht die Gefahr einer Beeinträchtigung von Kundeninteressen, sondern soll im Gegenteil den Interessen des Anlagepublikums dienen, so daß auch eine Störung der Funktionsfähigkeit der Wertpapiermärkte insoweit nicht zu befürchten ist.[962]

Schließlich greift die Verbotsregel des § 32 Abs. 1 Nr. 3 WpHG auch nur in den Fällen ein, in denen die Kenntnis von Kundenaufträgen bewußt ausgenutzt wird. Das ist dann nicht der Fall, wenn zwischen dem Eigengeschäft des Wertpapierunternehmens und der Kenntnis der Kundenaufträge keine Kausalität besteht, z.B. weil das Wertpapier-unternehmen nachweisen kann, daß es das Eigengeschäft unabhängig von den Kunden-geschäften allein aufgrund der günstigen Marktlage oder positiver Kursaussichten für das betreffende Papier abgeschlossen hat.[963] Allerdings ist dabei nach wie vor die allgemeine Pflicht zur Vermeidung von Interessenkonflikten gemäß § 31 Abs. 1 Nr. 2 WpHG zu beachten, so daß auch in diesen Fällen den Interessen der betroffenen Wertpapierkunden grundsätzlich den Vorrang einzuräumen ist und das Wertpapierunternehmen Fremdauf-träge unter der gebotenen Wahrung des Kundeninteresses grundsätzlich vorweg aus-führen muß, um so eine Beeinträchtigung von Kundeninteressen auszuschließen.[964]

§ 3   Organisationspflichten in der Anlageberatung

Grundlage einer sachgemäßen Informationstätigkeit eines Wertpapierunternehmens ist nicht nur die Beachtung der gesetzlichen Verhaltensregeln im konkreten Einzelfall, viel-mehr müssen die Unternehmen darüber hinaus durch eine entsprechende betriebliche Organisation die strukturellen Voraussetzungen für eine ordnungsgemäße Beratung schaffen. Gesetzlich festmachen läßt sich diese Pflicht an § 33 Abs. 1 WpHG. Wert-papierdienstleistungsunternehmen werden dadurch gesetzlich verpflichtet, die für eine

---

960 Für Mitarbeiter, die von § 31 Abs. 1 Nr. 2 WpHG nicht erfaßt werden, ergibt sich das Verbot der Vorpositionierung eigener Aufträge vor der Veröffentlichung wichtiger Marktdaten aus den arbeitsvertraglich bindenden internen Compliance-Richtlinien, vgl. Eisele in Bankrechts-Hand-buch, § 109 Rn. 48.
961 Eisele in Bankrechts-Handbuch, a.a.O.
962 So im Ergebnis auch Eisele in Bankrechts-Handbuch, a.a.O.
963 Koller in Assmann/Schneider (Hrsg.), WpHG, § 32 Rn. 12; Kümpel, WpHG, S. 181.
964 Kümpel, WpHG, a.a.O.

ordnungsgemäße Durchführung von Wertpapierdienstleistungen notwendigen Mittel und Verfahren bereitzuhalten und wirksam einzusetzen (§ 33 Abs. 1 Nr. 1 WpHG).

Die Vorschrift hat erhebliche praktische Konsequenzen für die bankinterne Organisation der Effektenberatung, verlangt sie doch von den Kreditinstituten durch angemessene organisatorische Maßnahmen in sachlicher wie personeller Hinsicht eine qualifizierte Anlageinformation sicherzustellen. So müssen die Kreditinstitute z.B. durch entsprechende Aus- und Fortbildung ihrer Mitarbeiter dafür Sorge tragen, daß ihr Beratungspersonal jederzeit hinreichend fachlich qualifiziert ist,[965] wobei mit der Komplexität der angebotenen Finanzprodukte auch die Anforderungen an die Mitarbeiter steigen. Neben den personellen Voraussetzungen müssen entsprechende organisatorische Vorkehrungen für einen reibungslosen Informationsfluß geschaffen werden, damit der Wertpapierberater vor Ort die erforderlichen Informationen rechtzeitig erhält. Dazu gehört insbesondere die Auswertung der aktuellen Wirtschaftspresse, Unternehmensberichte und -bilanzen, aber auch der Zugang zu elektronischen Nachrichtensystemen für Börsen- und Wirtschaftsinformationen, wie z.B. *Reuters*, *dpa* oder *Bloomberg*. Gerade vor dem Hintergrund des schnellebigen Geschäfts an den internationalen Termin- und Derivatmärkten kommt der Nutzung elektronischer Nachrichtensysteme sowie der raschen Auswertung und Weiterleitung der Informationen besondere Bedeutung für die Qualität der Anlageinformation zu. Dagegen sind bei Anlagegeschäften, die weniger kompliziert und beratungsintensiv sind, wie z.B. dem Verkauf von Bundesanleihen, Pfandbriefen oder Kommunalobligationen, geringere Anforderungen an den Organisationsaufwand zu stellen.[966]

Auch das bankinterne Vergütungssystem muß den Grundsätzen einer sachgerechten Informationstätigkeit Rechnung tragen. Die Bank darf ihre Wertpapierberater deshalb nicht in einer Form vergüten, die ausschließlich die umsatzabhängigen Provisionseinnahmen honoriert.[967] Eine derartige Vergütungspraxis gäbe den Kundenberatern Anreiz, mit Blick auf das eigene Provisionsinteresse den Kunden Wertpapierumsätze zu empfehlen, die objektiv gar nicht ratsam sind. Ein solcher Mißbrauch der Informationstätigkeit wird jedoch - wie oben dargestellt - durch § 32 Abs. 1 Nr. 1 WpHG gerade verboten. Die Kreditinstitute haben durch entsprechende organisatorische Vorkehrungen, zu denen auch die Ausgestaltung der Mitarbeitervergütung gehört, grundsätzlich die Einhaltung dieser wertpapierhandelsrechtlichen Verhaltenspflicht sicherzustellen. Aus diesem Grund muß die Vergütung der Kundenberater im wesentlichen umsatzunabhängig erfolgen, lediglich ein geringer Anteil, der einen Mißbrauch der Beratungstätigkeit ausschließt, darf an den von dem Mitarbeiter erzielten Umsatz geknüpft werden.

---

965 Koller in Assmann/Schneider (Hrsg.), WpHG, § 33 Rn. 5; Arendts, ÖBA 1994, S. 251 (254).
966 Beschlußempfehlung und Bericht des Finanzausschusses, BT-Drucks. 12/7918, S. 105.
967 So auch Koller in Assmann/Schneider (Hrsg.), WpHG, § 31 Rn. 17.

Besondere Bedeutung kommt der inneren Organisation der Kreditinstitute im Hinblick auf die präventive Vermeidung von Interessenkonflikten zu. § 33 Abs. 1 Nr. 2 WpHG verpflichtet Kreditinstitute deshalb zu einer Unternehmensorganisation, die gewährleistet, daß bei der Erbringung von Wertpapierdienstleistungen Interessenkonflikte zwischen dem Unternehmen und seinen Kunden oder zwischen verschiedenen Kunden möglichst gering sind. Parallel dazu statuiert § 31 Abs. 1 Nr. 2 WpHG eine allgemeine Pflicht für Wertpapierdienstleistungsunternehmen, sich auch im Rahmen jedes einzelnen Geschäfts soweit als möglich um die Wahrung des Kundeninteresses zu bemühen.

Diesem doppelten Interessenschutz liegt die aus dem angloamerikanischen Rechtskreis bekannte Vorstellung zugrunde, daß zwischen strukturellen Interessenkonflikten (§ 33 Abs. 1 Nr. 2 WpHG) einerseits und geschäftsbezogenen Interessenkonflikten (§ 31 Abs. 1 Nr. 2 WpHG) andererseits zu unterscheiden ist. Während geschäftsbezogene Interessenkonflikte mit Hilfe von Wohlverhaltensregeln (sog. „rules of conduct") für Wertpapierdienstleister und deren Mitarbeiter minimiert werden sollen, soll den strukturellen Interessenkonflikten mit organisatorischen Mitteln (sog. „prudential rules") entgegengewirkt werden. Die strukturellen Maßnahmen betreffen dabei sowohl die Aufbau- als auch die Ablauforganisation. Die organisatorische Struktur des Unternehmens wie auch der Ablauf der Arbeitsvorgänge müssen so gestaltet werden, daß Interessenkonflikte nach Möglichkeit bereits im Vorfeld einer potentiellen Gefährdung von Kundeninteressen von vornherein vermieden werden.[968]

Die Organisationspflicht betrifft vor allem den sachgerechten Umgang mit kursrelevanten Informationen. Interessenkonflikten kann in diesem Zusammenhang insbesondere durch Schaffung von betriebsinternen „Vertraulichkeitsbereichen" entgegengewirkt werden.[969] Dabei werden innerhalb des Kreditinstituts Informationsbarrieren errichtet, die eine Ausnutzung wichtiger, nicht öffentlich bekannter Informationen verhindern und sicherstellen, daß sensible Daten, die in einem Geschäftsbereich des Kreditinstituts anfallen, Mitarbeitern aus anderen Geschäftsbereichen nicht ohne weiteres zugänglich sind.

Das Wertpapierhandelsgesetz verlangt allerdings im Gegensatz zum ursprünglichen Diskussionsentwurf des Bundesfinanzministeriums keine absolute personelle und räumliche Trennung der Geschäftsbereiche. Statt dessen setzt das Gesetz sowohl auf die Etablierung einer von ethischen Vorstellungen geprägten Unternehmenskultur als auch auf praktische Verhaltens- und Organisationsregeln, die flexibel je nach Größe und Geschäftsstruktur des Unternehmens den Ablauf der Arbeitsvorgänge innerhalb des Kreditinstituts so gestalten, daß Interessenkonflikte möglichst bereits im Ansatz vermieden, zumindest aber abgemildert werden.[970]

---

968 Vgl. Beschlußempfehlung und Bericht des Finanzausschusses, BT-Drucks., a.a.O.
969 Dazu Koller in Assmann/Schneider (Hrsg.), WpHG, § 33 Rn. 17 ff.
970 Vgl. Eisele in Bankrechts-Handbuch, § 109 Rn. 70.

Noch ungeklärt ist hingegen, ob aus § 33 Abs. 1 WpHG auch eine allgemeine Pflicht zur Schaffung umfassender Organisationsstrukturen zur Einhaltung der gesetzlichen Vorschriften abgeleitet werden kann, oder ob eine Pflicht zur Schaffung von Organisationsstrukturen zur Vorbeugung gegen Pflichtverletzungen entsprechend § 33 Abs. 1 Nr. 2 WpHG nur insoweit besteht, als Kundeninteressen bedroht sind.[971] Die Frage stellt sich deshalb, weil nicht jedes informationelle Fehlverhalten eines Kreditinstituts zwangsläufig auch das Interesse eines Kunden dieser Bank beeinträchtigt und dadurch einen Konflikt verursacht, der typischerweise durch § 33 Abs. 1 Nr. 2 WpHG erfaßt wird. So muß beispielsweise die Ausnutzung einer Insiderinformation durch die Bank nicht zwangsläufig das Interesse eines Kunden dieser Bank beeinträchtigen. Gerade im Fall sehr enger Märkte ist denkbar, daß wenn überhaupt nur Außenstehende geschädigt werden, die als Nichtkunden vom Interessenschutz des § 33 Abs. 1 Nr. 2 WpHG nicht umfaßt werden.

Entsprechende organisatorische Vorkehrungen zum Schutz solcher Marktteilnehmer wären gesetzlich nur dann erforderlich, wenn die wertpapierhandelsrechtliche Organisationspflicht im Sinne einer allgemeinen, umfassenden Pflicht zu Verhinderung von Verhaltensverstößen zu verstehen wäre. Eine so umfassende Auslegung der Organisationspflicht findet unter Umständen in § 33 Abs. 1 Nr. 3 WpHG eine gesetzliche Stütze.

Dem Wortlaut nach verlangt die Vorschrift lediglich Kontrollverfahren, die allerdings geeignet sein müssen, Verstößen gegen wertpapierhandelsrechtliche Bestimmungen entgegenzuwirken. Angesichts des Wortlauts der Vorschrift ist zweifelhaft, ob die Norm auch präventive Vorkehrungen im Rahmen der Aufbau- und Ablauforganisation der Wertpapierunternehmen verlangt.[972] Vielfach wird die Effizienz der gesetzlich vorgeschriebenen Kontrollverfahren bereits aus rein praktischen Gründen eine dementsprechende Organisationsstruktur voraussetzen, die beispielsweise einen Mißbrauch von Insiderinformationen von vornherein unterbindet. Ungeachtet der praktischen Anforderungen wirkungsvoller interner Kontrollmechanismen resultiert jedoch aus § 33 Abs. 1 Nr. 3 WpHG auch eine Rechtspflicht, Verhaltenspflichtverstößen durch geeignete organisatorische Maßnahmen grundsätzlich vorzubeugen.[973] Obgleich die Norm dem Wortlaut nach lediglich von „Kontrollverfahren" spricht, ergibt sich vor dem Hintergrund der Bestimmungen der EG-Wertpapierdienstleistungsrichtlinie gleichwohl eine Pflicht der Wertpapierunternehmen, Verstößen gegen wertpapierhandelsrechtliche Bestimmungen umfassend durch geeignete betriebsinterne Organisationsstrukturen vorzubeugen. So verlangt Art. 11 Abs. 1 Satz 4 Spiegelstrich 7 WpDRiL[974] vom nationalen Gesetzgeber Regelungen zu schaffen, die sicherstellen, daß die Wertpapierfirmen allen für die Ausübung ihrer Tätigkeit geltenden Vorschriften nicht nur im bestmöglichen Interesse ihrer Kunden, sondern auch zum Schutz der Integrität des Marktes nachkommen. Angesichts

---

971   Vgl. Kümpel, WpHG, S. 183 ff.; Assmann/Cramer in Assmann/Schneider (Hrsg.), WpHG, § 14 Rn 54.

972   Vgl. Eisele, WM 1993, S. 1021 (1024 f.).

973   So im Ergebnis auch Kümpel, WpHG, S. 184; Koller in Assmann/Schneider (Hrsg.), WpHG, § 33 Rn. 31.

974   ABl. EG Nr. L 141/27 (S. 37) vom 11.6.1993.

des darin zum Ausdruck kommenden Bestrebens des Richtliniengebers um einen möglichst wirkungsvollen, effektiven Schutz der Marktintegrität, erscheinen bei richtlinienkonformer Auslegung der gesetzlichen Organisationspflicht auch organisatorische Vorkehrungen von § 33 Abs. 1 Nr. 3 WpHG umfaßt, die über bloße Kontrollverfahren hinausgehen und die vielmehr geeignet sind, Verstößen gegen das WpHG und damit Gefahren für die Integrität der Wertpapiermärkte wirksam und umfassend vorzubeugen.

II. Kollision der Informationspflicht mit anderen bankgeschäftlichen Pflichten

1. Beratung und Bankgeheimnis

Trotz entsprechender Organisation können im Rahmen des normalen Geschäftsbetriebs eines Kreditinstituts dennoch Konflikte zwischen der wertpapiergeschäftlichen Informationspflicht und anderen Pflichten, die die Bank gleichfalls zu beachten hat, auftreten. Ein Beispiel dafür bietet die Kollision der Informationspflicht mit der Pflicht der Bank zur Wahrung des Bankgeheimnisses. Für die anlageberatende Bank stellt sich in diesen Fällen die Frage, inwieweit sie Informationen über andere Kunden in die Anlageberatung einfließen lassen darf oder gegebenenfalls sogar einfließen lassen muß.

Banken erlangen aufgrund ihrer Geschäftsbeziehung zu Kunden vielfach vertrauliche Kenntnisse, wie z.B. Informationen über Umsätze, Gewinnentwicklung, Absatzerwartungen, Kreditwürdigkeit, vorhandenes Vermögens, bestehende Kredite oder ähnlich sensible Daten, an denen der Kunde ein besonderes Geheimhaltungsinteresse hat. Die Geschäftsbeziehung zwischen Kunde und Bank ist deshalb durch ein besonderes Vertrauensverhältnis geprägt, das die Verpflichtung der Bank zur Verschwiegenheit begründet.[975] Inhalt und Grenzen der Verschwiegenheitspflicht werden dabei teilweise durch die Allgemeinen Geschäftsbedingungen der Banken[976] und Sparkassen[977] konkretisiert. Danach umfaßt das Bankgeheimnis alle nicht offenkundigen Tatsachen, die der Bank im Rahmen der Geschäftsbeziehung mit dem Kunden bekannt geworden sind.[978] Darunter fallen neben privaten Umständen vor allem geschäftliche und finanzielle Informationen.

Während die Bank einerseits dem Kontoinhaber gegenüber zur Verschwiegenheit verpflichtet ist, ist sie andererseits Effektenkunden gegenüber gem. § 31 Abs. 2 Nr. 2

---

975 Vgl. Schwintowski/Schäfer, Bankrecht, § 1 Rn. 142. Zur Begründung des Auskunftsverweigerungsanspruchs gegenüber staatlichen Stellen, insbesondere gegenüber den Steuerbehörden, werden neben privatrechtlichen Rechtsgrundlagen vor allem grundrechtliche Abwehrrechte wie das Allgemeine Persönlichkeitsrecht aus Art. 1 Abs. 1 i.V.m. Art. 2 Abs. 1 GG in Gestalt des Schutzes der Geheimsphäre, aber auch das Grundrecht der Banken auf Berufsfreiheit aus Art. 12 GG sowie das Recht am eingerichteten und ausgeübten Gewerbebetrieb aus Art. 14 GG herangezogen, vgl. Sichtermann/Feuerborn/ Kirchner, Bankgeheimnis und Bankauskunft, S. 40 ff.
976 AGB-Banken (Jan. 1998), Nr. 2 Abs. 1, abgedruckt in Beck-Texte im DTV - Bankrecht (28. Aufl.), Nr. 19 sowie bei Fischer/Klanten, Bankrecht, Anhang IIa, S. 399 ff.
977 AGB-Sparkassen (Jan. 1993), Nr. 3, abgedruckt in Beck-Texte im DTV - Bankrecht (28. Aufl.), Nr. 20 sowie bei Fischer/Klanten, Bankrecht, Anhang IIa, S. 413 ff.
978 Fischer/Klanten, Bankrecht, Rn. 4.1

WpHG sowie gegebenenfalls aufgrund eines (konkludenten) Beratungsvertrages zu sorgfältiger und vollständiger Unterrichtung über alle anlagerelevanten Umstände verpflichtet. Es stellt sich damit für die Bank die Frage, ob und inwieweit sie im Rahmen der Effektenberatung insbesondere verpflichtet ist, einem Anleger, der bestimmte Wertpapiere kaufen möchte, auf einen drohenden Kursverfall oder gar die Gefahr einer Insolvenz des Emittenten hinzuweisen, wenn die Bank aufgrund ihrer Geschäftsbeziehung vertrauliche Informationen über die kritische Situation des Emittenten besitzt.

a. Grundsätzlicher Vorrang des Bankgeheimnisses

Maßgebend in dieser Frage ist vor allem § 33 Abs. 1 Nr. 2 WpHG. Danach muß die Bank durch geeignete organisatorische Maßnahmen grundsätzlich sicherstellen, daß Interessenkonflikte bei der Anlageberatung möglichst gering gehalten werden. Dazu gehört auch, daß vertrauliche und sensible Kundeninformationen, die dem Bankgeheimnis unterliegen, ausreichend geschützt werden. Gerade weil eine allgemeine Beratungspflicht nicht besteht, kann der Effektenkunde, auch wenn er um Beratung bittet, grundsätzlich nicht damit rechnen, daß ihm vertrauliche Informationen aus anderweitigen Geschäftsbeziehungen mitgeteilt werden, denn umgekehrt erwartet auch der Anlagekunde eine Geheimhaltung seiner Daten.[979] Vom Grundsatz her wird man dem Bankgeheimnis deshalb den Vorrang vor der Informationspflicht der Bank einräumen müssen.[980]

Auch die gesetzliche Verpflichtung der Bank zu richtiger und vollständiger Mitteilung anlagerelevanter Informationen gemäß § 31 Abs. 2 Nr. 2 WpHG rechtfertigt keine Durchbrechung des Bankgeheimnisses. Vielmehr zielt die Forderung des WpHG nach präventiver Konfliktvermeidung (§ 31 Abs. 1 Nr. 2, § 33 Abs. 1 Nr. 2) gerade darauf, die Verwendung vertraulicher Informationen für die Anlageberatung zu verhindern. Aus diesem Grund muß die Bank durch organisatorische Vorkehrungen entsprechend dafür Sorge tragen, daß vertrauliche Informationen aus Kundenbeziehungen, die dem Bankgeheimnis unterliegen, wie beispielsweise Informationen über Absatzprobleme, rückläufige Umsätze oder mangelnde Bonität eines Emittenten, tatsächlich geheim bleiben. Das kann beispielsweise dadurch geschehen, daß die Bank durch eine entsprechende Organisation der Betriebsabläufe verhindert, daß ihre Anlageberater von solchen Daten, die z.B. im Rahmen einer Kreditvergabe bekannt werden, Kenntnis erlangen - das Bankgeheimnis sozusagen also auch bankintern gewahrt wird.[981]

Soweit im Einzelfall dennoch ein Verstoß der Bank gegen die Geheimhaltungspflicht indiziert sein sollte, beispielsweise weil bestehende Informationsbarrieren im Einzelfall

---

979 Roth in Assmann/Schütze (Hrsg.), Handbuch des Kapitalanlagerechts, § 12 Rn. 86.
980 So auch Roth in Assmann/Schütze (Hrsg.), Handbuch des Kapitalanlagerechts, a.a.O.; Schäfer, Anlageberatung, S. 26. Anders dagegen Hopt, Kapitalanlegerschutz, S. 466 ff.
981 Zur „bankinternen" Wahrung des Bankgeheimnisses vgl. Bruchner in Bankrechts-Handbuch, § 39 Rn. 12 ff.

versagt haben, wird man vom Berater statt einer Aufklärung über das Geheimnis eher eine generelle Ablehnung der Beratung verlangen dürfen.[982]

b. Ausnahmsweise Durchbrechung des Bankgeheimnisses

Kann das Kreditinstitut die Beratung nicht mehr ablehnen, beispielsweise weil mit der Beratung bereits begonnen wurde, bevor sich der Interessenkonflikt abzeichnete, so löst die h.M. den Pflichtenkonflikt durch eine Abwägung der betroffenen Interessen.[983] Eine solche Güterabwägung kann nicht abstrakt, sondern nur unter Berücksichtigung der Umstände des konkreten Einzelfalls erfolgen.[984] Dabei ist das Geheimhaltungsinteresse des Kunden dem Interesse des Anlegers an vollständiger Aufklärung und Offenbarung der Information gegenüberzustellen.[985] Bei dieser Güterabwägung ist insbesondere zu berücksichtigen, in welchem Umfang das Kreditinstitut gezwungen wäre, vertrauliche Einzelheiten über die Vermögenslage eines anderen Kunden zu offenbaren und in welchem Ausmaß eine Geheimhaltung der Information die Vermögensinteressen des Anlagekunden schädigen würde.[986] Dabei gilt ganz allgemein der Grundsatz, daß sich auch eine Bank auf die Grundsätze von Notwehr und Notstand (§§ 227, 228 BGB) berufen darf.[987] Eine Güter- und Interessenabwägung zwischen dem Bankgeheimnis und der Schutzpflicht zugunsten eines anderen Kunden ist deshalb unter Rückgriff auf den Rechtfertigungsgrund des Notstandes naheliegend.[988] Dieser Auffassung hat sich auch der BGH angeschlossen.[989] Dem Urteil des BGH lag ein Fall zugrunde, in dem ein Kreditinstitut einerseits die Pflicht hatte, den Anlagekunden auf Risiken einer Anlagemöglichkeit hinzuweisen (drohende Konkursreife eines Bauträgers), andererseits jedoch gegenüber einem anderen Kunden (dem Bauträger) zur Wahrung des Bankgeheimnisses verpflichtet war. Zwar bestätigte der BGH die grundsätzliche Pflicht der anlageberatenden Bank zur Wahrung des Bankgeheimnisses, eine Ausnahme sei jedoch dann geboten, wenn dem Anlageberater die drohende Insolvenz des Anlageinitiators bekannt sei und im Falle der Nichtunterrichtung des Anlegers mit einer erheblichen Schädigung zu rechnen sei.[990] Nach dieser Rechtsprechung, der sich inzwischen die Untergerichte angeschlossen haben, muß das Geheimhaltungsinteresse dann zurücktreten, wenn ein besonderes Schutz- und Aufklärungsbedürfnis des Effektenkunden besteht. Das ist laut BGH dann der Fall, wenn dem Anleger durch den Abschluß des Geschäfts erhebliche

---

982   Übereinstimmend Schäfer, Anlageberatung, S. 27 f.; Weiss, Die Bank 1993, S. 136 (138).
983   BGH WM 1992, 133; BGH ZIP 1991, 90 f. m.w.N.; Froehlich, Haftung für Anlageberatung, S. 76 f.
984   BGH NJW 1991, 693 (694); Canaris, Bankvertragsrecht (4. Aufl.), Rn. 60.
985   BHG ZIP 1991, 90 f.; Canaris, Bankvertragsrecht (4. Aufl.), a.a.O.
986   BGH NJW 1991, 693 (694).
987   Schwintowski/Schäfer, Bankrecht, § 1 Rn. 160.
988   Canaris, Bankvertragsrecht (4. Aufl.), Rn. 59 f.
989   BGH NJW 1991, 693.
990   BGH NJW 1991, 693 f.; vgl. auch BGH WM 1986, 1409 (1410) zum Verhältnis Bankgeheimnis und Warnpflichten im Überweisungsverkehr.

finanzielle Verluste drohen, während dem anderen Kunden durch die Verletzung des Bankgeheimnisses kaum Nachteile entstehen, etwa weil dieser in kürze ohnehin in Konkurs gefallen wäre.[991]

Zwar läßt die Rechtsprechung damit in Einzelfällen ausnahmsweise eine Durchbrechung des Bankgeheimnisses zu, das entbindet die Kreditinstitute jedoch nicht von der Pflicht nach § 33 Abs. 1 Nr. 2 WpHG durch strukturelle Maßnahmen grundsätzlich dafür Sorge zu tragen, daß vertrauliche Kundeninformationen bei der Anlageberatung prinzipiell keine Verwendung finden.

2. Beratung und Insiderwissen

Ein weiteres Beispiel für eine Pflichtenkollision bietet der Konflikt zwischen der wertpapiergeschäftlichen Informationspflicht und dem Insiderverbot der §§ 12 ff. WpHG. So ist umstritten, ob und inwieweit Kreditinstitute berechtigt oder gar verpflichtet sind, Insiderkenntnisse im Rahmen der Anlageberatung weiterzugeben oder zu verwenden.

Kreditinstitute verfügen aufgrund ihrer Tätigkeit gegenüber privaten Anlegern in der Regel über einen Informationsvorsprung. Dieser Informationsvorsprung resultiert vor allem aus dem professionellen Engagement an den Wertpapiermärkten. Darüber hinaus fließen der Bank in ihrer Eigenschaft als Kreditgeberin, Emissionsbegleiterin oder Kontoführerin von bedeutenden Unternehmen regelmäßig aber auch vertrauliche, am Markt nicht allgemein bekannte Informationen zu, die für die Beurteilung von Anlagevorhaben bedeutsam sind. Insofern stellt sich auch in diesem Zusammenhang vielfach die zuvor erörterte Frage nach dem Verhältnis von Bankgeheimnis und Informationspflicht, denn Insiderinformationen resultieren häufig aus vertraulichen Geschäftsbeziehungen zwischen der Bank und ihren Kunden.

Ungeachtet der aus dem Bankgeheimnis resultierenden privatrechtlichen Geheimhaltungspflicht der Bank gegenüber dem betroffenen Kunden, ist die Offenbarung kundenbezogener Informationen insiderrechtlich nur dann relevant, wenn die vertraulichen Informationen im Falle ihres öffentlichen Bekanntwerdens geeignet sind, den Kurs eines Wertpapiers *erheblich* zu beeinflussen, § 13 Abs. 1 a.E. WpHG.[992]

---

991 So im Ergebnis auch BGH NJW 1991, 693 (694) sowie Schäfer, Anlageberatung, S. 27.

992 Wann eine „erhebliche" Kursbeeinflussung i.S.v. § 13 Abs. 1 WpHG vorliegt, ist in der Literatur umstritten. Während z.B. Claussen, ZBB 1996, S. 267 (278), eine solche Kursbeeinflussung bei mindestens 15% Abweichung von letztnotierten Kurs annehmen will, greift die wohl h.M. auf die Schwellenwerte zurück, die einen Kursmakler verpflichten, angesichts vorliegender Aufträge vorhersehbare Abweichungen vom zuletzt notierten Kurs mit Plus- oder Minuszusätzen zu kennzeichnen (vgl. Assmann, ZGR 1994, 494 (514 f.); ders. in Assmann/Schneider (Hrsg.), WpHG, § 13 Rn. 69 ff; Hopt in Hadding/Hopt/Schimansky , 2. FMG, S. 3 (14 f.)). Gemäß § 8 Abs. 1 der Bedingungen für Geschäfte an deutschen Wertpapierbörsen ist bei Kursschwankungen von 5% oder mehr eine Kennzeichnung mit „+" bzw. „./." vorzunehmen. Nach überwiegender Literaturansicht wäre damit eine insiderrechtlich relevante Kursbeeinflussung im Ergebnis bereits bei Kursschwankungen von 5% oder mehr zu bejahen. Süßmann, AG 1997, S. 63 (64), hingegen wehrt sich gegen die Festlegung eines festen Prozentsatzes und will statt dessen jedes Kursveränderungspotential ausreichen lassen, das die übliche Volatilität des Insiderpapiers übersteigt.

Die Diskussion, ob Insiderkenntnisse in die Anlageberatung einfließen dürfen oder ob die Verwendung solcher Informationen grundsätzlich ausgeschlossen ist, hat durch das WpHG und das darin enthaltene strafbewehrte Verbot von Insidergeschäften bzw. der Weitergabe von Insiderinformationen (§ 14 i.V.m. § 38 Abs. 1 WpHG) neue Nahrung erhalten.

a. Das Verbot der Nutzung von Insiderkenntnissen gem. § 14 i.V.m. §§ 12, 13WpHG

Mit Inkrafttreten des Wertpapierhandelsgesetztes besteht in Deutschland nunmehr erstmals eine gesetzliche Regelung, die den Umgang mit Insiderinformationen zum Inhalt hat.[993] Bis zum Inkrafttreten des WpHG waren die freiwilligen Insiderhandels-Richtlinien, die im Rahmen privater Selbstkontrolle von den Verbänden der Kreditwirtschaft und den Börsen erarbeitet und den institutionellen Kapitalmarktteilnehmern und deren Mitarbeitern zur freiwilligen rechtsgeschäftlichen Anerkennung empfohlen wurden, für die Kreditwirtschaft maßgeblich.[994]

Nach den Vorschriften des Wertpapierhandelsgesetzes ist es einem Insider nunmehr gesetzlich verboten, unter Ausnutzung seiner Kenntnis von einer Insidertatsache Insiderpapiere für eigene oder fremde Rechnung oder für einen anderen zu erwerben oder zu veräußern (§ 14 Abs. 1 Nr. 1).[995] Ebenso ist es einem Insider untersagt, einem anderen eine Insidertatsache mitzuteilen oder zugänglich zu machen (§ 14 Abs. 1 Nr. 2) oder einem anderen auf der Grundlage seiner Kenntnis von einer solchen Tatsache entsprechende Wertpapiergeschäfte zu empfehlen (§ 14 Abs. 1 Nr. 3). Dabei ist (Primär-) Insider i.S.v. § 13 Abs. 1 WpHG, wer durch seine geschäftsführende Tätigkeit in einer Gesellschaft, aufgrund seiner Beteiligung an einer Gesellschaft oder aufgrund seines Berufes oder seiner Tätigkeit, Kenntnis von einer nicht öffentlich bekannten Tatsache besitzt, die geeignet ist, im Falle ihres öffentlichen Bekanntwerdens den Kurs der Insiderpapiere erheblich zu beeinflussen.[996]

Gerade im Hinblick auf das Mitteilungs- und Empfehlungsverbot nach § 14 Abs. 1 Nr. 2 und 3 WpHG stellt sich für Kreditinstitute die Frage, ob sie bei einem Verzicht auf

---

Diese Auffassung ist indes mit erheblicher Rechtsunsicherheit verbunden, da unklar bleibt, wann die „übliche" Volatilität überschritten wird, insbesondere welcher Zeitraum bei der Bestimmung der üblichen Volatilität zugrunde zu legen ist. Angesichts der Strafsanktion (§ 38 WpHG), die der Insiderverstoß nach sich zieht, besteht in dieser Frage jedoch ein erhöhtes Bedürfnis nach Rechtssicherheit. Die h.M., die eine erhebliche Kursänderung ab 5 % bejaht, erscheint deshalb vorzugswürdig.

993 Ausführlich zur neuen Insiderregelung: Assmann, ZGR 1994, S. 494 ff.; Claussen, ZBB 1992, S. 73 ff. und 267 ff; Frank A. Immenga, ZBB 1995, S. 197 ff.; Hopt in Hadding/ Hopt/Schimansky (Hrsg.), 2. FMG, S. 3 ff. sowie insbes. zu den ökonomischen Auswirkungen der Insider-Bestimmungen: Ott/Schäfer, ZBB 1991, S. 226 ff. ; Schneider, DB 1993, S. 1429 ff. und Hopt, AG 1995, S. 353 ff.

994 Mit Inkrafttreten des WpHG zum 1.1.1995 sind die freiwilligen Insider-Richtlinien nicht ungültig geworden, praktisch sind sie indes bedeutungslos, da sie nur noch auf Geschäfte Anwendung finden, die vor Inkrafttreten des WpHG zum 1.1.1995 abgeschlossen wurden.

995 Zu den Einzelheiten vgl. Assmann/Cramer in Assmann/Schneider (Hrsg.), WpHG, § 14 Rn. 5 ff.

996 Ausführlich dazu Assmann, AG 1997, S. 50 (51 ff.).

Weitergabe und Auswertung von Insiderkenntnissen andererseits in ihrer Funktion als Anlageberater nicht gegen die Interessen der Wertpapierkunden verstoßen, denn dem Wertpapierkunden werden bei einem Verzicht auf die Mitteilung von Insiderinformationen nicht alle bekannten und für die Beurteilung einer Anlage erforderlichen Informationen mitgeteilt. Eben darin könnte jedoch ein Verstoß gegen die gesetzliche Pflicht des Kreditinstituts aus § 31 Abs. 2 Nr. 2 WpHG zur Mitteilung aller zweckdienlichen Informationen liegen. In der Literatur werden zu dem Problem im wesentlichen drei Positionen vertreten.

b. Lösung des Konflikts in der Literatur

aa. Befürworter einer Offenbarungspflicht

Eine Auffassung räumt der Aufklärungspflicht den Vorrang vor dem Insiderverbot ein und hält Kreditinstitute deshalb für verpflichtet, Insiderinformationen zumindest bei groben Unregelmäßigkeiten oder Mißständen an den Anleger weiterzugeben.[997] Dogmatisch begründet wird diese Ansicht ähnlich wie die Durchbrechung des Bankgeheimnisses mit der Rechtsfigur der Nothilfe zugunsten des uninformierten Anlegers.[998]

In der jüngeren Literatur befürwortet insbesondere *Hopt* eine solche Offenbarungspflicht.[999] Zwar dürfen auch nach Ansicht *Hopts* Insiderinformationen nicht unbedenklich und ohne weiteres zu Beratungszwecken verwendet werden, allerdings nennt *Hopt* eine Reihe von Fallkonstellationen, in denen angesichts des dem Anleger durch grobe Mißstände unmittelbar drohenden erheblichen Vermögensschadens gleichwohl eine Rechtspflicht der Bank zur Aufklärung über die Mißstände bestehen soll, weil sich die beratende Bank anderenfalls geschäftlich unglaubwürdig machen würde.[1000] Aus dem Umstand, daß die Mitteilung derartiger Informationen in dem Entwurf der Insider-Richtlinie der Europäischen Kommission nicht ausdrücklich ausgeschlossen wurde, schließt *Hopt* auf eine Auslegung der Richtlinie im Sinne eines fallweisen Vorrangs der Aufklärungsverpflichtung.[1001]

bb. Gegner einer Offenbarungspflicht

Dieser Ansicht wurde zu Recht entgegengehalten, daß eine Abgrenzung der Fälle, in denen ein durch grobe Mißstände seitens des Emittenten drohender erheblicher Schaden eine Offenbarung der Insiderinformationen rechtfertigen soll, in der Praxis zu erheblicher Rechtsunsicherheit führt. Die wohl h.M. verneinte aus diesem Grund bereits vor Geltung

---

997 Hopt, WM-Festgabe für Hellner, S. 29 (30 f.); ebenso Hopt in FS für Heinsius (1991), S. 289 (300 ff.) für die Rechtslage vor Geltung des WpHG.
998 Vgl. Assmann, WM 1983, S. 138 (142).
999 Hopt in FS für Heinsius (1991), S. 289 (301).
1000 Hopt in FS für Heinsius (1991), S. 289 (301 ff.).
1001 Hopt in FS für Heinsius (1991), S. 289 (301).

des WpHG eine Pflicht der Bank zur Weitergabe von Insiderinformationen und hält an dieser Auffassung erst Recht seit Inkrafttreten des Wertpapierhandelsgesetzes fest.[1002] Die ablehnende Haltung wird dabei überwiegend auf die Pflicht zur Wahrung des Bankgeheimnisses gestützt. Gleichzeitig eröffnet jedoch der Verweis auf das Bankgeheimnis auch der h.M. in besonderen Ausnahmefällen die Möglichkeit, gestützt auf den Gedanken der Nothilfe gleichwohl ausnahmsweise ein Weitergaberecht der Bank zu fordern. Wenngleich die h.M. die Preisgabe von Insiderinformationen auf Ausnahmefälle begrenzen will, so bleibt doch auch bei dieser Ansicht, ähnlich wie bei der zuvor skizzierten Auffassung, unklar, in welchen Fällen konkret ausnahmsweise eine Offenbarung von Insiderinformationen zulässig sein soll. Hinzu kommt, daß diese Auffassung lediglich ein Offenbarungsrecht, aber keine Informationspflicht bejaht. Die Entscheidung, ob sie Insiderinformationen ausnahmsweise preisgeben will, liegt damit allein bei der Bank und wäre einer gerichtlichen Überprüfung gerade im Hinblick auf den wichtigen Aspekt informationeller Gleichbehandlung entzogen.

cc. Befürworter einer Berücksichtigungspflicht

Einen anderen Weg zur Lösung des Interessenkonflikts wählt schließlich *Hefermehl*.[1003] Nach seiner Auffassung muß die Bank auch unter Berücksichtigung des Insiderwissens den Anlagekunden vollständig informieren, allerdings ohne dabei die Insidertatsache in concreto zu offenbaren. Das soll beispielsweise dadurch geschehen, daß die Bank dem Kunden den Kauf eines bestimmten Wertpapiers, über das ihr positive Insiderinformationen vorliegen, empfiehlt, ohne dabei die Hintergründe und Ursachen für ihre Empfehlung im einzelnen mitzuteilen. Auf diese Weise bleibt zwar die Insiderinformation als solche dem Anleger unbekannt, aber die anlagetaktischen Konsequenzen aus dieser Information werden dem Kunden gleichwohl mitgeteilt.[1004] Der Kunde kann die Insiderinformation selbst zwar nicht weitergeben, erlangt aber im Ergebnis die Möglichkeit, die Information in eine Wertpapiertransaktion umzusetzen.

c. Stellungnahme

aa. Absolutes Verwendungs- und Offenbarungsverbot für Insiderinformationen

Zur Beantwortung der Frage, ob und in welcher Weise Insiderkenntnisse bei der Anlageberatung Verwendung finden dürfen, sind vor allem Wortlaut und Zweck des wertpapierhandelsrechtlichen Insiderverbots heranzuziehen. § 14 Abs. 1 WpHG verbietet nicht nur die Ausnutzung von Insiderkenntnissen für eigene oder fremde Rechnung (Nr.

1002 Canaris, Bankvertragsrecht (3. Aufl.), Rn. 1892 ff.; Heinsius, ZHR 145 (1981), S. 177 (188); Roth in Assmann/Schütze (Hrsg.), Handbuch des Kapitalanlagerechts, § 12 Rn. 88 ff.

1003 Hefermehl in Schlegelberger, HGB, Bd. VI, Anh. § 406 Anm. 34; ihm folgend Froehlich, Haftung für Anlageberatung, S. 70 ff.

1004 Hefermehl in Schlegelberger, HGB, a.a.O.; Froehlich, Haftung für Anlageberatung, a.a.O.

1) sowie die Mitteilung derartiger Informationen an Dritte (Nr. 2), darüber hinaus untersagt § 14 Abs. 1 Nr. 3 WpHG auch Empfehlungen zum Kauf oder Verkauf von Wertpapieren auf der Grundlage von Insiderwissen. Selbst einem Dritten, der als sog. Sekundärinsider[1005] durch andere ausnahmsweise Kenntnis von einer Insidertatsache erlangt hat, ist die Ausnutzung dieser Information gem. § 14 Abs. 2 WpHG gesetzlich verboten. Der Gesetzgeber wollte dadurch möglichst umfassend die Ausnutzung und Verwertung von Insiderinformationen unterbinden. Auf diese Weise soll informationelle Chancengleichheit[1006] im Sinne gleicher Zugangsmöglichkeiten zu anlagerelevanten Informationen für alle Marktteilnehmer sichergestellt werden.[1007] Durch eine umfassende Erfassung der insiderrechtlich relevanten Verhaltensweisen wird vor allem der Schutz der Anleger erhöht, die nicht über Insiderinformationen verfügen. Davon profitieren besonders die privaten Kleinanleger, die erfahrungsgemäß im Gegensatz zu institutionellen Marktteilnehmern kaum über Insiderkenntnisse verfügen. Darüber hinaus wird jedoch auch die Investitionsbereitschaft ausländischer Marktteilnehmer, die angesichts international üblicher Insider-Standards auch am deutschen Kapitalmarkt ausreichend Schutz vor informationeller Übervorteilung erwarten, gefördert und damit eine wichtige Voraussetzung für ausreichend Liquidität und ein vielseitiges Kapitalangebot am deutschen Kapitalmarkt geschaffen.[1008]

Informationelle Chancengleichheit kann jedoch nur bestehen, wenn die Ausnutzung von Informationsvorsprüngen, die einige Marktakteure aufgrund ihrer speziellen Tätigkeit zwangsläufig erlangen, möglichst vollständig ausgeschlossen wird. Eine Pflicht der Kreditinstitute, unter bestimmten Umständen, etwa bei groben Unregelmäßigkeiten oder erheblicher Schädigungsgefahr, den Anleger auch über Insiderinformationen aufzuklären, ist mit dem vom Gesetzgeber gewollten, möglichst umfassenden Verwendungsverbot für Insiderkenntnisse indes nicht zu vereinbaren.

Dabei führt auch der von der h.M. in Analogie zum Bankgeheimnis entwickelte Gedanke der Nothilfe zu keinem anderen Ergebnis. Eine Durchbrechung des Insiderhandelsverbots, gestützt auf das Prinzip der Nothilfe, würde nicht nur erhebliche Rechtsunsicherheit darüber verursachen, in welchen Fällen eine Informationsweitergabe ausnahmsweise zulässig sein soll,[1009] die Verwendung von Insiderkenntnissen würde außerdem, anders als vom Gesetzgeber gewollt, nicht eingeschränkt, sondern vielmehr ent-

---

1005 Sekundärinsider gem. § 14 Abs. 2 WpHG ist jeder, der Kenntnis von einer Insidertatsache hat, ohne Primärinsider i.S.v. § 13 Abs. 1 WpHG zu sein. Ob der Sekundärinsider die Informationen durch den „Tip" eines Primärinsiders oder auf andere Weise erlangt hat, ist gleichgültig. Auch solche Personen, die Insiderkenntnisse über mehrere Zwischenglieder erfahren haben, sind deshalb Sekundärinsider und ihnen ist die Ausnutzung der Insiderinformation gem. § 14 Abs. 2 WpHG verboten. Dazu vgl. Hopt in Hadding/Hopt/Schimansky (Hrsg.), 2. FMG, S. 3 (12); Assmann/Cramer in Assmann/ Schneider (Hrsg.), WpHG, § 14 Rn. 74.
1006 Entscheidend ist nicht die tatsächliche Informationsgleichheit aller Marktteilnehmer. Die herzustellen wäre utopisch und nicht wünschenswert, sondern Ziel der Insiderregelungen ist vielmehr ein Mindestmaß an Chancengleichheit.
1007 Siebold, Insiderrecht, S. 30 f.; Hopt in Hadding/Hopt/Schimansky (Hrsg.), 2. FMG, S. 3 (12).
1008 Vgl. Assmann, ZGR 1994, S. 494 (499).
1009 Vgl. Assmann/Cramer in Assmann/Schneider (Hrsg.), WpHG, § 14 Rn. 64.

sprechend der jeweiligen Einschätzung des Wertpapierberaters, ob ein Fall von Nothilfe vorliegt, ausgedehnt. Gerade bei einem so auslegungsbedürftigen und strapazierfähigen Begriff wie dem der Nothilfe, würde dem unkontrollierbaren Gebrauch von Insiderwissen damit am Ende Tür und Tor geöffnet.[1010]

Darüber hinaus muß sich die h.M. entgegenhalten lassen, daß Nothilfe stets einen rechtswidrigen Angriff gegen ein Rechtsgut erfordert. Dann müßte jedoch ein Unterlassen der gemäß § 15 WpHG vom Emittenten herzustellenden Ad-hoc-Publizität als rechtswidriger Angriff des publizitätspflichtigen Unternehmens gegen jeden potentiellen Wertpapieranleger verstanden werden, dem durch die Nichtveröffentlichung der Information möglicherweise ein Nachteil droht.[1011] Eine solche Interpretation eines Verstoßes gegen die Ad-hoc-Publizität ist jedoch mit dem Schutzzweck des § 15 WpHG nicht mehr vereinbar, denn Normzweck ist nach den Gesetzesmaterialien gerade nicht der Schutz der Individualinteressen einzelner potentieller Anleger, sondern ausschließlich die Sicherung der Funktionsfähigkeit des Kapitalmarktes.[1012]

Entscheidend gegen ein Recht oder sogar eine Pflicht der Bank zur Mitteilung von Insiderinformationen spricht jedoch, daß die anlageberatende Bank den Anleger, dem sie die Insiderinformation mitteilt, nicht nur selbst zum Sekundärinsider i.S.v. § 14 Abs. 2 WpHG macht, sondern diesen außerdem in die Lage versetzt, andere Marktteilnehmer durch die Ausnutzung der Insiderinformation zu schädigen.[1013] Gerade darin läge jedoch ein fundamentaler Verstoß gegen die ratio des wertpapierhandelsrechtlichen Insiderverbots, das eine Ausnutzung von Insiderwissen zum Nachteil anderer Marktteilnehmer gerade verhindern will.

Auch die von *Hefermehl* vertretene Auffassung, die zwar eine Weitergabe der Insiderinformation selbst ablehnt, andererseits aber eine Ausnutzung von Insiderkenntnissen im Rahmen von Empfehlungen zuläßt, erscheint mit Blick auf dieses Regelungsziel unakzeptabel. Zwar bietet diese Auffassung den Vorteil, daß die Insiderinformation selbst nicht offenbart wird und deshalb vom Anleger auch nicht weitergegeben werden kann. Allerdings werden die anlagetaktischen Konsequenzen, die die Bank aufgrund dieser Informationen empfiehlt, mitgeteilt. Hält sich der Anleger an die Empfehlung der Bank, so findet damit im Ergebnis auch die Insiderinformation in der Transaktion des Kunden Berücksichtigung. Es ist jedoch kein Grund ersichtlich, warum ein Anleger von Informationsvorteilen profitieren dürfen soll, nur weil er zufällig Kunde einer Bank ist, die über

---

1010 Froehlich, Haftung für Anlageberatung, S. 70; Assmann/Cramer in Assmann/Schneider (Hrsg.), WpHG, § 14 Rn. 64.

1011 So auch Tippach, Insider-Handelsverbot, S. 277 ff.; Schwintowski/Schäfer, Bankrecht, § 11 Rn. 93; vgl. auch Assmann/Cramer in Assmann/Schneider (Hrsg.), WpHG, § 14 Rn. 64.

1012 Beschlußempf. und Bericht des Finanzausschusses, BT-Drucks. 12/7918, S. 102. Danach dient § 15 WpHG nur dem Schutz des Anlagepublikums als der Gesamtheit aller potentiellen Kapitalanbieter. Die konkreten Vermögensinteressen der einzelnen Anleger werden hingegen nicht von § 15 geschützt. Die Norm ist deshalb gem. § 15 Abs. 6 auch kein Schutzgesetz im Sinne von § 823 Abs. 2 BGB. Der Anleger wird ausschließlich in seiner Funktion als Kapitalanbieter geschützt.

1013 So auch Schwintowski/Schäfer, Bankrecht, § 11 Rn. 93; im Ergebnis ebenso Tippach, Insider-Handelsverbot, S. 280 ff. und 290 f.

entsprechende Insiderkenntnisse verfügt.[1014] Vielmehr verbietet der Gesetzgeber in § 14 Abs. 1 Nr. 3 WpHG (Primär-)Insidern ausdrücklich, *„einem anderen auf der Grundlage der eigenen Kenntnis von einer Insidertatsache den Erwerb oder die Veräußerung von Insiderpapieren zu empfehlen".* Der Gesetzgeber wollte, wie die Regelung zeigt, nicht nur die unberechtigte Weitergabe der (Insider-)Information selbst, sondern darüber hinaus auch den Gebrauch und die Ausnutzung solcher Informationen umfassend unterbinden. Anders als das Bankgeheimnis zielt das Insiderverbot nicht auf die Geheimhaltung sensibler Informationen zum Schutz der betroffenen Kunden, vielmehr wollte der Gesetzgeber im Interesse der Funktionsfähigkeit des Kapitalmarktes jede Form unfairer Ausnutzung von Informationsvorsprüngen verhindern.[1015] Aus eben diesem Grund erfaßt § 14 Abs. 1 Nr. 3 WpHG auch Anlageempfehlungen oder Ratschläge, die auf Insiderkenntnissen beruhen.[1016]

Ein Kreditinstitut ist deshalb nach richtiger Auffassung grundsätzlich nicht berechtigt, Insiderinformationen weiterzugeben oder auszunutzen.[1017] Das muß selbst dann gelten, wenn dem Anleger dadurch empfindliche Vermögensnachteile drohen. Eine Durchbrechung des Insiderverbots ist lediglich ausnahmsweise für den eng begrenzten Fall denkbar, daß zuverlässige und stichhaltige Informationen über kriminelle Anlagemachenschaften des Emittenten vorliegen, denn hat das Kreditinstitut gesicherte Kenntnisse über Anlagebetrügereien (§ 264a StGB, ggf. § 263 StGB) oder vergleichbare Straftaten in Zusammenhang mit Wertpapiergeschäften (z.B. §§ 88, 89 BörsG), so ist dem Kreditinstitut nicht zumutbar, diese Informationen bei der Anlageberatung zu ignorieren. Anderenfalls würde sich das Kreditinstitut unter Umständen nicht nur in den Augen der Kundschaft und der Aufsichtsbehörde dem Verdacht aussetzen, an den kriminellen Machenschaften in beteiligt zu sein, darüber hinaus würde die Nichtberücksichtigung derart schwerwiegender Unregelmäßigkeiten auch das Vertrauen der Anlegerschaft in die Integrität der Wertpapiermärkte nachhaltig erschüttern und dadurch die Fähigkeit der Finanzmärkte, ihre volkswirtschaftliche Aufgabe angemessen zu erfüllen, empfindlich beeinträchtigen. Aus diesem Grund ist im Falle krimineller Anlagemachenschaften gerade mit Blick auf den Schutzzweck des gesetzlichen Insiderverbots ausnahmsweise eine teleologische Reduktion des ansonsten absoluten Verbots der Weitergabe, Ausnutzung und Verwertung von Insiderinformationen geboten.

bb. Regelungslücke in bezug auf Anlagewarnungen

Der Wortlaut des § 14 Abs. 1 Nr. 3 WpHG erfaßt allerdings nur Empfehlungen zum Kauf oder Verkauf von Insiderpapieren, nicht hingegen ein Abraten vom Erwerb oder

---

1014   So auch Assmann, AG 1997, S. 50 (57/58).
1015   So auch Assmann/Cramer in Assmann/Schneider (Hrsg.), WpHG, Vor § 12 Rn. 40.
1016   Assmann/Cramer in Assmann/Schneider (Hrsg.), WpHG, § 14 Rn. 64.
1017   Schwintowski/Schäfer, Bankrecht, § 11 Rn. 93; Assmann/Cramer in Assmann/Schneider (Hrsg.), WpHG, § 14 Rn. 64; in diesem Sinne auch Cramer, AG 1997, S. 59 (62).

der Veräußerung solcher Papiere.[1018] Das bedeutet: Ein Kreditinstitut darf einen Kunden auf der Grundlage von Insiderinformationen nicht zum Kauf oder Verkauf von Insiderpapieren anregen, warnt das Kreditinstitut aber in Kenntnis negativer Insiderinformationen den bereits kaufentschlossenen Kunden ohne weitere Nennung von Gründen vor dem Erwerb solcher Papiere, so liegt darin weder ein Verstoß gegen den Wortlaut des Empfehlungsverbots nach § 14 Abs. 1 Nr. 3 noch ein Verstoß gegen die übrigen Verbotstatbestände des § 14 Abs. 1 WpHG, denn die gesetzlichen Insidervorschriften verbieten nach h.M. lediglich Empfehlungen, die mit der Preisänderungsimplikation der Insidertatsache übereinstimmen.[1019]

Für die Praxis der Anlageberatung bedeutet das beispielsweise, daß der Wertpapierberater einem Kunden, der bereits über einen Bestand an Insiderpapieren verfügt, im Falle negativer Insiderinformationen zwar nicht zum Verkauf der Papiere raten dürfte. Beabsichtigt der Kunde jedoch seinen Bestand aufzustocken, so dürfte der Berater davon abraten. Eine Antwort auf die konsequenterweise folgende Frage des Kunden, ob er auch den bereits vorhandenen Bestand verkaufen solle, müßte der Anlageberater jedoch wiederum verweigern. Zumindest erfahrene Kunden könnten aus diesem inkonsistenten Verhalten den richtigen Schluß ziehen, wodurch zumindest im Ergebnis eine konkludente Empfehlung unter Ausnutzung der Insiderinformation vorläge. Das Beispiel zeigt, daß eine klare Differenzierung zwischen einer „aktiven" Ausnutzung unveröffentlichter kurssensitiver Informationen durch positive Anlageempfehlungen und einer „passiven" Ausnutzung der Informationen durch entsprechende Warnungen in der wertpapiergeschäftlichen Praxis nicht möglich ist.[1020]

Eine Differenzierung zwischen aktiven und passiven Anlageratschlägen verbietet sich auch angesichts des Zwecks des insiderrechtlichen Empfehlungsverbots.[1021] Gerade im Hinblick auf den Schutz des Vertrauens der Anlegerschaft in einen fairen und lauteren Umgang mit wichtigen Informationen wäre ein umfassendes und möglichst lückenloses gesetzliches Verbot jedweder Ausnutzung von Insiderkenntnissen erforderlich gewesen. Aus den Gesetzmaterialien ist kein Grund ersichtlich, warum der Gesetzgeber in § 14 Abs. 1 Nr. 3 WpHG lediglich positive Insideremfehlungen verboten hat, während abratende Empfehlungen, die unter dem Gesichtspunkt des unlauteren Eingriffs in den Markt ebenso abzulehnen sind, nicht von dem Wortlaut des Empfehlungsverbots erfaßt werden.

Die Grenze für die zulässige Auslegung einer Vorschrift bildet jedoch stets der Wortlaut der Norm. Eine Einbeziehung abratender Kauf- oder Verkaufsempfehlungen ist angesichts des eindeutigen Wortlauts des § 14 Abs. 1 Nr. 3 WpHG („...Empfehlungen *zum* Kauf oder Verkauf...") deshalb nicht möglich. Die wertpapierhandelsrechtliche Insiderregelung enthält insofern eine Regelungslücke, die aufgrund des grundgesetzlichen Analogieverbots des Art. 103 Abs. 2 GG jedenfalls nicht durch die vom Gesetzgeber

1018 Assmann/Cramer in Assmann/Schneider (Hrsg.), WpHG, § 14 Rn. 64 und 72.
1019 Assmann/Cramer in Assmann/Schneider (Hrsg.), WpHG, § 14 Rn. 72; Becker, WpHG, S. 56.
1020 Schweizer, Insiderverbot, Interessenkonflikte und Compliance, S. 198 f.
1021 So auch Becker, WpHG, a.a.O.

gem. § 38 Abs. 1 Nr. 3 WpHG eigentlich als Reaktion auf Insiderverstöße vorgesehene strafrechtliche Sanktionierung geschlossen werden kann.[1022]

cc. Schließung der Regelungslücke durch organisatorische Informationsbarrieren

Zwar verbietet das grundgesetzliche Analogieverbot eine strafrechtliche Ahndung der Nutzung von Insiderwissen, um Anleger vor nachteiligen Geschäften zu warnen, das bedeutet andererseits jedoch nicht, daß die Ausnutzung von Insiderkenntnissen zum Zweck derartiger Warnungen deshalb grundsätzlich erlaubt wäre. Art. 103 Abs. 2 GG verbietet lediglich strafbegründende oder strafschärfende Analogien, nicht dagegen die analoge Anwendung der Verbotsnorm außerhalb des Strafrechts. Gerade vor dem Hintergrund der Wichtigkeit eines möglichst umfassenden Ausschlusses von Insiderverhalten für die Stabilität und Funktionsfähigkeit der Wertpapiermärkte erscheint eine sinngemäße Anwendung des Empfehlungsverbots gem. § 14 Abs. 1 Nr. 3 WpHG im Rahmen einer Konkretisierung der gesetzlichen Organisationspflicht nach § 33 Abs. 1 Nr. 3 WpHG deshalb um so dringender geboten. Wertpapierdienstleistungsunternehmen haben deshalb gemäß § 33 Abs. 1 Nr. 3 WpHG i.V.m. § 14 Abs. 1 Nr. 3 analog geeignete organisatorische Vorkehrungen zu schaffen, die die Ausnutzung von Insiderkenntnissen allgemein und umfassend, d.h. auch im Hinblick auf Anlagewarnungen, ausschließen.[1023]

Der Bildung von Vertraulichkeitsbereichen und Informationsbarrieren kommt dabei eine zentrale Bedeutung zu, gelingt es doch durch derartige strukturelle Maßnahmen, kurssensible Informationen auf die dafür zuständigen Geschäftsbereiche zu begrenzen. Einer unberechtigten Verwendung von Insiderinformationen für eigene Interessen wie auch zur Kundenberatung wird dadurch bereits im Ansatz konsequent entgegengewirkt.

III. Informationsmanagement durch Compliance-Organisation

Der Konflikt zwischen der Verpflichtung der Kreditinstitute zu einer sachgerechten und sorgfältigen Kundenaufklärung einerseits und dem Verbot der Ausnutzung von Insiderinformationen sowie der Pflicht zur Wahrung des Bankgeheimnisses andererseits verdeutlicht auf besondere Weise die Notwendigkeit eines umfassenden Informationsmanagements, das die organisatorischen Grundlagen für einen verantwortungsbewußten und pflichtgemäßen Umgang mit kurssensiblen Informationen legt. Die Erforderlichkeit dementsprechender Organisationsstrukturen wird nicht nur durch die europarechtlichen Vorgaben der EG-Wertpapierdienstleistungsrichtlinie[1024], sondern auch durch die zu-

---

1022 Ebenso Becker, WpHG, S. 57 m.w.N.
1023 So im Ergebnis auch Eisele, WM 1993, S. 1021 (1021 f.); vgl. auch Hausmaninger, ÖBA 1993, S. 847 (851), der in dem Zusammenhang, bezogen auf das österreichische Kapitalmarktrecht, die Bedeutung organisatorischer Maßnahmen unterstreicht.
1024 Art. 10 Spiegelstrich 5 WpDRiL verlangt von den Wertpapierfirmen eine Organisation, die das Risiko von Interessenkonflikten möglichst gering hält, vgl. ABl. EG Nr. L 141/27 (S. 36) vom 11.6.1993.

nehmende Globalisierung der Finanzmärkte sowie durch die Auswirkungen der modernen Informationstechnologien auf die bankgeschäftliche Praxis unterstrichen. Das deutsche Kreditgewerbe hat deshalb bereits seit Anfang der 90er Jahre noch vor Inkrafttreten des WpHG damit begonnen, in Anlehnung an angelsächsische Erfahrungen sog. Compliance-Organisationen einzurichten.[1025] „Compliance" als Begriff der englischen Banksprache bezeichnet ein Verhalten, das in Übereinstimmung mit den geltenden Vorschriften steht.[1026] Im Vordergrund steht dabei das Wertpapiergeschäft. Hier geht es neben der interessewahrenden Ausführung von Kundenaufträgen vor allem um die Beschaffung, Auswertung und Weitergabe anlagerelevanter Informationen. Die Compliance-Organisation hat somit entscheidenden Einfluß darauf, welche Informationen den Wertpapierberatern zur Beratung der Kunden zur Verfügung stehen. Inhalt und Umfang der wertpapiergeschäftlichen Informationspflichten hängen insofern wesentlich von der Ausgestaltung der internen Organisation der Kreditinstitute ab.

Seit Inkrafttreten des WpHG sind die Grundzüge der Compliance-Organisation nunmehr in § 33 Abs. 1 WpHG gesetzlich geregelt. Nach der Vorschrift müssen Wertpapierunternehmen nicht nur - wie bereits angesprochen[1027] - so organisiert sein, daß Interessenkonflikte von vornherein vermieden werden (Nr. 2), sondern die Wertpapierdienstleister müssen darüber hinaus auch grundsätzlich über die notwendigen Mittel und Verfahren für eine ordnungsgemäße Durchführung von Wertpapiergeschäften verfügen (Nr. 1), ebenso wie über angemessene interne Kontrollverfahren zur Vermeidung von Verstößen gegen die wertpapierhandelsrechtlichen Vorschriften (Nr. 3). Wie aus den Gesetzesmaterialien hervorgeht, wollte der Gesetzgeber durch diese Vorschriften die Schaffung und den Ausbau von Compliance-Organisationen im Wertpapierdienstleistungsbereich gesetzlich festschreiben.[1028]

Mit Inkrafttreten des Wertpapierhandelsgesetzes hat das Compliance-Prinzip damit nicht nur eine gesetzliche Grundlage gefunden, darüber hinaus sind Compliance weitere Aufgabenfelder, etwa im Bereich der Insiderregelung, zugewachsen.[1029] Für derartige Organisationsstrukturen besteht insbesondere in einem von Universalbanken dominierten Bankensystem wie dem deutschen ein besonderes Bedürfnis, denn Universalbanken unterliegen in besonderem Maße der Gefahr von Interessenkonflikten und kommen darüber hinaus in vielfältiger Weise mit sensiblen Informationen in Berührung.[1030]

1. Zweck der Compliance-Organisation

Oberstes Ziel von Compliance ist es, das Vertrauen der Kunden zu erhalten und zu vertiefen. Dabei geht es vor allem darum, in den Kreditinstituten die organisatorischen

---

1025 Eisele, WM 1993, 1021; Weiss, Die Bank 1993, S. 136.
1026 Jütten, Die Bank 1995, S. 153 (159); Eisele, WM 1993 a.a.O.; Kümpel, Bank- und Kapitalmarktrecht, Rn. 14.620.
1027 Vgl. oben 3. Kapital § 2 VI 3.
1028 Vgl. Beschlußempf. und Bericht des Finanzausschusses, BT-Drucks. 12/7918, S. 105.
1029 Eisele, WM 1993, S. 1021 ff.; Weiss, Die Bank 1993, S. 136 ff.
1030 Vgl. in dem Zusammenhang Kümpel, Bank- und Kapitalmarktrecht, Rn. 8.243.

Voraussetzungen für ein konfliktfreies und an den Grundsätzen von Fairneß, Professionalität und Vertrauen orientiertes Geschäftsverhalten zu schaffen. Compliancegerechtes Verhalten der Marktintermediäre unterstützt auf diese Weise die Funktionsfähigkeit der Finanzmärkte nicht nur durch die Stärkung des Anlegervertrauens in die Seriosität und Integrität der Wertpapierbranche, sondern auch durch Gewährleistung „gerechter", weil unter Ausschluß unberechtigter Informationsvorteile zustande gekommener Marktpreise. Compliance dient damit nicht nur dem Schutz des unmittelbaren Kundenkreises des jeweiligen Kreditinstituts, vielmehr reichen die Wirkungen von Compliance darüber hinaus und schützen den Markt und dessen Teilnehmer insgesamt vor unfairem oder unlauterem Verhalten von Wertpapierdienstleistern.

Daneben kommen die Compliance-Grundsätze aber auch den Eigeninteressen der Kreditinstitute zugute, denn durch die strikte Einhaltung der gesetzlichen Verhaltensregeln werden zugleich Imageverluste des Kreditinstituts durch rufschädigendes rechtswidriges Verhalten von Mitarbeitern vermieden. Die negativen Auswirkungen einer Rufschädigung sind für Kreditinstitute gerade im internationalen Geschäft nicht zu unterschätzen. Darüber hinaus leistet Compliance einen wichtigen Beitrag, um allgemein eine ordnungsgemäße, den rechtlichen Anforderungen entsprechende Geschäftstätigkeit der Banken sicherzustellen und damit nicht zuletzt Schadensersatzansprüche als Folge pflichtwidrigen Verhaltens zu vermeiden.[1031]

2. Elemente der Compliance-Organisation

Der Schwerpunkt von Compliance liegt in der Etablierung eines Geschäftsverhaltens, das bei Anbahnung und Ausführung von Effektenaufträgen den rechtlichen Rahmenbedingungen des Effektengeschäfts, insbesondere dem Primat des Kundeninteresses möglichst umfassend Rechnung trägt. Das Organisationsprinzip hat deshalb nachhaltige Auswirkungen auf sämtliche Bereiche des Wertpapiergeschäfts. Das gilt sowohl für das Kommissionsgeschäft als auch für das Eigengeschäft der Kreditinstitute. Der Schwerpunkt liegt jedoch in der Anlageberatung und den Umgang mit marktsensiblen Informationen. Dabei geht es zum einen darum, die Beschaffung, Auswertung und Weiterleitung derartiger Information möglichst optimal und reibungslos zu organisieren, um so jederzeit eine sachgemäße und kompetente Beratung der Kunden zu gewährleisten.[1032] Bereits vor Geltung des Wertpapierhandelsgesetzes hat die Rechtsprechung in Zusammenhang mit den schuldvertraglichen Informationspflichten der Banken die Bedeutung einer zeitnahen Beschaffung und Auswertung anlagerelevanter Informationen für die Qualität der Beratung unterstrichen.[1033] Die Aufgabe von Compliance besteht dabei vor allem darin, durch entsprechende organisatorische Maßnahmen sicherzustellen, daß Trends und Entwicklungen an den nationalen und internationalen Wertpapiermärkten, aber auch Infor-

---

1031 Vgl. Kümpel, Bank- und Kapitalmarktrecht, Rn. 14.627; Assmann, AG 1994, S. 237 (256).
1032 Fischer, Sparkasse 1995, S. 7 (11).
1033 BGH, WM 1993, 1455 (1457)

mationen, die einzelne Emittenten betreffen, frühzeitig erkannt und in entsprechende Anlageempfehlungen umgesetzt werden.

Auf der anderen Seite verlangen die gesetzlichen Insidervorschriften (§§ 12 ff. WpHG) sowie die Wahrung des Bankgeheimnisses einen vorsichtigen und verantwortungsbewußten Umgang mit sensiblen Kundendaten. Die Banken müssen nicht nur der unbefugten Weitergabe solcher Informationen organisatorisch vorbeugen, sondern darüber hinaus auch die unberechtigte Ausnutzung derartiger Informationsvorsprünge durch geeignete Vorkehrungen unterbinden. Die Kreditinstitute wandeln dabei auf dem schmalen Grat, einerseits den Anleger richtig und vollständig aufklären zu müssen, insbesondere die Qualität des Anlageprodukts und die Bonität des Emittenten korrekt zu beschreiben, andererseits dafür jedoch nur „zulässige" Informationen, die weder das Insiderverbot noch das Bankgeheimnis verletzen, benutzen zu dürfen. Erforderlich ist deshalb ein Informationsmanagement, das sowohl den Prinzipen von Fairness und Verantwortung gerecht wird als auch informativ und beratungseffizient ist. Darin liegt die besondere Herausforderung an die Compliance-Organisation.

a. Compliance-Organisation als Kombination von Verfahrenselementen

Compliance umfaßt ein breites Spektrum von Maßnahmen und Vorkehrungen, das je nach individueller Größe und Betriebsstruktur eines Wertpapierunternehmens vom schlichten Appell an das gute Gewissen und das ethische Bewußtsein des einzelnen Mitarbeiters bis hin zu einer umfassenden Kontrolle oder gar Abschottung von Geschäftsbereichen reicht. In der Praxis bewegen sich die Compliance-Organisationen zwischen diesen Extremen und bestehen vielfach entsprechend den Besonderheiten des jeweiligen Kreditinstituts in einer Kombination mehrerer Verfahrenselemente. Der Umgang mit marktsensiblen Informationen kann dabei sowohl durch eine besondere Steuerung des innerbetrieblichen Informationsflusses als auch durch spezielle Verhaltensmaßregeln und Kontrollverfahren reglementiert werden.

b.   Steuerung des innerbetrieblichen Informationsflusses

aa. Errichtung von „chinese walls"

Ein zentrales Element bankinterner Informationssteuerung ist die Schaffung von Vertraulichkeitsbereichen innerhalb des Kreditinstituts. Dabei geht es mit Blick auf die gesetzlichen Insiderregeln sowie den Schutz des Bankgeheimnisses vor allem darum, den Informationsfluß innerhalb des Kreditinstituts so zu steuern, daß der Mißbrauch kurssensitiver vertraulicher Tatsachen weitest möglich vermieden wird. Informationsbarrieren, sog. chinese walls[1034], sollen verhindern, daß sensible Informationen, die in einem

---

1034 Die Bezeichnung ist in der angelsächsischen Bankpraxis inzwischen zu einem feststehenden Begriff geworden, der ursprünglich in allegorischer Anlehnung an die Chinesische Mauer gewählt

Geschäftsbereich anfallen, weder direkt noch indirekt aus diesem Geschäftsbereich heraus in unbefugte Hände dringen.[1035] Das kann durch physische Zugriffs- und Zugangsbeschränkungen für bestimmte Informationen und Mitarbeiter geschehen. So muß beispielsweise im Rahmen des EDV-Systems sichergestellt sein, daß nur Mitarbeiter, die aufgrund ihrer Funktion dazu berechtigt sind, Zugriff auf sensible Informationen erhalten. Organisatorischer Ansatzpunkt ist dabei die Trennung von Geschäftsbereichen. Auf diese Weise wird der Kreis der Personen, die von den brisanten Informationen Kenntnis erlangen, von vornherein möglichst gering gehalten.

bb. Prinzip der geschäftspolitischen Unabhängigkeit von Unternehmensbereichen

Neben der Einrichtung von Informationsbarrieren spielt die geschäftspolitische Unabhängigkeit der einzelnen Betriebsbereiche eine große Rolle. Geschäftspolitische Unabhängigkeit bedeutet, daß die Entscheidungen in den einzelnen Geschäftsbereichen ausschließlich im Interesse des jeweiligen Kunden getroffen werden, unabhängig davon, ob dadurch Eigeninteressen des Kreditinstituts oder gegenläufige Interessen anderer Kunden berührt werden.[1036] Der Grundsatz geschäftspolitischer Unabhängigkeit bildet damit eine wichtige organisatorische Voraussetzung dafür, daß das Kundeninteresse auch tatsächlich die bankgeschäftliche Praxis bestimmt. Für das Wertpapierkommissionsgeschäft, insbesondere für die Anlageberatung, bedeutet das beispielsweise, daß die Kreditinstitute durch entsprechende organisatorische Vorkehrungen gewährleisten müssen, daß ihre Anlageempfehlungen sich ausschließlich an den individuellen Wünschen und Zielen des jeweiligen Wertpapierkunden orientieren. Der Wertpapierberater der Bank darf sich bei seinen Empfehlungen weder von dem Interesse der hauseigenen Emissionsabteilung am Absatz bestimmter Wertpapier noch von dem Wunsch der Wertpapierabteilung nach Kurssteigerungen bei eigenen Papieren beeinflussen lassen. Die einzelnen Geschäftsbereiche und Abteilungen führen ihre Geschäfte vielmehr unabhängig voneinander und sind personell und sachlich, aber auch in bezug auf den betrieblichen Arbeitsablauf voneinander zu trennen[1037], so daß eine Kollision konfligierender Interessen von vornherein vermieden wird.[1038]

Umgekehrt bedeutet das allerdings auch, daß in anderen Geschäftsbereichen, wie etwa im Kreditbereich, bereichsfremde Interessen, beispielsweise in Gestalt des Bonitäts- oder Kursinteresses von Wertpapierkunden, im Rahmen geschäftspolitischer Entscheidungen

---

wurde. Dabei sollte die Bezeichnung bildhaft den Anspruch eines unüberwindlichen Hindernisses untermauern, vgl. Than in Hadding/Hopt/Schimansky, 2. FMG, S. 135 (153).

1035 Eisele in Bankrechts-Handbuch, § 109 Rn. 80; ders., WM 1993, S. 1021.
1036 Eisele in Bankrechts-Handbuch, a.a.O.
1037 Eine organisatorische Trennung der Geschäftsbereiche sollte jedoch nicht nur zwischen der Wertpapierkommissions- und der Emissionsabteilung erfolgen, sondern darüber hinaus zwischen den Geschäftsbereichen Wertpapiereigenhandel, Konsortialgeschäft und Vermögensverwaltung sowie der Kreditabteilung.
1038 Than in Hadding/Hopt/Schimansky (Hrsg.), 2. FMG, S. 135 (154).

(z.B. bei Fragen der Kreditvergabe oder -verlängerung) keine Berücksichtigung zu finden brauchen.

cc. „Need-to-know"-Prinzip und „wall crossing"

Trotz der Notwendigkeit der Bildung von Vertraulichkeitsbereichen darf andererseits die Qualität der Kundenberatung nicht unter einer absolut wirkenden Abschottung der Geschäftsbereiche leiden. Im Interesse einer bereichsübergreifenden Zusammenarbeit der einzelnen Geschäftsbereiche müssen die chinese walls deshalb nach wie vor für bestimmte Informationen durchlässig bleiben.

Gerade in der Universalbank, die auf vielen Geschäftsfeldern tätig ist, kommt es häufig vor, daß zur Bewältigung eines Projekts die Hinzuziehung von Spezialisten aus anderen Bereichen des Bankgeschäfts erforderlich ist.[1039] Insbesondere bei komplexen Transaktionen, wie z.B. dem Börsengang eines Unternehmens oder der Platzierung von Neuemissionen am Markt, kann die Zusammenarbeit mehrerer Geschäftsbereiche unerläßlich sein. Aber auch eine qualifizierte Anlageberatung ist auf Informationen aus anderen Geschäftsbereichen angewiesen, wie beispielsweise auf Markt- oder Unternehmensprognosen der Analysten-Abteilung oder auf makroökonomische Daten aus der volkswirtschaftlichen Abteilung. Hier ist ein sog. „wall crossing", also eine Weitergabe von compliancerelevanten Informationen in andere Geschäftsbereiche aus betrieblichen Gründen unverzichtbar. Die Informationsweitergabe darf allerdings das betrieblich erforderliche Maß nicht überschreiten und die Vertraulichkeit der Informationen insgesamt muß gesichert sein. Es gilt insofern der Grundsatz des „need to know"[1040], d.h. der Empfänger einer bestimmten compliancerelevanten Information muß stets ein legitimes, sachlich begründetes Interesse an deren Kenntnis besitzen.[1041]

Die Durchlässigkeit der chinese walls steht in diesem Fall auch in Einklang mit dem insiderrechtlichen Weitergabeverbot des § 14 Abs. 1 Nr. 2 WpHG, denn das Verbot erfaßt nur die „unbefugte" Weitergabe von Insiderinformationen. Daran fehlt es jedoch, wenn die Weitergabe aus betrieblichen Gründen unerläßlich ist.[1042]

c. Die „Restricted-List"

Ein weiteres wichtiges Compliance-Element neben der Begrenzung des innerbetrieblichen Informationsflusses bildet die sog. „Restricted-List" (auch als Sperr- oder Stoppliste bezeichnet). Dabei handelt es sich um eine Zusammenstellung von Wertpapieren, über die unveröffentlichte kurssensible Informationen vorliegen. Wertpapiere, die in die Restricted-List aufgenommen wurden, sind deshalb nicht nur für den Eigenhandel des Kreditinstituts gesperrt, sondern diese Titel unterliegen auch einem umfassenden

---

1039 Than in Hadding/Hopt/Schimansky (Hrsg.), 2. FMG, a.a.O.
1040 Eisele in Bankrechts-Handbuch, a.a.O.
1041 Schweizer, Insiderverbote, Interessenkonflikte und Compliance, S. 180 f.
1042 Schweizer, Insiderverbote, Interessenkonflikte und Compliance, a.a.O.

Empfehlungs- und Beratungsverbot.[1043] Dadurch wird dem Umstand Rechnung getragen, daß der Effektenberater, gleichgültig welchen Rat er dem Kunden in bezug auf das betreffende Papier geben würde, einen Verhaltensverstoß beginge. Denn wenn der Berater unter Ausnutzung von Insiderinformationen eine Kauf- bzw. Verkaufsempfehlung ausspräche, läge darin ein Verstoß gegen das gesetzliche Insiderverbot nach § 14 Abs. 1 Nr. 3 WpHG, bei Mitteilung der Insidertatsache gegenüber dem Kunden außerdem eine Verletzung von § 14 Abs.1 Nr. 2 WpHG. Andererseits würde sich der Berater dem Vorwurf falscher und interessenwidriger Beratung aussetzen, wenn er eine Empfehlung abgäbe, die aufgrund der bewußten Ignorierung der Insiderinformation für den Kunden objektiv unvorteilhaft ist. Deshalb darf der Anlageberater für derartige Papiere, die in der Restricted-List geführt werden, keine Anlageempfehlungen abgeben.[1044] Eine Beratung des Kunden ist nur insoweit zulässig, als gesichert ist, daß dabei unzulässige Informationen in keiner Weise Verwendung finden und die Beratung ausschließlich auf der Grundlage öffentlich bekannter Informationen erfolgt. Ist das nicht möglich, so muß der Berater den Kunden ausdrücklich darauf hinweisen, daß das Kreditinstitut zu einer Beratung über das betreffende Wertpapier aus gesetzlichen Gründen nicht in der Lage ist und der Kunde deshalb seine Anlageentscheidung ohne die beratende Unterstützung des Kreditinstituts allein treffen muß.

Dagegen ist die Ausführung von Kundenaufträgen, die auf einer selbständig getroffenen Entscheidung des Anlegers beruhen und denen keine Beratung oder Empfehlung der Bank zugrunde liegt, ohne weiteres möglich.[1045] In diesem Fall liegt weder eine Mitteilung noch eine Ausnutzung von Insiderkenntnissen i.S.v. § 14 Abs. 1 WpHG vor. Allerdings sind diese Umstände vom Wertpapierunternehmen in geeigneter Form zu dokumentieren, um so bei späteren Kontrollen der Aufsichtsbehörde dem Vorwurf eines Insiderverstoßes glaubhaft begegnen zu können.[1046]

Die Sperrliste ist neben der Bildung von Vertraulichkeitsbereichen ein Kernelement eines modernen Informationsmanagements, denn die Liste schützt das Kreditinstitut nicht nur vor Insiderverstößen, sondern bewahrt die Bank darüber hinaus in informationell unsicheren Situationen, wie etwa im Vorfeld kursrelevanter Marktereignisse (z.B. im Vorfeld einer möglichen Unternehmensübernahme), vor falschen, weil vorschnellen Anlageempfehlungen.[1047] Damit dient diese Form der Informationssteuerung nicht zuletzt dem Schutz der Banken vor Schadensersatzansprüchen aus fehlerhafter Aufklärung oder Beratung.

Andererseits darf die Sperrliste jedoch nicht als Instrument zur Verhinderung einer aktiven Kundenberatung verstanden werden. Vielmehr eröffnet sie der Bank die Möglichkeit sicherzustellen, daß sich ihre Mitarbeiter in Konfliktsituationen in der gebotenen Weise mit Anlagerat zurückhalten und so die Priorität des Kundeninteresses gewahrt

---

1043 Eisele in Bankrechts-Handbuch, § 109 Rn. 87.
1044 Eisele, WM 1993, S. 1021 (1024).
1045 Eisele, Bankrechts-Handbuch, § 109 Rn. 87; Kümpel, Bank- und Kapitalmarktrecht, Rn. 14.659.
1046 Eisele, WM 1993, S. 1021 (1024).
1047 Vgl. Eisele, WM 1993, a.a.O.

wird.[1048] Die Sperrliste, konsequent und richtig angewandt, ist deshalb ein nützliches Mittel, um eine hohe Qualität der Anlageberatung zu gewährleisten.

d. Die „Watch-List"

Die Funktionsfähigkeit der Informationsbarrieren bedarf der laufenden Kontrolle, ob tatsächlich kein unerwünschter Informationsfluß stattfindet. Das Instrument dafür ist die „Beobachtungsliste" oder „Watch-List". Sie enthält eine bankinterne Zusammenstellung vertraulicher kurssensitiver Informationen über bestimmte Wertpapiere.[1049] In die Watch-List werden deshalb solche Papiere aufgenommen, über die der Bank compliance-relevante Informationen vorliegen. Dazu gehören insbesondere Insiderpapiere. Aber auch Informationen, bei denen zweifelhaft ist, ob sie eine Insidertatsache darstellen, wie z.B. bislang unveröffentlichte Marktanalysen oder Veränderungen eines für die Bonitäts-beurteilung wesentlichen Ratings eines Emittenten können zur Aufnahme in die Liste führen.[1050]

Die Watch-List ermöglicht eine Kontrolle, ob Geschäfte in Wertpapieren, die auf der Restricted-List geführt werden, getätigt wurden, so daß der Verdacht der unlauteren Ausnutzung nicht öffentlich bekannter Informationen naheliegt. Auf diese Weise können Lücken im Compliance-System erkannt und rechtzeitig Gegenmaßnahmen ergriffen werden. Die Liste ist deshalb intern streng vertraulich zu behandeln und dient aus-schließlich der Kontrolle durch das Compliance-Office.[1051]

Bei dem Compliance-Office handelt es sich um eine spezielle Stabsabteilung[1052] inner-halb des Kreditinstituts, die darüber wacht, daß die Bank und ihre Mitarbeiter im Ein-klang mit den Normen der Rechtsordnung und den kapitalmarktrechtlichen Konventio-nen handeln.[1053] Der Aufgabenbereich des Compliance-Office geht zwar über die Kon-trolle der materiellen Verhaltensregeln der §§ 31 ff. WpHG hinaus und beinhaltet ins-besondere die Prävention von Insiderverstößen, jedoch liegt der Schwerpunkt der Kon-trollfunktion speziell im Bereich der Anlageberatung,[1054] denn § 33 Abs. 1 Nr. 3 WpHG schreibt gerade in Zusammenhang mit den wertpapierhandelsrechtlichen Informations-

---

1048 So auch Eisele in Bankrechts-Handbuch, § 109 Rn. 89.
1049 Eisele in Bankrechts-Handbuch, § 109 Rn. 85; Kümpel, Bank- und Kapitalmarktrecht, Rn. 14.655 f.
1050 Vgl. Koller in Assmann/Schneider (Hrsg.), WpHG, § 33 Rn. 29.
1051 Eisele in Bankrechts-Handbuch, § 109 Rn. 86.
1052 Nach den Leitsätzen des BAKred. ist das Compliance-Office als „neutrale" Stelle getrennt von den übrigen Geschäftsbereichen und Stabsabteilungen einzurichten. Das führt zu einer relativ hohen hierarchischen Stellung dieser Abteilung, die damit i.d.R. unmittelbar der Geschäftslei-tung beigeordnet ist. Zwar sollte das Compliance-Office nach den Leitsätzen des BAKred. von der internen Revision getrennt werden, aufgrund der sich teilweise intensiv überschneidenden Tätigkeit ist eine enge Zusammenarbeit beider Bereiche in der Praxis jedoch unvermeidbar; vgl. Than in Hadding/Hopt/Schimansky (Hrsg.), 2. FMG, S. 135 (157) sowie Jütten, Die Bank 1995, S. 153 (159).
1053 Than in Hadding/Hopt/Schimansky (Hrsg.), 2. FMG, S. 135 (154).
1054 Than in Hadding/Hopt/Schimansky (Hrsg.), 2. FMG, S. 135 (157).

und Verhaltenspflichten der §§ 31, 32 WpHG angemessene interne Kontrollverfahren vor,[1055] die geeignet sind, die Einhaltung der gesetzlichen Pflichten zu überwachen. Das Compliance-Office wird dadurch quasi zu einer bankinternen „Clearing-Stelle" für sensible Anlageinformationen.[1056]

e. Sonstige Elemente der Compliance-Organisation

Neben der Schaffung von Vertraulichkeitsbereichen durch chinese walls sowie der Führung von Watch- und Stopp-List umfaßt die Compliance-Organisation weitere, vor allem auf eine Verhaltenssteuerung der Bankmitarbeiter gerichtete Elemente. Zu nennen ist in dem Zusammenhang vor allem die Aufstellung sog. Compliance-Richtlinien, durch die den Mitarbeitern praktische Verhaltensregeln für das tägliche Geschäft an die Hand gegeben werden.[1057]

Einen Schwerpunkt der Compliance-Richtlinien bilden die im Jahr 2000 vom Bundesaufsichtsamt für das Kreditwesen und dem Bundesaufsichtsamt für den Wertpapierhandel neu gefaßten Leitsätze für Mitarbeitergeschäfte.[1058] Die Leitsätze sollen sicherstellen, daß die wertpapiergeschäftlichen Eigenaktivitäten der Mitarbeiter im Einklang mit den gesetzlichen Bestimmungen und kapitalmarktlichen Konventionen stehen, so daß eine Kollision mit Kundeninteressen bereits im Vorfeld vermieden wird.[1059]

Insbesondere im Hinblick auf Mitarbeiter, die im Rahmen ihrer Tätigkeit regelmäßig Informationen erhalten, die geeignet sind, die Marktverhältnisse im Wertpapierhandel zu beeinflussen, ist eine Regelung der Eigengeschäfte notwendig. Hierzu gehören neben Mitarbeitern aus den Geschäftsfeldern Konsortialgeschäft und Effekteneigenhandel insbesondere die Mitarbeiter aus den Bereichen Wertpapierkommissionsgeschäft, Vermögensverwaltung und Anlageberatung. Diese Mitarbeiter tragen aufgrund ihres berufsbedingten

---

1055 Das kommt insbesondere darin zum Ausdruck, daß der Gesetzgeber die Organisationspflicht gerade im 5. Abschnitt des WpHG in Zusammenhang mit den Verhaltenspflichten der §§ 31, 32 normiert hat und nicht - was auch denkbar gewesen wäre - in Zusammenhang beispielsweise mit dem Insiderrecht der §§ 12 ff. WpHG.

1056 Eisele in Bankrechts-Handbuch, § 109 Rn. 86; ders., WM 1993, S. 1021 (1024), der in dem Zusammenhang von „Clearing-House" und „Informationsbuchhaltung" spricht.

1057 Eisele in Bankrechts-Handbuch, § 109 Rn. 69 ff; ders., WM 1993, S. 1021 (1023).

1058 Bekanntmachung des BAWe und BAKred. zu den Mitarbeiter-Leitsätzen (abgedruckt im Bundesanzeiger Nr. 131 vom 15.7.2000, S. 13790. Die Leitsätze für Mitarbeitergeschäfte wurden als Verlautbarung des BAKred. im Einvernehmen mit den Spitzenverbänden der Kreditwirtschaft veröffentlicht, weil für eine einseitige Anordnung durch das BAKred. die erforderliche Rechtsgrundlage fehlte. Deshalb kam nur ein einvernehmliches Vorgehen mit den Spitzenverbänden der Kreditwirtschaft in Betracht. Dieses Procedere ermöglicht es der Bankenaufsicht, eine Verletzung der Leitsätze im Rahmen von § 6 Abs. 2 und 3 KWG als Verstoß gegen allseits anerkannte Grundsätze einer ordnungsgemäßer Geschäftsführung zu werten und mit entsprechenden aufsichtsrechtlichen Sanktionen zu belegen, vgl. Kümpel, Bank- und Kapitalmarktrecht, Rn. 14.664. Zu den sog. Mitarbeiter-Leitsätzen vgl. ferner von Kopp-Colomb, WM 2000, S. 2415 ff.

1059 Kümpel, Bank- und Kapitalmarktrecht, Rn. 14.661.

Umgangs mit marktsensiblen Informationen in besonderem Maße Verantwortung und unterliegen deshalb besonderen Verhaltensrestriktionen.[1060]

Das Bedürfnis nach verbindlichen Leitsätzen für solche Mitarbeiter ist nicht neu, sondern bestand bereits um die Jahrhundertwende. So ist bereits in einer Mitteilung des *„Centralverbandes des Deutschen Bank- und Bankiergewerbe"* vom 12. Okt. 1908 von einer *„ Unsitte der Beteiligung von Bankangestellten an Börsenspekulationsgeschäften"*, die nicht selten zu einer unerwünschten Beunruhigung des Wertpapiermarktes führten, die Rede. Die Wertpapieraufträge der Bankangestellten sollten deshalb nach Empfehlung des Centralverbandes nur im Hause des Arbeitgebers abgewickelt werden, um auf diese Weise unerwünschte Spekulationsgeschäfte besser erkennen und unterbinden zu können. Auch die Leitsätze der Bundesaufsichtsämter sehen ähnlich wie die Empfehlungen des Centralverbandes von 1908 grundsätzlich eine Beschränkung der Mitarbeitergeschäfte auf das Arbeitgeberinstitut vor.[1061]

Neben der Verhaltenssteuerung durch Compliance-Richtlinien und Leitsätze für Mitarbeitergeschäfte spielt angesichts zunehmender Komplexität des Wertpapiergeschäfts auch die Aus- und Fortbildung der Mitarbeiter als Compliance-Element eine immer wichtigere Rolle.[1062] Dabei gilt es vor allem, das Bewußtsein der Bankmitarbeiter für Interessenkonflikte und einen gesetzmäßigen Umgang mit vertraulichen Informationen zu sensibilisieren.[1063] Eine Sensibilisierung der Mitarbeiter für diese Problematik ist dabei um so wichtiger, je komplizierter und unbestimmter die gesetzliche Regelung ist, was gerade am Beispiel der wertpapierhandelsrechtlichen Wohlverhaltensregeln und der gesetzlichen Insiderregelung deutlich wird.[1064]

Durch eine Kombination unterschiedlicher Elemente aus den Bereichen Informations- und Verhaltenssteuerung gewährleistet das Compliance-Konzept damit nicht nur einen rechtskonformen Umgang mit kursrelevanten Anlageinformationen, sondern ermöglicht darüber hinaus auch eine präventive Konfliktsteuerung und eine effiziente Gewinnung und Weiterleitung beratungsrelevanter Informationen. Besonders die zuletzt genannten Aspekte sind unverzichtbare Voraussetzungen für einen hohen Qualitätsstandard in der Effektenberatung und verdeutlichen damit den besonderen Stellenwert von Compliance gerade für die Informations- und Beratungstätigkeit der Kreditinstitute. Auf diese Weise trägt das Compliance-Konzept nicht zuletzt wesentlich zur Stärkung des Marktvertrauens und damit zur Förderung der Anlagebereitschaft allgemein bei.[1065]

1060 Schweizer, Insiderverbote, Interessenkonflikte und Compliance, S. 206.
1061 Vgl. Ziff. 5 und insbesondere Ziff. 6 der Leitsätze des BAWe und des BAKred.
1062 Schweizer, Insiderverbote, Interessenkonflikte und Compliance, S. 208 f. m.w.N.
1063 Jütten, Die Bank 1995, S. 153 (159); Kümpel, Bank- und Kapitalmarktrecht, Rn. 14.629.
1064 Eisele in Bankrechts-Handbuch, § 109 Rn. 78.
1065 So auch Weiss, Die Bank 1993, S. 136 (138).

3. Informationsbarrieren und bankinterne Wissenszurechnung

Die Schaffung von Vertraulichkeitsbereichen und Informationsbarrieren im Rahmen des Compliance-Konzepts wirft andererseits die Frage auf, welches Wissen der Bank als Basis der Beratung zugrunde zu legen ist. Die Frage stellt sich insbesondere in Zusammenhang mit eventuellen Warnpflichten der Bank vor zweifelhaften Kapitalanlagen. So ist noch nicht abschließend geklärt, inwiefern das für die Kundenberatung maßgebliche Wissen der Bank durch die oben beschriebenen Compliance-Elemente beschränkt wird, so daß z.B. eine Warnpflicht des Anlageberaters gleichwohl nicht besteht, obwohl die Bank an anderer Stelle, beispielsweise durch ein Kreditgeschäft, von dem zweifelhaften Charakter einer Anlage Kenntnis erlangt hat.

Die Entscheidung, ob und inwieweit in solchen Fällen eine Warnpflicht der Bank besteht, hängt entscheidend davon ab, inwiefern trotz der genannten Maßnahmen zur Beschränkung des innerbetrieblichen Informationsflusses bankintern gleichwohl eine Wissenszurechnung stattfindet.[1066] Die wohl überwiegende Auffassung rechnet auch im Bankgewerbe in Anlehnung an die Rechtsprechung des BGH zur sog. „Wissenszusammenrechnung" bei Personenmehrheiten, insbesondere bei juristischen Personen[1067], jedenfalls die Kenntnisse aller Organvertreter, gleichgültig ob sie an dem konkreten Geschäft beteiligt waren und ob sie sich noch im Amt befinden, der betroffenen Bank zu.[1068] Darüber hinaus wäre nach dieser Ansicht der Bank analog § 166 Abs. 1 BGB auch das Wissen derjenigen Mitarbeiter zuzurechnen, derer sie sich im rechtsgeschäftlichen Verkehr wie eines Vertreters bedient.[1069] So hat der BGH beispielsweise Kenntnisse, die ein Filialleiter bei der Kreditvergabe erworben hat, bei einem späteren Beratungsgespräch eines anderen Mitarbeiters der Bank zugerechnet.[1070] Ob es sich bei den Entscheidungen um Einzelfälle oder um eine sich festigende Rechtsprechung handelt, bleibt abzuwarten.[1071]

Eine allgemeine Wissenszusammenrechnung im Sinne einer Zusammenfassung der Kenntnisse sämtlicher Bankmitarbeiter, wie sie die Rechtsprechung außerhalb des Bankgewerbes gerade bei juristischen Personen vornimmt, ist jedoch abzulehnen. Sie findet weder in § 166 Abs. 1 BGB, der auf die Kenntnis bzw. das Kennenmüssen der Person abstellt, die die Willenserklärung abgibt, eine Stütze, noch wäre es mit den Grundsätzen des Compliance-Konzepts, das gerade auf eine Einschränkung und Kontrolle des unternehmensinternen Informationsflusses abzielt, vereinbar, ein Kreditinstitut im Hinblick auf

---

1066 Dazu vergleiche Canaris, Bankvertragsrecht (4. Aufl.), Rn. 106.
1067 Zu dieser Rechtsprechung ausführlich Reischl, JuS 1997, S. 783 ff. m.w.N.
1068 Siol in Bankrechts-Handbuch, § 43 Rn. 18 m.w.N.
1069 So jedenfalls BGH NJW 1993, 1066 (1067) - für den Fall einer Scheckeinlieferung.
1070 BGH NJW 1989, 2879; BGH WM 1989, 1368.
1071 Bruchner in Bankrechts-Handbuch, § 39 Rn. 14 spricht von „*nicht verallgemeinerungsfähigen Einzelfällen*", demgegenüber sprechen zwei neuere Entscheidungen des BGH - BGH WM 1996, 594 ff. und BGH WM 1996, 1618 ff. - für eine sich festigende Rechtsprechungspraxis.

die Wissenszusammenrechnung wie „eine Person" zu behandeln.[1072] Denn die compliancetypischen Vertraulichkeitsbereiche und Informationsbarrieren sollen es den Banken ja gerade unmöglich machen, bankintern einen allgemeinen „Informationspool" zu bilden, auf den alle Bankmitarbeiter, insbesondere die Anlageberater, unbeschränkt Zugriff nehmen können.

Der Wissenszurechnung werden mithin durch die besonderen wertpapierhandels-rechtlichen Anforderungen an die aufbau- und ablauforganisatorischen Strukturen in Bankunternehmen Grenzen gesetzt. Eine bankinterne Wissenszurechnung kommt deshalb nur in Betracht, wenn vor dem Hintergrund der gesetzlichen Anforderungen an die interne Arbeitsorganisation der Kreditinstitute für den Anlageberater überhaupt eine Möglichkeit bestand, von bestimmten Informationen Kenntnis zu nehmen.[1073] Für wichtige allgemeine Markt- und Unternehmensdaten, insbesondere solche, die der Publi-zitätspflicht nach § 15 WpHG unterliegen und die deshalb in den entsprechenden Börsen-und Investmentfachkreisen allgemein bekannt sind, dürfte diese Voraussetzung regel-mäßig erfüllt sein. Dagegen sind vertrauliche Erkenntnisse aus der konkreten Geschäfts-beziehung, beispielsweise Informationen, die die Bank aufgrund bestehender Kreditver-hältnissen oder Kontoverbindungen über einen Kunden erlangt, angesichts der gesetz-lichen Pflicht der Bank, solche Informationen vor einem unkontrollierten unternehmens-internen Bekanntwerden zu schützen, von einer bankinternen Wissenszurechnung grund-sätzlich ausgeschlossen, denn für den Anlageberater besteht vor dem Hintergrund der in § 33 Abs. 1 Nr. 2, 3 WpHG angesprochenen organisatorischen Vorkehrungen praktisch gar keine Möglichkeit, von diesen Daten Kenntnis zu erlangen. Das gilt insbesondere, wenn die aus der Kundenbeziehung gewonnenen Informationen darüber hinaus dem Insiderverbot gem. § 14 Abs.1 WpHG unterfallen.

Eine Ausnahme ist nur insofern denkbar, daß ein Kreditinstitut z.B. im Fall be-trügerischer Anlagemachenschaften oder krimineller Manipulationen in Zusammenhang mit Wertpapiergeschäften, gestützt auf den Grundsatz der Nothilfe, im Rahmen der inter-nen Organisation ausnahmsweise eine Durchbrechung der Vertraulichkeitsbereiche zu-läßt und vertrauliche Kundeninformationen aus Gründen des überwiegenden Anleger-schutzes der Wertpapierberatung zugänglich macht. In diesem Fall muß sich die Bank die an anderer Stelle erworbenen Kenntnisse auch bei der Anlageberatung zurechnen lassen und die Anleger entsprechend warnen.

1072 So auch Bruchner in Bankrechts-Handbuch, § 39 Rn. 14. Vgl. auch Faßbender, Innerbetrieb-liches Wissen, S. 119 ff., der in dem Zusammenhang zwar eine Gleichsetzung der Bank mit na-türlichen Personen ebenso wie eine Wissenszusammenrechnung als Kompensation einer durch Arbeitsteilung verursachten Wissensaufspaltung ablehnt, andererseits aber gerade im Anlagege-schäft ein hohes Maß an „Informationsfürsorge" der Bank fordert (vgl. S. 259 ff.).

1073 In diesem Sinne wohl auch Eisele in Bankrechts-Handbuch, § 109 Rn. 42, der den Compliance-Elementen eine Beweisfunktion für die Gewährleistung der Vertraulichkeit durch das Kredit-institut zuerkennen will.

Während das Wertpapierhandelsgesetz im Hinblick auf Inhalt und Umfang der Informationstätigkeit für Kreditinstitute wenig Neues im Vergleich zu den bereits bestehenden vertraglichen bzw. vorvertraglichen Beratungspflichten brachte, so besteht doch eine wesentliche Neuerung des Gesetzes in der Einführung grundlegender hoheitlicher Kontrollmechanismen zur Überwachung der Informationspflichten. So leistet das WpHG mit der Einführung einer bundesweit einheitlichen staatlichen Marktaufsicht in Gestalt des Bundesaufsichtsamtes für den Wertpapierhandel (§§ 3 - 11 WpHG) einen wesentlichen Beitrag zur Stärkung des für die Funktionsfähigkeit der Kapitalmärkte unverzichtbaren Vertrauens der Anleger.[1074]

Wenngleich die Anleger aufgrund zivilrechtlicher Schadensersatzansprüche auch bislang nicht schutzlos gegen Informations- und Verhaltenspflichtverletzungen der Kreditinstitute waren, so bleibt doch das zivilrechtliche Vorgehen geschädigter Anleger zwangsläufig unkoordiniert und bedarf der Unterstützung durch aufsichtsrechtliche Maßnahmen, denn haftungsrechtliche Sanktionen vermögen nur dann effektiv zu wirken, wenn die geschädigten Anleger ihre Ansprüche konsequent durchsetzen.[1075] Daran bestehen jedoch Zweifel, wenn Geschädigte das nicht selten erhebliche Prozeßrisiko scheuen. Demgegenüber bietet ein aufsichtsrechtliches Instrumentarium den Vorteil eines gezielten und unmittelbaren Einschreitens gegen Pflichtverletzungen.[1076] Teilweise erfährt der Anleger gar nichts von dem unlauteren Verhalten des Anlagedienstleisters, etwa weil er die Einzelheiten und Begleitumstände der Geschäftsabwicklung gar nicht kennt. Ein Beispiel dafür bietet z.B. das gem. § 32 Abs. 1 Nr. 2 WpHG verbotene Verhalten des Scalpings. In der Regel ahnt der betroffene Kunde gar nicht, daß der Berater die Empfehlung lediglich deshalb ausgesprochen hat, um durch den Kundenauftrag die Wertpapierpreise in eine für das Wertpapierunternehmen oder ihn persönlich vorteilhafte Richtung zu lenken. Gleiches gilt für die nach § 32 Abs. 1 Nr. 3 WpHG verbotene Verhaltensweise des Front-running. Auch hier ist für den Kunden regelmäßig nicht erkennbar, ob das Wertpapierunternehmen die Kenntnis von Kundenaufträgen zum eigenen Vorteil ausnutzt. Schäden, die durch ein solches Verhalten ausgelöst werden, bleiben für die geschädigten Anleger demzufolge regelmäßig unentdeckt oder doch zumindest im einzelnen nicht quantifizierbar. Zivilrechtliche Haftungsansprüche bleiben in diesen Fällen wirkungslos. Vielmehr bedarf es für einen wirkungsvollen Schutz des Anlegers einer übergeordneten staatlichen Aufsicht, die das Verhalten der am Markt agierenden Wertpapierdienstleister auf Recht- und Ordnungsmäßigkeit kontrolliert und gegen Fehlverhalten, das das Vertrauen des Anlagepublikums und damit die Stabilität des Marktes beeinträchtigen könnte, mit hoheitlichen Mitteln einschreitet. Das WpHG hat für eine

---

1074 Zu den Aufgaben des Bundesaufsichtsamtes im einzelnen Kalss, ÖBA 1995, S. 765.
1075 So auch Arendts in Jahrbuch Junger Zivilrechtswissenschaftler (1995), S. 165 (170).
1076 Ähnlich Wüst, JZ 1989, S. 67 (68 f.).

solche staatliche Kontrolle des Wertpapiermarktes die nötigen rechtlichen Grundlagen geschaffen.

I. Notwendigkeit staatlicher Marktaufsicht

Mit der Einführung einer zentralen staatlichen Marktaufsicht reagierte der Gesetzgeber auf die zunehmende Notwendigkeit einer Angleichung der deutschen Börsen- und Wertpapieraufsicht an international übliche Standards.[1077] Die internationale Wettbewerbsfähigkeit des Finanzplatzes Deutschland bedurfte insbesondere vor dem Hintergrund einer wachsenden Globalisierung der Finanzmärkte dringend einer bundesweit einheitlichen staatlichen Kapitalmarktaufsicht. Dem wurde die herkömmliche dezentrale Aufsicht durch die Börsenaufsichtsbehörden der Bundesländer (§§ 1, 1a BörsG) und die Handelsüberwachungsstellen der Börsen (§ 1b BörsG) nicht mehr gerecht.[1078] Erschöpfte sich doch die bisherige Börsenaufsicht durch die zuständigen Landesministerien in einer bloßen Rechtsaufsicht, die im wesentlichen auf die Überwachung der Börsenorgane, insbesondere des Börsenvorstandes, beschränkt war. Dagegen wird bei der umfassenden Marktaufsicht, wie sie nunmehr durch das Wertpapierhandelsgesetz eingeführt wurde, das Verhalten der Marktteilnehmer, vor allem der professionellen Wertpapierdienstleister, umfassend kontrolliert.[1079]

Das WpHG sieht in dem Zusammenhang im wesentlichen zwei Kontrollmechanismen vor, die eine Einhaltung der gesetzlich vorgeschriebenen Verhaltenspflichten durch die Wertpapierdienstleistungsunternehmen sicherstellen sollen. Zum einen schreibt § 36 WpHG eine regelmäßige jährliche Prüfung der Einhaltung der wertpapierhandelsrechtlichen Verhaltensregeln vor.[1080] Neben dieser regelmäßigen Kontrolle räumt § 35 WpHG dem Bundesaufsichtsamt auch außerordentliche Überwachungsbefugnisse ein, die im

---

1077 Zum Bedürfnis einer internationalen Harmonisierung von Bankrecht und Kapitalmarktaufsicht vgl. Lusser, ZBB 1989, S. 101 ff.

1078 Metzger, Sparkasse 1995, S. 5 f.; von Rosen, WM 1991, S. 623.

1079 Daß auch aus Sicht vieler Privatanleger ein dringendes Bedürfnis nach staatlicher Kontrolle besteht, zeigt sich nicht zuletzt in der stetig wachsenden Zahl von Kundenbeschwerden beim Bundesaufsichtsamt für den Wertpapierhandel über das Verhalten von Kreditinstituten. So stieg die Zahl der Beschwerden von 1996 (163 Stück) bis 1998 (351 Stück) auf mehr als das Doppelte. Dabei rügten allein 20 % der Beschwerden eine angeblich unzureichende Information durch die Kreditinstitute. In insgesamt 108 Fällen sah das BAWe tatsächlich Anlaß, aufsichtsrechtlich tätig zu werden. Vgl. Frankfurter Allgemeine Zeitung vom 13.8.1999, S. 25 („Beschwerden über Kreditinstitute").

1080 In der Regel erfolgt die Prüfung, wie in § 36 Abs. 1 ausdrücklich WpHG vorgesehen, nicht unmittelbar durch das BAWe, sondern durch Verbandsprüfer des Bankenverbands, dem das Kreditinstitut angehört. Der Prüfer hat den Prüfungsbericht anschließend beim BAWe, beim BAKred. sowie bei der Bundesbank einzureichen (§ 36 Abs. 1 Satz 5). Auf diese Weise läßt das BAWe Routineprüfungen aus Gründen der Arbeitsersparnis regelmäßig von den Verbänden durchführen. Das BAWe kann jedoch Schwerpunkte und besondere inhaltliche Anforderungen anordnen (§ 36 Abs. 3 Satz 1) oder die Prüfung in Ausnahmefällen auch selbst durchführen (§ 36 Abs. 4 WpHG).

Interesse einer wirkungsvollen Aufsichtstätigkeit Kontrollen ohne besonderen Anlaß ermöglichen.

II. Aufzeichnungs- und Aufbewahrungspflichten

1. Aufsichtsrechtliche Bedeutung der Dokumentationspflicht

Unverzichtbares Element einer wirkungsvollen Kontrolle ist die Dokumentation der Geschäftstätigkeit durch die Wertpapierdienstleistungsunternehmen. § 34 Abs. 1 WpHG verpflichtet die Unternehmen deshalb, die Erbringung von Wertpapierdienstleistungen aufzuzeichnen. Zweck dieser Aufzeichnungs- und Aufbewahrungspflichten ist es, dem Bundesaufsichtsamt für den Wertpapierhandel als der zuständigen Behörde die Kontrolle der Einhaltung der Verhaltens- und Organisationspflichten zu ermöglichen.[1081] § 34 Abs. 1 WpHG enthält dazu detaillierte Vorgaben, welche Angaben im einzelnen von den Wertpapierunternehmen zu dokumentieren sind, wie z.B. Name des Auftraggebers, Betrag und Bezeichnung des Wertpapiers sowie Weisungen des Kunden (§ 34 Abs. 1 Nr. 1), etwa erteilte Limits, aber auch den Namen des Angestellten, der den Auftrag angenommen hat, ebenso die Uhrzeit der Auftragserteilung und -ausführung (Nr. 2) sowie die in Rechnung gestellten Provisionen und Gebühren (Nr. 3).

Die Aufzeichnungen sind so vorzunehmen und aufzubewahren, daß die Auftragsausführung von der Aufsichtsbehörde kontrolliert werden kann.[1082] Die Art der Fixierung ist dabei unerheblich, so daß auch eine elektronische Speicherung zulässig ist.[1083] In der Praxis erfolgt die Dokumentation im wesentlichen mit Hilfe eines von den Verbänden der Kreditwirtschaft entwickelten Formulars. Dieses enthält neben Angaben zur Person des Kunden und zur Art des Geschäfts (z.B. Kommissions- oder Festpreisgeschäft) vor allem Informationen über die Auftragserteilung (Datum und Uhrzeit der Auftragsannahme, spezielle Beratungswünsche des Kunden, telefonische Auftragsannahme, vom Kunden gewünschter Börsenplatz usw.). Die Dokumentation der banktechnischen Auftragsabwicklung erfolgt hingegen aufgrund der inzwischen allgemein üblichen elektronischen Orderbearbeitung regelmäßig auf elektronische Weise.

2. Dokumentation der Beratung

Zwar wird vom Gesetz unmittelbar keine Dokumentation des Beratungsgesprächs gefordert, denn die gesetzliche Aufzeichnungspflicht des § 34 Abs. 1 WpHG erstreckt sich nur auf die Dokumentation der Auftragserteilung und -abwicklung, nicht dagegen auf die Aufzeichnung von Vorgängen, die der Vorbereitung des eigentlichen Geschäfts-

---

1081 Koller in Assmann/Schneider (Hrsg.), WpHG, § 34 Rn. 1.
1082 Kümpel, WpHG, S. 186.
1083 Vgl. Scharrenberg, Sparkasse 1995, S. 108.

abschlusses dienen.[1084] Andererseits muß nicht nur die Auftragsabwicklung, sondern im Interesse eines wirkungsvollen Anlegerschutzes auch die Einhaltung der wertpapierhandelsrechtlichen Verhaltenspflichten, insbesondere die Einhaltung der Informationspflicht gem. § 31 Abs. 2 WpHG für die Aufsichtsbehörde nachprüfbar sein. Das Bundesaufsichtsamt für den Wertpapierhandel verlangt deshalb gestützt auf die Richtlinienkompetenz nach § 35 Abs. 6 WpHG von den Wertpapierunternehmen, auch die Kontrolle der Einhaltung der gesetzlichen Informationspflicht durch eine entsprechende Dokumentation sicherzustellen.[1085] Aus diesem Grund, aber auch zur Beweissicherung für eventuelle zivilrechtliche Auseinandersetzungen über Schadensersatzforderungen von Anlegern ist, es in der Kreditwirtschaft inzwischen allgemein üblich, die Angaben des Kunden über seine Anlageziele, seine finanziellen Verhältnisse sowie seine Kenntnisse und Erfahrungen mit Wertpapiergeschäften, die das Kreditinstitut nach § 31 Abs. 2 Nr. 1 WpHG vom Kunden zu erfragen hat, zu dokumentieren. Die Erfassung der Kundenangaben erfolgt ebenfalls regelmäßig anhand eines von der Kreditwirtschaft ausgearbeiteten Formulars. Dieser Vordruck ist entsprechend dem Ablauf eines Beratungsgesprächs aufgebaut und umfaßt neben Auskünften über die finanziellen Ziele und Erwartungen sowie die Vermögensverhältnisse des Kunden auch Angaben über die in der Vergangenheit bereits getätigten Anlagegeschäfte.[1086]

Die Kreditinstitute verzichten andererseits in einer Reihe von Fällen zu Recht auf die Dokumentation der Kundenangaben, so beispielsweise bei Kunden, die ausschließlich hauseigene festverzinsliche Standardprodukte oder sonstige risikoarme Anlageformen wünschen.[1087] Eine Dokumentation ist in diesen Fällen vielfach nicht notwendig, weil bei risikoarmen Standardprodukten die Informationspflichten und damit auch die Haftungsrisiken der Kreditinstitute gering sind. Darüber hinaus sind die geforderten Daten für einen Großteil der Altkunden meist bereits vorhanden. Eine erneute Befragung ist bei diesen Kunden daher überflüssig.[1088] Eine umfassende Ermittlung und Aufzeichnung der Kundenverhältnisse kommt deshalb vor allem bei Neukunden, die erstmalig eine Wertpapierberatung wünschen, und bei Kunden in Betracht, die die Anlageart wechseln, beispielsweise anstelle der bisherigen konventionellen Sparanlage erstmalig Aktien erwerben wollen.[1089]

1084 Vgl. Kümpel, Bank- und Kapitalmarktrecht, Rn. 8.290; Koller in Assmann/Schneider (Hrsg.), WpHG, § 34 Rn. 2. Anderer Ansicht ist dagegen Scharrenberg, Sparkasse 1995, S. 108, der (ohne nähere Begründung) die §§ 31, 34 WpHG als Rechtsgrundlage nennt.

1085 Ziff. 3.7 der Richtlinie des BAWe, Bundesanzeiger vom 3.6.1997, Nr. 98, S. 6587.

1086 Dazu im einzelnen Fünfgeld/Hoever/Zehnter, Sparkasse 1995, S. 328 ff; Scharrenberg, Sparkasse 1995, S. 108 ff.

1087 Fünfgeld/Hoever/Zehnter, Sparkasse 1995, S. 328.

1088 Fünfgeld/Hoever/Zehnter, Sparkasse 1995, a.a.O.; ebenso Scharrenberg, Sparkasse 1995, S. 108 (109).

1089 Fünfgeld/Hoever/Zehnter, Sparkasse 1995, S. 328 f. Verzichtet die Bank in den genannten Fällen auf eine Dokumentation der Kundenangaben, so muß sie jedoch die Gründe (z.B. Altkunde, Standardprodukt) für den Verzicht dokumentieren, um dem BAWe die Kontrolle der Verhaltensregeln zu ermöglichen (vgl. Ziff. 3.7 der Richtlinie des BAWe, Bundesanzeiger vom 3.6.1997, Nr. 98, S. 6587.).

Die Dokumentation der Kundenangaben darf nicht für außerhalb des Gesetzeszwecks des WpHG liegende Interessen, wie z.B. für eigene geschäftspolitische Ziele des Kreditinstituts, mißbraucht werden, denn die Dokumentation der Kundenangaben dient nicht den geschäftsstrategischen Interessen des Wertpapierdienstleistungsunternehmens, sondern ausschließlich der Kontrolle der Verhaltenspflichten durch die Aufsichtsbehörde.[1090] Die Befragung des Kunden, etwa nach sonstigen Bankverbindungen, nach seinem Einkommen oder weiterem Vermögen bei anderen Banken oder nach seinen steuerlichen Verhältnissen darf deshalb in der Praxis nicht dazu führen, daß die Grenze zwischen dem rechtlich Erforderlichen und dem geschäftspolitisch Wünschenswerten verwischt wird.[1091] Das Kreditinstitut darf die Kundeninformationen insbesondere nicht für eigene Absatzzwecke nutzen, indem es beispielsweise auf der Grundlage der Daten dem Kunden unaufgefordert bestimmte Finanzprodukte anbietet oder versucht, bei anderen Banken angelegte Gelder abzuwerben. Das Bundesdatenschutzgesetz (§ 14 Abs. 1) verlangt darüber hinaus eine Zweckbestimmung bei der Erhebung und Speicherung personenbezogener Daten. Es ist deshalb auch datenschutzrechtlich unzulässig, wenn Kreditinstitute im Rahmen der Kundendatendokumentation unter Bezug auf die gesetzliche Aufzeichnungspflicht des WpHG auch solche Daten erfragen, die für die Beratung des Wertpapierkunden keine Rolle spielen, sondern vor allem geschäftspolitischen Interessen des Wertpapierunternehmens dienen.[1092]

III. Lücken im System der staatlichen Marktaufsicht

Eine effiziente Marktaufsicht erfordert nicht nur die Einbeziehung aller relevanten Marktteilnehmer, sondern darüber hinaus auch wirkungsvolle Sanktionsmechanismen, die geeignet sind, Verhaltensverstößen der Marktteilnehmer effektiv entgegenzuwirken. In beiderlei Hinsicht ist das Wertpapierhandelsgesetz jedoch lückenhaft.

So beschränkt sich die staatliche Marktaufsicht auf den sog. organisierten oder regulären Kapitalmarkt, denn der Handel mit nicht wertpapiermäßig verbrieften Kapitalanlagen, der vor allem am sog. grauen Kapitalmarkt stattfindet, wird vom Anwendungsbereich des Wertpapierhandelsgesetzes nicht erfaßt.[1093] Der begrenzte Anwendungsbereich des Gesetzes ist aus aufsichtsrechtlicher Sicht bedenklich, ist doch ein qualitativer Unterschied zwischen Dienstleistungen, die Wertpapierprodukte i.S.v. § 2 WpHG betreffen, und dem Vertrieb von Beteiligungen an Abschreibungsgesellschaften, geschlossenen Projekt- oder Immobilienfonds und ähnlichen Anlageformen des grauen Kapitalmarktes nicht ersichtlich.[1094] Es erscheint deshalb nur konsequent, auch den Vertrieb nicht wertpapiermäßig verbriefter Anlageprodukte den Verhaltensregeln der §§ 31 ff.

1090 Koller in Assmann/Schneider (Hrsg.), WpHG, Vor 31 Rn. 17 sowie § 34 Rn. 1.
1091 Scharrenberg, Sparkasse 1995, S. 108.
1092 So auch Scharrenberg, Sparkasse 1995, a.a.O.
1093 Assmann in Assmann/Schneider (Hrsg.), WpHG, § 1 Rn. 4.
1094 So im Ergebnis auch von Rosen, Die Bank 1995, S. 9 (13).

WpHG zu unterwerfen.[1095] Besonders deutlich wird die Regelungslücke im Falle selbständiger Finanz- und Anlageberater, die nicht unter den Begriff des Wertpapierdienstleistungsunternehmens i.S.v. § 2 Abs.4 WpHG fallen. Selbst wenn solche Personen Beratungsleistungen in bezug auf Wertpapiere oder vergleichbare Produkte (Derivate, Geldmarktinstrumente) erbringen, sind die wertpapierhandelsrechtlichen Verhaltensregeln nicht anwendbar, weil der Anwendungsbereich der §§ 31 ff. auf Wertpapierdienstleistungsunternehmen und damit in der Praxis im wesentlichen auf Kreditinstitute beschränkt ist.[1096] Eine Erweiterung des Anwendungsbereichs des WpHG im allgemeinen und der wertpapierhandelsrechtlichen Verhaltensregeln im besonderen auf sämtliche Anlagedienstleister sowie die Erfassung aller relevanten Anlagedienstleistungen würde einheitliche Maßstäbe für die Informationspflichten im Bereich der Kapitalanlage schaffen. Der Vorteil einer solchen Ausdehnung des Anwendungsbereichs der §§ 31 ff. WpHG läge nicht nur in der Schaffung gleicher Wettbewerbsbedingungen für den Vertrieb von Anlageprodukten unabhängig von deren rechtlicher Konstruktion, darüber hinaus würde durch die an den Grundsätzen von Professionalität, Lauterkeit und Integrität orientierten Verhaltensregeln ein einheitlicher allgemeiner Mindeststandard für den Anlegerschutz in sämtlichen Teilbereichen des Kapitalanlagegeschäfts geschaffen.

Eine weitere Schwäche der wertpapierhandelsrechtlichen Marktaufsicht de lege lata liegt in den zum Teil unzureichenden Sanktionsmöglichkeiten der Aufsichtsbehörde. Während Verstöße gegen die Insiderbestimmungen gem. § 38 Abs. 1 WpHG mit Freiheitsstrafe bis zu 5 Jahren oder Geldstrafe bedroht sind, ist eine Verletzung der wertpapierhandelsrechtlichen Wohlverhaltensregeln der §§ 31 - 33 WpHG und somit auch ein Verstoß gegen die gesetzliche Informationspflicht weder straf- noch bußgeldbewehrt. Als Reaktion auf solche Pflichtverletzungen steht dem Bundesaufsichtsamt lediglich die aufsichtsrechtliche Generalklausel des § 4 Abs. 1 WpHG zur Verfügung. Danach hat die Aufsichtsbehörde im Rahmen der ihr zugewiesenen Aufgaben Mißständen entgegenzuwirken, die die ordnungsgemäße Durchführung des Wertpapierhandels oder von Wertpapierdienstleistungen beeinträchtigen oder erhebliche Nachteile für den Wertpapiermarkt verursachen können. Das Bundesaufsichtsamt kann insbesondere Anordnungen treffen, die geeignet und erforderlich sind, um diese Mißstände zu beseitigen oder zu verhindern (§ 4 Abs. 1 Satz 3 WpHG).

Zwar gibt § 4 Abs. 1 Satz 3 WpHG dem Bundesaufsichtsamt nach h.M.[1097] die notwendige Rechtsgrundlage für ein unmittelbares behördliches Einschreiten gegen die betreffenden Wertpapierunternehmen, bis hin zu Mitteln des Verwaltungszwangs (§ 10 WpHG). Allerdings läßt § 4 Abs. 1 WpHG nur Anordnungen zu, die darauf gerichtet sind, die Störung des Wertpapierhandels bzw. eine Beeinträchtigung der Wertpapier-

---

1095 Übereinstimmend Assmann in Assmann/Schneider (Hrsg.), WpHG, Einl. Rn. 10, der eine Abkopplung des Anwendungsbereichs des WpHG vom Wertpapierbegriff des § 2 WpHG fordert.
1096 Assmann in Assmann/Schneider (Hrsg.), WpHG, § 2 Rn. 74.
1097 So vor allem Assmann in Assmann/Schneider (Hrsg.), WpHG, § 4 Rn. 3 und Kümpel, WpHG, S. 192. Anders hingegen Becker, WpHG, S. 28, der die Norm lediglich als allgemeine Aufgabenzuweisung, nicht jedoch als Rechtsgrundlage für belastende Verwaltungsakte versteht.

märkte „zu *beseitigen* oder zu *verhindern*". Zulässig sind insofern nur präventive Maßnahmen oder solche, die aktuelle Mißstände abstellen. Repressive Sanktionen gegen vergangene Verhaltenspflichtverstöße, die jedoch z.B. mangels Wiederholungsgefahr oder wegen Geringfügigkeit weder eine Bedrohung für die ordnungsgemäße Durchführung des Wertpapierhandels darstellen noch den Wertpapiermarkt beeinträchtigen, kommen damit nicht in Betracht. Darin liegt eine wesentliche Lücke der gesetzlichen Regelung[1098], insbesondere wenn man bedenkt, daß Verstöße gegen die gesetzliche Aufzeichnungs- und Aufbewahrungspflicht (§ 34 WpHG) gem. § 39 Abs. 1 Nr. 6 und 8 WpHG mit einer Geldbuße bis zu 100.000 DM bedroht sind, Verstöße gegen die materiellen Verhaltenspflichten dagegen im nachhinein nicht geahndet werden können.[1099] Diese Regelungslücke wird insbesondere in Fällen spürbar, in denen ein Wertpapierdienstleister vorsätzlich und gezielt zum Nachteil von Anlegern z.B. gegen das Verbot des Scalping (§ 32 Abs. 1 Nr. 2 WpHG) oder des Front-running (§ 32 Abs. 1 Nr. 3) verstoßen hat. In diesen Fällen kann das Bundesaufsichtsamt für den Wertpapierhandel gem. § 4 Abs. 1 Satz 3 WpHG zwar präventive Maßnahmen zum Schutz des Wertpapierhandels anordnen, insbesondere das unlautere Verhalten untersagen, sofern jedoch eine Wiederholung des verbotenen Verhaltens und damit eine Gefährdung der Ordnungsmäßigkeit des Wertpapierhandels oder der Funktionsfähigkeit des Wertpapiermarktes nicht zu befürchten ist, besteht in solchen Fällen keine Möglichkeit, vergangenes vorsätzliches Fehlverhalten nachträglich zu ahnden. Das unlautere Verhalten bleibt für das Wertpapierunternehmen dann im Ergebnis folgenlos. Zwar bestehen i.d.R. vertragliche und deliktische Schadensersatzansprüche (§ 823 Abs. 2 BGB i.V.m. § 32 Abs. 1 WpHG, bei bewußter, vorsätzlicher Schädigung darüber hinaus § 826 BGB) der geschädigten Kunden,[1100] die privatrechtlichen Folgen der Verhaltenspflichtverletzung sind in den beschriebenen Fällen jedoch eher theoretischer Natur und dürfen in ihrer Wirkung auf die Verhaltenssteuerung der Wertpapierdienstleistungsunternehmen nicht überschätzt werden, da die Anleger von dem unlauteren Verhalten in aller Regel nichts erfahren.

§ 5 Zum Vergleich: Verhaltenspflichten für Effektenhändler nach schweizerischem Recht

Ähnlich wie im deutschen Recht bestehen auch nach schweizerischem Recht spezielle gesetzliche Verhaltenspflichten für Wertpapierdienstleister. Ein Vergleich dieser Verhaltensregeln mit der deutschen Regelung erscheint in mehrfacher Hinsicht interessant. Zum einen besteht in der Schweiz wie auch in der Bundesrepublik Deutschland ein Universalbankensystem, so daß im Hinblick auf die Struktur des Bankwesens vergleichbare Bedingungen vorliegen, zum anderen sind beide Kapitalmärkte auch von der

---

1098 So auch von Rosen, Die Bank 1995, S. 9 (13); Kalss, ÖBA 1995, S. 756 (761).
1099 von Rosen, Die Bank 1995, a.a.O.
1100 Zu den Ersatzansprüchen geschädigter Anleger vgl. oben 2. Kapitel § 5.

Größe her annähernd vergleichbar.[1101] Der besondere Reiz eines solchen Vergleichs ergibt sich jedoch dadurch, daß die Schweiz als Nichtmitglied der Europäischen Union im Gegensatz zur Bundesrepublik nicht der EG-rechtlichen Umsetzungspflicht in bezug auf gemeinschaftsrechtliche Vorgaben, wie sie z.B. in Gestalt der EG-Wertpapierdienstleistungsrichtlinie für die Bundesrepublik bestehen, unterliegt. Ein Vergleich verspricht insofern interessante Erkenntnisse, ob und inwieweit sich gerade mit Blick auf die ökonomischen Anforderungen inzwischen auch international ein objektiver Verhaltensstandard für Effektendienstleister herauszukristallisieren beginnt.

I. Die schweizerische Regelung

1. Art. 11 des schweizerischen Börsengesetzes [1102]

Art. 11 des schweizerischen Bundesgesetzes über die Börsen und den Effektenhandel (BEHG) statuiert grundlegende Prinzipien für das Verhalten der Effektenhändler gegenüber ihren Kunden. Danach trifft den Effektenhändler eine Informationspflicht, die sich insbesondere auf die Risiken einer Geschäftsart erstreckt (Art. 11 Buchst. a. BEHG), eine Sorgfaltspflicht im Hinblick auf die Ausführung der Effektenaufträge (Buchst. b.) sowie eine auf die Vermeidung von Interessenkonflikten gerichtete Treuepflicht (Buchst. c.). Bei Erfüllung dieser Pflichten hat der Effektenhändler die Geschäftserfahrenheit und die fachlichen Kenntnisse seiner Kunden zu berücksichtigen (Art. 11 Satz 2).

2. Konkretisierung der Verhaltenspflichten durch die schweizerische Bankiervereinigung

Das schweizerische Börsengesetz ist als Rahmengesetz konzipiert.[1103] Ähnlich der deutschen Regelung in den §§ 31 ff. WpHG regelt Art. 11 BEHG die Verhaltenspflichten der Wertpapierdienstleister deshalb nur sehr allgemein und generalklauselhaft. Konkretisiert werden diese allgemeinen Pflichtengrundsätze durch die „Verhaltensregeln für Effektenhändler bei der Durchführung des Effektenhandelsgeschäftes"[1104], die der Verwaltungsrat der Schweizerischen Bankiervereinigung (SBVg.)[1105] Anfang 1997 erlassen hat.[1106] Diese Verhaltensregeln gelten seit dem 1. August 1997 als berufliche Standes-

---

1101 So rangiert der deutsche Aktienmarkt weltweit an 5., der schweizer Aktienmarkt an 6. Stelle,
1102 Art. 11 BEHG (als Anhang beigefügt).
1103 Meier-Schatz, ZBB 1997, S. 325 (326/327).
1104 Als Anhang beigefügt.
1105 Zu den Aufgaben des 1912 gegründeten Spitzenverbandes des schweizerischen Bankgewerbes gehört vor allem die Förderung und Wahrung der Interessen und Rechte des Bankgewerbes, die Absicherung der Mitglieder gegen unlauteren Wettbewerb, der Schutz des Sparkapitals, Kontakte zu Behörden und zur Nationalbank sowie die Mitarbeit an Gesetzesvorhaben. Vgl. Löffelholz/ Müller, Gabler-Bank-Lexikon (10. Aufl.) Spalte 1847.
1106 Meier-Schatz, ZBB 1997, S. 325 (333).

regeln für alle dem schweizerischen Börsengesetz unterworfenen Effektenhändler, insbesondere für die Banken.[1107]

Zweck der Standesregeln wie auch der übergeordneten rahmengesetzlichen Vorschriften des Börsen- und Effektenhandelsgesetzes ist es, die hohe Qualität der schweizerischen Effektenhandelstätigkeit zu gewährleisten und vor dem Hintergrund eines verschärften Wettbewerbs zwischen den Finanzplätzen das Vertrauen in- und ausländischer Anleger in das schweizerische Bankgewerbe zu wahren und zu fördern.[1108] Die Verhaltensregeln sollen deshalb im Interesse der volkswirtschaftlich bedeutsamen Funktionsfähigkeit der Kapitalmärkte vor allem Transparenz, Fairness und Professionalität des schweizerischen Wertpapierdienstleistungsgewerbes sicherstellen.

In ihrer Funktion sind die schweizerischen Verhaltensregeln mit der nach § 35 Abs. 6 WpHG erlassenen Richtlinie des deutschen Bundesaufsichtsamtes für den Wertpapierhandel zur Konkretisierung der §§ 31 und 32 WpHG vergleichbar. Ähnlich wie die Richtlinie des Bundesaufsichtsamtes die Verhaltenspflichten der Wertpapierdienstleistungsunternehmen inhaltlich konkretisiert, erläutern die Verhaltensregeln der Schweizerischen Bankiervereinigung die allgemeinen gesetzlichen Verhaltensstandards des Art. 11 BEHG.

Während im Hinblick auf die Schutzrichtung der Regelungen - Stärkung der institutionellen Funktionsfähigkeit und allokativen Effizienz der Kapitalmärkte - im wesentlichen Übereinstimmung besteht, unterscheiden sich beide Regelungen in ihrer Rechtsnatur. Während es sich bei der deutschen Richtlinie um eine hoheitliche Regelung handelt, die vom Bundesaufsichtsamt für den Wertpapierhandel als der zuständigen staatlichen Aufsichtsbehörde zur Konkretisierung ihres Verwaltungsermessens erlassen wurde, handelt es sich bei den schweizerischen Verhaltensregeln um eine Maßnahme der Selbstregulierung durch einen privatrechtlichen Spitzenverband des schweizerischen Kreditgewerbes. Die Einbeziehung eines privaten Wirtschaftsverbandes in die Regelung des Börsen- und Effektenwesens spiegelt dem hohen Rang der Selbstregulierung im Rahmen des für das schweizerische Bankaufsichtsrecht charakteristischen Systems indirekter, mittelbarer Staatsaufsicht wider.[1109] Der Unterschied zur direkten staatlichen Bankaufsicht im deutschen Recht liegt dabei nicht nur in der Übertragung von Aufsichtstätigkeit auf außerhalb der Banken stehende private Revisionsstellen[1110], sondern die schweizerische Regelung ist darüber hinaus auch durch eine intensive Beteiligung privater Institutionen an der inhaltlichen Ausgestaltung des Aufsichtsrechts gekennzeichnet.[1111]

1107 Zum Begriff des Effektenhändlers nach schweizerischem Recht ausführlich Meier-Schatz, ZBB 1997, S. 325 (331 ff.).

1108 Präambel, Abs. 1 Satz 1 der Richtlinien der SBVg.

1109 Zum schweizerischen Bankaufsichtssystem vgl. Rhinow/Bayerdörfer, Rechtsfragen der schweizerischen Bankaufsicht, S. 11 ff.

1110 Die Revisionsstellen sind vergleichbar mit den deutschen Wirtschaftsprüfern, dazu Meier-Schatz, ZBB 1997, S. 325 (335).

1111 Zum Prinzip der Selbstregulierung vgl. Meier-Schatz, ZBB 1997, S. 325 (327 ff.).

a. Informationspflicht

Die Verhaltensregeln der Schweizerischen Bankiervereinigung konkretisieren im Abschnitt B die gesetzliche Informationspflicht der Effektenhändler.[1112] Die Informationspflichten, die den Effektenhändlern danach auferlegt werden, sind relativ begrenzt. So bezieht sich die Informationspflicht gem. Art. 3 Abs. 3 der Verhaltensregeln lediglich auf die besondere Risikostruktur bestimmter Geschäftsarten, nicht dagegen auf die allgemeinen Risiken von Wertpapiertransaktionen. Der Effektenhändler darf vielmehr grundsätzlich davon ausgehen, daß die Anleger die Risiken, die üblicherweise mit bestimmten Wertpapierformen verbunden sind, kennt (Art. 3 Abs. 2). Zu den als bekannt vorausgesetzten typischen Risiken gehören nach Ansicht der Schweizerischen Bankiervereinigung neben dem Bonitätsrisiko bei Anleiheobligationen vor allem das auf Zins- und Währungsschwankungen oder auf allgemeine Marktfaktoren zurückgehende Kursrisiko bei Aktien, Obligationen und Anlagefondsanteilen.[1113] Die Informationspflicht erstreckt sich nach schweizerischem Recht damit im wesentlichen nur auf sog. Instrumentrisiken oder technische Risiken einer Geschäftsart, also auf Faktoren, die über die allgemeinen, generell bestehenden Gefahren einer Kapitalanlage hinausgehen. Dabei vergrößert sich der Umfang der Aufklärungspflicht mit zunehmendem Risikopotential und wachsender Komplexität der Effektenart.[1114] Eine Abstufung der Informationspflicht nach Geschäftserfahrung und fachlichen Kenntnissen der Kunden ist dabei ähnlich wie im deutschen Recht zulässig.[1115]

Darüber hinaus läßt Art. 3 Abs. 4 der schweizerischen Richtlinien eine standardisierte Kundenaufklärung mittels vorgefertigter Informationsschriften und -broschüren ausdrücklich zu.[1116] Eine Berücksichtigung der Anlagerfahrung und der fachlichen Kenntnisse des Anlegers ist bei dieser Form der Aufklärung nicht erforderlich, sondern nur, soweit auf der Grundlage eines Beratungsvertrags eine individuelle, persönliche Aufklärung des Anlegers erfolgt.[1117]

b. Sorgfaltspflicht

Die in Abschnitt C der Richtlinie näher geregelte Sorgfaltspflicht des Effektenhändlers betrifft vor allem die Abwicklung der Wertpapieraufträge und soll sicherstellen, daß die Aufträge optimal im Interesse des Kunden ausgeführt werden und die Abwicklung im einzelnen für den Kunden nachvollziehbar ist. Im Interesse ausreichender Abrechnungstransparenz verlangt Art. 7 Abs. 1 deshalb in der Abrechnung bestimmte Mindest-

---

1112 Art. 3 und 4 der Richtlinie der SBVg. (vgl. Anhang).
1113 Art. 3, Kommentar 6, Satz 1, 2 der Richtlinien der SBVg.
1114 Art. 3, Kommentar 6, Satz 4 der Richtlinien der SBVg.
1115 Art. 3 Abs. 1. der Richtlinien der SBVg.
1116 Art. 3 Kommentar 9 und 10 der Richtlinien der SBVg. erlauben ausdrücklich die Verwendung sog. „Risk Disclosure Statements" bzw. vergleichbarer Prospekte, Inserate oder Verkaufsunterlagen zur Kundenaufklärung.
1117 Art. 3 Abs. 4 Satz 3 der Richtlinien der SBVg.

angaben zu Kurs und Anzahl der gehandelten Stücke, aber auch zu den in Rechnung gestellten Preisen und Gebühren.[1118]

c. Treuepflicht

Neben Informations- und Sorgfaltspflichten enthalten die Verhaltensregeln der Schweizerischen Bankiervereinigung auch besondere Treuepflichten (Abschnitt D). Diese Verhaltensregeln betreffen die Bewältigung von Interessenkonflikten. So verpflichtet Art. 8 Abs. 1 die Effektenhändler zur Schaffung *„zweckdienlicher organisatorischer Maßnahmen"*, um Konflikte zwischen Eigen- und Kundeninteressen, aber auch zwischen Kunden- und Mitarbeiterinteressen auszuschließen. Soweit widerstreitende Interessen verschiedener Kunden konfligieren, bestimmt Art. 9, daß die betroffenen Kunden *„fair und gleich"* zu behandeln sind. Eine § 33 Abs. 1 Nr. 2 WpHG vergleichbare Regelung, die entsprechende organisatorische Maßnahmen auch zur Vermeidung von Interessenkonflikten zwischen den einzelnen Kunden des Wertpapierunternehmens fordert, fehlt dagegen im schweizerischen Recht

Zu den in Art. 8 angesprochenen organisatorischen Maßnahmen gehört nach Ansicht der Schweizerischen Bankiervereinigung je nach Größe und Betriebsstruktur des Wertpapierunternehmens z.B. die funktionale Trennung von Eigen- und Kundenhandel, aber auch die Begrenzung des Informationsflusses durch die Bildung betriebsinterner Vertraulichkeitsbereiche, ebenso wie die Ausführung der Aufträge in ihrer zeitlichen Reihenfolge.[1119] Soweit eine Benachteiligung von Kundeninteressen unvermeidbar ist, soll der Effektenhändler den Kunden darauf hinweisen, um dem Kunden die Entscheidung über das Geschäft zu überlassen (Art. 8 Abs. 2). Das schweizerische Recht übernimmt damit im Gegensatz zur deutschen Regelung den angelsächsischen Grundsatz „disclose or obstain".[1120]

Darüber hinaus verbieten die schweizerischen Verhaltensregeln ausdrücklich bestimmte unlautere Verhaltensweisen. So untersagt Art. 11 das sog. Front-running, d.h. die mißbräuchliche Ausnutzung vertraulicher Kenntnisse über Kundenaufträge zur vorrangigen Durchführung von Eigengeschäften, während Art. 12 Kursschnitte, also die Ausnutzung von Kursschwankungen und -differenzen ohne Übernahme eines eigenen Anlagerisikos, untersagt.[1121]

1118 Art. 7, Kommentar 18 - 20 der Richtlinien der SBVg.
1119 Art. 8, Kommentar 21 und Art. 10, Anmerkung 24.
1120 Im Unterschied dazu verlangt nach deutschem Recht weder das WpHG noch die Richtlinie des BAWe nach § 35 Abs. 6, daß Wertpapierdienstleister unvermeidbare Interessenkonflikte dem Kunden gegenüber aufdecken müssen. Bei unvermeidbaren Interessenkonflikten müssen die Kundeninteressen nach § 31 Abs. 1 Nr. 2 WpHG lediglich in der „gebotenen" Weise gewahrt werden.
1121 Art. 12, Kommentar 25 der Richtlinien der SBVg.

II. Vergleich der schweizerischen und der deutschen Regelung

Ein Vergleich der deutschen und der schweizerischen Verhaltensregeln zeigt weitgehende Übereinstimmungen in den grundlegenden Prinzipien, aber auch Unterschiede im Detail. So verlangt die schweizerische Regelung lediglich ein unverzichtbares Mindestmaß an Information. Die Informationspflicht eines Wertpapierdienstleiters erstreckt sich danach nur auf die außergewöhnliche Risikostruktur besonders risikoreicher Geschäftsarten, wie z.B. bei Derivat- oder Hybridgeschäften, während allgemeine, typischerweise mit der Wertpapieranlage verbundene Umstände wie etwa die üblichen Kurs- und Bonitätsrisiken ebenso wenig Bestandteil der Informationspflicht sind wie die spezifischen Risiken des im konkreten Einzelfall geplanten Geschäfts. Die Informationslast für derartige Umstände liegt grundsätzlich beim Anleger.[1122] Die schweizerische Regelung beschränkt die wertpapiergeschäftlichen Informationspflichten damit auf ein Minimum, wobei die praktische Umsetzung der rechtlichen Vorgaben in erster Linie auf eine standardisierte Aufklärung mit Hilfe vorformulierter Broschüren und Prospekte ausgerichtet ist.[1123] Über diese gesetzlichen Mindestanforderungen hinausgehende Informationspflichten der Kreditinstitute bestehen nur im Falle vertraglicher Vereinbarung.[1124]

Im Gegensatz dazu werden Wertpapierdienstleister nach deutschem Recht zu einer vergleichsweise umfassenden Aufklärung des Anlagekunden verpflichtet, denn die gesetzliche Informationspflicht des § 31 Abs. 2 Nr. 2 WpHG umfaßt die Verpflichtung zu richtiger und vollständiger Mitteilung aller Umstände und Tatsachen, die für die Anlageentscheidung des Anlegers von wesentlicher Bedeutung sein können.[1125] Damit wird nach h.M. zwar keine Pflicht der Bank zur Abgabe einer individuellen und an den persönlichen Verhältnissen des Kunden orientierten Suitability-Prüfung begründet[1126], jedoch verpflichtet § 31 Abs. 2 Nr. 2 WpHG zur Aufklärung über sämtliche anlagerelevanten Umstände, unerheblich, ob es sich dabei um die erhöhten Risiken einer besonders spekulativen Effektenart oder lediglich um allgemeine, grundsätzlich mit Anlagegeschäften verbundene Gefahren handelt. Das kommt in der vom Bundesaufsichtsamt für den Wertpapierhandel erlassenen Richtlinie zur Präzisierung der wertpapierhandelsrechtlichen Informationspflicht klar zum Ausdruck: So müssen Wertpapierdienstleister gem. Ziff. 3.2.1 bis 3.2.4 der Richtlinie des Bundesaufsichtsamtes auch über allgemeine, generell mit bestimmten Anlageformen verbundene Risiken, wie z.B. bei einer Aktienanlage über das Kurs- und Bonitätsrisiko, ebenso über das Konjunkturrisiko, das Liquiditätsrisiko und ggf. das Währungsrisiko aufklären.[1127] Auch ein Verzicht des Kunden auf die dem

---

1122 Art. 3, Kommentar 6 der Richtlinien der SBVg. Etwas anderes gilt nur, sofern ein besonderer Beratungsvertrag geschlossen wurde (vgl. Präambel Abs. 4).

1123 Art. 3 Abs. 4 sowie Kommentar 9 und 10 der Richtlinie der SBVg.

1124 Nach Abs. 4 der Präambel bleiben vertragliche Vereinbarungen durch die Bestimmungen der Richtlinie unberührt.

1125 Vgl. 3. Kapitel § 2 VI 2 b aa (3) sowie Koller in Assmann/Schneider (Hrsg.), WpHG, § 31 Rn. 99 ff.

1126 Vgl. oben 3. Kapital § 2 VI 2 b aa (3).

1127 Ziff. 3.2.1 - 3.2.4 der Richtlinie des BAWe, Bundesanz. vom 3.6.1997, Nr. 98, S. 6587.

Wertpapierdienstleister gesetzlich auferlegte Informationspflicht ist anders als nach schweizerischem Recht in Deutschland nicht möglich.[1128]

Zwar läßt auch die Richtlinie des Bundesaufsichtsamtes für den Wertpapierhandel eine standardisierte Information mittels entsprechender Informationsschriften ausreichen,[1129] gleichwohl ist die wertpapierhandelsrechtliche Informationspflicht im deutschen Recht in stärkerem Maße auf den individuellen Informationsbedarf des einzelnen Anlegers gerichtet als die schweizerische Regelung. Das belegt nicht nur die Forderung der überwiegenden Literaturauffassung nach einer über eine abstrakt-pauschale Eingangsinformation hinausgehende Aufklärung, die darüber hinaus auch auf die konkreten Umstände und Risiken des jeweiligen Einzelgeschäfts berücksichtigt.[1130] Vielmehr sind die Wertpapierdienstleistungsunternehmen nach deutschem Recht gem. § 31 Abs. 2 Nr. 1 WpHG unabhängig von der praktisch-technischen Ausgestaltung der Informationstätigkeit stets verpflichtet, den Kunden nach seinen Anlagezielen, seinen Anlagekenntnissen und Anlageerfahrungen sowie zu seinen finanziellen Verhältnissen zu befragen, denn diese grundlegenden Angaben bilden die Basis für eine qualifizierte und sachgemäße Informationsdienstleistung durch das Wertpapierunternehmen.[1131] Im Gegensatz dazu sehen die schweizerischen Verhaltensregeln lediglich eine Berücksichtigung der Geschäftserfahrenheit und der Fachkenntnisse des Anlegers vor, während die Anlageziele und finanziellen Verhältnisse unberücksichtigt bleiben dürfen.[1132] Eine Berücksichtigung der Kundenprofessionalität ist nach schweizerischem Recht auch nur insoweit erforderlich, als der Effektenhändler die Informationspflicht individualisiert wahrnimmt (Art. 3 Abs. 4 Satz 3), was angesichts der Entwicklung des Wertpapiergeschäfts zum Massengeschäft in der Praxis eher die Ausnahme sein dürfte.[1133]

Der Grund für das vergleichsweise umfassende Pflichtenprogramm im deutschen Recht liegt vor allem in dem hohen Stellenwert, den die EG-Wertpapierdienstleistungsrichtlinie 93/22/EWG dem Anlegerschutz beimißt.[1134] Der Schutz des Kapitalanlegers ist nach dem Verständnis der EG-Richtlinie nicht nur ein wesentlicher Faktor, um die Funktionsfähigkeit der Finanzmärkte in der Europäischen Gemeinschaft zu gewährleisten, darüber hinaus ist ein solider Anlegerschutz aus Sicht des Richtliniengebers auch eine wich-

---

1128 Nach Art. 3 Abs. 5 der Richtlinie der SBVg. ist die Informationspflicht hingegen durch schriftliche Vereinbarung mit dem Kunden abdingbar.

1129 Ziff. 3.2 Abs. 1 letzter Satz der Richtlinie des BAWe, Bundesanzeiger vom 3.6.1997, Nr. 98, S. 6587.

1130 So etwa Horn, WM 1999, S. 1 (4 f.); Reich, WM 1997, S. 1601 (1605), Metz, VuR 1997, S. 183 ff.; Schwintowski, VuR 1997, S. 83 (84 ff.). In diesem Sinne auch Koller in Assmann/Schneider (Hrsg.), WpHG, § 31 Rn. 96a ff. und Kümpel, WM 1995, S. 689 (691); ders., Bank- und Kapitalmarktrecht, Rn. 8.247.

1131 Vgl. Ziff. 3.1 der Richtlinie des BAWe, Bundesanzeiger vom 3.6.1997, Nr. 98, S. 6587.

1132 Vgl. Art. 3 Abs. 1 und 4 der Richtlinien der SBVg.

1133 Eine vergleichbare Einschränkung der Pflicht zur Ermittlung der Kundenbedürfnisse ist nach deutschem Recht lediglich für das Discount-Geschäft vorgesehen, sofern für den Kunden keine besonderen Risiken, wie z.B. durch eine Kreditfinanzierung des Anlagegeschäfts oder durch die Stellung von Sicherheiten, bestehen (vgl. Ziff. 3.6. Satz 4 und 5 der Richtlinie des BAWe).

1134 Dazu Schwark in Hadding/Hopt/Schimansky (Hrsg.), 2. FMG, S. 109 (125 ff.).

tige Voraussetzung für die Harmonisierung des europäischen Verbraucherschutzes auf einem hohen Niveau.[1135] Der besondere Stellenwert des Verbraucherschutzes auf europäischer Ebene spiegelt sich nicht zuletzt in den Art. 3 lit. s und 129a EGV[1136] wider, die die Förderung des Verbraucherschutzes zu einem ausdrücklichen Ziel der Gemeinschaftspolitik erklären. Die EG-Richtlinie normiert in Art. 11 insoweit grundlegende Verhaltensprinzipien für Wertpapierdienstleister, die im Interesse eines wirkungsvollen Anlegerschutzes von den Mitgliedsstaaten nicht unterschritten werden dürfen. Dieses vom Anlegerschutz geprägte Leitbild der EG-Wertpapierdienstleistungsrichtlinie beeinflußt Inhalt und Umfang der Informationspflichten nach dem Wertpapierhandelsgesetz in erheblichem Maße.[1137]

Die Schweiz als Nichtmitglied der Europäischen Union hingegen konnte sich auf einen geringeren Pflichtenstandard beschränken, der eine Aufklärungspflicht nur in bezug auf die für den Anleger besonderes schwer erkennbaren Risiken bestimmter Wertpapiergeschäfte vorsieht und die Informationsanforderungen an die Wertpapierdienstleister damit auf ein zwingend erforderliches Maß begrenzt.

Zwar zeigen die deutsche und die schweizerische Regelung im Detail durchaus Unterschiede, dennoch beruhen beide Regelungen auf den gleichen grundlegenden Prinzipien. So normieren beide Rechtsordnungen spezielle Informationspflichten für den Vertrieb von Wertpapieren.[1138] Obwohl in Inhalt und Umfang durchaus unterschiedlich, unterliegen Wertpapierdienstleister damit sowohl nach deutschem als auch nach schweizerischem Recht speziellen Aufklärungspflichten gegenüber ihren Kunden. Beide Rechtsordnungen tragen damit dem erhöhten Informationsbedürfnis der Anleger bei Wertpapiergeschäften Rechnung.

Daneben verbieten sowohl die deutschen als auch die schweizerischen Verhaltensregeln bestimmte unlautere Verhaltensweisen, wie z.B. Front-running, Chruning, Scalping oder Kursschnitte.[1139] Auf diese Weise wird ein Mißbrauch der besonderen Position, die Effektenhändlern, insbesondere Kreditinstituten, aufgrund ihrer Mittlerrolle zwischen Kapitalanbietern und Kapitalnachfragern im Anlagegeschäft zukommt, verhindert und die Priorität des Kundeninteresses in den Mittelpunkt des Geschäftsverhaltens der Marktintermediäre gerückt.

Die Priorität des Kundeninteresses wird jedoch nicht allein durch das Verbot unlauterer Verhaltensweisen gewahrt, sondern darüber hinaus auch durch zweckdienliche

---

1135 Vgl. die Erwägungsgründe 2, 5, 29, 32, 41 und 42 der WpDRiL, ABl. EG Nr. L 141/27 (S. 27 ff.) vom 11.6.1993. Dazu auch Reich, WM 1997, S. 1601 ff.

1136 Nunmehr Art. 3 lit t und Art. 153 EGV (Amsterdam). Zum Zeitpunkt des Erlasses der EG-Wertpapierdienstleistungsrichtlinie Art. 3 lit. s, Art. 129a EGV.

1137 Eingehend zur Bedeutung der EG-Wertpapierdienstleistungsrichtlinie für die Verhaltenspflichten nach dem Wertpapierhandelsgesetz Metz, VuR 1996, S. 183 ff.; Schwark in Hadding/Hopt/ Schimansky (Hrsg.), 2. FMG, a.a.O. sowie Reich, WM 1997, S. 1601 ff.

1138 Vgl. § 31 Abs. 2 des deutschen WpHG sowie Abschnitt 3 der Richtlinie des BAWe bzw. für die schweizerische Regelung Art. 3 der Verhaltensregeln der SBVg.

1139 Vgl. § 32 des deutschen WpHG sowie Abschnitt 5 der Richtlinie des BAWe bzw. Art. 11, 12 der schweizerischen Verhaltensregeln.

organisatorische Maßnahmen, die eine Beeinträchtigung der Kundeninteressen durch konfligierende Interessen des Wertpapierunternehmens vermeiden sollen.[1140] Die organisatorische Implementierung entsprechender wertpapiergeschäftlicher Wohlverhaltensregeln und Mechanismen zur Konfliktvermeidung im Rahmen eines Compliance-Systems ist damit sowohl Bestandteil der schweizerischen als auch der deutschen Regelung.[1141]

Schließlich enthalten beide Verhaltensstandards spezielle Sorgfalts- und Organisationspflichten, die eine bestmögliche und interessengerechte Geschäftsabwicklung sicherstellen sollen.[1142] Neben einer optimalen Ausführung der Wertpapieraufträge in zeitlicher und preismäßiger Hinsicht ist die Transparenz der Geschäftsabwicklung dabei ein wesentliches Element beider Regelungen.[1143]

Die deutsche wie schweizerische Regelung orientieren sich damit vor allem an Prinzipien, die für die Stabilität und Funktionsfähigkeit eines Finanzsystems eine elementare Voraussetzung bilden. Der Grund für die weitgehende Ähnlichkeit beider Regelungsmodelle liegt nicht zuletzt in der voranschreitenden Globalisierung und der wachsenden internationalen Verflechtung der Kapitalmärkte, die für die nationalen Regelungsinstanzen zunehmend die Notwendigkeit begründen, kapitalmarktrechtliche Regelungen zu schaffen, die den Anforderungen des internationalen Wettbewerbs an die rechtlichen Rahmenbedingungen der nationalen Kapitalmärkte gerecht werden.[1144] Spezielle, an den Grundsätzen von Transparenz, Lauterkeit, Professionalität und fachlicher Kompetenz[1145] orientierte Verhaltenspflichten für Anlagedienstleister spielen dabei - wie der Vergleich zeigt - sowohl hinsichtlich des Schutzes der einzelnen Marktteilnehmer als auch im Hinblick auf ein reibungsloses und effizientes Funktionieren der Finanzmärkte eine zentrale Rolle.

Betrachtet man in dem Zusammenhang ferner die oben geschilderten Ansätze im US-amerikanischen[1146] und österreichischen[1147] Kapitalanlagerecht, so läßt sich in bezug auf die genannten Prinzipien - Transparenz, Lauterkeit und Professionalität - durchaus von international üblichen, objektiven Verhaltensstandards für Wertpapierunternehmen sprechen, deren Ursachen vor allem in den veränderten Anforderungen an zunehmend globalen Einflüssen ausgesetzten Finanzmärkten und kapitalmarktlichen Aufsichtsstrukturen liegen.

1140 Vgl. § 33 des deutschen WpHG bzw. Art. 8 - 10 der schweiz. Verhaltensregeln.
1141 Für die schweizerische Regelung: Präambel Abs. 2 der Verhaltensregeln der SBVg, zur deutschen Regelung: vgl. Koller in Assmann/Schneider (Hrsg.), WpHG, § 33 Rn. 17 ff. sowie Eisele, WM 1993, 1021 ff.
1142 Vgl. § 31 Abs. 1 Nr. 1 des deutschen WpHG sowie insbes. Abschnitt 4 der Richtlinie des BAWe bzw. Art. 5 - 7 der schweizerischen Verhaltensregeln.
1143 Vgl. Ziff. 4.6 der Richtlinie des BAWe bzw. Art. 7 der schweizerischen Verhaltensregeln.
1144 Vgl. Lusser, ZBB 1989, S. 101 (102 ff.), der den kapitalmarktrechtlichen Anpassungsbedarf am Beispiel der Schweiz schildert.
1145 Zu diesen Grundsätzen Kümpel, WM 1992, S. 381 (383 ff.).
1146 Zu der in dem Zusammenhang angesprochenen suitability-Doktrin vgl. 2. Kapitel § 3 III 2 c.
1147 Zu den Anlageberatungsgrundsätzen nach österreichem Recht vgl. 2. Kapitel § 3 IV 1 b.

4. Kapitel - Discount-Banking und Anlageberatung

§ 1 Das Discount-Geschäft der Kreditinstitute

I. Das Phänomen des Direkt-Banking

Mit dem Direkt- oder Discount-Banking haben neue Formen des Bankbetriebs, die sich vor allem durch eine besondere Art der Kommunikation zwischen Kreditinstitut und Kunde auszeichnen, Einzug in die bankgeschäftliche Praxis gefunden. Während die Kommunikation zwischen Kreditinstitut und Kunde in der Vergangenheit gestützt auf ein umfangreiches Filialnetz im wesentlichen durch den persönlichen Kontakt zwischen dem Kunden und dem Berater der Bank erfolgte, spielt seit etwa Anfang der neunziger Jahre das sog. Direkt-Banking, bei dem der Kunde vor allem mittels Telefon, Telefax oder über Computer und Internet dem Kreditinstitut Überweisungs- oder sonstige Aufträge erteilt, Kontostände abfragt oder Wertpapiere ordert, eine immer wichtigere Rolle.[1148] Die persönliche Kundenbetreuung entfällt bei diesem Geschäftskonzept entweder völlig, wie bei den Direktbanken, die Bankgeschäfte ausschließlich via Telefon und Computer anbieten und sich auf die technische Abwicklung der Kundenaufträge beschränken[1149], oder ist auf die Geschäftsbereiche des klassischen Präsenzbank-geschäfts begrenzt, wie bei den traditionellen Filialbanken, die neben günstigen Direktgeschäften auch die konventionelle Form der Geschäftsabwicklung, einschließlich persönlicher Betreuung und Beratung des Kunden durch eine Filiale anbieten.

Die Gründe für den Boom des Direkt-Banking liegen vor allem in der Entwicklung neuer elektronischer Kommunikationstechnologien, die es den Privatkunden ermöglichen, mit Hilfe des eigenen PC bequem und kostengünstig von zu Hause aus Bankgeschäfte abzuwickeln.[1150] Daneben führten vor allem die Harmonisierungsbestrebungen auf europäischer Ebene, insbesondere im Bereich des Kapitalanlagerechts, zu zahlreichen Liberalisierungen und Deregulierungen, wie beispielsweise die Streichung der aufsichtsrechtlichen Bestimmungen zum Sparverkehr in den ehemaligen §§ 21 und 22 KWG[1151] im Rahmen der Umsetzung der 2. EG-Bankrechtskoordinierungs-Richtlinie (89/646/

1148 Vgl. Hafner, WM 1997, S. 810. Zur technischen Abwicklung ausführlich Schütt, Die Bank 1995, S. 101 (104).

1149 Vgl. Lasch/Röder, ZBB 1995, S. 342.

1150 Reich, WM 1997, S. 1601; vgl. auch Schütt, Die Bank 1995, S. 101 (104 f.).

1151 § 21 KWG (Fassung bis 30.6.1993) normierte eine Urkundenpflicht für Spareinlagen und enthielt eine gesetzliche Definition des Sparzwecks (Ansammlung und Anlage von Vermögen) sowie eine Vorlagepflicht bei Verfügungen über Spareinlagen. § 22 KWG regelte darüber hinaus die Kündigung und Rückzahlung von Spareinlagen und beschränkte dabei die Möglichkeit vorzeitiger, vorschußzinsfreier Verfügung auf 2.000 DM innerhalb von 30 Tagen. Die Aufhebung dieser Vorschriften war Voraussetzung für den Direktvertrieb von Sparprodukten.

EWG)[1152]. Dadurch wurde der notwendige rechtliche Freiraum für neue innovative Formen des Bankgeschäfts, die auch in der Kundenbetreuung flexible und unkonventionelle Wege gehen, geschaffen.

II. Die Bedeutung des Direktgeschäfts in der bankgeschäftlichen Praxis

Das Direktbankgeschäft ist nicht mehr nur auf Randbereiche bankgeschäftlicher Dienstleistungen begrenzt, sondern umfaßt inzwischen sämtliche Kernbereiche des klassischen Bankgeschäfts[1153], vor allem das Giro- und Kontokorrentgeschäft, aber auch das Kredit- und Wertpapiergeschäft. Während Kauf und Verkauf von Wertpapieren per Telefon oder Fax bereits seit längerem möglich sind, bieten die meisten Direktbanken, darunter die Deutsche Bank 24, ConSors-Direct-Brokers und die Direkt-Anlage-Bank sowie etliche Sparkassen, seit etwa Anfang 1998 auch die Möglichkeit, Wertpapiergeschäfte über das Internet abzuwickeln.[1154]

Teilten sich Ende 1995 erst 12 Discount-Broker den deutschen Markt, so war in der Folgezeit ein Ende der Gründungswelle kaum absehbar. Inzwischen bieten alle Großbanken entweder selbst oder über Tochtergesellschaften sowie die überwiegende Zahl der Regionalbanken, Sparkassen und Kreditgenossenschaften Direktbankgeschäfte an.[1155]

Während der Marktanteil der Direktbanken in Deutschland bisher lediglich bei ca 4 % (etwa 1,5 Mio Kunden) liegt,[1156] haben die Direktbanken in den USA bereits einen Marktanteil von ca. 20 % erreicht. Auch in Deutschland wird in den kommenden Jahren ein starkes Entwicklungspotential in diesem Bereich erwartet.[1157] So ist damit zu rechnen, daß zukünftig bis zu 10 Mio. Verbraucher ihre Geldgeschäfte über Direktbanken abwickeln werden. Das entspräche einem zu erwartenden Marktanteil von etwa 26 %.[1158] Insbesondere die Bezieher höherer Einkommen, die in Finanzfragen entsprechend versiert sind und über PC-Erfahrung verfügen, zeigen Interesse am Direktgeschäft.

Die neu gegründeten Direktbanken setzen die traditionellen Filialbanken im Wettbewerb um Kunden bereits erheblich unter Druck.[1159] So wies die Deutsche Bundesbank Mitte 1996 darauf hin, daß der Wettbewerb mit den Direktbanken die übrigen Kredit-

---

1152 ABl. EG Nr. L 386/1 vom 15.12.1989; dazu vgl. Wolf, WM 1990, S. 1941 (1943 ff.); Horn, ZBB 1989, S. 107 (108 ff.).
1153 Zum Leistungsspektrum der Direktbanken vgl. Hafner, WM 1997, a.a.O. sowie Mahler/ Göbel, Die Bank 1996, S. 488 ff. Seit einiger Zeit werden auch standardisierte Verbraucherkredite via Direkt-Banking angeboten. Darüber hinaus bestehen bei einigen Instituten Überlegungen, standardisierte Immobilienkredite im Direktvertrieb anzubieten.
1154 Vgl. Fleischer, bank und markt 1996, S. 33.
1155 Vgl. Büschgen, WM 1996, S. 1529.
1156 Jahresbericht 1997 des Bankenfachverbands, S. 21.
1157 Hofmann, Wirtschaftswoche 1995 Nr. 44, S. 168. Zur Entwicklung des Direkt-Banking in den USA und in Deutschland vgl. auch Schütt, Die Bank 1995, S. 101 (102).
1158 Jahresbericht 1997 des Bankenfachverbands, S. 21.
1159 Schütt, Die Bank 1995, S. 101 ff.

institute zu tendentiell attraktiveren Konditionen gezwungen habe.[1160] Die Gebühren der Direktbanken lagen dabei im Durchschnitt ca. 50 % unter denen der Filialbanken.[1161] In der Zukunft wird sich dieser Wettbewerb angesichts der wachsenden Zahl der Direktbanken, aber auch aufgrund des zunehmenden Direkt-Angebots der klassischen Filialbanken voraussichtlich noch verstärken.[1162] Insgesamt wird der strukturelle Umbruch im deutschen Bankgewerbe hin zu einer Verschlankung der bankbetrieblichen Organisation und einem höheren Selbstbedienungsgrad der Kundschaft durch die Direktbanken deutlich beschleunigt.

III. Fehlende Rechtsdefinition für Discount-Broking

Eine Legaldefinition des Discount-Geschäfts existiert bislang nicht. Allerdings hat sich das Bundesaufsichtsamt für den Wertpapierhandel im Rahmen seiner Richtlinienkompetenz nach § 35 Abs. 6 WpHG auch zum Discount-Broking geäußert. So enthält die vom Bundesaufsichtsamt erlassene Richtlinie in Ziff. 3.6 Regelungen für Wertpapierdienstleistungsunternehmen, „soweit diese Kundenaufträge nur ausführen (Execution-Only)".[1163] In Anlehnung an diese Umschreibung des Bundesaufsichtsamtes läßt sich das Discount-Geschäft am besten dadurch charakterisieren, daß diese Geschäftsart vom Grundsatz her auf die bloße Ausführung von Wertpapierkauf- und -verkaufsaufträgen im Sinne banktechnischer Abwicklung der Orders beschränkt ist und keine Aufklärung oder Beratung bietet. Diese Charakterisierung entspricht im wesentlichen auch dem Verständnis in der bankgeschäftlichen Praxis.[1164]

IV. Das Problem: Discount-Broking und Informationspflichten

Im Bereich des traditionellen Anlagegeschäfts der Filialbanken hat die Rechtsprechung bereits ein ausdifferenziertes Modell von Aufklärungs- und Beratungspflichten für Kreditinstitute geschaffen. Dieses Modell geht von dem Leitbild einer Geschäftsbeziehung aus, in dem die Bank auf die Rolle des Anlageberaters festgelegt ist. Die Bank hat sich deshalb zunächst Informationen über das Kundenprofil zu verschaffen, indem sie Angaben über die Kenntnisse und Erfahrungen des Kunden in Anlageangelegenheiten sowie über seine finanziellen Verhältnisse und die von ihm verfolgten Anlageziele verlangt.

1160 Monatsbericht der Deutschen Bundesbank, August 1996, S. 30, 34. Diese Einschätzung wird auch von der Stiftung Warentest geteilt, die 1997 in der April-Ausgabe der Zeitschrift „Finanztest", S. 14 ff., die Unterschiede in den Girokonto-Konditionen von 60 Banken ausführlich untersuchte.
1161 Lasch/Röder, ZBB 1995, S. 342.
1162 So auch Hafner, WM 1997, S. 810. Vgl. auch Stiftung Warentest, Finanztest 4/1997, S. 14 ff.
1163 Richtlinie des BAWe vom 26.5.1997, Bundesanzeiger Nr. 98 vom 3.6.1997, S. 6586 ff.
1164 Vgl. Kümpel, Bank- und Kapitalmarktrecht, Rn. 8.271; Lasch/Röder, ZBB 1995, a.a.O.; Reich, WM 1997, S. 1601; Schütt, Die Bank 1995, S. 101.

Unter Berücksichtigung dieser Umstände hat sodann eine anleger- und objektgerechte Beratung zu erfolgen, an deren Ende eine auf die persönlichen Bedürfnisse des Kunden zugeschnittene Anlageempfehlung steht.[1165]

Neben diese vertraglichen Beratungspflichten treten die gesetzlichen Vorschriften der §§ 31 f. WpHG, die grundlegende Verhaltenspflichten für das Wertpapiergeschäft statuieren.[1166] Danach ist das Kreditinstitut nicht nur verpflichtet, Wertpapierdienstleistungen mit der erforderlichen Sachkenntnis und Sorgfalt im Interesse seiner Kunden zu erbringen (§ 31 Abs. 1 Nr. 1 WpHG), darüber hinaus verlangt das Gesetz ausdrücklich, dem „Kunden alle zweckdienlichen Informationen mitzuteilen" (§ 31 Abs. 2 Nr. 2 WpHG). Zwar wird damit nach Auffassung der h.M. den Kreditinstituten im Unterschied zu den vertraglichen Informationspflichten keine umfassende, auf die persönlichen Verhältnisse des Anlegers zugeschnittene Beratung abverlangt, gleichwohl muß der Kunde aber über allgemeine Anlagerisiken wie auch über alle anlagerelevanten Umstände in Zusammenhang mit dem konkret beabsichtigten Einzelgeschäft hinreichend informiert werden.

Diese Informationsstandards sind bezogen auf die Bedingungen des traditionellen Präsenzbankgeschäfts. Leitmotiv dabei ist der Kunde, der in der örtlichen Filiale seinen persönlichen Anlageberater aufsucht. Der Berater ist nicht nur mit den zur Wahl stehenden Anlageprodukten und der aktuellen Börsensituation fachlich bestens vertraut, sondern er kennt darüber hinaus aufgrund der längeren Geschäftsbeziehung i.d.R. auch die privaten und finanziellen Verhältnisse des Kunden und ist deshalb in der Lage, dem Kunden eine auf dessen individuelle Bedürfnisse optimal zugeschnittene Anlagelösung zu empfehlen.

Demgegenüber ist die Geschäftsbeziehung beim Discount-Broking deutlich schwächer und beschränkt sich oft nur auf wenige technische Handlungsanweisungen. So spricht der Kunde bei der für das Direktgeschäft typischen telefonischen Auftragserteilung i.d.R. mit einem ihm unbekannten, anlagefachlich kaum oder gar nicht ausgebildeten „Teletrader", der den Auftrag des Kunden lediglich annimmt und zur Ausführung weiterleitet. Das Gespräch dauert i.d.R. nur wenige Minuten. Noch auffälliger wird der Unterschied, wenn der Kunde lediglich mit einem Sprachcomputer kommuniziert oder seinen Auftrag online über seinen Computer abgibt. Angesichts dieses relativ flüchtigen Geschäftskontakts zwischen Kunde und Bank stellt sich die Frage, ob und inwieweit die auf den persönlichen Charakter des herkömmlichen Präsensgeschäfts zugeschnittenen Informationsstandards auch auf die moderne Geschäftsform des Discount-Broking Anwendung finden. Diese Frage soll im Vordergrund der nachfolgenden Untersuchungen stehen.

1165   Dazu ausführlich oben 2. Kapitel § 3.
1166   Dazu ausführlich oben 3. Kapitel § 2.

I. Grundsätzliche Zulässigkeit eines Beratungsausschlusses

Grundlage vertraglicher Informationspflichten der Bank ist nach h.M. der (zumeist konkludente) Abschluß eines Beratungsvertrages.[1167] Ein solcher Vertrag kommt nach herrschender Rechtsprechung dadurch zustande, daß der Anlageinteressent an die Bank herantritt, um über die Anlage eines Geldbetrages beraten zu werden. In diesem Fall wird das darin liegende Angebot zum Abschluß eines Beratungsvertrages von der Bank konkludent durch die Aufnahme des Beratungsgesprächs angenommen.[1168] Bei der Annahme einer selbständigen Beratungspflicht ist die gerichtliche Praxis um so großzügiger, je schutzwürdiger ihr der Anleger erscheint und je mehr die Bank besondere Sachkunde für sich in Anspruch nimmt.[1169] Die Rechtsprechung stützt die Beratungspflicht dabei auf das besondere Schutzbedürfnis des ratsuchenden Anlegers, wobei aus dem Vertrauen des Kunden in die Zuverlässigkeit der Information normativ ein Vertragsschluß abgeleitet wird.

Andererseits hat der BGH einen Beratungsvertrag dann ausdrücklich abgelehnt, *„wenn ein Kunde der Bank gezielt Aufträge zum Kauf bestimmter Wertpapiere erteilt hatte, die ihm zuvor von einem Dritten empfohlen worden waren".*[1170] Diese Formulierung des BGH wird vielfach als Beleg für die grundsätzliche Zulässigkeit eines Beratungsverzichts verstanden.[1171]

Vor dem Hintergrund der grundsätzlichen Zulässigkeit eines Beratungsausschlusses werden in der Literatur unter Hinweis auf die praktisch-technischen Besonderheiten des Discount-Geschäfts teilweise bereits die Voraussetzungen für das konkludente Zustandekommen eines Beratungsvertrages verneint. So wird zum einen unter Hinweis auf die weitgehend anonyme und unpersönliche Art des elektronischen oder virtuellen Geschäftskontakts mittels Telefon oder Computer ein stillschweigender Beratungswille der Parteien von vornherein verneint.[1172] Darüber hinaus wird mit Blick auf die flüchtige, im wesentlichen auf die bloße Auftragsabwicklung beschränkte Geschäftsbeziehung ein schutzwürdiges Vertrauen des Anlegers auf Beratung abgelehnt. Eine Vertrauensbe-

---

1167 Dazu vgl. oben 2. Kapitel § 1 IV sowie zum Inhalt der Beratungspflicht 2. Kapitel § 3.
1168 So der BGH in der „Bond"-Entscheidung, BGHZ 123, 126 (128); vgl. auch BGHZ 100, 117 (118 f.). Dazu ausführlich oben 2. Kapitel § 1 IV.
1169 Emmerich, JuS 1999, S. 496 (497); vgl. auch BGH NJW 1999, 638 ff. sowie OLG Frankfurt am Main WM 1996, 2049 (2051) m.w.N.
1170 Sog. „unsolicited orders", vgl. BGH NJW 1996, 1744 (Beschl. v. 12.3.1996); BGH NJW 1996, 1744 f. (Beschl. v. 27.2.1996); BGH ZIP 1998, 1183 f.; OLG München BB 1997, 2501 f.; LG Hannover WM 1996, 2111, mit Anmerk. Zeller, WuB I G 1.- 4.97; vgl. auch BGH ZIP 1998, 1220 (1221).
1171 Vgl. Reich, WM 1997, S. 1601 (1603).
1172 Balzer, DB 1997, S. 2311 (2314 f.); Titz, WM 1998, S. 2179 (2180).

ziehung soll bei dieser Geschäftsart höchstens rudimentär in bezug auf die ordnungs-gemäße technische Ausführung der Effektenaufträge gegeben sein.[1173]

Ein derart vorschneller Ausschluß der Voraussetzungen eines konkludenten Bera-tungsvertrags bzw. eines zur Beratung verpflichtenden vorvertraglichen Schuldver-hältnisses vermag angesichts der besonderen Bedeutung, die die Rechtsprechung der Beratungspflicht im Rahmen des Anlegerschutzes zumißt, nicht zu überzeugen. Die Rechtsprechung betrachtet Kreditinstitute grundsätzlich als unabhängige Sachkundige, denen der Kunde in besonderem Maße schutzwürdiges Vertrauen entgegenbringt.[1174] Das belegen nicht nur die weitreichenden Anforderungen, die der BGH an die Beratungs-tätigkeit der Banken knüpft, sondern auch die geringen Voraussetzungen, die die herrschende Rechtsprechung an die Entstehung einer vertraglichen Beratungspflicht stellt. Diese ausgewiesen anlegerfreundliche Rechtsprechung hat dazu geführt, daß Bera-tungspflichten in Zusammenhang mit Anlagegeschäften in der Entscheidungspraxis der Gerichte inzwischen eher die Regel als die Ausnahme sind.[1175] Die Beratungspflichten sind dabei grundsätzlich auch nicht an eine bestimmte Geschäfts- oder Vertriebsform gebunden, so daß allein der Umstand der telefonischen oder elektronischen Order-erteilung der Annahme einer vertraglichen bzw. vorvertraglichen Beratungspflicht nicht entgegensteht.[1176] Daß die technisch-praktischen Besonderheiten des Discount-Geschäfts Informationsdienstleistungen vom Grundsatz her nicht ausschließen, wird nicht zuletzt durch die Tatsache belegt, daß viele Discount-Broker ihren Kunden beispielsweise im Internet allgemeine Informationen zu Anlagethemen, häufig aber auch aktuelle Hinter-grundinformationen zu einzelnen Papieren zur Verfügung stellen.[1177] Informations-dienstleistungen sind insofern technisch nicht an den persönlichen Kontakt des Kunden zu einem bestimmten Anlageberater geknüpft.[1178]

Auch der in der Literatur angeführte Hinweis auf die angebliche „Flüchtigkeit" der Geschäftsbeziehung vermag das Fehlen von Informationsdienstleistungen nicht überzeu-gend zu begründen.[1179] Zwar reicht nach herrschender Rechtsprechung die bloße Order-abwicklung für die Entstehung einer vertraglichen Beratungspflicht nicht aus, allerdings handelte es sich in den vom BGH entschiedenen Fällen, in denen das Gericht eine Bera-tungspflicht abgelehnt hat, um besondere Einzelfälle. In den Fällen hatte der Kunde auf-grund eigener Professionalität durch die unbedingte Ordererteilung eine Beratung durch

---

1173 Vgl. Wieneke, Discount-Broking und Anlegerschutz, S. 141 f.

1174 Grundlegend BGHZ 123, 126 (128 ff.). Dazu ausführlich oben 2. Kapitel § 3 I.

1175 Wieneke, Discount-Broking und Anlegerschutz, S. 46

1176 Vgl. LG Köln, WM 1997, 1479 (1480), das vertragliche Informationspflichten auch im Discount-Geschäft grundsätzlich für möglich hält.

1177 Allgemein üblich sind z.B. Marktkommentare, Charts, Analysen und Musterdepots für unter-schiedliche Anlagestrategien

1178 Aus diesem Grund bejaht beispielsweise Titz, WM 1998, S. 2179 (2180) jedenfalls dann einen konkludent geschlossenen Beratungsvertrag, wenn der Mitarbeiter der Discount-Bank beispiels-weise entgegen der üblichen Praxis eine konkrete Anlageempfehlung abgibt.

1179 Vgl. Balzer, DB 1997, a.a.O.; Titz, WM 1998, a.a.O.; Wieneke, Discount-Broking und Anleger-schutz, S. 140 f.; Siller, EWiR 1998, 473 (474).

die Bank konkludent abgelehnt.[1180] Davon zu unterscheiden ist ein genereller, pauschaler Verzicht der Bank auf Beratung auch gegenüber solchen Anlegern, die mangels eigener Kenntnisse und Fähigkeiten an sich der Beratung bedürften. Ob der BGH angesichts des besonderen Stellenwerts, den die Rechtsprechung der Beratung im Rahmen des Anleger-schutzes zumißt,[1181] allein aufgrund der behaupteten flüchtigen Geschäftsbeziehung im Falle des Discount-Broking eine vertragliche Beratungspflicht ablehnen würde, erscheint zweifelhaft. Vielmehr läßt die gängige Geschäftspraxis der meisten Discount-Banken, die ihren Kunden in Form von Informationsdatenbanken, Musterdepots und Marktprognosen i.d.R. jedenfalls allgemeines Informationsmaterial zur Verfügung stellen, darüber hinaus z.T. aber auch wie die Advance Bank oder die Allgemeine Deutsche Direktbank[1182] sogar eine individuelle Beratung des Anlegers anbieten, begründete Zweifel an der behaupteten generellen Oberflächlichkeit der Bank-Kunde-Beziehung aufkommen.[1183] Unter diesen Umständen ein schützenswertes Vertrauen des Discount-Anlegers auf die Erbringung von Informationsleistungen durch die Bank vorschnell abzulehnen, erscheint gerade vor dem Hintergrund einer betont anlegerfreundlichen Rechtsprechung wenig realistisch. Voraussetzung für einen Ausschluß vertraglicher Beratungspflichten ist vielmehr ein aus-drücklicher, deutlicher Hinweis des Discount-Anbieters, der dem Kunden unmißver-ständlich und mit dem notwendigen Nachdruck vor Augen führt, daß eine individuelle Beratung nicht erfolgt. Die meisten Direktbanken haben deshalb in ihre Allgemeinen Geschäftsbedingungen einen ausdrücklichen Beratungsverzicht des Kunden sowie einen Haftungsausschluß für Ersatzansprüche wegen fehlender Beratung aufgenommen.[1184] Die Zulässigkeit eines solchen formularvertraglichen Haftungs- und Beratungsausschlusses

---

1180 BGH NJW 1996, 1744 (Beschluß vom 12.3.1996); BGH NJW 1996, 1744 f. (Beschl. v. 27.2.96); OLG München BB 1997, 2501 f.; LG Hannover WM 1996, 2111, mit Anmerkung Zeller, WuB I G 1.- 4.97.

1181 Der hohe Stellenwert, den die Rechtsprechung der Beratung beimißt, wird insbesondere deutlich in BGH NJW 1996, 1744 (Urt. v. 27.2.96): Obwohl sich der Kunde bei seinen Bankgeschäften von einem privaten Vermögensberater beraten ließ, hat der BGH gleichwohl einen konkludenten Beratungsvertrag zwischen Bank und Kunde bejaht. Allerdings hat das Gericht die Sorgfalts-pflichten der Bank reduziert. Die Bank brauchte deshalb lediglich *„eine sachgerechte Auswahl unter den in Betracht gezogenen Wertpapieren zu ermöglichen"*, aber keine umfassende kunden-bezogene Beratung zu leisten.

1182 So beschäftigt z.B. die Allgemeine Deutsche Direktbank über 70 Anlageberater, die dem Kunden auf Wunsch eine individuelle Beratung per Telefon oder online über das Internet zur Ver-fügung stehen. Die Allgemeine Deutsche Direktbank wendet sich nach eigenem Bekenntnis da-rüber hinaus auch aktiv „an den eher unerfahrenen Anleger", vgl. Frankfurter Allgemeine Zei-tung vom 12.7.1999, S 31 („Der Direktvertrieb von Fonds steckt noch in den Kinderschuhen").

1183 In diesem Sinne auch Metz, VuR 1996, S. 183 (186).

1184 Zu den in der Praxis üblichen Formulierungen eines solchen Haftungs- und Beratungsausschlus-ses vgl. im einzelnen Wieneke, Discount-Broking und Anlegerschutz, S. 26 ff. Nach Auffassung Wienekes (S. 217 ff.) und Sillers, EWiR 1998, 473 (474), beziehen sich derartige ABG-Klauseln ausschließlich auf Haftungsansprüche, die aus der Verletzung der gesetzlichen Informations-pflicht gem. § 31 Abs. 2 WpHG resultieren. Gegen eine derart eingeschränkte Auslegung spricht jedoch bereits der Wortlaut dieser Klausel, wonach der Kunde *„auf jede Form der Beratung verzichtet"*. Auch das LG Köln WM 1997, 1479 (1480) bezieht die Klausel deshalb sowohl auf vertragliche wie auf gesetzliche Informationspflichten. In diesem Sinne wohl auch LG München I, EWiR 1998, 473.

bemißt sich nach den gesetzlichen Bestimmungen des Gesetzes über Allgemeine Geschäftsbedingungen (AGBG). Damit wird nicht nur die Möglichkeit einer hinreichenden Kenntnisnahme des Anlegers von dem eingeschränkten Leistungsangebot der Direktbank gewährleistet (vgl. § 2 Abs. 1 AGBG), darüber hinaus wird dem Anleger unabhängig von der gem. §§ 9 - 11 AGBG zu beurteilenden inhaltlichen Zulässigkeit eines solchen Beratungsausschlusses in jedem Fall der Schutz der §§ 3 und 5 AGBG zuteil. Durch die Anwendung des AGB-Gesetzes wird insoweit ein hinreichendes Mindestmaß an Anlegerschutz gewährleistet, da eine Reduzierung der schuldrechtlichen Schutz- und Informationspflichten im Discount-Geschäft lediglich im Rahmen der AGB-rechtlichen Grenzen erfolgt.

II. Zulässigkeit eines Beratungsausschlusses durch Allgemeine Geschäftsbedingungen

1. § 8 AGBG als Schranke der Inhaltskontrolle

Maßstab für die Inhaltskontrolle formularvertraglicher Klauselwerke sind grundsätzlich die §§ 9 - 11 AGBG. Allerdings begrenzt § 8 AGBG die Anwendbarkeit der §§ 9 bis 11 auf solche Bestimmungen in Allgemeinen Geschäftsbedingungen, durch die von Rechtsvorschriften abweichende oder ergänzende Regelungen vereinbart werden. Sie sind der Kontrolle durch das AGB-Gesetz jedoch insoweit entzogen, als sie die Leistung eines oder beider Vertragsteile bestimmen oder den Vertragszweck in einer Weise festlegen, der den konkreten Vertrag nicht als Modifikation eines durch Gesetz oder Verkehrssitte geprägten Vertragsbildes erscheinen läßt.[1185] Der Beratungsausschluß unterliegt daher nur dann der gesetzlichen Inhaltskontrolle durch die §§ 9 - 11 AGBG, wenn und soweit dadurch vertragstypische Leistungen der Wertpapierkommission oder des Festpreisgeschäfts verkürzt werden. Bei der Entscheidung, ob die §§ 9 - 11 AGBG anwendbar sind, muß deshalb unterschieden werden, ob die Allgemeinen Geschäftsbedingungen eine kontrollfreie Bestimmung des Leistungsgegenstandes enthalten oder vielmehr als eine der Inhaltskontrolle unterliegende Einschränkung der Leistungsverpflichtung anzusehen sind.[1186]

Die Rechtsprechung neigt dazu, den Kreis kontrollfreier, leistungsbestimmender AGB-Bestandteile eng zu begrenzen, um auf diese Weise einen möglichst umfassenden Schutz des Verbrauchers durch das AGB-Gesetz zu gewährleisten. Der BGH hat eine Inhaltskontrolle deshalb bislang nur dann ausgeschlossen, wenn die Vereinbarungen den Gegenstand der Hauptleistung unmittelbar festlegen und damit sozusagen den „Kern" der Leistungszusage betrafen.[1187]

1185 Vgl. Ulmer/Brandner/Hensen, AGBG, § 8 Rn. 9/10; Wolf/Horn/Lindacher, AGBG, § 8 Rn. 8.
1186 Vgl. Ulmer/Brandner/Hensen, AGBG, § 8 Rn. 27.
1187 BGH NJW 1993, 2369 (2369); BGH NJW 1987, 1931 (1932 f.).

a. Die Entscheidung des LG Köln, WM 1997, 1479

Ob und inwieweit ein formularvertraglicher Informationsverzicht einer Discount-Bank nach § 8 AGBG einer Inhaltskontrolle entzogen ist, war Mitte 1997 erstmals vom Landgericht Köln zu entscheiden. In dem Fall, der dem Gericht zur Entscheidung vorlag, hatte eine Direktbank in ihren AGB eine Klausel verwandt, wonach der Kunde *„ im Interesse günstiger Konditionen auf jede Form der Beratung verzichtet".* Ein Verbraucherschutzverein i.S.v. § 13 Abs. 2 Nr. 1 AGBG hatte gegen die Klausel geklagt.[1188]

Während die beklagte Bank die Auffassung vertrat, die fragliche Klausel sei nach den gesamten Umständen und unter Berücksichtigung der für Direktbanken charakteristischen Geschäftsanbahnung und -abwicklung gem. § 8 AGBG einer Inhaltskontrolle entzogen, vermochte sich das Landgericht dieser Ansicht nicht anzuschließen und bejahte einen Verstoß der Klausel gegen § 9 Abs. 1, Abs. 2 Nr. 1 AGBG.[1189] In Anlehnung an die herrschende Rechtsprechung erfaßt § 8 AGBG nach Auffassung des Gerichts lediglich Leistungsbeschreibungen, die den Kern der Leistungszusage betreffen. Solche Beschreibungen legen Art, Umfang und Güte der geschuldeten Leistung fest, lassen aber die für die Leistung geltenden gesetzlichen Bestimmungen unberührt.[1190] Klauseln hingegen, die das Hauptleistungsversprechen einschränken, verändern oder ausgestalten, sind nach Ansicht des Landgerichts inhaltlich zu kontrollieren. Durch § 8 AGBG der Überprüfung entzogen ist danach nur der enge Bereich der Leistungsbezeichnungen, ohne deren Vorliegen mangels Bestimmbarkeit des wesentlichen Vertragsinhalts ein wirksamer Vertrag gar nicht angenommen werden könnte.[1191] Zu diesem engen Bereich der Leistungsbeschreibung gehörte nach Meinung des Landgerichts Köln die beanstandete Klausel nicht.

Im Gegensatz dazu haben das LG München I[1192] sowie das OLG München[1193], die 1998 einen vergleichbaren Fall zu entscheiden hatten, eine im Kontoeröffnungsformular einer Discount-Bank enthaltene vergleichbare Bestimmung, in der dem Kunden mitgeteilt wurde, *„daß die Bank im Interesse besserer Konditionen auf jede Form der Beratung verzichtet",* für wirksam gehalten. Leider verzichtete sowohl das LG wie auch das OLG München auf eine ausführliche Erörterung der AGB-Problematik. Beide Gerichte unterstellten statt dessen ohne weiteres die AGB-rechtliche Wirksamkeit der vom LG Köln beanstandeten Klausel.

Der BGH ist dieser Judikatur im Ergebnis weitgehend gefolgt. So ist zwar ein vollständiger Verzicht auf jede Form der Information nicht zulässig, ausreichend ist jedoch nach der Rechtsprechung des BGH eine standadierte Aufklärung, die auf individuelle, kundenbezogen Anlageempfehlungen verzichtet und sich statt dessen auf allgemeine vorformulierte Produktinformationen und Risikohinweise stützt.[1194]

1188 LG Köln WM 1997, 1479, mit ablehnender Anmerkung von Balzer, EWiR 1997, 675.
1189 LG Köln WM 1997, 1479 (Leitsatz).
1190 LG Köln WM 1997, 1479 (1480).
1191 LG Köln WM 1997, a.a.O. unter Berufung auf BGH NJW 1993, 2369.
1192 LG München I, EWiR 1998, 473 (Leitsatz 1).
1193 OLG München WM 1998, 2367 ff.
1194 Vgl. BGH ZBB 1999, 380 ff. sowie ausführlich dazu Schwintowski, ZBB 1999, S. 385 ff.

b. Das Discount-Geschäft als eigenständiger Vertragstypus

Die Entscheidung des LG Köln ist sowohl im Ergebnis als auch in der Begründung unbefriedigend. Zwar beschränkt die Rechtsprechung den Ausschluß der AGB-rechtlichen Inhaltskontrolle durch § 8 AGBG zu Recht lediglich auf Vereinbarungen, die den Kern der vertraglichen Leistungszusage betreffen.[1195] Für Discountanbieter bedeutet das, daß formularvertragliche Leistungsbeschränkungen dann von einer Inhaltskontrolle nach den §§ 9 - 11 AGBG ausgeschlossen sind, wenn neben dem „normalen" Full-service-Wertpapiergeschäft das Discount-Geschäft als eigenständiger Geschäfts- und Vertragstypus darstellbar ist. Nicht nachvollziehbar ist, warum das Landgericht Köln das Discount-Geschäft als eigenständigen Vertragstyp, der sich neben der besonderen Art der automatisierten Geschäftsabwicklung sowie deutlich geringere Gebühren auch durch das Fehlen von Beratungsleistungen vom herkömmlichen Wertpapierkommissionsgeschäft der Kreditinstitute unterscheidet, ablehnt. Der Umstand, daß die beanstandete Klausel nach Ansicht des Landgerichts Köln auf eine Haftungsfreizeichnung abzielt,[1196] ist insofern kein überzeugender Grund zur Verneinung der Voraussetzungen von § 8 AGBG, denn ein typisches Charakteristikum der Vertragsart „Discount-Broking" liegt für gewöhnlich gerade im Fehlen individueller Anlageberatungsleistungen und damit zusammenhängender Haftungsansprüche. Das kommt auch in der Definition des Discount-Geschäfts durch das Bundesaufsichtsamtes für den Wertpapierhandel zum Ausdruck, das diese Geschäftsart gerade durch das Fehlen von Beratungsleistungen und die Beschränkung auf die die bloße Auftragsausführung definiert.[1197]

Darüber hinaus erscheint eine Abspaltung der Auftragsabwicklung von der Beratungstätigkeit auch vor dem Hintergrund der Konstruktion eines selbständigen Beratungsvertrags durch die herrschende Rechtsprechung[1198] konsequent. Der vertraglichen Verselbständigung der Beratung wäre insoweit konsequenterweise die Verselbständigung der Auftragsabwicklung im Discount-Geschäft gegenüberzustellen.[1199] Nach dieser Auffassung wäre ein formularvertraglicher Beratungsausschluß gem. § 8 AGBG der AGB-gesetzlichen Inhaltskontrolle entzogen, da eine derartige Klausel Inhalt der vom Discount-Broker geschuldeten Leistung beschreibt.[1200]

Der Ausschluß der Inhaltskontrolle nach § 8 AGBG bezieht sich jedoch nur auf Klauseln, durch die die Beratungspflicht eingeschränkt wird, weil dadurch ein eigenstän-

---

1195 Das LG Köln WM 1997, a.a.O. verweist insofern zutreffend auf BGH NJW 1993, 2369; vgl. auch BGH NJW 1987, 1931.
1196 LG Köln WM 1997, a.a.O.
1197 Vgl. die Definition des Execution-Only-Business in der Richtlinie des BAWe zu den §§ 31, 32 WpHG, Ziff. 3.6, (Bundesanzeiger vom 3.6.1997, Nr. 98, S. 6587). Die Definition spricht für die Annahme eines eigenständigen Geschäftstypus in bezug auf das Discount-Banking.
1198 Vgl. BGHZ 123, 126 (128); BGH NJW 1997, 1361 (1362); OLG Nürnberg WM 1998, 378 (379); OLG Braunschweig WM 1998, 375 (376). Siehe auch oben 2. Kapitel § 1 IV.
1199 Balzer, DB 1997, S. 2311 (2316 f.).
1200 So im Ergebnis auch Siller, EWiR 1998, 473 f., der sich auf die Entscheidung des LG München I bezieht, ebenso Balzer, DB 1997, S. 2311 (2316 ff.).

diger Vertragstyp eines Wertpapiergeschäfts ohne Beratung begründet wird. Die Verkürzung von sonstigen, das Wertpapiergeschäft begleitenden Nebenpflichten unterliegt hingegen nach wie vor der Inhaltskontrolle durch die §§ 9 ff. AGBG. Das betrifft insbesondere die Einschränkung der Haftung für Verstöße gegen allgemeine kommissionsrechtliche Schutz- und Sorgfaltspflichten, wie sie u.a. durch § 31 Abs. 1 und § 32 WpHG näher konkretisiert werden.

2. § 9 AGBG als Maßstab für die Inhaltskontrolle

Selbst sofern man die hier vertretene Ansicht einer Verselbständigung des Discount-Banking nicht teilt, heißt das nicht, daß ein formularvertraglicher Beratungsausschluß AGB-rechtlich grundsätzlich unzulässig wäre. Die Zulässigkeit einer solchen Klausel bestimmt sich dann vielmehr nach dem Maßstab des § 9 AGBG.[1201] Nach § 9 Abs. 1 i.V.m. Abs. 2 AGBG sind Bestimmungen in Allgemeinen Geschäftsbedingungen im Zweifel dann unwirksam, wenn und soweit diese mit wesentlichen Grundgedanken der gesetzlichen Regelung, von der abgewichen wird, nicht zu vereinbaren sind (Nr. 1), oder wesentliche Rechte oder Pflichten, die sich aus der Natur des Vertrages ergeben, so eingeschränkt werden, daß die Erreichung des Vertragszwecks gefährdet wird (Nr. 2).

§ 9 Abs. 2 Nr. 1 AGBG erfaßt sog. „Leitbildverstöße", die von den essentiellen Grundelementen des gesetzlichen Vertragsleitbildes so stark abweichen, daß in die rechtlich geschützten Interessen des Vertragspartners in erheblichem Umfang eingegriffen wird.[1202]

§ 9 Abs. 2 Nr. 2 AGBG stellt dagegen auf die Natur des Vertrages ab. Danach ist eine unangemessene, gegen Treu und Glauben verstoßende Benachteiligung des Vertragspartners dann anzunehmen, wenn die Vertragspflichten des Verwenders so eingeschränkt werden, daß die Erreichung des Vertragszwecks gefährdet ist.[1203] Eine Haftungsfreizeichnung ist deshalb unwirksam, wenn und soweit sie sich auf eine Verletzung wesentlicher Pflichten, die aus der Eigenart des jeweiligen Vertragsverhältnisses resultieren, bezieht.[1204] Anknüpfungspunkt für die Charakterisierung der das jeweilige Vertragsverhältnis bestimmenden sog. „Kardinalpflichten" ist insbesondere der wirtschaftliche Zweck des Vertrages.[1205] Bei Effektenkommissionsverträgen besteht eine solche Pflicht insbesondere hinsichtlich der Wahrung der wirtschaftlichen Interessen des Anlegers durch das Kreditinstitut, wobei die damit verbundenen Einzelpflichten durch die allgemeinen kommissionsrechtlichen Verhaltens- und Lauterkeitspflichten konkretisiert werden.[1206]

Dagegen hat der BGH ausgeführt, daß allein die Erteilung eines Wertpapierauftrags zur Begründung vertraglicher Beratungspflichten nicht ausreicht.[1207] Hieraus läßt sich

---

1201 Reich, NJW 1997, S. 1601 (1608); so auch LG Köln WM 1997, 1479 (Leitsatz).
1202 Palandt/Heinrichs, ABGB, § 9 Rn. 20 ff.
1203 Palandt/Heinrichs, AGBG, § 9 Rn. 25.
1204 BGH WM 1988, 246 (248), mit Anmerkung von Rümker, EWiR 1988, 319 f.
1205 Ulmer/Brandner/Hensen, AGBG, § 9 Rn. 145.
1206 So auch Schödermeier, WM 1995, S. 2053 (2055).
1207 BGH WM 1996, 906.

schließen, daß Beratung und Abwicklung der Wertpapieraufträge nach Ansicht der Rechtsprechung keine untrennbare Einheit bilden, sondern daß Wertpapiergeschäfte auch ohne Beratung möglich sind. Dafür spricht auch der Umstand, daß der BGH die Beratungspflicht nicht als unmittelbare Nebenpflicht aus dem Wertpapierkauf bzw. -verkauf ableitet, sondern stets ein konkretes Schutzbedürfnis des Anlegers als Voraussetzung für eine selbständige vertragliche Beratungspflicht fordert[1208], das die Rechtsprechung beispielsweise dann verneint, wenn der Anleger bereits ausreichend informiert war oder die Bank die Beratung aufgrund mangelnder eigener Kompetenz ausdrücklich abgelehnt hatte.[1209] Wie die Beratung angesichts der ausdrücklichen Differenzierung der Rechtsprechung zwischen Beratung und anschließender Auftragsabwicklung dennoch zum Leitbild oder zu den unverzichtbaren Kardinalelementen des Wertpapiergeschäfts gehören soll, bleibt unverständlich.[1210]

Jedoch selbst sofern man im Falle einer formularvertraglichen Haftungsbeschränkung einen „Leitbildverstoß" (§ 9 Abs. 2 Nr. 1 AGBG) oder einen „Kardinalpflichtenverstoß" (§ 9 Abs. 2 Nr. 2 AGBG) annimmt, so ist doch eine „unangemessene Benachteiligung" des Effektenanlegers i.S.v. § 9 Abs. 1 AGBG und damit ein Verstoß gegen das AGBG nach dem Wortlaut des Abs. 2 nur *„im Zweifel"* zu bejahen. § 9 Abs. 2 AGBG nennt insoweit nur gesetzliche Regelbeispiele für eine unangemessene Benachteiligung.[1211] Die durch Abs. 2 begründete Vermutung der Unwirksamkeit ist jedoch dann widerlegt, wenn und soweit eine Gesamtwürdigung aller Umstände ergibt, daß die Klausel den Kunden nicht unangemessen benachteiligt.[1212] Zur Beurteilung bedarf es einer umfassenden Würdigung aller Gesamtumstände, in die die Interessen beider Parteien einzubeziehen sind.[1213] Bezogen auf das Discount-Geschäft bedeutet das, daß neben den Nachteilen, die dem Anlagekunden durch eine Haftungsbeschränkung drohen, auch die Vorteile der beratungslosen Geschäftsabwicklung, insbesondere die nicht unerheblichen Gebühren- und Provisionsvorteile des Kunden zu berücksichtigen sind. Angesichts eines Preisvorteils von durchschnittlich 40% bis 50%[1214] gegenüber den traditionellen Filialbanken von einer „unangemessenen Benachteiligung" des Effektenkunden zu sprechen, vermag nicht zu überzeugen.[1215] Vielmehr erscheint vor dem Hintergrund der erheblichen Gebührener-

---

1208 BGH WM 1996, 906; OLG Hamm BB 1997, 12; OLG Oldenburg BB 1997, 1275; OLG Braunschweig WM 1996, 1484 (1485); OLG Hamm 1996, 2274 (2275).
1209 BGH NJW 1996, 1744 (Beschl. 12.03.1996); BGH NJW 1996, 1744 (Beschl. 27.02.1996); OLG München BB 1997, 2501 f.
1210 Vgl. Balzer, DB 1997, S. 2311 (2317), der in dem Zusammenhang auf die Bemühungen in der bankgeschäftlichen Praxis verweist, die Anlageberatung als eigenständige, gesondert zu vergütende Dienstleistung zu etablieren.
1211 Palandt/Heinrichs, AGBG, § 9 Rn. 17.
1212 Palandt/Heinrichs, AGBG, a.a.O.
1213 Palandt/Heinrichs, AGBG, § 9 Rn. 8.
1214 Vgl. Lasch/Röder, ZBB 1995, S. 342.
1215 Das LG Köln WM 1997, 1479 (1480 f.) berücksichtigt hingegen in seiner Entscheidung den deutlichen Gebührenvorteil des Discount-Kunden in keiner Weise, sondern stellt allein auf den Haftungsausschluß ab. Wie hier dagegen Köndgen, ZBB 1996, S. 361 (364).

sparnis eine Beschränkung der geschuldeten Leistung auf die bloße Auftragsabwicklung AGB-rechtlich grundsätzlich unbedenklich.[1216]

3. Freizeichnung für deliktische Haftungsansprüche

Die Zulässigkeit eines formularvertraglichen Beratungsausschlusses wirft die Frage auf, ob neben dem Ausschluß vertraglicher Informationspflichten auch eine Freizeichnung von deliktischen Haftungsansprüchen, die aus Verstößen gegen die wertpapierhandelsrechtlichen Wohlverhaltensregeln der §§ 31, 32 WpHG i.V.m. § 823 Abs. 2 BGB resultieren, zulässig ist. Derartige Verstöße können beispielsweise dadurch entstehen, daß der Discount-Broker die angebotenen Wertpapiere nicht hinreichend auf die Professionalität und die Anlageziele des Kunden abstimmt. Das ist etwa dann der Fall, wenn Kunden in eine Risikoklasse[1217] eingeordnet werden, die ihrem bisherigen Anlageverhalten nicht entspricht oder wenn die Discount-Bank das Risikopotential eines Wertpapiers unterschätzt und das Papier deshalb einer falschen Risikoklasse zuordnet.[1218]

Zwar ist in Fällen, in denen eine Vertragsverletzung zugleich die Merkmale einer unerlaubten Handlung verwirklicht, neben der Freizeichnung für vertragliche Ansprüche in gleichem Umfang auch ein Ausschluß der deliktischen Haftung grundsätzlich zulässig,[1219] Voraussetzung ist allerdings, daß dieser Haftungsausschluß deutlich aus den AGB hervorgeht, zweckmäßigerweise sogar ausdrücklich formuliert wird.[1220] Dabei ist jedoch zu unterscheiden: Während Haftungsbeschränkungen hinsichtlich der gesetzlichen Informationspflicht gem. § 31 Abs. 2 Nr. 2 WpHG jedenfalls für einfache Fahrlässigkeit zulässig sind, ist eine Haftungsfreizeichnung für Verletzungen der allgemeinen Verhaltensgrundsätze nach § 31 Abs. 1 WpHG wie auch für Verstöße gegen die besonderen Lauterkeitspflichten des § 32 WpHG grundsätzlich unzulässig. Bei diesen Verhaltensprinzipien handelt es sich um elementare Grundsätze, die für eine interessengerechte und professionelle Wertpapierdienstleistung unverzichtbar sind. Der Gesetzgeber hat damit grundlegende Anforderungen an die Geschäftstätigkeit von Wertpapierdienstleistern formuliert, die für das traditionelle Effektengeschäft wie auch für das Discount-Geschäft gleichermaßen bestimmend sind.

Ein Haftungsausschluß in bezug auf diese elementaren Verhaltensgrundsätze wird für grobe Fahrlässigkeit durch § 11 Nr. 7 AGBG ausgeschlossen.[1221] Für einfache Fahrlässigkeit folgt die Unzulässigkeit des Haftungsausschlusses aus § 9 Abs. 2 Nr. 2 AGBG. Danach ist die Unwirksamkeit einer AGB-Klausel wegen unangemessener Benachteiligung des Vertragspartners entgegen den Grundsätzen von Treu und Glauben im Zweifel

---

1216 So im Ergebnis, allerdings ohne nähere Begründung, LG München I, EWiR 1998, 473 mit zustimmender Anmerkung von Siller.
1217 Zur Klassifizierung der Kunden nach Risikogruppen vgl. ausführlich 4. Kapitel § 3 II 4 b aa.
1218 So auch Balzer, DB 1997, S. 2311 (2317).
1219 Ulmer/Brandner/Hensen, AGBG, § 9 Rn. 159.
1220 Vgl. BGH NJW 1979, 2148, (2149); Staudinger/Schäfer, BGB, Vorbem. zu §§ 823 ff. Rn 35; BGHZ 67, 359 (366 f.); Schwark in Hadding/Hopt/Schimansky (Hrsg.), 2. FMG, S. 109 (131).
1221 So auch Wieneke, Discount-Broking und Anlegerschutz, S. 220 f.

dann anzunehmen, wenn die Pflichten des Vertragspartners derart eingeschränkt werden, daß die Erreichung des Vertragszwecks gefährdet wird. Eine Haftungsfreizeichnung ist deshalb unwirksam, soweit sie sich auf die Verletzung wesentlicher Pflichten, die sich aus der Eigenart des vereinbarten Vertragsverhältnisses ergeben, bezieht.[1222] Diese Voraussetzung ist bei einem Ausschluß von Haftungsansprüchen aus der Verletzung der allgemeinen Verhaltens- und Lauterkeitspflichten der §§ 31 Abs. 1, 32 WpHG erfüllt, denn die Abdingbarkeit der Haftung für derart elementare Verhaltensprinzipien würde die Erreichung des Vertragszwecks, nämlich die Gewährleistung einer sorgfältigen und interessengerechten Wertpapierdienstleistung, substantiell gefährden.

Die Inhaltskontrolle durch die §§ 9 ff. AGBG wird in diesem Fall auch nicht durch § 8 AGBG ausgeschlossen, weil es sich bei den in §§ 31 Abs. 1, 32 WpHG formulierten Verhaltensregeln im Gegensatz zum Beratungsausschluß nicht um den Kernbereich der Leistungsbeschreibung beim Discount-Broking handelt, sondern vielmehr um allgemeine Grundsätze, die für Wertpapiergeschäfte gleich welcher Art maßgebend sind. Ein formularvertraglicher Haftungsausschluß in bezug auf diese elementaren Verhaltensgrundsätze ist deshalb unzulässig.[1223]

Haftungsbeschränkungen, die sich auf die gesetzliche Informationspflicht nach § 31 Abs. 2 Nr. 2 WpHG beziehen, sind dagegen AGB-rechtlich unbedenklich.[1224] Die Aufklärungspflicht bildet gerade im Discount-Geschäft keine unentbehrliche Vertragsvoraussetzung. Vielmehr wird der Kunde durch den ausdrücklichen Beratungsverzicht in den Geschäftsbedingungen deutlich auf die Notwendigkeit eigener Vorsorge hingewiesen. Eine Gefährdung des Vertragszwecks durch einen Ausschluß der Beratungshaftung ist insofern nicht zu befürchten.

Ein Ausschluß von Haftungsansprüchen, die auf unzureichender Information des Anlegers beruhen, ist nicht nur zulässig, es besteht darüber hinaus jedenfalls im Hinblick auf solche Schäden, die auf unrichtige oder unvollständige Angaben des Kunden zu seinen persönlichen und finanziellen Verhältnissen oder seinen Anlagefähigkeiten (§ 31 Abs. 2 Nr. 1 WpHG) zurückzuführen sind, ein legitimes Bedürfnis nach einem Haftungsausschluß.[1225] Ein Haftungsausschluß für übersandtes Informationsmaterial begegnet hingegen Bedenken, denn schließlich stellt die Bank dem Kunden derartiges Informationsmaterial bewußt zur Unterstützung der eigenen Anlageentscheidung zur Verfügung. Der Kunde muß sich deshalb auch grundsätzlich auf die Richtigkeit der Informationen ver-

---

1222 Ulmer/Brandner/Hensen, AGBG, § 9 Rn. 144; BGHZ 89, 363 (366); BGH DB 1985, 2086.
1223 So auch Balzer, DB 1997, S. 2311 (2317); ders., ZBB 1996, S. 260 (267).
1224 Wie hier Schwark in Hadding/Hopt/Schimansky, 2. FMG, S. 109 (130); Rellermeyer, WM 1995, S. 1981 (1987); Balzer, DB 1997, a.a.O.; a.A. Reich, WM 1997, S. 1601 (1607).
1225 Der Haftungsausschluß für Schäden, die auf falschen Kundenangaben (§ 31 Abs. 2 Nr. 1 WpHG) beruhen, stellt sich nicht nur im Discount-Geschäft, sondern auch im traditionellen Effektengeschäft. Allerdings findet sich in den AGB der Filialbanken bislang keine vergleichbare Haftungsfreizeichnung. Die Rechtsprechung behilft sich in diesem Fall dadurch, daß sie den Abschluß eines Beratungsvertrags entweder ganz verneint bzw. eine schuldhafte Verletzung der Pflicht aus § 31 Abs. 2 Nr. 1 WpHG ablehnt, zumindest aber ein erhebliches anspruchsminderndes Mitverschulden des unzureichend Auskunft gebenden Anlegers annimmt. Vgl. dazu auch oben 2. Kapitel § 5 III 5 sowie 3. Kapitel § 2 VI 2 b bb.

lassen dürfen. Insofern ist insbesondere im Hinblick auf § 11 Nr. 7 AGBG jedenfalls für die Fälle grober Fahrlässigkeit ein formularvertraglicher Haftungsausschluß für fehlerhaftes, von der Bank zur Verfügung gestelltes Informationsmaterial unzulässig.[1226]

§ 3   Discount-Broking und Wertpapierhandelsgesetz

Ist eine Beschränkung der geschuldeten Leistung auf die bloße Ausführung von Wertpapierkauf- oder -verkaufsaufträgen AGB-rechtlich vom Grundsatz her zulässig, so ergeben sich jedoch angesichts der gesetzlichen Verhaltenspflichten der §§ 31 ff. WpHG unter Umständen Bedenken gegen einen umfassenden oder gar vollständigen Ausschluß jeglicher Aufklärung und Beratung.

I.   § 31 WpHG als gesetzlicher Maßstab für das Verhalten der Discount-Banken

Nach § 31 Abs. 1 WpHG sind Wertpapierdienstleistungsunternehmen, zu denen entsprechend der Legaldefinition des § 2 Abs. 4 WpHG regelmäßig Kreditinstitute und mithin auch Discount-Banken gehören, gesetzlich verpflichtet, ihre Dienstleistungen im Interesse ihrer Kunden zu erbringen. Ob ein vollständiger Verzicht auf jedwede Aufklärung und Beratung, wie er in den Allgemeinen Geschäftsbedingungen der Discount-Anbieter i.d.R. vorgesehen ist, im Interesse des Anlegers ist, erscheint zweifelhaft.

§ 31 Abs. 2 Nr. 2 WpHG konkretisiert die Verhaltenspflichten näher. Gemäß Nr. 2 der Vorschrift sind Wertpapierdienstleistungsunternehmen verpflichtet, dem *„Kunden alle zweckdienlichen Informationen mitzuteilen".* Mit dieser gesetzlichen Verpflichtung zur Information scheint ein genereller, umfassender Verzicht der Bank auf jede Form der Information nur schwer vereinbar. Es drängt sich deshalb die Frage auf, unter welchen Voraussetzungen das Discount-Geschäft noch im Einklang mit den gesetzlichen Verhaltenspflichten des WpHG steht.

1226   Gegen einen Ausschluß der Haftung jedenfalls für grobe Fahrlässigkeit spricht auch die Rechtsprechung des BGH in der sog. Börsendienst-Entscheidung (BGHZ 70, 356 ff. = BGH NJW 1978, 997) In der Einscheidung hat der BGH eine Haftung des Herausgebers eines Börseninformationsdienstes für die Fehlerhaftigkeit seiner Informationszeitschrift bejaht. Entsprechend den in dieser Entscheidung vom BGH aufgestellten Grundsätzen haftet die Bank, die ihren Kunden allgemeines Informationsmaterial, wie z.B. Marktkommentare, Branchenempfehlungen, Unternehmensanalysen, Charts oder ähnliches zur Verfügung stellt, jedenfalls für grobe Fehlerhaftigkeit des Informationsmaterials, und zwar nicht nur deliktisch gem. § 823 Abs. 2 BGB wegen Verletzung grundlegender wertpapierhandelsrechtlicher Sorgfaltspflichten aus § 31 Abs. 1 Nr. 1 WpHG, sondern auch nach vertraglichen bzw. vorvertraglichen Grundsätzen. Wie hier im Ergebnis auch Wieneke, Discount-Broking und Anlegerschutz, S. 120 ff.; vgl. dazu auch Werner/ Machunsky, Ansprüche geschädigter Anlager, S. 60 ff.

II. Inhalt und Umfang der Informationspflicht beim Discount-Geschäft

1. Zwingender Charakter der wertpapierhandelsrechtlichen Informationspflicht

Ausgangspunkt für die inhaltliche Ausgestaltung des Discount-Geschäfts ist neben dem Ausschluß vertraglicher Beratungspflichten die Frage, inwieweit auch die gesetzliche Informationspflicht nach § 31 Abs. 2 Nr. 2 WpHG eingeschränkt oder ausgeschlossen werden kann und inwieweit entsprechende Formulierungen in den Allgemeinen Geschäftsbedingungen sich nicht nur auf vertragliche Pflichten des Discount-Anbieters beziehen, sondern auch unmittelbar Inhalt und Umfang der wertpapierhandelsrechtlichen Verhaltenspflichten einzuschränken vermögen.

Rechtstheoretisch ist damit die Frage angesprochen, ob es sich bei § 31 Abs. 2 Nr. 2 WpHG um zwingendes Recht handelt oder um eine nachgiebige, abdingbare Norm, die zur vertraglichen Disposition der Parteien steht. Nichts anderes ist gemeint, wenn in der Literatur teilweise von einem „Verzicht" auf das Informationsrecht gesprochen wird.[1227] Eine solche vertragliche Abdingbarkeit der gesetzlichen Informationspflicht kommt jedoch nur in Betracht, wenn die Privatautonomie der Parteien insoweit nicht durch zwingendes Recht eingeschränkt wird.

In dem Zusammenhang ist zunächst zu berücksichtigen, daß es sich bei der gesetzlichen Informationspflicht gem. § 31 Abs. 2 Nr. 2 WpHG um öffentliches Recht handelt, das aufsichtsrechtliche Anforderungen an das Verhalten der Wertpapierdienstleistungsunternehmen formuliert. Grundsätzlich steht jedoch Aufsichtsrecht aufgrund des übergeordneten öffentlichen Interesses an der Einhaltung der Verhaltensregeln nicht zur Disposition der Vertragsparteien. Im Falle der wertpapierhandelsrechtlichen Verhaltensregeln besteht jedoch die Besonderheit, daß die gesetzliche Informationspflicht den Schutz des Anlegers in seiner Eigenschaft als Vertragspartner des Wertpapierunternehmens bezweckt.[1228] Die h.M. bejaht deshalb auch eine inhaltliche Ausstrahlung der §§ 31, 32 WpHG auf die privatrechtliche Beziehung zwischen Wertpapierunternehmen und Kunde im Sinne einer Konkretisierung allgemeiner vertraglicher Pflichten durch die wertpapierhandelsrechtlichen Verhaltensregeln. Angesichts dieser Doppelnatur der §§ 31, 32 WpHG stellt sich die Frage, inwieweit die gesetzliche Informationspflicht trotz ihrer primär aufsichtsrechtlichen Natur gleichwohl zumindest teilweise durch die Parteien einschränkbar ist. Entscheidend dafür sind zum einen die EG-rechtlichen Vorgaben durch die Wertpapierdienstleistungsrichtlinie, zum anderen der Zweck der gesetzlichen Informationspflicht.

1227 Vgl. etwa Drygala, ZHR 159 (1995), S. 686 (722), ders. JZ 1997, S. 94 (98); Horn ZBB 1997, S. 139 (150 f.); Kienle in Bankrechts-Handbuch, § 110, Rn. 48.

1228 Schwark in Hadding/Hopt/Schimansky (Hrsg.), 2. FMG, S. 109 (120 f.); Balzer, ZBB 1997, S. 260 (262 f.); Wieneke, Discount-Broking und Anlegerschutz, S. 143.

a. Die EG-rechtlichen Vorgaben

Eine Abdingbarkeit der wertpapierhandelsrechtlichen Informationspflicht erscheint vor dem Hintergrund der EG-Wertpapierdienstleistungsrichtlinie nur schwer vertretbar, denn Art. 11 der Richtlinie gibt keine Anhaltspunkte dafür, daß der Kunde auf den Schutz verzichten können soll. Im Gegenteil, die in den Erwägungsgründen der Richtlinie ausdrücklich hervorgehobene doppelte Zielsetzung der Richtlinie, die sowohl einen hinreichenden Anlegerschutz als auch ein reibungsloses Funktionieren der Wertpapiermärkte gewährleisten will[1229], scheint einem Verzicht gleich in zweifacher Hinsicht entgegenzustehen. Zum einen ist im Hinblick auf die Erwägungen der Richtlinie zum Anlegerschutzes von einem zwingenden Normcharakter der Informationspflicht auszugehen, denn bereits der Wirtschafts- und Sozialausschuß der EG hat in seiner Stellungnahme zum Vorschlag der Kommission für eine Wertpapierdienstleistungsrichtlinie deutlich darauf hingewiesen, daß die Verhaltensregeln darauf abzielen, *„die Redlichkeit des Geschäftsverkehrs und den Verbraucherschutz sicherzustellen".*[1230] Diese verbraucherschützende Dimension kommt auch in den Erwägungsgründen der Richtlinie zum Ausdruck, wonach den unterschiedlichen Schutzbedürfnissen der Anleger Rechnung zu tragen ist.[1231] Ein Verzicht des Anlegers auf den Schutz der gesetzlichen Informationspflicht ist mit dieser verbraucherschutzorientierten Intention der Richtlinie nur schwer zu vereinbaren.

Bedenken gegen eine Abdingbarkeit der gesetzlichen Informationspflichten ergeben sich aber auch mit Blick auf das primäre Ziel der Wertpapierdienstleistungsrichtlinie, nämlich der Schaffung der Voraussetzungen für einen gemeinsamen Finanzdienstleistungsbinnenmarkt.[1232] Zu diesem Zweck strebt die Richtlinie die Harmonisierung nationaler Anlegerschutzstandards an, um so nicht nur im Interesse der Anleger einen einheitlichen Schutzstandard auf hohem Niveau zu etablieren, sondern auch um einen wichtigen Beitrag zur Schaffung eines fairen Wettbewerbs zu leisten.[1233] Durch einen einheitlichen Standard im Anlegerschutz werden Wettbewerbsverzerrungen verhindert, die dadurch auftreten können, daß international konkurrierende Anbieter aufgrund nationaler Anforderungen mit unterschiedlichen Schutzpflichten belastet werden oder weil sich Anbieter durch die Standortwahl der Kosten entziehen, die mit angemessenen Anlegerschutzmaßnahmen verbunden sind.[1234] Das Ziel der Schaffung einheitlicher Wettbewerbsbedingungen im Wertpapierdienstleistungsbereich würde durch eine Abdingbarkeit der gesetzlichen Informationsanforderungen konterkariert, weil die Wertpapierdienstleister durch einen Ausschluß der Informationspflicht sich ohne weiteres dem mit der Informationstätigkeit verbundenen Kosten- und Organisationsaufwand entziehen könnten.

1229 Siehe oben 3. Kapitel § 1 III 2.
1230 Stellungnahme des Wirtschafts- und Sozialausschusses zum Vorschlag für eine Richtlinie des Rates über Wertpapierdienstleistungen, ABl. EG Nr. C 298/6, 27.11.1989, Ziff. 1.7.
1231 Vgl. 32. Erwägungsgrund der Richtlinie, ABl. EG Nr. L 141/27 (S. 29) vom 11.6.1993.
1232 Vgl. 1. Erwägungsgrund der WpDRiL, ABl. EG Nr. L 141/27 (S. 27). Dazu oben 3. Kapitel § 1 III 1 a.
1233 Vgl. 6. Erwägungsgrund der WpDRiL, ABl. EG Nr. L 141/27 (S. 27).
1234 Wieneke, Discount-Broking und Anlegerschutz, S. 163.

Die Folge wären nicht nur Wettbewerbsverzerrungen auf dem deutschen Markt, sondern europaweit ungleiche Marktbedingungen, die durch die Wertpapierdienstleistungsrichtlinie gerade ausgeglichen werden sollen. Da Wertpapierdienstleistungen aufgrund der gemeinschaftsweiten Dienstleistungsfreiheit (Art. 49 ff. EGV (Amsterdam)) jedoch grenzüberschreitend angeboten und nachgefragt werden können, würde eine Abdingbarkeit der Informationspflicht einen fairen Wettbewerb auf dem europäischen Markt behindern. Eine Abdingbarkeit der gesetzlichen Informationspflicht erscheint deshalb mit den EG-rechtlichen Vorgaben der Wertpapierdienstleistungsrichtlinie nicht vereinbar.[1235]

b. Kapitalmarkteffizienz als Schranke der Abdingbarkeit

Für den zwingenden Normcharakter von § 31 Abs. 2 Nr. 2 WpHG spricht auch die besondere, auf die Stabilität der Finanzmärkte gerichtete ratio der Norm. Denn Informationspflichten sind nicht nur eine Konsequenz des in der EG-Wertpapierdienstleistungsrichtlinie verankerten Anlegerschutzgedankens, sondern ebenso ein notwendiges Postulat kapitalmarktlichen Funktionsschutzes. Schließlich erfordert die allokative Funktionsfähigkeit der Finanzmärkte ein hinreichendes Maß an Information, Transparenz und Entscheidungssicherheit für den Anleger.[1236] Insoweit kommt der gesetzlichen Informationspflicht wesentliche Bedeutung im Hinblick auf die Sicherung der Kapitalmarkteffizienz zu.[1237] Sie dient neben dem Anlegerschutz deshalb vor allem dem öffentlichen Interesse an der Optimierung der gesamtwirtschaftlichen Vermittlungsaufgabe der Finanzmärkte. Die individualschützende Funktion der Informationspflicht ist insofern auch Mittel zum Zweck des übergeordneten Funktionsschutzes.[1238] Diese am Allgemeininteresse orientierte Dimension ist bei der Frage zu berücksichtigen, ob § 31 Abs. 2 Nr. 2 WpHG disponibel ist oder nicht. Weil das öffentliche Interesse an effizienten Wertpapiermärkten jedoch kaum zur Disposition der Vertragsparteien stehen kann, ist auch die wertpapierhandelsrechtliche Informationspflicht nicht ohne weiteres durch die Vertragsparteien abdingbar, anderenfalls wäre das für ein reibungsloses Funktionieren der Kapitalmärkte erforderliche und von § 31 Abs. 2 Nr. 2 WpHG beabsichtigte Mindestmaß an Transparenz und Information im Wertpapiergeschäft nicht mehr gewährleistet. Die Folge eines solchen Informationsdefizits wären Beeinträchtigungen der institutionellen und allokativen Funktionsfähigkeit der Wertpapiermärkte. Angesichts dieser gesamtwirtschaftlichen Bedeutung der wertpapierhandelsrechtlichen Informationspflicht kann diese nicht zur Disposition der Vertragspartner stehen.[1239]

1235   So auch Wieneke, Discount-Broking und Anlegerschutz, a.a.O.
1236   Roth in Assmann/Schütze, Handbuch des Kapitalanlagerechts, § 12 Rn 63 und 68 sowie Drygala, ZHR 159 (1995), S. 686 (722).
1237   Vgl. dazu auch oben 1. Kapitel § 2 II 4 sowie 3. Kapitel § 2 II.
1238   Dazu ausführlich oben 3. Kapitel § 2 II.
1239   So auch Wieneke, Discount-Broking und Anlegerschutz, S. 156 ff.

2. Differenzierungsvorbehalt, § 31 Abs. 2 Satz 1 WpHG letzter Halbsatz

Der zwingende Charakter der wertpapierhandelsrechtlichen Verhaltensregeln bedeutet indes nicht, daß ein beratungsloses Wertpapiergeschäft deshalb unzulässig ist. Der Gesetzgeber war sich bei Einführung der gesetzlichen Informationspflicht der Problematik des Discount-Banking wohl bewußt und wollte solche Geschäfte durch § 31 Abs. 2 Nr. 2 WpHG keineswegs ausschließen. Vielmehr ist, wie aus den Gesetzesmaterialien zum WpHG hervorgeht, bei der Auslegung der gesetzlichen Informationspflicht zu berücksichtigen, daß der Discount-Broker den Kundenauftrag zu besonders günstigen Gebühren und Provisionssätzen ausführt, dafür andererseits aber keine Beratungsleistungen erbringt.[1240] Nach dem Willen des Gesetzgebers wird die Zulässigkeit von Discount-Geschäften durch das WpHG insofern grundsätzlich nicht berührt.[1241] Die Auslegung der wertpapierhandelsrechtlichen Bestimmungen muß vielmehr den Bedürfnissen dieser speziellen Geschäftsart hinreichend Rechnung tragen. Einen gesetzlichen Anknüpfungspunkt dafür bietet der Differenzierungsvorbehalt in § 31 Abs. 2 Satz 1 WpHG letzter Halbsatz.[1242] Danach besteht die Informationspflicht nur, soweit dies „zur Wahrung der Interessen des Kunden und im Hinblick auf Art und Umfang der beabsichtigten Geschäfte erforderlich ist". Das Gesetz nennt damit zwei Kriterien, die eine Einschränkung der Informationspflicht rechtfertigen: zum einen die Professionalität des Kunden, zum anderen die Besonderheiten des intendierten Geschäfts. Es fragt sich deshalb, ob und inwieweit die tatbestandlichen Einschränkungen, die das Wertpapierhandelsgesetz in § 31 Abs. 2 Satz 1 a.E. vorsieht, eine geeignete rechtliche Grundlage für eine Anpassung des Pflichtenumfangs an die Besonderheiten des Discount-Banking bietet.

3. Streitstand in der Literatur

Das Kriterium der Kundenprofessionalität ist kaum geeignet, Inhalt und Umfang der gesetzlichen Informationspflicht im Discount-Geschäft allgemein zu konkretisieren, denn maßgebend für die Kundenprofessionalität i.S.v. § 31 Abs. 2 WpHG sind allein die tatsächlichen individuellen Kenntnisse und Erfahrungen des Anlegers.[1243] Es existiert weder

---

1240 Vgl. Beschlußempf. und Bericht des Finanzausschusses, BT-Drucks. 12/7918, S. 104.

1241 So auch Kümpel, WM 1995, S. 689 (693); ders., Bank- und Kapitalmarktrecht, Rn. 8.272.

1242 In diesem Sinne auch Köndgen, ZBB 1996, S. 361 (363 ff.)

1243 Koller in Assmann/Schneider (Hrsg.), WpHG, § 31 Rn. 120 ff.
Einen Versuch, gleichwohl an die Kundenprofessionalität als Differenzierungskriterium anzuknüpfen, stellen die vor allem in der Anfangsphase des Discount-Geschäfts favorisierten sog. „Profimodelle" dar, die lediglich „professionelle" Anleger zu dieser Geschäftsart zulassen wollten. Neben den praktischen Problemen, die individuelle Kundenprofessionalität anhand eines Fragebogens hinreichend zuverlässig zu erfragen, waren diese Modelle auch betriebswirtschaftlich wenig erfolgreich, weil die Beschränkung auf professionelle Anleger kein ausreichend breites Kundenpotential für ein wirtschaftliches Geschäftskonzept bot. Sie wurden deshalb durch die wesentlich weiteren sog. „Kundengruppenmodelle" ersetzt, die auch weniger professionelle Anleger, allerdings beschränkt auf bestimmte risikoarme Produktgruppen, zulassen. Im einzelnen vgl. dazu Wieneke, Discount-Broking und Anlegerschutz, S. 166 ff.

ein allgemein gültiger Erfahrungssatz, daß alle Kunden grundsätzlich über bestimmte Tatsachen, wie z.B. den aktuellen Börsentrend oder die derzeitige Zinsentwicklung, informiert sind, noch läßt die Art des Vertriebs oder der Geschäftsanbahnung zuverlässige Rückschlüsse auf die Professionalität des Kunden zu. Aus diesem Grund verbietet es sich auch allein aus dem Umstand, daß ein Kunde sich für einen Discount-Anbieter entschieden hat, eine hohe Professionalität und damit fehlendes Informationsbedürfnis des Kunden abzuleiten.

Anders dagegen bei den Besonderheiten, die sich aus Art und Umfang des beabsichtigten Geschäfts ergeben. Dieser Differenzierung des Gesetzgebers hat in der Literatur zu erheblichen Irritationen und Auslegungsproblemen geführt. So sieht eine Ansicht den Grund für die Einschränkung der gesetzlichen Informationspflichten gerade darin, daß der Gesetzgeber auf diese Weise gezielt für solche Wertpapierdienstleister, die Kundenaufträge unter Ausschluß von Beratungsleistungen zu besonders günstigen Preisen ausführen, eine Nische schaffen wollte[1244], während die Gegenauffassung den Differenzierungsvorbehalt unter Hinweis auf die Wettbewerbsneutralität des Wertpapierhandelsgesetzes in bezug auf unterschiedliche Geschäftskonzepte lediglich auf die Umstände des konkreten Einzelgeschäfts, nicht dagegen auf die Besonderheiten einer bestimmten Geschäfts- oder Vertriebsart bezieht.[1245] Der Streit geht deshalb vor allem darum, ob und inwieweit Discount-Broker aufgrund der Besonderheiten dieser Geschäftsform im Vergleich zu den klassischen Filialbanken reduzierten Anforderungen hinsichtlich der gesetzlichen Informationspflicht nach § 31 Abs. 2 Nr. 2 WpHG unterliegen.

a. Privilegierung des Discount-Banking

Vertreter einer die Discount-Broker privilegierenden Auffassung sind vor allem *Kümpel, Schwark, Titz* und *Wieneke.*

aa. Die Auffassung Kümpels

Nach Auffassung *Kümpels* darf beim preiswerten Discount-Geschäft die Leistung der Bank auf die Ausführung von Kauf- und Verkaufsaufträgen beschränkt werden.[1246] Die Ausführung von Effektenaufträgen ohne Beratung wird nach dieser Ansicht durch die gesetzlichen Verhaltensregeln des § 31 Abs. 2 WpHG nicht grundsätzlich ausgeschlossen.[1247] Soweit die Bank auf eine Anlageberatung verzichten will, muß sie den Kunden deutlich darauf hinweisen.[1248] Obgleich auf diese Weise beim Discount-Geschäft eine

---

1244 So z.B. Wieneke, Discount-Broking und Anlegerschutz, S. 165 ff. Diese Auffassung stützt sich insbesondere auf die Beschlußempfehlung und den Bericht des Finanzausschusses, BT-Drucks. 12/7918, S. 104.
1245 So etwa Metz, VuR 1996, S. 183 ff.
1246 Kümpel, WpHG, S. 168 f.;ders., WM 1995, S. 689 (693 f.).
1247 Kümpel, Bank- und Kapitalmarktrecht, Rn. 8.272, unter Bezugnahme auf die Gesetzesmaterialien.
1248 Kümpel, Bank- und Kapitalmarktrecht, Rn. 8.274; ders., WM 1995, S. 689 (693).

umfassende individuelle Beratung des Anlegers im Sinne der „Bond"-Rechtsprechung des BGH vermieden werden kann, obliegt der Discount-Bank nach Meinung *Kümpels* dennoch aufgrund einer allgemeinen, im Vertrauensprinzip des § 242 BGB wurzelnden Schutzpflicht ein Mindestmaß an Informations- und Aufklärungspflichten.[1249] So schlägt *Kümpel* vor, die Auswahl der für das Discount-Geschäft bestimmten Wertpapiere möglichst an der Schutzbedürftigkeit der Kunden zu orientieren, insbesondere Anleger mit vergleichbarer Professionalität, Risikobereitschaft und wirtschaftlicher Leistungsfähigkeit zu Kundengruppen zusammenzufassen, denen dann ausgewählte Wertpapiere beratungsfrei oder auf der Grundlage standardisierter Informationen angeboten werden können.[1250] Auf diese Weise kann nach Ansicht *Kümpels* sichergestellt werden, daß solchen Kunden, die bislang ausschließlich ein konservatives Anlageverhalten gezeigt haben, zum Schutz vor unkalkulierbaren Anlagerisiken ausschließlich risikoarme Wertpapiere bonitätsmäßig einwandfreier Emittenten angeboten werden.

bb. Die Auffassung Schwarks

Ähnlich wie *Kümpel* favorisiert auch *Schwark* eine das Discount-Geschäft privilegierende Auslegung der gesetzlichen Informationspflicht. Weil § 31 Abs. 2 Nr. 2 WpHG expressis verbis keine umfassenden Beratungsanforderungen formuliert, läßt die Bestimmung nach Ansicht *Schwarks* Raum für eine „schlanke", vom Normalgeschäft abweichende Bank-Kunde-Beziehung.[1251] Danach ist im Rahmen des Discount-Geschäfts ein reduzierter Pflichtenstandard sowohl im Hinblick auf vertragliche als auch in bezug auf gesetzliche Informationspflichten zulässig. Ein Kunde, der sich wohl wissend, daß eine individuelle Beratung nicht erfolgt, an einen Discount-Broker wendet, nimmt nach Auffassung *Schwarks* das erhöhte Risiko informationeller Unsicherheit wissentlich in Kauf.[1252] Seine Erwartungen entsprechen deshalb nicht denen eines „Full-service-Vertragspartners". Aus diesem Grund ist eine umfassende Informationspflicht für Discount-Broker, abgeleitet aus dem Anlegerschutzprinzip, nach Ansicht *Schwarks* nicht zu begründen. Vielmehr neigt *Schwark* dazu, das Discount-Geschäft als eigenständige Geschäftsart zu definieren, die vom traditionellen beratungsintensiven Wertpapiergeschäft zu unterscheiden ist und die deshalb lediglich einem „abgemagerten" Pflichtenprogramm i.S.e. grundlegenden Mindestaufklärung, bei der die Bank lediglich für grob fahrlässige und vorsätzliche Informationspflichtverletzungen haftet, unterliegt.[1253]

1249 Kümpel, Bank- und Kapitalmarktrecht, Rn. 8.275 ff.; ders., WM 1995, S. 689 (694).
1250 Kümpel, Bank- und Kapitalmarktrecht, Rn. 8.276.
1251 Schwark in Hadding/Hopt/Schimansky (Hrsg.), 2. FMG, S. 109 (129).
1252 Schwark in Hadding/Hopt/Schimansky (Hrsg.), 2. FMG, a.a.O.
1253 Schwark in Hadding/Hopt/Schimansky (Hrsg.), 2. FMG, S. 109 (128 ff.).

cc. Die Auffassung von Titz

Auch nach Meinung von *Titz* unterliegen Discount-Broker zumindest keiner umfassenden Beratungspflicht i.S.e. individuellen, kundengerechten Anlageempfehlung, wohl aber einer allgemeinen Aufklärungs- und Mitteilungspflicht, die den Kunden über die typischen Eigenschaften und grundsätzlichen Risiken der jeweiligen Wertpapierprodukte informiert.[1254] *Titz* knüpft damit im wesentlichen an die in der Literatur erörterte Problematik an, ob § 31 Abs. 2 Nr. 2 WpHG eine umfassende, auf die Bedürfnisse des einzelnen Kunden bezogene Beratung verlangt oder lediglich eine an den charakteristischen Produkteigenschaften des gewünschten Anlageobjekts orientierte allgemeine Grundaufklärung[1255] und beantwortet die Frage zumindest für Discount-Broker in letzterem Sinne. Dabei verweist er auf die im Discount-Geschäft übliche standardisierte Informationspraxis mittels vorgefertigter Informationsbroschüren.[1256] Die Beschränkung der gesetzlichen Informationspflicht des WpHG auf eine allgemeine Grundaufklärung begründet *Titz* mit dem Interesse des Discountkunden an einer raschen, unkomplizierten und vor allem kostengünstigen Abwicklung seiner Wertpapiergeschäfte, das durch eine umfassende Beratungspflicht nur behindert würde.[1257]

dd. Die Auffassung Wienekes

Wieneke interpretiert die gesetzliche Informationspflicht unter Hinweis auf die Notwendigkeit eines wirksamen Anlegerschutzes jedenfalls für das traditionelle Standardeffektengeschäfts im Sinne einer umfassenden anleger- und anlagebezogenen Beratungspflicht, die den Anleger nicht nur über die maßgeblichen anlagerelevanten tatsächlichen Umstände informieren soll, sondern darüber hinaus auch die individuelle Geeignetheit der Anlage für den Kunden zu beurteilen hat.[1258] Im Rahmen des Discount-Geschäfts dagegen bejaht auch er unter Anknüpfung an den Differenzierungsvorbehalt des § 31 Abs. 2 Satz 1 WpHG letzter Halbsatz ein aufklärungs- und beratungsfreies Wertpapierangebot, sofern der Discount-Broker durch Bildung von Kundengruppen und Abstimmung der angebotenen Wertpapiere auf die Erfahrung und Risikoneigung der Anlegergruppen einen gewissen Mindestschutz bietet.[1259]

b. Keine Privilegierung des Discount-Geschäfts

Vertreter einer strengeren, vor allem am Schutz des in Anlageangelegenheiten unerfahrenen Verbrauchers orientierten Auffassung sind dagegen *Koller*, *Metz* und *Reich*.

1254 Titz, WM 1998, S. 2179 (2180 ff.).
1255 Vgl. oben 3. Kapitel § 2 VI 2 a.
1256 Titz, WM 1998, S. 2179 (2182).
1257 Titz, WM 1998, a.a.O.
1258 Wieneke, Discount-Broking und Anlegerschutz, S. 120 ff.
1259 Wieneke, Discount-Broking und Anlegerschutz, S. 165 ff.

aa. Die Auffassung Kollers

Nach Meinung *Kollers* unterliegen Discount-Broker in bezug auf die wertpapier-handelsrechtlichen Verhaltenspflichten keine Erleichterungen.[1260] Vielmehr statuiere § 31 Abs. 2 Nr. 2 WpHG eine allgemeine Informationspflicht, der alle Wertpapierdienst-leister, gleich in welcher Form sie ihre Dienstleistung anbieten, unterlägen. Nach dieser Auffassung dient die Einschränkung im letzten Halbsatz der Vorschrift, wonach eine In-formation nur insoweit erfolgen muß, als *„dies zur Wahrung der Interessen und im Hinblick auf Art und Umfang der beabsichtigten Geschäfte erforderlich ist"*, lediglich dazu, ein Übermaß an Beratung zu verhindern.[1261] Der Kunde soll insofern nicht durch ein Zuviel an Information „erschlagen" werden.[1262] Deshalb wollte der Gesetzgeber nach Ansicht *Kollers* durch die Formulierung in § 31 Abs. 2 Satz 1 die Informationspflicht der Wertpapierdienstleister auf ein Maß beschränken, daß dem Kundeninteresse im Hinblick auf die individuellen Kenntnisse und Erfahrungen des Anlegers gerecht wird. Die Vor-schrift will nach Meinung *Kollers* hingegen nicht bestimmte Geschäftsarten oder Ver-triebsformen privilegieren. *Koller* verweist in dem Zusammenhang ausdrücklich auf die Wettbewerbsneutralität des WpHG.[1263] Eine Beschränkung der Informationspflicht oder gar ein vollständiger Verzicht läßt sich nach seiner Ansicht deshalb nicht mit dem beson-deren Geschäftskonzept oder den Kostenvorteilen des Discount-Banking begründen. Ein Verzicht auf Beratung sei vielmehr nur im Einzelfall dort möglich, wo der Kunde auf-grund eigener Professionalität die Tragweite seines Handelns tatsächlich zu überblicken vermöge und zur Selbstvorsorge imstande sei. Wertpapierdienstleistungsunternehmen können sich deshalb nach Ansicht *Kollers* nicht einfach dadurch der gesetzlichen Infor-mationspflicht entledigen, daß sie ihre Kunden darauf hinweisen, daß eine Information nicht erfolgt, vielmehr seien auch die Discount-Anbieter verpflichtet, den individuellen Kenntnissen und Erfahrungen des Kunden angemessen Rechnung zu tragen.[1264] Aus diesem Grund hält *Koller* auch eine abstrakt-pauschale Information mittels vorformu-lierter Broschüren für nicht ausreichend, sondern fordert statt dessen eine Aufklärung über die konkreten Umstände des im Einzelfall beabsichtigten Geschäfts.[1265]

bb. Die Auffassung von Metz

Auch nach Auffassung von *Metz* privilegiert die gesetzliche Formulierung *„Art und Umfang der Geschäfte"* keineswegs eine bestimmte Form des Geschäftsbetriebs.[1266] Der Wortlaut des § 31 Abs. 2 Satz 1 WpHG stelle vielmehr allein auf die Besonderheiten des individuellen Wertpapiergeschäfts ab, kennzeichne aber nicht eine besondere Geschäfts-

1260 Vgl. Koller in Assmann/Schneider (Hrsg.), WpHG, § 31 Rn. 96 ff.
1261 Koller in Assmann/Schneider (Hrsg.), WpHG, § 31 Rn. 96a.
1262 Koller in Assmann/Schneider (Hrsg.), WpHG, a.a.O.
1263 Vgl. Koller in Assmann/Schneider (Hrsg.), WpHG, § 31 Rn. 101.
1264 Koller in Assmann/Schneider (Hrsg.), WpHG, § 31 Rn. 96a f.
1265 Koller in Assmann/Schneider (Hrsg.), WpHG, a.a.O.
1266 Metz, VuR 1996, S. 183.

art oder Vertriebsform, wie z.B. das Discount-Geschäft. *Metz* stellt in dem Zusammenhang insbesondere auf den EG-rechtlichen Hintergrund der Vorschrift ab. So läßt die EG-Wertpapierdienstleistungsrichtlinie nach Ansicht von *Metz* Relativierungen der gesetzlichen Informationspflicht nur nach Maßgabe der individuellen Professionalität des einzelnen Anlegers zu, weil die Richtlinie im Gegensatz zu bestimmten Berufsformen des Wertpapierdienstleisters, wie z.B. für den niederländischen „Hoekman" oder den italienischen „Agenti di Cambio"[1267], gerade für Discount-Broker keine ausdrücklichen Ausnahmen vorsieht.[1268] Die gesetzlichen Informationspflichten gelten nach dieser Ansicht deshalb nicht nur für das konventionelle „Full-service-Geschäft", sondern grundsätzlich für alle Formen des Wertpapiergeschäfts, einschließlich des Discount-Broking. Das soll selbst dann gelten, wenn Discount-Anbieter ihren Kunden deutlich mitteilen, daß diese das Risiko und die Verantwortung für ihre Wertpapiergeschäfte selbst zu tragen haben.[1269] Dabei stellt *Metz* an Inhalt und Umfang der Informationstätigkeit im Vergleich zu *Koller* erhöhte Anforderungen. Während *Koller* die gesetzliche Informationspflicht eher im Sinne einer Verpflichtung zu wahrheitsgemäßer, vollständiger und verständlicher Mitteilung aller anlagerelevanten Tatsachen verstanden wissen will,[1270] interpretiert *Metz* die gesetzliche Informationspflicht im Interesse maximalen Anlegerschutzes als umfassende Beratungspflicht, die dem Berater eine individuelle anleger- und anlagegerechte Empfehlung abverlangt.[1271] Zur Begründung führt *Metz* an, daß eine exakte Abgrenzung zwischen bloßer Aufklärung und weiterführender Beratung in der Praxis nicht durchführbar sei und daß nicht wenige Anbieter von Discount-Leistungen in ihrem Werbe- und Informationsmaterial den Eindruck qualitativ und quantitativ hochwertiger Informationsdienstleistungen vermittelten.[1272] Gerade der unerfahrene Anlagekunde sei deshalb nicht hinreichend in der Lage, den Umfang der Informationstätigkeit zuverlässig zu beurteilen und erwarte deshalb grundsätzlich auch vom Discount-Broker eine umfassende Informationstätigkeit.

cc. Die Auffassung Reichs

Ähnlich wie *Koller* und *Metz* lehnt auch *Reich* eine Sonderstellung der Discount-Banken unter Berufung auf die EG-rechtlichen Vorgaben ab.[1273] Dabei befürwortet *Reich* allerdings ähnlich wie *Koller* eine scharfe Trennung von Aufklärungs- und Beratungspflicht.[1274] Anders als *Metz* interpretiert *Reich* die gesetzliche Informationspflicht im

---

1267 Vgl. Art. 2 Abs. 2 Nr. 1 und Art. 15 WpDRiL sowie den 24. Erwägungsgrund der Richtlinie, ABl. EG Nr. L 141/27 (29 ff.) vom 11.6.1993.
1268 Metz, VuR 1996, S. 183 (184).
1269 Metz, VuR 1996, a.a.O.
1270 Vgl. Koller in Assmann/Schneider (Hrsg.), WpHG, § 31 Rn. 96 ff., 99 ff. und 114.
1271 Vgl. ausführl. Metz, VuR 1996, S. 183 (184 ff.). Koller in Assmann/Schneider (Hrsg.), WpHG, § 31 Rn. 114, lehnt dagegen eine Empfehlungspflicht ab.
1272 Metz, VuR 1996, S. 183 (184/185)
1273 Reich, WM 1997, S. 1601 (1606).
1274 Reich, WM 1997, S. 1601 (1607).

Sinne einer produktbezogenen Aufklärungspflicht. § 31 Abs. 2 Nr. 2 WpHG regelt danach nicht die Frage, unter welchen Umständen ein Beratungsvertrag zustande kommt oder in welchen Fällen eine Verpflichtung des Wertpapierdienstleisters zu einer individuellen Anlageempfehlung besteht, sondern normiert lediglich eine produktbezogene Aufklärungspflicht.[1275]

Allerdings definiert *Reich* diese Aufklärungspflicht sehr umfassend. Danach sind sämtliche Informationen, die für eine informierte Entscheidung des Kunden von Bedeutung sind, auch ohne Nachfrage des Anlegers mitzuteilen.[1276] Die Informationspflicht ist nach dieser Auffassung nicht auf eine pauschale Grundaufklärung über die typischen Eigenschaften und Risiken bestimmter Wertpapierarten beschränkt, sondern verlangt die Mitteilung sämtlicher Umstände und Tatsachen, die für eine sachgerechte Entscheidung des Anlegers im konkreten Einzelfall von Interesse sind. Die Besonderheiten der Vertriebsform sowie die dabei ggf. auftretenden praktischen Probleme bei der Informationsweitergabe via Telefon oder elektronischer Medien sind nach dieser Ansicht für den Umfang der Rechtspflicht grundsätzlich ohne Bedeutung.[1277] Ein Ausschluß oder eine Einschränkung der gesetzlichen Verhaltenspflichten ist nach *Reich* im Interesse des Verbraucherschutzes grundsätzlich unzulässig.

Im Ergebnis führt diese Ansicht dazu, daß die gesetzliche Informationspflicht zwar keine individuelle Anlageempfehlung, insbesondere keine Beurteilung der einzelnen Anlagemöglichkeiten vor dem Hintergrund der Kundenbedürfnisse verlangt, der Wertpapierdienstleister den Kunden aber dennoch über alle produktspezifischen Umstände und Risiken des konkret beabsichtigten Anlagegeschäfts ausführlich aufklären muß.[1278] Eine pauschale, allgemeine Aufklärung, die sich im wesentlichen auf abstrakte Informationsbroschüren zu bestimmten Wertpapiergeschäften stützt, wird diesem Verständnis *Reichs* nicht gerecht.

4. Eigene Auffassung

a. Sonderstellung des Discount-Geschäfts

Ob und in welchem Umfang das Discount-Geschäft der gesetzlichen Informationspflicht gem. § 31 Abs. 2 Nr. 2 WpHG unterliegt, hängt - ähnlich wie die AGB-rechtliche Zulässigkeit eines formularvertraglichen Beratungsausschlusses - maßgeblich davon ab, ob man das Discount-Geschäft als eine neue eigenständige Geschäftsart versteht, die sich vom klassischen Wertpapiergeschäft gerade durch das Fehlen der ansonsten üblichen Informationsdienstleistungen unterscheidet, oder ob man im Discount-Geschäft lediglich eine alternative Vertriebsform mit besonders günstigen Konditionen und technisch bedingten Besonderheiten bei der Geschäftsabwicklung sieht, die rechtlich jedoch den-

---

1275 Reich, WM 1997, S. 1601 (1605 f.).
1276 Reich, WM 1997, S. 1601 (1608), unter Berufung auf OLG Düsseldorf, WM 1996, 1489.
1277 Reich, WM 1997, S. 1601 (1605).
1278 Reich, WM 1997, S. 1601 (1608).

selben Anforderungen unterliegt wie das herkömmliche Full-service-Geschäft. Anders ausgedrückt: Neben dem „normalen" Wertpapiergeschäft, das spezielle Aufklärungs- und Beratungspflichten einschließt, müßte ein „abgemagertes" Discount-Geschäft als selbständiger Geschäftstypus rechtlich darstellbar sein.[1279]

aa. Die EG-Wertpapierdienstleistungsrichtlinie als Ausgangspunkt

Ob und inwieweit sich die Informationspflicht von den übrigen Pflichten des Effektenkommissionärs abspalten läßt, hängt nicht zuletzt von den EG-rechtlichen Vorgaben, insbesondere der EG-Wertpapierdienstleistungsrichtlinie 93/22/EWG, ab. Die Richtlinie enthält zwar keine ausdrücklichen Ausnahmen oder Sonderregelungen für Discount-Broker, umgekehrt verlangt sie jedoch auch keine umfassende oder gar lückenlose Beratung. Das folgt bereits aus dem doppelten Schutzzweck der Richtlinie, der neben dem Anlegerschutz auch die Erfordernisse eines leistungsfähigen, dynamischen Kapitalmarktes umfaßt. Die Richtlinie macht deshalb den Umfang der den Wertpapierunternehmen auferlegten Verhaltenspflichten ausdrücklich von dem Verhältnismäßigkeitskriterium der Kundenprofessionalität abhängig[1280] und läßt auf diese Weise ausreichend Spielraum für eine Absenkung des Pflichtenniveaus.[1281] Diese Begrenzung der Verhaltensanforderungen kommt nicht zuletzt im Wortlaut des Art. 11 Abs. 1 Satz 4 5. Spiegelstrich zum Ausdruck: Danach muß eine Wertpapierfirma „bei den *Verhandlungen* mit ihren Kunden alle zweckdienlichen Informationen mitteilen". Die Informationspflicht besteht demnach nur, sofern man von „Verhandlungen" zwischen dem Kunden und der Discount-Bank sprechen kann. Art. 11 Abs. 1 Satz 4, Spiegelstrich 5 verlangt zwar nicht, daß die Bedingungen des Wertpapiergeschäfts im einzelnen ausgehandelt werden, umgekehrt erfaßt der Wortlaut der Vorschrift aber auch nicht jede Form des Kontakts zwischen Kunde und Bank, Voraussetzung ist vielmehr, daß der Kunde erwarten darf, daß sich die Bank inhaltlich zu dem beabsichtigten Wertpapiergeschäft äußern wird. Beschränkt sich die Bank jedoch darauf, die Wertpapieraufträge des Kunden lediglich zur Ausführung entgegenzunehmen, so wird man insofern nur schwerlich von „Verhandlungen" sprechen können.

Zwar haben *Metz* und *Koller* zu Recht darauf hingewiesen, daß in der englischen Fassung der Richtlinie der Begriff „*dealings*" verwendet wird.[1282] Ob der Ausdruck „*dealings*" jedoch - wie von *Metz* und *Koller* behauptet - zutreffend übersetzt, jede Form des Umgangs oder der Beziehung zwischen Bank und Kunde und damit eine wie auch immer geartete Geschäftsbeziehung schlechthin bezeichnet, erscheint zweifelhaft, denn der Begriff „*dealings*" in der englischen bzw. „Verhandlungen" in der deutschen Fassung wird in Art. 11 lediglich unter Spiegelstrich 5 in Verbindung mit der Informationspflicht verwendet, während die übrigen in Art. 11 Abs. 1 Satz 4 genannten Verhaltensprinzipien

---

1279   So auch Schwark in Hadding/Hopt/Schimansky (Hrsg.), 2. FMG, S. 109 (128).
1280   Vgl. Art. 11 Abs. 1 der Richtlinie, ABl. EG Nr. L 141/27 (S. 37) vom 11.6.1993.
1281   Im Ergebnis übereinstimmend Horn, ZBB 1997, S. 139 (151).
1282   Metz, VuR 1996, S. 183 (184); Koller in Assmann/Schneider (Hrsg.), WpHG, § 31 Rn. 96a.

nicht mit dem Begriff der „Verhandlungen" bzw. „dealings" in Verbindung gebracht werden, obwohl auch diese Grundsätze essentielle Kernbereiche der Geschäftsbeziehung betreffen. Daraus ist zu schließen, daß die Informationspflicht nicht jede beliebige, sondern nur eine besondere, weil persönliche Form des Kontakts zwischen Bank und Wertpapierunternehmen betrifft.[1283] Ebendiese Voraussetzung ist jedoch beim Discount-Banking, bei dem sich die Bank lediglich auf die technische Abwicklung des Auftrags beschränkt und ein unmittelbarer, persönlicher Kontakt zwischen Kunde und Bank fehlt, nicht erfüllt.

Die Vorgaben der EG-Wertpapierdienstleistungsrichtlinie stehen einer Relativierung der wertpapierhandelsrechtlichen Informationspflicht nach § 31 Abs. 2 Nr. 2 WpHG in bezug auf das Discount-Geschäft insofern nicht entgegen.

bb. Kein Bedürfnis nach umfassendem Anlegerschutz

Auch aus Sicht des Anlegerschutzes besteht kein Bedürfnis, das Discount-Geschäft umfassenden Informationspflichten zu unterwerfen. Anleger, die aufgrund fehlender Kenntnis oder mangelnder Wertpapiererfahrung auf die Beratung einer Bank angewiesen sind, können ohne Schwierigkeiten auf das traditionelle Wertpapiergeschäft der Filialbanken, die eine umfassende Beratung anbieten, ausweichen.[1284] Es besteht deshalb im Falle des Discount-Banking kein Bedürfnis, den Kunden umfassend durch zwingende gesetzliche Vorschriften zu schützen. Vielmehr bietet der Markt für Anlagedienstleistungen in Gestalt des traditionellen Full-service-Anlagegeschäfts der Filialbanken auch dem unerfahrenen Kunden entsprechende Alternativen, die ein umfassendes Beratungsangebot gewährleisten.[1285] Der Anleger ist deshalb selbst hinreichend in der Lage, durch die Wahl eines entsprechenden Kreditinstituts seinen Informationsbedarf zu befriedigen. Ein umfassender gesetzlich garantierter Pflichtenstandard für Discount-Broker ist deshalb aus Sicht des Verbraucherschutzes nicht erforderlich.[1286]

cc. Förderung des Wettbewerbs durch Discount-Anbieter

Die Verselbständigung des Discount-Geschäfts zu einer eigenständigen Geschäftsart mit keinen oder nur geringen Informationsleistungen erscheint darüber hinaus für die Entwicklung des Wertpapierdienstleistungsmarktes von Vorteil, denn auf diese Weise erhalten Anleger, die aufgrund eigener Kompetenz und Erfahrung einer Beratung nicht bedürfen, die Möglichkeit, Anlagegeschäfte zu deutlich günstigeren Preisen als bei den herkömmlichen Kreditinstituten zu tätigen.

1283 Auch Reich, WM 1997, S. 1601 (1603), interpretiert den Begriff „dealings" in der englischen Fassung i.S.v. „Verhandlungen", also i.S. einer besonderen persönlichen Form des geschäftlichen Kontakts zwischen Bank und Kunde.

1284 So auch OLG München WM 1998, 2367 (2371) und Schwark in Hadding/Hopt/Schimansky (Hrsg.), 2. FMG, S. 109 (127 f.).

1285 OLG München WM 1998, a.a.O.

1286 Vgl. Schwark in Hadding/Hopt/Schimansky (Hrsg.), 2. FMG, S. 109 (128).

Das Discount-Geschäft bietet jedoch nicht nur den selbständigen, wertpapiererfahrenen Anlegern Preisvorteile, sondern fördert darüber hinaus insgesamt den Wettbewerb unter den Anbietern von Finanz- und Wertpapierdienstleistungen.[1287] So hat sich - forciert durch das Auftreten der Direktbanken - im Bereich der Giro- und Zahlungsverkehrsdienstleistungen bereits ein intensiver Gebührenwettbewerb zwischen den einzelnen Anbietern entwickelt,[1288] der auch im traditionellen Filialbankgeschäft zu einem spürbaren Absinken der Preise und Gebühren geführt hat. Eine ähnlich positive Entwicklung zeichnet sich nunmehr auch im Wertpapierdienstleistungsbereich ab.[1289] Es erscheint deshalb gerade wettbewerbspolitisch wenig opportun, die Gebührensenkungsimpulse, die von der Präsenz der kostengünstigen Direktbanken auf den Markt für Wertpapierdienstleistungen ausgehen, durch aufwendige und kostenträchtige Informationspflichten zunichte zu machen.

dd. Konsequenz: Rechtliche Verselbständigung des Discount-Geschäfts

Für eine Abspaltung der Informationspflichten vom klassischen Wertpapiergeschäft und für eine Verselbständigung des Discount-Banking spricht letztlich auch die Bankpraxis.[1290] So wird von einigen Kreditinstituten bereits erwogen, die Anlageberatung angesichts des damit verbundenen erheblichen personellen wie materiellen Aufwands wirtschaftlich und organisatorisch zumindest im gehobenen Privatkundengeschäft als eigenständige, gesondert zu vergütende Dienstleistung zu etablieren.[1291]

Dieser Trend hin zu einer geschäftspolitischen Verselbständigung der Anlageberatung findet seine Entsprechung in der rechtlichen Grundlage der Informationspflicht, denn die herrschende Rechtsprechung leitet die Verpflichtung zur Information nicht etwa als vorvertragliche oder vertragliche Nebenpflicht aus dem Effektenkommissionsvertrag ab, sondern stützt die Beratungspflicht auf einen selbständigen, konkludent geschlossenen Beratungsvertrag.[1292]

Auch die Aufsichtspraxis des Bundesaufsichtsamtes für den Wertpapierhandel läßt Raum für die geforderte Abspaltung der Informationspflicht vom übrigen Wertpapierkommissionsgeschäft. So beschränkt die vom Bundesaufsichtsamt für den Wertpapierhandel zur Konkretisierung der Aufsichtstätigkeit erlassene Richtlinie die Informations-

---

1287 Vgl. Hafner, WM 1997, S. 810.

1288 Siehe dazu den Konditionsvergleich der Stiftung Warentest, Finanztest, Heft 4 /1997, S. 14 ff. Dabei hat die Stiftung Warentest beim Vergleich der Girokonditionen von insgesamt 60 Banken, darunter 10 Direktbanken, einen intensiven Preiswettbewerb festgestellt.

1289 Vgl. Lasch/Röder, ZBB 1995, S. 342 ff. sowie Hafner, WM 1997, S. 810.

1290 Für eine Verselbständigung des Discount-Geschäfts engagiert sich auch Titz, WM 1998, S. 2179 (2182/2183), der von „zwei Geschäftsarten" bzw. „beratenden" und „nicht beratenden Unternehmen" spricht.

1291 Vgl. Schwark in Hadding/Hopt/Schimansky (Hrsg.), 2. FMG, S. 109 (128); Staab, WM 1994, S. 810.

1292 Vgl. etwa BGHZ 123, 126 (128); BGHZ 100, 117 (118 ff.); BGH NJW 1997, 1361 (1362); BGH WM 1993, 1238 (1239); OLG Nürnberg WM 1998, 378 (379); OLG Braunschweig WM 1998, 375 (376). Dazu ausführlich oben 2. Kapitel § 1 IV.

anforderungen an Discount-Broker auf das zwingend Erforderliche. Eine unfassende Anlageberatung wird danach von den Discount-Anbietern nicht verlangt, vielmehr läßt das Bundesaufsichtsamt eine abstrakt-pauschale Grundaufklärung über die typischen Eigenschaften und Risiken der einzelnen Anlageformen ausreichen. Die Richtlinie des Bundesaufsichtsamtes sieht nicht nur in bezug auf die gesetzliche Pflicht zur Ermittlung der Kundenverhältnisse gem. § 31 Abs. 2 Nr. 1 WpHG für Discount-Anbieter besondere Erleichterungen vor[1293], darüber hinaus läßt das Bundesaufsichtsamt mit Blick auf die Informationspraxis im Direktgeschäft die Verwendung vorformulierter allgemeiner Informationsschriften und -broschüren ausdrücklich zu.[1294]

b. Mindestmaß an Informationspflichten auch im Discount-Geschäft

Bejaht man mit der hier vertretenen Auffassung den eigenständigen Charakter und die daraus resultierende Sonderstellung des Discount-Banking, so ist damit noch nicht die Frage beantwortet, inwieweit die wertpapierhandelsrechtlichen Verhaltensstandards konkret eine Anpassung der Informationspflicht an die Besonderheiten des Discount-Geschäfts zulassen.

Während Discount-Broker uneingeschränkt den allgemeinen Verhaltensgrund-sätzen nach § 31 Abs. 1 ebenso unterliegen wie den Lauterkeits-, Organisations- und Dokumentationspflichten der §§ 32 - 34 WpHG, ist vor allem zweifelhaft, ob und inwieweit auch den Discount-Anbietern ein unverzichtbares Mindestmaß an Informationsaufgaben obliegt oder ob diese Geschäftsart unter Umständen vollständig von Informationspflichten befreit ist.

In der Literatur wird eine vollständige Befreiung der Direktbanken von jeglichen Informationspflichten selbst von den Vertretern der die Discount-Banken privilegierenden Auffassung überwiegend als unzulässig erachtet.[1295] Zur Begründung wird zum einen auf die Anforderungen der EG-Wertpapierdienstleistungsrichtlinie verwiesen[1296], zum ande-

---

1293 Ziff. 3.6 der Richtlinie, Bundesanzeiger vom 3.6.1997, Nr. 98, S. 6587.
      Danach brauchen Discount-Broker ihre Kunden grundsätzlich nur zu ihren Kenntnissen und Erfahrungen in Anlageangelegenheiten zu befragen (Ziff. 3.6 Satz 4 der Richtlinie). Diese Angaben sind für eine sachgerechte Zuordnung der Kunden zur jeweiligen Risikokategorie unerläßlich. Angaben der Kunden zu ihren Anlagezielen und finanziellen Verhältnissen brauchen dagegen grundsätzlich nicht erfragt zu werden, da solche Angaben nur als Grundlage für eine - tatsächlich nicht stattfindende - spätere Anlageberatung Sinn machen würden.
1294 Vgl. Ziff. 3.2 Abs. 1 letzter Satz der Richtlinie des BAWe, Bundesanzeiger vom 3.6.1997, Nr. 98, S. 6587
1295 Vgl. etwa Kümpel, Bank- und Kapitalmarktrecht, Rn. 8.276; ders., WM 1995, S. 689 (694); Köndgen, ZBB 1996, S. 361 (364 f.); in diesem Sinne wohl auch Schwark in Hadding/Hopt/ Schimansky (Hrsg.), 2. FMG, S. 109 (125 ff.), der von einer „verbleibenden Minimalberatungspflicht" spricht (vgl. S. 129). Anderer Ansicht ist dagegen Balzer, DB 1997, S. 2311 (2313 f.), der einen generellen Informationsverzicht des Anlegers zuläßt. Ähnlich Horn, ZBB 1997, S. 139 (150 ff.), der jedoch unter besonderen Umständen eine Warnpflicht bejaht.
1296 Vgl. Koller in Assmann/Schneider (Hrsg.), WpHG, § 31 Rn. 96 f. sowie Schwark in Hadding/ Hopt/Schimansky (Hrsg.), 2. FMG, S. 109 (125).

ren wird die Forderung nach einem Mindestschutz für Anleger „aus dem der Rechtsordnung allgemein zugrundeliegenden Vertrauensprinzip" des § 242 BGB abgeleitet[1297].

Auch das OLG München, das sich zu dieser Frage geäußert hat, verlangt im Ergebnis von Discount-Brokern zumindest eine auf die jeweilige Anlageform bezogene Eingangsinformation, die die typische Funktionsweise und Risikostruktur eines Anlageprodukts beschreibt.[1298] Das LG Nürnberg-Fürth verlangt von den Direktbanken darüber hinaus eine Prüfung der per Internet erteilten Wertpapieraufträge auf Plausibilität.[1299]

Eine Reduzierung des Schutzniveaus auf null erscheint in der Tat wenig überzeugend. Dafür sprechen vor allem gesetzessystematische Gründe, bleiben doch auch die Direktbanken gem. § 31 Abs. 2 Nr. 1 WpHG zur Einholung wichtiger Kundenangaben verpflichtet.[1300] Eine solche Verpflichtung zur Befragung des Kunden macht jedoch nur dann Sinn, wenn die Bank darüber hinaus in irgendeiner Weise verpflichtet ist, die erlangten Informationen zum Schutz des Kunden zu verwenden.

Daneben spricht auch der von Teilen der Literatur zu Recht ins Feld geführte besondere Stellenwert, den die EG-Wertpapierdienstleistungsrichtlinie dem Anlegerschutz beimißt, gegen einen vollständigen Ausschluß von Informationsleistungen. So wird in den Erwägungsgründen der Richtlinie mehrfach die besondere Bedeutung des Anlegerschutzes für die Schaffung eines gemeinsamen europäischen Binnenmarktes für Finanzdienstleistungen und für die Funktionsfähigkeit der Wertpapiermärkte betont.[1301] Eine Reduzierung des Anlegerschutzes durch Einschränkung der gesetzlichen Verhaltenspflichten für bestimmte Formen des Effektengeschäfts darf daher nicht ohne weiteres und nur insoweit erfolgen, als den Interessen der Anleger gleichwohl angemessen Rechnung getragen wird.[1302] Ein vollständiger Verzicht auf jedwede Information wäre damit nur schwer zu vereinbaren, vielmehr müssen auch Discount-Anbieter ein Mindestmaß an Anlegerschutz gewährleisten.

Die Bedeutung eines Mindestschutzes zeigt sich insbesondere vor dem Hintergrund, daß mit zunehmender Etablierung von Computer und Internet im privaten Bereich in Zukunft in wachsendem Maße auch finanziell schwache und in Anlageangelegenheiten eher unerfahrene Kunden das Discount-Geschäft nutzen werden. Während bislang vor allem die Bezieher höherer Einkommen, die in Finanzfragen entsprechend versiert sind und über PC-Erfahrung verfügen, Interesse am Discount-Geschäft zeigten, steigt mit der zunehmenden Nutzung des Internets auch die Zahl der Anleger, die nicht über die für das

---

1297 So vor allem Kümpel, WM 1995, S. 689 (694); ders., Bank- und Kapitalmarktrecht, Rn. 8.277 sowie Lang, Aufklärungspflichten bei der Anlageberatung, S. 236.

1298 OLG München WM 1998, 2367 (Leitsatz 3 sowie S. 2371). Die Vorinstanz des LG München I (EWiR 1998, 473 mit Anmerkung von Siller) hatte sich zu der Frage eines informationellen Mindeststandards nicht geäußert.

1299 Vergleiche LG Nürnberg-Fürth WM 2001, 998.

1300 In gleicher Weise argumentiert auch Köndgen, ZBB 1996, S. 361 (365).

1301 Zur besonderen Bedeutung des Anlegerschutzes in der EG-WpDRiL vgl. die Erwägungsgründe 2, 5, 29, 32, 41, 42 der Richtlinie, ABl. EG Nr. L 141/27 (S. 27 ff.) vom 11.6.1993.

1302 Vgl. Koller in Assmann/Schneider (Hrsg.), WpHG, § 31 Rn. 96a, der in dem Zusammenhang auf die Entstehungsgeschichte der Wertpapierdienstleistungsrichtlinie verweist.

Discount-Broking erforderliche Professionalität und Anlageerfahrung verfügt, die jedoch gleichwohl die günstigen Gebühren und die bequeme Art der Geschäftsabwicklung nutzen wollen. Ein entsprechender Mindestschutz, der solche Anleger vor den gröbsten Fehlgriffen bewahrt, erscheint nicht nur im Hinblick auf einen angemessenen Verbraucherschutz, sondern auch gerade mit Blick auf die allokative Effizienz des Kapitalmarktes geboten, ist doch bei einer wachsenden Zahl von Anlegern, die unzureichend informiert ohne fachkundige Unterstützung durch eine Bank wichtige Anlageentscheidungen treffen, nicht mehr hinreichend gewährleistet, daß das Anlagekapital in volkswirtschaftlich sinnvolle Bahnen gelenkt wird.

Wer Direktbanken andererseits Informationspflichten auferlegt, die in Form und Umfang im wesentlichen an dem für Filialbanken geltenden Niveau orientiert sind, nimmt ihnen dadurch den spezifischen Kostenvorteil und drängt sie letztlich wieder aus dem Markt.[1303] Die Beratungsanforderungen im Discount-Geschäft sollten den Direktanbietern deshalb im Interesse niedriger Kosten vor allem Raum für eine standardisierte Informationstätigkeit lassen,[1304] die aber gleichzeitig vor allem den unerfahrenen Anleger ausreichend vor den Gefahren und Risiken bestimmter Wertpapiergeschäfte warnt.

aa. Gruppierung der Anleger nach Risikokategorien

Unter diesen Umständen bietet es sich für Discount-Banken an, die Auswahl der angebotenen Wertpapiere möglichst auf die Schutzbedürftigkeit der Kunden abzustimmen. In der Praxis erfolgt das regelmäßig durch Zusammenfassung von Anlegern mit vergleichbarer Professionalität, Risikobereitschaft und wirtschaftlicher Leistungsfähigkeit in bestimmten Kundengruppen. Diesen Kundengruppen werden dann entsprechend ihrer Anlagepräferenz ausgewählte Wertpapiere beratungsfrei oder lediglich auf der Grundlage standardisierter Informationen angeboten.[1305] In Anlageangelegenheiten unerfahrenen Kunden, die bislang eine konservative Anlagestrategie verfolgt haben, bleiben auf diese Weise ausschließlich risikoarme Wertpapiere solider Emittenten vorbehalten, während risikobewußten oder spekulativ orientierten Kunden, für die der Gewinn im Vordergrund steht, entsprechend ertragsstarke, gleichzeitig aber auch risikoreiche Anlageprodukte angeboten werden können.[1306]

1303 So übereinstimmend Köndgen, ZBB 1996, S. 361 (364).
1304 So auch neuerdings auch der BGH, der eine standardisierte Beratung als ausreichend ansieht, vgl. BGH ZBB 1999, 380 ff. mit ausführl. Anmerkung von Schwintowski, ZBB 1999 385 ff.
1305 Kümpel, Bank- und Kapitalmarktrecht, Rn. 8.276; ders., WM 1995, S. 689 (695).
1306 Zu einer möglichen Differenzierung nach Kundengruppen vgl. v. Heymann in Assmann/ Schütze (Hrsg.), Handbuch des Kapitalanlagerechts, § 5 Rn. 44. Die von den Kreditinstituten in der Praxis verwendeten Risikogruppenklassifizierungen sind unterschiedlich. Vielfach wird ein Modell gewählt, das sich an 3 Produktklassen orientiert:

Produktklasse 1:	Anlagen mit stetigen Erträgen, rentenmarktüblichen Preisschwankungen und relativ geringen Risiken, im wesentlichen Zinsänderungsrisiko.
Produktklasse 2:	Anlagen mit Kapitalzuwachs oder/und ordenlichen Erträgen und deutlichen Preisschwankungen, mittleren Risiken, insbesondere Zinsänderungs- und Währungsrisiken.

Die Einteilung der Anlagekunden nach Risikokategorien bietet für unerfahrene Anleger den Vorteil eines Mindestschutzes, da diese Anleger lediglich solche Wertpapiere angeboten bekommen, die ihren Risikoerwartungen entsprechen und den Kunden so vor groben Fehlgriffen bewahren. Gleichzeitig erspart diese Verfahrensweise den Discount-Anbietern eine einzelfallbezogene, individuelle Kundenberatung und bietet statt dessen die kostengünstige Möglichkeit zur Verwendung standardisierter Informationsvordrucke und Broschüren.[1307]

Dabei müssen die Direktbanken im Rahmen ihrer Betriebsorganisation allerdings dafür Sorge tragen, daß die Kunden aufgrund der Selbstauskunft über ihr bisheriges Anlageverhalten, ihre Anlageziele sowie ihre finanziellen Verhältnisse in die korrekte Risikogruppe eingeordnet werden und daß die Wertpapiere, die den jeweiligen Kundengruppen angeboten werden, den Anlagepräferenzen dieser Gruppe entsprechen. Der Discount-Broker muß deshalb jedenfalls bei spekulativ orientierten Kunden die gem. § 31 Abs. 2 Nr. 1 WpHG vorgeschriebene Kundenbefragung regelmäßig wiederholen[1308] und die Kapitalmarktentwicklung fortwährend darauf hin überwachen, inwieweit unter Umständen eine Umgruppierung von Wertpapieren indiziert ist.

Eine solche Abstimmung der angebotenen Wertpapiere auf die Professionalität und die Anlageziele der Kunden findet nicht zuletzt in der EG-Wertpapierdienstleistungsrichtlinie eine Stütze, deutet doch die Richtlinie eine Klassifizierung der Kunden in entsprechende Anlegertypen bzw. Kundengruppen mit vergleichbarer fachlicher Erfahrung an.[1309] Daraus ergibt sich, das mit Blick auf die EG-rechtlichen Vorgaben eine am Schutzbedürfnis und den fachlichen Fähigkeiten orientierte Eingruppierung der Anleger in bestimmte Risikokategorien, denen dann Wertpapiere, die den finanziellen Bedürfnissen dieser Kunden entsprechen, angeboten werden, nicht nur zulässig, sondern im Interesse des von der Wertpapierdienstleistungsrichtlinie geforderten wirkungsvollen Anlegerschutzes sogar geboten erscheint.[1310] Gleichwohl werden entsprechende Kundengruppenmodelle vom Bundesaufsichtsamt für Wertpapierhandel zwar zugelassen, für Discount-Broker aber nicht zwingend vorgeschrieben.[1311] Ein Verzicht des Bundesauf-

---

Produktklasse 3: Anlagen mit Schwerpunkt Wertzuwachs, großen Preisschwankungen und hohen Risiken, die neben Zinsänderungs- und Währungsrisiken auch erhebliche Kursrisiken bergen.

1307 Beispiele für die in der Praxis zur Kundenaufklärung verwendeten Broschüren bieten:
„Basisinformationen über die Vermögensanlage in Wertpapieren",
„Basisinformationen über die Vermögensanlage in Investmentfonds",
„Basisinformationen über die Vermögensanlage in Optionen und Derivaten".

1308 Vgl. Ziff. 3.1 der Richtlinie des BAWe, Bundesanzeiger vom 3.6.1997, Nr. 98, S. 6587, wonach bei Derivat- und Optionsanlagen spätestens alle 3 Jahre eine Wiederholung der Kundenbefragung vorgesehen ist.

1309 Vgl. 32. Erwägungsgrund der WpDRiL, ABl. EG Nr. L 141/27 (S. 29) vom 11.6.1993: „Eines der Ziele dieser Richtlinie ist der Anlegerschutz. Dazu sollte den unterschiedlichen Schutzbedürfnissen der einzelnen Gruppen von Anlegern und ihrer unterschiedlichen fachlichen Erfahrung Rechnung getragen werden."

1310 So im Ergebnis auch Wieneke, Discount-Broking und Anlegerschutz, S. 181.

1311 Vgl. Ziff. 3.1 und 3.2 der Richtlinie des BAWe, Bundesanzeiger vom 3.6.97, Nr. 98, S. 6587.

sichtsamtes auf einen solchen Mindestschutz erscheint im Hinblick auf die richtlinienkonforme Auslegung des § 32 Abs. 2 WpHG bedenklich.[1312]

bb. *Sorgfältige Eingangsaufklärung*

Ein weiteres wichtiges Element eines Mindestanlegerschutzes ist eine sorgfältige Eingangsaufklärung des Kunden bei Anbahnung der Geschäftsbeziehung.[1313] Im Rahmen
dieser Erstaufklärung sollte der Kunde noch vor Kontoeröffnung zum einen mit der erforderlichen Deutlichkeit darauf hingewiesen werden, daß eine umfassende Aufklärung
oder gar eine auf die persönlichen Verhältnisse des Anlegers zugeschnittene Beratung
nicht erfolgen.[1314] Zum anderen sollte die Eingangsinformation relativ detailliert über die
einzelnen Wertpapierformen und Geschäftsarten informieren.[1315] Die Eingangsaufklärung
sollte zumindest die typischen Eigenschaften und Funktionsweisen sowie die charakteristischen Risiken, die mit den jeweiligen Anlageprodukten verbunden sind, beschreiben.[1316] Dabei ist eine Verwendung von Broschüren und Vordrucken, die über die jeweiligen Wertpapierformen Auskunft geben, möglich.

Das von den Discount-Banken bislang verwendete Informationsmaterial wird diesen
Ansprüchen jedoch nur begrenzt gerecht.[1317] Die Forderung nach einer sorgfältigen Eingangsaufklärung erscheint um so dringender, als viele Discount-Anbieter lediglich beiläufig und am Rande auf das Fehlen von Beratungsleistungen hinweisen. Statt dessen
werden Kompetenz und Professionalität des Kunden häufig als selbstverständlich und
unproblematisch unterstellt. Zwar wird häufig in einem Nebensatz formal darauf hingewiesen, daß eine individuelle Beratung des Kunden nicht stattfindet, gleichzeitig
werben jedoch viele Discount-Anbieter mit einem „umfassenden" (schriftlichen, telefonischen und elektronischen) Informationsservice, der dem Anleger „wertvolle Entschei-

---

1312 Zwar wird in der Richtlinie des BAWe eine Gruppierung der Kunden nach Risikokategorien angesprochen (Ziff. 3.2 Abs.5, Bundesanzeiger vom 3.6.1997, Nr. 98, S. 6587), allerdings wird die
Bildung von Risikogruppen den Discount-Anbietern weder verbindlich vorgeschrieben, noch
nennt die Richtlinie konkrete Kriterien, wie die Zuordnung der Kunden und der Wertpapiere zu
den einzelnen Risikoklassen zu erfolgen hat. Statt dessen wird lediglich verlangt, daß die Eingruppierung dem Kunden offenzulegen ist. Vgl. in dem Zusammenhang auch Balzer, DB 1997,
S. 2311 (2318), der im Fehlen einer Verpflichtung zur Bildung von Risikokategorien ähnlich der
hier vertretenen Auffassung eine wesentliche Lücke der Richtlinie sieht.
1313 Übereinstimmend Köndgen, ZBB 1996, S. 361 (364).
1314 Der vom BAWe vorgeschriebene Zeitpunkt (vgl. Ziff. 3.6 der Richtlinie: „spätestens vor Ausführung des Auftrags") ist dagegen zu spät, denn der Kunde benötigt die Information bereits vor
Begründung der Geschäftsbeziehung, also noch vor Kontoeröffnung. Vorzugswürdig erscheint
deshalb die hier vertretene Auffassung, die eine sorgfältige Eingangsaufklärung bereits im Stadi-
um der Geschäftsanbahnung verlangt. In diesem Sinne auch Köndgen, ZBB 1996, S. 361 (364).
1315 Eine „relativ detaillierte Eingangsaufklärung" fordert auch Köndgen, ZBB 1996, S. 361 (364).
1316 So auch OLG München WM 1998, 2367 (Leitsatz 3 sowie S. 2371).
1317 Anderer Auffassung ist das OLG München WM 1998, S. 2367 (2371), das die übliche Eingangsinformation der Direktbanken für ausreichend hält. Wie hier dagegen Metz, VuR 1996, S.
183 (186).

dungshilfen" und „wichtige Hintergrundinformationen" liefern soll, „damit der Kunde immer auf dem aktuellen Stand ist".

Der Kunde läuft dabei leicht Gefahr, die allgemeinen Informationen des Discount-Brokers als umfassende Betreuung mißzuverstehen und die Anforderungen des an die eigene Kompetenz und Erfahrung zu unterschätzen.[1318] Darüber hinaus gehen die meisten Informationsbroschüren auf mögliche Risiken und Gefahren in Zusammenhang mit Anlagegeschäften nur oberflächlich und grob ein. Die einzelnen Wertpapierformen (z.B. Wandel- und Optionsanleihen, Optionsscheine Geldmarkt- und Emerging Market Fonds usw.) werden im einzelnen nicht erklärt, statt dessen wird auf andere Informationsquellen verwiesen, in denen der Kunde die entsprechenden Informationen nachschlagen soll.

Gerade die Eingangsaufklärung sollte dem Anleger jedoch eine zutreffende Selbsteinschätzung ermöglichen, ob und in welchem Umfang er in der Lage ist, bestimmte Wertpapiergeschäfte ohne den Rat der Bank abzuschließen. Voraussetzung dafür ist, daß der Anleger zuvor in ausreichendem Maße über die typischen Merkmale der einzelnen Anlageformen, insbesondere die damit verbundenen Verlustgefahren informiert wurde, so daß er die finanziellen Risiken der einzelnen Geschäftsarten hinreichend beurteilen kann.

Eine realistische Selbsteinschätzung des Kunden ist dabei von besonderer Bedeutung, denn aufgrund der Angaben des Kunden zu Risikobereitschaft, Wertpapiererfahrung und Anlagezielen ordnet ihn die Discount-Bank einer bestimmten Risikoklasse zu, die darüber entscheidet, welche Wertpapiere dem Kunden zum Kauf angeboten werden. Eine fehlerhafte Selbsteinschätzung birgt für den Kunden deshalb erhebliche Gefahren, da er möglicherweise Zugriff auf Wertpapiere erlangt, die weder seinen Anlagefähigkeiten noch seiner Risikobereitschaft entsprechen. Es wäre deshalb im Interesse eines Mindestschutzes für den Anleger zu begrüßen, wenn das von den Direktbanken verwendete Informationsmaterial nicht nur die vom Kunden erwartete Professionalität und Selbständigkeit deutlicher unterstreichen würde, sondern auch und gerade mit Blick auf eine realistische Selbsteinschätzung des Anlegers und der darauf aufbauenden Einstufung in eine bestimmte Risikoklasse konkreter und ausführlicher auf die einzelnen Anlageprodukte und die damit verbundenen Risiken einginge.

cc. Kein Ausschluß „ungeeigneter" Kunden

In enger Verbindung mit der Eingangsaufklärung steht die Frage, ob Direktbanken verpflichtet sind, Kunden, aus deren Selbstauskunft die Bank erkennen kann, daß sie nicht über die für Direktbankgeschäfte erforderlichen Kenntnisse und Erfahrungen verfügen, die aber ungeachtet ihrer unzureichenden Anlagefähigkeiten gleichwohl derartige Geschäfte tätigen möchten, zu ihrem eigenen Schutz abzuweisen, oder ob die Discount-

---

1318 Gem. Ziff. 3.6 der Richtlinie des BAWe müssen die Discount-Anbieter den Kunden deshalb darauf hinweisen, daß die zur Verfügung gestellten Informationen keine Anlageberatung bieten. Ob die derzeitige Informationspraxis dieser Forderung gerecht wird, scheint eher zweifelhaft. Vgl. auch Metz, VuR 1996, S. 183 (186), der die hier geäußerten Bedenken weitgehend teilt.

Anbieter auch solche Kunden akzeptieren dürfen, die an sich besonderer Beratung bedürften. Gleiches gilt für die Frage, ob Anleger auf eigenen Wunsch einer Risikoklasse zugeordnet werden dürfen, die ihre tatsächliche Professionalität und Anlageerfahrung übersteigt.

Die Problematik des Ausschlusses unerfahrener Anleger von bestimmten Wertpapiergeschäften stellt sich allerdings nur dann, wenn das Kreditinstitut aus den Angaben des Kunden dessen unzureichende Befähigung für derartige Geschäfte erkennen kann. Davon zu unterscheiden ist, daß der Kunde bewußt falsche Angaben über die eigenen Kenntnisse und Anlageerfahrungen macht, um z.B. in eine höhere Risikoklasse eingestuft zu werden. In diesem Fall ist der Kunde unbestritten für die nachteiligen Folgen allein verantwortlich. Eine besondere Schutzpflicht der Bank ist schon deshalb abzulehnen, weil die Bank praktisch keine Möglichkeit besitzt, den Wahrheitsgehalt der Kundenangaben zu überprüfen.[1319]

Ob hingegen Anleger mit erkennbar unzureichenden Anlagekenntnissen von Discount-Brokern gleichwohl als Kunden akzeptiert werden dürfen, erscheint vor allem im Hinblick auf die Bestimmungen der EG-Wertpapierdienstleistungsrichtlinie zweifelhaft, denn Art. 11 Abs. 1 Satz 4 der Richtlinie verlangt von den Wertpapierfirmen ausdrücklich, „im bestmöglichen Interesse ihrer Kunden" zu handeln (1. und 2. Spiegelstrich).[1320] Die Zulassung eines Kunden, der ohne Zweifel außer Stande ist, die Risiken und Konsequenzen bestimmter Wertpapiergeschäfte hinreichend abzuschätzen und eine sinnvolle Anlageentscheidung zu treffen, liegt jedoch angesichts der damit verbunden finanziellen Gefahren kaum „im bestmöglichen Interesse" dieses Kunden.[1321]

Andererseits gibt die Richtlinie auch gegenteilige Hinweise. So spricht Art. 11 Abs. 1 Satz 4 4. Spiegelstrich ausdrücklich von „*gewünschten*" Dienstleistungen" (gemeint sind die vom Kunden verlangten Dienstleistungen). Daraus ist zu schließen, daß dem Kunden und nicht der Bank die Entscheidung darüber verbleiben soll, welche Wertpapierdienstleistungen er nachfragen möchte und welche nicht.[1322] Dem Kunden werden insofern nur die Voraussetzungen für eine informierte Wahl garantiert. Ob er diese Bedingungen auch tatsächlich nutzt, ist hingegen allein Sache des Anlegers.

Andererseits darf die Verpflichtung der Bank, den Kunden nach seinen Anlageerfahrungen zu befragen, nicht zur bloßen Formalität ohne Konsequenzen degradiert werden.[1323] Die Kreditinstitute haben die Kundenangaben deshalb durchaus kritisch zu würdigen. Vor diesem Hintergrund ist zweifelhaft, ob man mit dem OLG München allein in dem Wunsch eines Kunden nach Erlangung der Börsentermingeschäftsfähigkeit durch die entsprechende Information gem. § 53 Abs. 2 BörsG den konkludenten Wunsch des

---

1319 Koller in Assmann/Schneider (Hrsg.), WpHG, § 31 Rn. 93; Raeschke-Kessler, WM 1997, S. 1764 (1768), wonach keine Pflicht des Wertpapierunternehmens besteht, die Kundenangaben zu überprüfen.

1320 ABl. EG Nr. L 141/27 (S. 37) vom 11.6.1993.

1321 Schwark in Hadding/Hopt/Schimansky (Hrsg.), 2. FMG, S. 109 (127); Köndgen, ZBB 1996, S. 361 (365).

1322 So auch Köndgen, ZBB 1996, a.a.O.

1323 Zur Bedeutung der Kundenauskünfte vgl. Horn, ZBB 1997, S. 139 (150).

Kunden nach Änderung seiner Risikoklasse erblicken kann,[1324] denn es ist nicht gesichert, daß sich der Kunde, der Interesse an Termingeschäften äußert, auch der besonderen Risiken, die mit Termingeschäften verbunden sind, auch tatsächlich bewußt ist, vielmehr soll die Information nach § 53 Abs. 2 BörsG bzw. darüber hinausgehende vertragliche Beratungspflichten den Kunden erst über diese Risiken aufklären.[1325]

Das Bundesaufsichtsamt für den Wertpapierhandel verlangt deshalb für den vergleichbaren Fall, daß ein Kundenauftrag ausnahmsweise außerhalb der Risikokategorie des Kunden liegt, Rücksprache mit dem Kunden. Solche Aufträge dürfen nach der Richtlinie des Bundesaufsichtsamtes nur ausgeführt werden, wenn sichergestellt ist, daß der Kunde ausreichend über das Geschäft aufgeklärt wurde.[1326] Gleiches muß für den Fall gelten, daß der Kunde von vornherein einer überhöhten Risikoklasse zugeordnet werden möchte. Auch hier muß die Bank den Anleger ausdrücklich auf die damit verbundenen Risiken hinweisen. Soweit der Anleger dann gleichwohl auf diesen Geschäften beharrt, bestehen gegen die Einordnung in die gewünschte (überhöhte) Risikoklasse keine Bedenken, denn die Kreditinstitute sind nicht Kontrollinstanz für die geschäftspolitischen Entscheidungen des Anlegers.

Entsprechend dem Grundsatz der Privatautonomie ist allein die freie, informierte Entscheidung des Anlegers ausschlaggebend. Davon umfaßt ist auch das Recht des Kunden zu risikoreichen oder unvernünftigen Geschäften.[1327] Im US-amerikanischen Kapitalmarktrecht spricht man in dem Zusammenhang auch von dem *„ sacred right of everybody to make a fool of oneself"*.[1328] Auch im deutschen Recht kann es nicht Aufgabe der Bank sein, insbesondere nicht einer Bank mit erkennbar reduziertem Informationsangebot, einen Kunden von seinem riskanten oder unvernünftigen Anlageverhalten abzubringen.[1329] Eine rechtliche Verpflichtung der Discount-Bank zum Ausschluß anlageunerfahrener Kunden vom Discount-Geschäft ist deshalb abzulehnen.[1330] Vielmehr trägt der Kunde, der sich trotz Hinweises auf seine unzureichende Befähigung gleichwohl für riskante Wertpapiergeschäfte entschließt, allein die Verantwortung für daraus resultierende Verluste.

1324 So jedoch OLG München WM 1998, 2367 (2372).
1325 Anders dagegen OLG München WM 1998, 2367 (2372).
1326 Ziff. 3.2 Abs. 5 und 6 der Richtlinie des BAWe, Bundesanzeiger vom 3.06.1997, Nr. 98, S. 6587.
1327 Allgemein dazu Arendts in Jahrbuch Junger Zivilrechtswissenschaftler 1995, S. 165 (172); vgl. auch oben 1. Kapitel § 1 II, III sowie 2. Kapitel § 3 III 4.
1328 Vgl. Hopt, Bankrechtstag 1992, S. 1 (26).
1329 Vgl. oben 2. Kapitel § 3 III 4. Vgl. dazu auch Schwintowski , ZBB 1999, S. 385 ff.
1330 So im Ergebnis auch Köndgen, ZBB 1996 a.a.O.; ähnlich Balzer, DB 1997, S. 2311 (2316), der bei positiver Kenntnis des Discount-Brokers von der Unrichtigkeit der Kundenangaben eine lediglich eine Pflicht bejaht, den Kunden auf die Diskrepanz hinzuweisen.

Fazit

I. Zusammenfassung der wesentlichen Ergebnisse

Den Kapitalmarktintermediären, insbesondere den Kreditinstituten, kommt bei der Vermittlung und Verarbeitung anlagerelevanter Informationen eine zentrale Bedeutung zu. Qualifizierte Anlageberatung dient nicht nur dem Schutz des einzelnen Investors vor unerkannten Anlagerisiken, sondern ist darüber hinaus eine wichtige Voraussetzung für die Funktionsfähigkeit des Kapitalmarktes. Die Qualität der Informationsverarbeitung und -vermittlung hat damit nicht zuletzt erheblichen Einfluß auf die gesamtwirtschaftliche Leistungsfähigkeit.

Rechtsprechung und Literatur haben mittlerweile ein sehr differenziertes System vertraglicher Aufklärungs- und Beratungspflichten geprägt, das dem Kapitalanleger umfassenden Schutz vor informationsbedingten Risiken bietet. Charakteristisch dafür sind vor allem die von der Rechtsprechung geprägten Grundsätze anleger- und objektgerechter Beratung, die neben einer Information über anlagerelevante Tatsachen dem Anlageberater eine individuell auf die wirtschaftlichen Verhältnisse und persönlichen Bedürfnisse des Kunden abgestimmte Empfehlung abverlangen. Obgleich die Rechtsprechung die Notwendigkeit einer derartigen Beratung vor allem mit dem besonderen Vertrauen des Anlegers in die Beratungskompetenz der Bank und der daraus resultierenden besonderen Schutzbedürftigkeit des Anlegers rechtfertigt, erscheint eine qualifizierte produkt- und anlegerbezogene Beratung, wie sie die herrschende Rechtsprechung fordert, auch und gerade im Hinblick auf die gesamtwirtschaftliche Aufgabenstellung des Kapitalmarktes von erheblicher Bedeutung, denn angesichts der Ausdifferenzierung der Anlagemöglichkeiten und zunehmender Komplexität der Kapitalmärkte ist der Durchschnittsanleger immer weniger in der Lage, aus der Vielzahl der zur Verfügung stehenden Anlageangebote das Papier auszuwählen, das eine optimale Kombination von Risiko und Ertrag und damit gesamtwirtschaftlich eine erfolgreiche Kapitalverwendung verspricht. Eine qualifizierte Anlageberatung ist insofern auch ein wesentliches Element einer erfolgreichen Kapitalallokation.

Andererseits erfordert die Funktionsfähigkeit der Märkte auch eine Begrenzung der Informationspflichten, denn Informationsverarbeitung und -vermittlung verursachen regelmäßig Kosten, die einen leistungsfähigen Anlagemarkt und eine effiziente Kapitalverwendung gerade behindern. Zweifel ergeben sich in dem Zusammenhang vor allem gegen die vom BGH statuierte Pflicht zur Bonitätsprüfung bei Aufnahme eines Wertpapiers in das Anlageprogramm einer Bank. Aber auch die in der Rechtsprechung nicht selten anzutreffende Praxis, daß Gerichte im Rahmen von Haftungsprozessen rückschauend aus der Summe der verfügbaren Informationen allein diejenigen zu einem Mosaik zusammensetzen, die das Scheitern der Anlageempfehlung voraussehen ließen, begegnet im Hinblick auf die damit verbundene erhebliche Ausweitung der Haftungsrisiken für die beratenden Banken ernstzunehmenden Bedenken.

Neben vertraglichen Informationspflichten unterliegen die Kreditinstitute auch gesetzlichen Informationspflichten nach dem WpHG. Kennzeichnend für die gesetzliche Regelung ist ihr marktrechtlicher Ansatz. In Gestalt der §§ 31 ff. WpHG wurde erstmals im deutschen Kapitalanlagerecht ein objektiver gesetzlicher Standard marktbezogener Verhaltenspflichten geschaffen, der das Verhalten von Wertpapierdienstleistern auf so grundlegende Prinzipien wie Fairness, Professionalität und Wahrung der Kundeninteressen verpflichtet. Dazu gehören neben Informationspflichten, die eine grundlegende Informationsversorgung des Anlegers sicherstellen sollen (§ 31 Abs. 2 WpHG), auch Organisationspflichten (§ 33 WpHG), die die Basis für ein verantwortungsbewußtes und effizientes Informationsmanagement innerhalb der Wertpapierunternehmen schaffen. Das WpHG gewährleistet allerdings lediglich ein Mindestmaß an Information, das neben einer grundlegenden Aufklärung über die allgemeinen Merkmale und typischen Risiken von bestimmten Wertpapierarten vor allem auf die Mitteilung der für das konkrete Anlagegeschäft maßgeblichen Tatsachen und Umstände gerichtet ist, während die Beurteilung und Abwägung der entscheidungsrelevanten Aspekte insbesondere im Hinblick auf die individuellen Bedürfnisse und Ziele des Anlegers gesetzlich nicht verlangt wird. Auf diese Weise gewährleistet das WpHG einerseits eine hinreichende Mindestinformation des Anlegers, läßt den Kreditinstituten aber andererseits auch ausreichend Spielraum für individuelle Geschäftskonzepte.

Ein wichtiges Element der wertpapierhandelsrechtlichen Regelung besteht darüber hinaus in der Schaffung einer bundesweit einheitlichen staatlichen Kapitalmarktaufsicht, die die Möglichkeit bietet, dem Fehlverhalten von Wertpapierunternehmen neben zivilrechtlichen Haftungsansprüchen auch aufsichtsrechtlich wirkungsvoll zu begegnen.

Veränderungen für die anlagebezogene Informationstätigkeit der Kreditinstitute ergeben sich nicht zuletzt im Hinblick auf das wachsende Angebot von Direktbankleistungen. Discount-Geschäfte werden durch die gesetzlichen Regelungen in den §§ 31 ff. WpHG nicht ausgeschlossen; eine Beratungspflicht im Sinne einer individuellen Anlageempfehlung ergibt sich für Discount-Banken weder aus dem Gesetz noch aus den Rechtsprechungsgrundsätzen zur vertraglichen Informationspflicht. Gleichwohl sind auch Direktbanken nicht vollständig von Schutz- und Informationspflichten zugunsten ihrer Kunden befreit, sondern unterliegen aufgrund der wertpapierhandelsrechtlichen Verhaltensregeln einem Mindestmaß an Verhaltensanforderungen, daß jedoch den Besonderheiten des Discount-Broking Rechnung trägt. Insofern ist die vom Wertpapierhandelsgesetz geforderte informationelle Betreuung des Anlegers gegenüber dem traditionellen Effektengeschäft im wesentlichen auf zwei Grundelemente reduziert. Zum einen auf eine ausreichende allgemeine Eingangsaufklärung über die grundsätzliche Funktionsweise und die charakteristischen Risiken bestimmter Anlageprodukte, zum anderen eine an Risikokriterien orientierte typisierte Abstimmung der angebotenen Anlageprodukte auf die Professionalität und die Anlageziele bestimmter Kundengruppen.

Informationspflichten der Kreditinstitute im Kapitalanlagegeschäft existieren damit im wesentlichen in drei Ausprägungen. Während vertragliche Beratungspflichten auf der Grundlage des besonderen Vertrauens, das der Anleger gewöhnlich in die Kompetenz einer Bank setzt, eine umfassende, den persönlichen Bedürfnissen des Anlegers gerecht werdende individuelle Anlageempfehlung bieten, will die auf die Funktionsbedingungen des Kapitalmarktes gerichtete wertpapierhandelsrechtliche Informationspflicht des § 31 Abs. 2 Nr. 2 WpHG lediglich eine grundlegende Mindestaufklärung gewährleisten. Im Falle des Discount-Geschäfts ermöglicht der Differenzierungsvorbehalt des § 31 Abs. 2 Satz 1 letzter Halbsatz WpHG darüber hinaus eine Reduzierung der gesetzlichen Informationspflicht auf ein unverzichtbares Minimum, das sich auf eine abstrakt-pauschale Information über die allgemeinen Eigenschaften von Wertpapiergeschäften beschränkt.

Während im Bankenbereich insoweit ein umfassendes und ausdifferenziertes System gesetzlicher und vertraglicher Beratungspflichten eine zuverlässige Information des Anlegers gewährleistet, ist die Informationsversorgung am grauen Kapitalmarkt nach wie vor lückenhaft. Marktbeeinträchtigend wirkt in dem Zusammenhang nicht nur das Fehlen ordnungsrechtlicher Strukturen sowie einer wirkungsvollen staatlichen Aufsicht, die unqualifizierte Anlageanbieter vom Markt ausschließen könnte, darüber hinaus sind die von der Rechtsprechung für die private Anlagevermittlung entwickelten Aufklärungspflichten nicht geeignet, dem Anleger die erforderlichen Informationen für eine informierte und wohlüberlegte Entscheidung zu vermitteln. Zweifelhaft erscheint in dem Zusammenhang nicht nur der Verzicht der herrschenden Rechtsprechung auf die Verpflichtung zu einer kundengerechten Anlageempfehlung, sondern auch die Obliegenheit des Anlegers zu verstärkter selbständiger Informationsbeschaffung. Eine solche Verteilung der Informationsverantwortung zu Lasten der Anleger, wie sie die Rechtsprechung im Falle der privaten Anlagevermittlung vornimmt, ist nicht geeignet, die Informationsasymmetrien zwischen Kapitalangebot und -nachfrage in befriedigender Weise auszugleichen. Inwieweit die Einschränkung der steuerlichen Abschreibungs- und Verlustabzugsmöglichkeiten für steuersparende Anlageprodukte durch das Steuerentlastungsgesetz 1999[1331] und die damit beabsichtigte Reduzierung derartiger Anlageprodukte in der Praxis zu einer Entspannung des Problems beiträgt, bleibt abzuwarten. Unabhängig von der quantitativen Entwicklung steuerprivilegierter Kapitalanlagen im besonderen sowie des grauen Anlagemarktes im allgemeinen bleibt doch das grundsätzliche Problem unterschiedlicher Informationsstandards im Kapitalanlagegeschäft und damit auch das Problem von Wettbewerbsverzerrungen gerade zu Lasten derjenigen Anlageanbieter, die durch umfassende Beratungstätigkeit zum Abbau marktbeeinträchtigender Informationsasymmetrien beitragen, be-

---

1331 Steuerentlastungsgesetz 1999/2000/2002 vom 26.3.1999 (BGBl. I, S. 402). 2b EStG schränkt die Abzugsmöglichkeiten für Verlustzuweisungen aus steuersparenden Kapitalanlagen ein. Danach dürfen Verlustzuweisungen aus Kapitalanlagen, bei denen der Steuervorteil im Vordergrund steht, nicht mehr auf andere Einkunftsarten (vgl. § 2 Abs. 1 EStG) angerechnet werden, § 2b Satz 1EStG. Eine Verrechnung von Verlusten aus Kapitalanlagen ist daher nur noch mit Gewinnen aus (anderen) Kapitalanlagen möglich. Durch die Einschränkung der Abzugsmöglichkeit zwischen den verschiedenen Einkommensarten wollte der Gesetzgeber „Steuerschlupflöcher" in Gestalt von eigens auf die Erzielung von Steuervorteilen ausgerichteter Anlageprodukte schließen. Inwieweit die Maßnahme tatsächlich zu einer signifikanten Reduzierung steuersparender Anlageprodukte oder gar zu einem spürbaren Schrumpfen des grauen Kapitalmarktes insgesamt führt, muß die Zukunft zeigen.

stehen. Im Interesse gleicher Wettbewerbsbedingungen und einer angemessenen Informationsversorgung, die den Anlegern am Nebenkapitalmarkt die gleiche Beratungsqualität und damit den gleichen Schutz vor unzureichenden Anlageentscheidungen bietet wie beim Wertpapierkauf über eine Bank, besteht deshalb im Hinblick auf die Schaffung eines einheitlichen, produktübergreifenden Informationsstandards de lege ferenda nach wie vor Handlungsbedarf.

II. Ausblick

Die besondere Bedeutung der Information für den Schutz des einzelnen Anlegers, aber auch für den Funktionsschutz der Märkte darf gleichwohl nicht den Blick auf die Eigenverantwortung des Anlegers versperren. Vielmehr muß auch den Anlageintermediären der notwendige unternehmerische Freiraum für alternative Geschäftskonzepte bleiben. Das zeigt sich nicht zuletzt am Beispiel des Discount-Banking. Die Grenzen dessen, was Gesetzgebung und Rechtsprechung mit Hilfe juristischer Pflichten zur Steigerung der Informationseffizienz des Kapitalmarktes beizutragen vermögen, scheinen im Fall des organisierten Kapitalmarkts weitgehend erreicht. Es liegt deshalb vor allem bei den Kreditinstituten, die Vorgaben des Gesetzgebers und der Rechtsprechung in ein dauerhaftes und tragfähiges Geschäftskonzept umzusetzen. Dabei wird es auf längere Sicht unvermeidlich sein, die Informationstätigkeit stärker als bislang als ein eigenständiges Produkt zu vermarkten. Dafür sind neue Beratungskonzepte und -modelle erforderlich. So ist beispielsweise vorstellbar, daß innerhalb ein und desselben Kreditinstituts verschiedene Vertriebswege für Anlageprodukte existieren, was etwa dazu führen könnte, daß die „normale" Wertpapierberatung für besonders beratungsbedürftige Kunden durch eine aktive individuelle Kundenbetreuung mit zahlreichen Zusatz- und Wahlleistungen ergänzt wird, während andererseits weniger betreuungsbedürftigen Kunden das beratungslose Direktgeschäft offen steht.

Die Banken werden in Zukunft verstärkt die Notwendigkeit erkennen müssen, im Wertpapiergeschäft ein Produkt- und Serviceprogramm anzubieten, aus dem der Kunde seinen individuellen Bedürfnissen entsprechende Leistungen beziehen kann. Dazu auch gehört die Verselbständigung der Anlageberatung zu einer eigenständigen vergütungspflichtigen Dienstleistung. Auf diese Weise würde es nicht nur gelingen, die Kosten der Beratungsleistung entsprechend dem Verursacherprinzip zuweisen, es wäre auch für den Kunden verständlicher und nachvollziehbarer, wenn er wüßte, daß eine qualifizierte Beratung Geld kostet und er selbst entscheiden kann, wie viel Beratung er „kaufen" will. Es wäre dann sehr viel leichter möglich, den spekulationserfahrenen, risikobewußten Anleger, der auf eine kostenpflichtige Beratung verzichtet, auszumachen und so den Bestand, aber auch Inhalt und Umfang der Beratungspflicht dem tatsächlichen Informationsbedarf des einzelnen Anlegers anzupassen. Ein weiterer Vorteil einer solchen geschäftspolitischen Verselbständigung der Anlageberatung läge in der Gewährleistung einer unabhängigen und interessengerechten Beratung, da die Kreditinstitute nicht mehr aus wirtschaftlichen Gründen verleitet würden, eigene Anlageprodukte bei der Beratung zu bevorzugen.

Leider ist in Deutschland die Bereitschaft für Anlageberatung, unabhängig von dem Zustandekommen der anschließenden Transaktion, ein Honorar zu zahlen, nach wie vor unterentwickelt. Im angloamerikanischen Raum - das zeigt die hohe Anzahl der Consultants im Vermögensanlagebereich - ist Anlageberatung als eigenständige Serviceleistung dagegen bereits die Regel. Eine ähnliche Entwicklung wird langfristig auch in Deutschland zu einer wesentlichen Voraussetzung für qualifizierte Anlageberatung werden.

Anhang

I. Register der wichtigsten Gerichtsentscheidungen

Gericht	Fundstelle	Aktenzeichen	Thema
BGH	BGHZ 74, 103	VII ZR 259/77	konkludenter Aufklärungsvertrag, Umfang der Aufklärungspflicht
BGH	BGHZ 100, 117	IVa ZR 122/85	konkludenter Beratungsvertrag
BGH	BGHZ 105, 108	II ZR 355/87	Informationspflichten bei Warentermingeschäften
BGH („Bond")	BGHZ 123, 126 WM 1993, 1455 NJW 1993, 2438	XI ZR 12/93	Grundsatzurteil zur anleger- und objektgerechten Beratung, Sorgfaltspflichten des Anlageberaters
BGH	BGHZ 124, 151	XI ZR 214/92	Kausalitätsbeweis
BGH	BGHZ 133, 82	XI ZR 172/95	Informationspflichten bei Börsentermingeschäften
BGH	NJW 1982, 1095	IVa ZR 286/80	Informationspflichten des Anlagevermittlers, Inhalt und Umfang der Aufklärungspflicht
BGH	ZIP 1984, 1080	IVa ZR 231/82	Haftungsgrund für Ansprüche aus Aufklärungspflichtverletzung, Schadensumfang
BGH	ZIP 1991, 87	XI ZR 115/89	Informationspflichten bei Aktienoptionsgeschäften
BGH	WM 1991, 315	XI ZR 151/89	Informationspflichten bei Billigaktien (Penny Stocks)
BGH	ZIP 1991, 1207	III ZR 144/90	Informationspflichten bei Waren-Termingeschäften
BGH	WM 1993, 1238	III ZR 25/92	Aufklärungspflicht des Anlagevermittlers

Gericht	Fundstelle	Aktenzeichen	Thema
BGH	ZIP 1994, 1102	XI ZR 144/93	Informationspflichten bei Warentermingeschäften
BGH	WM 1996, 1744	XI ZR 133/95	Informationspflicht gegenüber einem informierten Anleger
BGH	WM 1996, 1744	XI ZR 232/95	Keine Informationspflicht bei unbedingter Auftragserteilung
BGH	WM 1997, 309	XI ZR 244/95	Informationspflichten bei Börsentermingeschäften
BGH	WM 1997, 811	XI ZR 92/96	Informationspflichten bei Börsentermingeschäften
BGH	ZIP 1998, 154	V ZR 29/96	Schaden bei nicht anlegergerechter Beratung
BGH	ZIP 1998, 1183	XI ZR 216/97	Keine Beratungspflicht bei unbedingter Auftragserteilung
BGH	ZIP 1998, 1220	XI ZR 286/97	Keine Beratungspflicht bei unbedingter Auftragserteilung
BGH	ZBB 1999, 380	XI ZR 296/98	Beratungspflichten beim Discount-Brokerage
BGH	WM 2000, 426	XI ZR 198/98	Aufklärungspflichten des Anlagevermittlers (Plausibilitätsprüfung)
BGH („Fokker")	ZIP 2000, 1204	XI ZR 195/98	Anleger- und anlagegerechte Beratung bei Risikoanlagen
OLG Oldenburg	WM 1987, 169	13 U 126/85	Zu Inhalt und Umfang der Informationspflicht des Anlagevermittlers/-beraters
OLG Hamm	WM 1989, 598	31 U 162/87	Mangelndes Schutzbedürfnis bei Steuersparanlage

Gericht	Fundstelle	Aktenzeichen	Thema
OLG Frankfurt /M	RiW 1991, 865	16 U 202/89	Informationspflichten bei Billigaktien (Penny Stocks)
OLG Karlsruhe	WM 1992, 1101	11 U 47/91	Mitverschulden des Anlegers
OLG Braunschweig („Bond")	WM 1993, 190	3 U 158/91	Inhalt und Umfang der Beratungspflicht, Sorgfaltsanforderungen an den Berater
OLG Celle („Bond")	WM 1993, 191	3 U 303/91	Inhalt und Umfang der Beratungspflicht, Nachforschungspflicht der Bank
OLG Hamm	WM 1993, 241	24 U 30/92	Mitverschulden des Anlegers
OLG Braunschweig	WM 1993, 1462	3 U 11/93	Nachforschungspflichten des Anlageberaters, insbesondere Bonitätsprüfungspflicht
OLG Braunschweig	WM 1994, 59	3 U 175/92	Mitverschulden des Anlegers bei unzureichender Beachtung von Warnungen
OLG München	WM 1994, 236	6 U 4724/92	Beratungsanforderungen bei Auslandsanlagen - Umfang der Sorgfaltspflicht
OLG Frankfurt/M	ZIP 1994, 367	16 U 337/92	Informationspflichten gegenüber erfahrenem Aktienoptionsanleger
OLG Düsseldorf	WM 1994, 1468	17 U 14/94	Beratungsanforderungen bei Auslandslandsanlagen
OLG Düsseldorf	WM 1994, 1468	17 U 14/94	Bonitätsprüfungspflicht der Bank bei Auslandsanlagen
OLG Köln	WM 1995, 381	19 U 195/93	Informationspflichten bei Börsentermingeschäften

310

Gericht	Fundstelle	Aktenzeichen	Thema
OLG Köln	WM 1995, 697	19 U 149/93	Umfang der Beratungspflicht bei anlageerfahrenem Kunden
OLG München	BB 1997, 2501	15 U 2954/97	Informationspflicht bei beratungsunwilligen Anlegern
OLG München	WM 1997, 1802	15 U 5361/96	Informationspflichten bei Börsentermingeschäften
OLG Braunschweig („Fokker")	WM 1998, 375	2 U 86/97	Sorgfaltspflichten des Anlageberaters (Wertung anlagerelevanter Informationen)
OLG Nürnberg („Fokker")	WM 1998, 378	12 U 2131/97	Sorgfaltspflichten des Anlageberaters (Wertung anlagerelevanter Informationen)
OLG Hamburg („Fokker")	WM 1999, 1875	31 U 36/98	Anleger- und anlagegerechte Beratung bei Risikoanlagen
OLG Koblenz („Fokker")	ZIP 1999, 1667	8 U 272/97	Anleger- und anlagegerechte Beratung bei Risikoanlagen
OLG München	WM 1998, 2367	5 U 2238/96	Gesetzl. Beratungspflicht gem. § 32 WpHG im Discountgeschäft
LG Duisburg („Fokker")	WM 1997, 574	3 O 369/96	Sorgfaltspflichten des Anlageberaters (Wertung anlagerelevanter Informationen)
LG Köln	WM 1997, 1479	26 O 48/96	AGB-Beratungsverzicht im Discountgeschäft
LG München I	EWiR 1998, 473	26 O 4309/96	AGB-Beratungsverzicht im Discountgeschäft

II. Verhaltensregeln für Effektenhändler bei der Durchführung des Effektenhandelsgeschäftes

- Richtlinien der Schweizerischen Bankiervereinigung vom 22. Januar 1997 -

Präambel

Die nachfolgenden Verhaltensregeln sind als Richtlinien vom Verwaltungsrat der Schweizerischen Bankiervereinigung im Bestreben erlassen worden, den guten Ruf der schweizerischen Effektenhandelstätigkeit im In- und Ausland und insbesondere deren hohe Qualität zu wahren und zu fördern. Kunden, die in der Schweiz angebotene Effektengeschäfte abschließen, sollen sich darauf verlassen können, dass die Dienstleistungen professionell, fair und transparent erbracht werden.

Die Verhaltensregeln gelten als Standesregeln für alle dem Bundesgesetz über die Börsen und den Effektenhandel (Börsengesetz) unterstellten Effektenhändler. Sie konkretisieren die in Art. 11 des Börsengesetzes im Grundsatz geregelte Informations-, Sorgfalts- und Treuepflicht. Die Verhaltensregeln verpflichten die Effektenhändler, eine ihrer Struktur und Geschäftstätigkeit entsprechende zweckmäßige Betriebsorganisation, Ausbildung und Kontrolle (Compliance) zu gewährleisten.

Die Effektenhändler sind ferner gehalten, die von ihnen angebotenen Leistungen in angemessener Form offen zu legen, damit die Kunden die gegenseitigen Rechte und Pflichten aus dem Effektenhandelsgeschäft sowie die mit bestimmten Geschäftsarten des Effektenhandelsgeschäfts verbundenen besonderen Risiken ausreichend beurteilen können.

Im übrigen berühren die Verhaltensregeln das privatrechtliche Verhältnis zwischen den Effektenhändlern und ihren Kunden nicht. Dieses Verhältnis stützt sich auf die gesetzlichen Vorschriften (insbesondere die Bestimmungen des schweizerischen Obligationenrechts zu Kauf, Auftrag und Kommission) sowie auf die jeweiligen vertraglichen Vereinbarungen zwischen dem Effektenhändler und dem Kunden.

Die Verhaltensregeln gelten nicht für Effektenhandelsgeschäfte unter Effektenhändlern.

A. Allgemeine Richtlinien zu den Verhaltensregeln

Art. 1   Gesetzliche Grundlage

Art. 11 des Bundesgesetzes über die Börsen und den Effektenhandel hat folgenden Wortlaut:

„Der Effektenhändler hat gegenüber seinen Kunden:

a.   eine Informationspflicht; er weist sie insbesondere auf die mit einer bestimmten Geschäftsart verbundenen Risiken hin;

b.   eine Sorgfaltspflicht; er stellt insbesondere sicher, dass die Aufträge seiner Kunden bestmöglich erfüllt werden und diese die Abwicklung seiner Geschäfte nachvollziehen können;

c.   eine Treuepflicht; er stellt insbesondere sicher, dass allfällige Interessenkonflikte seine Kunden nicht benachteiligen.

Bei der Erfüllung dieser Pflichten sind die Geschäftserfahrenheit und die fachlichen Kenntnisse der Kunden zu berücksichtigen."

Kommentar:

1. Soweit diese Verhaltensregeln Begriffe des Börsengesetzes, der dazugehörigen Verordnungen und Rundschreiben der Eidgenössischen Bankenkommission verwenden (z.B. Effekten, Effektenhändler, Derivate) haben diese Begriffe dieselbe Bedeutung wie in den betreffenden Vorschriften.

2. Der Begriff „Effekten" ergibt sich aus der Legaldefinition der Börsenverordnung (Verordnung des Börsenrates über die Börsen und den Effektenhandel vom 2. Dezember 1996). Zu den Derivaten, die unter diese Standesregel fallen, gehören insbesondere standardisierte Terminkontrakte und Optionen (Futures und Traded Options) sowie standardisierte strukturierte Produkte (d.h. Hybride wie z.B. die Kombination einer festverzinslichen Anlage mit einem Derivat).

3. Vom Effektenbegriff nicht erfasst werden anderseits insbesondere die Kassenobligationen sowie Devisenkassa- und -termingeschäfte.

4. Die Verhaltensregeln gelten für den börslichen und außerbörslichen Effektenhandel, und zwar sowohl für Comptant- als auch für Termingeschäfte. Die Wertschriftenleihe (Securities Lending and Borrowing) gilt nicht als Effektenhandelsgeschäft. Für einzelne Geschäftsarten und Märkte können darüber hinaus spezielle Vorschriften und Richtlinien bestehen (z.B. Regeln über die bestmögliche Erfüllung („best execution"), Anforderungen von Börsen an den Inhalt von Transaktionsabrechnungen, die Richtlinien für den Handel mit Traded Options und Financial Futures). Ausländische Rechtsordnungen können sodann besondere Regeln für Effektenhandelsgeschäfte mit Personen aus diesen Ländern enthalten.

Art. 2   Gegenstand

Diese Verhaltensregeln regeln ausschließlich die Ausführung von Effektenhandelsgeschäften.

Mit der Ausführung von Effektenhandelsgeschäften übernimmt der Effektenhändler die in Art. 11 des Börsengesetzes und in diesen Richtlinien geregelten Informations-, Sorgfalts- und Treuepflichten.

Erbringt ein Effektenhändler aufgrund weiterer Vereinbarungen mit dem Kunden oder aus eigener Initiative zusätzliche Dienstleistungen, wie Depotführung, Anlageberatung oder Vermögensverwaltung, können sich für den Effektenhändler und den Kunden Rechte und Pflichten ergeben, welche nicht Gegenstand dieser Verhaltensregeln bilden.

Kommentar:

5. Unter der Ausführung von Effektenhandelsgeschäften sind zu verstehen alle Tätigkeiten in direktem Zusammenhang mit dem Erwerb und der Veräußerung von Effekten, insbesondere der Vertragsabschluss, die Ausführung der Transaktion, deren Abrechnung, Belieferung und Zahlung.

B. Informationspflicht

Art. 3   Abstufbarkeit der Informationspflicht
Die Informationspflicht des Effektenhändlers ist je nach Geschäftserfahrenheit und fachlichen Kenntnissen der Kunden zu erfüllen.
Grundsätzlich darf der Effektenhändler davon ausgehen, dass jeder Kunde die Risiken kennt, die üblicherweise mit dem Kauf, Verkauf und Halten von Effekten verbunden sind. Dazu gehören insbesondere die Bonitäts- und Kursrisiken von Aktien, Obligationen und Anlagefondsanteilen.
Die Informationspflicht bezieht sich auf die besondere Risikostruktur bestimmter Geschäftsarten und nicht auf die spezifischen Risiken einzelner Effektenhandelstransaktionen.
Für Geschäftsarten, deren Risikopotential über das für Kauf, Verkauf und Halten von Effekten übliche Maß hinausgeht, kann der einzelne Effektenhändler seine Informationspflicht standardisiert oder individualisiert wahrnehmen. Erfüllt er sie standardisiert, hat die Information in allgemein verständlicher Form und für alle Kunden gleich zu erfolgen. Erfüllt er sie individualisiert, soll er den Grad an Geschäftserfahrenheit und die fachlichen Kenntnisse des einzelnen Kunden mit der nach den Umständen zumutbaren Sorgfalt feststellen und seiner Information zu Grunde legen.
Den Effektenhändler trifft keine Pflicht, über Risiken bestimmter Geschäftsarten zu informieren, wenn ein Kunde in einer besonderen schriftlichen Erklärung angibt, die Risiken einzelner Geschäftsarten, welche genau zu bezeichnen sind, zu kennen und auf zusätzliche Informationen zu verzichten.

Kommentar:
6. Zu den als bekannt vorausgesetzten, üblichen Risiken gehört bei Anleiheobligationen insbesondere das Bonitätsrisiko, dass der Schuldner bei Fälligkeit den Nennbetrag der Obligation nicht zurückzahlen kann. Bei Aktien, Obligationen und Anlagefondsanteilen etc. gehören zu den üblichen Risiken sodann namentlich die Kursrisiken, die auf Zins- und Währungsschwankungen oder auf allgemeine Marktfaktoren zurückgehen. Die Informationspflicht bezieht sich deshalb auf die über diese allgemeinen Risiken hinausgehenden Risikofaktoren bei Geschäftsarten mit erhöhtem Risikopotential (z.B. Derivate) oder mit komplexem Risikoprofil (z.B. strukturierte Produkte, Hybride). Der Umfang der Informationspflicht vergrößert sich mit zunehmendem Risikopotential und zunehmender Komplexität der Risikostruktur einer Effektenart.
7. Der Effektenhändler darf von der Vermutung ausgehen, dass der Kunde die üblichen Risiken kennt, solange er nicht konkrete Hinweise darauf hat, dass der Kunde auch diesbezüglich völlig unerfahren ist.

8. Die Information über die Risikostruktur beschränkt sich auf die Darstellung der Risiken, die mit einer konkreten Effektenart verbunden sind.

9. Eine standardisierte Informationspflicht kann dadurch erfüllt werden, dass der Effektenhändler dem Kunden die für bestimmte Effektenarten und Märkte ausgearbeiteten Risikoinformationsschriften (Risk Disclosure Statements) zur Verfügung stellt. Die Schweizerische Bankiervereinigung unterhält eine Sammlung von Mustertexten der für die schweizerischen Effektenmärkte bestehenden Risikoinformationsschriften.

10. Für die Erfüllung der Informationspflicht für bestimmte Geschäftsarten kann auch auf Prospekte, Inserate, rechtsverbindliche Verkaufsunterlagen oder auf gleichwertiges, allgemein zugängliches Informationsmaterial, welche im Zusammenhang mit der Emission oder der Erstplatzierung erstellt wurden, verwiesen werden, sofern darin über das Risikopotential der Geschäftsart informiert wird.

11. Der Effektenhändler soll im Interesse der Nachweisbarkeit der erfolgten Information dokumentieren, wie er den Kunden informiert hat. Dabei ist ihm die Art der Dokumentation freigestellt.

12. Wünscht der Kunde eine Effektenhandelstransaktion an einem ausländischen Markt in einer Geschäftsart zu tätigen, deren Risikostruktur über den üblichen Rahmen hinausgeht, und verfügt der Effektenhändler weder über genügende eigene Kenntnisse über die Risikostruktur der betreffenden Geschäftsart noch über eine standardisierte Information darüber, so weist er den Kunden auf diesen Umstand hin.

Art. 4   Zeitpunkt und Inhalt der Information

Der Effektenhändler hat seine Informationspflicht im Rahmen von Art. 3 aktiv wahrzunehmen und den Kunden rechtzeitig vor Ausführung des Effektengeschäfts vollständig und materiell korrekt über die wesentlichen Risiken der entsprechenden Geschäftsart zu informieren.

Kommentar:

13. Im Rahmen einer standardisierten Information ist der Kunde bei erstmaliger Aufnahme der Effektenhandelstätigkeit zu orientieren. Die Information muss aufdatiert werden, wenn der Kunde neue Effektengeschäfte in Geschäftsarten mit wesentlich veränderter Risikostruktur tätigen will.

C.   Sorgfaltspflicht

Art. 5   Bestmögliche Erfüllung in preismäßiger, zeitlicher und quantitativer Hinsicht

Der Effektenhändler führt das Effektenhandelsgeschäft an einem allgemein anerkannten und für eine ordentliche Durchführung der Transaktion Gewähr bietenden Markt aus. An Märkten, wo dies zulässig ist, kann der Effektenhändler das Effektenhandelsgeschäft mit dem Kunden durch Selbsteintritt ausführen, wenn dies nicht zum Nachteil des Kunden geschieht.

14. Grundsätzlich sind Effektenhandelsgeschäfte vom Effektenhändler umgehend vollständig sowie - unter Berücksichtigung der vom Kunden gesetzten Limiten, Auflagen und Restriktionen - zum bestmöglichen Marktkurs abzuschließen. Von einer umgehenden und vollständigen Ausführung soll nur dann abgewichen werden, wenn dies aufgrund der Marktsituation (Liquidität) nicht möglich ist oder wenn dies im Interesse des Kunden geschieht. Für Effekten, die außerbörslich gehandelt werden, hat der Effektenhändler die Geschäfte zu einem Kurs auszuführen, der sich am Markt orientiert. Allfällige Zu- oder Abschläge zum amtlichen Marktkurs sind dem Kunden gegenüber offen zu legen.

15. Sofern der Kunde keine anderslautende Weisung erteilt, genügt der Effektenhändler seiner Sorgfaltspflicht, wenn er die Effektenhandelsgeschäfte über die lokale Börse (bzw. den lokalen außerbörslichen Markt), an welcher er üblicherweise seine Transaktionen ausführen lässt, oder die Heimatbörse (bzw. den außerbörslichen Heimatmarkt) der betreffenden Effekte oder über einen anderen Markt mit entsprechender Liquidität abwickelt.

16. Soweit nicht mit dem Kunden individuell vereinbart, dürfen keine Geschäfte zu einem vom Marktpreis erheblich abweichenden Preis abgeschlossen werden.

Art. 6 Umgehende Allokation und Rechenschaftspflicht

Ausgeführte Effektenhandelstransaktionen sind unverzüglich zuzuordnen, aufzuzeichnen und innert marktüblicher Frist abzurechnen und entsprechend zu dokumentieren.

Kommentar:

17. In der Regel sollte die Bestätigung und Abrechnung einer getätigten Transaktion tagfertig erfolgen und innert einem Bankwerktag nach vertragsgemäßer Ausführung der Transaktion an die mit dem Kunden vereinbarte Zustelladresse versandt werden.

Art. 7 Transparenz bei der Abrechnung

Der Effektenhändler hat dem Kunden gegenüber in der Transaktionsabrechnung mindestens Angaben hinsichtlich Anzahl der gehandelten Effekten, Ort der Ausführung, Kurs sowie Transaktionskosten (Kommissionen, Gebühren, Abgaben, Spesen etc.) zu machen. Anstelle einer detaillierten Abrechnung aller Transaktionskosten kann der Effektenhändler eine Abrechnung aufgrund pauschaler Kostensätze für seine Dienstleistungen (eigene Kommissionen) und die Dienstleistungen Dritter (fremde Kommissionen) einschließlich der Spesen vereinbaren. Gebühren und Abgaben (Börsengebühren, Stempelsteuern etc.) können entweder zusätzlich in diese Kostenpauschalen eingeschlossen oder gesondert abgerechnet werden.

Kommentar:

18. Art. 7 Abs. 1 nennt die Informationen, die der Effektenhändler dem Kunden ohne anders lautende Vereinbarung spontan zu erteilen hat. Im Rahmen seiner Rechen-

schaftspflicht ist der Effektenhändler sodann verpflichtet, dem Kunden auf dessen Verlangen weitere Angaben zur Transaktionsausführung zu machen, soweit er aufgrund seiner Journalführungspflicht darüber verfügt. Dazu gehören Angaben über den Zeitpunkt der Transaktionsausführung, börsliche oder außerbörsliche Ausführung und Selbsteintritt.

19. Im Rahmen einer detaillierten Transaktionsabrechnung sind dem Kunden die effektiv bezahlten fremden Kommissionen, Gebühren, Abgaben und Spesen zu fakturieren. Vorbehalten bleiben anderslautende privatrechtliche Vereinbarungen. Bei Vereinbarung von Kostenpauschalen ist festzulegen, welche Bestandteile der gesetzlichen Transaktionskosten durch die Pauschale abgedeckt sind. Die Einzelheiten der Kostenberechnung müssen jedoch nicht offengelegt werden.
20. Die Transaktionskosten können je nach Märkten oder Ländern, in denen die Transaktion ausgeführt wird, Effektenarten, Transaktionsvolumina etc. variieren. Soweit Kostenpauschalen Anwendung finden, kann der Effektenhändler diesem Umstand durch Festsetzung unterschiedlicher Pauschalen Rechnung tragen.

D. Treuepflicht

Art. 8   Behandlung von Interessenkonfliktsituationen
Der Effektenhändler hat zweckdienliche organisatorische Maßnahmen zu treffen, um Interessenkonflikte zwischen ihm und seinen Kunden oder zwischen seinen Mitarbeitern und den Kunden entweder gänzlich zu vermeiden oder die Benachteiligung der Kunden durch solche Interessenkonflikte auszuschließen.
Lässt sich eine Benachteiligung der Kundeninteressen in Interessenkonfliktsituationen ausnahmsweise nicht vermeiden, so soll der Effektenhändler dies in geeigneter Form offen legen.

Kommentar:
21. Der Effektenhändler ist in der Wahl der aufgrund seiner Größe und Betriebsstruktur angemessenen organisatorischen Maßnahmen frei. Wo sich die Gefahr von Interessenkonflikten nicht gänzlich vermeiden lässt, soll er geeignete Maßnahmen treffen, um die Benachteiligung der Kundeninteressen zu verhindern. Dazu gehören je nach Größe und Struktur des Effektenhändlers z.B. die funktionale Trennung von Eigenhandel und Kundenhandel, die Begrenzung des Informationsflusses (sog. „Chinese Wall"-Regeln) sowie die Ausführung der Transaktionen nach strenger Zeitpriorität.
22. Der Effektenhändler hat geeignete Regeln für die Effektenhandelsgeschäfte seiner Mitarbeiter zu erlassen, welche eine Benachteiligung von Kundeninteressen durch Interessenkonflikte der Mitarbeiter ausschließen.

Art. 9   Ausführung von Kundentransaktionen
Kunden sind fair und gleich zu behandeln.

Kommentar:

23. Kundentransaktionen sind unter gleichen Umständen gleich zu behandeln. Der Effektenhändler muss dem Kunden gegenüber offen legen können, nach welchen Kriterien vorgegangen wurde, wenn konkurrierende Kundentransaktionen aufgrund der gegebenen Marktsituation (hinsichtlich Preis, Menge oder Zeit) nicht weisungsgemäß ausgeführt werden konnten.

Art. 10   Reihenfolge der Kundentransaktionen

Die Effektenhandelstransaktionen werden nach Maßgabe des Weisungseingangs ausgeführt bzw. für die Ausführung erfasst, gleichgültig, ob es sich um Kundentransaktionen, um Eigengeschäfte oder um Mitarbeitergeschäfte handelt.

Kommentar:

24. Der Grundsatz der Zeitpriorität gilt soweit, als die Gefahr von Interessenkonflikten nicht durch funktionale Trennungen (z.B. zwischen Kundenhandel und Eigenhandel) vermieden wird. Der Effektenhändler kann ausnahmsweise von der chronologischen Ausführung der Transaktionen abweichen, wenn dies im Interesse des Kunden geschieht.

Art. 11   Verbot des Front Running

Der Effektenhändler darf vertrauliche Kenntnisse über Kundentransaktionen nicht missbrauchen, um vorgängig Eigengeschäfte auszuführen.

Dieser Restriktion sind auch die Mitarbeitergeschäfte zu unterwerfen.

Art. 12   Verbot von Kursschnitten

Kursschnitte sind unzulässig.

Kommentar:

25. Handelsgewinne aus Kursschwankungen und Kursdifferenzen sind hingegen zulässig, wenn der Effektenhändler mit dem betreffenden Geschäft ein Risiko übernimmt. Sodann sind Handelsgewinne aus Kursdifferenzen unzulässig, wenn der Effektenhändler als Market Maker Geld- und Briefkurse für die betreffende Effekte stellt, auch wenn ein einzelnes Geschäft isoliert betrachtet als risikolos erscheint.

Art. 13   Belieferung von Short Positionen des Effektenhändlers

Der Effektenhändler erfüllt sämtliche Lieferverpflichtungen aus Eigengeschäften ausschließlich aus Eigenbeständen.

Short-Positionen können über die Wertschriftenleihe (Securities Lending and Borrowing) eingedeckt werden.

Die Ausleihe aus Kundenbeständen ist zulässig, wenn die entsprechenden Vereinbarungen mit dem Kunden abgeschlossen sind.

E. Übergangsbestimmung

Art. 14   Inkrafttreten

Diese Verhaltensregeln treten am 1. August 1997 in Kraft.

Sie gelten für alle Effektenhandelsgeschäfte, die ab diesem Datum getätigt werden.

Literaturverzeichnis

Akerlof, George G., The Market for „Lemons": Qualitative Uncertainty and the Market Mechanism, in: Quarterly Journal of Economics, Vol. 84, 1970, S. 488

Arendts, Martin, Aufklärungs- und Beratungspflichten bei der Anlageberatung, in: DZWir 1994, S. 185.

Arendts, Martin, Bankenhaftung - Kann Privatautonomie durch Aufklärungs- und Beratungspflichten erreicht werden? , in: Jahrbuch Junger Zivilrechtswissenschaftler – Privatautonomie und Ungleichgewichtslagen, S. 165, Stuttgart, München, Hannover, Berlin, Dresden 1996.

Arendts, Martin, Beratungs- und Aufklärungspflichten über das einem Wertpapier erteilte Rating, in: WM 1993, S. 229.

Arendts, Martin, Die Haftung der Banken für fehlerhafte Anlageberatung nach der neueren deutschen Rechtsprechung, in: ÖBA 1994, S. 251.

Arendts, Martin, Die Haftung für fehlerhafte Anlageberatung - BGH NJW 1993, 2438, in: JuS 1994, S. 915.

Assmann, Heinz-Dieter, Anmerkung zu BGH, Urteil vom 4.3.87 - IVa ZR 122/85 -, in: WuB I G 4. - 5.87

Assmann, Heinz-Dieter, Anmerkung zu OLG Oldenburg, Urteil vom 3.12.86 - 13 U 126/85, in: WuB IV A. § 276 BGB 2.87.

Assmann, Heinz-Dieter, Börsentermingeschäftsfähigkeit, in: Festschrift für Theodor Heinsius zum 65. Geburtstag am 25. September 1991, S. 1, hrsg. von Friedrich Kübler, Hans-Joachim Mertens, Winfried Werner, Berlin, New York 1991.

Assmann, Heinz-Dieter, Entwicklungstendenzen der Prospekthaftung, in: WM 1983, S. 138.

Assmann, Heinz-Dieter, Informationspflichten des Anlagevermittlers und Mitverschulden des Anlegers, in: NJW 1982, S. 1083

Assmann, Heinz-Dieter, Konzeptionelle Grundlagen des Anlegerschutzes, in: ZBB 1989, S. 49.

Assmann, Heinz-Dieter, Das künftige deutsche Insiderrecht (I), in: Die Aktiengesellschaft 1994, S. 196.

Assmann, Heinz-Dieter, Das neue deutsche Insiderrecht, in: ZGR 1994, S. 494.

Assmann, Heinz-Dieter, Prospekthaftung als Haftung für die Verletzung kapitalmarktbezogener Informationspflichten nach deutschem und US-amerikanischem Recht, Köln, Berlin, Bonn, München 1985.

Assmann, Heinz-Dieter, Rechtsanwendungsprobleme des Insiderrechts, in: Die Aktiengesellschaft 1997, S. 50

Assmann, Heinz-Dieter, Zur Steuerung gesellschaftlich-ökonomischer Entwicklung durch Recht, in: Wirtschaftsrecht als Kritik des Privatrechts – Beiträge zur Privat- und Wirtschaftsrechtstheorie, S. 239, hrsg. von Heinz-Dieter Assmann, Gert Brüggemeier, Dieter Hart und Christian Joerges, Königstein 1980.

Assmann, Heinz-Dieter, Die Transformationsprobleme des Privatrechts und die ökonomische Analyse des Rechts, in: Ökonomische Analyse des Rechts, S. 17, hrsg. von Heinz-Dieter Assmann, Christian Kirchner und Erich Schanze, Tübingen 1993.

Assmann, Heinz-Dieter, Cramer, Peter, Dreyling, Georg, Koller Ingo, Kümpel, Siegfried, Schneider, Uwe (Hrsg.), Wertpapierhandelsgesetz, Kommentar, 2. Auflage, Köln 1999.

Assmann, Heinz-Dieter, Cramer, Peter, Koller, Ingo, Kümpel, Siegfried, Schneider Uwe (Hrsg.), Wertpapierhandelsgesetz, Kommentar, 1. Auflage, Köln 1995

Assmann, Heinz-Dieter, Schütze Rolf A. (Hrsg.), Handbuch des Kapitalanlagerechts, 2. Auflage, München 1997.

Ballwieser, Wolfgang, Insiderrecht und positive Aktienkurstheorie, in: Schmalenbachs Zeitschrift für betriebswirtschaftliche Forschung, 1976, S. 231.

Balzer, Peter, Anlegerschutz bei Verstößen gegen die Verhaltenspflichten nach §§ 31 ff Wertpapierhandelsgesetz (WpHG), in: ZBB 1997, S. 260.

Balzer, Peter, Anmerkung zu LG Köln, Urt. v. 12.6.1997 - 26 O 48/96 -, in EWiR 1997, S. 675.

Balzer, Peter, Discount-Broking im Spannungsfeld zwischen Beratungsausschluß und Verhaltenspflichten nach WpHG, in: DB 1997, S. 2311.

Bar, Christian von, Verkehrspflichten – Richterliche Gefahrensteuerungsgebote im deutschen Deliktsrecht, Köln, Berlin 1980.

Baum, Harald, Breidenbach, Stefan, Die wachsende internationale Verflechtung der Wertpapiermärkte und die Regulierungspolitik der U.S. Securities and Exchange Commission - Neue Entwicklungen in der internationalen Anwendung des amerikanischen Kapitalmarktrechts, Wertpapier-Mitteilungen, Sonderbeilage Nr. 6/1997.

Baumbach, Adolf, Duden, Konrad, Hopt, Klaus J., Handelsgesetzbuch, 28. Auflage, München 1989.

Becker, Joachim, Das neue Wertpapierhandelsgesetz, Berlin 1995

Beier, Martin, Anlegerschutz: Dresdner Bank zahlt Anlegergeld zurück, in: Das Wertpapier Nr. 5 vom 26.2.1998, S. 60.

Bestmann, Uwe, Börsen und Effekten von A –Z: Die Fachsprache der klassischen und modernen Finanzmärkte, 2. Auflage, München 1991.

Bliesener, Dirk H., Aufsichtsrechtliche Verhaltenspflichten beim Wertpapierhandel, Berlin, New York 1998.

Böhlhoff, Klaus, Kriterien und Methoden einer Regulierung der internationalen Kapitalmärkte, in: Festschrift für Theodor Heinsius zum 65. Geburtstag am 25. September 1991, S. 49, hrsg. von Friedrich Kübler, Hans-Joachim Mertens, Winfried Werner, Berlin 1991.

Borgmann, Brigitte, Haug, Karl H., Anwaltshaftung - Systematische Darstellung der Rechtsgrundlagen für die anwaltliche Berufstätigkeit, 3. Auflage, Frankfurt am Main 1995.

Brandt, Markus, Mehr Verbraucherschutz durch Registrierungspflicht für Finanzdienstleistungsvermittler und Versicherungsvermittler?, in: ZRP 1998, S. 179.

Breidenbach, Stephan, Die Voraussetzungen von Informationspflichten bei Vertragsabschluß, München 1989.

Breuer, Rolf E., Neues Leben für den Finanzplatz Deutschland, in: Die Bank 1994, S. 444.

Bring, Ulrich, Anmerkung zu BGH, Urt. v. 13.5.1993 - III ZR 25/92 -, in: EWiR 1993, S. 765.

Bröker, Klaus F, Penny Stocks: Nicht immer gut, aber immer gut für Schlagzeilen, in: Bankkaufmann 1991, Heft 10, S. 49.

Bruske, Frank, Beweiswürdigung und Beweislast bei Aufklärungspflichtverletzungen im Bankrecht, Berlin 1994.

Büschgen, Hans E., Direktbanken - Konkurrenten im eigenen Haus?, in: WM 1996, S. 1529.

Bultmann, Stephan J., Aufklärungspflichten der Banken bei der Vergabe von Existenzgründungsdarlehen, in: Betrieb und Wirtschaft 1995, S. 760.

Bydlinski, Franz, Fundamentale Rechtsgrundsätze, Wien 1988.

Calabresis, Guido, Some Thoughts of Risk Distribution and the Law of Torts, in: Yale Law Journal 70 (1961), S. 499.

Calabresis, Guido, The Costs of Accidents: A Legal and Economic Analysis, New Haven 1970.

Canaris, Claus-Wilhelm, Bankvertragsrecht, in: Staub (Hrsg.) Großkommentar zum HGB, 1. Teil, 4. Auflage, Berlin 1988, 2. Teil, 3. Auflage, Berlin 1981.

Canaris, Claus-Wilhelm (begr. von Karl-Hermann Capelle), Handelsrecht, 22. Auflage, München, 1995.

Canaris, Claus-Wilhelm, Die Vertrauenshaftung im deutschen Privatrecht, München 1971.

Caspari, Karl-Burkhard, Die geplante Insiderregelung in der Praxis, in: ZGR 23 (1994), S. 530.

Claussen, Carsten Peter, Bank- und Börsenrecht, München 1996.

Claussen, Carsten Peter, Neues zur kommenden Insiderregelung (I), in: ZBB 1992, S. 73.

Claussen, Carsten Peter, Neues zur kommenden Insiderregelung (II), in: ZBB 1992, S. 267.

Coase, Ronald H, The Problem of Social Cost, in: Journal of Law and Economics 3 (1960), S. 1 (Übersetzung von Kirchner in Assmann/Kirchner/Schanze, (Hrsg.), Ökonomische Analyse des Rechts, S. 129, Tübingen 1993).

Cramer, Peter, Strafrechtliche Probleme des Insiderhandelsverbots, insbesondere Beihilfe zur fremden Insider-Straftat, in: Die Aktiengesellschaft 1997, S. 59.

Cramer, Jörg E., Rudolph,Bernd (Hrsg.), Handbuch für Anlageberatung und Vermögensverwaltung, Frankfurt am Main 1995.

Dauner-Lieb, Barbara, Verbraucherschutz durch Ausbildung eines Sonderprivatrechts für Verbraucher - Systemkonforme Weiterentwicklung oder Schrittmacher der Systemveränderung ? , Berlin 1983.

Dauner-Lieb, Barbara, Die Verbraucherschutzmodelle I, in: ZfgK 1984, S. 941.

Dauner-Lieb, Barbara, Die Verbraucherschutzmodelle II, in: ZfgK 1984, S. 988.

Drygala, Tim, Anmerkung zu BGH, Urteil vom 9.7.1996 - XI ZR 103/95 -, in: JZ 1997, S. 94.

Drygala, Tim, Anmerkung zu OLG Nürnberg,Urteil vom 28.1.1998 - 12 U 2130/97, in: EWiR 1998, S. 441.

Drygala, Tim, Termingeschäftsfähigkeit und Aufklärungspflichten beim Handel mit Optionsscheinen, in: ZHR 159 (1995), S. 686.

Ebenroth, Carsten Thomas, Daum, Christoph, Die rechtlichen Aspekte des Ratings von Emittenten und Emissionen, Wertpapier-Mitteilungen, Sonderbeilage Nr. 5/1992.

Eckert, Jörn, Anmerkung zu BGH, Urteil vom 5.5.1992 - XI ZR 241/91 -, in: WuB I G 1. - 13.92.

Eilenberger, Guido, Lexikon der Finanzinnovationen, München, Wien 1990.

Eisele, Dieter, Insiderrecht und Compliance, in: WM 1993, S. 1021.

Ellenberger, Jürgen, Die neuere Rechtsprechung des BGH zu Aufklärungs- und Beratungspflichten, Wertpapier-Mitteilungen, Sonderbeilage Nr. 1/2001.

Ellenberger, Jürgen, Die neuere Rechtsprechung des Bundesgerichtshofes zum Börsenterminhandel, Wertpapier-Mitteilungen, Sonderbeilage Nr. 2/1999.

Emmerich, Volker, Anmerkung zu BGH, Urteil vom 27.11.1998 - V ZR 344/97 -, in: JuS 1999, S. 496.

Emmerich, Volker, Das Recht der Leistungsstörungen, 4. Auflage, München 1997.

Erichsen, Hans-Uwe (Hrsg.), Allgemeines Verwaltungsrecht, 11. Auflage, Berlin 1998.

Escher-Weingart, Christina, Anmerkung zu BGH JZ 1994, 102 (Urteil vom 6.7.1993 - XI ZR 12/93), in: JZ 1994, S. 102.

Eyermann, Erich (Begr.), Verwaltungsgerichtsordnung, 10. Auflage, München 1998.

Fama, Eugene F., Efficient Capital Markets: A Rewiew of Theorie and Empirical Works, in: Journal of Finance, Vol. 25, 1970, S. 383.

Faßbender, Christian A., Innerbetriebliches Wissen und bankrechtliche Aufklärungspflichten, Berlin, New York 1998.

Fezer, Karl-Heinz, Aspekte einer Rechtskritik an der economic analysis of law und am property rights approach, in: JZ 1986, S. 817.

Fezer, Karl-Heinz, Nochmals: Kritik an der ökonomischen Analyse des Rechts, in: JZ 1988, S. 223.

Fischer, Reinfrid, Das Zweite Finanzmarktförderungsgesetz aus der Sicht der Sparkassenorganisation, in: Sparkasse 1995, S. 7.

Fischer, Reinfrid, Klanten, Thomas, Bankrecht, 2. Auflage, Köln 1996.

Fleischer, Klaus, Banking im Internet, in: bank und markt 1996, S. 33.

Fritsch, Michael, Wein, Thomas, Ewers, Hans-Jürgen, Marktversagen und Wirtschafts-politik, 2. Auflage, München 1996.

Froehlich, Arndt-Justus, Die Haftung von Anlageberatern für fehlerhafte Dienstlei-stungen nach deutschem und US- amerikanischem Recht, Göttingen 1996.

Fünfgeld, Gregor, Hoever, Carsten, Zehnter, Andreas, Neue Anforderungen an die An-lageberatung - Eine kundenorientierte Konzeption -, in: Sparkasse 1995, S. 328.

Gaßner, Otto, Escher, Markus, Bankpflichten bei der Vermögensverwaltung nach Wert-papierhandelsgesetz und BGH-Rechtsprechung, in: WM 1997, S. 93.

Geigant, Friedrich, Sobotka, Dieter, Westphal, Horst M., Lexikon der Volkswirtschaft, 5. Auflage, Landsberg/Lech 1983.

Gnam, Arnulf, Kreditinstitute im Wettbewerb, in: WuW 1956, S. 581.

Götz, Volkmar, Allgemeines Verwaltungsrecht, 4. Auflage, München 1997.

Grason, Michael, Die Reform des Trennbankensystems in den USA, in: ZBB 2000, S. 153.

Grass, Rolf-Dieter, Stützel, Wolfgang, Volkswirtschaftslehre, 2. Auflage, München 1988.

Grill, Wolfgang, Gramlich, Ludwig, Eller, Roland (Hrsg.), Gabler-Bank-Lexikon, Bank, Börse, Finanzierung, 11. Auflage, Wiesbaden 1996.

Grunewald, Barbara, Die Beweislastverteilung bei der Verletzung von Aufklärungs-pflichten, in: ZIP 1994, S. 1162.

Häuser, Franz, Anmerkung zu OLG Karlsruhe, Urteil vom 23.11.1988 - 6 U 224/87 -, in: WuB I G 4. - 2.90.

Hafner, Bernhard, Die Bank der Zukunft, in: WM 1997, S. 810.

Hammen, Horst, Leinweber, Rudolf, Der Bankrechtstag 1992 der Bankrechtlichen Ver-einigung e.V. am 25. Juni in Bonn – Bad Godesberg, in: WM 1992, S. 1725.

Hardes, Heinz-Dieter, Krol, Gerd-Jan, Rahmeyer, Fritz, Volkswirtschaftslehre, 19. Auf-lage, Tübingen 1995 (UTB).

Hartung, Klaus Joachim, Anmerkung zu OLG Köln, Urteil vom 1.7.1994 - 19 U 149/93, in: EWiR 1994, 1065.

Hartung, Klaus Joachim, Anmerkung zu AG Hannover, Urteil vom 27.8.1991 - 506 C 4532/91 -, in: EWiR 1991, 1059.

Hausmanninger, Christian, Organisatorische Maßnahmen zur Verhinderung mißbräuch-licher Verwendung oder Weitergabe von Insiderinformationen nach der BörseGNov. 1993, in: ÖBA 1993, S. 847.

Heinsius, Theodor, Anlageberatung durch Kreditinstitute, in: ZHR 145 (1981), S. 177.

Heinsius, Theodor, Pflichten und Haftung der Kreditinstitute bei der Anlageberatung, in: ZBB 1994, S. 47.

Helkenberg, Wilhelm-Christian, Anlegerschutz am grauen Kapitalmarkt Prognosegrund-sätze für Emissionsprospekte, Wiesbaden 1989.

Henrichsmeyer, Wilhelm, Gans, Oskar, Evers, Ingo, Einführung in die Volkswirtschaftslehre, 10. Auflage, Stuttgart 1993.

Hermann, Harald, Die Sachwaltung vermögenssorgender Berufe, in: JZ 1983, S. 422.

Heymann, Ekkehard von, Zur Haftung bei Anlageberatung und Anlagevermittlung, in: DStR 1993, S. 1147.

Heymann, Ernst (Begr.), Handelsgesetzbuch, Band 4: Viertes Buch §§ 343 – 460 und Anhang, Berlin, New York 1990.

Hildebrandt, Heinz, Erklärungshaftung - Ein Beitrag zum System des bürgerlichen Rechts, Berlin, Leipzig 1931.

Hirte, Herbert, Berufshaftung – Ein Beitrag zur Entwicklung eines einheitlichen Haftungsmodells für Dienstleistungen, München 1996.

Hoegen, Dieter, Einzelfragen zur Haftung bei Anlagevermittlung und Anlageberatung unter besonderer Berücksichtigung der Rechtsprechung des Bundesgerichtshofes, in: Festschrift für Walter Stimpel zum 68. Geburtstag am 29.11.1985, S. 249, hrsg. von Marcus Lutter, Hans-Joachim Mertens, Peter Ulmer, Berlin, New York 1985.

Hoffmann, Jochen,Das Ende des amerikanischen Trennbankensystems, in: WM 2000, S. 1773

Hönn, Günther, Kompensation gestörter Vertragsparität, München 1982.

Hofmann, Norbert, Direktbanken - Menschliche Nähe, in: Wirtschaftswoche 44/1995 vom 26.10.1995, S. 168.

Hommelhoff, Peter, Verbraucherschutz im System des deutschen und europäischen Privatrechts, Heidelberg 1996.

Hopf, Michael, Informationen für Märkte und Märkte für Informationen, Frankfurt am Main 1983.

Hopt, Klaus J., Vom Aktien- und Börsenrecht zum Kapitalmarktrecht ? - Teil 1: Der international erreichte Stand des Kapitalmarktrechts, in: ZHR 140 (1976), S. 201.

Hopt, Klaus J., Vom Aktien- und Börsenrecht zum Kapitalmarktrecht? - Teil 2: Die deutsche Entwicklung im internationalen Vergleich, in: ZHR 141 (1977), S. 389.

Hopt, Klaus J., Funktion, Dogmatik und Reichweite der Aufklärungs-, Warn- und Beratungspflichten der Kreditinstitute, in: Festschrift für Joachim Gernhuber zum 70. Geburtstag, S. 169, hrsg. von Hermann Lange, Knut Wolfgang Nörr, Harm Peter Westermann, Tübingen 1993.

Hopt, Klaus J., Berufshaftung und Berufsrecht der Börsendienste, Anlageberater und Vermögensverwalter, in: Festschrift für Robert Fischer, S. 237, hrsg. von Marcus Lutter, Walter Stimpel, Herbert Wiedemann, Berlin, New York 1979.

Hopt, Klaus J., Grundsatz- und Praxisprobleme nach dem Wertpapierhandelsgesetz, in: ZHR 159 (1995), S. 135.

Hopt, Klaus J., Insiderwissen und Interessenkonflikte im europäischen und deutschen Bankrecht, in: Festschrift für Theodor Heinsius zum 65. Geburtstag am 25. Sept. 1991, S. 289, hrsg. von Friedrich Kübler, Hans-Joachim Mertens, Winfried Werner, Berlin, New York 1991.

Hopt, Klaus J, Kapitalanlegerschutz im Recht der Banken, München 1975.

Hopt, Klaus J., Das neue Insiderrecht nach §§ 12 ff WpHG - Funktion, Dogmatik, Reichweite - in: Das Zweite Finanzmarktförderungsgesetz in der praktischen Umsetzung, S. 3, Bankrechtstag 1995, hrsg. von Walther Hadding, Klaus J. Hopt, Herbert Schimansky, Berlin, New York 1996.

Hopt, Klaus J., Zum neuen Wertpapierhandelsgesetz – Stellungnahme für den Finanzausschuß des Deutschen Bundestages -, in: WM-Festgabe für Thorwald Hellner zum 65. Geburtstag am 9. Mai 1994, S. 29, Wertpapier-Mitteilungen, Sonderheft vom 09.05.1994.

Hopt, Klaus J., Nichtvertragliche Haftung außerhalb von Schadens- und Bereicherungsausgleich - Zur Theorie und Dogmatik des Berufsrechts und der Berufshaftung -, in: AcP 183 (1983), S. 608.

Hopt, Klaus J., Wiedemann, Herbert (Hrsg.), Aktiengesetz - Großkommentar, 4. Auflage, Berlin 1992, 1. Lieferung: Einleitung.

Hopt, Klaus J., Funktion, Dogmatik und Reichweite der Aufklärungs-, Warn- und Beratungspflichten der Kreditinstitute, in: Aufklärungs- und Beratungspflichten - Der moderne Schuldturm, S. 1, Bankrechtstag 1992, hrsg. von Walther Hadding, Klaus J. Hopt, Herbert Schimansky, Berlin, New York 1993.

Horn, Norbert, Anlageberatung im Privatkundengeschäft der Banken - Rechtsgrundlagen und Anforderungsprofil -, in: WM 1999, S. 1.

Horn, Norbert, Die Aufklärungs- und Beratungspflichten der Banken, in: ZBB 1997, S. 139.

Horn, Norbert, Bankrecht auf dem Weg nach Europa, in: ZBB 1989, S. 107.

Huber, Konrad, Verkehrspflichten zum Schutz fremden Vermögens, in: Festschrift für Ernst von Caemmerer zum 70. Geburtstag, S. 359, hrsg. von Hans Claudius Ficker, Detlef König, Karl F. Kreuzer, Hans G. Leser, Peter Schlechtriem und Wolfgang Freiherr Marschall von Bieberstein, Tübingen 1978.

Hüffer, Uwe, Aktiengesetz, 2. Auflage, München 1995.

Immenga, Frank A., Das neue Insiderecht im Wertpapierhandelsgesetz, in: ZBB 1995, S. 197.

Immenga, Ulrich, Bankenhaftung bei Finanzierung steuerbegünstigter Anlagen, in: ZHR 151 (1987), S. 148.

Jauernig, Otmar, Schlechtriem, Peter, Stürner, Rolf, Teichmann, Arndt, Vollkommer, Max, Bürgerliches Gesetzbuch, 6. Auflage, München 1991.

Jentsch, Werner, Die EG-Wertpapierdienstleistungsrichtlinie - Entstehungsgeschichte und Inhalt -, in: WM 1993, S. 2189.

Jessnitzer, Kurt, Blumberg, Hanno, Bundesrechtsanwaltsordnung, 8. Auflage, Köln, Berlin, Bonn, München 1998.

Jütten, Herbert, Anlegerschutz im Wertpapiergeschäft, in: Die Bank 1995, S. 153.

Jütten, Herbert, Das Zweite Finanzmarktförderungsgesetz aus Sicht der Kreditwirtschaft, in: Die Bank, S. 601.

Kaiser, Andreas, Sanktionierung von Insiderverstößen und das Problem der Kursmanipulation, in: WM 1997, S. 1557.

Kalss, Susanne, Das Bundesaufsichtsamt für Wertpapierhandel in Frankfurt - Ein Bericht nach fünf Monaten Tätigkeit, in: ÖBA 1995, S. 756.

Kalss, Susanne, Zur Umsetzung der Wohlverhaltensregeln nach der Wertpapierdienstleistungsrichtlinie, in: ÖBA 1995, S. 835.

Kirchner, Christian, Ökonomische Analyse des Rechts - Interdisziplinäre Zusammenarbeit von Ökonomie und Rechtswissenschaft, in: Ökonomische Analyse des Rechts, S. 62, hrsg. von Heinz-Dieter Assmann, Christian Kirchner, Erich Schanze, Tübingen 1993.

Kiethe, Kurt, Hektor, Doris, Haftung für Anlageberatung und Vermögensverwaltung, in: DStR 1996, S. 547.

Klinger, Joachim, Aufklärungspflichten im Vertragsrecht, Düsseldorf 1981.

Koch, Hans-Dieter, Schmidt, Reinhard H., Ziele und Instrumente des Anlegerschutzes, in: BFuP 1981, S. 231.

Köhler, Horst, IOSCO - Aus der Sicht des deutschen Finanzplatzes, in: WM 1990, S. 1953.

Köndgen, Johannes, Die Entwicklung des privaten Bankrechts in den Jahren 1992 – 1995, in: NJW 1996, S. 558.

Köndgen, Johannes, Gewährung und Abwicklung grundpfandrechtlich gesicherter Kredite, 3. Auflage, Köln 1994.

Köndgen, Johannes, Selbstbindung ohne Vertrag - zur Haftung aus geschäftsbezogenem Handeln, Tübingen 1981.

Köndgen, Johannes, Wie viel Aufklärung braucht ein Wertpapierkunde? , in: ZBB 1996, S. 361.

Kopp-Colomb, Wolf von, Bekanntmachung des Bundesaufsichtsamtes für das Kreditwesen und des Bundesaufsichtsamtes für den Wertpapierhandel zu den sogenannten Mitarbeiter-Leitsätzen, in: WM 2000, S. 2415.

Kötz, Hein, Deliktsrecht, 7. Auflage, Neuwied, Kriftel, Berlin 1996.

Kohl, Helmut, Kübler, Friedrich, Walz, Rainer, Wüstrich, Wolfgang, Abschreibungsgesellschaften, Kapitalmarkteffizienz und Publizitätszwang - Plädoyer für ein Vermögensanlagegesetz -, in: ZHR 138 (1974), S. 1.

Kohls, Rainer, Bankrecht, München 1994.

Koller, Ingo, Wer ist „Kunde" eines Wertpapierdienstleistungsunternehmens (§§ 31 f WpHG) ? , in: ZBB 1996, S. 97.

Krimphove, Dieter, Das Zweite Finanzmarktförderungsgesetz, in: JZ 1994, S. 23.

Kübler, Friedrich, Anlageberatung durch Kreditinstitute, in ZHR 145 (1981), S. 204.

Kübler, Friedrich, Gesellschaftsrecht, 4. Auflage, Heidelberg 1994.

Kübler, Friedrich, Müssen Anlageempfehlungen anlegergerecht sein ? in: Europäisches Rechtsdenken in Geschichte und Gegenwart, Festschrift für Helmut Coing zum 70. Geburtstag, hrsg. von Norbert Horn, Klaus Luig und Alfred Söllner, Band II, S. 193, München 1982.

Kübler, Friedrich, Privatrecht und Demokratie, in: Funktionswandel der Privatrechtsinstitutionen, Festschrift für Ludwig Raiser zum 70. Geburtstag, S. 697, hrsg. von Fritz Baur, Josef Esser, Friedrich Kübler, Ernst Steindorff, Tübingen 1974.

Kübler, Friedrich, Transparenz am Kapitalmarkt, in: Die Aktiengesellschaft 1977, S. 85.

Kübler, Friedrich, Vertragsrecht und „Property Rights"-Theorie, in: ZHR 144 (1980), S. 589.

Kümpel, Siegfried, Die allgemeinen Verhaltenspflichten des Wertpapierhandelsgesetzes, in: WM 1995, S. 689

Kümpel, Siegfried, Bank- und Kapitalmarktrecht, Köln 1995.

Kümpel, Siegfried, Das Effektengeschäft im Lichte des 2. Finanzmarktförderungsgesetzes, in: WM 1993, S. 2025.

Kümpel, Siegfried, Kapitalmarktrecht, Berlin 1995.

Kümpel, Siegfried, Zur Neugestaltung der staatlichen Börsenaufsicht - von der Rechtsaufsicht zur Marktaufsicht -, in: WM 1992, S. 381.

Kümpel, Siegfried, Wertpapierhandelsgesetz - Eine systematische Darstellung, Berlin 1996.

Kurth, Ekkehard, Problematik grenzüberschreitender Wertpapieraufsicht, in: WM 2000, S. 1521.

Landmann, Robert von, Rohmer, Gustav, GewO - Gewerbeordnung und ergänzende Vorschriften, Loseblattkommentar, Band I, München.

Lang, Volker, Aufklärungspflichten bei der Anlageberatung, Stuttgart 1995.

Larenz, Karl (fortgeführt von Claus-Wilhelm Canaris), Lehrbuch des Schuldrechts - Besonderer Teil, Band II, Teilband 2, 13. Auflage, München 1994.

Lasch, Rainer, Röder, Klaus, Das Börsenangebot der Direktbanken, in: ZBB 1995, S. 342.

Lehmann, Michael, Die bürgerlichrechtliche Haftung für Werbeangaben, in: NJW 1981, S. 1233.

Lehmann, Michael, Vertragsanbahnung durch Werbung - Eine juristische und ökonomische Analyse für Werbeangaben gegenüber dem Letztverbraucher, München 1981.

Lehmann, Michael, Die zivilrechtliche Haftung der Banken für informative Angaben im deutschen und europäischen Recht, in: WM 1985, S. 181.

Linde, Robert, Einführung in die Makroökonomik, 3. Auflage, Stuttgart, Berlin, Köln, Mainz 1996.

Löffelholz, Josef, Müller Gerhard, Gabler-Bank-Lexikon- Handwörterbuch für das Geld- Bank- und Börsenwesen, 10. Auflage, Wiesbaden 1988.

Loistl, Otto, Insiderregelung und informationseffiziente Kapitalmarktregulierung, in: Die Bank 1993, S. 456.

Lusser, Markus, Internationale Harmonisierung von Bankrecht und Finanzmarktaufsicht: Ziele und Probleme, in: ZBB 1989, S. 101.

Mahler, Alwin, Internetbanking: Das Leistungsspektrum, in: Die Bank 1996, S. 488.

Maurer, Hartmut, Allgemeines Verwaltungsrecht, 11. Auflage, München 1997.

Medicus, Dieter, Anmerkung zu OLG Hamm, Beschluß vom 13.10.1992 - 24 U 30/92 -, in: WuB I G 4. - 9.93.

Medicus, Dieter, Anmerkung zu OLG Karlsruhe, Urteil vom 23.12.1991 - 11 U 47/91 -, in: WuB I G 4. - 6.92.

Meier-Schatz, Christian J., Die neue Börsenrechtsordnung der Schweiz - ein Überblick, in: ZBB 1997, S. 325.

Mennicke, Petra R., Sanktionen gegen Insiderhandel - eine rechtsvergleichende Untersuchung unter Berücksichtigung des US-amerikanischen und britischen Rechts -, Berlin 1996.

Mertens, Hans-Joachim, Insiderproblem und Rechtspolitik, in: ZHR 138 (1974), S. 269.

Metz, Rainer, Discount-Broker: Bankgeschäfte und technologische Veränderungen, in: VuR 1996, S. 183.

Metzger, Jochen, Zweites Finanzmarktförderungsgesetz stärkte Finanzplatz Deutschland, in: Sparkasse 1995, S. 5.

Münchener Kommentar, Bürgerliches Gesetzbuch, Band 2, Schuldrecht - Allgemeiner Teil (§§ 241 - 432), 3. Auflage, München 1994, Band 5, Schuldrecht - Besonderer Teil III (§§ 705 - 853), 3. Auflage, München 1997.

Müssig, Peter, Falsche Auskunftserteilung und Haftung, in: NJW 1989, S. 1697.

Nassall, Wendt, Anmerkung zu BGH, Urt. v. 27.11.1990 - XI ZR 115/89 -, in: WuB I G 4. - 3.91.

Niehoff, Heinrich, Die Pflichten eines Kreditinstituts bei der Anlageberatung, in: Sparkasse 1987, S. 61.

Niemann, Christoph, Finanzinnovationen im Binnenmarkt, in: WM 1993, S. 777.

Nobbe, Gerd, Neue höchstrichterliche Rechtsprechung zum Bankrecht, 6. Auflage, Köln 1995.

Obst, Georg, Hintner, Otto, Geld-, Bank- und Börsenwesen, 39. Auflage, Stuttgart 1993.

Obst, Georg, Hintner, Otto, Geld-, Bank- und Börsenwesen, 38. Auflage, Stuttgart 1989.

Ott, Claus, Schäfer, Hans-Bernd, Lehrbuch der ökonomischen Analyse des Zivilrechts, 2. Auflage, Berlin, Heidelberg 1995.

Ott, Claus, Schäfer, Hans-Bernd, Die ökonomische Analyse des Rechts - Irrweg oder Chance wissenschaftlicher Rechtserkenntnis ? in: JZ 1988, S. 213.

Ott, Claus, Schäfer, Hans-Bernd, Ökonomische Auswirkungen der EG-Insider-Regulierung in Deutschland, in: ZBB 1991, S. 226.

Palandt, Otto (Begr.), Bürgerliches Gesetzbuch, 58. Auflage, München 1999.

Pfister, Bernhard, Stand der Insiderdiskussion, in: ZGR 10 (1981), S. 318.

Pikart, Heinz, Die Rechtsprechung des Bundesgerichtshofs zum Bankvertrag, in: WM 1957, S. 1238.

Posner, Richard A, Economic Analyse of Law, Part I (chapter 1, 2), Law and Economics: An Introduction, S. 4, 2. Auflage, Boston, Toronto 1977 (Übersetzung von Assmann in: Ökonomische Analyse des Rechts, hrgs. von Heinz-Dieter Assmann, Christian Kirchner, Erich Schanze, S. 79, Tübingen 1993).

Potthoff, Volker, Anmerkung zu AG Neuss, Urteil vom 25.9.1991 - 30 C 293/90 -, in: EWiR 1992, S. 19.

Potthoff, Volker, Aufklärungs- und Beratungspflichten bei Optionsscheingeschäften – Anmerkung zu OLG Frankfurt/M.WM 1993, 684, in: WM 1993, S. 1319.

Prölss, Erich (Begr.), Schmidt, Reimer (Hrsg.), Versicherungsaufsichtsgesetz, 11. Auflage, München 1997.

Raeschke-Kessler, Hilmar, Bankenhaftung bei der Anlageberatung über neue Finanzprodukte, in: WM 1993, S. 1830.

Raeschke-Kessler, Hilmar, Grenzen der Dokumentationspflicht nach § 31 Abs. 2 Nr. 1 WpHG - Anmerkungen zum Bankgeheimnis und informationellen Selbstbestimmungsrecht der Kunden -, in: WM 1997, S. 1764.

Randow, Philipp von, Rating und Regulierung, in: ZBB 1995, S. 140.

Reich, Norbert, Informations-, Aufklärungs- und Warnpflichten beim Anlagegeschäft unter besonderer Berücksichtigung des „execution-only-buisness" (EOB), in: WM 1997, S. 1601.

Reich, Norbert, Schuldrechtliche Informationspflichten gegenüber Endverbrauchern, in: NJW 1978, S. 513.

Reich, Norbert, Europäisches Verbraucherrecht, 3. Auflage, Baden-Baden 1996.

Reifner, Udo, Anmerkung zu LG Hamburg, Urteil vom 10.1.1992 - 303 O 232/91 -, in: EWiR 1992, 651.

Reischauer, Friedrich, Kleinhans, Joachim, Kreditwesengesetz (KWG), Band I, Loseblattkommentar, Berlin.

Rellermeier, Klaus, Das Zweite Finanzmarktförderungsgesetz in der praktischen Umsetzung - Bericht über den Bankrechtstag am 30. Juni 1995 in Berlin -, in: WM 1995, S. 1981.

Reischl, Klaus, „Wissenszusammenrechnung" auch bei Personengesellschaften ? - BGH, NJW 1995, 2159, in: JuS 1997, S. 783.

Rhinow, Rene` A., Bayerdörfer, Manfred, Rechtsfragen der schweizerischen Bankenaufsicht, Basel, Frankfurt am Main 1990.

Riepe, Stefan, Das Zweite Finanzmarktförderungsgesetz, in: DStR 1994, S. 1236.

Riesenfeld, Stefan, Festvortrag anläßlich der Tagung der Gesellschaft Junger Zivilrechtswissenschaftler e.V. vom 13. bis 16. Sept. 1995 in Berlin, in: Jahrbuch Junger Zivilrechtswissenschaftler 1995, Privatautonomie und Ungleichgewichtslagen, S. 9, Berlin, Stuttgart, München, Hannover 1996

Rössner, Michael-Christian, Arendts, Martin, Die Haftung wegen Kontoplünderung durch Spesenschinderei (Chruning), in: WM 1996, S. 1517.

Rössner, Michael-Christian, Lachmair, Wilhelm, Betrug mit Penny Stocks – Englische over-the-counter-Werte, in: DB 1986, S. 336.

Rollinger, Norbert, Aufklärungspflichten bei Börsentermingeschäften, Göttingen 1990.

Rosen, Rüdiger von, Eine zentrale Bundesbehörde als Börsenaufsicht ? , in: WM 1991, S. 623.

Rosen, Rüdiger von, Zweites Finanzmarktförderungsgesetz und Privatanleger, in: Die Bank 1995, S. 9.

Roth, Herbert, Beweismaß und Beweislast bei der Verletzung von bankvertraglichen Aufklärungs- und Beratungspflichten, in: ZHR 154 (1990), S. 513.

Rümker, Dietrich, Anmerkung zu BGH, Urteil vom 21.12.87 - II ZR 177/87 -, in: EWiR 1988, S. 319.

Rümker, Dietrich, Aufklärungs- und Beratungspflichten der Kreditinstitute aus der Sicht der Praxis, in: Aufklärungs- und Beratungspflichten - Der moderne Schuldturm, S. 29, Bankrechtstag 1992, hrsg. von Walther Hadding, Klaus J. Hopt, Herbert Schimansky, Berlin, New York 1993

Samuelson, Paul A., Nordhaus, William D, Volkswirtschaftslehre, 15. Auflage, Wien 1998.

Sandkühler, Gerd, Bankrecht, 2. Auflage, Köln, Berlin, Bonn, München 1993.

Schacht, Guido, Die deutsche Kapitalmarktaufsicht im internationalen Vergleich, München 1980.

Schäfer, Frank A., Anmerkung zu BGH, Urteil vom 6.6.1991 - III ZR 116/90 -, in: EWiR 1991, 873.

Schäfer, Frank A., Anmerkung zu BGH, Beschluß vom 12.3.1996 - XI ZR 232/95 -, in: WuB I G 1. - 9.96.

Schäfer, Frank A., Haftung für fehlerhafte Anlageberatung und Vermögensverwaltung, Köln 1993.

Schanze, Erich, Ökonomische Analyse des Rechts in den USA, in: Ökonomische Analyse des Rechts, hrsg. von Heinz-Dieter Assmann, Christian Kirchner, Erich Schanze, S. 1, Tübingen 1993.

Scharrenberg, Wolfgang, Die Dokumentation der Anlageberatung nach den §§ 31, 34 Wertpapierhandelsgesetz, in: Sparkasse 1995, S. 108.

Schimansky, Herbert, Einleitende Bemerkungen zur Diskussion (1), in: Aufklärungs- und Beratungspflichten - Der moderne Schuldturm, S. 67, Bankrechtstag 1992, hrsg. von Walther Hadding, Klaus J. Hopt, Herbert Schimansky, Berlin, New York 1993.

Schimansky, Herbert, Bankvertragsrecht und Privatautonomie, in: WM 1995, S. 461.

Schimansky, Herbert, Bunte, Hermann-Josef, Lwowski, Hans-Jürgen, Bankrechts-Handbuch, Band I: Allgemeine Grundlagen, bargeldloser Zahlungsverkehr, Band III: Wertpapier-, Geld- und Auslandsgeschäft, öffentliches Bankrecht (einschließlich Europarecht), München 1997

Schlegelberger, Franz, Geßler, Ernst, Hefermehl, Wolfgang, Hildebrand, Wolfgang, Schröder, Georg, Handelsgesetzbuch, Band VI: §§ 383 – 460, 5. Auflage, München 1977.

Schmidt, Hartmut, Wertpapierbörsen, München 1988.

Schmidt, Hartmut, Marktorganisationsbestimmte Kosten und Transaktionskosten als börsenpolitische Kategorien - Grundsätzliche Überlegungen zur Weiterentwicklung des Anlegerschutzes aus ökonomischer Sicht, in: Kredit und Kapital 1983 (16. Jahrgang), S. 184.

Schmidt, Hartmut, Vorteile und Nachteile eines integrierten Zirkulationsmarktes für Wertpapiere gegenüber einem gespaltenen Effektenmarkt, hrsg. von der Kommission der Europäischen Gemeinschaften, Brüssel 1977.

Schneider, Dieter, Wider Insiderhandelsverbot und die Informationseffizienz des Kapitalmarktes, in: DB 1993, S. 1429.

Schneider, Uwe H, Europäische und internationale Harmonisierung des Bankvertragsrechts, in: NJW 1991, S. 1985.

Schödermeier, Martin, Nachforschungspflichten einer Bank als Vermögensverwalterin zur Person ihres Kunden, in: WM 1995, S. 2053.

Schork, Ludwig, Gesetz über das Kreditwesen, 19. Auflage, Stuttgart 1995.

Schütt, Henrik, Discount-Broking: Die neue Konkurrenz, in: Die Bank 1995, S. 101.

Schumacher, Rolf, Vertragsaufhebung wegen fahrlässiger Irreführung unerfahrener Vertragspartner, Bonn 1979.

Schupeta, Wilhelm, Aufklärungspflichten der Banken im Hinblick auf die Privatkundschaft, Kiel 1992.

Schwark, Eberhard, Anmerkung zu BGH, Urteil vom 6.7.1993 - XI ZR 12/93 -, in: WuB I G 4. - 9.93.

Schwark, Eberhard, Anmerkung zu BGH, Urteil vom 11.7.1988 - II ZR 355/87 -, in: EWiR 1988, 1197.

Schwark, Eberhard, Anlegerschutz durch Wirtschaftsrecht, München 1979.

Schwark, Eberhard, Gesellschaftsrecht und Kapitalmarktrecht, in: Festschrift für Walter Stimpel zum 68. Geburtstag am 29. November 1985, S. 1087, hrsg. von Marcus Lutter, Hans-Joachim Mertens und Peter Ulmer, Berlin, New York 1985.

Schwark, Eberhard, Spekulation - Markt – Recht, in: Festschrift für Ernst Steindorff zum 70. Geburtstag am 13. März 1990, S. 473, hrsg. von Jürgen F. Baur, Klaus J. Hopt, K. Peter Mailänder, Berlin, New York 1990.

Schwark, Eberhard, Die Verhaltensnormen der §§ 31 ff WpHG, in: Das Zweite Finanz-marktförderungsgesetz in der praktischen Umsetzung, Bankrechtstag 1995, S. 109, hrsg. von Walther Hadding, Klaus J. Hopt, Herbert Schimansky, Berlin 1996.

Schweizer, Thilo, Insiderverbote, Interessenkonflikte und Compliance - Auswirkungen der Insiderregulierung auf deutsche Banken, Berlin 1996.

Schwennicke, Andreas, Die neuere Rechtsprechung zur Börsentermingeschäftsfähigkeit und zu den Aufklärungs- und Beratungspflichten bei Börsentermingeschäften, in: WM 1997, S. 1265.

Schwintowski, Hans-Peter, Anleger- und objektgerechte Beratung in der Lebensver-sicherung, in: VuR 1997, S. 83.

Schwintowski, Hans-Peter, Anmerkung zu BGH, Urteil vom 14.5.1996 - XI ZR 188/95 - in: EWiR 1996, S. 791.

Schwintowski, Hans-Peter, Anmerkung zu BGH, Urteil vom 27.11.1990 - XI ZR 115/89 in: EWiR 1991, 259.

Schwintowski, Hans-Peter, Aufklärungspflichten beim Discount-Brokerage, in: ZBB 1999, S. 385.

Schwintowski, Hans-Peter, Bankrecht (aus der Reihe *Prüfe dein Wissen,* Band 26), München 1994.

Schwintowski, Hans-Peter, Das Optionsgeschäft: Naturalobligation oder vollkommene Verbindlichkeit ? , in: ZIP 1988, S. 1021.

Schwintowski, Hans-Peter, Schäfer, Frank A., Bankrecht - Commercial Banking, Investment Banking, Köln, Berlin, Bonn, München 1997.

Seibold, Hanns Christoph, Das neue Insiderrecht - Von der freiwilligen Selbstkontrolle zum internationalen Standard, Berlin 1994.

Sichtermann, Siegfried, Feuerborn, Sabine, Krichner, Roland, Bankgeheimnis und Bankauskunft, 3. Auflage, Frankfurt a.M. 1984.

Sieper, Harmut, Geldanlage professionell, Wiesbaden 1990.

Siller, Christian, Anmerkung zu LG München I, Urteil vom 29.1.1998 - 26 O 4309/97 -, in: EWiR 1998, 473.

Simitis, Konstantin, Verbraucherschutz - Schlagwort oder Rechtsprinzip? , Baden Baden 1976.

Spahn, Heinz-Peter, Makroökonomie - Theoretische Grundlagen und stabilitätspolitische Strategien, Berlin, Heidelberg, New York 1996.

Staab, Peter, Der ideale Anlageberater, in: WM 1994, S. 541.

Stadolkowitz, Heinz-Dieter, Beweislast und Beweislasterleichterungen bei der Schadens-ursächlichkeit von Aufklärungspflichtverletzungen, in: VersR 1994, S. 11.

Stafflage, Axel, Die Anlageberatung der Banken: Das Kreditinstitut im Spannungsver-hältnis zwischen Informationspflicht und Insiderhandelsverbot, Berlin 1996.

Staudinger, Julius von, Kommentar zum Bürgerlichen Gesetzbuch mit Einführungsge-setz und Nebengesetzen, Zweites Buch, Recht der Schuldverhältnisse (§§ 652 - 704), 13. Bearbeitung, Berlin 1995, Zweites Buch, Recht der Schuldverhältnisse (§§ 823 - 832), 12. Bearbeitung, Berlin 1986.

Stern, Klaus, Verwaltungsprozessuale Probleme in der öffentlich-rechtlichen Arbeit, 7. Auflage, München 1995.

Stigler, George J., The Economics of Information, in: Journal of Political Economy, Vol. 69, 1961, S. 213, Nachdruck in: M.D. Lamberton [ed.], Economics of Information and Knowledge, S. 61, Harmondsworth, Middlesex, England 1971.

Strauch, Dieter, Rechtsgrundlagen der Haftung für Rat, Auskunft und Gutachten, in: JuS 1992, S. 897.

Stützel, Wolfgang, Bankpolitik heute und morgen, 2. Auflage, Berlin 1964.

Süßmann, Rainer, Insiderhandel - Erfahrungen aus der Sicht des Bundesaufsichtsamtes für den Wertpapierhandel, in: Die Aktiengesellschaft 1997, S. 63.

Than, Jürgen, Die Umsetzung der Verhaltensnormen der §§ 31 ff WpHG in den Kreditinstituten, in: Das Zweite Finanzmarktförderungsgesetz in der praktischen Umsetzung, Bankrechtstag 1995, S. 135, hrsg. von Walther Hadding, Klaus J. Hopt, Herbert Schimansky, Berlin 1996.

Thomas, Heinz, Putzo, Hans, Zivilprozeßordnung, 21. Auflage, München 1998.

Tippach, Stefan, Das Insider-Handelsverbot und die besonderen Rechtspflichten der Banken, Köln 1995.

Titz, Anselm, Beratungspflichten für Discount-Broker ? , in: WM 1998, S. 2179.

Ulmer, Peter, Brandner, Hans Erich, Hensen, Horst-Dieter, Schmidt, Harry, AGB-Gesetz - Kommentar zum Gesetz über die Regelung des Rechts der Allgemeinen Geschäftsbedingungen, 8. Auflage, Köln 1997.

Vollkommer, Max, Anwaltshaftungsrecht, München 1989.

Vortmann, Jürgen, Anmerkung zu LG Augsburg, Urteil vom 6.12.1994 - 3 O 2001/94 -, in: EWiR 1995, 955.

Vortmann, Jürgen, Anmerkung zu OLG Hamm, Beschluß vom 13.10.1992 - 24 U 30/92 in: EWiR 1993, 235.

Vortmann, Jürgen, Anmerkung zu LG Frankfurt/Main, Urteil vom 3.2.1992 - 2/21 O 352/92 -, in: EWiR 1992, 655.

Vortmann, Jürgen, Anmerkung zu OLG Braunschweig, Urteil vom 27.1.1992 - 3 U 158/91 -, in: EWiR 1992, 965.

Vortmann, Jürgen, Anlegergerechte Beratung und Maßnahmen zur Reduzierung des Haftungsrisikos, in: ÖBA 1994, S. 579.

Vortmann, Jürgen, Aufklärungs- und Beratungspflichten der Banken, 5. Auflage, Köln 1998.

Vortmann, Jürgen, Aufklärungs- und Beratungspflichten bei grenzüberschreitenden Bankdienstleistungen, in: WM 1993, S. 581.

Wach, Karl J. T., Der Terminhandel in Recht und Praxis, Köln 1986.

Wachtel, Paul, Makroökonomik, München, Wien 1994.

Weisgerber, Thomas, Neue Informationskultur durch das Zweite Finanzmarktförderungsgesetz, in: WM 1995, S. 19.

Weiss, Ulrich, Compliance-Funktion in einer deutschen Universalbank, in: Die Bank 1993, S. 136.

Wermuth, Dieter, Kapitalmarktpolitische Aspekte der Wertpapieraufsicht, in: Sparkasse 1994, S. 19.

Werner, Horst, Machunsky, Jürgen, Einwendungsdurchgriff und Schadensersatzansprüche gegen Kreditinstitute bei der Finanzierung von Bauherrengemeinschaften, in: DB 1982, S. 2229.

Werner, Horst, Machunsky, Jürgen, Rechte und Ansprüche geschädigter Anleger, 3. Auflage, Göttingen 1991.

Westphal, Uwe, Makroökonomik, 2. Auflage, Berlin, Heidelberg, New York 1994.

Westphalen, Friedrich Graf von, Schattenseiten des Verbraucherschutzes, in: DB 1981, S. 61.

Wieneke, Laurenz, Discount-Broking und Anlegerschutz, Baden-Baden 1999.

Wittkowski, Dirk, Anmerkung zu OLG München, Urteil vom 16.9.1993 - 6 U 4724/92 -, in: EWiR 1994, S. 119.

Wolf, Manfred, Privates Bankvertragsrecht im EG-Binnenmarkt - Auswirkungen der II. EG-Bankrechtsrichtlinie auf privatrechtliche Bankgeschäfte, in: WM 1990, S. 1941.

Wolf, Manfred, Horn, Norbert, Lindacher, Walter F., Gesetz zur Regelung des Rechts der Allgemeinen Geschäftsbedingungen, 3. Auflage, München 1994.

Wohltmann, Hans-Werner, Grundzüge der makroökonomischen Theorie, 2. Auflage, München, Wien 1996.

Woll, Artur, Allgemeine Volkswirtschaftslehre, 12. Auflage, München 1996.

Woll, Artur (Hrsg.), Wirtschaftslexikon, 4. Auflage, München, Wien 1990.

Worms, Alexander, Warenterminoptionen: Strafbarer Betrug oder enttäuschte Erwartungen ? in: wistra 1984, S. 123.

Wüst, Günther, Präventiver und repressiver Rechtsschutz bei Anlagewerbung und Anlagevermittlung, in: JZ 1989, S. 67.

Zeller, Sven, Anmerkung zu LG Hannover, Urteil vom 4.9.1996 - 6 O 291/95 -, in: WuB I G 1. - 4.97.

Zeller, Sven, Anmerkung zu OLG Frankfurt/Main, Urteil vom 7.7.97 - 16 U 132/96 III -, in: EWiR 1997, S. 777.

Zeller, Sven, Anmerkung zu BGH, Beschluß vom 12.3.1996 - XI ZR 232/95 -, in: EWiR 1996, 641.

Zimmermann, Heinz, Zur ökonomischen Bedeutung von Finanzinnovationen, in: Finanzmarktinnovationen – Financial Innovation, hrsg. von Heinz Zimmermann, Grüsch/Schweiz 1982.

Herausgegeben von Prof. Dr. Dr. h.c. Ulrich Immenga

Studien zum
Bank- und Börsenrecht

Rigas Giovannopoulos   Band 50
**Die Harmonisierung des privatrecht-
lichen Bankgeheimnisses im europäischen Wirtschaftsverkehr**
Eine rechtsdogmatische und rechtsvergleichende Untersuchung zum deutschen,
englischen, französischen und griechischen
Recht unter besonderer Berücksichtigung der
Europäischen Datenschutzrichtlinie, der
EG-Grundfreiheiten und der Gemeinschaftsgrundrechte
2001, 412 S., brosch., 98,– DM, 86,– sFr,
ISBN 3-7890-7078-5

Hartmut Bauer/Christoph Möllers   Band 49
**Die Beendigung des Parketthandels an
der Frankfurter Wertpapierbörse**
Rechtliche Direktiven für den ausschließli-
chen Wertpapierhandel im elektronischen
Handelssystem Xetra und die Beendigung der
Kursmaklertätigkeit an der Frankfurter Wert-
papierbörse
2000, 104 S., brosch., 48,– DM, 43,– sFr,
ISBN 3-7890-7016-5

Jochen Mues   Band 48
Die Börse als Unternehmen
Modell einer privatrechtlichen
Börsenorganisation
1999, 254 S., brosch., 78,– DM, 68,50 sFr,
ISBN 3-7890-6295-2

Barbara Schmitt   Band 47
Grenzüberschreitende Überweisungen
Europäische Vorgaben und die Schwierigkeiten ihrer Umsetzung im deutschen und
englischen Recht
1999, 267 S., brosch., 79,– DM, 69,50 sFr,
ISBN 3-7890-6278-2

Tobias Büttner   Band 46
**Die wertpapiermäßige Verbriefung
von Bankforderungen zu
Asset-Backed Securities**
1999, 205 S., brosch., 59,– DM, 52,– sFr,
ISBN 3-7890-6133-6

Carsten Steinhauer   Band 45
**Insiderhandelsverbot und
Ad-hoc-Publizität**
Eine rechtsvergleichende Analyse zivilrecht-
licher Haftungsansprüche von Anlegern in
den USA und Deutschland
1999, 310 S., brosch., 98,– DM, 86,– sFr,
ISBN 3-7890-6129-8

Laurenz Wieneke   Band 44
Discount-Broking und Anlegerschutz
1999, 241 S., brosch., 75,– DM, 66,– sFr,
ISBN 3-7890-5944-7

Lutz Haertlein   Band 43
**Der abhandengekommene
Inhaberscheck**
Bargeldlose Zahlung zwischen Bankrecht
und Genfer Scheckrecht
1999, 374 S., brosch., 98,– DM, 86,– sFr,
ISBN 3-7890-5863-7

 **NOMOS Verlagsgesellschaft
76520 Baden-Baden**

Rigas Giovannopoulos

Die Harmonisierung des privatrechtlichen Bankgeheimnisses im europäischen Wirtschaftsverkehr

**Eine rechtsdogmatische und rechtsvergleichende Untersuchung
zum deutschen, englischen, französischen und griechischen Recht
unter besonderer Berücksichtigung der Europäischen Datenschutzrichtlinie,
der EG-Grundfreiheiten und der Gemeinschaftsgrundrechte**

Das Ziel der Arbeit, die mit dem »Baker & Mc Kenzie-Preis 2000« ausgezeichnet wurde, besteht in der Untersuchung der Harmonisierungsmöglichkeiten des Bankgeheimnisses auf europäischer Ebene. Die Harmonisierung sollte durch die Beseitigung von Rechtsunterschieden hinsichtlich des Bankgeheimnisses mittels primären und sekundären Gemeinschaftsrechts erzielt werden.
Zu diesem Zweck werden im ersten Teil der Arbeit die Rechtsgrundlagen, der Umfang und bestimmte Durchbrechungen des Bankgeheimnisses untersucht und bewertet. Anschließend werden die dadurch ermittelten Rechtsunterschiede auf ihre Vereinbarkeit mit der EG-Datenschutzrichtlinie, den EG-Grundfreiheiten und den Gemeinschaftsgrundrechten von Banken, Bankkunden und Dritten hin untersucht. Im zweiten Teil der Arbeit wird belegt, daß das Bankgeheimnis in den meisten europäischen Rechtsordnungen mit dem Datenschutz so eng verflochten ist, daß das Rechtsangleichungsziel der Richtlinie mittelbar harmonisierende Auswirkungen auf das Bankgeheimnis hat. Der Autor geht im dritten Teil der Dissertation der Frage nach, ob auch die EG-Grundfreiheiten und die Gemeinschaftsgrundrechte harmonisierend wirken können.

2001, 412 S., brosch., 98,– DM, 86,– sFr, ISBN 3-7890-7078-5
(Studien zum Bank- und Börsenrecht, Bd. 50)

 **NOMOS Verlagsgesellschaft
76520 Baden-Baden**